25 years

25年匠心沉淀，虔诚如一
只为您轻松过关

轻松过关发展史

1998
—
2023

升级 2023

考点、习题分册，使用更方便。
独创「解释区」，重点更突出。
看王牌轻1，听名师网课，过关更轻松。

飞跃 2016-2022

连续7年，蝉联天猫「双十一」会计类图书销量冠军。
数据来源：2016-2022年生意参谋。

驰名 2001-2007

2001年《轻一》发行量逾千万册，被考生奉为「备考圣经」。
2007年东奥网校上线，书课同频，受百万考生热追。

诞生 1998

东奥成立，
“轻松过关®”品牌图书面世。

扫封面二维码，
即享本书4大权益，

扫码下载
“会计云课堂App”

听 **轻1名师课**

预习班、基础班、经典大题讲解、模考班等全阶段轻1名师网课。

做 **轻1名师题**

经典例题、同步练习题、不定项大题、模拟题等经典习题。

测 **学习成果**

系统依据您听课、做题结果，评估每个考点掌握程度，推送学习建议。

解 **疑难困惑**

不懂就问，专业老师24小时内为您解答。

年 匠心传承 · 只为轻松过关

老一代写书人，给我的感觉就是踏实。

前辈们常说：写书，是一个良心活。

1个新增考点的解读、1道经典好题的编撰。

背后是前辈们无数的挑灯夜战、精雕细琢。

言传身教，前辈们用行动影响着我对《轻一》的态度。

这十多年，他们常常让我去想，

“如果我是考生，这本书会是怎样。”

“如果是我的孩子要考试，我会怎么写这本书。”

一颗父母心，胜过了所有外在的驱动。

二十多年了，这份精神，始终滚烫而动人。

现在，这份精神传承到我这里。

我就希望：

老师们的热忱，能始终在《轻一》的字里行间流淌。

我们走的，是远路。

而《轻一》，是传承，是开拓，更是继续。

轻松过关® 1

2023年会计专业技术资格考试
应试指导及全真模拟测试

初级会计实务

（上册）

肖磊荣　主编
东奥会计在线　编

北京科学技术出版社

本书封面具有正版标识，请认真识别

（1）本书封面附有一枚防伪标签，上有二维码，扫描并激活账户即可获赠正版图书超值专享服务。
（2）本书防伪标签为正版标识，若无此标识即盗版，请广大读者拒绝购买。
（3）盗版举报电话：400-627-5599。

图书在版编目 (CIP) 数据

2023 年会计专业技术资格考试应试指导及全真模拟测试. 初级会计实务：上下册 / 肖磊荣主编；东奥会计在线编. —北京：北京科学技术出版社，2023.2

（轻松过关 . 1）

ISBN 978-7-5714-2561-6

Ⅰ. ① 2… Ⅱ. ①肖… ②东… Ⅲ. ①会计实务—资格考试—习题集 Ⅳ. ① F23-44

中国版本图书馆 CIP 数据核字（2022）第 172601 号

责任编辑：	李　鹏	电　　话：	0431-87635566（编辑部）
责任校对：	贾　荣		010-66135495（总编室）
装帧设计：	韩文静　晓　莉	网　　址：	www. bkydw. cn
责任印制：	张　良	印　　刷：	中教科（保定）印刷股份有限公司
出 版 人：	曾庆宇	开　　本：	787 mm × 1092 mm　1/16
出版发行：	北京科学技术出版社	字　　数：	840 千字
社　　址：	北京西直门南大街 16 号	印　　张：	41
邮政编码：	100035	版　　次：	2023 年 2 月第 1 版
		印　　次：	2023 年 2 月第 1 次印刷

ISBN 978-7-5714-2561-6

定　价：86.00 元（上下册）

编委会

主　编：肖磊荣

编　委：（按姓氏笔画排序）

王　宁　　王小乔　　兰　飞

刘　畅　　肖园园　　陈　然

全书概览

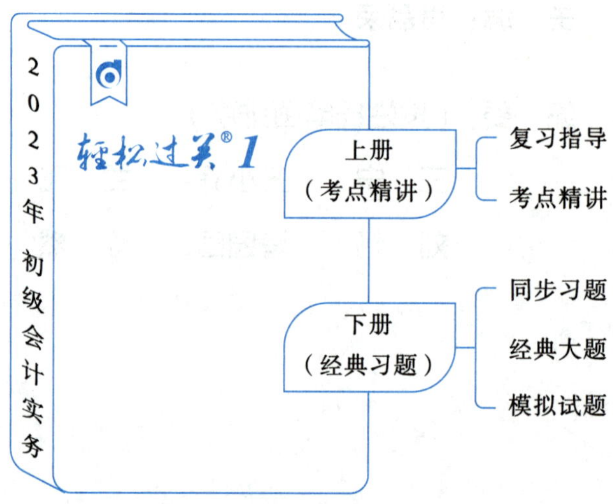

目录 CONTENTS

上册·考点精讲

第一部分　复习指导

复习指导 ······ 3

一、2023 年的重要考试政策 ······ 3

二、2023 年的考试范围及命题规律 ······ 6

三、2023 年使用本书的学习方法及备考建议 ······ 8

第二部分　考点精讲

第一章　概　述 ······ 15

考情分析 ······ 15

考点剖析与经典例题 ······ 15

第一单元　会计概念、职能和目标 ······ 15

第二单元　会计基本假设和会计核算的基础 ······ 19

第三单元　会计信息质量要求 ······ 22

第四单元　会计职业道德 ······ 25

第五单元　内部控制基础 ······ 29

第二章　会计基础 ······ 34

考情分析 ······ 34

考点剖析与经典例题 …… 34
第一单元 会计要素及其确认与计量 …… 34
第二单元 会计科目和借贷记账法 …… 45
第三单元 会计凭证和会计账簿 …… 55
第四单元 财产清查 …… 72
第五单元 会计账务处理程序 …… 77
第六单元 会计信息化基础 …… 78
第七单元 成本与管理会计基础 …… 82
第八单元 政府会计基础 …… 104
第三章 流动资产 …… 116
考情分析 …… 116
考点剖析与经典例题 …… 116
第一单元 货币资金 …… 116
第二单元 交易性金融资产 …… 123
第三单元 应收及预付款项 …… 132
第四单元 存 货 …… 144
第四章 非流动资产 …… 173
考情分析 …… 173
考点剖析与经典例题 …… 173
第一单元 固定资产 …… 173
第二单元 生产性生物资产 …… 193
第三单元 无形资产和长期待摊费用 …… 197
第四单元 投资性房地产 …… 206
第五单元 长期投资 …… 214
第五章 负 债 …… 232
考情分析 …… 232
考点剖析与经典例题 …… 232
第一单元 短期借款 …… 232
第二单元 应付及预收账款 …… 235

第三单元　应付职工薪酬 …… 244
第四单元　应交税费 …… 255
第五单元　非流动负债 …… 272
第六章　所有者权益 …… 277
考情分析 …… 277
考点剖析与经典例题 …… 277
第一单元　实收资本或股本 …… 278
第二单元　资本公积和其他综合收益 …… 287
第三单元　留存收益 …… 291
第七章　收入、费用和利润 …… 303
考情分析 …… 303
考点剖析与经典例题 …… 303
第一单元　收　入 …… 303
第二单元　费　用 …… 328
第三单元　利　润 …… 335
第八章　财务报告 …… 347
考情分析 …… 347
考点剖析与经典例题 …… 347
第一单元　概　述 …… 347
第二单元　资产负债表 …… 349
第三单元　利润表 …… 366
第四单元　现金流量表 …… 372
第五单元　所有者权益变动表 …… 380
第六单元　财务报表附注及财务报告信息披露要求 …… 383
第七单元　财务报告的阅读与应用 …… 385

下册·经典习题

第三部分　同步习题

第一章　概　述 …… 389

同步强化练习题 …… 389

答案速查 …… 393

参考答案及解析 …… 393

第二章　会计基础 …… 397

同步强化练习题 …… 397

答案速查 …… 413

参考答案及解析 …… 414

第三章　流动资产 …… 427

同步强化练习题 …… 427

答案速查 …… 442

参考答案及解析 …… 443

第四章　非流动资产 …… 457

同步强化练习题 …… 457

答案速查 …… 474

参考答案及解析 …… 476

第五章　负　债 …… 491

同步强化练习题 …… 491

答案速查 …… 501

参考答案及解析 …… 502

第六章　所有者权益 …… 511

同步强化练习题 …… 511

答案速查 …… 518
参考答案及解析 …… 519

第七章 收入、费用和利润 …… 526
同步强化练习题 …… 526
答案速查 …… 540
参考答案及解析 …… 541

第八章 财务报告 …… 553
同步强化练习题 …… 553
答案速查 …… 560
参考答案及解析 …… 561

第四部分 经典大题

历年经典大题回顾 …… 571
专题一 流动资产 …… 571
专题二 非流动资产 …… 580
专题三 负 债 …… 588
专题四 所有者权益 …… 596
专题五 收入、费用和利润 …… 600
专题六 财务报告 …… 611
专题七 成本会计 …… 614

跨章节大题集训 …… 617
跨章节不定项 …… 617

附 录 「2 套」全真模拟测试题 …… 638

第一部分

复习指导

本书配套课程时间表

购买本书后，即享有多阶段的名师课程，请用微信或“会计云课堂”App 扫描上方二维码后查看课程的更新时间表。

本书更多配套权益

课程	习题	答疑
预习班 基础班 经典大题讲解 模考班	经典例题 同步习题 经典大题 全真模拟测试题	24 小时内 专业老师答疑 30 次 / 科

扫描封面二维码激活图书后，以上权益将自动开通，请登录“会计云课堂”App 或 www.dongao.com“学员中心”开始学习。

复习指导

——“磊”落不凡，“荣”登金榜

知己知彼，方能百战不殆

自会计专业技术初级资格考试全面实行无纸化机考以来，为保证考试的公平和公正，各批次考试呈现出题目重复率极低、考点分散、不易得高分等特点，但其中也有一定的规律可循，下面进行简单介绍。

一、2023年的重要考试政策

会计专业技术初级资格考试实行全国统一组织并统一考试时间、考试大纲、考试命题、合格标准的考试制度。考试科目包括初级会计实务和经济法基础，参加考试的人员在1个考试年度内通过全部科目的考试，方可取得相应资格证书。

（一）2023年会计专业技术初级资格考试的时间、形式及时长

2023年会计专业技术初级资格考试采用无纸化机考形式，于2023年5月13日至17日进行，共10个批次。初级会计实务科目的考试时长为105分钟，经济法基础科目的考试时长为75分钟，两个科目连续考试，时间不能混用。

具体安排如下：

<table>
<tr><th>考试日期</th><th colspan="2">考试时间及科目</th></tr>
<tr><td rowspan="2">5月13日至17日</td><td>8：30—11：30</td><td>初级会计实务
经济法基础</td></tr>
<tr><td>14：30—17：30</td><td>初级会计实务
经济法基础</td></tr>
<tr><td colspan="3">（1）2023年2月7日至2月28日“全国会计资格评价网”初级资格考试报名系统开通。在上述时间内，各省级考试管理机构自行确定本地区的报名开始时间。考试报名在2月28日12：00截止，缴费在2月28日18：00截止
（2）2023年4月12日前，各省级考试管理机构公布本地区初级资格考试准考证网上打印起止时间
（3）2023年6月16日前，下发考试成绩，并在“全国会计资格评价网”上公布</td></tr>
</table>

（二）2023 年考试题型、题量及得分规则（根据近 3 年考试情况总结）

题型	题量及分值
单项选择题	2 分 / 小题 ×20 小题 =40 分
多项选择题	2 分 / 小题 ×10 小题 =20 分
判断题	1 分 / 小题 ×10 小题 =10 分
不定项选择题	2 分 / 小题 ×5 小题 / 大题 ×3 大题 =30 分

1. 单项选择题——“得基础者，得天下”

题型要求

在 4 个备选答案中只有 1 个最符合题意的正确选项（4 选 1），不选、错选均不得分。

从对历年考试情况的分析来看，单项选择题属于难度最小的一种题型，主要考查一些基本概念和简单的计算，取得高分相对比较容易，而在单项选择题中得高分也是通过考试的关键所在。因此，打好基础至关重要。

考试时应注意

第一，有些题目需要选择“不属于”“不正确”等要求的选项，一定要注意这些关键词；

第二，在对待模棱两可的纯文字类型的题目时，请认真把 4 个备选答案都看一遍并做一下比较，再选出答案。

近几年的命题思路有以下几种：

（1）纯文字型题目，要求考生准确地鉴别出表述最贴近题意的一项。

（2）计算型题目，要求考生在掌握相关知识点的同时准确地进行计算。

（3）分录型题目，要求考生对经济业务做出准确的会计处理。

2. 多项选择题——“工欲善其事，必先利其器”

题型要求

在 4 个备选答案中有 2 个或 2 个以上符合题意的正确选项（4 选多），本题型至少选择两个答案，全部选对得满分，少选得相应分值，多选、错选、不选均不得分，因此多项选择题通常比单项选择题难度大。

解题思路

解题的关键是寻找和破解“题眼”。练就自己的“火眼金睛”，找到命题人容易出题的地方，也就是“题眼”，才能提高答题的准确率。而在多项选择题中考查易错易混的知识点就是命题人的偏好，除针对单个知识点的考查外，还会综合考查不同的知识点，如将第三章的存货与第五章的应交税费及第七章的收入或费用结合出题，要求考生对不同知识点的相同或不同之处进行分析、比较、归纳和总结。

3. 判断题——“天下大事，必作于细”

题型要求

每小题答题正确的得 1 分，错答、不答均不得分，也不扣分。

从众多考生的反馈来看，判断题要拿高分相对比较容易，其考查内容主要是一些基本概念，但要注意题目中细枝末节的表述。

4. 不定项选择题——“会当凌绝顶，一览众‘题’小”

题型要求

每小题的备选答案中有一个或一个以上符合题意的正确答案。每小题全部选对得满分，少选得相应分值，多选、错选、不选均不得分。

解题思路

不定项选择题在难度上是最大的，但是此类题型却有着固有的“套路”。不定项选择题的解题思路可以总结为“三看”，也就是大家写作文时常常会用到的“三段论”——“鱼头”“鱼身”“鱼尾”。

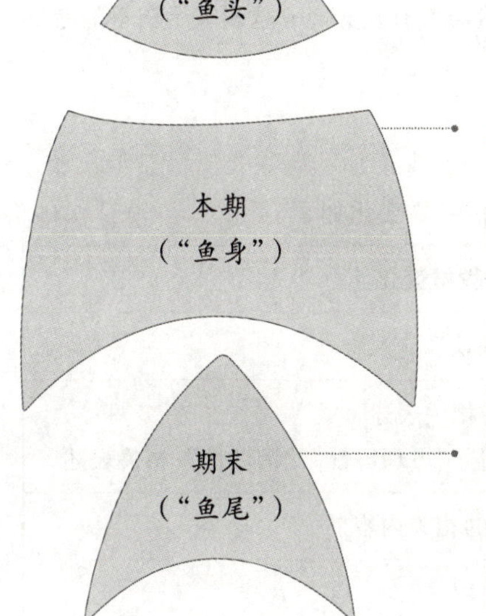

一看期初

看相关科目是否有余额（可以是月初余额，也可以是年初余额）。

二看本期

看发生了哪些事。这是题目的主体，通常以“资料（1）、资料（2）、资料（3）、资料（4）”等形式分别列出。通常第 1 至 4 题的问法是：“根据资料 ×，下列内容正确的是（　　）”“根据资料 ×，下列各项错误的是（　　）”等。其实也可以视为几个单选题或多选题的“拼盘”。

三看期末

这通常是不定项选择题的“落脚点”，一般对应第 5 题，问法往往会落到“以上业务如何影响报表中的某个项目金额”的问题上。例如，“根据期初资料、资料（1）至资料（4），影响利润表中营业利润的金额是（　　）万元”“根据资料（1）至资料（4），影响资产负债表中存货项目的金额是（　　）万元”等。

因为该题型考查的内容具有较强的综合性（如考查收入相关业务时，常常会结合应收账款、增值税等一起进行考查），所以要求考生在复习时应将知识点融会贯通。但令人欣慰的是这种题型少选也是可以得到相应的分值的，只有多选、错选才不得分。因此，在做该类题时，考生思路要清晰，选择有把握的答案，对于模棱两可的选项要果断放弃。

二、2023 年的考试范围及命题规律

（一）最近 3 年各章分值分布及考试重要程度

章 名	2022 年	2021 年	2020 年	考试重要程度
第一章 概 述	4	4	2	★
第二章 会计基础	7	12	19	★★★
第三章 流动资产	18	16	15	★★★
第四章 非流动资产	17	15	11	★★★
第五章 负 债	13	14	14	★★
第六章 所有者权益	11	9	9	★★
第七章 收入、费用和利润	21	20	18	★★★
第八章 财务报告	9	9	11	★★

注：2020—2022 年各章分值分布是根据各年考生回忆版试题总结的，在此仅选取其中一套完整的试卷进行分析。因为是机考，所以各套考题中各章分值会略有差异。★越多表示该章的考试重要程度越高。

（二）2023 年教材的主要变化

2023 年教材各章的具体考点进行了不同程度的调整，主要变化如下。

章 名	教材变化	
第一章 概 述	新增	“初始确认”“再确认”定义
	修订	①“会计监督”的相关表述 ②“会计信息作用”“可理解性”“谨慎性”相关表述
	删除	“会计职业风险”的相关内容
第二章 会计基础	新增	①会计信息化的作用 ②信息化环境下的会计账务处理概念 ③信息化环境下会计账务处理流程 ④财务机器人和财务大数据的应用 ⑤财务共享中心的功能与作用 ⑥产品成本核算 ⑦生产费用在完工产品和在产品之间的归集和分配 ⑧政府单位会计核算

章　名	教材变化	
第三章　流动资产	无实质性变化	
第四章　非流动资产	修订	①“经济利益预期实现方式”改为“经济利益预期消耗方式”（涉及到固定资产、无形资产、生产性生物资产） ②长期投资概念
	删除	使用权资产的账务处理整个知识点
第五章　负　债	新增	应付债券的发行及账务处理
第六章　所有者权益	新增	①其他权益工具的概念和账务处理 ②以权益结算的股份支付下增加了例题 ③其他综合收益的账务处理 ④法定盈余公积转增资本后，其应剩余金额的比例
第七章　收入、费用和利润	修订	例题中涉及可变对价的收入在确认时与之相关的增值税的计算
第八章　财务报告	新增	①现金流量涉及的主要项目内容 ②编制调整分录的具体内容 ③财务报告的阅读与应用

（三）命题规律

会计专业技术初级资格考试从2014年起全面实行机考，到2022年已经9年了。通过对近9年机考试题的分析，总结出如下命题规律。

1. 覆盖面广

从近几年的试卷分析来看，考点基本上覆盖了考试大纲和教材的范围，特别是细节内容，题目中考查的基本是各章节的基础知识，很少会有超出考试大纲和教材范围的内容，所以要求考生更加全面地研读教材、夯实基础。

2. 重点突出

虽然考查全面，但是“重者恒重”。从近几年的试卷分析来看，分值主要分布在资产及收入、费用和利润等章，涉及存货、固定资产、无形资产、交易性金融资产、长期股权投资、投资性房地产、收入的账务处理等，基本上是常考常新、年年涉及，考生只要掌握基本的核算原理，再针对历年考题进行强化训练，无论命题人从哪个角度、用哪种题型进行考查，考生都能轻松应对。

3. 综合性强

综合性强主要体现在不定项选择题上。该题型不仅考查单个知识点，还会将企业不同类型的经济业务事项综合起来进行考查，因此要求考生将不同的知识点联系在一起，进行全面、综合的分析，甚至还要求考生掌握财务报表项目的填列，对考生的要求有所提高。

4. 难度微降

从近几年试卷分析来看，虽然考试覆盖面更加广泛，但考试的难度整体上还是有所下降的，基本不涉及偏题、怪题，这对广大考生来说是一个好消息。

三、2023年使用本书的学习方法及备考建议

（一）各学习阶段的特点

1. 基础学习阶段（上册）——脚踏实地，勤学储能

学习初级会计实务，需要在脑海中建立一个全面而系统的知识结构，而不能仅进行碎片化学习。只有拥有一个稳定的知识结构，才能足以应对实践中的种种考验。在此阶段，考生需要全方位、认真地了解会计、学习会计，知其然，知其所以然，深刻、全面地了解知识点才能通过考试。而知识的学习从来不是一蹴而就的，也无法急于求成，大家需要耐心、细心地学习每一个知识点，脚踏实地的增加自己的知识储备。

本书分为上、下两册。上册的“考点精讲”结合考试大纲，将知识点细化于体系中，由浅入深、层层递进的为考生介绍基础知识。

2023年的“轻1”仍然采用二八分栏的形式，当你感觉某个知识点难以理解的时候，不妨看一下边栏的提示或文中的“肖老师解读”，其可以理解为编者创作时的旁白或“画外音”，助你更好地理解正文内容，理顺会计逻辑。

肖老师解读

什么是会计？简单理解即“管钱”，“管”为职能，“钱”为对象。

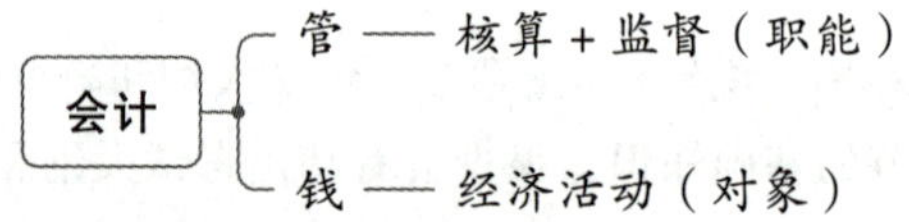

当你感觉某个理论特别抽象难懂时，可能一个小游戏——“跷跷板”就能够让你“秒懂”会计等式的基本类型。

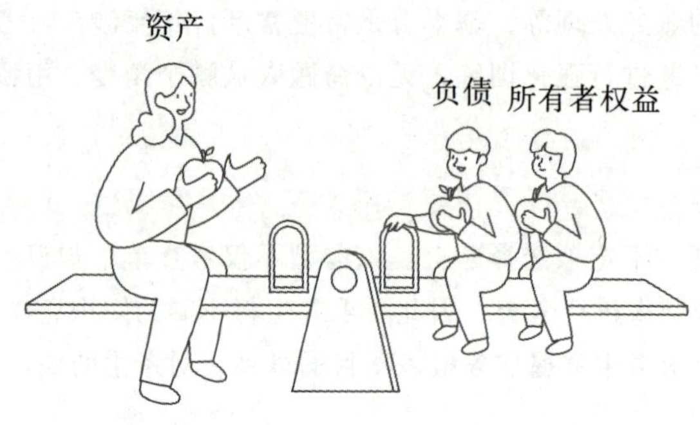

当你面对晦涩的专业名词、复杂的账务处理时，或许一个诙谐小故事——“母牛的一生”会让你突然理解交易性金融资产这个“难啃”的考点。

小奥到村里去买牛，找来“村长”当经纪人。

节点	具体情节
买到母牛时 3 件事 （取得时）	（1）买的“母牛”：交易性金融资产——成本 （2）若肚子里怀有“小牛”：增加应收股利 / 应收利息 （3）给“村长”的小费：冲减投资收益
母牛到家后 2 件事 （持有期间）	（1）关注“小牛们”： ①头胎“小牛”出生：冲减应收股利 / 应收利息 ②又怀“二牛”：增加投资收益 （2）年底关心下母牛：胖了调增公允价值变动损益，瘦了反之
卖掉母牛 2 件事 （处置时）	（1）赚了或赔了：增加或减少投资收益 （2）记得月末交增值税：冲减或增加投资收益

上册还有“奥小拓的华丽转身”“宝葫芦之万能圈”的故事等，相信这会让越来越多的考生爱上会计，让考证学习不再是负担，趣味学习会计知识，最后轻松过关！

2. 强化提高阶段（下册）——炼铁成钢，无坚不摧

当学习完基础知识后，需要做的就是提高知识之间的关联性，把看似独立的知识点融会贯通，能熟练地应用。

在此阶段，本书的下册（包括同步习题、经典大题以及模拟题），就是有力的“提纯”工具。我们需要通过一遍遍地做习题，辨析出易错点、易混点、易忘点，有的放矢地加强记忆，加强练习，查漏补缺，为考试编织一张知识网。

“同步习题”部分，每章均配备“同步强化练习题”，以题目为手段，查漏补缺，识别题眼陷阱，以提高对知识应用的灵活度。但谨记不要为了做题而做题，不要搞“题海战术”，做题的初衷只是巩固知识点，完善知识框架，使知识网络更清晰化、系统化。例如，涉及“固定资产”的题目可谓层出不穷、千变万化，我们需要的是每做一道题，就要总结出这道题背后所涉及的考点，并逐一攻破。这样每一道题才有价值。要拒绝“盲目刷题”，不要靠“刷题”的数量来蒙蔽和感动自己，这样并不能改善结果。

“经典大题”部分，在“历年经典大题回顾”中，通过“肖老师带您读题”，教你沉浸式做题，建议大家一边读题，一边标记。题目中的每一处“坑点”都有提示，会详细分析命题视角。且在最后增加了“跨章节大题集训”，帮助你进一步的提升和训练。例如：

肖老师带您读题

甲公司为增值税一般纳税人，2021年度该公司发生与固定资产相关业务如下：

（1）1月8日，购入一台需要安装的M设备，取得的增值税专用发票上注明的价款为500000元，增值税税额为65000元，另支付安装费取得的增值税专用发票上注明的价款为40000元，增值税税额为3600元，全部款项以银行存款支付。该设备预计可使用5年，预计净残值为30000元，采用年限平均法计提折旧。1月10日M设备达到预定可使用状态并交付生产车间使用。[1]

（2）6月30日，委托外单位对本公司设备进行日常维护修理，其中行政管理部门设备的修理费为30000元，销售部门设备修理费为10000元，取得的增值税专用发票上注明的价款为40000元，增值税税额为5200元，全部款项以银行存款支付。[2]

（3）12月5日，报废一台N设备，该设备原值为800000元，已计提折旧760000元，未发生资产减值损失。设备报废取得变价收入20000元，开具的增值税专用发票上注明的增值税税额为2600元，报废过程中发生清理费用6000元，全部款项均已通过银行办理结算。[3]

（4）12月31日，对固定资产进行减值测试，发现2021年1月购入的M设备存在减值迹象，其可收回金额为440000元。[4]

要求：根据上述资料，不考虑其他因素，分析回答下列小题。（2022年）

1 资料（1）考核：
①取得固定资产入账价值的确认（增值税可抵扣，不计入固定资产成本）。
②固定资产折旧的处理：当月增加，下月提折旧；年限平均法计算折旧额。

2 资料（2）考核固定资产的日常修理费：
①行政管理部门计入管理费用；销售部门计入销售费用。
②增值税可以抵扣。

3 资料（3）考核固定资产的报废，通过“固定资产清理”科目核算，好事在贷方，坏事在借方，最终清理净损益结转到营业外收入或营业外支出。

4 资料（4）考核计提固定资产减值准备：
①计提数即“缺口”，等于应有数－已有数。
②固定资产减值准备一经计提，不得转回。

“全真模拟测试题”部分，是对考试的预测。经过夯实基础，知识提纯，在此阶段，我们要发挥模拟试卷的价值。肖老师给大家提供了亲编的全真模拟测试卷，不仅为大家全面梳理了知识点，更结合往年高频考点、2023年新增考点、考试政策进行考试方向预判，为大家的考试保驾护航。扎实的知识记忆是我们冲刺的重要武器，而肖老师的考点预判则是我们冲刺的重要方向。

（二）学习时间的安排

“凡事预则立，不预则废”。做事情之前要制订计划，再按照计划一步步执行。初级会计实务的学习也是一样的，考生要规划好每天学习哪些章节的内容，并完成配套的练习。学习不能“三天打鱼，两天晒网”，而要有计划地备考，不能临近考试才开始重视。临时抱佛脚，抱着侥幸心理去考试，过关的概率可想而知。既然要考，就要抱着“一次过”的态度，只要认真听课、多做练习，通过考试并不难。

根据多年来考生的反馈及编者的教学经验，本书为考生制订了一份学习计划，希望对大家有所帮助。

基础

2023 年 2 月至 2023 年 3 月末

各位考生一定要有效地利用书课包，完成第一轮的学习。做一遍本书每章的配套习题，同时，要将做错的、不会做的题目标记出来，以备第二轮复习时使用。

提升

2023 年 4 月至 2023 年 5 月初

在此阶段，考生需要进行第二轮的强化学习，全面梳理、记忆知识点，并进行大量的习题练习，这样才能将知识点转化为分数。

冲刺

2023 年 5 月初至考试前

在此阶段，考生需要重点进行模拟试题的练习，发现自己的易错点、易忘点，查漏补缺，提高答题速度，进行机考演练。

（三）备考建议

对于初级会计实务考试而言，存在两个重要的“通关法宝”。

一是高质量地做题。存在于我们脑海中的知识点最终都需要考场中的试卷进行检验，而高质量地做题则对通过考试至关重要，可以直观地反映考生对知识点的掌握程度，并且考生还可以在做题中了解知识点的考查方式和考查角度。

二是及时地归纳总结。练习中的错题有重要的价值，它反映了我们知识体系中的漏洞，我们需要及时地查漏补缺、归纳总结，才能编织更加紧密的知识网。

世界上最快的捷径就是脚踏实地！

让我们即刻出发，抬头有广阔的天空，低头有坚实的脚步，回头有一路故事。

最后，祝大家轻松过关！

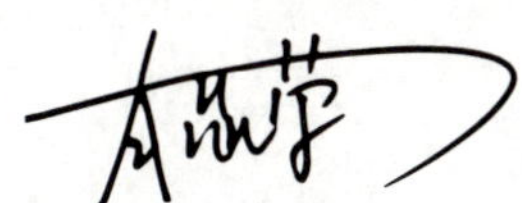

第二部分

考点精讲

本书配套课程时间表

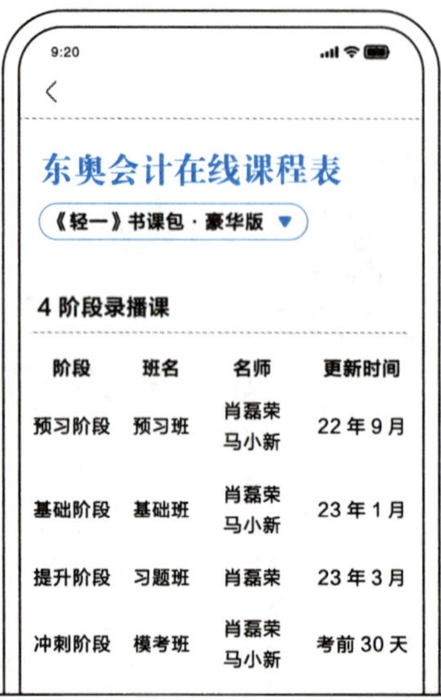

购买本书后，即享有多阶段的名师课程，请用微信或“会计云课堂”App 扫描上方二维码后查看课程的更新时间表。

本书更多配套权益

课程

预习班
基础班
经典大题讲解
模考班

习题

经典例题
同步习题
经典大题
全真模拟测试题

答疑

24 小时内
专业老师答疑
30 次 / 科

扫描封面二维码激活图书后，以上权益将自动开通，请登录“会计云课堂”App 或 www.dongao.com“学员中心”开始学习。

第一章　概　述

考情分析

本章作为会计入门知识，内容包括会计概念、职能和目标，会计基本假设和会计核算的基础，会计信息质量要求，会计职业道德和内部控制基础。本章内容无须死记硬背，应在理解的基础上加以记忆。

近三年题型题量分析表

年份＼题型	单项选择题	多项选择题	判断题	不定项选择题	合计
2022 年	1 题 2 分	1 题 2 分	—	—	4 分
2021 年	1 题 2 分	1 题 2 分	—	—	4 分
2020 年	—	1 题 2 分	—	—	2 分

考点剖析与经典例题

第一单元　会计概念、职能和目标

使用“会计云课堂”App
扫码听课、做题、答疑

考点 01　会计概念　　考频 | ★

（一）会计的定义

会计是以货币为主要计量单位，采用专门方法和程序，对企业和行政、事业单位的经济活动过程及其结果进行准确完整、连续系统的核算和监督，以如实反映受托责任履行情况和提供有用经济信息为主要目的的经济管理活动。本章未特别说明时，均以企业会计为对象进行介绍。

（二）会计的基本特征

（1）以货币为主要计量单位。
（2）准确完整性、连续系统性。

什么是会计？简单理解即为“管”“钱”，“管”为职能，“钱”为对象。

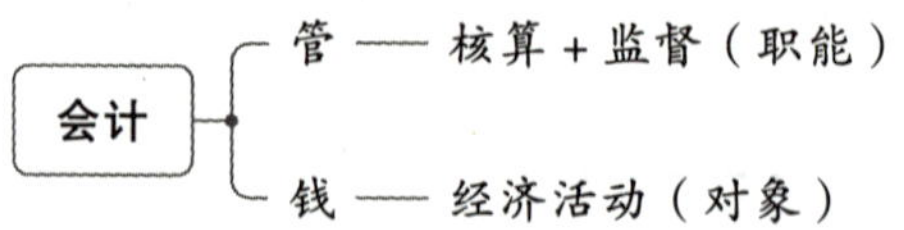

考点02 会计职能

考频 | ★★

会计职能，是指会计在经济管理过程中所具有的功能。会计具有会计核算和会计监督两项基本职能，还具有预测经济前景、参与经济决策、评价经营业绩等拓展职能。

熟知（一）基本职能

项目	内容
会计核算	是指会计以货币为主要计量单位，对特定主体的经济活动进行确认、计量、记录和报告。会计核算贯穿于经济活动的全过程，是会计最基本的职能。会计核算的内容主要包括： （1）款项和有价证券的收付 （2）财物的收发、增减和使用 （3）债权、债务的发生和结算 （4）资本、基金的增减 （5）收入、支出、费用、成本的计算 （6）财务成果的计算和处理 （7）需要办理会计手续、进行会计核算的其他事项
会计监督	会计监督可分为单位内部监督、国家监督和社会监督三部分 单位内部监督是指会计机构、会计人员对其特定主体经济活动和相关会计核算的真实性、完整性、合法性和合理性进行审查，使之达到预期经济活动和会计核算目标的功能；国家监督是指财政、审计、税务、人民银行、证券监管、保险监管等部门依照有关法律、行政法规规定对各有关单位会计资料的真实性、完整性、合法性等实施的监督检查；社会监督是指以注册会计师为主体的社会中介机构等实施的监督活动 会计监督的主要内容有： （1）对原始凭证进行审核和监督 （2）对伪造、变造、故意毁灭会计账簿或者账外设账行为，应当制止和纠正

项目	内容
会计监督	（3）对实物、款项进行监督，督促建立并严格执行财产清查制度 （4）对指使、强令编造、篡改财务报告行为，应当制止和纠正 （5）对财务收支进行监督 （6）对违反单位内部会计管理制度的经济活动，应当制止和纠正 （7）对单位制定的预算、财务计划、经济计划、业务计划的执行情况进行监督等
两者关系 提示	会计核算与会计监督是相辅相成、辩证统一的： （1）会计核算是会计监督的基础，没有核算提供的各种系统性会计资料，监督就失去了依据 （2）会计监督是会计核算质量的保障，只有核算没有监督，就难以保证核算提供信息的质量

提示

两者关系：

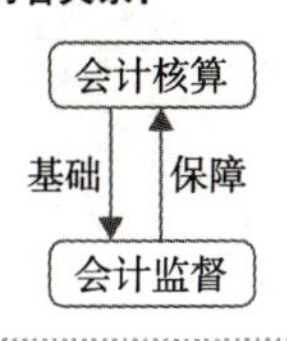

（二）拓展职能 解释

拓展职能	含义
预测经济前景	是指为了达到指导和调节经济活动，提高经济效益的目标，利用财务报告等提供的相关信息，定量、定性地判断和推测经济活动的发展变化规律
参与经济决策	是指采取定量分析与定性分析方法，利用财务报告等提供的信息资料，对备选方案进行经济可行性分析，从而为企业经营管理等提供与决策相关的信息
评价经营业绩	是指利用财务报告等提供的会计资料，采用恰当的方法，按照相应的评价标准，对企业一定经营期间的经营成果，进行定量和定性对比分析并作出综合评价

解释

拓展职能：

会计拓展职能，是指会计基本职能的延伸与拓展。

关于会计职能的总结如下图所示：

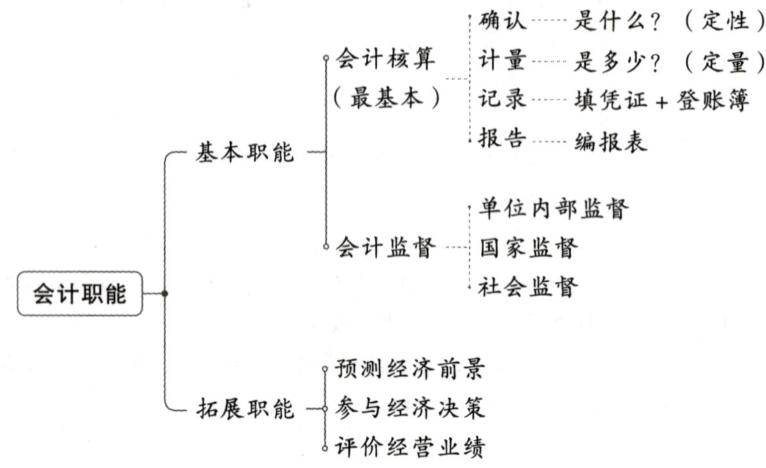

历年命题视角

1. 基本职能（核算＋监督）的具体内容，以及二者的关系
2. 拓展职能的具体内容

【经典例题1·单选题】会计的（　　）职能，是对特定主体的经济活动进行确认、计量、记录和报告。（2022年·2分）

A. 核算　　B. 预测经济前景

C. 监督　　D. 评价

【答案】A

【经典例题2·多选题】根据会计法律制度的规定，下列各项中，属于会计核算内容的有（　　）。（2020年·2分）

A. 资本、基金的增减　　B. 财务成果的计算和处理

C. 款项和有价证券的收付　　D. 债权、债务的发生和结算

【答案】ABCD

【经典例题3·多选题】下列各项中，关于会计职能的表述正确的有（　　）。（2018年·2分）

A. 监督职能是核算职能的保障

B. 核算职能是监督职能的基础

C. 预测经济前景、参与经济决策和评价经营业绩是拓展职能

D. 核算与监督是基本职能

【答案】ABCD

考点03 会计目标 考频丨★

会计目标，是要求会计工作完成的任务或达到的标准。会计的基本目标是向财务报告使用者提供企业财务状况、经营成果和现金流量等有关的会计资料和信息，反映企业管理层受托责任履行情况，有助于财务报告使用者作出经济决策，达到不断提高企事业单位乃至经济社会整体的经济效益和效率的目的和要求。

会计资料及会计信息的使用者不仅包括企业的内部使用者，还包括外部使用者，主要包括投资者、债权人、政府及其有关部门和社会公众等。满足投资者的信息需要是企业财务报告编制的首要出发点，企业编制的财务报告、提供的会计信息必须与投资者的决策密切相关。

使用“会计云课堂”App
扫码听课、做题、答疑

第二单元 会计基本假设和会计核算的基础

考点01 会计基本假设 提示 考频丨★

会计基本假设是企业会计确认、计量、记录和报告的前提，是对会计核算时间和空间范围以及所采用的主要计量单位等作出的合理假定。对履行会计职能、实现会计目标，会计假设具有举足轻重的地位。会计基本假设包括会计主体、持续经营、会计分期和货币计量。

会计基本假设	概念	注意事项
会计主体 解释1	是指会计工作服务的特定对象，是会计确认、计量、记录和报告的空间范围。在会计主体假设下，企业应当对其本身发生的交易或事项进行会计确认、计量、记录和报告，反映企业本身所从事的各项生产经营活动和其他相关活动	会计主体不同于法律主体。一般来说，法律主体一定是会计主体，但会计主体不一定是法律主体，如生产车间、分公司、企业集团可以是会计主体，但不是法律主体
持续经营	是指在可以预见的将来，企业将会按当前的规模和状态继续经营下去，不会停业，也不会大规模削减业务	持续经营是会计分期的前提
会计分期 解释2	是指将一个企业持续经营的生产经营活动划分为一个个连续的、长短相同的期间 会计期间通常分为会计年度和中期。中期，是指短于一个完整的会计年度的报告期间，比如月度、季度、半年度等	由于会计分期，才产生了当期与以前期间、以后期间的差别，才使不同类型的会计主体有了记账的基准，进而出现了折旧、摊销等会计处理方法

提示

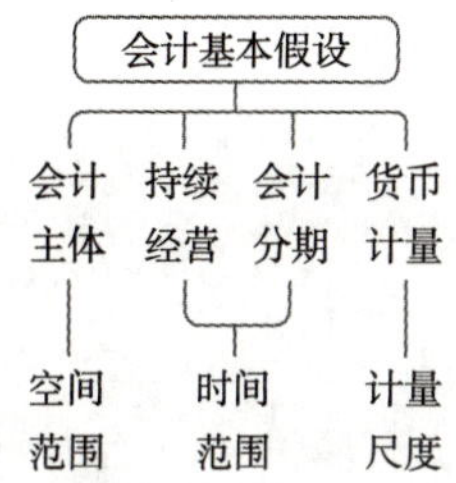

解释1

会计主体：

①如果某项经济交易或事项是属于企业所有者个体所发生的（例如所有者为自己居住买的房产），则不应纳入企业会计核算的范围。

②如果企业所有者向企业投入资本或企业向投资者分配利润，则属于企业会计主体的核算范围。

解释2

会计分期：

人为分段，经济活动并非按下“暂停键”或“重启键”。

会计基本假设	概念	注意事项
货币计量	是指会计主体在会计确认、计量、记录和报告时主要以货币作为计量单位，来反映会计主体的生产经营活动过程及其结果	我国会计核算以人民币为记账本位币。业务收支以外币为主的企业，可以选定某种外币作为记账本位币，但是编报的财务报告应折算为人民币

【提示】会计分期的目的，在于通过会计期间的划分，将持续经营的生产经营活动划分成连续、相等的期间，据以结算盈亏，按期编报财务报告，从而及时向财务报告使用者提供有关企业财务状况、经营成果和现金流量的信息。

历年命题视角 会计基本假设——会计主体的具体理解。

【经典例题4·多选题】下列各项中，可确认为会计主体的有（ ）。（2020年·2分）

A. 子公司

B. 销售部门

C. 集团公司

D. 母公司

【解析】选项ABCD均可以进行独立核算，可以确认为会计主体。注意，在实务中是否作为会计主体单独进行核算需要考虑企业的实际情况。

【答案】ABCD

【经典例题5·单选题】为了将本企业经济活动与其他企业经济活动加以区分，企业在核算时所建立的基本前提是（ ）。

A. 会计主体

B. 持续经营

C. 会计分期

D. 货币计量

【解析】会计主体是为了确定会计核算和监督的特定单位或组织，它确立了会计核算的空间范围。

【答案】A

解释1

会计核算的基础：本质是解决“确认收入或费用的归属期间”问题。

①权责发生制：“盯事”找期间（归属期间）。

②收付实现制：“盯钱”看时点（收支时点）。

考点02 会计核算的基础（解释1） 考频 ★

会计核算的基础，指会计确认、计量、记录和报告的基础，包括权责发生制和收付实现制。

（一）会计核算的基础的相关概念及关注事项

基础	概念	关注事项
权责发生制 解释 2	是指以取得收取款项的权利或支付款项的义务为标志来确定本期收入和费用的会计核算基础 （1）凡是当期已经实现的收入和已经发生或应当负担的费用，无论款项是否收付，都应当作为当期的收入和费用，计入利润表 （2）凡是不属于当期的收入和费用，即使款项已在当期收付，也不应当作为当期的收入和费用	企业会计、政府会计中的财务会计、民间非营利组织会计均采用权责发生制
收付实现制	是指以**现金的实际收付**为标志来确定本期收入和费用的会计核算基础	我国政府会计中的预算会计采用收付实现制，国务院另有规定的，从其规定

> 解释 2
>
> **权责发生制：**
>
> 本期支付的不一定是本期的费用；属于本期的费用可能已付，也可能未付。

（二）权责发生制与收付实现制下会计处理结果的差异

会计核算的基础有两种，分别为权责发生制与收付实现制，其会计处理的结果也有所不同。在交易或者事项的发生时间与相关款项收付时间不一致时产生两种会计基础下确认的**利润差额**。

情形	权责发生制	收付实现制
本期款项已经收到，但销售并未实现	不确认收入	确认收入
	权责发生制下的利润**低于**收付实现制下的利润	
款项已经支付，但与本期的生产经营活动无关	不确认费用	确认费用
	权责发生制下的利润**高于**收付实现制下的利润	

为了真实、公允地反映特定会计期间的财务状况和经营成果，企业应当以**权责发生制**为基础进行会计确认、计量、记录和报告。

肖老师解读

会计基本假设与会计核算的基础的关系：

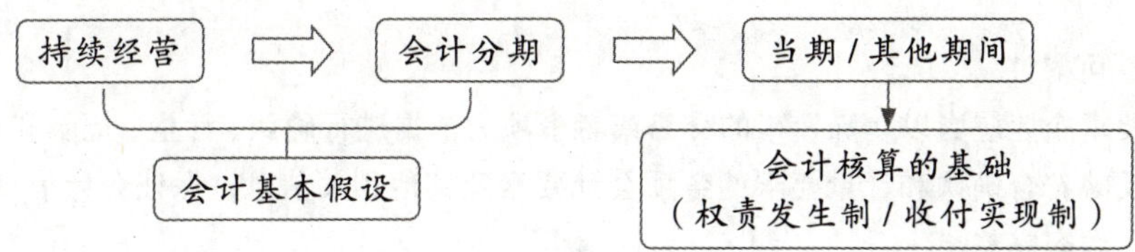

历年命题视角
1. 从概念角度考核权责发生制下收入或费用的确认
2. 给出实际业务来判断会计核算的基础的归属

【经典例题6·单选题】下列各项会计处理中，以权责发生制为基础的是（ ）。（2022年·2分）

A. 预收商品销售货款时确认收入
B. 销售商品以实际收到货款的时间确认收入
C. 预付下一年度的保险费时确认为当年费用
D. 销售商品在客户取得商品控制权时确认收入

【解析】选项ABC是以收付实现制为会计核算的基础。

【答案】D

【经典例题7·判断题】根据权责发生制的要求，应由企业当期负担的费用，即使其款项在当期尚未支付，也应当确认为当期费用。（ ）（2022年·1分）

【答案】√

使用"会计云课堂"App扫码听课、做题、答疑

第三单元 会计信息质量要求

考点01 会计信息 考频 ★

会计信息的主要作用有：解脱企业及其管理者的受托责任，降低企业和外部利益相关者之间的信息不对称；有效约束公司管理层的行为，提高公司治理的效率；帮助投资者作出投资决策；有利于债权人作出授信决策；维护资本市场秩序、提高经济的运行效率等。

会计信息质量，是指会计信息符合会计法律、会计准则等规定要求的程度，是满足企业利益相关者需要的能力和程度。

考点02 会计信息质量要求（解释1） 考频 ★★★

解释1
会计信息质量要求：本质是"衡量会计信息的指标"。

【熟知】会计信息质量要求是使财务报告所提供会计信息对投资者等信息使用者决策有用应具备的基本特征。它包括可靠性、相关性、可理解性、可比性、实质重于形式、重要性、谨慎性和及时性等。

▶ **可靠性**

要求企业应当以实际发生的交易或者事项为依据进行确认、计量、记录和报告，如实反映符合确认和计量要求的各项会计要素及其他相关信息，保证会计信息真实可靠、内容完整。

例如：在资产负债表日对应收款项的账面价值进行评估时，不是迫于股东或管理层压力以操纵当期利润为目的，而是基于应收款项的信用减值迹象的客观事实进行职业判断。

▸ **相关性** 解释2

要求企业提供的会计信息应当与投资者等财务报告使用者的经济决策需要相关，有助于投资者等财务报告使用者对企业过去、现在或未来的情况作出评价或者预测。会计信息是否有用是会计信息质量的重要标志和基本特征之一。

例如：

业务	相关性
区分收入与利得、费用与损失	帮助财务会计报告使用者评价和预测企业的盈利能力
区分流动资产与非流动资产	帮助财务会计报告使用者评价和预测企业资产流动性和支付能力
区分流动资产和非流动资产的同时区分流动负债与非流动负债	帮助财务会计报告使用者评价和预测企业的短期偿债能力和长期偿债能力

▸ **可理解性**

要求企业提供的会计信息应当清晰明了，便于投资者等财务报告使用者理解和使用。

例如：对于财务会计报表中计提减值准备的资产项目，在财务会计报表的正表中采用净额列示的，须在附注中说明相应已计提减值准备的金额。

▸ **可比性**

（1）同一企业不同时期可比（纵向可比）：同一企业不同时期发生的相同或者相似的交易或者事项，应当采用一致的会计政策，不得随意变更。

（2）不同企业相同会计期间可比（横向可比）：不同企业同一会计期间发生的相同或者相似的交易或者事项，应当采用同一会计政策，确保会计信息口径一致、相互可比，以使不同企业按照一致的确认、计量、记录和报告要求提供有关会计信息。

▸ **实质重于形式** 解释3

要求企业应当按照交易或者事项的经济实质进行会计确认、计量、记录和报告，不仅仅以交易或者事项的法律形式为依据。

例如：企业租入的资产（除短期租赁和低价值资产租赁外），虽然从法律形式来说企业并不拥有其所有权，但从其经济实质来看，企业能够控制租入资产所创造的未来经济利益，须将其视为企业的资产，在资产负债表中填列使用权资产。

▸ **重要性**

要求企业提供的会计信息应当反映与企业财务状况、经营成果和现金流量有关的所有重要交易或者事项。

解释2

相关性：
以可靠性为基础，两者统一，并不矛盾。

解释3

可靠性vs实质重于形式：
①可靠性：强调交易或事项已经发生。
②实质重于形式：在已发生的基础上，还要注意经济实质大于法律形式。

注意：在实务中，重要性的应用需要依赖职业判断，从项目的功能、性质和金额大小多方面加以判断。

常考案例：

（1）低值易耗品摊销采用一次摊销法或者分次摊销法，尚未摊销的部分不作为单独项目列报，而作为周转材料合并列入资产负债表的存货项目。

（2）企业发生的研发支出中属于研究阶段的支出，从其功能看尚未形成预期会给企业带来经济利益的资源，作为期间费用计入当期损益核算并列报。

▸ **谨慎性**

要求企业对交易或者事项进行会计确认、计量、记录和报告时须保持应有的谨慎，不应高估资产或者收益、低估负债或者费用。

常考案例：

（1）对可能发生减值的资产计提减值准备。

（2）固定资产加速折旧。

（3）对符合条件的或有应付金额确认为负债：如企业对售出商品很可能发生的保修义务确认预计负债、对很可能承担的环保责任确认预计负债等。

▸ **及时性**

要求企业对于已经发生的交易或者事项，应当及时进行确认、计量、记录和报告，不得提前或者延后。

例如：企业将自行研制的软硬件为一体的商品进行销售后还将提供免费维护服务，应当按合理的比例在销售当期和后期维护合约持续期间分配确认各期销售收入。

1. 识别各个会计信息质量要求特征的文字性表述
2. “谨慎性”“重要性”“相关性”的具体案例应用

【经典例题8·单选题】下列各项中，关于会计信息质量要求的可靠性的表述正确的是（　　）。（2022年·2分）

A. 企业进行核算应与报告使用者的经济决策需要相关

B. 企业应当以实际发生的交易或者事项为依据进行会计核算

C. 不同企业同一会计期间发生相同的交易，应当采用同一会计政策

D. 企业进行核算应便于报告使用者理解和使用

【解析】选项A是相关性，选项C是可比性，选项D是可理解性。

【答案】B

【经典例题9·单选题】下列各项中，不属于会计信息质量要求的是（　　）。（2022年改编·2分）

A. 在财务报表中对收入和利得、费用和损失进行分类列报

B. 会计核算应当注重交易和事项的实质

C. 及时将编制的财务报告传递给使用者

D. 会计核算应当以权责发生制为基础

【解析】选项 A，体现的是相关性要求；选项 B，体现的是实质重于形式要求；选项 C，体现的是及时性要求；选项 D，是会计核算的基础，不属于会计信息质量要求。

【答案】D

【经典例题 10·单选题】下列各项中，符合谨慎性会计信息质量要求的是（　　）。（2022 年·2 分）

A. 在存货的可变现净值低于成本时，按可变现净值计量

B. 确认收入时不考虑很可能发生的保修义务

C. 采用年限平均法计提固定资产折旧

D. 金额较小的低值易耗品采用分次摊销法摊销

【解析】选项 B，企业应对售出商品很可能发生的保修义务确认预计负债才体现谨慎性；选项 C，固定资产按年限平均法计提折旧，并不体现谨慎性，固定资产加速计提折旧时才体现谨慎性；选项 D，低值易耗品采用一次摊销法或分次摊销法摊销，尚未摊销的部分不作为单独项目列报，满足重要性要求。

【点题】固定资产加速折旧是前期折旧额较大，后期折旧额较小。随着科技的进步，固定资产的更新速度快，可能导致资产价值迅速下降，所以本着不高估资产的原则，前期需要多提折旧，因此符合谨慎性要求。

【答案】A

第四单元　会计职业道德

使用“会计云课堂”App扫码听课、做题、答疑

考点 01　会计职业及其特征　考频 | ★

（1）会计职业，指利用会计专门的知识与技能，为经济社会提供会计服务，以获取合理报酬的职业。

（2）会计职业具有社会属性、规范性、经济性、技术性、时代性的特征。

考点 02　会计职业道德概述　考频 | ★

会计职业道德，是指在会计职业活动中应当遵循的、体现会计职业特征的、调整会计职业关系的职业行为准则和规范。会计职业理想、会计职业责任、会计职业技能、会计工作态度、会计工作作风和会计职业纪律等构成了会计职业道德的主要内容。

诚信是会计职业道德的核心。决定会计工作成败和质量好坏的根本标准是准确核算、如实反映、讲求诚信。会计人员必须以诚信为本，保持客观公正。

1. 会计职业道德与会计法律制度的联系

会计职业道德与会计法律制度在内容上互相渗透、互相吸收；在作用上互相补充、互相协调。

会计法律制度是会计职业道德的最低要求，是会计职业道德的基本制度保障。会计职业道德是会计法律制度的重要补充。

2. 会计职业道德与会计法律制度的区别

区别	会计职业道德	会计法律制度
性质不同	通过行业行政管理部门规范和会计从业人员自觉执行，具有很强的自律性	通过国家权力强制执行，具有很强的他律性
作用范围不同 提示	不仅调整会计人员的外在行为，还调整会计人员内在的精神世界	侧重于调整会计人员的外在行为和结果的合法化，具有较强的客观性
表现形式不同	出自会计人员的职业生活和职业实践，其表现形式既有成文的规范，也有不成文的规范	通过一定的程序由国家立法部门或行政管理部门制定、颁布的，其表现形式是具体的、明确的、正式形成文字的成文规定
实施保障机制不同	主要依靠行业行政管理部门的监管执行和职业道德教育、社会舆论、传统习惯以及道德评价来实现	依靠国家的强制力保证其贯彻执行
评价标准不同	以行业行政管理规范和道德评价为标准	以法律规定为评价标准

提示

作用范围不同：会计职业道德的作用范围更广泛。

历年命题视角

1. 会计职业道德的核心内容
2. 会计职业道德与会计法律制度的联系与区别

【经典例题11·单选题】下列各项中，会计职业道德的核心内容是（ ）。（2022年·2分）

A. 自律　　B. 诚信

C. 敬业　　D. 参与管理

【答案】B

【经典例题12·判断题】会计法律制度是会计职业道德的重要补充，会计职业道德是会计法律制度的最低要求。（ ）（2022年·1分）

【解析】会计职业道德是会计法律制度的重要补充，会计法律制度是会计职业道德的最低要求，是会计职业道德的基本制度保障。

【答案】×

考点 03 会计职业道德的内容

考频 | ★★★

主要内容	对会计人员的具体要求
爱岗敬业	(1)正确认知会计职业，树立职业荣誉感 (2)热爱会计工作，敬重会计职业 (3)安心会计工作和本职岗位，任劳任怨 (4)严肃认真，一丝不苟 (5)忠于职守，尽心尽力，尽职尽责
诚实守信	(1)做老实人、说老实话、办老实事，执业谨慎，不弄虚作假 (2)不为利益所诱惑，保密守信，信誉至上
廉洁自律	(1)树立正确的人生观及价值观 (2)公私分明，清正廉洁，不贪不占，保持清白 (3)遵纪守法，一身正气 (4)坚持职业标准，严格自我约束，自觉抵制不良欲望的侵袭和干扰
客观公正	(1)端正态度，以客观事实为依据，依法依规办事 (2)实事求是，不偏不倚 (3)公正处理企业利益相关者与社会公众的利益关系，保持应有的独立性
坚持准则	(1)熟悉国家法律、法规及国家统一的会计制度，始终坚持按国家法律、法规及国家统一的会计制度的要求进行会计核算，实施会计监督 (2)坚持会计准则发生道德冲突时，须以客观公正原则和国家法律、法规及国家统一的会计制度的要求精神，作出合理公正的职业判断，以维护国家利益、社会公众利益和正常的经济秩序
提高技能	(1)要有不断提高会计专业技能的意识和愿望，不断增强提高专业技能的自觉性和紧迫感 (2)要有勤学苦练的精神和科学的学习方法，刻苦钻研，不断进取，提高业务技能水平
参与管理	(1)广泛宣传财经法律、法规、规章和国家统一的会计制度，充分发挥会计在企业经营管理中的职能作用，努力钻研业务，全面熟悉本单位的经营活动和业务流程，建立健全企业内部控制、促进完善企业规章制度和业务流程，保障企业生产经营活动的合法合规 (2)主动提出合理化建议，充分发挥决策支持的功能作用，积极参与管理，促进企业可持续高质量健康发展
强化服务	树立服务意识，提高服务质量，努力维护和提升会计职业的良好社会形象

历年命题视角　　给出具体业务来判断会计职业道德内容的归属项目。

【经典例题 13 · 单选题】 关于诚实守信要求表述正确的是（　　）。（2022 年改编 · 2 分）

A. 广泛宣传国家统一的会计制度，主动提出合理化业务经营建议，积极参与管理

B. 树立职业荣誉感，热爱会计工作

C. 树立正确的人生观和价值观，清正廉洁，严格自我约束

D. 不弄虚作假，保密守信

【解析】 选项 D 正确，诚实守信要求会计人员做老实人，说老实话，办老实事，执业谨慎，不弄虚作假，不为利益所诱惑，保密守信，信誉至上；选项 A 属于参与管理；选项 B 属于爱岗敬业；选项 C 属于廉洁自律。

【答案】 D

【经典例题 14 · 多选题】 下列各项中，属于遵守客观公正会计职业道德的有（　　）。（2022 年 · 2 分）

A. 面对不同的利益相关者始终保持不偏不倚的客观态度

B. 在处理股东和债权人利益时保持独立性

C. 为避免企业发生亏损，不计提固定资产减值准备

D. 坚持以合法有效的原始凭证为依据进行会计核算

【解析】 客观公正要求会计人员端正态度，以客观事实为依据，依法依规办事（选项 D 正确）；实事求是，不偏不倚（选项 A 正确）；公正处理企业利益相关者和社会公众的利益关系，保持应有的独立性（选项 B 正确）。选项 C 违背了客观公正原则。

【答案】 ABD

考点 04　会计职业道德的相关管理规定　　考频 | ★★

（一）增强会计人员诚信意识

（1）强化会计职业道德意识。

（2）加强会计诚信教育。采取多种形式，广泛开展会计诚信教育。

（二）建设会计人员信用档案

（1）建立严重失信会计人员“黑名单”制度。

（2）建立会计人员信用信息管理制度。

（3）完善会计人员信用信息管理系统。

（三）会计职业道德管理的组织实施

（1）组织领导。
（2）广泛宣传。
（3）褒奖守信会计人员。

（四）建立健全会计职业联合惩戒机制

联合惩戒措施包括：
（1）罚款、限制从事会计工作、追究刑事责任等惩戒措施。
（2）记入会计从业人员信用档案。
（3）将会计领域违法失信当事人信息通过财政部网站、“信用中国”网站予以发布，同时协调相关互联网新闻信息服务单位向社会公布。
（4）实行行业惩戒。
（5）限制取得相关从业任职资格，限制获得认证证书。
（6）依法限制参与评先、评优或取得荣誉称号。
（7）依法限制担任金融机构董事、监事、高级管理人员。
（8）依法限制其担任国有企业法定代表人、董事、监事。
（9）限制登记为事业单位法定代表人。
（10）作为招录（聘）为公务员或事业单位工作人员以及业绩考核、干部选任的参考。

第五单元 内部控制基础

使用“会计云课堂”App扫码听课、做题、答疑

考点 01 内部控制的概述 考频 | ★

（一）内部控制的概念

内部控制，是由企业董事会、监事会、经理层和全体员工实施的、旨在实现控制目标的过程。

企业董事会、监事会、经理层和全体员工构成了内部控制的实施主体。

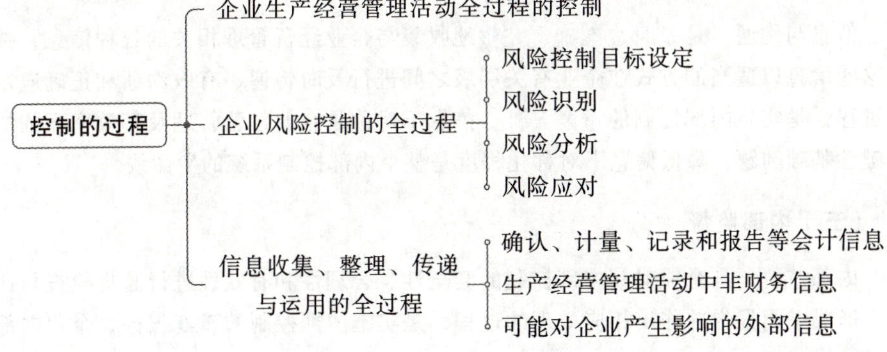

（二）内部控制的作用

（1）有利于提高会计信息质量。

（2）有利于合理保证企业合法合规经营管理。

（3）有助于提高企业生产经营效率和经济效益。

（三）内部控制的目标

（1）合理保证企业经营管理合法合规。

（2）资产安全完整。

（3）财务报告及相关信息真实完整。

（4）提高经营效率和效果。

（5）促进企业实现发展战略。

考点02 内部控制要素

考频 | ★★

内部控制要素，指对内部控制的内容和措施方法的系统的、合理的、简明的划分。

（一）内部环境

内部环境主要包括治理结构、组织机构设置与权责分配、企业文化、人力资源政策、内部审计机构设置、反舞弊机制等。

（二）风险评估

风险评估，是及时识别、科学分析和评价影响企业内部控制目标实现的各种不确定因素并采取应对策略的过程，是实施内部控制的重要环节。风险评估主要包括风险目标设定、风险识别、风险分析和风险应对。

（三）控制活动

控制活动，是根据风险评估结果，采取相应的控制措施，将风险控制在可承受范围和程度之内的过程，是实施内部控制的具体方式方法和手段。控制措施主要包括职责分工控制、授权控制、审核批准控制、预算控制、财产保护控制、会计系统控制、内部报告控制、经济活动分析控制、绩效考评控制、信息技术控制等。

（四）信息与沟通

信息与沟通，是及时、准确、完整地收集与企业经营管理相关的各种信息，并使这些信息以适当的方式在企业有关层级之间进行及时传递、有效沟通和正确应用的过程，是实施内部控制的重要条件。信息不对称是企业经营管理及其效率面临的关键性基础问题，降低信息不对称化程度是整个内部控制系统的生命线。

（五）内部监督

内部监督，是企业对其内部控制的健全性、合理性和有效性进行监督检查与评估，形成书面报告并作出相应处理的过程，是实施内部控制的重要保证。企业内部控制自我评价是内部控制监督检查的一项重要内容。内部监督分为持续性的日常监督与专项监督。

企业须采取适当的形式对在监督检查过程中发现的内部控制缺陷及时进行报告。

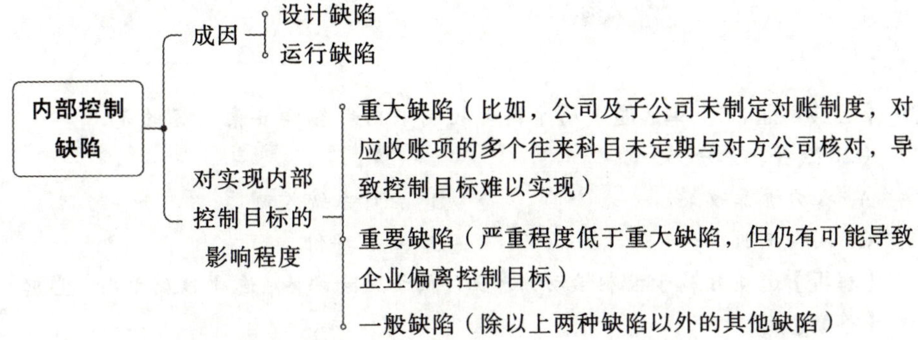

（六）内部控制要素间的关系

内部控制的各要素之间是一个有机、多维的整体，它们相互联系、相互影响、相互作用，共同构成实现内部控制目标的体制机制和方式方法的完整体系。

（1）内部环境是五要素之首，是整个内部控制体系的基础和环境条件。

（2）风险评估是实施内部控制的重要环节，是实施控制的对象内容。

（3）控制活动是实施内部控制的具体方式方法和手段。

（4）信息与沟通是实施内部控制的重要条件，贯穿于风险评估、控制活动及内部监督各要素之间。

（5）内部监督是实施内部控制的重要保证。

肖老师解读

内部控制五要素重点内容提炼如下：

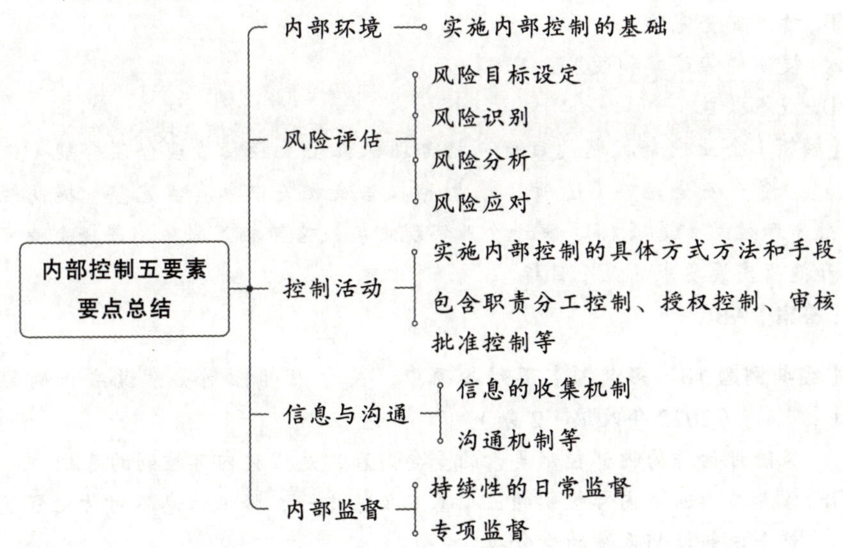

历年命题视角 1. 内部控制目标的内容
2. 内部控制五项基本要素的具体内容，以及各要素间的关系

【经典例题 15 · 单选题】属于内部控制中内部环境要素内容的是（　　）。（2022 年 · 2 分）

A. 人力资源政策　　B. 会计系统控制

C. 风险识别　　D. 自我评价

【解析】选项 B 属于控制活动；选项 C 属于风险评估；选项 D 属于内部监督。

【答案】A

【经典例题 16 · 单选题】某公司与子公司未制定对账制度，对应收账项往来科目未定期核对。存在应收账款内部控制设计缺陷，属于（　　）。（2022 年 · 2 分）

A. 运行缺陷　　B. 重要缺陷　　C. 重大缺陷　　D. 一般缺陷

【解析】重大缺陷，是指一个或多个控制缺陷的组合，可能导致企业严重偏离控制目标。如某公司及子公司未制定对账制度，对应收账项的多个往来科目未定期与对方公司核对，导致企业财务报表中应收账款、应付账款和其他应收款、其他应付款等科目存在真实准确性的认定风险，进而导致资产安全完整和财务报告及相关信息真实完整等控制目标难以实现。

【答案】C

【经典例题 17 · 多选题】下列各项中，属于企业内部控制目标的有（　　）。（2022 年 · 2 分）

A. 合理保证经营管理合法合规

B. 资产安全完整

C. 提高经营效率和效果

D. 成本效益

【解析】企业内部控制的目标包括合理保证企业经营管理合法合规（选项 A）、资产安全完整（选项 B）、财务报告及相关信息真实完整、提高经营效率和效果（选项 C）、促进企业实现发展战略等相互联系、围绕企业安全和健康发展要求的五个目标。

【答案】ABC

【经典例题 18 · 多选题】下列各项中，关于内部控制要素说法正确的有（　　）。（2022 年改编 · 2 分）

A. 风险评估作为内部控制要素的重要内容，是实施内部控制的基础

B. 信息与沟通是内部控制的五项基本要素之一，降低信息不对称化程度是整个内部控制系统的生命线

C. 建立有效的内部控制，一般包括考虑内部环境、风险评估、控制活动、信息与沟通和内部监督五项基本要素

D. 控制活动是实施内部控制的具体方式方法和手段

【解析】内部环境是实施内部控制的基础。风险评估，是实施内部控制的重要环节，选项 A 错误。

【答案】BCD

习题指路：*P389*

若有习题帮，考试心不慌！学完本章考点，要及时做同步练习题哦！

第二章　会计基础

考情分析

本章作为会计基础理论知识，内容包括会计要素及其确认与计量、会计科目和借贷记账法、会计凭证和会计账簿、财产清查、会计账务处理程序、会计信息化基础、成本与管理会计基础和政府会计基础。

近三年题型题量分析表

年份＼题型	单项选择题	多项选择题	判断题	不定项选择题	合计
2022 年	2 题 4 分	1 题 2 分	1 题 1 分	—	7 分
2021 年	3 题 6 分	2 题 4 分	2 题 2 分	—	12 分
2020 年	4 题 8 分	2 题 4 分	1 题 1 分	3 题 6 分	19 分

考点剖析与经典例题

第一单元　会计要素及其确认与计量

使用“会计云课堂”App
扫码听课、做题、答疑

考点 01　会计要素及其确认条件　考频 | ★

会计要素（提示 1）是根据交易或者事项的经济特征所确定的财务会计对象和基本分类。

会计要素按照其性质分为资产、负债、所有者权益、收入、费用和利润，其中，资产、负债和所有者权益要素侧重于反映企业的财务状况，收入、费用和利润要素侧重于反映企业的经营成果。

提示 1

会计要素：

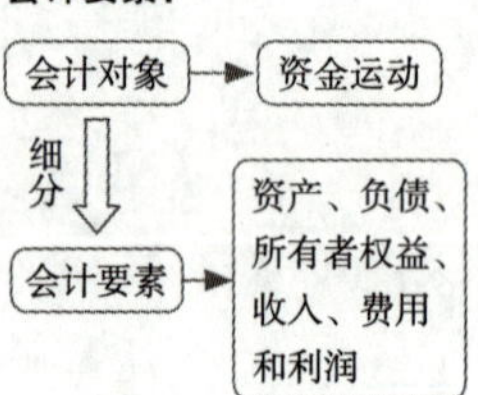

（一）资产

1. 资产的定义和确认条件

项目	具体内容
定义	资产，是指企业过去的交易或者事项形成的，由企业拥有或者控制的，预期会给企业带来经济利益的资源 特征： （1）资产应为企业拥有或者控制 解释1 的资源 （2）资产预期会给企业带来经济利益 （3）资产是由企业过去的交易或者事项形成的
确认条件 提示2	将一项资源确认为资产，需要符合资产的定义，还应同时满足以下两个条件： （1）与该资源有关的经济利益很可能流入企业 （2）该资源的成本或者价值能够可靠地计量

解释1

拥有或者控制：

①拥有：所有权。

②控制：控制权［租入的资产（短期租赁和低价值资产租赁除外），虽不具有所有权，但具有控制权，应按使用权资产来确认］。

提示2

特征 vs 确认条件：

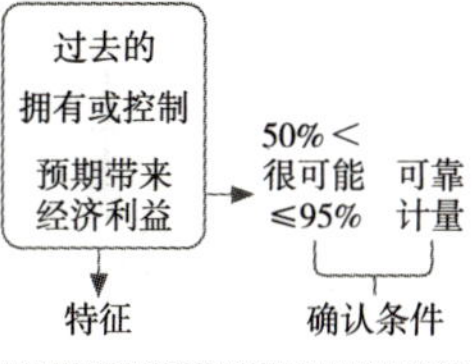

2. 资产的分类和内容

分类	具体内容
流动资产	货币资金、交易性金融资产、衍生金融资产、应收票据、应收账款、预付款项、其他应收款、存货、合同资产、持有待售资产、一年内到期的非流动资产、其他流动资产等
非流动资产	债权投资、其他债权投资、长期应收款、长期股权投资、其他权益工具投资、其他非流动金融资产、投资性房地产、固定资产、在建工程、生产性生物资产、使用权资产、无形资产、开发支出、长期待摊费用、递延所得税资产、其他非流动资产等

历年命题视角

1. 资产的特征、确认条件、分类和内容的文字性表述
2. 给出实际情形来判断是否确认为资产

【经典例题1·多选题】下列资产负债表项目中，属于非流动资产的有（　　）。（2022年·2分）

A. 持有待售资产　　B. 债权投资

C. 其他债权投资　　D. 其他权益工具投资

【解析】选项A，持有待售资产属于流动资产。

【答案】BCD

【经典例题2·多选题】下列各项中，不属于企业资产的有（　　）。

A. 约定未来购入的存货　　B. 盘亏的固定资产

C. 临时租入的半年租期的仓库　　D. 生产成本（提示3）

提示3

生产成本：

属于成本类科目，期末如果有余额表示在产品成本，在产品属于存货的一种，所以也属于企业的资产。

【解析】选项A：不是由企业过去的交易或事项形成的；选项B：预期不会给企业带来经济利益；选项C：不是企业拥有或控制的资源；选项D：构成在产品成本，属于资产。

【点题】如果租入资产（短期租赁和低价值资产租赁除外）的租赁期相当长，接近于该资产的使用寿命，本着实质重于形式的原则，视为自有资产，但选项C属于临时短期租入的，不属于企业的资产。

【答案】ABC

（二）负债

1. 负债的定义和确认条件

项目	具体内容
定义	负债，是指企业过去的交易或者事项形成的、预期会导致经济利益流出企业的现时义务 特征： （1）负债是企业承担的现时义务 （2）负债预期会导致经济利益流出企业 （3）负债是由企业过去的交易或者事项形成的
确认条件	将一项现时义务确认为负债，需要符合负债的定义，还应当同时满足以下两个条件： （1）与该义务有关的经济利益很可能流出企业 （2）未来流出的经济利益的金额能够可靠地计量

2. 负债的分类和内容

分类	具体内容
流动负债	短期借款、交易性金融负债、衍生金融负债、应付票据、应付账款、预收款项、合同负债、应付职工薪酬、应交税费、其他应付款、持有待售负债、一年内到期的非流动负债、其他流动负债
非流动负债	长期借款、应付债券、租赁负债、长期应付款、预计负债、递延收益、递延所得税负债、其他非流动负债

历年命题视角

1. 负债的特征、确认条件的文字性表述
2. 给出实际业务来判断是否确认为流动负债或非流动负债

【经典例题3·多选题】下列各项中，属于企业流动负债的有（ ）。（2022年·2分）

A. 收取客户的包装物押金

B. 销售应税消费品应交纳的消费税

C. 计提的到期一次还本付息长期借款利息

D. 赊购材料应付的货款

【解析】选项A计入其他应付款，选项B计入应交税费——应交消费税，选项D计入应付账款，均属于流动负债。选项C计入长期借款——应计利息，属于非流动负债。

【答案】ABD

【经典例题4·判断题】企业将一项符合负债定义的现时义务确定为负债，需要同时满足两个条件，即该义务是由过去的交易或事项形成，且很可能导致经济利益流出企业。（ ）（2022年·1分）

【解析】将一项现时义务确认为负债，需要符合负债的定义，还需要同时满足以下两个条件：（1）与该义务有关的经济利益很可能流出企业；（2）未来流出的经济利益的金额能够可靠地计量。

【答案】×

（三）所有者权益 解释2

项目	具体内容	
定义	含义	所有者权益，是指企业资产扣除负债后，由所有者享有的剩余权益。公司的所有者权益又称为股东权益
	来源	所有者权益的来源包括所有者投入的资本、其他综合收益、留存收益等，通常由股本（或实收资本）、资本公积（含股本溢价或资本溢价、其他资本公积）、其他综合收益、盈余公积和未分配利润等构成 （1）所有者投入的资本，是指所有者投入企业的资本部分，它既包括构成企业注册资本或者股本部分的金额，也包括投入资本超过注册资本或股本部分的金额，即资本溢价或者股本溢价 （2）留存收益，是指企业从历年实现的利润中提取或形成的留存于企业的部分，包括盈余公积和未分配利润 （3）其他综合收益，是指企业根据会计准则规定未在当期损益中确认的各项利得与损失
确认条件	所有者权益的确认与计量主要依赖于资产和负债的确认与计量	

解释2

所有者权益：

如图，“葫芦”为所有者权益，由底部“大圈”和头部“小圈”构成。“大圈”分为四部分：（1）为实收资本（或股本），（2）为资本公积，（3）为盈余公积，（4）为未分配利润（不考虑其他因素）。“小圈”主要有（5）其他综合收益，（6）其他权益工具。在初级中，当题目不涉及“小圈”业务时，可简化为只画出底部的“大圈”即可。

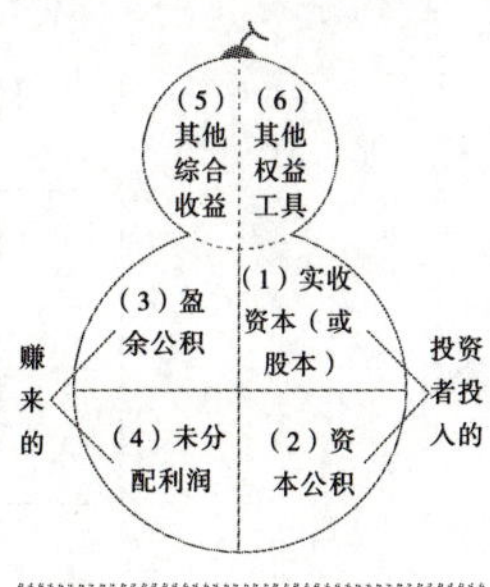

（四）收入

项目	具体内容
定义	收入，是指企业在日常活动中形成的、会导致所有者权益增加的、与所有者投入资本无关的经济利益的总流入 特征： （1）收入是企业在日常活动中形成的 （2）收入是与所有者投入资本无关的经济利益的总流入 （3）收入会导致所有者权益的增加
确认条件	当企业与客户之间的合同同时满足下列条件时，企业应当在客户取得相关商品控制权时确认收入： （1）合同各方已批准该合同并承诺将履行各自义务 （2）该合同明确了合同各方与所转让商品或提供劳务（以下简称“转让商品”）相关的权利和义务 （3）该合同有明确的与所转让商品相关的支付条款 （4）该合同具有商业实质，即履行该合同将改变企业未来现金流量的风险、时间分布或金额 （5）企业因向客户转让商品而有权取得的对价很可能收回

历年命题视角　收入的具体案例应用。

【经典例题5 · 多选题】下列各项中，不考虑其他因素，符合收入定义的有（　）。

A. 提供服务取得的收入

B. 销售商品取得的收入

C. 销售材料取得的收入

D. 出售固定资产取得的净收益

【解析】选项D：不是企业日常活动中形成的，不符合收入定义。

【答案】ABC

（五）费用

项目	具体内容
定义	费用，是指企业在日常活动中发生的、会导致所有者权益减少的、与向所有者分配利润无关的经济利益的总流出

项目	具体内容
定义	特征： （1）费用是企业在日常活动中形成的 （2）费用是与向所有者分配利润无关的经济利益的总流出 （3）费用会导致所有者权益的减少
确认条件	费用的确认除了应当符合其定义外，至少应当符合以下三个条件： （1）与费用相关的经济利益应当很可能流出企业 （2）经济利益流出企业的结果会导致资产的减少或者负债的增加 （3）经济利益的流出额能够可靠计量

（六）利润

项目	具体内容
定义	利润，是指企业在一定会计期间的经营成果。通常情况下，如果企业实现了利润，表明企业的所有者权益将增加 利润包括收入减去费用后的净额、直接计入当期利润的利得和损失等
确认条件	利润的确认主要依赖于收入和费用以及利得和损失的确认，其金额的确定也主要取决于收入、费用、利得、损失金额的计量

【易错易混点辨析】收入与利得、费用与损失的区别与联系。

项目	区别	联系
收入与利得	（1）收入与日常活动有关，利得与非日常活动有关 （2）收入是经济利益总流入，利得是经济利益净流入（解释3）	都会导致所有者权益增加，且与所有者投入资本无关
费用与损失	（1）费用与日常活动有关，损失与非日常活动有关 （2）费用是经济利益总流出，损失是经济利益净流出	都会导致所有者权益减少，且与向所有者分配利润无关

解释3

总流入 vs 净流入：

总流入指的是企业的收入，也就是日常经营活动所取得的全部收益，是不扣除耗费的成本费用之前的收入。净流入指的是总流入中扣除成本等流出之后的净收益。如：卖一件衣服，收到100元，进货成本80元。

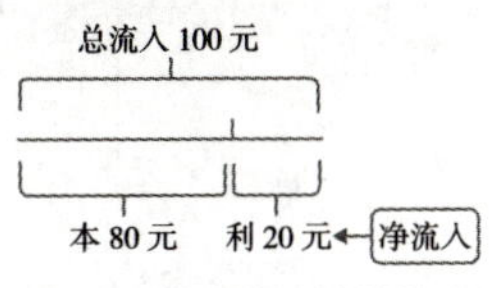

1. 利得与损失、收入与费用进入所有者权益的路径

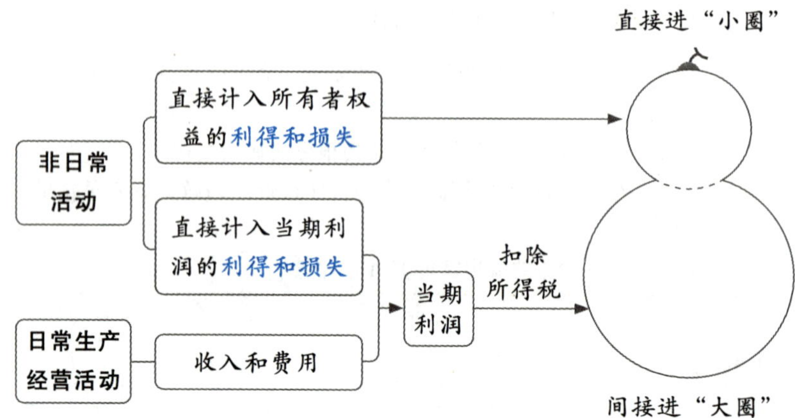

2. 直接计入当期利润的利得和损失的常见业务举例

核算科目	常见业务
营业外收入、营业外支出	（1）固定资产、无形资产报废净损益 （2）捐赠收支 （3）固定资产盘亏净损失 （4）罚款、违约金
资产处置损益	固定资产、无形资产出售净损益
公允价值变动损益	交易性金融资产期末公允价值变动
投资收益	交易性金融资产出售净损益

考点02 会计要素计量属性及其应用原则

考频 | ★

提示

计量属性：

即“取数的方法”。

计量属性（提示）	含义	常见实际案例应用
历史成本	又称为实际成本，是取得或制造某项财产物资时所实际支付的现金或现金等价物	固定资产初始入账价值 如：2022年6月9日，企业购买电脑的成本是1万元，则历史成本为1万元

计量属性	含义	常见实际案例应用
重置成本	又称现行成本，是指按照当前市场条件，重新取得同样一项资产所需支付的现金或现金等价物金额	盘盈固定资产 如：2023 年 6 月 1 日，企业发现其 2022 年 6 月 9 日购买的电脑没有入账，该电脑购买时的价格是 1 万元，但是现在购买同样一台电脑的价格是 5000 元，则重置成本为 5000 元，即盘盈这台电脑的入账价值是 5000 元
可变现净值	是指在生产经营过程中，以预计售价减去进一步加工成本和预计销售所必需的费用以及相关税金后的净值	存货的期末计量 如：加工后的商品估计售价 150 万元，预计的加工成本 10 万元，预计的销售费用 20 万元，则可变现净值是 120（150-10-20）万元
现值	是指对未来现金流量以恰当的折现率进行折现后的价值，是考虑货币时间价值因素等的一种计量属性	具有融资性质的分期付款购入固定资产
公允价值	是指市场参与者在计量日发生的有序交易中，出售一项资产所能收到的或者转移一项负债所需支付的价格	交易性金融资产的期末计量

肖老师解读

（1）企业在对会计要素进行计量时，一般应当采用历史成本。

（2）采用重置成本、可变现净值、现值、公允价值计量的，应当保证所确定的会计要素金额能够取得并可靠地计量。

历年命题视角　1. 会计要素计量属性的文字性表述
2. 会计要素计量属性的实际案例应用

【经典例题 6 · 多选题】下列关于会计计量属性，表述正确的有（　　）。

A. 市场参与者在计量日发生的有序交易中，出售一项资产所能收到或者转移一项负债所需支付的价格属于公允价值

B. 盘盈固定资产按照重置成本确认入账价值

C. 企业取得或生产制造某项财产物资时所实际支付的现金或者现金等价物属于历史成本

D. 存货的期末计量采用的是可变现净值与成本孰低

【答案】ABCD

考点 03　会计等式　考频｜★★

会计等式，又称会计恒等式、会计方程式或会计平衡公式，是表明会计要素之间基本关系的等式。

（一）会计等式的表现形式

会计等式	具体内容	要点提示
资产 = 负债 + 所有者权益	资产体现企业拥有什么经济资源和拥有多少经济资源；负债和所有者权益体现经济资源的来源渠道，即谁提供了这些经济资源	（1）该等式反映了企业在某一特定时点资产、负债和所有者权益三者之间的平衡关系，被称为财务状况等式、基本会计等式或静态会计等式 （2）该等式是复式记账法的理论基础，也是编制资产负债表的依据
收入 - 费用 = 利润	企业在取得收入的同时，必然要发生相应的费用。通过收入与费用的比较，才能确定一定期间的盈利水平，确定实现的利润总额	（1）该等式反映了企业利润的实现过程，被称为经营成果等式或动态会计等式 （2）收入、费用和利润之间的关系，是编制利润表的依据

（二）交易或事项对会计等式的影响

企业发生的交易或事项按照对财务状况等式的影响不同，可以分为以下 9 种基本类型，如下表所示。

交易或事项对会计等式影响的基本类型

序号	资产	=	负债	+	所有者权益	对资产总额影响	举例
（1）	↑↓					不变	从银行提取现金 6 万元
（2）			↑↓			不变	已到期的商业承兑汇票 800 万元因无力支付转作应付账款
（3）					↑↓	不变	经批准用资本公积 5000 万元转增实收资本

序号	资产	=	负债	+	所有者权益	对资产总额影响	举例
(4)			↑		↓	不变	向投资者宣告分配现金股利 100 万元（解释）
(5)			↓		↑	不变	经批准将已发行的公司债券 1000 万元转为实收资本
(6)	↑		↑			增加	从银行借入短期借款 200 万元
(7)	↑				↑	增加	收到投资者投入的货币资金 3000 万元
(8)	↓		↓			减少	以银行存款偿还前欠货款 10 万元
(9)	↓				↓	减少	以银行存款向投资者退回其投入的资本 500 万元

解释

为什么向投资者宣告分配现金股利会使得负债增加，所有者权益减少？

分录如下：

借：利润分配——应付现金股利或利润　　100

　贷：应付股利　　100

应付股利是负债类科目，贷方表示增加。利润分配是所有者权益类科目，借方表示减少。

每一项经济业务的发生，都一定会引起会计等式的一边或两边有关项目相互联系地发生等量变化，即当涉及会计等式的一边时，有关项目的金额发生相反方向的等额变动；当涉及会计等式的两边时，有关项目的金额发生相同方向的等额变动，但始终不会影响会计等式的平衡关系。

肖老师解读

会计等式类似于“跷跷板”，左边坐着一个大人，手拿着一个苹果（总计 100 斤），右边坐着两个孩子，各拿一个苹果（每个孩子加苹果均 50 斤）。

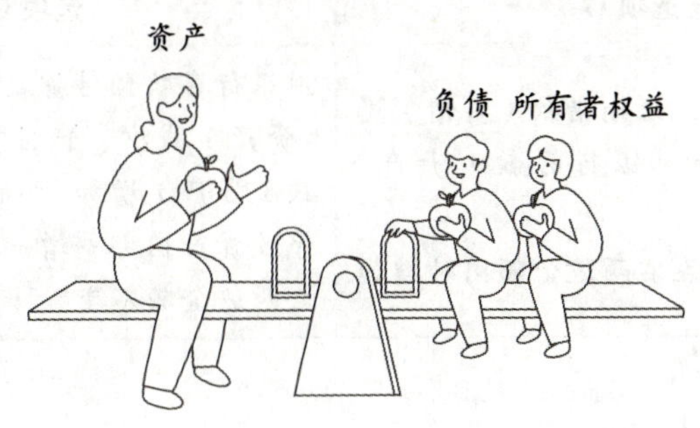

第（1）~（5）种情况，“跷跷板”的两边“各自玩各自的”，大人手里的苹果左右手互换；每个孩子手里的苹果左右手互换；两个孩子的苹果相互“赠予”。均属于“跷跷板”单边内部变化，“跷跷板”平衡。

第（6）~（9）种情况，有外界干预，同时分给跷跷板两边一个等重苹果或跷跷板的两边同时扔掉一个等重苹果。“跷跷板”两边同时受到影响，“跷跷板”两边的总重量发生变化，但仍然平衡。

历年命题视角

1. 正向思维考核

   已知：某种实际业务案例。

   选择：属于哪种“对会计等式影响的基本类型”。

2. 逆向思维考核

   已知：具体的一种“对会计等式影响的基本类型”。

   选择：属于该类型的实际业务案例。

【经典例题7·单选题】下列各项中，导致“资产 = 负债 + 所有者权益”会计等式左右两边金额保持不变的经济业务是（　　）。（2022年·2分）

A. 收到投资者以专利权出资

B. 支付事务所审计费用

C. 取得短期借款存入银行

D. 以银行存款预付货款

【解析】

选项 A	选项 B
获得专利权，属于无形资产（资产）增加、同时投资者出资对企业来说属于实收资本（或股本等）（所有者权益）增加 导致会计等式左右两边金额同时增加	支付审计费用使得管理费用增加，利润（所有者权益）减少、同时支付费用使得银行存款（资产）减少 导致会计等式左右两边金额同时减少
选项 C	**选项 D**
取得短期借款，短期借款（负债）增加、存入银行，银行存款（资产）增加 导致会计等式左右两边金额同时增加	用银行存款预付货款，导致银行存款（资产）减少、预付货款属于预付账款（资产）增加 导致资产内部一增一减，会计等式左右两边金额不变

【答案】D

【经典例题8·单选题】下列各项中，同时引起一项资产增加、另一项资产减少的业务是（　　）。（2021 年·2 分）

A. 销售商品预收货款

B. 购买原材料签发商业承兑汇票

C. 预付材料采购款

D. 收到存入保证金

【解析】

选项 A	选项 B
销售商品预先收到货款,银行存款(资产）增加、同时预收的钱导致合同负债（负债）增加	用商业汇票购买原材料，原材料（资产）增加、同时签发商业汇票导致应付票据（负债）增加
选项 C	**选项 D**
预付材料采购款，提前付款，银行存款（资产）减少，此时还没收到原材料，所以是预付账款（资产）增加	收到存入保证金，银行存款（资产）增加、由于保证金以后要归还，所以导致其他应付款（负债）增加

【答案】C

【经典例题9·单选题】企业以银行存款偿还到期的短期借款，关于这笔经济业务，以下说法正确的是（　　）。（2020 年·2 分）

A. 导致资产、负债同时减少

B. 导致负债内部增减变动，负债总额不变

C. 导致资产、负债同时增加

D. 导致所有者权益减少，负债减少

【解析】以银行存款偿还到期的短期借款，银行存款（资产）减少、短期借款（负债）减少，选项 A 正确。

【答案】A

第二单元　会计科目和借贷记账法

使用"会计云课堂"App扫码听课、做题、答疑

考点 01　会计科目与账户　考频 | ★

（一）会计科目

会计科目，简称科目，是对会计要素具体内容进行分类核算的项目，是进行会计核算和提供会计信息的基础。

1. 按反映的经济内容分类

科目类别	具体内容	
资产类	流动资产	“库存现金”“银行存款”“应收账款”“原材料”“库存商品”等
	非流动资产	“长期股权投资”“长期应收款”“固定资产”“在建工程”“无形资产”等
负债类	流动负债	“短期借款”“应付账款”“应付职工薪酬”“应交税费”等
	非流动负债	“长期借款”“应付债券”“长期应付款”等
所有者权益类	“实收资本”（或“股本”）、“资本公积”“其他综合收益”“盈余公积”“本年利润”“利润分配”“库存股”等	
共同类	略（初级考试不涉及）	
成本类	“生产成本”“制造费用”“劳务成本”“研发支出”等	
损益类	反映收入	“主营业务收入”“其他业务收入”等
	反映费用	“主营业务成本”“其他业务成本”“销售费用”“管理费用”“财务费用”等

【易错易混点辨析】生产成本与主营业务成本的区别。

项目	生产成本	主营业务成本
定义	生产单位为生产产品或提供劳务而发生的各项生产费用，包括各项直接支出和制造费用	企业确认销售商品、提供服务等经常性活动所发生的成本，是与主营业务收入相对应的一组概念
核算内容	直接材料、直接人工、制造费用	产品销售结转的成本
科目归属	成本类科目	损益类科目

2. 按提供信息的详细程度及其统驭关系分类

科目类别	具体内容
总分类科目	又称总账科目或一级科目，是对会计要素的具体内容进行总括分类，提供总括信息的会计科目
明细分类科目	又称明细科目，是对总分类科目作进一步分类，提供更为详细和具体会计信息的科目，并不是所有的总分类科目都有明细科目，如“本年利润”科目；如果某一总分类科目所辖的明细分类科目较多，可在总分类科目下设置二级明细科目，在二级明细科目下设置三级明细科目

3. 企业常用的会计科目如下表所示

（一）资产类	（二）负债类
库存现金	短期借款
银行存款	应付票据
其他货币资金	应付账款
交易性金融资产	预收账款 提示1
应收票据	合同负债
应收账款	应付职工薪酬
预付账款	应交税费
应收股利	应付股利
应收利息	应付利息
其他应收款	其他应付款
坏账准备 提示2	递延收益
材料采购	长期借款
在途物资	应付债券
原材料	未确认融资费用
材料成本差异	预计负债
库存商品	递延所得税负债
发出商品	（三）共同类（略）
商品进销差价	（四）所有者权益类
委托加工物资	实收资本（或股本）
存货跌价准备 提示2	资本公积
合同资产	盈余公积
长期股权投资	其他综合收益 提示3
长期股权投资减值准备	本年利润
投资性房地产	利润分配
长期应收款	库存股
未实现融资收益	（五）成本类
固定资产	生产成本
累计折旧	制造费用 提示4

提示1

属于负债类科目，而非资产类科目。

提示2

属于资产类科目，而非负债类科目。

提示3

属于所有者权益类科目，而非损益类科目。

提示4

属于成本类科目，而非损益类科目。

（一）资产类	（五）成本类
固定资产减值准备 提示2	劳务成本
在建工程	研发支出 提示4
工程物资	（六）损益类 提示5
固定资产清理	主营业务收入
无形资产	其他业务收入
累计摊销	主营业务成本 提示6
无形资产减值准备 提示2	其他业务成本 提示6
商誉	税金及附加
长期待摊费用 提示7	销售费用
递延所得税资产	管理费用
待处理财产损溢	财务费用
	资产减值损失
	信用减值损失
	投资收益
	公允价值变动损益
	资产处置损益
	其他收益
	营业外收入
	营业外支出
	所得税费用
	以前年度损益调整

提示5

除“以前年度损益调整”科目外，所有损益类科目都影响当期损益。

提示6

属于损益类科目，而非成本类科目。

提示7

属于资产类科目，而非负债类科目。

（二）账户

账户是根据会计科目设置的，具有一定格式和结构，用于分类核算会计要素增减变动情况及其结果的载体。

分类标准	账户类别
按照核算的经济内容	资产类账户、负债类账户、共同类账户、所有者权益类账户、成本类账户和损益类账户
按照提供信息的详细程度及其统驭关系	总分类账户和明细分类账户

由于经济业务发生所引起的各项会计要素的变动，从数量上看不外乎为增加和减少两种情况，账户的基本结构相应地分为增加与减少两个基本部分，在T型账户下分为左右两方，一方登记增加，另一方登记减少。账户记载的内容分为期初余额、本期增加发生额、本期减少发生额和期末余额等四项，其关系用公式表示为：

期末余额 = 期初余额 + 本期增加发生额 - 本期减少发生额

【易错易混点辨析1】成本类账户与费用类账户的区别。

成本类	费用类（属于损益类）
与产品生产有关	与产品生产无关
期末可能有余额	期末无余额

【易错易混点辨析2】会计科目与会计账户的区别与联系。

项目	会计科目	会计账户
区别	不存在结构，不能反映会计要素各项目的增减变动情况和结果	具有一定的格式和结构，并可以反映会计要素增减变动情况及结果
联系	会计科目与账户都是对会计对象具体内容的分类，会计科目是账户的名称，账户是会计科目的具体运用 在实务中，两者不严格区分，是可以通用的	

历年命题视角　各个会计科目、账户归属类别。

【经典例题10·单选题】下列各项中，根据科目内容计入成本类账户的是（　　）。

A. 主营业务成本　　B. 制造费用

C. 管理费用　　D. 其他业务成本

【解析】选项B正确：成本类科目应计入对应的成本类账户；选项ACD都计入损益类账户。

【答案】B

考点02 借贷记账法　考频 | ★★

借贷记账法，是以“借”和“贷”作为记账符号的一种复式记账法。

（一）复式记账法

复式记账法，是指对于每一笔经济业务，都必须用相等的金额在两个或两个以上相互联系的账户中进行登记，全面、系统地反映会计要素增减变化的一种记账方法。

复式记账法有借贷记账法、增减记账法和收付记账法等。

我国会计准则规定，企业和行政、事业单位会计核算采用借贷记账法记账。

【提示】“借”和“贷”只是一种记账符号，没有任何意义。

（二）借贷记账法的基本原理

1. 借贷记账法的账户结构

借贷记账法下，账户的左方称为借方，右方称为贷方。所有账户的借方和贷方按相反方向记录增加数和减少数，即一方登记增加额，另一方登记减少额。

通常情况下，资产类、成本类和损益类账户当中的费用类账户的增加用“借”表示，减少用“贷”表示；负债类、所有者权益类和损益类账户当中的收入类账户的增加用“贷”表示，减少用“借”表示。

（1）资产类和成本类账户的结构。

在借贷记账法下，资产类、成本类账户的借方登记增加额；贷方登记减少额。期末余额一般在借方。其余额计算公式为：

期末借方余额 = 期初借方余额 + 本期借方发生额 - 本期贷方发生额

资产类和成本类账户结构用 T 型账户表示，如下图所示。

借方　　资产类和成本类账户　　贷方

借方		贷方	
期初余额	×××		
本期增加额	×××	本期减少额	×××
	×××		×××
	……		……
本期借方发生额合计	×××	本期贷方发生额合计	×××
期末余额	×××		

（2）负债类和所有者权益类账户的结构。

在借贷记账法下，负债类、所有者权益类账户的借方登记减少额；贷方登记增加额。期末余额一般在贷方。其余额计算公式为：

期末贷方余额 = 期初贷方余额 + 本期贷方发生额 - 本期借方发生额

负债类和所有者权益类账户结构用 T 型账户表示，如下图所示。

借方　　负债类和所有者权益类账户　　贷方

借方		贷方	
		期初余额	×××
本期减少额	×××	本期增加额	×××
	×××		×××
	……		……
本期借方发生额合计	×××	本期贷方发生额合计	×××
		期末余额	×××

（3）损益类账户的结构。

损益类账户主要包括收入类账户和费用类账户。

在借贷记账法下，收入类账户的借方登记减少额；贷方登记增加额。本期收入净额在期末转入“本年利润”账户，用以计算当期损益，结转后无余额。

收入类账户结构用T型账户表示，如下图所示。

借方	收入类账户		贷方
本期减少额	×××	本期增加额	×××
本期转出额	×××		×××
	……		……
本期借方发生额合计	×××	本期贷方发生额合计	×××

在借贷记账法下，费用类账户的借方登记增加额；贷方登记减少额。本期费用净额在期末转入“本年利润”账户，用以计算当期损益，结转后无余额。

费用类账户结构用T型账户表示，如下图所示。

借方	费用类账户		贷方
本期增加额	×××	本期减少额	×××
	×××	本期转出额	×××
	……		……
本期借方发生额合计	×××	本期贷方发生额合计	×××

【易错易混点辨析】

账户性质		账户结构	期末余额 提示1	期末余额计算
资产类、成本类		借增贷减	一般在借方，有些账户可能无余额	期末借方余额＝期初借方余额＋本期借方发生额－本期贷方发生额
负债类、所有者权益类		贷增借减	一般在贷方，有些账户可能无余额	期末贷方余额＝期初贷方余额＋本期贷方发生额－本期借方发生额
损益类	收入类	贷增借减	期末将净额转入“本年利润”账户，以计算当期损益，结转后无余额	—
	费用类	借增贷减		—

提示1

期末余额：

期末有余额的账户，余额的方向通常和表示增加的方向是一致的。

【提示】备抵账户的结构与所调整账户的结构正好相反。初级中常见的备抵账户及其所调整账户如下表所示。

项目	备抵账户	所调整账户
会计账户	坏账准备	应收账款、应收票据、应收利息、应收股利、其他应收款等
	存货跌价准备	原材料、库存商品、委托加工物资、周转材料等
	累计折旧、固定资产减值准备	固定资产
	累计摊销、无形资产减值准备	无形资产
	在建工程减值准备	在建工程
借贷方向	借－贷＋	借＋贷－

2. 借贷记账法的记账规则

借贷记账法的记账规则是“有借必有贷，借贷必相等”。

3. 借贷记账法下的账户对应关系与会计分录

（1）账户的对应关系，是指采用借贷记账法对每笔交易或事项进行记录时，相关账户之间形成的应借、应贷的相互关系。存在对应关系的账户称为对应账户。

（2）会计分录，简称分录，是对每项经济业务列示出应借、应贷的账户名称（科目）及其金额的一种记录。会计分录由应借应贷方向、相互对应的科目及其金额三个要素构成。

按照所涉及账户的多少，会计分录分为简单会计分录和复合会计分录。

项目	内容	举例
简单会计分录	只涉及一个账户借方和另一个账户贷方的会计分录，即一借一贷的会计分录	甲公司将20000元现金存入银行 分析：将现金存入银行会导致银行存款增加，银行存款属于资产类科目，增加记借方；同时，甲公司库存现金相应减少，库存现金属于资产类科目，减少记贷方 会计分录如下： 借：银行存款 20000 贷：库存现金 20000
复合会计分录（提示2）	由两个以上（不含两个）对应账户组成的会计分录，即一借多贷、多借一贷或多借多贷的会计分录	甲公司购入原材料一批，价款10000元，其中6000元用银行存款支付，4000元尚未支付，假定不考虑增值税因素 分析：此项业务导致原材料增加，同时导致银行存款减少和应付账款增加。原材料属于资产类科目，增加记借方；银行存款属于资产类科目，减少记贷方；应付账款属于负债类科目，增加记贷方 会计分录如下： 借：原材料 10000 贷：银行存款 6000 应付账款 4000

提示2

复合会计分录：实际上是由若干简单会计分录复合而成的，但为了保持账户对应关系清晰，一般不应把不同经济业务合并在一起，编制多借多贷的会计分录。

历年命题视角　1. 各类账户结构的增减变化
2. 资产类、负债类账户的期末余额计算

【经典例题 11 · 单选题】2022 年 8 月 31 日，某企业负债总额为 500 万元，9 月份收回应收账款 60 万元，以银行存款归还短期借款 40 万元，预收租金 20 万元。不考虑其他因素，2022 年 9 月 30 日该企业负债总额为（　　）万元。

A. 480　　B. 380　　C. 440　　D. 460

【解析】①收回应收账款，借记“银行存款”科目 60 万元，贷记“应收账款”科目 60 万元，不影响负债；②归还短期借款，借记“短期借款”科目 40 万元，贷记“银行存款”科目 40 万元，减少企业的负债 40 万元；③预收租金（提示 3），借记“银行存款”科目 20 万元，贷记“预收账款”科目 20 万元，增加企业的负债 20 万元，所以 2022 年 9 月 30 日该企业的负债总额 =500−40+20=480（万元）。

【答案】A

提示 3

预收租金：

提前收取租金，承担了这笔租金带来的义务，所以负债增加，即要履行的义务增加。

【经典例题 12 · 单选题】在借贷记账法下，下列各项中，关于成本类账户结构描述不正确的是（　　）。

A. 借方登记增加　　B. 贷方登记增加

C. 期末余额一般在借方　　D. 贷方登记减少

【解析】选项 B 不正确：成本类账户的借方登记增加额，贷方登记减少额，期末余额一般在借方。

【答案】B

4. 借贷记账法下的试算平衡

试算平衡，是指根据借贷记账法的记账规则和资产与权益（负债和所有者权益）的恒等关系，通过对所有账户的发生额和余额的汇总计算与比较，来检查账户记录是否正确的一种方法。

（1）试算平衡的分类。

类别	公式	直接依据
发生额试算平衡	全部账户本期借方发生额合计 = 全部账户本期贷方发生额合计	借贷记账法的记账规则，即“有借必有贷，借贷必相等”（解释 1）
余额试算平衡	全部账户借方期末（初）余额合计 = 全部账户贷方期末（初）余额合计	财务状况等式，即：资产 = 负债 + 所有者权益（解释 2）

解释 1

发生额试算平衡的依据：本质在于“发生”了什么？发生了一项业务，编制了分录，分录必定是有借有贷，且借贷金额相等，所以发生额试算平衡的直接依据是借贷记账法的记账规则。

解释 2

余额试算平衡的依据：既然是余额，不论期初还是期末，此时是个静态的时点，此刻就应该保持第一等式的平衡，即资产 = 负债 + 所有者权益。所以余额试算平衡的直接依据是财务状况等式。

（2）试算平衡表的编制。

试算平衡是通过编制试算平衡表进行的。试算平衡仅是通过借贷金额是否平衡来检查账户记录是否正确的一种方法。若借贷双方发生额或余额相等，则表明账户记录基本正确，但是有些错误并不影响借贷双方的平衡，因此，试算不平衡，表示记账一定有错误，但试算平衡时，不能表明记账一定正确。

不影响借贷双方平衡关系的错误通常有：

错误	案例
①漏记某项经济业务，使得本期借贷双方的发生额等额减少，借贷仍然平衡	企业购买电脑，用银行存款支付 10000 元，没有记账，借贷双方仍然平衡
②重记某项经济业务，使得本期借贷双方的发生额等额虚增，借贷仍然平衡	企业购买电脑，用银行存款支付 10000 元，记账两次，借贷双方仍然平衡
③某项经济业务记录的应借、应贷科目正确，但是借贷双方金额同时多记或少记，且金额一致，借贷仍然平衡	企业购买电脑，用银行存款支付 10000 元，记账时借贷双方都记成了 1000 元，借贷双方仍然平衡
④某项经济业务记错相关账户，借贷仍然平衡	企业购买电脑，用银行存款支付 10000 元，记账时贷方科目使用了“应付账款”，借贷双方仍然平衡
⑤某项经济业务在账户记录中，记账方向颠倒，借贷仍然平衡	企业购买电脑，用银行存款支付 10000 元，记账时固定资产和银行存款的借贷方向颠倒了，借贷双方仍然平衡
⑥在某借方或贷方发生额中，偶然发生多记和少记并相互抵销，借贷仍然平衡	企业本月 1 日银行存款多记了 100 元，5 日又少记了 100 元，两者相互抵销，借贷双方仍然平衡

历年命题视角　1. 发生额试算平衡和余额试算平衡的直接依据
2. 不影响借贷双方平衡关系的错误因素及业务案例

【经典例题 13 · 单选题】下列各项中，关于试算平衡的表述正确的是（　　）。（2022 年 · 2 分）

A. 漏记某项交易，账户借贷余额不平衡

B. 余额平衡说明发生额也平衡

C. 发生额试算平衡的直接依据是“有借必有贷，借贷必相等”

D. 会计分录中借贷记账方向错误，会导致借贷发生额合计金额不平衡

【解析】选项 AD，并不影响借贷双方平衡关系。选项 B，余额平衡并不代表发生额一定平衡。

【答案】C

➤【经典例题 14 · 判断题】总分类账户试算平衡表的期初余额、本期发生额和期末余额的借贷方合计数相等，表明记账一定正确。（ ）（2021 年 ·1 分）

【解析】如果借贷双方发生额或余额相等，表明账户记录基本正确，但有些错误并不影响借贷双方的平衡，因此试算平衡时，不能表明记账一定正确。

【答案】×

第三单元 会计凭证和会计账簿

使用"会计云课堂"App扫码听课、做题、答疑

考点 01 会计凭证 考频 | ★

（一）会计凭证的概念

会计凭证，是指记录经济业务发生或者完成情况的书面证明，是登记账簿的依据。有纸质会计凭证和电子会计凭证两种形式。

会计凭证按照填制程序和用途可分为原始凭证和记账凭证。

1. 原始凭证

原始凭证也称单据，是指在经济业务发生或完成时取得或填制的，用以记录或证明经济业务的发生或完成情况的原始凭据。

（1）原始凭证的种类。

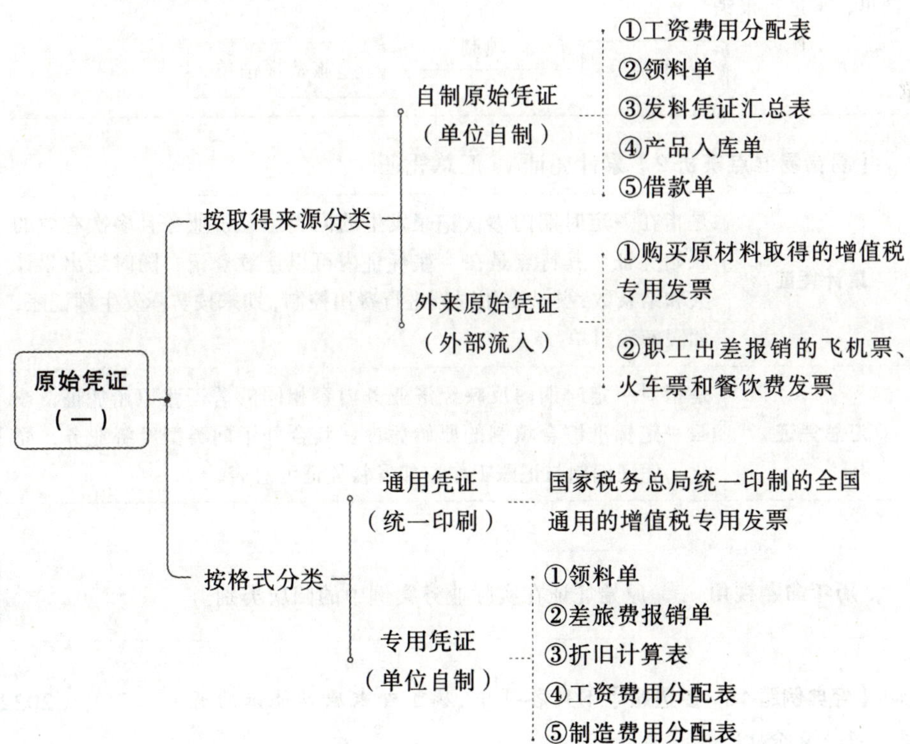

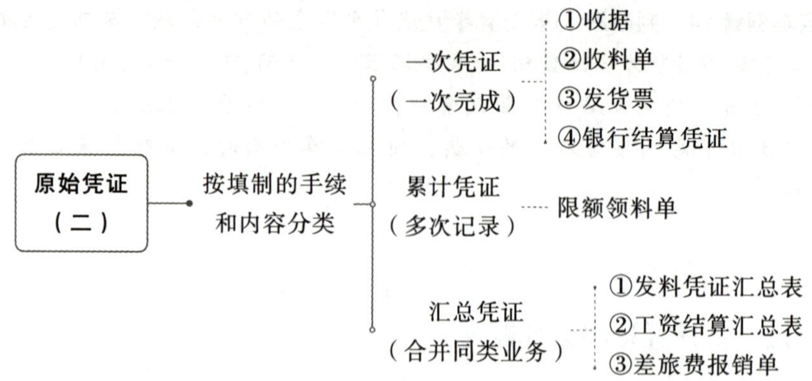

凡是不能证明经济业务已经完成的文件或单据均不能算作原始凭证，不能作为会计核算的依据。例如：经济合同、材料请购单、生产通知单、银行存款余额调节表、银行对账单等。

【易错易混点辨析1】职工出差报销的火车票等vs差旅费报销单

职工出差报销的火车票等	差旅费报销单
属于常见的外来原始凭证、通用凭证、一次凭证，是企业员工在出差时在铁路部门等其他单位取得的，仅可使用一次的原始凭证	企业的自制原始凭证，仅供企业自己使用的专用凭证、汇总凭证
员工出差后，需要根据出差时取得的交通费用发票、住宿费用发票等填制差旅费报销单，来进行报销 火车票等 —填制→ 差旅费报销单	

【易错易混点辨析2】累计凭证vs汇总凭证

累计凭证	是指在一定时期内多次记录发生的同类型经济业务且多次有效的原始凭证。其特点是在一张凭证内可以连续登记，随时结出累计数和结余数，并按费用限额进行费用控制，期末按实际发生额记账，如限额领料单
汇总凭证	是指对一定时期内反映经济业务内容相同的若干张原始凭证，按照一定标准综合填制的原始凭证。其合并了同类型经济业务，简化了凭证编制与记账工作，如发料凭证汇总表

历年命题视角 原始凭证在实际业务案例中的归属类别。

【经典例题15·多选题】下列各项中，属于外来原始凭证的有（　　）。（2022年·2分）

A. 购买材料取得的增值税专用发票

B. 职工出差预借现金填制的借款单

C. 产品生产完工入库填制的入库单

D. 职工出差报销的餐饮费增值税普通发票

【解析】选项 AD：外来原始凭证，是指在经济业务发生或完成时，从其他单位或个人直接取得的原始凭证，如购买原材料取得的增值税专用发票、职工出差报销的飞机票、火车票和餐饮费发票等。选项 BC 为自制原始凭证。

【答案】AD

【经典例题 16 · 多选题】下列各项中，属于专用原始凭证的有（　　）。（2022 年 · 2 分）

A. 取得的增值税专用发票

B. 固定资产折旧计算表

C. 差旅费报销单

D. 车间的工资费用分配表

【解析】选项 A：增值税专用发票属于通用原始凭证。

【答案】BCD

【经典例题 17 · 单选题】下列各项中，属于汇总原始凭证的是（　　）。（2020 年 · 2 分）

A. 科目汇总表　　B. 限额领料单

C. 发料凭证汇总表　　D. 制造费用分配表

【解析】选项 A：属于记账凭证汇总表，不属于原始凭证。

选项 B：属于累计原始凭证。

选项 D：属于一次原始凭证。

【答案】C

（2）原始凭证的基本内容。

原始凭证应当具备以下基本内容（也称为原始凭证要素）：①凭证的名称；②填制凭证的日期；③填制凭证单位名称和填制人姓名；④经办人员的签名或者盖章；⑤接受凭证单位名称；⑥经济业务内容；⑦数量、单价和金额。

【经典例题 18 · 多选题】下列各项中，属于原始凭证应当具备的基本内容的有（　　）。提示 1

A. 记账符号

B. 经济业务的内容

C. 经办人员签名或盖章

D. 填制凭证的日期

【解析】借贷记账法以“借”和“贷”为记账符号，并不在原始凭证中反映。

【答案】BCD

提示 1

此类题经常会出现干扰项，不属于原始凭证基本内容的有：借贷方向、会计科目、记账符号、所附原始凭证的张数等。

2. 记账凭证

记账凭证又称记账凭单，是指会计人员根据审核无误的原始凭证，按照经济业务的内容加以归类，并据以确定会计分录后填制的会计凭证，作为登记账簿的直接依据。

（1）记账凭证的种类。

记账凭证按照其反映的经济业务的内容来划分，通常可分为收款凭证、付款凭证和转账凭证。

类别	含义	填制依据	用途
收款凭证	用于记录库存现金和银行存款收款业务的记账凭证	收款凭证根据相关库存现金和银行存款收款业务的原始凭证填制	是登记库存现金日记账、银行存款日记账以及相关明细分类账和总分类账等账簿的依据，也是出纳人员收讫款项的依据
付款凭证	用于记录库存现金和银行存款付款业务的记账凭证	付款凭证根据相关库存现金和银行存款支付业务的原始凭证填制	是登记库存现金日记账、银行存款日记账以及相关明细分类账和总分类账等账簿的依据，也是出纳人员支付款项的依据
转账凭证	用于记录不涉及库存现金和银行存款业务的记账凭证	转账凭证根据相关转账业务的原始凭证填制	是登记相关明细分类账和总分类账等账簿的依据

【提示】对于涉及“库存现金”和“银行存款”之间的相互划转业务，比如从银行提取现金或者将现金存入银行，为了避免重复记账，一般只编制付款凭证，不编制收款凭证。

历年命题视角　三类记账凭证的实际案例应用。

【经典例题 19 · 多选题】下列各项中，企业应根据相关业务的原始凭证编制收款凭证的有（　　）。

A. 收取出租包装物押金　　B. 从银行存款中提取现金

C. 将库存现金送存银行　　D. 销售产品取得货款存入银行

【解析】选项 BC 均需要编制付款凭证，而不是收款凭证。

【答案】AD

（2）记账凭证的基本内容。

记账凭证应当具备的基本内容包括：①填制凭证的日期；②凭证编号；③经济业务摘要；④应借应贷会计科目；⑤金额；⑥所附原始凭证张数；⑦填制凭证人员、

稽核人员、记账人员、会计机构负责人、会计主管人员签名或者盖章。

【提示】出纳人员还应当在收款和付款记账凭证上签名或者盖章。

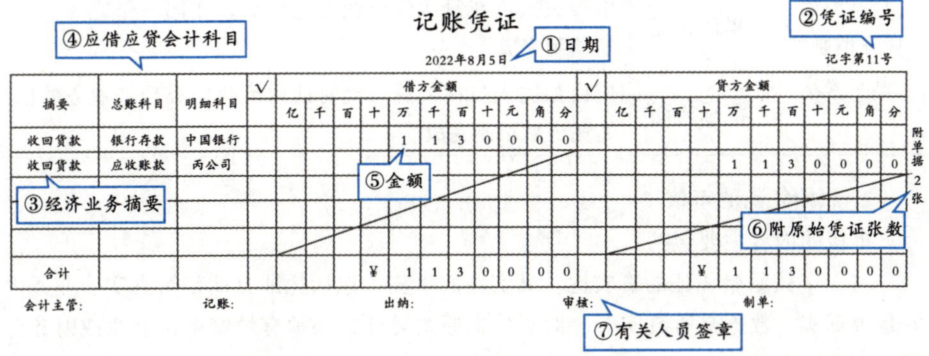

记账凭证

2022年8月5日　　　　记字第11号

摘要	总账科目	明细科目	√	借方金额 亿	千	百	十	万	千	百	十	元	角	分	√	贷方金额 亿	千	百	十	万	千	百	十	元	角	分
收回货款	银行存款	中国银行						1	1	3	0	0	0	0												
收回货款	应收账款	丙公司																		1	1	3	0	0	0	0
合计							¥	1	1	3	0	0	0	0					¥	1	1	3	0	0	0	0

附单据2张

会计主管:　　记账:　　出纳:　　审核:　　制单:

【经典例题20·单选题】下列各项中，属于记账凭证必须具备的内容是（　　）。（2021年·2分）

A. 经济业务摘要

B. 填制单位的公章

C. 填制单位负责人的签名或盖章

D. 填制单位的财务专用章

【答案】A

（二）原始凭证的编制与生成

1. 原始凭证填制的要求

项目	具体内容
原始凭证填制的基本要求	①记录须真实；②内容须完整；③手续须完备；④书写须清楚、规范；⑤编号须连续；⑥不得涂改、刮擦、挖补；⑦填制须及时
	注意事项：①未经国务院公布的简化汉字不得使用。②金额的大小写必须符合填写规范，用阿拉伯数字逐个书写小写金额，不得写连笔字。③在金额前要填写人民币符号“¥”（使用外币时填写相应符号），且与阿拉伯数字之间不得留有空白。④金额数字一律填写到角、分，无角无分的，写“00”或符号“-”；有角无分的，分位写“0”，不得用符号“-”。⑤大写金额用汉字壹、贰、叁、肆、伍、陆、柒、捌、玖、拾、佰、仟、万、亿、元、角、分、零、整等，一律用正楷或行书字书写。⑥大写金额前未印有“人民币”字样的，应加写“人民币”三个字且和大写金额之间不得留有空白。⑦大写金额到元或角为止的，后面要写“整”或“正”字；有分的，不写“整”或“正”字。⑧原始凭证金额有错误的，应当由出具单位重开，不得在原始凭证上更正。原始凭证有其他错误的，应当由出具单位重开或者更正，更正处应当加盖出具单位印章。⑨对外开出或从外单位取得的电子形式的原始凭证必须附有符合《电子签名法》的电子签名（章）

<table>
<tr><th>项目</th><th colspan="2">具体内容</th></tr>
<tr><td rowspan="3">自制原始凭证填制的基本要求</td><td>一次凭证</td><td>由相关业务人员在经济业务发生或完成时一次填制完成</td></tr>
<tr><td>累计凭证</td><td>由相关人员在每次经济业务完成后，在同一张凭证上重复填制完成</td></tr>
<tr><td>汇总凭证</td><td>应由相关人员在汇总一定时期内反映同类经济业务的原始凭证后填制完成</td></tr>
</table>

2. 原始凭证的审核

审核的内容主要包括：

（1）审核原始凭证的真实性。真实性的审核，包括凭证日期是否真实、业务内容是否真实、数据是否真实等。对于外来原始凭证，必须有填制单位公章或财务专用章和填制人员签章。

（2）审核原始凭证的合法性。

（3）审核原始凭证的合理性。

（4）审核原始凭证的完整性。审核原始凭证各项基本要素是否齐全，是否有漏项情况，日期是否完整，数字是否清晰，文字是否工整，有关人员签章是否齐全，凭证联次是否正确等。

（5）审核原始凭证的正确性。

审核原始凭证记载的各项内容是否正确，主要包括：

①接受原始凭证单位的名称是否正确；

②金额的填写和计算是否正确。阿拉伯数字分位填写，不得连写。小写金额前要标明“¥”字样，中间不能留有空位。大写金额前要加“人民币”字样，大写金额与小写金额要相符；

③更正是否正确。原始凭证记载的各项内容均不得涂改、刮擦和挖补。

历年命题视角　1. 原始凭证的填制要求和审核内容
2. 原始凭证金额错误的处理办法

【经典例题 21 · 多选题】下列各项中，属于原始凭证审核内容的有（　　）。（2022 年 · 2 分）

A. 基本要素是否齐全　B. 金额是否正确

C. 公章和填制人员的签章是否齐全　D. 业务内容是否真实

【答案】ABCD

【经典例题 22 · 判断题】原始凭证金额有错误的，应由出具单位更正，并在更正处加盖出具单位印章。（　　）（2022 年 · 1 分）

【解析】原始凭证金额有错误的，应当由出具单位重开，不得在原始凭证上更正。原始凭证有其他错误的，应当由出具单位重开或者更正，更正处应当加盖出具单位印章。

【答案】×

（三）记账凭证的编制与生成

1. 记账凭证填制的基本要求与特殊要求

<table>
<tr><th>要求</th><th colspan="2">具体内容</th></tr>
<tr><td>基本要求</td><td colspan="2">（1）内容完整
（2）书写清楚和规范
（3）除结账和更正错账可以不附原始凭证外，其他记账凭证必须附原始凭证
（4）记账凭证可以根据每一张原始凭证填制，或根据若干张同类原始凭证汇总填制，也可根据原始凭证汇总表填制；但不得将不同内容和类别的原始凭证汇总填制在一张记账凭证上
（5）连续编号。凭证应按业务发生的顺序并按不同种类的记账凭证采用“字号编号法”连续编号，比如银收字 1 号、现收字 2 号、现付字 1 号、银付字 2 号
如果一笔经济业务需要填制两张以上（含两张）记账凭证的，可以采用“分数编号法”编号，比如转字$4\frac{1}{3}$号，转字$4\frac{2}{3}$号、转字$4\frac{3}{3}$号。为便于监督，反映付款业务的会计凭证不得由出纳人员编号（提示 2）
（6）填制记账凭证时若发生错误，应当重新填制
已经登记入账的记账凭证在当年内发现填写错误时，可以用红字填写一张与原内容相同的记账凭证，同时再用蓝字重新填制一张正确的记账凭证；如果会计科目没有错误，只是金额错误，也可以将正确数字与错误数字之间的差额另编制一张调整的记账凭证，用蓝字表示调增金额，用红字表示调减金额；发现以前年度记账凭证有错误的，应当用蓝字填制一张更正的记账凭证
（7）记账凭证填制完成后，如有空行，应当自金额栏最后一笔金额数字下的空行处至合计数上的空行处划线注销</td></tr>
<tr><td rowspan="3">特殊要求</td><td>收款凭证</td><td>左上角“借方科目”填写“库存现金”或“银行存款”科目</td></tr>
<tr><td>付款凭证</td><td>左上角“贷方科目”填写“库存现金”或“银行存款”科目</td></tr>
<tr><td>转账凭证</td><td>“总账科目”和“明细科目”栏填写应借、应贷的总账科目和明细科目，不涉及“库存现金”或“银行存款”科目</td></tr>
</table>

提示 2

付款业务和收款业务的会计凭证均不得由出纳人员编号。

历年命题视角　考核记账凭证填制要求的文字性表述。

【经典例题 23 · 单选题】下列各项中，关于记账凭证填制基本要求的表述不正确的是（　　）。（2020 年 · 2 分）

A. 登记账簿前，记账凭证填制错误的应重新填制

B. 可以将不同内容和类别的原始凭证合并填制一张记账凭证

C. 除结账和更正错账可以不附原始凭证，其他记账凭证必须附原始凭证

D. 记账凭证应连续编号

【解析】记账凭证可以根据每一张原始凭证填制，或根据若干张同类原始凭证汇总填制，也可根据原始凭证汇总表填制；但不得将不同内容和类别的原始凭证汇总填制在一张记账凭证上。

【答案】B

2. 记账凭证的审核

审核要点	具体内容
有依据	记账凭证是否有原始凭证为依据，所附原始凭证或原始凭证汇总表的内容与记账凭证的内容是否一致
填写全	记账凭证各项目的填写是否齐全，比如填制日期、凭证编号、业务摘要、会计科目、金额、所附原始凭证张数及相关人员签章等
科目正确	记账凭证的应借、应贷科目以及对应关系是否正确
金额正确	记账凭证所记录的金额与对应的原始凭证有关金额是否一致，计算是否正确
字迹清晰	记账凭证中的记录是否文字工整、数字清晰，是否按有关规定进行更正等
有戳记	出纳人员在办理收款、付款业务后，是否已在原始凭证上加盖“收讫”或“付讫”的戳记

（四）会计凭证的保管

会计凭证的保管，是指会计凭证记账后的整理、装订、归档和存查工作。会计凭证作为记账的依据，是重要的会计档案和经济资料。

会计凭证的保管要求主要有：

项目	具体要求
整理装订要求	（1）会计机构在依据会计凭证记账以后，应定期（如每天、每旬或每月）对各种会计凭证进行分类整理，将各种记账凭证按照编号顺序，连同所附的原始凭证一起加具封面和封底，装订成册，并在装订线上加贴封签，防止抽换凭证。应当在会计凭证封面上注明单位名称、凭证种类、凭证张数、起止号数、年度、月份、会计主管人员和装订人员等有关事项，会计主管人员和保管人员等应在封面上签章 （2）从外单位取得的原始凭证遗失时，应取得原签发单位盖有公章的证明，并注明原始凭证的号码、金额、内容等，由经办单位会计机构负责人、会计主管人员和单位负责人批准后，才能代作原始凭证。若确实无法取得证明的，如车票丢失，则应由当事人写明详细情况，由经办单位会计机构负责人、会计主管人员和单位负责人批准后，代作原始凭证 （3）原始凭证较多时，可单独装订，但应在凭证封面注明所属记账凭证的日期、编号和种类，同时在所属的记账凭证上应注明“附件另订”及原始凭证的名称和编号，以便查阅

项目	具体要求
保管期限要求	在会计年度终了后，当年形成的会计档案，可由单位会计机构临时保管一年，期满后再移交本单位档案管理机构统一保管；因工作需要确需推迟移交的，应当经单位档案管理机构同意，且最长不超过三年；单位未设立档案管理机构的，应在会计机构等机构内部指定专人保管。临时保管期间，会计档案的保管应当符合国家档案管理的有关规定，且出纳人员不得兼管会计档案 提示3
借阅要求	一般不得把单位保存的会计档案对外借出；其他单位如有特殊原因，确实需要使用单位会计档案时，须经本单位会计机构负责人、会计主管人员批准，方可复制。向外单位提供会计档案复制件时，应在专设的登记簿上登记，同时由提供人员和收取人员共同签名或者盖章
销毁要求	（1）严格遵守会计档案的保管期限要求，期满前不得任意销毁。达到保管期限的，单位应当组织对到期会计档案进行鉴定。经鉴定，仍需继续保存的会计档案，应当重新划定保管期限 （2）对保管期满，确实无保存价值的会计档案，可以销毁；保管期满但涉及未结清的债权债务的会计档案和涉及其他未了事项的会计档案不得销毁，纸质会计档案应当单独抽出立卷，电子会计档案单独转存，并保管到未了事项完结时为止
电子会计档案保管要求	单位内部形成的属于归档范围的电子会计凭证等电子会计资料在满足相关条件时，可以只保存电子形式，形成电子会计档案，无须打印电子会计资料纸质件进行归档保存 单位只以电子形式保存会计档案的，原则上应从一个完整会计年度的年初开始执行，以保证其年度会计档案保存形式的一致性

提示3

出纳人员不得兼任（兼管）稽核、会计档案保管和收入、支出、费用、债权债务账目的登记工作。

【经典例题24·单选题】下列关于会计档案销毁的说法中，不正确的是（　　）。（2022年·2分）

A. 单位应当定期对已到保管期限的会计档案进行鉴定，并形成会计档案鉴定意见书

B. 经鉴定，仍需继续保存的会计档案，应当重新划定保管期限

C. 对保管期满，确无保存价值的会计档案，可以销毁

D. 会计档案鉴定工作应当由单位档案管理机构单独进行，其他机构或人员不能参与

【解析】会计档案鉴定工作应当由单位档案管理机构牵头，组织单位会计、审计、纪检监察等机构或人员共同进行（选项D错误）。

【答案】D

考点02　会计账簿　考频｜★

（一）会计账簿概念

会计账簿，简称账簿，是指由一定格式的账页组成的，以经过审核的会计凭证

为依据，全面、系统、连续地记录各项经济业务和会计事项的簿籍。

1. 会计账簿的基本内容

项目	具体内容
封面	主要用来标明账簿的名称，比如库存现金日记账、银行存款日记账、总分类账、各种明细分类账等
扉页	主要用来列示会计账簿的使用信息，如科目索引、账簿启用和经管人员一览表等
账页	是账簿用来记录经济业务的主要载体，包括账户名称、日期栏、凭证种类和编号栏、摘要栏、金额栏，以及总页次和分户页次等基本内容

2. 会计账簿的种类

（1）按用途分类。

种类名称	基本概念	适用举例
序时账簿	又称日记账，是按照经济业务发生时间的先后顺序逐日、逐笔登记的账簿	库存现金日记账和银行存款日记账
分类账簿	既是会计账簿的主体，也是编制财务报表的主要依据。分类账簿按其反映经济业务的详略程度，可分为总分类账簿和明细分类账簿	总分类账簿：应收账款总账 明细分类账簿：原材料明细账
备查账簿	又称辅助登记簿或补充登记簿，是指对某些在序时账簿和分类账簿中未能记载或记载不全的经济业务进行补充登记的账簿	租入固定资产登记簿、代管商品物资登记簿

（2）按账页格式分类。

种类名称	适用举例
三栏式账簿	日记账、总账以及资本、债权、债务明细账
多栏式账簿	收入、成本、费用明细账
数量金额式账簿	原材料、库存商品等明细账

（3）按外形特征分类。

种类名称	优点	缺点	适用举例
订本式账簿	能避免账页散失和防止抽换账页	不能准确的为各账户预留账页	总分类账、库存现金日记账和银行存款日记账
活页式账簿	记账时可以根据业务需要，随时抽去不需要的账页或者将空白账页装入账簿，便于分工记账	可能会故意抽换账页或者造成账页散失，给管理带来一定困难	明细分类账

种类名称	优点	缺点	适用举例
卡片式账簿	在我国，企业一般只对固定资产的核算采用卡片账形式，也有少数企业在材料核算中使用材料卡片		

历年命题视角　1. 会计账簿的三种分类依据和分类内容
2. 不同账页格式适用范围的具体举例

【经典例题 25·多选题】下列各项中，适宜采用数量金额式账簿的有（　　）。（2022 年·2 分）

A. 原材料明细账

B. 银行存款日记账

C. 销售收入明细账

D. 库存商品明细账

【解析】数量金额式账簿，是指在账簿的借方、贷方和余额三个栏目内，每个栏目再分设数量、单价和金额三小栏，借以反映财产物资的实物数量和价值量的账簿。原材料（选项 A 正确）、库存商品（选项 D 正确）等明细账一般采用数量金额式账簿。选项 B 适宜采用三栏式账簿；选项 C 适宜采用多栏式账簿。

【答案】AD

【经典例题 26·单选题】下列各项中，关于会计账簿分类的表述正确的是（　　）。（2021 年·2 分）

A. 按照外形特征可分为三栏式账簿、多栏式账簿和数量金额式账簿

B. 按照填制方法可分为总分类账簿和明细分类账簿

C. 按照用途可分为序时账簿、分类账簿和备查账簿

D. 按照账页格式可分为订本式账簿、活页式账簿和卡片式账簿

【解析】选项 AD：会计账簿按外形特征可分为订本式账簿、活页式账簿和卡片式账簿。按账页格式可分为三栏式账簿、多栏式账簿和数量金额式账簿。选项 B：会计账簿中的分类账簿按其反映经济业务的详略程度，可分为总分类账簿和明细分类账簿。

【答案】C

（二）会计账簿的登记与生成

1. 会计账簿的启用与登记要求

启用会计账簿时，应当在账簿封面上写明单位名称和账簿名称，并在账簿扉页上附启用表。启用订本式账簿应当从第一页到最后一页顺序编定页数，不得跳页、缺号。使用活页式账簿应当按账户顺序编号，并须定期装订成册，装订后再按实际使用的账页顺序编定页码，另加目录以便于记明每个账户的名称和页次。

2. 会计账簿的格式与登记方法

（1）日记账的格式与登记方法。

日记账，是按照经济业务发生或完成的时间先后顺序逐日逐笔进行登记的账簿。

账簿名称	登记方法	适用账簿类型
库存现金日记账	①三栏式库存现金日记账由出纳人员根据库存现金收款凭证、库存现金付款凭证以及银行存款的付款凭证，按照业务发生时间的先后顺序逐日逐笔登记 ②每日终了，结出收支合计和余额，与库存现金核对	可以采用三栏式，也可以采用多栏式
银行存款日记账	①银行存款日记账应按企业在银行开立的账户和币种分别设置，每个银行账户设置一本日记账。由出纳人员根据与银行存款收付业务有关的记账凭证，按时间先后顺序逐日逐笔进行登记 ②每日结出存款余额	

历年命题视角　库存现金日记账和银行存款日记账的登记方法。

【经典例题27·单选题】下列各项中，出纳人员根据会计凭证登记现金日记账的做法正确的是（　　）。

A. 根据库存现金收付业务凭证和银行存款付款凭证逐笔、序时登记

B. 根据现金收付款凭证金额相抵的差额登记

C. 将现金收款凭证汇总后再登记

D. 将现金付款凭证汇总后再登记

【解析】库存现金日记账由出纳人员根据库存现金收款凭证、库存现金付款凭证和银行存款付款凭证，按照库存现金收、付款业务和银行存款付款业务发生时间的先后顺序逐日逐笔登记。

【答案】A

（2）总分类账的格式与登记方法。

总分类账是指按照总分类账户分类登记以提供总括会计信息的账簿。最常用的格式为三栏式。

总分类账的登记方法因登记的依据不同而有所不同。经济业务少的小型单位的总分类账，可以根据记账凭证逐笔登记；经济业务多的大中型单位的总分类账，可以根据记账凭证汇总表（又称科目汇总表）或汇总记账凭证等定期登记。

（3）明细分类账的格式与登记方法（略）。

（4）总分类账与明细分类账的平行登记。

平行登记，是指对所发生的每项经济业务都要以会计凭证为依据，一方面记入有关总分类账户，另一方面记入所辖明细分类账户。

总分类账户与明细分类账户平行登记的要点包括：方向相同、期间一致、金额相等。

3. 对账与结账

（1）对账。

对账，是核对账簿记录（核对账目）。

对账一般分为账证核对、账账核对、账实核对。

<table>
<tr><th>项目</th><th colspan="2">具体内容</th></tr>
<tr><td>账证核对</td><td colspan="2">记账后，应将账簿记录与会计凭证核对，核对账簿记录与原始凭证、记账凭证的时间、凭证字号、内容、金额等是否一致，记账方向是否相符，做到账证相符</td></tr>
<tr><td rowspan="4">账账核对</td><td>①总分类账簿之间的核对</td><td>依据：“资产 = 负债 + 所有者权益”这一会计等式与“有借必有贷，借贷必相等”的记账规则</td></tr>
<tr><td>②总分类账簿与所辖明细分类账簿之间的核对</td><td>依据：总分类账各账户的期末余额 = 其所辖各明细分类账的期末余额之和</td></tr>
<tr><td>③总分类账簿与序时账簿之间的核对</td><td>依据：库存现金总账的期末余额 = 库存现金日记账的期末余额
银行存款总账的期末余额 = 银行存款日记账的期末余额</td></tr>
<tr><td>④明细分类账簿之间的核对</td><td>核对方法：通常是由财产物资保管部门或使用部门定期编制收、发、结存汇总表报会计机构核对</td></tr>
<tr><td>账实核对</td><td colspan="2">①库存现金日记账账面余额与库存现金实际库存数逐日核对是否相符
②银行存款日记账账面余额与银行对账单的余额定期核对是否相符
③各项财产物资明细账账面余额与财产物资的实有数额定期核对是否相符
④有关债权债务明细账账面余额与对方单位的债权债务账面记录核对是否相符</td></tr>
</table>

历年命题视角　区别账账核对与账实核对的具体举例。

【经典例题 28 · 多选题】下列各项中，属于账账核对内容的有（　　）。（2020年 · 2分）

A. 总账期末余额与其所属明细账期末余额之和的核对

B. 债权债务明细账账面余额与对方单位债权债务账面记录的核对

C. 资产、负债、所有者权益各账户总账余额之间平衡关系的核对

D. 总账与序时账期末余额的核对

【解析】选项 B 属于账实核对。

【答案】ACD

（2）结账。

项目	具体内容
含义	是将账簿记录定期结算清楚的会计工作
主要工作	通常包括两个方面：一是结清各种损益类账户，并据以计算确定本期利润；二是结出各资产、负债和所有者权益账户的本期发生额合计和期末余额
结账的要点	①对不需要按月结计本期发生额的账户，每次记账以后，都要随时结出余额，每月最后一笔余额是月末余额。月末结账时，只需要在最后一笔经济业务记录下通栏划单红线，不需要再次结计余额 ②库存现金、银行存款日记账和需要按月结计发生额的收入、费用等明细账，每月结账时，要在最后一笔经济业务记录下面通栏划单红线，结出本月发生额和余额，在摘要栏内注明“本月合计”字样，并在下面通栏划单红线 ③对于需要结计本年累计发生额的明细账户，每月结账时，应在“本月合计”行下结出自年初起至本月末止的累计发生额，登记在月份发生额下面，在摘要栏内注明“本年累计”字样，并在下面通栏划单红线。12月末的“本年累计”就是全年累计发生额，全年累计发生额下面通栏划双红线 ④总账账户平时只需结出月末余额。年终结账时，要将所有总账账户结出全年发生额和年末余额，在摘要栏内注明“本年合计”字样，并在合计数下通栏划双红线 ⑤年度终了结账时，有余额的账户，应将其余额结转下年，在摘要栏注明“结转下年”字样；在下一会计年度新建有关账户的第一行余额栏内填写上年结转的余额，并在摘要栏注明“上年结转”字样

历年命题视角 考核结账要求的文字性表述。

【经典例题29·单选题】根据会计法律制度的规定，下列关于结账要求的表述中，不正确的是（　　）。（2020年·2分）

A. 年度终了，要把各账户的发生额结转到下一会计年度

B. 年度终了结账时所有总账账户都应当结出全年发生额和年末余额

C. 各单位应当按照规定定期结账

D. 结账时，应当结出每个账户的期末余额

【解析】选项A错误，年度终了，要把有余额账户的“余额”结转到下一会计年度，并在摘要栏注明“结转下年”字样。

【答案】A

（三）错账的更正

错账更正的方法一般有划线更正法、红字更正法和补充登记法。

1. 划线更正法

在结账前发现账簿记录有文字或数字错误，而记账凭证没有错误，采用划线更正法。

【提示】记账凭证中的文字或数字发生错误，在尚未过账前，也可用划线更正法更正。

记账凭证

摘要	科目	借方	贷方
购入电脑	固定资产	3000.00	
	银行存款		3000.00

登记入账 →

银行存款日记账

××年 月	日	摘要	借方	贷方	余额
×	×	购入电脑		3000.00 ~~2000.00~~	××

2. 红字更正法

适用于以下两种情形：①记账后发现记账凭证中应借、应贷会计科目有错误所引起的记账错误；②记账后发现记账凭证和账簿记录中应借、应贷会计科目无误，只是所记金额大于应记金额所引起的记账错误。

更正方法：

①记账后发现记账凭证科目错误的，如下图所示更正记账凭证，并据以分别用红字和蓝字登记入账。

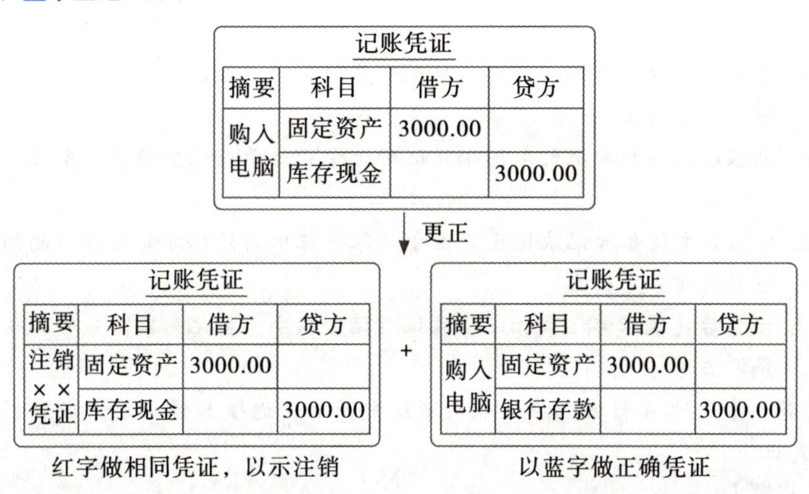

记账凭证

摘要	科目	借方	贷方
购入电脑	固定资产	3000.00	
	库存现金		3000.00

↓ 更正

记账凭证

摘要	科目	借方	贷方
注销××凭证	固定资产	3000.00	
	库存现金		3000.00

红字做相同凭证，以示注销

+

记账凭证

摘要	科目	借方	贷方
购入电脑	固定资产	3000.00	
	银行存款		3000.00

以蓝字做正确凭证

②记账后发现记账凭证与账簿记录科目无误，金额多记的，如下图所示更正记账凭证，并据以用红字登记入账。

记账凭证

摘要	科目	借方	贷方
购入电脑	固定资产	4000.00	
	银行存款		4000.00

更正 →

记账凭证

摘要	科目	借方	贷方
冲销××凭证多记金额	固定资产	1000.00	
	银行存款		1000.00

以红字冲销多记金额

3. 补充登记法

记账后发现记账凭证和账簿记录中应借、应贷会计科目无误，只是所记金额小于应记金额时，应当采用补充登记法。

更正方法：如下图所示更正记账凭证，并据以用蓝字登记入账。

记账凭证

摘要	科目	借方	贷方
购入电脑	固定资产	2000.00	
	银行存款		2000.00

再做一笔 →

记账凭证

摘要	科目	借方	贷方
补记××凭证少记金额	固定资产	1000.00	
	银行存款		1000.00

以蓝字将少记金额补记

历年命题视角 三种更正方法的适用范围及实际案例应用。

【经典例题30 · 多选题】下列各项中，关于错账更正方法的表述正确的有（ ）。（2022年 · 2分）

A. 结账前发现账簿记录所记金额大于应记金额、但记账凭证无误，应当采用红字更正法

B. 记账后发现账簿记录和记账凭证所记金额大于应记金额，应当采用划线更正法

C. 记账后发现账簿记录错误是由于记账凭证中的记账方向错误引起的，应当采用红字更正法

D. 记账后发现账簿记录和记账凭证所记金额小于应记金额，应当采用补充登记法

【解析】选项A错误，应当采用划线更正法；选项B错误，应当采用红字更正法。

【点题】

<table>
<tr><th colspan="3">错账情形</th><th>更正方法</th></tr>
<tr><td colspan="3">结账前，凭证正确，账簿错误
过账前，记账凭证文字或数字错误</td><td>划线更正法</td></tr>
<tr><td rowspan="3">记账后，凭证错误导致账簿错误</td><td colspan="2">会计科目错误</td><td rowspan="2">红字更正法</td></tr>
<tr><td rowspan="2">金额错误</td><td>多记</td></tr>
<tr><td>少记</td><td>补充登记法</td></tr>
</table>

【答案】CD

➤【经典例题 31 · 单选题】某企业会计人员记账后，发现记账凭证中将“销售费用”科目误记为“管理费用”科目。下列各项中，应采用的错账更正方法是（　　）。（2021 年 · 2 分）

A. 划线更正法　　B. 补充登记法

C. 红字更正法　　D. 更换账页法

【解析】红字更正法，适用于两种情形：①记账后发现记账凭证中应借、应贷会计科目有错误所引起的记账错误（选项 C 正确）；②记账后发现记账凭证和账簿记录中应借、应贷会计科目无误，只是所记金额大于应记金额所引起的记账错误。

【答案】C

（四）会计账簿的保管

会计账簿是各单位重要的经济资料，必须建立管理制度，妥善保管。

要点	具体内容
专人保管	各种账簿要分工明确，指定专人管理。账簿经管人员既要负责记账、对账、结账等工作，又要负责保证账簿安全
未经批准，不得随意翻阅或携带外出	会计账簿未经领导和会计负责人或者有关人员批准，非经管人员不能随意翻阅查看会计账簿。除需要与外单位核对外，会计账簿一般不能携带外出；对携带外出的账簿，一般应由经管人员或会计主管人员指定专人负责
不能随意交与他人管理	为了保证账簿安全和防止任意涂改账簿等问题发生，会计账簿不能随意交与其他人员管理
订旧账启新账	年度终了更换并启用新账后，对更换下来的旧账要整理装订，造册归档 旧账装订时要注意的事项：①活页账一般按账户分类装订成册，一个账户装订成一册或数册；②某些账户账页较少，也可以合并装订成一册。装订时须检查账簿扉页的内容是否填写齐全 装订后应由经办人员及装订人员、会计主管人员在封口处签名或盖章。旧账装订完毕，还应当编制目录和编写移交清单，并按期移交档案部门保管
电子会计账簿	实行会计电算化的单位，满足《会计档案管理办法》第八条有关规定的，可仅以电子形式保存会计账簿，无须定期打印会计账簿；确需打印时，打印的会计账簿必须连续编号，经审核无误后装订成册，并由记账人员和会计机构负责人、会计主管人员签字或者盖章
保管期满鉴定销毁	各种账簿同会计凭证和会计报表一样，都是重要的经济档案，必须按照《会计档案管理办法》规定的保存年限妥善保管，不得丢失和任意销毁。保管期满后，应当按照规定进行鉴定，经鉴定可以销毁的，才可按照审批程序报经批准后销毁

【经典例题32·多选题】下列关于会计账簿保管的表述正确的有（　　）。（2022年·2分）

A. 会计账簿除需要与外单位核对外，禁止携带外出

B. 会计账簿未经领导和会计负责人或者有关人员批准，非经管人员不能随意翻阅查看会计账簿

C. 实行会计电算化的单位，不可仅以电子形式保存会计账簿

D. 年度终了更换并启用新账后，对更换下来的旧账要整理装订，造册归档

【解析】选项A错误，会计账簿除需要与外单位核对外，一般不能携带外出（并非禁止）；对携带外出的账簿，一般应由经管人员或会计主管人员指定专人负责。选项C错误，实行会计电算化的单位，满足《会计档案管理办法》第八条有关规定的，可仅以电子形式保存会计账簿，无须定期打印会计账簿。

【答案】BD

使用“会计云课堂”App扫码听课、做题、答疑

第四单元　财产清查

考点01　财产清查概述　考频｜★

（一）财产清查的概念

财产清查，是指通过对货币资金、实物资产和往来款项等财产物资进行盘点或核对，确定其实存数，查明账存数与实存数是否相符的一种专门方法。

（二）财产清查的种类

解释：全面清查和局部清查可以是定期清查，也可以是不定期清查，应根据实际需要来确定。

1. 按照清查范围分类 解释

类别	含义	适用情况
全面清查	是指对所有的财产进行全面的盘点和核对	（1）年终决算前 （2）在合并、撤销或改变隶属关系前 （3）中外合资、国内合资前 （4）股份制改造前 （5）开展全面的资产评估、清产核资前 （6）单位主要领导调离工作前等
局部清查	是指根据需要只对部分财产进行盘点和核对	（1）对于流动性较大的财产物资，应根据需要随时轮流盘点或重点抽查，如原材料、产成品等 （2）对于贵重财产物资，每月都要进行清查盘点 （3）对于库存现金，每日终了，应由出纳人员进行清点核对 （4）对于银行存款，企业至少每月同银行核对一次 （5）对于债权、债务，企业应每年至少同债权人、债务人核对一至两次

2. 按照清查的时间分类

类别	含义	适用情况
定期清查	是指按照预先计划安排的时间对财产进行的盘点和核对	一般在年末、季末、月末进行
不定期清查	是指事前不规定清查日期的盘点和核对	根据特殊需要临时进行

3. 按照清查的执行系统分类

类别	含义
内部清查	是指由本单位内部自行组织清查工作小组所进行的财产清查工作
外部清查	是指由上级主管部门、审计机关、司法部门、注册会计师等根据国家有关规定或情况需要对本单位进行的财产清查。一般来讲，进行外部清查时应有本单位相关人员参加

【举例】司法部门临时对某企业的 A 存货进行清查。

按照清查范围	全面清查（×）
	局部清查（√）
按照清查的时间	定期清查（×）
	不定期清查（√）
按照清查的执行系统	内部清查（×）
	外部清查（√）

历年命题视角　1. 全面清查的适用情况
2. 三种清查类别相互交叉的情况

【经典例题 33 · 单选题】下列各项中，需要进行全面财产清查的情形是（　　）。（2022 年 · 2 分）

A. 企业年终决算前

B. 原材料发生火灾受损时

C. 包装物发生毁损时

D. 出纳人员离职时

【解析】选项 BCD 通常属于需要进行局部清查的情形。

【答案】A

【经典例题34 · 判断题】董事长在调离工作岗位前，有关部门应对其所管辖企业的所有资产进行全面盘点和核对。(　　)(2022年 · 1分)

【答案】√

【经典例题35 · 判断题】定期清查，可以是全面清查，也可以是局部清查。(　　)

【答案】√

考点02 财产清查的方法与会计处理　　考频 | ★★

(一)财产清查的方法

1. 货币资金的清查方法

解释

实地盘点法：盘点结束后，填制"库存现金盘点报告表"，作为重要的原始凭证。

项目	清查方法	具体内容
库存现金	采用实地盘点法（解释）	对库存现金进行盘点时，出纳人员必须在场
银行存款	采用与开户银行核对账目的方法	将本单位银行存款日记账的账簿记录与开户银行转来的对账单逐笔进行核对，来查明银行存款的实有数额

【提示】企业银行存款账面余额与银行对账单余额之间不一致的原因，可能是某一方或双方记账过程有错误或存在未达账项。

未达账项，是由于结算凭证在企业与其开户银行之间或收付款银行之间传递需要时间，造成企业与其开户银行之间入账的时间差，一方收到凭证并已入账，另一方未收到凭证因而未能入账而形成的入账差异。未达账项一般分为以下四种情况：

情况	调节方法
①企业已收款记账，银行未收款未记账	调增银行对账单余额
②企业已付款记账，银行未付款未记账	调减银行对账单余额
③银行已收款记账，企业未收款未记账	调增企业银行存款日记账余额
④银行已付款记账，企业未付款未记账	调减企业银行存款日记账余额

银行存款余额调节表的编制，其计算公式如下：

企业银行存款日记账余额 + 银行已收企业未收款 − 银行已付企业未付款 = 银行对账单存款余额 + 企业已收银行未收款 − 企业已付银行未付款

【举例】甲公司2022年12月31日银行存款日记账的余额为270万元，银行转来对账单的余额为415万元。经逐笔核对，发现以下未达账项：

(1)企业开出转账支票225万元，并已登记银行存款减少，但持票单位尚未到银行办理转账，银行尚未记账。

（2）银行代企业支付电话费 20 万元，银行已登记减少企业银行存款，但企业未收到银行付款通知，尚未记账。

（3）企业委托银行代收某公司购货款 240 万元，银行已收妥并登记入账，但企业尚未收到收款通知，尚未记账。

（4）企业送存转账支票 300 万元，并已登记银行存款增加，但银行尚未记账。

甲公司编制银行存款余额调节表如下：

银行存款余额调节表

2022 年 12 月 31 日　　　　单位：万元

项目	金额	项目	金额
企业银行存款日记账余额	270	银行对账单余额	415
加：银行已收、企业未收款	240	加：企业已收、银行未收款	300
减：银行已付、企业未付款	20	减：企业已付、银行未付款	225
调节后的存款余额	490	调节后的存款余额	490

“银行存款余额调节表”只是一种对账工具，并不能作为调整企业银行存款账面记录的记账依据。调节后的余额如果相等，通常说明企业和银行的账面记录没有错误，该余额通常为企业可以动用的银行存款实有数。

历年命题视角

1. 调节后银行存款实有数额的计算
2. 未达账项对银行存款日记账与银行对账单的影响
3. 银行存款余额调节表的用途

【经典例题 36 · 单选题】某企业月末银行存款日记账的余额为 420 万元，银行对账单的余额为 600 万元。经逐笔核对，发现当期存在以下未达账项：企业签发转账支票 80 万元，对方尚未送存银行；银行代企业收取销售货款 100 万元并登记入账，但企业未收到收款通知。月末该企业编制的银行存款余额调节表中调节后的存款余额为（　　）万元。（2022 年 · 2 分）

A. 520　　B. 500　　C. 420　　D. 680

【解析】从银行存款日记账出发，调节后的银行存款余额 = 企业银行存款日记账余额 + 银行已收企业未收款 − 银行已付企业未付款 =420+100=520（万元）；或从银行对账单出发，调节后的银行存款余额 = 银行对账单余额 + 企业已收银行未收款 − 企业已付银行未付款 =600−80=520（万元）。

【答案】A

【经典例题 37 · 判断题】月末进行银行对账时，如果不存在未达账项，银行存款日记账账面余额与银行对账单余额之间仍有差额，说明企业与银行双

方或其中一方存在记账错误。(　　)(2022年·1分)

【答案】√

➤【经典例题38·判断题】银行存款余额调节表可以作为调整企业银行存款账面记录的记账依据。(　　)

【解析】"银行存款余额调节表"只是为了核对账目，不能作为调整企业银行存款账面记录的记账依据。

【答案】×

2. 实物资产的清查方法

(1)实地盘点法：多数财产物资清查可以采用该方法，适用范围较广。

(2)技术推算法：只适用于成堆量大而价值不高，逐一清点的工作量和难度较大的财产物资的清查。如：露天堆放的煤炭。

【提示】在实物清查过程中，实物保管人员和盘点人员必须同时在场。把盘点结果如实登记在盘存单上，并由盘点人和实物保管人签字或盖章，以明确经济责任。盘存单不仅是记录盘点结果的书面证明，还是反映财产物资实存数的原始凭证。

3. 往来款项的清查方法

往来款项主要包括应收、应付款项和预收、预付款项等，一般采用发函询证的方法进行核对。

历年命题视角　　各种财产清查方法的具体运用。

➤【经典例题39·单选题】下列各项中，关于财产清查方法的表述正确的是(　　)。(2022年·2分)

A. 对应付账款采用发函询证的方法清查

B. 对银行存款采用实地盘点法清查

C. 对大型设备采用技术推算法清查

D. 对露天堆放的砂石采用实地盘点法清查

【解析】银行存款的清查，是采用与开户银行核对账目的方法进行的，选项B错误；对大型设备采用实地盘点法清查，选项C错误；对露天堆放的砂石采用技术推算法清查，选项D错误。

【点题】财产清查类别及方法。

项目	类别	方法
货币资金	库存现金	实地盘点法
	银行存款	与开户银行核对账目

项目	类别	方法
实物资产	存货、固定资产等	①实地盘点法 ②技术推算法（如露天堆放的煤炭、砂石）
往来款项	应收、应付款项和预收、预付款项等	发函询证

【答案】A

（二）财产清查结果的会计处理

在财产清查过程中产生的损溢，企业应于期末前查明原因，并根据企业的管理权限，经股东大会或董事会，或经理（厂长）会议或类似机构批准后，在期末结账前处理完毕。

第五单元　会计账务处理程序

使用“会计云课堂”App扫码听课、做题、答疑

考点 // 会计账务处理程序的概念、种类及应用　考频 | ★

（一）会计账务处理程序的概念

会计账务处理程序，也称会计核算组织程序或者会计核算形式，是指会计凭证、会计账簿、会计报表相结合的方式。

（二）会计账务处理程序的种类及应用

企业常用的账务处理程序，主要有记账凭证账务处理程序、汇总记账凭证账务处理程序和科目汇总表账务处理程序，它们之间的主要区别是登记总分类账的依据和方法不同。

项目	内容
记账凭证账务处理程序 提示1	对发生的经济业务，先根据原始凭证或汇总原始凭证填制记账凭证，再直接根据记账凭证登记总分类账
汇总记账凭证账务处理程序 提示2	先根据原始凭证或汇总原始凭证填制记账凭证，定期根据记账凭证分类编制汇总收款凭证、汇总付款凭证和汇总转账凭证，再根据汇总记账凭证登记总分类账
科目汇总表账务处理程序 提示3	又称记账凭证汇总表账务处理程序，根据记账凭证定期编制科目汇总表，再根据科目汇总表登记总分类账

提示1

特点：直接根据记账凭证逐笔登记总分类账。

提示2

特点：根据汇总记账凭证登记总分类账。

提示3

特点：根据科目汇总表登记总分类账。

【总结】三种账务处理程序的适用范围及优缺点。

类别	记账凭证账务处理程序	汇总记账凭证账务处理程序	科目汇总表账务处理程序
适用范围	规模较小，经济业务量较少的单位	规模较大，经济业务较多的单位	经济业务较多的单位
优点	简单明了，易于理解，总分类账可以较详细的反映经济业务的发生情况	减轻了登记总分类账的工作量	减轻了登记总分类账的工作量，并可以起到试算平衡的作用
缺点	登记总分类账的工作量较大	当转账凭证较多时，编制汇总转账凭证的工作量较大，不利于会计核算的日常分工	不能反映各个账户之间的对应关系，不利于对账目进行检查

历年命题视角 各类账务处理程序登记总分类账的依据。

【经典例题40·单选题】下列各项中，在记账凭证账务处理程序下，企业登记总分类账的直接依据是（　　）。（2022年·2分）

A. 原始凭证　　B. 科目汇总表

C. 汇总记账凭证　　D. 记账凭证

【解析】选项D正确，记账凭证账务处理程序，是指对发生的经济业务，先根据原始凭证或汇总原始凭证填制记账凭证，再直接根据记账凭证登记总分类账的一种账务处理程序。

【答案】D

使用"会计云课堂"App扫码听课、做题、答疑

第六单元　会计信息化基础

考点01　会计信息化相关概念

考频 | ★

项目	具体内容
会计信息化	是指企业利用计算机、网络通信等现代信息技术手段开展会计核算，以及利用上述技术手段将会计核算与其他经营管理活动有机结合的过程
会计软件	是指企业使用的，专门用于会计核算、财务管理的计算机软件、软件系统或者功能模块

项目	具体内容	
会计信息系统	是指由会计软件及其运行所依赖的软硬件环境组成的集合体	
	会计核算信息化	逐步实现资金管理、资产管理、预算控制、成本管理等财务管理信息化
	决策支持信息化	逐步实现财务分析、全面预算管理、风险控制、绩效考核等决策支持信息化
	财务共享中心	将会计工作集中处理，建立财务共享中心，实现会计核算资料和会计信息共享

考点 02　信息化环境下的会计账务处理　考频｜★

（一）信息化环境下会计账务处理的基本要求

项目	具体内容
会计软件方面	（1）应当保障企业按照国家统一会计准则制度开展会计核算，不得有违背国家统一会计准则制度的功能设计 （2）会计软件的界面应当使用中文并且提供对中文处理的支持，可以同时提供外国或者少数民族文字界面对照和处理支持 （3）应当提供符合国家统一会计准则制度的会计科目分类和编码功能 （4）应当提供符合国家统一会计准则制度的会计凭证、账簿和报表的显示和打印功能 （5）应当提供不可逆的记账功能，确保对同类已记账凭证的连续编号，不得提供对已记账凭证的删除和插入功能，不得提供对已记账凭证日期、金额、科目和操作人的修改功能 （6）应当具有符合国家统一标准的数据接口，满足外部会计监督需要 （7）应当具有会计资料归档功能，提供导出会计档案的接口，在会计档案存储格式、元数据采集、真实性与完整性保障方面，符合国家有关电子文件归档与电子档案管理的要求 （8）应当记录生成用户操作日志，确保日志的安全、完整，提供按操作人员、操作时间和操作内容查询日志的功能，并能以简单易懂的形式输出
会计信息系统方面	企业会计信息系统数据服务器的部署应当符合国家有关规定： （1）数据服务器部署在境外的，应当在境内保存会计资料备份，备份频率不得低于每月一次 （2）境内备份的会计资料应当能够在境外服务器不能正常工作时，独立满足企业开展会计工作的需要以及外部会计监督的需要 （3）企业不得在非涉密信息系统中存储、处理和传输涉及国家秘密，关系国家经济信息安全的电子会计资料；未经有关主管部门批准，不得将其携带、寄运或者传输至境外

项目	具体内容
其他方面	（1）企业会计资料中对经济业务事项的描述应当使用中文，可以同时使用外国或者少数民族文字对照 （2）企业应当建立电子会计资料备份管理制度，确保会计资料的安全、完整和会计信息系统的持续、稳定运行 （3）归档管理电子会计档案，应当符合《会计档案管理办法》的规定 （4）实行会计工作集中核算的企业以及企业分支机构，应当为外部会计监督机构及时查询和调阅异地储存的会计资料提供必要条件

【经典例题41·判断题】企业可以在信息系统中存储、处理和传输涉及国家秘密，关系国家经济信息安全的电子会计资料。（　　）（2022年·1分）

【解析】企业不得在非涉密信息系统中存储、处理和传输涉及国家秘密，关系国家经济信息安全的电子会计资料。

【答案】×

（二）信息化环境下会计账务处理流程

1. 账务处理流程的主要角色

（1）业务人员，如采购人员、销售人员等；

（2）凭证编制人员，即编制记账凭证的会计人员；

（3）凭证审核人员，即对记账凭证进行审核的会计人员；

（4）记账和结账人员，即将记账凭证信息转换为账簿信息和进行月末结账的会计人员；

（5）查询与分析人员，如财务经理、总经理等。

2. 信息化环境下会计账务处理基本流程

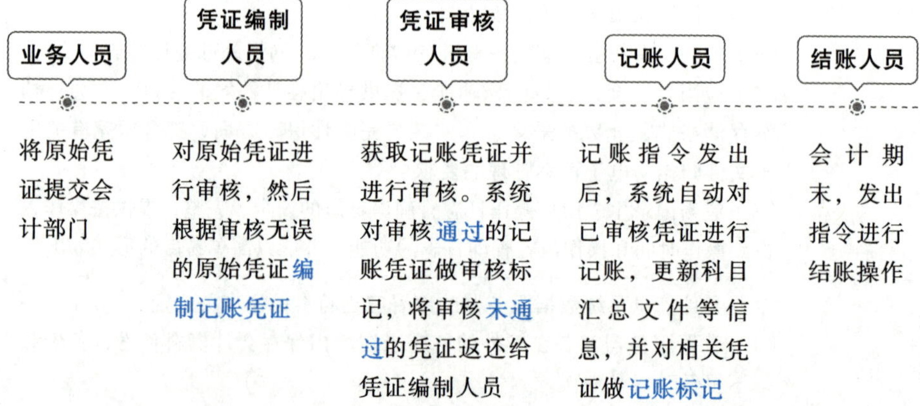

【提示】会计信息系统根据凭证文件和科目汇总文件自动、实时生成日记账、明细账和总账，提供内部和外部使用者需要的内部分析表和财务报表。

考点 03　财务机器人和财务大数据的应用　考频 | ★

（一）财务机器人的应用

财务机器人是机器人流程自动化在会计领域具体应用的一套财务数字化应用技术。

应用范围	具体内容
会计核算与会计报表列报	（1）会计记账自动化。代替人工记录会计分录的操作；对在建工程价值及存货金额进行确认和暂估，完成账账、账证、账实之间的核对，并进行函证以确认数量、金额是否相符；对工作中发生的意外事项，能及时通知会计人员进行人工干预 （2）报表列报优化。财务机器人根据事先设定的程序将数据汇总，对于存在的差异，由会计人员进行干预和调整，完成报表的编制工作
资金预算与管理优化	（1）资金预算。比如对信用或质量问题造成的收回资金方面的困难作出合理的应对，对各部门资金不足或过剩及时告知资金管理人员 （2）资金支付。比如发现资金流向和资金流量与凭证不符，系统将提示审核不通过并提醒会计人员修改；若付款中遇到收款方开户行不存在或账户异常等问题，则将该付款业务退回至业务发起人并提示付款失败原因，由人工解决问题 （3）银企对账自动化。银行与企业对账时，财务机器人自动检索相关财务数据和对应的银行存款对账单。如遇未达账项或特殊情况，自动显示异常结果并提醒会计人员手工调整。银企对账自动化是财务机器人在资金管理方面的突出亮点
费用报账自动化	—
采购付款业务自动化	比如，信息不符则自动通知业务人员自查，找出差异并人工改正后重新提交对账信息
纳税申报	—
全面预算	—
优化供应商管理	（1）供应商相关信息将被自动采集并进行编号，实时监控产品信息和价格变动 （2）记录并分析企业的历年采购成本，及时发现异常情况 （3）更加智能合理地选择最优供应商，及时更新供应商相关信息
优化应收款项管理	首先，企业能够自动登录市场监管信息系统查看客户的详细情况 其次，按照设定的规则就其信用情况进行自动排名 最后，能实时查看企业回款进度，自动提醒收款人员发出付款期限到期通知

（二）财务大数据的应用

（1）大数据是海量化、多样化、低价值的数据信息。

（2）数据采集和数据对比分析是财务大数据应用的主要形式。

（3）对财务信息实施大数据管理，可以实现企业财务信息的全面化管理。

【经典例题42·判断题】发现资金流向与凭证不符，系统将提示审核不通过并提醒会计人员修改是财务机器人在会计核算与会计报表列报方面的应用。（　　）

【解析】该操作是财务机器人在资金预算与管理优化方面的应用。

【答案】×

考点04　财务共享中心的功能与作用　考频｜★

（一）财务共享中心的概念

财务共享中心是指大型企业或企业集团公司利用信息技术对其会计工作进行集中统一处理的一种新型财务组织管理模式，是企业集中管理模式在财务管理上的具体应用。

（二）财务共享中心的功能与作用

功能定位	具体内容
集中核算型	处理业务大多是交易性业务流程、生产流程等
集中管控型	能够实时生成各分、子公司财务信息
价值创造型	实现由局部共享、半自动化共享、粗制共享的集中核算型财务共享服务到“全面共享、智能共享、精益共享”的价值创造型财务共享服务的跨越式发展

【经典例题43·判断题】财务共享中心的功能定位分别为集中核算型、集中管控型和价值创造型。（　　）

【答案】√

使用“会计云课堂”App扫码听课、做题、答疑

第七单元　成本与管理会计基础

考点01　成本会计的概念　考频｜★

提示

从会计学习的逻辑性角度考虑，本单元的视频课程放置在第八章后面。

成本会计，是企业为求得产品的总成本和单位成本而核算全部生产成本和费用的会计活动。成本会计核算的对象是产品成本，是对成本计划执行结果的反映。

产品成本核算是计算生产经营过程中实际发生的成本、费用，并进行相应的会计处理。

考点 02 // 成本会计的基本原理　考频 | ★

1. 产品成本核算的要求

要求	具体内容
（1）做好各项基础工作	—
（2）正确划分各种费用支出的界限	①正确划分收益性支出与资本性支出的界限 ②正确划分成本费用、期间费用与营业外支出的界限 ③正确划分本期成本费用与以后期间成本费用的界限 ④正确划分各种产品成本费用的界限 ⑤正确划分本期完工产品与期末在产品成本的界限 上述五方面成本费用的划分应当遵循受益原则，即谁受益谁负担、何时受益何时负担、负担费用应与受益程度成正比。上述成本费用划分的过程，也是产品成本的计算过程
（3）根据生产特点和管理要求选择适当的成本计算方法	产品成本计算的方法必须根据产品的生产特点、管理要求及工艺过程等确定。目前，企业常用的产品成本计算方法有品种法、分批法、分步法、分类法、定额法、标准成本法等
（4）遵守一致性原则	企业产品成本核算采用的会计政策和估计一经确定，不得随意变更。各种会计处理方法在成本核算中要前后一致，前后各项的成本资料要能够相互可比
（5）编制产品成本报表	企业的产品成本报表一般应当按月编制，综合反映企业的生产成本、成本计划执行情况、产品成本及其变动情况等

【易错易混点辨析】产品成本 vs 费用

项目	产品成本	费用
定义	是为生产某种产品而发生的各种耗费的合计，通常是企业存货的主要构成内容	是企业在日常活动中发生的、会导致所有者权益减少的、与向所有者分配利润无关的经济利益的总流出
区别	侧重于按产品进行归集，计算依据主要有成本计算单、成本汇总表及产品入库单等，不包括期间费用	侧重于按会计期间进行归集，计算依据主要是生产经营过程中取得的各种原始凭证
涉及科目	生产成本、制造费用等	销售费用、管理费用、财务费用等

2. 产品成本核算的一般程序（略）

3. 产品成本核算对象

制造业企业一般按照产品品种、批次订单或生产步骤等确定产品成本核算对象。

💡 解释1

核算对象：

产品规格繁多的，可将产品结构、耗用原材料和工艺过程基本相同的各种产品，适当合并作为成本核算对象。

核算对象 解释1	具体内容
产品品种	大量大批单步骤生产产品或管理上不要求提供有关生产步骤成本信息的，一般以产品品种为成本核算对象
批次订单	小批单件生产产品的，一般以每批或每件产品为成本核算对象
生产步骤	多步骤连续加工产品且管理上要求提供有关生产步骤成本信息的，一般以每种（批）产品及各生产步骤为成本核算对象

4. 产品成本项目

企业应当根据生产经营特点和管理要求，按照成本的经济用途和生产要素内容相结合的原则或者成本性态等设置成本项目。制造业企业一般可以设置的成本项目，如下表所示。

💡 解释2

成本项目：

由于生产的特点、各种生产费用支出的比重及成本管理和核算的要求不同，企业可根据具体情况，适当增加一些项目，如“废品损失”等。

💡 提示

制造费用：

制造费用经过分配之后应根据成本核算对象记入“生产成本”科目，共同构成产品成本。

成本项目 解释2	含义	会计科目
直接材料	是指构成产品实体的原材料以及有助于产品形成的主要材料和辅助材料。包括原材料、辅助材料、备品配件、外购半成品、包装物、低值易耗品等费用 举例：生产产品耗用的直接材料 / 材料费用等	“生产成本”
燃料及动力	是指直接用于产品生产的外购和自制的燃料和动力 举例：生产产品耗用的燃料费、动力费等	
直接人工	是指直接从事产品生产的工人的职工薪酬 举例：生产工人的工资、福利费等	
制造费用 提示	是指企业为生产产品和提供劳务而发生的各项间接费用 举例：生产车间管理人员的职工薪酬，生产车间管理用耗电费、用具摊销额，车间厂房和机器设备的折旧费等	“制造费用”

【易错易混点辨析】生产成本 vs 产品成本

“生产成本”科目直接核算的是直接人工和直接材料的部分，但是如果题目没有强调“科目”的问题，生产成本和产品成本的含义相似，指生产产品发生的全部成本，包含直接人工、直接材料和制造费用。

5. 产品成本的归集和分配

（1）企业所发生的生产费用，能确定由某一成本核算对象负担的，应当按照所对应的产品成本项目类别，直接计入产品成本核算对象的生产成本；由几个成本核算对象共同负担的，应当选择合理的分配标准分配计入生产成本。企业应当根据生产经营特点，以正常生产能力水平为基础，按照资源耗费方式确定合理的分配标准。

（2）企业采用计划成本、标准成本、定额成本等类似成本进行直接材料日常核算的，期末，应当将耗用直接材料的计划成本或定额成本等类似成本调整为实际成本。

历年命题视角

1. 产品成本的构成
2. 产品成本核算的要求
3. “制造费用”科目核算的内容

【经典例题 44 · 单选题】下列各项中，应计入制造业企业产品生产成本的是（　　）。（2022 年 · 2 分）

A. 企业商标权的摊销额

B. 企业行政管理部门发生的水费

C. 因火灾造成在产品发生的非常损失

D. 车间管理人员的薪酬

【解析】选项 AB，计入管理费用；选项 C，计入营业外支出；选项 D，计入制造费用，最终计入产品生产成本，故选项 D 正确。

【答案】D

【经典例题 45 · 多选题】下列各项中，企业为正确计算产品成本必须划分的费用界限有（　　）。（2022 年 · 2 分）

A. 收益性支出和资本性支出

B. 本期完工产品和期末在产品成本的界限

C. 各种产品成本费用的界限

D. 本期成本费用与以后期间成本费用的界限

【答案】ABCD

【经典例题 46 · 判断题】制造业企业进行成本核算时，品种规格繁多时可以将成本进行适当合并。（　　）（2022 年 · 1 分）

【解析】制造业企业，产品规格繁多的，可以将产品结构、耗用原材料和工艺过程基本相同的产品，适当合并作为成本核算对象。

【答案】√

【经典例题 47 · 单选题】下列各项中，不属于产品成本的是（ ）。

A. 行政管理部门机器设备的日常维修费用

B. 生产产品耗用的材料成本

C. 生产车间管理人员的薪酬

D. 生产车间生产工人的薪酬

【解析】选项 A：行政管理部门机器设备的日常维修费用计入管理费用，而不计入产品成本。产品成本由三部分构成：直接材料、直接人工和制造费用。选项 B 属于直接材料，选项 C 属于制造费用，选项 D 属于直接人工，均构成产品成本的一部分。

【点题】（1）生产车间机器设备的折旧费计入制造费用；（2）生产车间生产工人的工资计入生产成本；（3）车间管理人员的工资计入制造费用。

【答案】A

【经典例题 48 · 多选题】下列各项中，企业应通过“制造费用”科目核算的有（ ）。

A. 生产车间管理用耗电费

B. 生产车间生产工人工资

C. 生产车间管理用具摊销额

D. 生产车间管理用房屋折旧费

【解析】选项 B 应通过“生产成本”科目进行核算。

【答案】ACD

6. 产品成本计算方法

产品成本计算方法主要包括品种法、分批法和分步法。

（1）品种法。

项目	内容
概念	是以产品品种作为成本核算对象，归集和分配生产成本，计算产品成本的一种方法
适用范围	单步骤、大量生产的企业，比如采掘、发电、供水等企业
主要特点	①产品品种为成本核算对象 ②品种法下一般在每月月末定期计算产品成本 ③月末通常没有在产品，所以一般无须将生产费用在完工产品与在产品之间进行划分，该种完工产品的总成本就是当期发生的生产费用总和；如果企业月末有在产品，则要将生产成本在完工产品与在产品之间进行分配

（2）分批法。

项目	内容
概念	是以产品的批别作为产品成本核算对象，归集和分配生产成本，计算产品成本的一种方法
适用范围	单件、小批生产的企业，如精密仪器制造、重型机器制造、造船等，一般企业中的新产品试制或试验的生产、在建工程以及设备修理作业等也可采用该方法
主要特点	①产品的批别为成本核算对象 ②成本计算期与财务报告期不一致，但与产品生产周期基本一致 ③一般不存在在完工产品与在产品之间分配成本的问题

（3）分步法。

项目	内容
概念	是按照生产过程中各个加工步骤（分品种）为成本核算对象，归集和分配生产成本，计算各步骤半成品和最后产成品成本的一种方法
适用范围	大量大批的多步骤生产，如纺织、冶金、机械制造等
主要特点	①各种产品的生产步骤为成本核算对象 ②将归集在生产成本明细账中的生产成本在完工产品和在产品之间进行分配，为月末计算完工产品成本做准备 ③不仅需要按品种计算和结转产品成本，还需要计算和结转产品的各步骤成本；成本计算期是固定的，与产品的生产周期不一致

分步法一般采用逐步结转和平行结转两种方式，分别称为逐步结转分步法和平行结转分步法。解释3

逐步结转分步法的基本示意图如下：

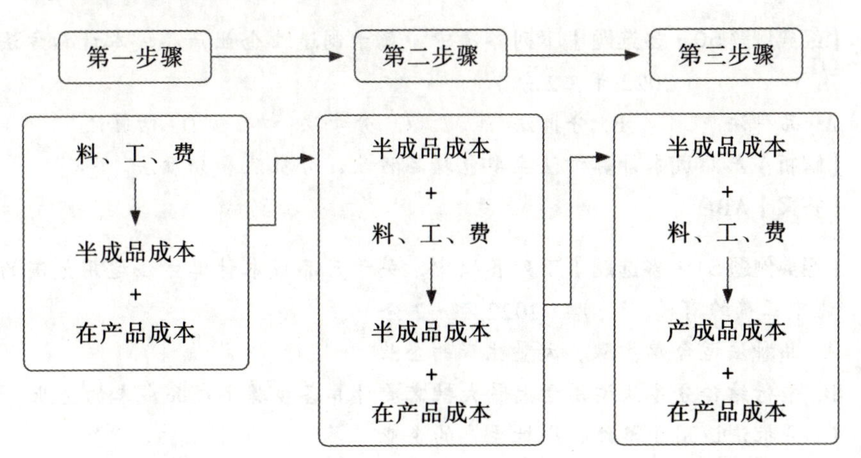

解释3

逐步结转分步法：分步计算半成品成本。

平行结转分步法：不计算半成品成本。

平行结转分步法的基本示意图如下：

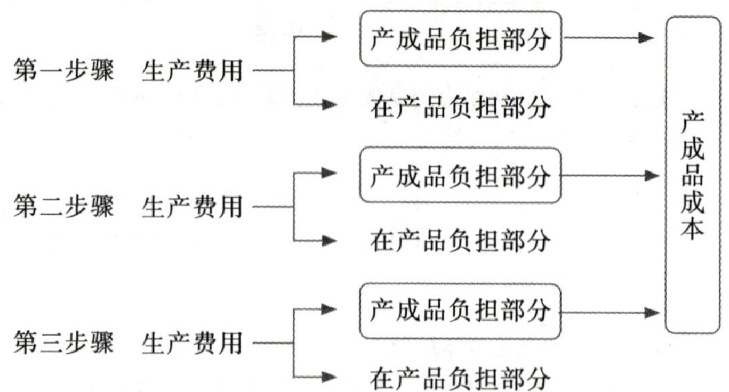

【易错易混点辨析】产品成本计算方法。

项目	品种法	分批法	分步法
成本核算对象	产品品种	产品批别	生产步骤
生产组织特点	大量大批	单件小批	大量大批
成本管理	不要求分步	不要求分步	要求分步

历年命题视角　各种产品成本计算方法的特点和适用范围。

【经典例题49 · 单选题】下列各项中，需要分步计算半成品成本的产品成本计算方法是（　　）。（2022年 · 2分）

A. 分批法　　B. 平行结转分步法
C. 逐步结转分步法　　D. 品种法

【解析】选项C正确，逐步结转分步法需要分步计算半成品成本。

【答案】C

【经典例题50 · 多选题】下列各项中，属于制造业企业产品成本计算方法的有（　　）。（2022年 · 2分）

A. 品种法　　B. 分批法　　C. 分步法　　D. 估算法

【解析】产品成本计算方法主要包括品种法、分批法和分步法。

【答案】ABC

【经典例题51 · 多选题】下列各项中，关于产品成本计算方法适用范围的表述中正确的有（　　）。（2022年 · 2分）

A. 品种法适合单步骤、大量生产的企业
B. 平行结转分步法适用于大量大批需要计算各步骤半成品成本的企业
C. 分批法适用于单件、小批生产的企业
D. 逐步结转分步法适用于大量大批需要计算各步骤半成品成本的企业

【解析】选项 B 错误，分步法适用于大量大批的多步骤生产，平行结转分步法主要用于不需分步计算半成品成本的情形，也称为不计算半成品成本分步法。

【答案】ACD

【经典例题 52 · 多选题】下列关于产品成本计算方法的表述中，正确的有（　　）。（2022 年 · 2 分）

A. 品种法下一般定期计算产品成本

B. 分批法下成本计算期与产品生产周期基本一致，而与财务报告期不一致

C. 逐步结转分步法下，在产品的成本在最后完成以前，不随实物转出而转出，不能为各生产步骤在产品的实物管理及资金管理提供资料

D. 平行结转分步法下，成本结转工作量较大

【解析】选项 C 错误，逐步结转分步法下，可以提供各个生产步骤的半成品成本资料，为各生产步骤的在产品实物管理及资金管理提供资料。选项 D 错误，逐步结转分步法下成本结转工作量较大。

【答案】AB

考点 03 // 产品成本核算　　考频 | ★★

（一）成本核算的科目设置

1.“生产成本”科目

2.“制造费用”科目

（二）材料、燃料、动力费用的归集和分配

1. 归集和分配

（1）通用分配公式。

对于能分产品耗用的费用，直接记入产品成本的“直接材料”“直接人工”等项目；对于不能分产品耗用的费用，分配记入相关产品的“直接材料”“直接人工”等项目。

分配时通用公式如下：

分配率 = 待分配费用 ÷ 分配标准之和

某产品应分配的费用金额 = 分配率 × 该产品的分配标准

分配标准：产品重量、消耗定额、生产工时、产品产量、产值比例等。

（2）材料、燃料、动力费用相应的计算公式。

材料、燃料、动力费用分配率 = 材料、燃料、动力消耗总额 / 分配标准（如产品重量、耗用的原材料、生产工时等）

某种产品应负担的材料、燃料、动力费用 = 该产品的重量、耗用的原材料、生产工时等 × 材料、燃料、动力费用分配率

在消耗定额比较准确的情况下，原材料、燃料也可按照产品的材料定额消耗量比例或材料定额费用比例进行分配。

按材料定额消耗量比例分配材料费用的计算公式如下：

某种产品材料定额消耗量 = 该种产品实际产量 × 单位产品材料消耗定额

材料消耗量分配率 = 材料实际总消耗量 ÷ 各种产品材料定额消耗量之和

某种产品应分配的材料费用 = 该种产品的材料定额消耗量 × 材料消耗量分配率 × 材料单价

2. 账务处理

借：生产成本、制造费用等

　贷：原材料

【经典例题 53 · 单选题】某企业本月投产甲产品 50 件、乙产品 100 件，生产甲、乙两种产品共耗用材料 4500 千克，每千克 20 元，每件甲、乙产品材料消耗定额为 50 千克、15 千克，按材料定额消耗量比例分配材料费用，甲产品分配的材料费用为（　　）元。

A. 50000　　B. 30000　　C. 33750　　D. 56250

【解析】材料费用分配率 =4500×20÷（50×50+100×15）=22.5，甲产品应分配的材料费用 =22.5×50×50=56250（元）。

【答案】D

（三）职工薪酬的归集和分配

职工薪酬是企业在生产产品或提供劳务过程中所发生的各种直接和间接人工费用的总和。

1. 归集和分配

（1）基本计算公式。

生产职工薪酬费用分配率 = 各种产品生产职工薪酬总额 ÷ 各种产品生产工时之和

某种产品应分配的生产职工薪酬 = 该种产品生产工时 × 生产职工薪酬费用分配率

（2）如果取得各种产品的实际生产工时数据比较困难，而各种产品的单件工时定额比较准确，也可按产品的定额工时比例分配职工薪酬，相应的计算公式如下：

某种产品耗用的定额工时 = 该种产品投产量 × 单位产品工时定额

生产职工薪酬费用分配率 = 各种产品生产职工薪酬总额 ÷ 各种产品定额工时之和

某种产品应分配的生产职工薪酬 = 该种产品定额工时 × 生产职工薪酬费用分配率

2. 账务处理

借：生产成本

　　制造费用

　　管理费用

　　销售费用等

　贷：应付职工薪酬

【经典例题 54 · 单选题】某企业期初无在产品，本月完工甲产品 600 件、乙产品 400 件，共耗用直接人工费用 12 万元，采用定额工时比例法分配甲产品和乙产品直接人工费用。甲产品每件定额工时 6 小时，乙产品每件定额工时 3 小时。甲产品负担的直接人工费用是（　　）万元。

A. 7.2　　B. 7.3　　C. 4.8　　D. 9

【解析】甲产品负担的直接人工费用 =12÷（6×600+3×400）×600×6=9（万元）。

【答案】D

（四）辅助生产费用的归集和分配

1. 辅助生产费用的归集

通过“生产成本——辅助生产成本”科目进行核算。

2. 辅助生产费用的分配及账务处理

辅助生产费用的分配应通过辅助生产费用分配表进行。辅助生产费用的分配方法通常采用直接分配法、交互分配法、计划成本分配法、顺序分配法和代数分配法等。

（1）直接分配法。

特点	不考虑各辅助生产车间之间相互提供劳务或产品的情况，直接将各辅助生产车间发生的费用分配给辅助生产以外的各受益单位
计算公式	辅助生产的单位成本 = 辅助生产费用总额 ÷ 辅助生产的产品或劳务总量（不包括对各辅助生产车间之间提供的产品或劳务量） 各受益车间、产品或各部门应分配的费用 = 辅助生产的单位成本 × 该辅助生产车间之外的车间、产品或部门的耗用量
优缺点	各辅助生产费用只进行对外分配，且只分配一次，计算简单，但分配结果不够准确
适用范围	适用于辅助生产内部相互提供产品和劳务不多、不进行费用的交互分配、对辅助生产成本和企业产品成本影响不大的情况

【经典例题 55 · 单选题】甲公司有供电和供水两个辅助生产车间，2022 年 1 月供电车间供电 80000 度，费用 120000 元，供水车间供水 5000 吨，费用 36000 元；供电车间耗用水 200 吨，供水车间耗用电 600 度，甲公司采用直接分配法进行核算，2022 年 1 月供水车间费用分配率是（　　）。

A. 7.375　　B. 7.625　　C. 7.2　　D. 7.5

【解析】供水车间的费用分配率 = 待分配的辅助生产费用 ÷ 劳务数量 = 36000÷（5000−200）=7.5。

【答案】D

（2）交互分配法。

特点	进行两次分配。首先，在各辅助生产车间之间进行一次交互分配；然后将各辅助生产车间交互分配后的实际费用在辅助生产车间以外的各受益单位进行分配
计算公式	对内交互分配率 = 辅助生产费用总额 / 辅助生产车间提供的产品或劳务总量 对外分配率 =（交互分配前的成本费用 + 交互分配转入的成本费用 − 交互分配转出的成本费用）/ 对辅助生产车间以外的其他部门提供的产品或劳务总量
优缺点	提高了分配的正确性，但同时加大了分配的工作量

【经典例题 56 · 多选题】甲公司有供电、燃气两个辅助生产车间，公司采用交互分配法分配辅助生产费用。本月供电车间供电 20 万度，成本费用为 10 万元，其中燃气车间耗用 1 万度电；燃气车间供气 10 万吨，成本费用为 20 万元，其中供电车间耗用 0.5 万吨燃气。下列计算中，正确的有（　　）。

A. 供电车间分配给燃气车间的成本费用为 0.5 万元

B. 燃气车间分配给供电车间的成本费用为 1 万元

C. 供电车间对外分配的成本费用为 9.5 万元

D. 燃气车间对外分配的成本费用为 19.5 万元

【解析】供电车间交互分配率 =10÷20=0.5；供电车间分配给燃气车间的电费 =0.5×1=0.5（万元）；燃气车间交互分配率 =20÷10=2；燃气车间分配给供电车间的燃气费 =2×0.5=1（万元）；燃气车间交互分配后待分配的费用 =20−1+0.5=19.5（万元）；供电车间交互分配后待分配的费用 =10−0.5+1=10.5（万元）。

【答案】ABD

（3）计划成本分配法。

特点	辅助生产为各受益单位提供的劳务或产品，都按劳务或产品的计划单位成本进行分配，辅助生产车间实际发生的费用与按计划单位成本分配转出的费用之间的差额采用简化计算方法全部计入管理费用
计算公式	成本差异 = 实际成本 − 按计划单位成本分配转出的费用
优缺点	便于考核和分析各受益单位的成本，有利于分清各单位的经济责任，但成本分配不够准确
适用范围	适用于辅助生产劳务或产品计划单位成本比较准确的企业

【经典例题 57 · 单选题】某企业采用计划成本分配法分配辅助生产费用时，应将辅助生产车间实际发生的费用与按计划单位成本分配转出的费用之间

的差额计入的会计科目是（　　）。（2022 年 · 2 分）

A. 制造费用　　B. 管理费用　　C. 生产成本　　D. 销售费用

【解析】采用计划成本分配法分配辅助生产费用时，应将辅助生产车间实际发生的费用与按计划单位成本分配转出的费用之间的差额采用简化计算方法全部计入管理费用。

【答案】B

（五）制造费用的归集和分配

含义		制造费用，是指制造业企业为生产产品（或提供劳务）而发生的，应计入产品成本但没有专设成本项目的各项间接生产费用
归集		制造费用归集和分配应当通过“制造费用”科目进行
分配	分配原理	在基本生产车间只生产一种产品的情况下，制造费用可以直接计入该种产品的成本。在生产多种产品的情况下，制造费用应采用适当的分配方法计入各种产品的成本
	分配公式	制造费用分配率 = 制造费用总额 ÷ 各产品分配标准之和 某种产品应分配的制造费用 = 该种产品分配标准 × 制造费用分配率
	方法	（1）生产工人工时比例法：较为常用 （2）生产工人工资比例法：适用于各种产品生产机械化程度相差不多的企业 （3）机器工时比例法：适用于产品生产的机械化程度较高的车间 （4）按年度计划分配率分配法：适用于季节性生产企业

➤【经典例题 58 · 单选题】某制造业企业生产 M、N 两种产品，采用机器工时比例法分配制造费用。2022 年 12 月，共发生制造费用 100 万元，M 产品实际耗用机器工时 200 小时，N 产品实际耗用机器工时 300 小时。不考虑其他因素，该企业 M 产品当月应分配的制造费用为（　　）万元。（2022 年 · 2 分）

A. 60　　B. 100　　C. 50　　D. 40

【解析】该企业 M 产品当月应分配的制造费用 =200 ÷（200+300）× 100=40（万元）。

【答案】D

（六）废品损失和停工损失的核算

1. 废品损失的核算

废品损失是指在生产过程中发生的和入库后发现的超定额的不可修复废品的生产成本，以及可修复废品的修复费用，扣除回收的废品残料价值和应收赔款以后的损失。

【提示】不属于废品损失的情形：(1) 经质量检验部门鉴定不需要返修、可以降价出售的不合格品；(2) 产品入库后由于保管不善等原因而损坏变质的产品；(3) 实行“三包”企业在产品出售后发现的废品。

为单独核算废品损失，企业应增设“废品损失”科目，在成本项目中增设“废品损失”项目。废品损失也可不单独核算，相应费用等体现在“生产成本——基本生产成本”“原材料”等科目中。辅助生产一般不单独核算废品损失。

（1）不可修复废品损失。

不可修复废品损失的生产成本，可按废品所耗实际费用计算，也可按废品所耗定额费用计算。

核算标准	核算方法	
按所耗实际费用	完工前发现	需要选取适当的分配方法将废品报废前和合格品在一起计算的各项费用，在合格品和废品之间进行分配，从而计算出废品的实际成本
	完工后发现	单位废品负担的各项生产费用应与单位合格产品完全相同，可按合格品产量和废品的数量比例分配各项生产费用，计算废品的实际成本
按所耗定额费用	废品的生产成本是按废品数量和各项费用定额计算的，不需要考虑废品实际发生的生产费用	

（2）可修复废品损失。

“废品损失”科目只登记返修发生的各种费用，不登记返修前发生的费用。

①发生可修复废品成本	②回收残料价值和应收赔款	③结转废品净损失
借：废品损失 　贷：原材料 　　　应付职工薪酬 　　　制造费用	借：原材料 　　其他应收款 　贷：废品损失	借：生产成本——基本生产成本 　贷：废品损失

【经典例题59 · 单选题】某企业产品入库后发现可修复废品一批，其生产成本为3500元。修复废品耗用直接材料1000元、直接人工500元、制造费用800元，回收残料计价100元，应收过失人赔款100元。不考虑其他因素，该批废品净损失为（　　）元。

A. 2100　　B. 5600　　C. 3600　　D. 2300

【解析】该批废品净损失=1000+500+800−100−100=2100（元）。

【答案】A

【经典例题60 · 单选题】某工业企业甲产品在生产过程中发现不可修复废品一批，该批废品的成本构成为：直接材料3200元，直接人工4000元，制造费用2000元。废品残料计价500元已回收入库，应收过失人赔偿款

1000元。假定不考虑其他因素，该批废品的净损失为（　　）元。

A. 7700　　B. 8700　　C. 9200　　D. 10700

【解析】废品损失是在生产过程中发生的和入库后发现的超定额的不可修复废品的生产成本，以及可修复废品的修复费用，扣除回收的废品残料价值和应收赔款以后的损失。所以该批废品的净损失=3200+4000+2000-500-1000=7700（元）。

【答案】A

2. 停工损失的核算

（1）单独核算停工损失的企业，应该增设“停工损失”科目，在成本项目中增设“停工损失”项目。“停工损失”科目月末无余额。

（2）不单独核算停工损失的企业，可直接反映在“制造费用”或“营业外支出”等科目中。辅助生产一般不单独核算停工损失。

（3）不满1个工作日的停工，一般不计算停工损失。

停工类型	内容	处理原则
正常停工	季节性停工、正常生产周期内的修理期间的停工、计划内减产停工等	计入产品成本
非正常停工	原材料或工具等短缺停工、设备故障停工、电力中断停工、自然灾害停工等	计入当期损益

账务处理：

（1）停工期内发生、应列作停工损失的费用：

借：停工损失

　贷：应付职工薪酬等

（2）应收过失单位及人员或保险公司赔款：

借：其他应收款

　贷：停工损失

（3）期末：

借：生产成本——基本生产成本［由本月产品成本负担的部分］

　　营业外支出［属于自然灾害的部分］

　贷：停工损失

【经典例题61·判断题】制造业企业发生的季节性停工费用应直接计入当期损益。（　　）（2020年·1分）

【解析】季节性停工、修理期间的正常停工费用在产品成本核算范围内，应计入产品成本。非正常停工费用应计入企业当期损益。

【答案】×

考点04 生产费用在完工产品和在产品之间的归集和分配

考频 | ★★★

（一）在产品数量的核算

在产品是指没有完成全部生产过程的产品，包括正在车间加工中的在产品（包括正在返修的废品）和已经完成一个或几个生产步骤但还需继续加工的半成品（包括未经验收入库的产品和等待返修的废品）两部分。

【提示1】能够直接对外销售的自制半成品，属于完工产品，验收入库后不应列入在产品。

【提示2】在产品清查结果的处理（在产品盘盈、盘亏处理的核算，应在“制造费用”科目结账前进行）：

项目	账务处理	
	批准前	批准后
盘盈	借：生产成本——基本生产成本 　贷：待处理财产损溢［定额成本］	借：待处理财产损溢 　贷：制造费用
盘亏、毁损	借：待处理财产损溢 　贷：生产成本——基本生产成本 借：原材料等［取得的残料］ 　贷：待处理财产损溢	借：制造费用［车间管理不善］ 　贷：待处理财产损溢

（二）生产费用在完工产品和在产品之间的分配

1. 分配原理

基本公式：月初在产品成本 + 本月发生生产成本 = 本月完工产品成本 + 月末在产品成本。

2. 分配方法

生产费用在完工产品和在产品之间的分配方法通常有：不计算在产品成本法、在产品按固定成本计价法、在产品按所耗直接材料成本计价法、约当产量比例法、在产品按定额成本计价法、在产品按完工产品成本计价法、定额比例法等。下面主要介绍约当产量比例法、在产品按定额成本计价法和定额比例法。

（1）约当产量比例法。

计算公式	月末在产品约当产量 = 月末在产品数量 × 完工程度 $分配率（单位成本）= \frac{月初在产品成本 + 本月发生生产成本}{完工产品产量 + 月末在产品约当产量}$ 完工产品成本 = 分配率 × 完工产品产量 月末在产品成本 = 分配率 × 月末在产品约当产量

<table>
<tr><td rowspan="2">完工程度的计算</td><td>分配工资、福利费（直接人工）和制造费用完工程度：
①通常假定处于某工序的在产品只完成本工序的一半：
$$某道工序完工程度=\frac{前面各道工序工时定额之和+本道工序工时定额\times 50\%}{产品工时定额}\times 100\%$$
②如果特指了在产品所处工序的完工程度：
$$某道工序完工程度=\frac{前面各道工序工时定额之和+本道工序工时定额\times 本道工序平均完工程度}{产品工时定额}\times 100\%$$
③若各工序在产品数量和单位工时定额相差不多，在产品的完工程度也可按 50% 计算</td></tr>
<tr><td>分配原材料完工程度：
①原材料在生产开始时一次投入：
在产品无论完工程度如何，都应和完工产品负担同样的材料，即在产品原材料完工程度为 100%
②原材料陆续投入：
a. 分工序投入，但在每一道工序开始时一次投入：
$$某工序在产品完工程度=\frac{至本工序累计材料消耗定额}{产品材料消耗定额}\times 100\%$$
b. 分工序投入，但在每一道工序随加工进度陆续投入：
$$某工序在产品完工程度=\frac{前面各工序累计材料消耗定额+本工序材料消耗定额\times 50\%}{产品材料消耗定额}\times 100\%$$</td></tr>
<tr><td>适用范围</td><td>产品数量较多，各月在产品数量变化也较大，且生产成本中直接材料成本和直接人工等加工成本的比重相差不大的产品</td></tr>
</table>

➤【经典例题 62 · 单选题】甲产品的生产需经过两道工序，第一道工序定额工时 2 小时，第二道工序定额工时 3 小时。期末，甲产品在第一道工序的在产品 40 件，在第二道工序的在产品 20 件。假定每道工序平均完工程度为 50%，作为分配计算在产品加工成本的依据，其期末在产品约当产量为（　　）件。

A. 18　　B. 22

C. 28　　D. 36

【解析】第一道工序的完工程度 =（2×50%）÷（2+3）×100%=20%；第二道工序的完工程度 =（2+3×50%）÷（2+3）×100%=70%；期末在产品约当产量 =40×20%+20×70%=22（件）。

【答案】B

➤【经典例题 63 · 单选题】某企业只生产一种产品，采用约当产量比例法将生产费用在完工产品与在产品之间进行分配，材料在产品投产时一次投入，月初在产品直接材料成本为10万元，当月生产耗用材料的成本为50万元，当月完工产品30件，月末在产品30件，完工程度60%，本月完工产品成本中直接材料成本为（ ）万元。

A. 30　　B. 22.5

C. 37.5　　D. 25

【解析】因为原材料在产品投产时一次投入，所以月末在产品中直接材料成本的完工程度按照100%计算，本月完工产品成本中直接材料成本＝（10+50）÷（30+30）×30=30（万元）。

【答案】A

【经典例题64·多选题】某企业生产费用在完工产品和在产品之间采用约当产量比例法进行分配。该企业甲产品月初在产品和本月生产费用共计900000元。本月甲产品完工400台，在产品100台且其平均完工程度为50%。不考虑其他因素，下列各项中，计算结果正确的有（ ）。

A. 甲产品的完工产品成本为800000元

B. 甲产品的单位成本为2250元

C. 甲产品在产品的约当产量为50台

D. 甲产品的在产品成本为112500元

【解析】在产品的约当产量=100×50%=50（台），所以甲产品的单位成本＝900000÷（400+50）=2000（元），甲产品完工产品的成本=2000×400=800000（元），在产品成本=2000×50=100000（元）。

【答案】AC

（2）在产品按定额成本计价法。

计算公式	月末在产品成本＝月末在产品数量×在产品单位定额成本 完工产品总成本＝（月初在产品成本＋本月发生生产成本）－月末在产品成本 【提示】实际脱离定额的差异完全由完工产品承担
适用范围	各项消耗定额或成本定额比较准确、稳定，而且各月末在产品数量变化不是很大的产品

（3）定额比例法。

计算公式	分配率＝（月初在产品成本＋本月发生生产成本）/（完工产品定额＋月末在产品定额） 完工产品应负担的成本＝完工产品定额×分配率 月末在产品应负担的成本＝月末在产品定额×分配率 【提示】直接材料、直接人工和制造费用，都可以按上述公式计算
适用范围	各项消耗定额或成本定额比较准确、稳定，但各月末在产品数量变动较大的产品

（三）联产品和副产品的成本分配

1. 联产品和副产品成本的含义

联产品	是指使用同种原料，经过同一生产过程同时生产出来的两种或两种以上的主要产品
副产品	是指在同一生产过程中，使用同种原料，在生产主产品的同时附带生产出来的非主要产品

2. 联产品成本的分配

方法	具体内容	适用情形
相对销售价格分配法	联合成本分配率 = $\frac{\text{待分配联合成本}}{\text{A 产品分离点的总售价 +B 产品分离点的总售价}}$ A 产品应分配联合成本 = 联合成本分配率 ×A 产品分离点的总售价 B 产品应分配联合成本 = 联合成本分配率 ×B 产品分离点的总售价	适用于联产品在分离点上即可供销售的情形
实物量分配法	联合成本分配率 = $\frac{\text{待分配联合成本}}{\text{A 产品实物数量 +B 产品实物数量}}$ A 产品应分配联合成本 = 联合成本分配率 ×A 产品实物数量 B 产品应分配联合成本 = 联合成本分配率 ×B 产品实物数量	通常适用于所生产的产品价格很不稳定或无法直接确定

【经典例题 65 · 单选题】某公司生产甲产品和乙产品，甲产品和乙产品为联产品。2022 年 6 月份发生加工成本 600 万元。甲产品和乙产品在分离点上的销售价格总额为 750 万元，其中甲产品的销售价格总额为 450 万元，乙产品的销售价格总额为 300 万元。采用相对销售价格分配法分配联合成本，该公司甲产品应分配的联合成本为（　　）万元。

A. 360　　　　B. 240

C. 300　　　　D. 450

【解析】该公司甲产品应分配的联合成本 =600×［450÷（450+300）］=360（万元）。

【答案】A

3. 副产品成本的分配

在分配主产品和副产品的生产成本时，通常先确定副产品的生产成本，然后再确定主产品的生产成本。

主产品成本 = 总成本 − 副产品成本

【经典例题66·单选题】某公司在生产主要产品的同时，还生产了某种副产品。该种副产品可直接对外出售，该公司规定的售价为每公斤200元。本月主产品和副产品发生的生产成本总额为100万元，副产品的产量为300公斤。假定该公司按预先规定的副产品的售价确定副产品的成本，则主产品的成本为（　　）元。

A. 940000　　B. 0

C. 60000　　D. 1000000

【解析】副产品的成本=200×300=60000（元）；主产品的成本=1000000-60000=940000（元）。

【答案】A

（四）完工产品成本的结转

完工产品验收入库：

借：库存商品

　贷：生产成本——基本生产成本

【经典例题67·单选题】某企业只生产一种产品。2022年4月，期初在产品成本5万元；4月份发生如下费用：生产领用材料9万元，生产工人工资5万元，制造费用3万元，管理费用4万元，广告费2万元；月末在产品成本6万元。该企业4月份完工产品的生产成本为（　　）万元。

A. 16　　B. 15

C. 14　　D. 17

【解析】本期发生的产品成本=9（直接材料）+5（直接人工）+3（制造费用）=17（万元），则完工产品的生产成本=月初在产品成本+本月发生的产品成本-月末在产品成本，因此该企业4月份完工产品的生产成本=5+17-6=16（万元）。

【答案】A

考点05 管理会计基础　考频｜★

（一）管理会计指引

1. 管理会计的概念

管理会计是会计的重要分支，主要服务于单位内部管理需要，是通过利用相关信息，有机融合财务与业务活动，在单位规划、决策、控制和评价等方面发挥重要作用的管理活动。

管理会计的目标是通过运用管理会计工具方法，参与单位规划、决策、控制、评价活动并为之提供有用信息，推动单位实现战略规划。

2. 管理会计指引体系

管理会计指引体系包括基本指引、应用指引和案例库。

指引体系	具体内容
管理会计基本指引	管理会计基本指引在管理会计指引体系中起统领作用，是制定应用指引和建设案例库的基础 管理会计基本指引是对管理会计基本概念、基本原则、基本方法、基本目标等内容的总结、提炼 不同于企业会计准则基本准则，管理会计基本指引只是对管理会计普遍规律和基本认识的总结升华，并不对应用指引中未作出描述的新问题提供处理依据
管理会计应用指引	在管理会计指引体系中，应用指引居于主体地位，是对单位管理会计工作的具体指导
管理会计案例库	案例库是对国内外管理会计经验的总结提炼，是对如何运用管理会计应用指引的实例示范

（二）管理会计要素

1. 概述

单位应用管理会计，应包括应用环境、管理会计活动、工具方法、信息与报告四项管理会计要素。

要素	具体内容
应用环境	管理会计应用环境是单位应用管理会计的基础。单位应用管理会计，首先应充分了解和分析其应用环境，包括外部环境和内部环境
管理会计活动	管理会计活动是单位管理会计工作的具体开展，是单位利用管理会计信息，运用管理会计工具方法，在规划、决策、控制、评价等方面服务于单位管理需要的相关活动
工具方法	管理会计工具方法是实现管理会计目标的具体手段，是单位应用管理会计时所采用的战略地图、滚动预算、作业成本法、本量利分析、平衡计分卡等模型、技术、流程的统称
信息与报告	管理会计信息包括管理会计应用过程中所使用和生成的财务信息和非财务信息，是管理会计报告的基本元素 管理会计报告分类： （1）按期间可以分为定期报告和不定期报告 （2）按内容可以分为综合性报告和专项报告等类别

历年命题视角

1. 管理会计的目标
2. 管理会计指引体系构成及各自作用
3. 管理会计要素的构成及具体内容

【经典例题68·单选题】下列各项中，关于管理会计指引体系及其内容的相关表述正确的是（　　）。（2022年·2分）

A. 管理会计基本指引需对应用指引中未作出描述的新问题提供处理依据

B. 管理会计信息仅包含应用过程中的财务信息

C. 管理会计主要服务于单位外部利益相关者的需要

D. 管理会计应用环境包括内部环境和外部环境

【解析】选项A错误，管理会计基本指引不对应用指引中未作出描述的新问题提供处理依据。选项B错误，管理会计信息不仅包含应用过程中的财务信息，还包含非财务信息。选项C错误，管理会计主要服务于单位内部管理需要。

【答案】D

【经典例题69·多选题】下列各项中，属于管理会计要素的有（　　）。（2022年·2分）

A. 工具方法　　B. 应用环境

C. 管理会计活动　　D. 信息与报告

【答案】ABCD

【经典例题70·判断题】管理会计的目标是通过运用管理会计工具方法，参与单位规划、决策、控制、评价活动并为之提供有用信息，推动单位实现战略规划。（　　）（2022年·1分）

【答案】√

【经典例题71·判断题】管理会计指引体系包括基本指引、应用指引和案例库，用以指导单位管理会计实践。（　　）（2020年·1分）

【答案】√

2. 管理会计工具方法

<table>
<tr><th>工具方法</th><th colspan="2">内容</th></tr>
<tr><td>战略地图</td><td colspan="2">是指为描述企业各维度战略目标之间因果关系而绘制的可视化的战略因果关系图。战略地图通常以财务、客户、内部业务流程、学习与成长四个维度为主要内容。通过分析各维度的相互关系，绘制战略因果关系图</td></tr>
<tr><td rowspan="3">滚动预算</td><td colspan="2">是指企业根据上一期预算执行情况和新的预测结果，按既定的预算编制周期和滚动频率，对原有的预算方案进行调整和补充，逐期滚动，持续推进的预算编制方法。滚动预算一般由中期滚动预算和短期滚动预算组成</td></tr>
<tr><td>中期滚动预算</td><td>预算编制周期通常为3年或5年，以年度作为预算滚动频率</td></tr>
<tr><td>短期滚动预算</td><td>通常以1年为预算编制周期，以月度、季度作为预算滚动频率</td></tr>
</table>

<table>
<tr><th>工具方法</th><th colspan="2">内容</th></tr>
<tr><td rowspan="3">作业成本法</td><td colspan="2">是指以“作业消耗资源、产出消耗作业”为原则，按照资源动因将资源费用追溯或分配至各项作业，计算出作业成本，然后再根据作业动因，将作业成本追溯或分配至各成本对象，最终完成成本计算的过程</td></tr>
<tr><td>作业按消耗对象不同分类</td><td>（1）主要作业，是指被产品、服务或顾客等最终成本对象消耗的作业
（2）次要作业，是指被原材料、主要作业等介于中间地位的成本对象消耗的作业</td></tr>
<tr><td>具体应用</td><td>一般适用于具备以下特征的企业：作业类型较多且作业链较长，同一生产线生产多种产品，企业规模较大且管理层对产品成本准确性要求较高，产品、顾客和生产过程多样化程度较高，以及间接或辅助资源费用所占比重较大等情况</td></tr>
<tr><td rowspan="3">本量利分析</td><td colspan="2">是指以成本性态分析和变动成本法为基础，运用数学模型和图示，对成本、利润、业务量与单价等因素之间的依存关系进行分析，发现变动的规律性，为企业进行预测、决策、计划和控制等活动提供支持的一种方法。其中，“本”是指成本，包括固定成本和变动成本；“量”是指业务量，一般指销售量；“利”一般指营业利润</td></tr>
<tr><td>基本公式</td><td>营业利润 =（单价 − 单位变动成本）× 业务量 − 固定成本</td></tr>
<tr><td>具体应用</td><td>主要用于企业生产决策、成本决策和定价决策，也可以广泛地用于投融资决策等。企业在营运计划的制订、调整以及营运监控分析等程序中通常会应用到本量利分析</td></tr>
<tr><td rowspan="2">平衡计分卡</td><td colspan="2">是指基于企业战略，从财务、客户、内部业务流程、学习与成长四个维度，将战略规划目标逐层分解转化为具体的、相互平衡的业绩指标体系，并据此进行绩效管理的方法。平衡计分卡通常与战略地图等其他工具结合使用</td></tr>
<tr><td>具体应用</td><td>适用于战略规划目标明确、管理制度比较完善、管理水平相对较高的企业。平衡计分卡的应用对象可为企业、所属单位（部门）和员工</td></tr>
</table>

➤ **【经典例题 72 · 单选题】**某企业运用本量利分析制订营运计划。当期甲产品单位售价 0.08 万元，单位变动成本 0.05 万元，固定成本 70 万元，预计营业利润 200 万元，企业销量预计为（　　）件。（2022 年 · 2 分）

A. 4000　　B. 5400　　C. 9000　　D. 10000

【解析】本量利分析的基本公式为：营业利润 =（单价 − 单位变动成本）× 业务量 − 固定成本，业务量 =（营业利润 + 固定成本）/（单价 − 单位变动成本）=（200+70）/（0.08−0.05）=9000（件）。

【答案】C

使用“会计云课堂”App
扫码听课、做题、答疑

第八单元　政府会计基础

提示

从会计学习的逻辑性角度考虑，本单元的视频课程放置在第八章后面。

考点01　政府会计概述

考频 | ★

（一）政府会计的概念

<table>
<tr><th>项目</th><th colspan="2">具体内容</th></tr>
<tr><td>含义</td><td colspan="2">政府会计是会计体系的重要分支，它是运用会计专门方法对政府及其组成主体（包括政府所属的行政事业单位等）的财务状况、运行情况（含运行成本）、现金流量、预算执行等情况进行全面核算、监督和报告</td></tr>
<tr><td rowspan="4">准则制度体系</td><td colspan="2">我国的政府会计准则制度体系主要由政府会计基本准则、政府会计具体准则及应用指南和政府会计制度等组成</td></tr>
<tr><td>政府会计基本准则</td><td>用于规范政府会计目标、政府会计主体、政府会计信息质量要求、政府会计核算基础，以及政府会计要素定义、确认和计量原则、列报要求等原则事项
基本准则指导具体准则和制度的制定，并为政府会计实务问题提供处理原则</td></tr>
<tr><td>政府会计具体准则及应用指南</td><td>政府会计具体准则依据基本准则制定，用于规范政府会计主体发生的经济业务或事项的会计处理原则，详细规定经济业务或事项引起的会计要素变动的确认、计量、记录和报告
应用指南是对具体准则的实际应用作出的操作性规定</td></tr>
<tr><td>政府会计制度</td><td>依据基本准则制定，主要规定政府会计科目及账务处理、报表体系及编制说明等</td></tr>
<tr><td rowspan="3">会计主体</td><td colspan="2">政府会计主体主要包括各级政府、各部门、各单位（提示）</td></tr>
<tr><td>各级政府</td><td>指各级政府财政部门，具体负责财政总会计的核算</td></tr>
<tr><td>各部门、各单位</td><td>指与本级政府财政部门直接或者间接发生预算拨款关系的国家机关、军队、政党组织、社会团体、事业单位和其他单位</td></tr>
</table>

提示

会计核算不适用政府会计准则制度的有：
①军队。
②已纳入企业财务管理体系的单位。
③执行《民间非营利组织会计制度》的社会团体。

（二）政府会计的特点

与企业会计相比，政府会计具有以下特点：

“双功能”	政府会计应当实现预算会计和财务会计的双重功能
“双基础”	（1）预算会计实行收付实现制，国务院另有规定的，从其规定 （2）财务会计实行权责发生制
“双要素”	政府会计要素包括预算会计要素和财务会计要素 （1）预算会计要素包括预算收入、预算支出与预算结余 （2）财务会计要素包括资产、负债、净资产、收入和费用
“双报告”	政府会计主体应当编制决算报告和财务报告 （1）政府决算报告的编制主要以收付实现制为基础，以预算会计核算生成的数据为准 （2）政府财务报告的编制主要以权责发生制为基础，以财务会计核算生成的数据为准

➢ **【经典例题73·单选题】**下列各项中，关于政府会计“双功能”特点表述正确的是（　　）。（2022年·2分）

A. 政府会计应当实现预算会计和财务会计的双重功能

B. 政府会计应当实现预算会计和管理会计的双重功能

C. 政府会计应当实现预算会计和成本会计的双重功能

D. 政府会计应当实现财务会计和管理会计的双重功能

【答案】A

➢ **【经典例题74·判断题】**政府决算报告主要以收付实现制为基础编制，以预算会计核算生成的数据为准。（　　）（2022年·1分）

【答案】√

➢ **【经典例题75·多选题】**下列各项中，关于政府会计的特点的表述正确的有（　　）。

A. 政府会计主体应当编制决算报告和财务报告

B. 政府会计由预算会计和财务会计构成

C. 政府预算会计实行收付实现制，国务院另有规定的，从其规定

D. 政府财务会计实行权责发生制

【答案】ABCD

考点02 政府会计实务概要 考频 | ★

（一）政府会计要素及其确认和计量

提示1

政府预算会计要素：预算收入；预算支出；预算结余（结余资金、结转资金）

1. 政府预算会计要素 提示1

要素	具体内容
预算收入	（1）预算收入是指政府会计主体在预算年度内依法取得的并纳入预算管理的现金流入 （2）预算收入一般在实际收到时予以确认，以实际收到的金额计量
预算支出	（1）预算支出是指政府会计主体在预算年度内依法发生并纳入预算管理的现金流出 （2）预算支出一般在实际支付时予以确认，以实际支付的金额计量
预算结余	（1）预算结余是指政府会计主体预算年度内预算收入扣除预算支出后的资金余额，以及历年滚存的资金余额 （2）预算结余包括结余资金和结转资金： ①结余资金是指年度预算执行终了，预算收入实际完成数扣除预算支出和结转资金后剩余的资金 ②结转资金是指预算安排项目的支出年终尚未执行完毕或者因故未执行，且下年需要按原用途继续使用的资金

【经典例题76·单选题】属于政府预算会计要素的是（　　）。（2022年·2分）

A. 净资产　　B. 预算收入

C. 负债　　D. 资产

【解析】选项ACD属于政府财务会计要素。

【答案】B

提示2

政府财务会计要素：资产；负债；净资产；收入；费用

2. 政府财务会计要素 提示2

（1）资产。

①定义和确认条件。

项目	具体内容
定义	指政府会计主体过去的经济业务或者事项形成的，由政府会计主体控制的，预期能够产生服务潜力或者带来经济利益流入的经济资源 a. 服务潜力是指政府会计主体利用资产提供公共产品和服务以履行政府职能的潜在能力 b. 经济利益流入表现为现金及现金等价物的流入，或者现金及现金等价物流出的减少

项目	具体内容
确认条件	符合政府资产定义的经济资源，并同时满足以下条件： 一是与该经济资源相关的服务潜力很可能实现或者经济利益很可能流入政府会计主体 二是该经济资源的成本或者价值能够可靠地计量

②类别和计量属性。

项目	具体内容	
类别	按照流动性，分为流动资产和非流动资产	
	流动资产	指预计在1年内（含1年）耗用或者可以变现的资产，包括货币资金、短期投资、应收及预付款项、存货等
	非流动资产	指流动资产以外的资产，包括固定资产、在建工程、无形资产、长期投资、公共基础设施、政府储备资产、文物文化资产、保障性住房和自然资源资产等
计量属性	历史成本 提示3	按照取得时支付的现金金额或者支付对价的公允价值计量
	重置成本	按照现在购买相同或者相似资产所需支付的现金金额计量
	现值	按照预计从其持续使用和最终处置中所产生的未来净现金流入量的折现金额计量
	公允价值	按照市场参与者在计量日发生的有序交易中，出售资产所能收到的价格计量
	名义金额	无法采用历史成本、重置成本、现值和公允价值计量的，采用名义金额（即人民币1元）计量

提示3

历史成本：

政府会计主体对资产进行计量时，一般应当采用历史成本。

【经典例题77·多选题】下列各项中，属于政府非流动资产的有（　　）。（2022年·2分）

A. 公共基础设施　　B. 文物文化资产

C. 保障性住房　　D. 自然资源资产

【答案】ABCD

（2）负债。

①定义和确认条件。

项目	具体内容
定义	指政府会计主体过去的经济业务或者事项形成的，预期会导致经济资源流出政府会计主体的现时义务 解释

解释

现时义务：

①指政府会计主体在现行条件下已承担的义务。

②未来发生的经济业务或者事项形成的义务不属于现时义务，不应当确认为负债。

项目	具体内容
确认条件	符合政府负债定义的义务，并同时满足以下条件： 一是履行该义务很可能导致含有服务潜力或者经济利益的经济资源流出政府会计主体 二是该义务的金额能够可靠地计量

②类别和计量属性。

项目		具体内容
类别	按照流动性，分为流动负债和非流动负债	
	流动负债	指预计在1年内（含1年）偿还的负债，包括短期借款、应付短期政府债券、应付及预收款项、应缴款项等
	非流动负债	指流动负债以外的负债，包括长期借款、长期应付款、应付长期政府债券等
计量属性	历史成本（提示4）	按照因承担现时义务而实际收到的款项或者资产的金额，或者承担现时义务的合同金额，或者按照为偿还负债预期需要支付的现金计量
	现值	按照预计期限内需要偿还的未来净现金流出量的折现金额计量
	公允价值	按照市场参与者在计量日发生的有序交易中，转移负债所需支付的价格计量

提示4

历史成本：

政府会计主体对负债进行计量，一般应当采用历史成本。

③政府会计主体负债的具体内容。

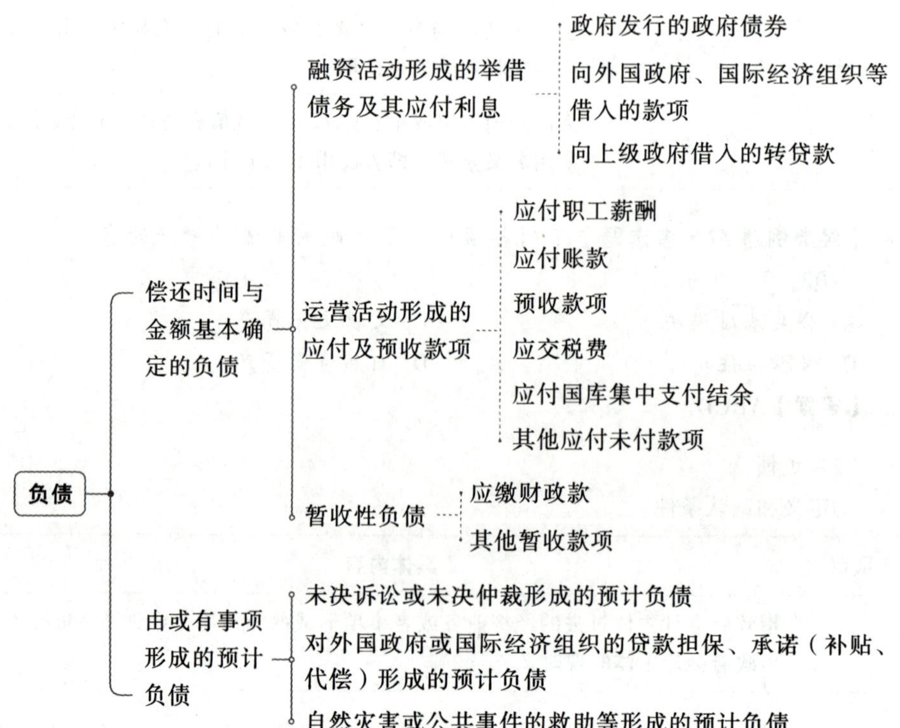

【经典例题78·多选题】下列各项中，属于政府会计主体或有事项的有（　　）。（2022年·2分）

A. 对公共事件的救助

B. 未决仲裁

C. 对外国政府的贷款担保

D. 未决诉讼

【解析】通常政府会计主体的或有事项主要有：未决诉讼（选项D）或未决仲裁（选项B）、对外国政府或国际经济组织的贷款担保（选项C）、承诺（补贴、代偿）、自然灾害或公共事件的救助（选项A）等。

【答案】ABCD

【经典例题79·判断题】政府会计主体的负债包括偿还时间与金额基本确定的负债和由或有事项形成的预计负债。（　　）（2021年·1分）

【答案】√

【经典例题80·判断题】政府会计主体对负债可采用名义金额进行计量。（　　）（2021年·1分）

【解析】政府负债的计量属性主要包括历史成本、现值和公允价值。

【答案】×

【经典例题81·单选题】下列各项中，属于政府会计主体的非流动负债的是（　　）。（2020年·2分）

A. 应缴款项　　B. 长期应付款

C. 预收款项　　D. 短期借款

【解析】政府会计主体的负债按照流动性，分为流动负债和非流动负债。流动负债是指预计在1年内（含1年）偿还的负债，包括短期借款（选项D）、应付短期政府债券、应付及预收款项（选项C）、应缴款项（选项A）等。非流动负债是指流动负债以外的负债，包括长期借款、长期应付款（选项B正确）、应付长期政府债券等。

【答案】B

【经典例题82·单选题】下列各项中，不属于政府举借债务的是（　　）。（2020年·2分）

A. 对外国政府贷款担保形成的预计负债

B. 向国际经济组织借入的款项

C. 政府发行的政府债券

D. 向上级政府借入的转贷款

【解析】政府举借的债务包括政府发行的政府债券（选项C），向外国政府、国际经济组织等借入的款项（选项B），以及向上级政府借入转贷资金形成的借入转贷款（选项D）。

【答案】A

提示5

净资产：

注意与企业会计要素中所有者权益的区分。

（3）净资产。提示5

净资产是指政府会计主体资产扣除负债后的净额，其金额取决于资产和负债的计量。

（4）收入。

项目	具体内容
定义	指报告期内导致政府会计主体净资产增加的、含有服务潜力或者经济利益的经济资源的流入
确认条件	收入的确认应当同时满足以下条件： 一是与收入相关的含有服务潜力或者经济利益的经济资源很可能流入政府会计主体 二是含有服务潜力或者经济利益的经济资源流入会导致政府会计主体资产增加或者负债减少 三是流入金额能够可靠地计量

【经典例题83·判断题】政府预算收入是指报告期内导致政府会计主体净资产增加的、含有服务潜力或经济利益的经济资源的流入。（　　）

【解析】政府收入是指报告期内导致政府会计主体净资产增加的、含有服务潜力或者经济利益的经济资源的流入。

【答案】×

（5）费用。

项目	具体内容
定义	指报告期内导致政府会计主体净资产减少的、含有服务潜力或者经济利益的经济资源的流出
确认条件	费用的确认应当同时满足以下条件： 一是与费用相关的含有服务潜力或者经济利益的经济资源很可能流出政府会计主体 二是含有服务潜力或者经济利益的经济资源流出会导致政府会计主体资产减少或者负债增加 三是流出金额能够可靠地计量

【经典例题84·多选题】下列各项中，属于政府财务会计要素的有（　　）。（2022年·2分）

A. 资产　　B. 预算收入　　C. 净资产　　D. 预算支出

【答案】AC

（二）政府会计核算模式

政府会计核算具备财务会计和预算会计双重功能。核算模式实现了财务会计与预算会计适度分离并相互衔接，全面、清晰地反映政府财务信息与预算执行信息。

考点 03 政府单位会计核算 考频 | ★

（一）政府单位会计核算概述

名称	单位预算会计	单位财务会计
要素	预算收入、预算支出、预算结余	资产、负债、净资产、收入、费用
等式	预算会计恒等式：预算收入 - 预算支出 = 预算结余	反映单位财务状况的等式：资产 - 负债 = 净资产 反映运行情况的等式：收入 - 费用 = 本期盈余，本期盈余经分配后最终转入净资产（本年盈余分配）
设户	应当设置“资金结存”科目及“零余额账户用款额度”“货币资金”“财政应返还额度”三个明细科目	—

（二）国库集中支付

实行国库集中支付的单位，财政资金的支付方式包括财政直接支付和财政授权支付。

支付方式	具体内容
财政直接支付业务	单位提出支付申请，由财政部门发出支付令，再由代理银行经办资金支付
财政授权支付业务	单位申请到的是用款限额而不是存入单位账户的实有资金，单位可以在用款限额内自行开具支付令，再由代理银行向收款人付款

（三）非财政拨款收支

单位的收支业务除国库集中收付业务外，还包括事业活动、经营活动等形成的非财政拨款收支。

项目	具体内容
事业（预算）收入	指事业单位开展专业业务活动及其辅助活动实现的收入，不包括从同级政府财政部门取得的各类财政拨款
捐赠（预算）收入	（1）捐赠收入指单位接受其他单位或者个人捐赠取得的收入，包括现金捐赠收入和非现金捐赠收入 （2）捐赠预算收入指单位接受捐赠的现金资产
捐赠（支出）费用	—

（四）预算结转结余及分配

<table>
<tr><th>项目</th><th colspan="2">具体内容</th></tr>
<tr><td rowspan="2">财政拨款结转结余</td><td>财政拨款结转</td><td>设置“财政拨款结转”科目核算单位滚存的财政拨款结转资金。年末结转后，本科目除“累计结转”明细科目外，其他明细科目应无余额</td></tr>
<tr><td>财政拨款结余</td><td>设置“财政拨款结余”科目核算单位滚存的财政拨款项目支出结余资金。年末结转后，本科目除“累计结余”明细科目外，其他明细科目应无余额</td></tr>
<tr><td rowspan="2">非财政拨款结转结余</td><td>非财政拨款结转</td><td>设置“非财政拨款结转”科目核算事业单位除财政拨款收支、经营收支以外的各非同级财政拨款专项资金收入与其相关支出相抵后剩余滚存的、须按规定用途使用的结转资金</td></tr>
<tr><td>非财政拨款结余</td><td>设置“非财政拨款结余”科目核算单位历年滚存的非限定用途的非同级财政拨款结余资金，主要为非财政拨款结余扣除结余分配后滚存的金额</td></tr>
<tr><td>专用结余</td><td colspan="2">指事业单位按照规定从非财政拨款结余中提取的具有专门用途的资金
设置“专用结余”科目，核算专用结余资金的变动和滚存情况。该科目年末贷方余额，反映事业单位从非同级财政拨款结余中提取的专用基金的累计滚存数额</td></tr>
<tr><td>经营结余</td><td colspan="2">设置“经营结余”科目核算事业单位本年度经营活动收支相抵后余额弥补以前年度经营亏损的余额</td></tr>
<tr><td>其他结余</td><td colspan="2">设置“其他结余”科目核算单位本年度除财政拨款收支、非同级财政专项资金收支和经营收支以外各项收支相抵后的余额
年末，行政单位将本科目余额转入“非财政拨款结余——累计结余”科目；事业单位将本科目余额转入“非财政拨款结余分配”科目</td></tr>
<tr><td>非财政拨款结余分配</td><td colspan="2">设置“非财政拨款结余分配”科目核算事业单位本年度非财政拨款结余分配的情况和结果
年末，事业单位应将“其他结余”科目余额和“经营结余”科目贷方余额转入“非财政拨款结余分配”科目</td></tr>
</table>

（五）净资产业务

单位财务会计净资产的来源主要包括累计实现的盈余和无偿调拨的净资产。在日常核算中，单位应在财务会计中设置以下几个科目：

科目	具体内容
本期盈余	核算单位本期各项收入、费用相抵后的余额

科目	具体内容
本年盈余分配	核算单位本年度盈余分配的情况和结果
专用基金	核算事业单位按照规定提取或设置的具有专门用途的净资产。主要包括职工福利基金、科技成果转换基金等
无偿调拨净资产	核算无偿调入或调出非现金资产所引起的净资产变动金额 通常情况下，无偿调拨非现金资产不涉及资金业务，因此不需要进行预算会计核算
权益法调整	核算事业单位持有的长期股权投资采用权益法核算时，按照被投资单位除净损益和利润分配以外的所有者权益变动份额调整长期股权投资账面余额而计入净资产的金额
以前年度盈余调整	核算单位本年度发生的调整以前年度盈余的事项，包括本年度发生的重要前期差错更正涉及调整以前年度盈余的事项
累计盈余	核算单位历年实现的盈余扣除盈余分配后滚存的金额，以及因无偿调入调出资产产生的净资产变动额

（六）资产业务

1. 资产业务的几个共性内容

（1）资产取得。

取得方式	成本构成
外购的资产	购买价款 + 相关税费（不含可抵扣的增值税进项税额）+ 其他费用（使得资产达到目前场所和状态或交付使用前所发生的归属于该项资产的费用）
自行加工或自行建造的资产	至验收入库或交付使用前所发生的全部必要支出
接受捐赠的非现金资产	①有相关凭据：凭据注明的价款 + 相关税费等 ②无相关凭据但经过资产评估：评估价值 + 相关税费等 ③无相关凭据也未经过资产评估：同类或类似资产的市场价格 + 相关税费等 ④无相关凭据且未经资产评估、同类或类似资产的市场价格也无法可靠取得：名义金额（人民币 1 元）
	【提示】单位对于接受捐赠的资产： ①成本能够确定的，按照确定的成本减去相关税费后的净额计入捐赠收入 ②成本不能确定的，单独设置备查簿进行登记，相关税费等计入当期费用
无偿调入的资产	调出方账面价值 + 相关税费等

取得方式	成本构成
置换取得的资产	换出资产的评估价值 + 支付的补价（– 收到的补价）+ 为换入资产发生的其他相关支出

（2）资产处置。

按照规定，资产处置的形式包括无偿调拨、出售、出让、转让、置换、对外捐赠、报废、毁损以及货币性资产损失核销等。单位应当按规定报经批准后对资产进行处置。

2. 固定资产

分类	固定资产一般分为六类：房屋及构筑物；专用设备；通用设备；文物和陈列品；图书、档案；家具、用具、装具；动植物 【提示】单位价值虽未达到规定标准，但使用年限超过 1 年（不含 1 年）的大批同类物资，应当作为固定资产核算和管理
折旧规定	单位应当按月对固定资产计提折旧，下列固定资产除外：文物和陈列品；动植物；图书、档案；单独计价入账的土地；以名义金额计量的固定资产
	（1）当月增加的固定资产，当月开始计提折旧；当月减少的固定资产，当月不再计提折旧 （2）固定资产提足折旧后，无论能否继续使用，均不再计提折旧 （3）提前报废的固定资产，也不再补提折旧 【提示】已提足折旧的固定资产，可以继续使用的，应当继续使用，规范实物管理
主要账务处理	按月计提折旧时，财务会计处理： 借：业务活动费用、单位管理费用、经营费用、在建工程等 贷：固定资产累计折旧

【经典例题 85 · 多选题】下列各项中，事业单位应计提折旧的有（　　）。

A. 已提足折旧仍继续使用的固定资产

B. 当月无偿调入未提足折旧的专用设备

C. 以名义金额计量的固定资产

D. 当月达到预定可使用状态的办公大楼

【解析】单位应当按月对固定资产计提折旧，下列固定资产除外：（1）文物和陈列品；（2）动植物；（3）图书、档案；（4）单独计价入账的土地；（5）以名义金额计量的固定资产。固定资产应当按月计提折旧，当月增加的固定资产，当月开始计提折旧；当月减少的固定资产，当月不再计提折旧。固定资产提足折旧后，无论能否继续使用，均不再计提折旧。

【答案】BD

（七）负债业务

项目	具体内容
应缴财政款	是指单位取得或应收的按照规定应当上缴财政的款项，包括应缴国库的款项和应缴财政专户的款项 为核算应缴财政的各类款项，单位应当设置“应缴财政款”科目 由于应缴财政的款项不属于纳入部门预算管理的现金收支，因此不进行预算会计处理
应付职工薪酬	是指按照有关规定应付给职工（含长期聘用人员）及为职工支付的各种薪酬，包括基本工资、国家统一规定的津贴补贴、规范津贴补贴（绩效工资）、改革性补贴、社会保险费（如职工基本养老保险费、职业年金、基本医疗保险费等）、住房公积金等 单位应当设置“应付职工薪酬”科目核算应付职工薪酬业务

习题指路：P397

若有习题帮，考试心不慌！学完本章考点，要及时做同步练习题哦！

第三章 流动资产

考情分析

流动资产，是指企业拥有或者控制的预计在一个正常营业周期（1年内，含1年）中变现、出售或耗用的资产。本章的内容包括货币资金、交易性金融资产、应收及预付款项、存货。考试中各种题型均会出现，属于非常重要的章节。

近三年题型题量分析表

年份＼题型	单项选择题	多项选择题	判断题	不定项选择题	合计
2022年	4题8分	2题4分	2题2分	2题4分	18分
2021年	4题8分	1题2分	2题2分	2题4分	16分
2020年	3题6分	1题2分	3题3分	2题4分	15分

考点剖析与经典例题

使用“会计云课堂”App扫码听课、做题、答疑

第一单元 货币资金 解释

> 解释
> **货币资金：**
> 是企业生产经营过程中处于货币形态的资产，属于企业的一种金融资产。

考点01 库存现金 考频 ★★

（一）现金管理制度

现金的使用范围	企业可在下列范围内使用现金： （1）职工工资、津贴 （2）个人劳务报酬 （3）根据国家规定颁发给个人的科学技术、文化艺术、体育比赛等各种奖金 （4）各种劳保、福利费用以及国家规定的对个人的其他支出 （5）向个人收购农副产品和其他物资的价款 （6）出差人员必须随身携带的差旅费 （7）结算起点（1000元）以下的零星支出 （8）中国人民银行确定需要支付现金的其他支出	除企业可以使用现金的范围中的第（5）、（6）项外，开户单位支付给个人的款项，超过使用现金限额的部分，应当以支票或者银行本票等方式支付；确需全额支付现金的，经开户银行审核后，予以支付现金

现金的限额	（1）开户行根据单位的实际需要核定现金限额，一般按照单位 3～5 天日常零星开支所需确定 （2）边远地区和交通不便地区的开户单位的库存现金限额，可按多于 5 天但不得超过 15 天的日常零星开支的需要确定
现金收支的规定	（1）开户单位现金收入应当于当日送存开户银行，当日送存确有困难的，由开户银行确定送存时间 （2）开户单位支付现金，可以从本单位库存现金限额中支付或者从开户银行提取，不得从本单位的现金收入中直接支付（即坐支），因特殊情况需要坐支现金的，应当事先报经开户银行审查批准，由开户银行核定坐支范围和限额。坐支单位应当定期向开户银行报送坐支金额和使用情况 （3）从开户银行提取现金应当注明用途，经本单位财会部门负责人签字盖章，开户银行审核后方可支付现金 （4）特殊情况使用现金的，向开户银行提出申请，经本单位财会部门负责人签字盖章，开户银行审核后方可支付

历年命题视角　1. 现金的使用范围
2. 现金收支的规定

【经典例题 1 · 单选题】下列各项中，企业不能使用现金进行结算的是（　　）。（2022 年 · 2 分）

A. 向科技人员颁发现金限额以内的奖金

B. 向外单位支付设备货款

C. 向职工发放现金限额以内的福利

D. 向个人支付收购农产品价款

【解析】选项 B：向外单位支付设备货款应当以银行转账等方式支付。

【答案】B

【经典例题 2 · 判断题】企业发生经济业务需要支付现金时，可以从本单位的现金收入中直接安排支付。（　　）（2020 年 · 1 分）

【解析】开户单位支付现金，可以从本单位库存现金限额中支付或者从开户银行提取，不得从本单位的现金收入中直接支付（即坐支）。因特殊情况需要坐支现金的，应当事先报经开户银行审查批准，由开户银行核定坐支范围和限额。

【答案】×

（二）库存现金的账务处理

项目	内容
设置科目	企业应当设置“库存现金”科目，借方登记库存现金的增加，贷方登记库存现金的减少，期末余额在借方，反映企业持有的库存现金 【提示】企业有内部周转使用的备用金，可以单独设置“备用金”科目
设置账簿	企业应当设置库存现金总账和库存现金日记账，分别进行库存现金的总分类核算和明细分类核算 每日终了，在库存现金日记账上，应当计算出当日的现金收入合计额、现金支出合计额和结余额，并将日记账的结余额与实际库存额核对，做到账款相符；月度终了，库存现金日记账的余额应当与库存现金总账的余额核对，做到账账相符

（三）库存现金的清查

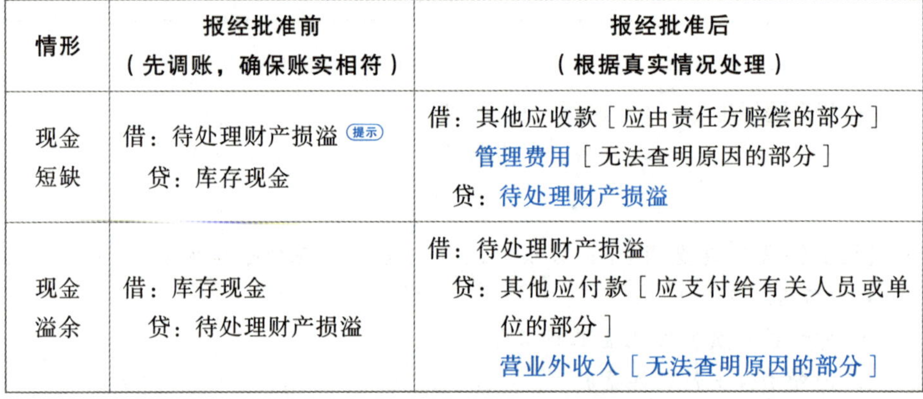

情形	报经批准前（先调账，确保账实相符）	报经批准后（根据真实情况处理）
现金短缺	借：待处理财产损溢 提示 贷：库存现金	借：其他应收款［应由责任方赔偿的部分］ 管理费用［无法查明原因的部分］ 贷：待处理财产损溢
现金溢余	借：库存现金 贷：待处理财产损溢	借：待处理财产损溢 贷：其他应付款［应支付给有关人员或单位的部分］ 营业外收入［无法查明原因的部分］

提示

待处理财产损溢： 三个常见账户，属于资产类，但账户性质为贷方记“好事”，借方记“坏事”：

（1）待处理财产损溢。

（2）材料成本差异。

（3）固定资产清理。

肖老师解读

无法查明原因的现金短缺与现金溢余的处理：

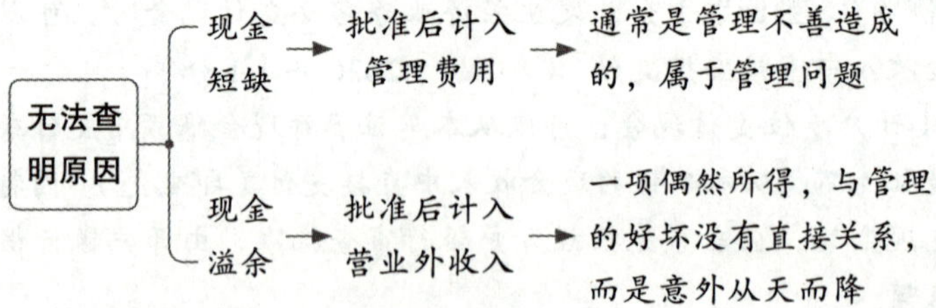

历年命题视角　现金短缺或溢余的账务处理。

【经典例题3·多选题】下列各项中，关于现金清查的会计处理表述正确的有（　　）。（2022年·2分）

A. 无法查明原因的现金短缺，计入营业外支出

B. 属于应由出纳人员赔偿的现金短缺，计入其他应收款

C. 无法查明原因的现金溢余，计入营业外收入

D. 属于应支付给有关单位的现金溢余，计入其他应付款

【解析】选项A错误，无法查明原因的现金短缺计入管理费用。

【答案】BCD

考点02　银行存款　考频 | ★★

银行存款是指企业存放在银行或其他金融机构的货币资金。

（一）银行存款的管理

企业除现金之外流动性最强的资产就是银行存款，企业应当根据管理活动和日常经营业务的需要合理确定银行存款规模。加强银行存款的管理，有利于加速企业资金周转，提高企业资金效益。

（二）银行存款的账务处理

项目	内容
设置科目	企业应当设置“银行存款”科目，借方登记银行存款的增加，贷方登记银行存款的减少，期末余额在借方，反映企业存放在银行或其他金融机构的各种款项
设置账簿	企业应当设置银行存款总账和银行存款日记账，分别进行银行存款的总分类核算和序时、明细分类核算 按照业务的发生顺序逐笔登记。每日终了，应结出余额

（三）银行存款的核对

“银行存款日记账”应定期与“银行对账单”核对，至少每月核对一次。企业银行存款账面余额与银行对账单余额之间如有差额（可能存在未达账项），应编制“银行存款余额调节表”予以调节，如没有记账错误，调节后的双方余额应相等。

（举例详见第二章第四单元）

【经典例题4·判断题】企业应当设置银行存款总账和银行存款日记账，分别进行银行存款的总分类核算和序时、明细分类核算。（　　）（2022年·1分）

【答案】√

考点03 其他货币资金

考频 ★★

其他货币资金是企业除库存现金、银行存款以外的其他各种货币资金，主要包括银行汇票存款、银行本票存款、信用卡存款、信用证保证金存款、外埠存款、存出投资款等。

（一）银行汇票存款

银行汇票存款是企业为取得银行汇票按照规定存入银行的款项。

银行汇票是出票银行签发的，由其在见票时按照实际结算金额无条件支付给收款人或者持票人的票据。银行汇票的出票银行为银行汇票的付款人。

相关账务处理如下：

企业	节点	账务处理
购货企业	填写“银行汇票申请书”、将款项交存银行时	借：其他货币资金——银行汇票 贷：银行存款
	持银行汇票购货、收到有关发票账单时	借：材料采购、原材料、库存商品等 应交税费——应交增值税（进项税额） 贷：其他货币资金——银行汇票
	采购完毕收回剩余款项时	借：银行存款 贷：其他货币资金——银行汇票
销货企业	收到银行汇票、填制进账单到开户银行办理款项入账手续时	借：银行存款 提示 贷：主营业务收入 应交税费——应交增值税（销项税额）

提示

银行存款：

银行汇票属于见票即付，收票一方收到票，随时可以兑换成银行存款，所以视同收到了银行存款。

（二）银行本票存款

银行本票存款是企业为了取得银行本票按照规定存入银行的款项。

银行本票是银行签发的，承诺自己在见票时无条件支付确定的金额给收款人或持票人的票据。

相关账务处理如下：

企业	节点	账务处理
购货企业	填写“银行本票申请书”、将款项交存银行时	借：其他货币资金——银行本票 贷：银行存款
	持银行本票购货、收到有关发票账单时	借：材料采购、原材料、库存商品等 应交税费——应交增值税（进项税额） 贷：其他货币资金——银行本票
销货企业	收到银行本票、填制进账单到开户银行办理款项入账手续时	借：银行存款 贷：主营业务收入 应交税费——应交增值税（销项税额）

（三）信用卡存款

信用卡存款是企业为取得信用卡而存入银行信用卡专户的款项。

相关账务处理如下：

节点	账务处理
企业向银行申领信用卡、交存款项时	填制“信用卡申请表”，连同支票和有关资料一并送存发卡银行，根据银行盖章退回的进账单第一联： 借：其他货币资金——信用卡 　贷：银行存款
企业用信用卡购物或支付有关费用时	借：管理费用等 　贷：其他货币资金——信用卡
在使用过程中，向账户续存资金时	借：其他货币资金——信用卡 　贷：银行存款
办理销户时	销卡时，余额转入基本存款户，不得提取现金： 借：银行存款 　贷：其他货币资金——信用卡

（四）信用证保证金存款

信用证保证金存款是指企业采用信用证结算方式，为开具信用证而存入银行信用证保证金专户的款项。

相关账务处理如下：

节点	账务处理
企业向银行申请信用证、交存款项时	填写“信用证申请书”，将信用证保证金交存银行，根据银行盖章退回的回单： 借：其他货币资金——信用证保证金 　贷：银行存款
企业接到开证行通知，结算款项时	借：材料采购、原材料、库存商品等 　　应交税费——应交增值税（进项税额） 　贷：其他货币资金——信用证保证金
将未用完的信用证保证金余额转回开户行时	借：银行存款 　贷：其他货币资金——信用证保证金

（五）存出投资款

存出投资款是企业为购买股票、债券、基金等根据有关规定存入在证券公司指定银行开立的投资款专户的款项。

相关账务处理如下：

节点	账务处理
企业向证券公司划出资金时	借：其他货币资金——存出投资款 贷：银行存款
购买股票、债券、基金等时	借：交易性金融资产等 贷：其他货币资金——存出投资款

（六）外埠存款

外埠存款是企业为了到外地进行临时或零星采购，而汇往采购地银行开立采购专户的款项。

相关账务处理如下：

节点	账务处理
企业开立采购专户时	借：其他货币资金——外埠存款 贷：银行存款
企业采购货物或支付有关费用时	借：材料采购、原材料、库存商品等 应交税费——应交增值税（进项税额） 贷：其他货币资金——外埠存款
采购完毕，余额转回时	借：银行存款 贷：其他货币资金——外埠存款

肖老师解读

常考的不同类型票据的核算科目：

票据	开出方	收到方
银行汇票/银行本票	其他货币资金	银行存款 （原因：见票即付）
支票	银行存款	银行存款
商业汇票 （银行承兑汇票、商业承兑汇票）	应付票据 （原因：没钱，打“欠条”）	应收票据 （原因：收到“欠条”）

历年命题视角 哪些结算方式的归属科目为“其他货币资金”。

【经典例题5·单选题】下列各项中，企业应通过“其他货币资金”科目核算的是（　　）。（2022年·2分）

A. 销售商品收到商业承兑汇票　　B. 用单位信用卡支付管理部门购书款

C. 购买办公用品开出现金支票　　D. 采购原材料开出银行承兑汇票

【解析】选项A计入应收票据；选项C计入银行存款；选项D计入应付票据。

【答案】B

【经典例题6·多选题】下列各项中，属于企业“其他货币资金”科目核算内容的有（　　）。（2022年·2分）

A. 签发并经开户银行承兑的银行承兑汇票

B. 签发的银行转账支票

C. 银行汇票存款

D. 银行本票存款

【解析】选项A，属于应付票据；选项B，属于银行存款。

【答案】CD

【经典例题7·多选题】下列各项中，企业应通过“其他货币资金”科目核算的有（　　）。

A. 委托银行代为支付电话费

B. 存入证券公司指定账户的款项

C. 汇往异地银行开立采购专户的款项

D. 存入银行信用证保证金专户的款项

【解析】选项A：通过“银行存款”科目核算。

选项B：通过“其他货币资金——存出投资款”科目核算。

选项C：通过“其他货币资金——外埠存款”科目核算。

选项D：通过“其他货币资金——信用证保证金”科目核算。

【答案】BCD

第二单元　交易性金融资产

使用“会计云课堂”App扫码听课、做题、答疑

考点01　金融资产的分类

考频 | ★

企业应当根据其管理金融资产的业务模式和金融资产的合同现金流量特征，对金融资产进行合理分类。企业会计准则将金融资产划分为以下三类：

金融资产
- 以摊余成本计量的金融资产
- 以公允价值计量且其变动计入其他综合收益的金融资产
- 以公允价值计量且其变动计入当期损益的金融资产（本单元讲解）

分类	分类标准	会计科目
以摊余成本计量的金融资产	企业应当将同时符合下列条件的金融资产分为此类： （1）企业管理该金融资产的业务模式是以收取合同现金流量为目标 （2）该金融资产的合同条款规定，在特定日期产生的现金流量，仅为对本金和以未偿付本金金额为基础的利息的支付。如债权投资的合同现金流量包括投资期间各期应收的利息和到期日收回的本金等	“债权投资”等
以公允价值计量且其变动计入其他综合收益的金融资产	企业应当将同时符合下列条件的金融资产分为此类： （1）企业管理该金融资产的业务模式既以收取合同现金流量为目标又以出售该金融资产为目标 （2）该金融资产的合同条款规定，在特定日期产生的现金流量，仅为对本金和以未偿付本金金额为基础的利息的支付	“其他债权投资”
以公允价值计量且其变动计入当期损益的金融资产	企业应当将除上述分类为以摊余成本计量的金融资产和以公允价值计量且其变动计入其他综合收益的金融资产之外的金融资产，分类为以公允价值计量且其变动计入当期损益的金融资产	“交易性金融资产”

【经典例题8·判断题】以摊余成本计量的金融资产，其业务模式是以收取合同现金流量为目标。（ ）（2022年·1分）

【答案】√

考点02 交易性金融资产的概念 考频 | ★

交易性金融资产，是以公允价值计量且其变动计入当期损益的金融资产。交易性金融资产是企业为了近期内出售而持有的金融资产，如企业以赚取差价为目的从二级市场购入的股票、债券、基金等；或者在初始确认时属于集中管理的可辨认金融工具组合的一部分，且有客观证据表明近期实际存在短期获利模式的金融资产等。

考点03 交易性金融资产的账务处理 考频 | ★★★

（一）会计科目的设置

1.“交易性金融资产”科目

本科目属于资产类科目，核算企业分类为以公允价值计量且其变动计入当期损益的金融资产。本科目按照交易性金融资产的类别和品种分别设置“成本”“公允价值变动”等明细科目进行核算。

2.“公允价值变动损益”科目

本科目属于损益类科目，核算企业交易性金融资产等的公允价值变动而形成的应计入当期损益的利得或损失（借方登记公允价值变动的损失额，贷方登记公允价值变动的收益额）。

3.“投资收益”科目

本科目属于损益类科目，核算企业持有交易性金融资产等的期间内取得的投资收益以及出售交易性金融资产等实现的投资收益或投资损失（借方登记投资损失，贷方登记投资收益）。

肖老师解读

“母牛的一生”之交易性金融资产。（详细故事情节见本单元视频课程）

小奥到村里去买牛，找来“村长”当经纪人。

节点	具体情节
买到母牛时3件事 （取得时）	（1）买的“母牛”：交易性金融资产——成本 （2）若肚子里怀有“小牛”：增加应收股利/应收利息 （3）给“村长”的小费：冲减投资收益
母牛到家后2件事 （持有期间）	（1）关注“小牛们”： ①头胎“小牛”出生：冲减应收股利/应收利息 ②又怀“二牛”：增加投资收益 （2）年底关心下母牛：胖了调增公允价值变动损益，瘦了反之
卖掉母牛2件事 （处置时）	（1）赚了或赔了：增加或减少投资收益 （2）记得月末交增值税：冲减或增加投资收益

（二）取得交易性金融资产

初始入账金额	企业取得交易性金融资产时，应当按照取得时的公允价值作为其初始入账金额，借记“交易性金融资产——成本”科目

支付价款中含已宣告但尚未发放的现金股利或已到付息期但尚未领取的债券利息	应单独确认为应收项目，不构成交易性金融资产的初始入账金额，借记“应收股利”科目或“应收利息”科目
交易费用	（1）取得交易性金融资产所发生的相关交易费用应当在发生时计入当期损益，借记“投资收益”科目 （2）发生交易费用取得增值税专用发票的，进项税额经认证后可从当月销项税额中扣除，借记“应交税费——应交增值税（进项税额）”科目

解释 1

购买价款中包含的尚未发放的现金股利或尚未领取的债券利息：

（1）不影响投资收益。

（2）不构成交易性金融资产的初始入账价值。

提示 1

其他货币资金：

交易性金融资产一般通过证券交易所买卖，所以一般使用“其他货币资金——存出投资款”科目核算。

交易费用，是指可直接归属于购买、发行或处置金融工具的增量费用。增量费用是指企业没有发生购买、发行或处置相关金融工具的情形就不会发生的费用，包括支付给代理机构、咨询公司、券商、证券交易所、政府有关部门等的手续费、佣金、相关税费以及其他必要支出，不包括债券溢价、折价、融资费用、内部管理成本和持有成本等与交易不直接相关的费用。

基本账务处理：

借：交易性金融资产——成本［公允价值］

　　应收股利 / 应收利息［支付价款中包含的已宣告但尚未发放的现金股利或已到付息期但尚未领取的债券利息］解释1

　　投资收益［交易费用］

　　应交税费——应交增值税（进项税额）［交易费用对应的可抵扣的增值税］

　贷：其他货币资金 提示1 等［支付的总价款］

历年命题视角

1. 交易性金融资产的初始入账金额的计算
2. 取得交易性金融资产时各项目的归属科目

【经典例题 9 · 单选题】某公司委托证券公司购买股票 120000 股，每股价格 10 元，其中包含 0.5 元已宣告但尚未发放的现金股利。另支付相关交易费用 2400 元，取得增值税专用发票上注明的增值税税额为 144 元，该公司将其划分为交易性金融资产进行核算。不考虑其他因素，该项交易性金融资产的入账价值为（　　）元。（2022 年 · 2 分）

A. 1202400　　B. 1142400　　C. 1140000　　D. 1200000

【解析】相关账务处理为：

借：交易性金融资产——成本　　［120000×（10−0.5）］1140000

　　应收股利　　［120000×0.5］60000

　　投资收益　　2400

　　应交税费——应交增值税（进项税额）　　144

　贷：其他货币资金　　1202544

【答案】C

➤ **【经典例题 10 · 单选题】**下列各项中，增值税一般纳税人取得交易性金融资产的相关支出应计入投资收益的是（   ）。（2020 年 · 2 分）

A. 不含增值税的交易费用

B. 价款中包含的已宣告但尚未发放的现金股利

C. 增值税专用发票上注明的增值税税额

D. 价款中包含的已到付息期但尚未领取的债券利息

【解析】选项 B 计入应收股利；选项 C 计入应交税费——应交增值税（进项税额）；选项 D 计入应收利息。

【答案】A

（三）持有交易性金融资产

1. 持有交易性金融资产期间现金股利或债券利息的处理

<table>
<tr><td>收到购买价款中包含的现金股利或债券利息</td><td colspan="2">借：其他货币资金等
贷：应收股利 / 应收利息</td></tr>
<tr><td rowspan="2">持有期间宣告发放的现金股利或到期计提的利息</td><td>宣告 / 计提时</td><td>借：应收股利［被投资单位宣告发放的现金股利］
应收利息［到期应计提的利息］
贷：投资收益</td></tr>
<tr><td>收到时</td><td>借：其他货币资金等
贷：应收股利 / 应收利息</td></tr>
</table>

提示2

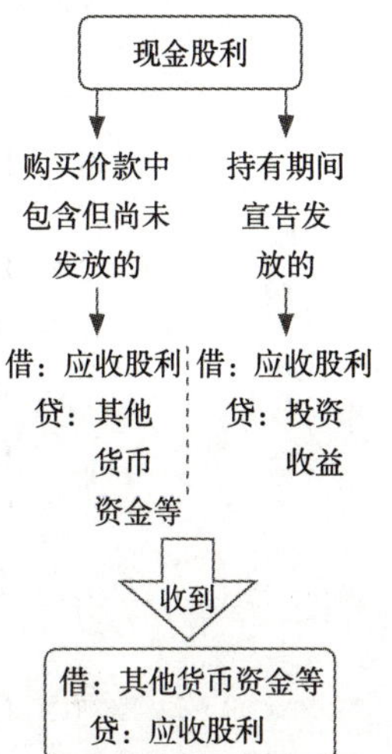

➤ **【经典例题 11 · 判断题】**交易性金融资产持有期间，投资单位收到购买价款中包含的投资前被投资单位已宣告但尚未发放的现金股利时，应确认为投资收益。（   ）

【解析】购买价款中包含的投资前已宣告但尚未发放的现金股利，应当单独确认为应收股利，实际收到时冲减应收股利，借记“其他货币资金”等科目，贷记“应收股利”科目。

【答案】×

2. 资产负债表日，交易性金融资产公允价值变动

在资产负债表日，交易性金融资产应当按照公允价值计量，公允价值与账面余额之间的差额计入当期损益（公允价值变动损益）。

交易性金融资产公允价值高于账面余额	借：交易性金融资产——公允价值变动 贷：公允价值变动损益
交易性金融资产公允价值低于账面余额	借：公允价值变动损益 贷：交易性金融资产——公允价值变动

历年命题视角 1. 持有期间交易性金融资产公允价值变动的归属科目
2. 购买及持有期间的相关科目对当期损益的影响

【经典例题12·单选题】2021年12月1日，甲公司“交易性金融资产——乙上市公司股票”科目借方余额为100万元；12月31日，甲公司持有的乙上市公司股票的公允价值为105万元。不考虑其他因素，下列各项中，甲公司确认交易性金融资产公允价值变动应贷记的会计科目是（ ）。（2022年·2分）

A. 营业外收入　　B. 公允价值变动损益
C. 投资收益　　D. 资本公积

【解析】相关账务处理为：
借：交易性金融资产——公允价值变动　5
　贷：公允价值变动损益　5

【答案】B

【经典例题13·单选题】资产负债表日，交易性金融资产的公允价值低于其账面余额的差额，影响当期损益的科目是（ ）。（2022年改编·2分）

A. 公允价值变动损益　　B. 投资收益
C. 交易性金融资产　　D. 长期股权投资减值准备

【解析】资产负债表日，交易性金融资产的公允价值低于其账面余额的差额：
借：公允价值变动损益
　贷：交易性金融资产——公允价值变动

【答案】A

【经典例题14·单选题】2022年3月20日，甲公司从深交所购买乙公司股票100万股，将其划分为交易性金融资产，购买价格为每股8元，另支付相关交易费用25000元，6月30日，该股票公允价值为每股10元，当日该交易性金融资产的账面价值应为（ ）万元。

A. 802.5　　B. 800　　C. 1000　　D. 1000.5

【解析】交易性金融资产期末的账面价值等于该日的公允价值，2022年6月30日，该交易性金融资产的账面价值 =100×10=1000（万元）。

【答案】C

【经典例题15·判断题】企业持有交易性金融资产期间，对于被投资单位宣告发放的现金股利，应借记“交易性金融资产”科目。（ ）

【解析】交易性金融资产持有期间，被投资单位宣告发放的现金股利，借记“应收股利”科目，贷记“投资收益”科目。

【答案】×

（四）出售交易性金融资产

出售交易性金融资产时，应将出售时的公允价值与其账面余额之间的差额确认为投资收益。账务处理如下：

借：其他货币资金等［实际收到的金额］

　贷：交易性金融资产——成本

　　　　　　　　　　——公允价值变动［或借方］

　　投资收益［差额倒挤，损失记借方，收益记贷方］

【易错易混点辨析】交易性金融资产相关业务对损益类科目的影响。

业务事项	归属科目
取得时支付的交易费用	记入“投资收益”科目借方
持有期间被投资单位宣告分派现金股利或按期计提的债券利息	记入“投资收益”科目贷方
持有期间的公允价值变动	记入“公允价值变动损益”科目贷方或借方
处置时的处置损益	记入“投资收益”科目贷方或借方

历年命题视角　交易性金融资产涉及的损益类科目。

【经典例题 16 · 单选题】下列各项中，关于交易性金融资产相关会计处理表述正确的是（　　）。

A. 资产负债表日，其公允价值与账面余额之间的差额计入投资收益

B. 按取得时的公允价值作为初始入账金额

C. 出售时公允价值与账面余额的差额计入公允价值变动损益

D. 取得时发生相关交易费用计入初始入账金额

【解析】选项 A 错误：资产负债表日，交易性金融资产应当按照公允价值计量，公允价值与账面余额之间的差额计入公允价值变动损益。

选项 C 错误：企业出售交易性金融资产时，应当将出售时的公允价值与其账面余额之间的差额计入投资收益。

选项 D 错误：企业取得交易性金融资产所发生的相关交易费用应当在发生时计入当期损益，冲减投资收益。

【答案】B

【经典例题 17 · 多选题】下列各项经济业务中，应通过“投资收益”科目核算交易性金融资产的有（　　）。

A. 持有期间被投资单位宣告分派的现金股利

B. 取得时支付的交易费用

C. 出售时公允价值与其账面余额的差额

D. 资产负债表日发生的公允价值变动

【解析】选项 D：借记或贷记“交易性金融资产——公允价值变动”科目，贷记或借记“公允价值变动损益”科目，借贷双方均不通过“投资收益”科目核算。

【答案】ABC

（五）转让金融商品应交增值税

1. 计算出售时的增值税税额

出售时的增值税税额 =［卖出价 - 买入价（不得扣除已宣告未发放的现金股利或已到付息期未领取的债券利息）］÷（1+6%）×6%

2. 转让金融商品应交增值税的账务处理

解释 2

投资收益：产生了转让收益就要交税，交税使投资收益减少，所以记在借方。

情形	账务处理
转让金融资产当月月末，如产生转让收益	借：投资收益（解释2）等 贷：应交税费——转让金融商品应交增值税
转让金融资产当月月末，如产生转让损失，可结转下月抵扣税额	借：应交税费——转让金融商品应交增值税 贷：投资收益等
年末，如果“应交税费——转让金融商品应交增值税”科目有借方余额，说明本年度的金融商品转让损失无法弥补，且本年度的金融资产转让损失不可转入下年度继续抵减转让金融资产的收益	借：投资收益等 贷：应交税费——转让金融商品应交增值税

历年命题视角

1. 出售交易性金融资产时应交增值税的计算

2. 出售交易性金融资产时计算的增值税对当期损益的影响

【经典例题 18·多选题】下列各项中，应在企业“投资收益”科目贷方登记的有（　　）。（2022 年改编·2 分）

A. 取得交易性金融资产时支付的相关交易费用

B. 转让交易性金融资产时账面余额低于其公允价值的差额

C. 转让金融资产卖出价低于买入价时确认可结转下月抵扣的增值税额

D. 持有期间被投资单位宣告发放的现金股利

【解析】选项 A 在“投资收益”科目借方登记。

【答案】BCD

【经典例题 19 · 多选题】2022 年 1 月 1 日，A 公司购入 B 公司发行的公司债券，支付价款 141 万元（其中包含已到付息期但尚未领取的债券利息 1 万元）。2022 年 3 月 15 日，A 公司出售了所持有的全部 B 公司债券，售价为 300 万元，已知转让金融商品适用的增值税税率为 6%。不考虑其他因素，则该项业务与增值税相关账务处理表述正确的有（　　）。

A. 借记“投资收益”科目 9 万元

B. 贷记“应交税费——转让金融商品应交增值税”科目 9 万元

C. 借记“投资收益”科目 9.06 万元

D. 贷记“应交税费——转让金融商品应交增值税”科目 9.06 万元

【解析】转让金融商品应交增值税 =（300−141）÷（1+6%）×6%=9（万元）。

A 公司应编制如下会计分录：

借：投资收益　　9

　贷：应交税费——转让金融商品应交增值税　　9

【答案】AB

考点 04 // 小企业短期投资的核算　　考频 | ★★

按照《小企业会计准则》的相关规定，短期投资是指小企业购入的能随时变现并且持有时间不准备超过 1 年（含 1 年）的投资。

小企业应设置“短期投资”科目。本科目为流动资产类科目，取得短期投资记入本科目的借方；出售短期投资记入本科目的贷方；本科目期末借方余额，反映小企业持有的短期投资成本。

本科目应按照股票、债券、基金等短期投资种类进行明细核算。

（一）取得短期投资的账务处理

小企业购入各种股票、债券、基金等	借：短期投资 提示［含相关税费］ 　应收股利［已宣告尚未发放的现金股利］ 　应收利息［已到付息期尚未领取的债券利息］ 贷：银行存款

提示

短期投资：实际支付的金额扣除已宣告尚未发放的现金股利 / 已到付息期尚未领取的债券利息。

（二）短期投资持有期间的账务处理

短期投资持有期间，被投资单位宣告分派现金股利	借：应收股利 　贷：投资收益
在债务人应付利息日，按照分期付息、一次还本债券投资的票面利率计算的利息收入	借：应收利息 　贷：投资收益

（三）出售短期投资的账务处理

出售短期投资	借：银行存款 / 库存现金［实际收到的出售价款］ 贷：短期投资［账面余额］ 应收股利 / 应收利息［尚未收到的现金股利或债券利息］ 投资收益［差额，或借方］

【经典例题 20·多选题】下列各项中，关于短期投资会计处理表述正确的有（　　）。

A. 取得时实际支付的购买价款中包含的已宣告但尚未发放的现金股利应确认为应收股利

B. 取得时实际支付的购买价款中包含的已到付息期但尚未领取的债券利息应确认为投资收益

C. 在短期投资持有期间，被投资单位宣告分派的现金股利应确认投资收益

D. 出售时实际收到的款项与其账面余额之间的差额应计入投资收益

【解析】取得时实际支付的购买价款中包含的已到付息期但尚未领取的债券利息应确认为应收利息，选项 B 错误。

【答案】ACD

【经典例题 21·判断题】按照《小企业会计准则》的相关规定，小企业购入的能随时变现并且持有时间不准备超过 1 年的投资应记入“交易性金融资产”科目。（　　）

【解析】按照《小企业会计准则》的相关规定，小企业购入的能随时变现并且持有时间不准备超过 1 年（含 1 年）的投资应记入“短期投资”科目。

【答案】×

使用“会计云课堂”App扫码听课、做题、答疑

第三单元　应收及预付款项

应收及预付款项是指企业在日常生产经营过程中发生的各项债权，包括应收款项和预付款项。应收款项包括应收票据、应收账款、应收股利、应收利息和其他应收款等；预付款项是指企业按照合同规定预付的款项，如预付账款等。

解释

“应收票据”可以简单理解为收到了一张“欠条”：

（1）到期收回，转入银行存款。

（2）到期未收回，转入应收账款。

考点 01　应收票据（解释）　考频 | ★★

（一）应收票据概述

（1）应收票据是企业因销售商品、提供服务等而收到的商业汇票。

（2）商业汇票的付款期限，最长不得超过 6 个月。

（3）根据承兑人不同，商业汇票分为商业承兑汇票和银行承兑汇票两种。企业

申请使用银行承兑汇票时，应向其承兑银行交纳手续费。出票人应于汇票到期前将票款足额交存其开户银行，未能足额交存票款时，承兑银行除凭票向持票人无条件付款外，对出票人尚未支付的汇票金额按照每天万分之五计收利息。

（二）应收票据的账务处理

<table>
<tr><th>节点</th><th colspan="2">账务处理</th></tr>
<tr><td>取得时</td><td>因销售商品、提供服务而取得：
借：应收票据
　贷：主营业务收入等
　　　应交税费——应交增值税（销项税额）
借：主营业务成本等
　贷：库存商品等</td><td>因债务人抵偿前欠应收账款而取得：
借：应收票据
　贷：应收账款</td></tr>
<tr><td>到期时</td><td>到期能收回款项：
借：银行存款
　贷：应收票据</td><td>到期未能收回款项：
借：应收账款
　贷：应收票据</td></tr>
<tr><td>贴现时</td><td colspan="2">借：银行存款
　　财务费用［贴现息，或在贷方］
　贷：应收票据</td></tr>
<tr><td>背书转让时</td><td colspan="2">借：在途物资、材料采购、原材料、库存商品等
　　应交税费——应交增值税（进项税额）
　贷：应收票据 提示
　　　银行存款等［差额，或在借方］</td></tr>
</table>

提示

应收票据：

背书转让是把现有的“应收票据”给别人了，不是新签发票据，所以“应收票据”减少记在贷方，而不是“应付票据”增加。

历年命题视角　1. 应收票据核算内容的实际案例应用
2. 应收票据贴现息的归属科目

【经典例题 22 · 多选题】通过“应收票据”科目核算的有（　　）。（2022 年改编 · 2 分）

A. 提供服务收到的银行汇票

B. 销售原材料收到银行承兑汇票

C. 销售商品收到的银行本票

D. 销售商品收到的商业承兑汇票

【解析】选项 AC 通过“银行存款”科目核算。

【答案】BD

【经典例题23 · 判断题】企业应收票据贴现，应按实际收到的金额与其票面金额的差额，借记或贷记“管理费用”科目。（ ）（2021年 · 1分）

【解析】账务处理如下：

借：银行存款

财务费用［贴现息，或在贷方］

贷：应收票据

【答案】×

考点02 应收账款

考频 | ★★

（一）应收账款的内容

应收账款的入账价值包括企业销售商品、提供服务等应向购货方或接受服务方收取的价款、增值税，以及代购货方垫付的包装费、运杂费等。

（二）应收账款的账务处理

节点	账务处理
因销售商品、提供服务等而确认应收账款	借：应收账款 贷：主营业务收入等［扣除商业折扣后］ 应交税费——应交增值税（销项税额） 借：主营业务成本等 贷：库存商品等
垫付包装费、运杂费	借：应收账款 贷：银行存款
收回应收账款	借：银行存款 贷：应收账款
改用应收票据结算	借：应收票据 贷：应收账款

不单独设置“预收账款”科目的企业，预收的账款应在“应收账款”科目核算。如果应收账款期末余额在贷方，则反映企业预收的账款。解释

解释

假设期初应收账款借方余额800元，本期收到1000元（对方多付200元），期末贷方余额200元，表示预收的账款。

应收账款

借	贷
800	1000
	200

历年命题视角 计算应收账款的入账价值。

【经典例题24 · 单选题】甲公司为增值税一般纳税人，向乙公司销售商品一批，商品价款20万元、增值税税额2.6万元；以银行存款支付代垫运费1万元、增值税税额0.09万元，上述业务均已开具增值税专用发票，全

部款项尚未收到。不考虑其他因素，甲公司应收账款的入账金额为（ ）万元。（2022 年 · 2 分）

A. 21　　B. 22.6　　C. 23.69　　D. 20

【解析】甲公司应收账款的入账金额 =20+2.6+1+0.09=23.69（万元）。

账务处理如下：

借：应收账款　22.6

　贷：主营业务收入　20

　　　应交税费——应交增值税（销项税额）　2.6

代垫运费：

借：应收账款　1.09 （提示）

　贷：银行存款　1.09

【答案】C

提示

运费 + 增值税

对于“销售方”：纯属“帮忙”。用银行存款先代垫，再收回。

对于“购货方”：本质“承担”。运费计入成本，增值税计入应交税费。

【经典例题 25 · 单选题】下列各项中，不单独设置预收账款科目的企业实际预收的账款应记入的会计科目是（ ）。（2022 年 · 2 分）

A. 其他应收款　　B. 应收账款

C. 预付账款　　D. 其他应付款

【解析】不单独设置“预收账款”科目的企业，预收的账款在“应收账款”科目的贷方核算。

【答案】B

考点 03 预付账款　考频 | ★

（一）预付账款概述

预付账款是企业按照合同规定预付的款项。如预付的购货款、材料款、工程款等。

预付款项情况不多的企业，可以不设置“预付账款”科目，而直接通过“应付账款”科目核算。（提示）

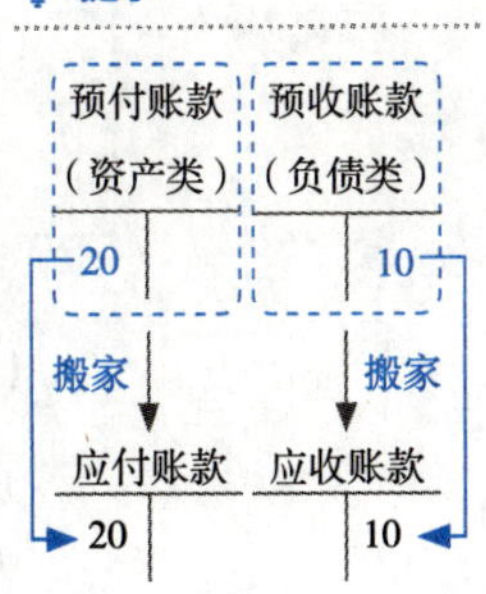

（二）预付账款的账务处理

节点	账务处理	
向供应单位预付款项时	借：预付账款 　贷：银行存款	
收到所购物资时	借：材料采购、原材料、库存商品等 　　应交税费——应交增值税（进项税额） 　贷：预付账款	
预付款与所需支付款项有差额时	补付不足部分款项时： 借：预付账款 　贷：银行存款等	收回多余款项时： 借：银行存款等 　贷：预付账款

【经典例题 26 · 单选题】下列各项中，应在“预付账款”科目贷方核算的是（　　）。（2022 年 · 2 分）

A. 预付设备采购款

B. 收回多预付款项

C. 收回前欠货款

D. 支付前赊购货款

【解析】“预付账款”科目借方核算预付的款项及补付的款项，贷方核算收到货物时应结转的预付账款及收回多付款项的金额。选项 A，记入“预付账款”科目的借方；选项 C，记入“应收账款”科目的贷方；选项 D，记入“应付账款”科目的借方。

【答案】B

【经典例题 27 · 判断题】不单独设置“预付账款”科目的企业，预付的款项可以通过“应收账款”科目核算。（　　）（2022 年改编 · 1 分）

【解析】预付款项情况不多的企业，可以不设置“预付账款”科目，而将预付的款项通过“应付账款”科目核算。

【答案】×

考点 04 应收股利和应收利息　考频 | ★

（一）应收股利的账务处理

应收股利是指企业应收取的现金股利或应收取其他单位分配的利润。

以持有交易性金融资产为例：

<table>
<tr><td>持有期间被投资单位宣告发放现金股利时</td><td colspan="2">借：应收股利
　贷：投资收益</td></tr>
<tr><td rowspan="2">实际收到时（需按被投资单位性质区分）</td><td>上市公司</td><td>借：其他货币资金——存出投资款
　贷：应收股利</td></tr>
<tr><td>其他</td><td>借：银行存款
　贷：应收股利</td></tr>
</table>

（二）应收利息的账务处理

应收利息是指企业根据合同或协议规定应向债务人收取的利息。

基本账务处理：

借：应收利息

　贷：投资收益

考点 05 // 其他应收款 提示　　考频 | ★

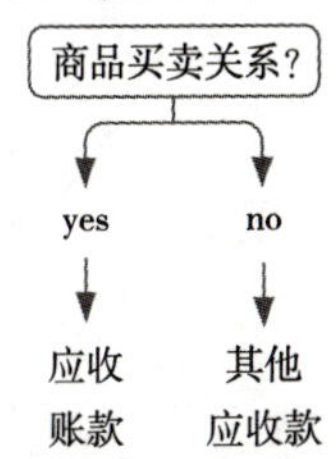

主要内容	账务处理
（1）应收的各种赔款、罚款，如因企业财产等遭受意外损失而应向保险公司收取的赔款等	借：其他应收款 　贷：待处理财产损溢 / 固定资产清理等
（2）应收的出租包装物**租金**	借：其他应收款 　贷：其他业务收入等
（3）应向职工收取的各种**垫付款项**，如为职工垫付的水电费、应由职工负担的医药费、房租费等	①企业为职工垫付款项时： 借：其他应收款 　贷：库存现金 / 银行存款 ②从工资中扣减时： 借：应付职工薪酬 　贷：其他应收款
（4）存出保证金，如租入包装物支付的押金	借：其他应收款 　贷：银行存款等
（5）其他各种应收、暂付款项，如预付职工的差旅费	借：其他应收款 　贷：库存现金等

肖老师解读

常见的易错易混业务：

业务	核算科目
销售商品时销售方为购货单位**垫付**的运费	应收账款
应向职工收取的各种**垫付**款项（水电费、医药费等）	其他应收款
应收保险公司的**赔款**	
存出保证金（如支付**押金**，未来会收回）	
应收取的包装物的**租金**	
应支付的包装物的**租金**	其他应付款
存入保证金（如收取**押金**，未来会退还）	

历年命题视角　　哪些业务通过“其他应收款”科目核算。

【经典例题28·单选题】2021年12月1日，某企业“其他应收款”科目借方余额为5万元。12月发生业务如下：销售商品为客户代垫运费2万元，增值税税额为0.18万元；收回垫付的房租4万元；支付租入包装物押金2万元。不考虑其他因素，该企业12月31日“其他应收款”科目的借方余额为（　　）万元。（2022年·2分）

A. 3　　B. 5　　C. 5.18　　D. 1

【解析】为客户代垫运费和增值税记入“应收账款”科目；垫付的房租记入“其他应收款”科目，收回即减少；支付的包装物押金记入“其他应收款”科目。该企业12月31日“其他应收款”科目的借方余额=5-4+2=3（万元）。

【答案】A

【经典例题29·单选题】下列各项中，属于“其他应收款”科目核算内容的是（　　）。（2022年改编·2分）

A. 出租包装物应收取的租金　　B. 应收客户材料款

C. 预收的租金　　D. 出租设备收到的押金

【解析】选项B计入应收账款，选项C计入预收账款，选项D计入其他应付款。

【答案】A

【经典例题30·多选题】下列各项中，企业应通过“其他应收款”科目核算的有（　　）。（2022年改编·2分）

A. 应收保险公司的赔款　　B. 为购货单位垫付的运杂费

C. 应向职工收取的代垫医药费　　D. 应收被投资单位分配的现金股利

【解析】选项B计入应收账款，选项D计入应收股利。

【答案】AC

考点06　应收款项减值

考频 | ★★★

企业的各项应收款项，可能由于债务人拒付、破产、死亡等信用缺失原因导致部分或全部无法收回。这类无法收回的应收款项通常称为坏账。企业因此而遭受的损失为坏账损失。

核算应收款项减值有两种方法，即直接转销法与备抵法。我国企业会计准则规定，应收款项减值的核算应采用备抵法。小企业会计准则规定，应收款项减值采用直接转销法。

【经典例题31·判断题】企业在确定应收账款减值的核算方式时，应根据企业实际情况，按照成本效益原则，在备抵法和直接转销法之间合理选择。（　　）

【解析】我国企业会计准则规定，应收款项减值的核算应采用备抵法。小企业会计准则规定，应收款项减值采用直接转销法。

【答案】×

（一）直接转销法

采用直接转销法时，应收款项只有在实际发生坏账时，才作为坏账损失计入当期损益，而日常核算中可能发生的坏账损失不进行会计处理。

1. 坏账损失的确认

小企业应收及预付款项符合下列条件之一的，减除可收回的金额后确认的无法收回的应收及预付款项，作为坏账损失：

（1）债务人依法宣告破产、关闭、解散、被撤销，或者被依法注销、吊销营业执照，其清算财产不足清偿的。

（2）债务人死亡，或者依法被宣告失踪、死亡，其财产或者遗产不足清偿的。

（3）债务人逾期 3 年以上未清偿，且有确凿证据证明已无力清偿债务的。

（4）与债务人达成债务重组协议或法院批准破产重整计划后，无法追偿的。

（5）因自然灾害、战争等不可抗力导致无法收回的。

（6）国务院财政、税务主管部门规定的其他条件。

2. 坏账损失的账务处理

按照小企业会计准则规定确认应收账款实际发生的坏账损失，账务处理如下：

借：银行存款等［可收回的金额］

　　营业外支出——坏账损失［差额］

　贷：应收账款［账面余额］

3. 直接转销法的优缺点

项目	内容
优点	账务处理简单，将坏账损失在实际发生时确认为损失符合其偶发性特征和小企业经营管理的特点
缺点	（1）不符合权责发生制会计基础，也与资产定义存在一定的冲突 （2）只有坏账实际发生时，才将其确认为当期损益，导致资产和各期损益不实 （3）在资产负债表上，应收账款是按账面余额而不是按账面价值反映，这在一定程度上高估了期末应收款项

（二）备抵法

备抵法是采用一定的方法按期确定预期信用损失计入当期损益，作为坏账准备；待实际发生坏账损失时，冲销已计提的坏账准备和相应的应收款项。这种方法下，企业需要对预期信用损失进行复杂的评估和判断，履行预期信用损失的确定程序。

1. 预期信用损失

预期信用损失，是指以发生违约的风险为权重的金融工具信用损失的加权平均值。信用损失，是指企业按照实际利率折现的、根据合同应收的所有合同现金流量与预期收取的所有现金流量之间的差额。

考虑到应收款项的流动性特征，实务中通常按照应收款项的**账面余额**和**预计可收回金额**的差额确定预计信用减值损失。

2. 备抵法下坏账准备的账务处理

应收账款、应收票据、其他应收款等都需要通过**“坏账准备”**科目来核算坏账。提示1

提示1

“坏账准备”是资产类科目的备抵科目，与资产类科目的记账方向相反，为借减贷增。

借方	坏账准备	贷方
表示减少：①实际发生的坏账损失 ②冲减多提的坏账准备		①当期计提的坏账准备 ②收回已转销的应收账款而恢复的坏账准备（表示增加）
		已计提但尚未转销的坏账准备

下面以“应收账款”科目为例，账务处理如下：

提示2

第（1）（2）项只在会计期末进行，第（3）（4）项一般在会计期间发生。

节点 提示2	账务处理	对应收账款账面余额的影响	对应收账款账面价值的影响 解释1
（1）计提坏账准备时	借：信用减值损失 贷：坏账准备	不变	减少
（2）冲减多计提的坏账准备时	借：坏账准备 贷：信用减值损失	不变	增加
（3）实际发生坏账损失时（也称“转销坏账”）	借：坏账准备 贷：应收账款	减少	不变
（4）已确认并转销坏账的应收账款又重新收回时 解释2	①借：应收账款 贷：坏账准备 ②借：银行存款 贷：应收账款	分录①：增加 分录②：减少 综合看：不变	分录①：不变 分录②：减少 综合看：减少

解释1

应收账款账面价值=应收账款账面余额－与应收账款有关的坏账准备

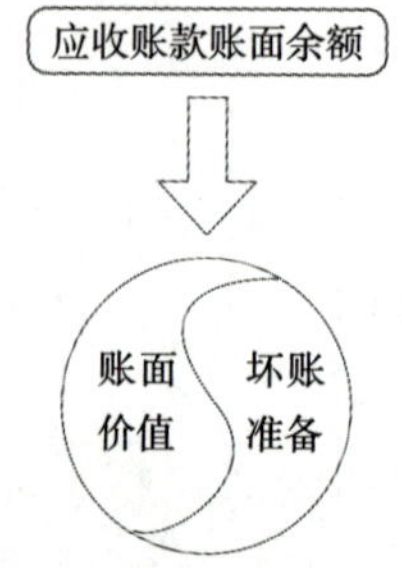

解释2

①恢复客户的信用，作确认坏账时相反的分录。

②实际收回，减少应收账款的同时增加银行存款。

坏账准备计算公式：

当期应计提的坏账准备＝当期按应收款项计算的坏账准备－（或＋）“坏账准备”科目的贷方（或借方）余额

3. 备抵法的优缺点

项目	内容
优点	（1）符合权责发生制和会计谨慎性要求，使财务报表使用者能了解企业应收款项预期可收回的金额和谨慎的财务状况 （2）有利于落实企业管理者的经管责任，也有利于企业外部利益相关者如实评价企业的经营业绩，作出谨慎的决策

项目	内容
缺点	（1）估计预期信用损失的金额需要考虑众多因素，且有部分估计因素带有一定的主观性，这就对会计职业判断提出了较高要求，可能导致预期信用损失的确定不够准确和客观 （2）客观存在企业管理者平滑利润进行盈余管理甚至利润操纵与舞弊的可能性，对会计制度的制定者、执行者和监管者等提出更高的要求

历年命题视角

1. 坏账准备相关业务的会计分录
2. 已知坏账准备期初余额、本期与坏账准备有关的业务、期末应有坏账准备余额，计算应计提的坏账准备金额
3. 哪些业务会影响应收账款账面价值

【经典例题32·单选题】下列各项中，企业计提坏账准备应记入的会计科目是（　　）。（2022年·2分）

A. 资产减值损失　　B. 管理费用

C. 营业外支出　　D. 信用减值损失

【解析】相关账务处理为：

借：信用减值损失

　贷：坏账准备

【答案】D

【经典例题33·单选题】2021年12月1日，某企业“坏账准备”科目贷方余额为50万元。本月发生坏账损失30万元。12月31日，确定本期预期信用损失为80万元。不考虑其他因素，2021年12月31日应计提的坏账准备金额为（　　）万元。（2022年·2分）

A. 30　　B. 60　　C. 80　　D. 0

【解析】2021年12月31日应计提的坏账准备金额=80-（50-30）=60（万元）。提示3

【答案】B

提示3

计提数＝“缺口”，缺多少提多少。可利用丁字账分析：

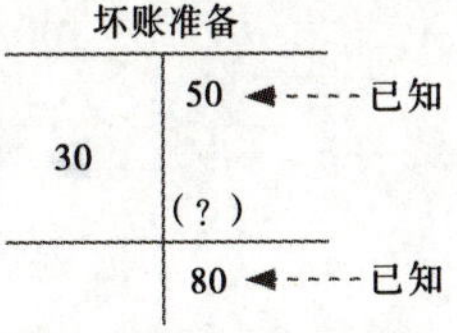

缺口＝应有（80）－已有（50-30）

【经典例题34·单选题】下列各项中，关于应收款项减值备抵法的表述正确的是（　　）。（2022年·2分）

A. 企业收回已作坏账转销的应收账款应借记“坏账准备”科目

B. 应收账款实际发生坏账时确认坏账损失并计入当期损益

C. 采用备抵法核算符合会计谨慎性的要求

D. 计提当期坏账准备应加上期初“坏账准备”科目贷方余额

【解析】选项A错误，企业收回已作坏账转销的应收账款应借记“应收账款”科目，贷记“坏账准备”科目；选项B错误，应收账款实际发生坏账时，借记“坏账准备”科目，贷记“应收账款”科目，不计入当期损益；选项D错误，当期应计提坏账准备金额 = 期末坏账准备应有余额 - 期初“坏账准备”科目的贷方余额 - 本期“坏账准备”科目贷方发生额 + 本期“坏账准备”科目借方发生额。

【答案】C

【经典例题35·多选题】某企业采用备抵法核算应收款项减值损失，下列各项中，导致该企业当期应收账款账面价值发生变动的有（　　）。（2022年改编·2分）

A. 转销实际发生的应收账款坏账

B. 收回已作为坏账转销的应收账款

C. 计提应收账款坏账准备

D. 冲减多计提的坏账准备

【解析】应收账款账面价值 = 应收账款账面余额 - 坏账准备。

选项A	选项B
借：坏账准备 　贷：应收账款 不影响应收账款账面价值	借：应收账款 　贷：坏账准备 同时： 借：银行存款 　贷：应收账款 减少应收账款的账面价值
选项C	**选项D**
借：信用减值损失 　贷：坏账准备 减少应收账款的账面价值	借：坏账准备 　贷：信用减值损失 增加应收账款的账面价值

【答案】BCD

【经典例题36·多选题】下列各项中，引起应收账款账面价值发生变动的有（　　）。（2022年改编·2分）

A. 结转到期不能收回款项的商业承兑汇票

B. 向客户赊销商品

C. 为客户代垫商品包装费

D. 收回应收账款

【解析】应收账款账面价值 = 应收账款账面余额 - 坏账准备。

选项 A	选项 B
借：应收账款 　贷：应收票据 增加应收账款的账面价值	借：应收账款 　贷：主营业务收入 　　　应交税费——应交增值税（销项税额） 增加应收账款的账面价值
选项 C	**选项 D**
借：应收账款 　贷：银行存款 增加应收账款的账面价值	借：银行存款 　贷：应收账款 减少应收账款的账面价值

【答案】ABCD

➢ **【经典例题 37 · 单选题】**某小企业 2016 年发生的一笔 30000 元应收账款，因债务人财务状况原因长期未能收回，于 2022 年年末经催收收回 10000 元，存入银行，其余款项确实无法收回确认为坏账，下列账务处理正确的是（　　）。

A. 借：银行存款　　10000
　　　资产减值损失　　20000
　　贷：应收账款　　30000

B. 借：银行存款　　10000
　　　营业外支出　　20000
　　贷：应收账款　　30000

C. 借：银行存款　　10000
　　　坏账准备　　20000
　　贷：应收账款　　30000

D. 借：银行存款　　10000
　　　信用减值损失　　20000
　　贷：应收账款　　30000

【解析】按照小企业会计准则规定确认应收账款实际发生的坏账损失，作如下账务处理：

借：银行存款等［实际收到的款项］
　　营业外支出——坏账损失［差额］
　贷：应收账款［账面余额］

【答案】B

➢ **【经典例题 38 · 判断题】**直接转销法更符合权责发生制要求。（　　）

【解析】采用直接转销法时，在日常核算中应收款项可能发生的坏账损失不进行会计处理，只有在实际发生坏账时，才作为坏账损失计入当期损益，因此这种方法不符合权责发生制要求。

【答案】×

➤【经典例题39·判断题】考虑到应收款项的流动性特征，实务中通常按照应收款项的预计可收回金额确定预计信用减值损失。(　　)

【解析】考虑到应收款项的流动性特征，实务中通常按照应收款项的账面余额和预计可收回金额的**差额**确定预计信用减值损失。

【答案】×

使用"会计云课堂"App扫码听课、做题、答疑

第四单元　存　货

考点01 存货概述　考频|★

存货是指企业在日常活动中持有以备出售的产品或商品、处在生产过程中的在产品、在生产过程或提供劳务过程中储备的材料或物料等，通常包括原材料、在产品、半成品、产成品、商品以及周转材料、委托代销商品等。

考点02 存货的初始计量　考频|★

存货应当按照成本进行初始计量。存货成本包括**采购成本、加工成本和其他成本**以及**自制存货成本**等。

（一）存货的采购成本

企业外购存货主要包括原材料和商品。存货的采购成本，包括购买价款、相关税费、运输费、装卸费、保险费以及其他可归属于存货采购成本的费用。

构成项目	具体内容
购买价款	是指企业购入的材料或商品的发票账单上列明的价款，但不包括可以抵扣的增值税进项税额
相关税费	是指企业购买存货发生的进口关税、消费税、资源税和**不能抵扣**的增值税进项税额等
运输费、装卸费、保险费	—
其他可归属于存货采购成本的费用	如在存货采购过程中发生的仓储费、包装费、运输途中的**合理损耗**(解释)、入库前的**挑选整理费用**(提示1)（包括挑选整理中发生的工、费支出和挑选整理过程中所发生的数量损耗，并扣除回收的下脚废料价值）等

商品流通企业在采购商品过程中发生的运输费、装卸费、保险费以及其他可归属于存货采购成本的费用等进货费用，应计入所购商品成本。企业也

解释

运输途中的损耗：

(1)合理损耗：计入总成本、提高单位成本。

【举例】小奥买了10个鸡蛋花了20元，回东奥公司的途中碎了2个鸡蛋，判定为合理损耗，结果是小奥花了20元买回8个鸡蛋，本来一个鸡蛋单位成本2元，现在变成2.5元，所以合理损耗会提高单位成本。

(2)非合理损耗：减少总成本、不影响单位成本。

提示1

挑选整理费用：

(1)入库"前"计入采购成本。

(2)入库"后"计入管理费用。

可以对这部分成本先进行归集，期末按照所购商品的存销情况进行分摊。对于已销售商品的进货费用，计入主营业务成本；对于未销售商品的进货费用，计入期末存货成本。商品流通企业采购商品的进货费用金额较小的，可以在发生时直接计入销售费用。

按照小企业会计准则规定，小企业（批发业、零售业）在购买商品过程中发生的费用（包括运输费、装卸费、包装费、保险费、运输途中的合理损耗和入库前的挑选整理费等），记入**"销售费用"**科目核算。

历年命题视角

1. 存货采购成本包含的内容
2. 一般纳税人和小规模纳税人购入存货初始入账价值的计算
3. 运输途中的合理损耗对总成本和单位成本的影响

【经典例题 40 · 多选题】下列各项中，增值税一般纳税企业应计入存货成本的有（　　）。（2022 年 · 2 分）

A. 材料入库后发生的非生产性仓储费

B. 存货入库前的挑选整理费

C. 购买原材料运输途中的合理损耗

D. 采购存货发生的保险费

【解析】选项 A 计入管理费用。

【答案】BCD

【经典例题 41 · 单选题】某企业为增值税小规模纳税人，购入原材料一批，取得增值税专用发票上注明的价款为 400000 元，增值税税额为 52000 元，发生入库前挑选整理费 500 元，材料已经验收入库。该批材料的入账价值为（　　）元。（2021 年 · 2 分）

A. 452500　　B. 452000　　C. 400000　　D. 400500

【解析】小规模纳税人购进货物，增值税计入采购成本，该批材料的入账价值 =400000+52000+500=452500（元）。

【答案】A

【经典例题 42 · 单选题】某企业为增值税一般纳税人，本期购入一批商品 100 千克，进货价格为 100 万元，增值税税额为 13 万元。所购商品到达后验收发现商品短缺 25%，其中合理损失 15%，另 10% 的短缺无法查明原因。该批商品的单位成本为（　　）万元。（2020 年 · 2 分）

A. 1　　B. 1.4　　C. 1.2　　D. 1.25

【解析】该批商品的单位成本 = 总成本（包含合理损失、扣除非合理损失）÷ 总数量（实际数量）=（100−100 × 10%）÷（100−100 × 25%）=1.2（万元）。

【答案】C

➤【经典例题43·单选题】某企业为增值税一般纳税人，2022年9月购入一批原材料，增值税专用发票上注明的价款为50万元，增值税税额为6.5万元，款项已经支付。另以银行存款支付装卸费0.3万元（不考虑增值税），入库前发生挑选整理费0.2万元，运输途中发生合理损耗0.1万元。不考虑其他因素，该批原材料的入账成本为（　　）万元。

A. 50　　B. 57

C. 50.1　　D. 50.5

【解析】存货的采购成本包括购买价款、相关税费、运输费、装卸费、保险费以及其他可归属于存货采购成本的费用。该批原材料的入账成本=50+0.3+0.2=50.5（万元）。

【点题】运输途中的合理损耗属于存货的采购成本，本题中0.1万元的合理损耗本身已包含在50万元的价款中，所以无须另外考虑。

【答案】D

（二）加工取得存货的成本

企业通过进一步加工取得的存货，主要包括产成品、在产品、半成品、委托加工物资等，其成本由采购成本、加工成本构成。

存货的加工成本包括直接人工和制造费用，其实质是企业在加工存货的过程中发生的追加费用。

直接人工是指企业在生产产品过程中发生的直接从事产品生产的工人的职工薪酬。

制造费用是指企业为生产产品和提供服务而发生的各项间接费用。

（三）存货的其他成本

存货的其他成本是除采购成本、加工成本以外的，使存货达到目前场所和状态所发生的其他支出。

其他支出	支出类型	账务处理
产品设计费用	为特定客户设计产品所发生的、可直接认定的产品设计费用	计入存货成本
	一般设计费用	计入当期损益

（四）企业自制存货的成本

企业自制的存货，主要有自制原材料、自制包装物、自制低值易耗品、自制半成品及库存商品等，其成本包括直接材料、直接人工和制造费用等各项实际支出。

（五）不应计入存货成本，而应在其发生时计入当期损益的费用

费用类型	账务处理
非正常消耗的直接材料、直接人工和制造费用	计入当期损益
入库后发生的一般仓储费用 提示2	
不能归属于使存货达到目前场所和状态的其他支出	

提示2

仓储费用：

在生产过程中为达到下一个生产阶段所必需的仓储费用，如红酒的窖藏费用，计入存货成本。

【易错易混点辨析】增值税一般纳税人和小规模纳税人存货成本的确定。

项目	是否计入存货成本	
	一般纳税人	小规模纳税人
买价	√	√
进口关税等相关税费（不含增值税）	√	√
运输费、装卸费、保险费等归属于采购成本的费用	√	√
增值税专用发票注明的增值税	×	√
增值税普通发票注明的增值税	√	√
入库前发生的挑选整理费、仓储费等	√	√
入库后的一般仓储费、保管费	×［计入管理费用］	×［计入管理费用］
运输途中的合理损耗	√	√
运输途中的非正常损耗	×［计入管理费用等］	×［计入管理费用等］
为特定客户设计产品发生的可直接认定的产品设计费用	√	√
一般产品设计费用	×	×

小规模纳税人采购存货时支付的增值税，无论是否取得增值税专用发票，均不能抵扣，计入采购成本中；而销售商品的增值税，要单独核算（价税分离），计算交纳的增值税。

【经典例题44·多选题】下列各项中，应计入企业存货成本的有（　　）。

A. 存货加工过程中发生的直接人工

B. 为特定客户设计产品发生的可直接认定的产品设计费用

C. 购买存货时支付的进口关税

D. 入库后发生的一般仓储费用

【解析】存货成本包括采购成本、加工成本和其他成本以及自制存货成本等。

选项A：存货加工过程中发生的直接人工属于存货的加工成本。

选项B：企业为特定客户设计产品所发生的、可直接认定的产品设计费用，属于存货的其他成本。

选项C：购买存货时支付的进口关税属于存货的采购成本。

选项D：入库后发生的一般仓储费用计入管理费用。

【答案】ABC

考点03 发出存货的计价方法

考频 | ★

提示

按照小企业会计准则规定，小企业应当采用先进先出法、加权平均法或者个别计价法确定发出存货的实际成本。

企业发出存货可以采用实际成本核算，也可以采用计划成本核算。

如果采用实际成本核算，则发出存货成本的计算可以在先进先出法、月末一次加权平均法、移动加权平均法、个别计价法中作出选择（提示）。计价方法一经选定，不得随意变更。

如果采用计划成本核算，要对存货计划成本和实际成本之间的差异进行单独核算，会计期末将计划成本调整为实际成本。

（一）个别计价法

项目	内容
假设前提	实物流转与成本流转相一致
具体计算过程	逐一辨认各批发出存货和期末存货所属的购进批别或生产批别，分别按其购入或生产时所确定的单位成本计算各批发出存货和期末存货成本
优点	计算准确，符合实际情况
缺点	存货收发频繁时，其工作量较大

（二）先进先出法

项目	内容
假设前提	先购入的存货应先发出（用于销售或耗用）
具体计算过程	当存货入库时，逐笔登记收到存货的数量、单价和金额；当存货出库时，按照先购进先发出的原则逐笔登记存货的发出成本和结存金额
优点	可以随时结转存货发出成本
缺点	较烦琐，存货收发业务较多、且存货单价不稳定时，其工作量较大

在物价持续上升时，期末存货成本接近于市价，而发出成本偏低，会高估企业当期利润和库存存货价值；反之，会低估企业库存存货价值和当期利润。

历年命题视角

1. 先进先出法计算发出存货成本、期末结存存货成本
2. 在物价持续上升时，先进先出法核算对当期利润和库存存货价值的影响

【经典例题 45 · 单选题】某企业存货按实际成本计价，采用先进先出法计算发出成本。2021 年 3 月，M 存货的期初结存数量 300 件，单价 10 元；3 月 5 日购入 200 件，单价 12 元；3 月 11 日销售 400 件；3 月 20 日购入 100 件，单价 14 元。不考虑其他因素，2021 年 3 月 31 日该企业 M 存货的期末结存成本为（　　）元。（2022 年 · 2 分）

A. 2400　　B. 2000　　C. 2800　　D. 2600

【解析】2021 年 3 月 31 日该企业 M 存货的期末结存成本 =［200-（400-300）］×12+100×14=2600（元）。

【答案】D

【经典例题 46 · 判断题】企业采用先进先出法计算发出存货成本，在物价持续上涨时，期末存货成本接近市价，会高估库存存货价值和企业当期利润。（　　）（2022 年 · 1 分）

【答案】√

（三）月末一次加权平均法

月末一次加权平均法，是指以当月全部进货数量加上月初存货数量作为权数，去除当月全部进货成本加上月初存货成本，计算出存货的加权平均单位成本，以此为基础计算当月发出存货成本和期末结存存货成本的方法。

掌握 **具体计算过程**	存货单位成本 =［月初结存存货成本 + ∑（本月各批进货的实际单位成本 × 本月各批进货的数量）］÷（月初结存存货数量 + 本月各批进货数量之和） 本月发出存货成本 = 本月发出存货数量 × 存货单位成本 本月月末结存存货成本 = 月末结存存货数量 × 存货单位成本 或： 本月月末结存存货成本 = 月初结存存货成本 + 本月购入存货成本 − 本月发出存货成本
优点	可以简化成本计算工作
缺点	由于月末一次计算加权平均单价和发出存货成本，不便于存货成本的日常管理与控制 解释

解释

平时发货时，成本是多少根本不知道，只有到了月末时才计算加权平均单位成本，此时才知道“之前”发出的每一批存货的成本。

历年命题视角

1. 月末一次加权平均法计算发出存货成本、期末结存存货成本
2. 月末一次加权平均法的优缺点

【经典例题 47 · 单选题】某企业存货发出计价采用月末一次加权平均法。2021 年 9 月 1 日，原材料期初结存数量为 2000 件，单价为 2 万元；9 月 5 日，发出原材料 1500 件；9 月 17 日，购进原材料 2000 件，单价为 2.2 万元；

9 月 27 日，发出原材料 1000 件。该企业 9 月 30 日结存原材料的实际成本为（ ）万元。（2022 年 · 2 分）

A. 3150　B. 0　C. 3300　D. 3000

【解析】存货单位成本 =（2000 × 2+2000 × 2.2）÷（2000+2000）=2.1（万元）；9 月 30 日结存原材料的实际成本 =（2000−1500+2000−1000）× 2.1=3150（万元）。

【答案】A

【经典例题 48 · 判断题】企业采用月末一次加权平均法计量发出材料的成本，在本月有材料入库的情况下，物价上涨时，当月月初发出材料的单位成本小于月末发出材料的单位成本。（ ）（2022 年 · 1 分）

【解析】采用月末一次加权平均法只在月末一次计算加权平均单价和发出存货成本，所以月初发出材料的单位成本与月末发出材料的单位成本应是相等的。

【答案】×

（四）移动加权平均法

移动加权平均法，指以每次进货的成本加上原有结存存货的成本的合计数，除以每次进货数量与原有结存存货的数量之和，据以计算加权平均单位成本，作为在下次进货前计算各次发出存货成本依据的一种方法。

掌握 具体计算过程	存货单位成本 =（原有结存存货成本 + 本次进货的成本）÷（原有结存存货数量 + 本次进货数量） 本次发出存货成本 = 本次发出存货数量 × 本次发货前存货的单位成本 本月月末结存存货成本 = 月末结存存货的数量 × 本月月末存货单位成本 或： 本月月末结存存货成本 = 月初结存存货成本 + 本月收入存货成本 − 本月发出存货成本
优点	可以及时了解存货的结存情况，计算的平均单位成本以及发出和结存的存货成本比较客观
缺点	计算平均单位成本的工作量较大，不太适用于收发货较频繁的企业

不同计价方法适用情形的对比：

项目	适用情形
个别计价法	适用于单项金额重大 / 贵重存货
先进先出法	适用于保质期较短的货物

项目	适用情形
移动加权平均法	适用于收发货不太频繁的企业
月末一次加权平均法	适用于数量繁多，品种类似的货物

不同的存货计价方法的经济后果可能存在差异。因此，企业应在规定范围内尽量选择**发出存货成本偏高**的计价方法，使企业利益相关者特别是股东作出谨慎的经济决策。

【经典例题 49 · 单选题】下列各种存货发出的计价方法中，不利于存货成本日常管理与控制的是（　　）。

A. 先进先出法　　B. 移动加权平均法

C. 月末一次加权平均法　　D. 个别计价法

【解析】月末一次加权平均法，平时只记录存货发出的数量，不记录金额，所以不利于存货成本日常管理与控制。

【答案】C

考点 04 原材料

考频 | ★★★

原材料的日常收发及结存，可以采用实际成本核算，也可以采用计划成本核算。

（一）采用实际成本核算 解释

1. 购入材料

使用的会计科目有“原材料”“在途物资”“应付账款”等。

科目	内容	科目性质	账户结构
原材料	核算企业库存的各种材料的实际成本	资产类科目	借方登记入库材料的实际成本，贷方登记发出材料的实际成本，期末余额在借方，反映企业库存材料的实际成本
在途物资	核算企业采用实际成本（进价）进行材料、商品等物资的日常核算、货款已付尚未验收入库的在途物资的采购成本	资产类科目	借方登记企业购入的在途物资的实际成本，贷方登记验收入库的在途物资的实际成本，期末余额在借方，反映企业在途物资的采购成本
应付账款	核算企业因购买材料、商品或接受劳务等经营活动应支付的款项	负债类科目	借方登记支付的应付账款，贷方登记企业因购入材料、商品或接受劳务等尚未支付的款项，期末余额一般在贷方，反映企业尚未支付的应付账款余额

解释

采用实际成本核算具有方法简单、核算程序简便易行等优点。但采用实际成本核算，日常不能直接反映材料成本的节约或超支情况，不便于对材料等及时实施监督管理。

由于支付方式不同，原材料入库的时间与付款的时间可能一致，也可能不一致，在账务处理上也有所不同。

<table>
<tr><th>业务情形</th><th colspan="2">账务处理</th></tr>
<tr><td>单货同到</td><td colspan="2">借：原材料
应交税费——应交增值税（进项税额）
贷：银行存款、其他货币资金、应付票据、应付账款等</td></tr>
<tr><td>单到货未到</td><td>（1）单到时：
借：在途物资
应交税费——应交增值税（进项税额）
贷：银行存款、其他货币资金、应付票据、应付账款等</td><td>（2）材料验收入库时：
借：原材料
贷：在途物资</td></tr>
<tr><td>货到单未到</td><td>（1）月末仍未收到发票账单时，材料按暂估价值入账：
借：原材料
贷：应付账款——暂估应付账款</td><td>（2）下月初用红字冲销原暂估入账金额，待收到发票账单以后再按“单货同到”进行账务处理</td></tr>
<tr><td>采用预付货款方式采购材料</td><td>（1）预付（补付）货款时：
借：预付账款
贷：银行存款
（退回作相反分录）</td><td>（2）收到材料并验收入库时：
借：原材料
应交税费——应交增值税（进项税额）
贷：预付账款</td></tr>
</table>

历年命题视角

1. 实际成本核算下原材料入账价值的确认
2. 月末货到单未到的暂估处理及下月初的账务处理

【经典例题50·判断题】月末，企业对已验收入库但发票账单未到并且其货款尚未支付的材料，应按其暂估价值入账。（　　）（2022年·1分）

【答案】√

【经典例题51·多选题】某公司为增值税小规模纳税人，原材料按实际成本核算。该公司以商业承兑汇票采购原材料一批，取得增值税普通发票注明的金额为339万元，原材料已验收入库。不考虑其他因素，下列各项中，该公司购入原材料会计处理正确的有（　　）。（2021年·2分）

A. 借记“材料采购”科目300万元

B. 借记“应交税费——应交增值税（进项税额）”科目39万元

C. 贷记“应付票据”科目339万元

D. 借记“原材料”科目339万元

【解析】小规模纳税人购进存货，增值税计入采购成本，同时采用商业承兑汇票支付，对应的科目为“应付票据”。原材料按实际成本核算且已验收入库，故不涉及“材料采购”科目。该公司购入原材料会计处理如下：

借：原材料　　339

　贷：应付票据　　339

【答案】CD

2. 发出材料

借：生产成本［直接用于产品生产］

　　制造费用［间接用于产品生产］

　　销售费用［销售部门消耗］

　　管理费用［行政部门消耗］

　　在建工程［工程项目消耗］

　　研发支出［研发环节消耗］

　　委托加工物资［发出委托加工材料］

　　其他业务成本［用于出售］

　贷：原材料

（二）采用计划成本核算

1. 原材料核算应设置的会计科目

（1）“原材料”，资产类科目，核算材料计划成本。

（2）“材料采购”，资产类科目，核算材料实际成本。提示1

（3）“材料成本差异”，资产类科目，核算材料实际成本与计划成本的差额。

“材料成本差异”科目的账户结构：

①借方登记入库材料的超支差异及发出材料应负担的节约差异；

②贷方登记入库材料的节约差异及发出材料应负担的超支差异；

③期末余额在借方，反映企业库存材料实际成本大于计划成本的差异（即超支差异）；期末余额在贷方，反映企业库存材料实际成本小于计划成本的差异（即节约差异）。提示2

提示1

“材料采购”“材料成本差异”科目仅适用于计划成本核算，不适用于实际成本核算。

提示2

①材料成本差异＞0，正数表示超支。

②材料成本差异＜0，负数表示节约。

历年命题视角　“材料成本差异”科目借方、贷方的核算内容。

【经典例题52·多选题】某企业采用计划成本进行材料日常核算，下列各项中，应通过“材料成本差异”科目借方核算的有（　　）。（2020年·2分）

A. 发出材料应负担的节约差异　　B. 入库材料的超支差异

C. 入库材料的节约差异　　D. 发出材料应负担的超支差异

【解析】“材料成本差异”科目借方登记入库材料的超支差异及发出材料应负担的节约差异，贷方登记入库材料的节约差异及发出材料应负担的超支差异。

【答案】AB

2. 原材料的账务处理

<table>
<tr><th>业务情形</th><th colspan="2">账务处理</th></tr>
<tr><td>单货同到</td><td colspan="2">借：材料采购［实际成本］
　　应交税费——应交增值税（进项税额）
　贷：银行存款、其他货币资金、应付票据、应付账款等
同时：
借：原材料［计划成本］
　　材料成本差异［超支差异］
　贷：材料采购［实际成本］
　　　材料成本差异［节约差异］</td></tr>
<tr><td>单到货未到</td><td>（1）单到时：
借：材料采购［实际成本］
　　应交税费——应交增值税（进项税额）
　贷：银行存款、其他货币资金、应付票据、应付账款等</td><td>（2）材料验收入库时：
借：原材料［计划成本］
　　材料成本差异［超支差异］
　贷：材料采购［实际成本］
　　　材料成本差异［节约差异］</td></tr>
<tr><td>货到单未到</td><td colspan="2">月末按计划成本暂估入账：
借：原材料［计划成本］
　贷：应付账款——暂估应付账款
下月初用红字冲回，单到时，再按“单货同到”处理</td></tr>
<tr><td>发出材料时</td><td>平时发出材料时，一律用计划成本
借：生产成本/制造费用/销售费用等［生产、经营管理领用材料］
　　其他业务成本［出售材料］
　　委托加工物资［发出委托外单位加工的材料］
　贷：原材料</td><td>月末（提示3），计算本月发出材料应负担的成本差异并进行分摊，将发出材料的计划成本调整为实际成本
借：生产成本等
　贷：材料成本差异［结转超支差］
或者：
借：材料成本差异［结转节约差］
　贷：生产成本等</td></tr>
</table>

提示3

月末：

发出材料应负担的成本差异应当按期（月）分摊，不得在季末或年末一次计算。

【提示】材料成本差异率的计算。

本月材料成本差异率＝（月初结存材料的成本差异＋本月验收入库材料的成本差异）÷（月初结存材料的计划成本＋本月验收入库材料的计划成本）×100%

（1）本月发出材料应负担的成本差异＝本月发出材料的计划成本×本月材料成本差异率。

发出材料的实际成本＝发出材料的计划成本＋发出材料应负担的成本差异

＝发出材料的计划成本×（1+材料成本差异率）

（2）结存材料应负担的成本差异＝期末结存材料的计划成本 × 本月材料成本差异率。

结存材料的实际成本＝结存材料的计划成本＋结存材料应负担的成本差异

＝结存材料的计划成本 ×（1+材料成本差异率）

（3）材料成本差异率为正数表示超支差，材料成本差异率为负数表示节约差。

历年命题视角

1. 前提：已知或需要计算材料成本差异率

（1）“发出材料所负担的材料成本差异”和“月末结存材料所负担的材料成本差异”的计算。

（2）“发出材料实际成本”和“月末结存材料实际成本”的计算。

2. 计划成本核算的基本概念

【经典例题 53 · 单选题】某企业采用计划成本进行材料的日常核算。2021 年 12 月 1 日从异地购入一批材料，该批材料计划成本 380000 元，取得增值税专用发票上注明的价款为 360000 元，增值税税额为 46800 元；购入材料发生运费，取得增值税专用发票注明的价款为 60000 元，增值税税额为 5400 元，全部款项以银行存款支付。12 月 3 日，收到该批材料并验收入库。不考虑其他因素，下列各项中，会计处理正确的是（　　）。（2022 年 · 2 分）

A. 借：材料采购　　20000
　　贷：原材料　　20000

B. 借：材料成本差异　　40000
　　贷：材料采购　　40000

C. 借：材料成本差异　　92200
　　贷：材料采购　　92200

D. 借：材料采购　　20000
　　贷：材料成本差异　　20000

【解析】相关账务处理为：

12 月 1 日：

借：材料采购　　420000
　　应交税费——应交增值税（进项税额）　　52200
　贷：银行存款　　472200

12 月 3 日：

借：原材料　　380000
　贷：材料采购　　380000

借：材料成本差异　　40000
　贷：材料采购　　40000

【答案】B

【经典例题 54 · 单选题】某企业存货采用计划成本核算，月初库存材料的计划成本为 120 万元，节约差异为 2 万元；本月入库材料的计划成本为 180 万元，节约差异为 1.6 万元；本月生产产品耗用材料的计划成本为 200 万元，不考虑其他因素，该企业月末库存材料的实际成本为（　　）万元。（2022 年 · 2 分）

A. 200　　B. 98.8　　C. 100　　D. 101.2

【解析】材料成本差异率 =（-2-1.6）÷（120+180）×100%=-1.2%，该企业月末库存材料的实际成本 =（120+180-200）×（1-1.2%）=98.8（万元）。

【答案】B

【经典例题 55 · 单选题】某企业原材料采用计划成本核算。月初结存材料计划成本为 30 万元，材料成本差异为节约 2 万元，当月购入材料的实际成本为 110 万元，计划成本为 120 万元。发出材料的计划成本为 100 万元。不考虑其他因素，该企业当月发出材料的实际成本为（　　）万元。（2021 年 · 2 分）

A. 100　　B. 92　　C. 88　　D. 98

【解析】材料成本差异率 =（-2+110-120）÷（30+120）×100%=-8%。该企业当月发出材料的实际成本 =100×（1-8%）=92（万元）。

【答案】B

【经典例题 56 · 判断题】材料采用计划成本核算，发出材料应负担的成本差异在年末一次计算分摊。（　　）（2021 年 · 1 分）

【解析】发出材料应负担的成本差异应当按期（月）分摊，不得在季末或年末一次计算。

【答案】×

考点 05 周转材料　　考频 | ★

周转材料，是指企业能够多次使用，不符合固定资产定义，逐渐转移其价值但仍保持原有形态的材料物品。企业的周转材料包括包装物和低值易耗品，以及小企业（建筑业）的钢模板、木模板、脚手架等。

（一）包装物

1. 包装物的内容

（1）生产过程中用于包装产品作为产品组成部分的包装物。

（2）随同商品出售而不单独计价的包装物。

（3）随同商品出售单独计价的包装物。

（4）出租或出借给购买单位使用的包装物。

按照小企业会计准则规定，小企业的各种包装材料，如纸、绳、铁丝、铁皮等，应在“原材料”科目内核算；用于储存和保管产品、材料而不对外出售的包装物，应按照价值大小和使用年限长短，分别在“固定资产”科目或“原材料”科目核算。

2. 包装物的账务处理

与“原材料”科目类似，可以按实际成本核算，也可以按计划成本核算。如果按计划成本核算，“周转材料”科目按计划成本结转，同时结转材料成本差异。

业务情形	账务处理	
生产领用包装物	借：生产成本 　贷：周转材料——包装物	
随同商品出售（提示1）	不单独计价	借：销售费用 　贷：周转材料——包装物
	单独计价	（1）确认收入时： 借：银行存款等 　贷：其他业务收入 　　应交税费——应交增值税（销项税额） （2）结转成本时： 借：其他业务成本 　贷：周转材料——包装物
出租包装物（短期租赁和低价值资产租赁业务）	发出时	借：周转材料——包装物——出租包装物 　贷：周转材料——包装物——库存包装物
	收取租金（提示2），并摊销成本时	（1）按约定收取的租金确认收入时： 借：库存现金、银行存款、其他应收款等 　贷：其他业务收入等 （2）摊销成本时： 借：其他业务成本 　贷：周转材料——包装物——包装物摊销
	发生修理费用等支出时	借：其他业务成本 　贷：库存现金、银行存款、原材料等
出借包装物	发出时	借：周转材料——包装物——出借包装物 　贷：周转材料——包装物——库存包装物
	收取押金时	借：库存现金、银行存款等 　贷：其他应付款——存入保证金
	进行摊销时	借：销售费用 　贷：周转材料——包装物——包装物摊销
	发生修理费用等支出时	借：销售费用 　贷：库存现金、银行存款、原材料等

提示1

包装物随同商品出售：

①不单独计价——为实现销售而发生的费用。

②单独计价——销售包装物。

提示2

①收取租金：确认收入。

②收取押金：需退还给付款方，计入其他应付款。

历年命题视角　包装物不同用途领用后的归属科目。

【经典例题 57 · 单选题】下列各项中，企业销售周转材料取得的收入应记入的会计科目是（　　）。（2022 年 · 2 分）

A. 资产处置损益　　B. 其他业务收入

C. 营业外收入　　D. 主营业务收入

【解析】销售周转材料取得的收入计入其他业务收入。

【答案】B

【经典例题 58 · 多选题】下列各项中，关于包装物会计处理表述正确的有（　　）。（2022 年 · 2 分）

A. 随商品出售单独计价的包装物成本计入销售费用

B. 生产领用作为产品组成部分的包装物成本计入生产成本

C. 随商品出售不单独计价的包装物成本计入销售费用

D. 出租包装物的摊销额计入其他业务成本

【解析】选项 A 错误，随同商品出售单独计价的包装物成本计入其他业务成本。

【答案】BCD

【经典例题 59 · 单选题】2022 年 7 月 1 日，某企业销售商品领用不单独计价包装物的计划成本为 60000 元，材料成本差异率为 -5%，下列各项中，关于该包装物会计处理正确的是（　　）。

A. 借：销售费用　63000

　　贷：周转材料——包装物　60000

　　　　材料成本差异　3000

B. 借：销售费用　57000

　　　　材料成本差异　3000

　　贷：周转材料——包装物　60000

C. 借：其他业务成本　63000

　　贷：周转材料——包装物　60000

　　　　材料成本差异　3000

D. 借：其他业务成本　57000

　　　　材料成本差异　3000

　　贷：周转材料——包装物　60000

【解析】企业销售商品时，随同商品出售不单独计价的包装物计入销售费用，因为该包装物的计划成本为 60000 元，材料成本差异率为 -5%，所以实际成本 =60000×（1-5%）=57000（元），即计入销售费用的金额为 57000 元，结转的材料成本差异 =60000×（-5%）=-3000（元），从“材料成本差异”科目的借方结转。相关会计处理如下：

借：销售费用　57000

　　材料成本差异　3000

　贷：周转材料——包装物　60000

【答案】B

（二）低值易耗品

1. 低值易耗品的内容

作为存货核算和管理的低值易耗品，一般划分为一般工具、专用工具、替换设备、管理用具、劳动保护用品、其他用具等。

2. 低值易耗品的账务处理

企业应当设置“周转材料——低值易耗品”科目进行核算。低值易耗品的摊销可采用一次摊销法或分次摊销法。摊销时记入“制造费用”等科目。

（1）一次摊销法：金额较小的，可在领用时一次计入成本费用，为加强实物管理，应当在备查簿中进行登记。账务处理如下：

借：制造费用等［实际成本］

　贷：周转材料——低值易耗品［计划成本］

　　　材料成本差异［或借方］

（2）分次摊销法：低值易耗品等企业的周转材料符合存货定义和条件的，按照使用次数分次计入成本费用。采用分次摊销法时，需要单独设置三个明细科目，分别为“周转材料——低值易耗品——在库”“周转材料——低值易耗品——在用”“周转材料——低值易耗品——摊销”。解释

解释

三级明细科目核算有利于明确低值易耗品的库存保管、领用和耗费等相关部门的经管责任。

节点	账务处理
购入时	借：周转材料——低值易耗品——在库 　贷：银行存款等
领用时	借：周转材料——低值易耗品——在用 　贷：周转材料——低值易耗品——在库
摊销时	借：制造费用等 　贷：周转材料——低值易耗品——摊销 最后一次摊销时，还应同时： 借：周转材料——低值易耗品——摊销 　贷：周转材料——低值易耗品——在用

【经典例题 60 · 单选题】某企业为增值税一般纳税人，购买包装箱支付不含税价款 0.5 万元，购买劳动保护用品支付不含税价款 0.3 万元，购买生产辅料支付不含税价款 0.6 万元。不考虑其他因素，通过“周转材料”科目核算的金额为（　　）万元。（2022 年 · 2 分）

A. 0.6　　B. 0.8　　C. 0.5　　D. 1.4

【解析】通过“周转材料”科目核算的金额 =0.5+0.3=0.8（万元）；购买生产辅料支出记入“原材料”科目。

【答案】B

【经典例题 61 · 多选题】下列各项中，企业应通过“周转材料”科目核算的有（　　）。（2020 年 · 2 分）

A. 为维修设备采购的价值较低的专用工具

B. 购入用于出租出借的包装物

C. 为行政管理部门购买的低值易耗品

D. 在建工程购入的专项材料

【解析】选项D计入工程物资。

【答案】ABC

考点06 委托加工物资 考频丨★★

（一）委托加工物资的内容和成本构成

委托加工物资是指企业委托外单位加工的各种材料、商品等物资。

企业委托外单位加工物资的成本包括：

（1）加工中实际耗用物资的成本；

（2）支付的加工费用及应负担的运杂费等；

（3）支付的税费，包括委托加工物资收回后直接出售的应税消费品应负担的消费税等。

解释

连续生产应税消费品：
收回后继续加工说明并没有到最后销售环节，为避免重复征收消费税，此时委托加工过程中产生的消费税属于可以抵减的。

【易错易混点辨析】委托加工物资支付税费的有关核算。

增值税	一般纳税人，取得增值税专用发票	记入“应交税费——应交增值税（进项税额）”科目借方
	小规模纳税人或者一般纳税人未取得增值税专用发票	记入“委托加工物资”科目借方
消费税	收回后用于直接销售	记入“委托加工物资”科目借方
	收回后用于连续生产应税消费品 解释	记入“应交税费——应交消费税”科目借方

（二）委托加工物资的账务处理

（1）发给外单位加工的物资。

借：委托加工物资

　贷：原材料等

　　材料成本差异［或借方］

如果以计划成本核算，在发出加工物资时，同时结转发出材料应负担的材料成本差异，收回委托加工物资时，应视同材料购入。

（2）支付加工费用、应负担的运杂费等。

借：委托加工物资

　　应交税费——应交增值税（进项税额）

　贷：银行存款等

（3）委托加工物资由受托方代收代缴消费税。

收回后用于**直接销售**	收回后用于**继续加工**应税消费品
①由受托方代收代缴的消费税： 借：委托加工物资 　贷：银行存款等 ②完工收回委托加工物资时： 借：库存商品 　贷：委托加工物资 ③销售产品时： 借：银行存款等 　贷：主营业务收入 　　　应交税费——应交增值税（销项税额） 同时结转成本： 借：主营业务成本 　贷：库存商品 借：税金及附加 　贷：应交税费——应交消费税	①由受托方代收代缴的消费税： 借：应交税费——应交消费税 　贷：银行存款等 ②完工收回委托加工物资时： 借：原材料等 　贷：委托加工物资 ③最终产品销售时，按总的应交消费税记入“应交税费——应交消费税”科目的贷方： 借：税金及附加 　贷：应交税费——应交消费税 最后，补交“应交税费——应交消费税”科目的借贷差额即可： 借：应交税费——应交消费税 　贷：银行存款

肖老师解读

（1）由受托方代收代缴的消费税，加工收回后用于直接销售的，按规定计税时不准予扣除，计入委托加工物资的成本，最终结转到“主营业务成本”并单独确认税金及附加，影响当期损益。

（2）由受托方代收代缴的消费税，收回后用于继续加工应税消费品，按规定不属于直接出售的，在计税时准予扣除，第一环节支付的消费税先记入“应交税费——应交消费税”科目的借方，最终销售时，全部的应交消费税记入“税金及附加”科目，也影响当期损益。最后扣除第一环节支付的消费税，补齐差额即可。所以两种处理方式实际上是“殊途同归”。

历年命题视角

1. 委托加工物资的成本构成及成本计算
2. 委托加工物资在不同情况下支付的增值税的归属科目
3. 委托加工物资在不同情况下支付的消费税的归属科目

【经典例题 62 · 单选题】某企业为增值税一般纳税人，委托外单位加工一批材料，发出材料的实际成本为 200 万元。支付加工费 10 万元，取得的增值税专用发票上注明的增值税税额为 1.3 万元，受托方代收代缴的可抵扣消费税30万元。企业收回这批材料后用于继续加工应税消费品。该批材料加工收回后的入账价值为（　　）万元。（2021年·2分）

A. 210　　　　B. 241.3

C. 211.3　　　　D. 240

【解析】收回材料后继续加工应税消费品，受托方代收代缴的消费税计入应交税费——应交消费税，不计入委托加工物资成本。该批材料加工收回后的入账价值=200+10=210（万元）。

【答案】A

【经典例题63·判断题】企业委托加工应税消费品（非金银首饰），该消费品收回后直接出售，由受托方代收代缴的消费税计入委托加工物资成本。（　　）（2021年改编·1分）

【答案】√

考点07 库存商品

考频 | ★★

（一）库存商品的内容

库存商品是指企业完成全部生产过程并已验收入库、合乎标准规格和技术条件，可以按照合同规定的条件送交订货单位，或可以作为商品对外销售的产品以及外购或委托加工完成验收入库用于销售的各种商品。

库存商品具体包括库存产成品、外购商品、存放在门市部准备出售的商品、发出展览的商品、寄存在外的商品、接受来料加工制造的代制品和为外单位加工修理的代修品等。已完成销售手续但购买单位在月末未提取的产品，不应作为企业的库存商品，单独设置“代管商品”备查簿进行登记。

【经典例题64·多选题】下列各项中，企业应通过“库存商品”科目核算的有（　　）。（2020年·2分）

A. 存放在门市部准备出售的商品

B. 已完成销售手续但购买方在月末尚未提取的产品

C. 发出展览的商品

D. 接受来料加工制造的代制品

【解析】选项B：已完成销售手续但购买方尚未提取的产品控制权已经转移，不应作为企业的库存商品。

【答案】ACD

（二）库存商品的账务处理

1. 工业企业

（1）验收入库商品时：

借：库存商品

　贷：生产成本——基本生产成本

（2）发出商品（销售）时：

借：银行存款等

　贷：主营业务收入

　　　应交税费——应交增值税（销项税额）

借：主营业务成本

　贷：库存商品

2. 商品流通企业

商品流通企业发出商品的核算，可以采用毛利率法和售价金额核算法等方法。

（1）毛利率法。

毛利率法是指根据本期销售净额乘以上期实际（或本期计划）毛利率匡算本期销售毛利，并据以计算发出存货和期末存货成本的一种方法。

熟知 计算公式如下：

毛利率 = 销售毛利 ÷ 销售净额 × 100%

销售净额 = 商品销售收入 – 销售退回与折让

销售毛利 = 销售净额 × 毛利率

销售成本 = 销售净额 – 销售毛利

期末存货成本 = 期初存货成本 + 本期购货成本 – 本期销售成本

历年命题视角

1. 已知本期销售净额、上期毛利率，计算本期销售成本（即发出成本）
2. 已知本期销售净额、上期毛利率，计算期末结存成本

【经典例题 65 · 判断题】某商场采用毛利率法进行日常核算，可根据本期销售净额乘以上期同类商品的实际毛利率匡算本期销售毛利，并据以计算发出商品和期末结存商品成本。（　　）（2022 年 · 1 分）

【答案】√

【经典例题 66 · 单选题】某企业采用毛利率法对库存商品进行核算。2022 年 4 月 1 日，“库存商品”科目期初余额为 150 万元，本月购进商品一批，采购成本为 250 万元，本月实现商品销售收入 300 万元。上季度该类商品的实际毛利率为 20%。不考虑其他因素，该企业本月末“库存商品”科目的期末余额为（　　）万元。

A. 160　　　　B. 100

C. 80　　　　D. 110

【解析】销售毛利 =300×20%=60（万元）；本期销售成本 =300−60=240（万元）；该企业本月末“库存商品”科目的期末余额 =150+250−240=160（万元）。

【答案】A

（2）售价金额核算法。

售价金额核算法，是指平时商品的购入、加工收回、销售均按售价记账，售价与进价的差额通过“商品进销差价”科目核算，期末计算进销差价率和本期已销售商品应分摊的进销差价，据以调整本期销售成本的一种方法。

熟知 计算公式如下：

商品进销差价率 =（期初库存商品进销差价 + 本期购入商品进销差价）÷（期初库存商品售价 + 本期购入商品售价）× 100%

本期销售商品应分摊的商品进销差价 = 本期商品销售收入 × 商品进销差价率

本期销售商品的成本 = 本期商品销售收入 – 本期销售商品应分摊的商品进销差价

期末结存商品的成本 = 期初库存商品的进价成本 + 本期购进商品的进价成本 – 本期销售商品的成本 =（期初库存商品售价 + 本期购入商品售价 – 本期商品销售收入）×（1– 商品进销差价率）

企业的商品进销差价率各期之间比较均衡的，也可以采用上期商品进销差价率计算分摊本期的商品进销差价。年度终了，应对商品进销差价进行核实调整。

账务处理如下：

节点	账务处理
购进商品验收入库	借：库存商品［对外售价］ 　　应交税费——应交增值税（进项税额） 　贷：银行存款等 　　　商品进销差价［差额］
对外销售发出商品	借：银行存款等 　贷：主营业务收入 　　　应交税费——应交增值税（销项税额） 借：主营业务成本 　贷：库存商品
期（月）末分摊已销售商品的进销差价	借：商品进销差价 　贷：主营业务成本

历年命题视角　已知进价、售价、本期销售收入，计算本期销售成本及期末结存成本。

【经典例题 67 · 单选题】某公司库存商品采用售价金额法核算，2021 年 12 月初库存商品的进价成本总额为 200 万元，售价总额为 220 万元，当月购进的商品的进价成本总额为 150 万元，售价总额为 180 万元，当月实现销售收入总额为 240 万元，不考虑其他因素，2021 年 12 月 31 日该公司结存商品的实际成本总额为（　　）万元。（2022 年 · 2 分）

A. 110　　B. 180　　C. 160　　D. 140

【解析】商品进销差价率 =［（220−200）+（180−150）］÷（220+180）×100%=12.5%。

本期销售商品应分摊的商品进销差价 =240×12.5%=30（万元）。

本期销售商品的成本 =240−30=210（万元）。

期末结存商品的成本 =200+150−210=140（万元）。

【答案】D

【经典例题 68 · 多选题】下列各项中，关于库存商品售价金额核算法的表述正确的有（　　）。（2021 年 · 2 分）

A. 商品售价与进价的差额通过“商品进销差价”科目核算

B. 期末需根据已售商品应分摊的进销差价调整本期销售成本

C. 库存商品入库时按售价记账

D. 库存商品销售时按进价结转销售成本

【解析】选项 D 错误，库存商品销售时按售价结转销售成本。

【答案】ABC

【经典例题 69 · 单选题】某百货超市 2022 年年初库存商品的成本为 11200 万元，售价总额为 14000 万元。当年购入商品的成本为 8000 万元，售价总额为 10000 万元，当年实现的销售收入为 16800 万元。在采用售价金额核算法的情况下，该百货超市 2022 年销售成本为（　　）万元。

A. 16800　　B. 5760　　C. 13440　　D. 19200

【解析】商品进销差价率 =［（14000−11200）+（10000−8000）］÷（14000+10000）×100%=20%，该百货超市 2022 年销售成本 =16800×（1−20%）=13440（万元）。

【答案】C

考点 08 // 消耗性生物资产　考频 | ★★

（一）消耗性生物资产的确认与计量

生物资产是指农业活动相关的有生命的（即活的）动物和植物。生物资产通常分为消耗性生物资产、生产性生物资产和公益性生物资产三大类。

消耗性生物资产，是指企业（农、林、牧、渔业）生长中的大田作物、蔬菜、用材林以及存栏待售的牲畜等。如玉米和小麦等庄稼、用材林、存栏待售的牲畜、养殖的鱼等。

1. 消耗性生物资产的成本确定

类别	成本
自行栽培的大田作物和蔬菜（农）	收获前耗用的种子、肥料、农药等材料费、人工费和应分摊的间接费用等必要支出

类别	成本
自行营造的林木类消耗性生物资产（林）	**郁闭前**发生的造林费、抚育费、营林设施费、良种试验费、调查设计费和应分摊的间接费用等必要支出
自行繁殖的育肥畜（牧）	**出售前**发生的饲料费、人工费和应分摊的间接费用等必要支出
水产养殖的动物和植物（渔）	**出售或入库前**耗用的苗种、饲料、肥料等材料费、人工费和应分摊的间接费用等必要支出

2. 主要会计科目设置

科目	内容	账户结构
消耗性生物资产	核算企业持有的消耗性生物资产的实际成本	借方登记消耗性生物资产的增加金额，贷方登记销售消耗性生物资产的减少金额，期末借方余额，反映企业消耗性生物资产的实际成本
农产品	核算消耗性生物资产收获的农产品	借方登记收获农产品的增加额，贷方登记收获农产品的减少额，期末余额在借方，反映企业库存的收获的农产品

（二）消耗性生物资产的账务处理

情形	账务处理
外购的消耗性生物资产	借：消耗性生物资产 　贷：银行存款等
农：收获前发生的必要支出 林：郁闭前发生的必要支出 牧、渔：出售前发生的必要支出	
择伐、间伐或抚育更新性质采伐而**补植**林木类消耗性生物资产发生的后续支出	
林木类消耗性生物资产达到郁闭**后**发生的管护费用等后续支出	借：管理费用 　贷：银行存款等
农业生产过程中发生的应归属于消耗性生物资产的费用	按照应分配的金额： 借：消耗性生物资产 　贷：生产成本
消耗性生物资产收获为农产品	按照账面余额： 借：农产品 　贷：消耗性生物资产

情形	账务处理

出售消耗性生物资产或农产品	借：银行存款等
	  贷：主营业务收入等
	同时：
	借：主营业务成本等
	  贷：消耗性生物资产 / 农产品

企业至少应当于每年年度终了对消耗性生物资产进行检查，有确凿证据表明由于遭受自然灾害、病虫害、动物疫病侵袭或市场需求变化等原因，使消耗性生物资产的可变现净值低于其账面价值的，应当按照可变现净值低于账面价值的差额，计提生物资产跌价准备，并计入当期损益。可变现净值应当分别按照存货减值的办法确定。

企业在每年年度终了对消耗性生物资产进行检查时，如果消耗性生物资产减值的影响因素已经消失的，减记金额应当予以恢复，并在原已计提的跌价准备金额内转回，转回的金额计入当期损益。

➢ **【经典例题 70 · 多选题】**下列关于消耗性生物资产账务处理正确的有（　　）。（2022 年 · 2 分）

A. 外购的消耗性生物资产，按照应计入消耗性生物资产成本的金额，借记“消耗性生物资产”科目，贷记“银行存款”“应付账款”等科目

B. 自行栽培的大田作物和蔬菜，应按照收获后发生的必要支出，借记“消耗性生物资产”科目，贷记“银行存款”等科目

C. 林木类消耗性生物资产达到郁闭后发生的管护费用等后续支出，借记“管理费用”科目，贷记“银行存款”等科目

D. 消耗性生物资产收获为农产品时，应按照其账面余额，借记“农产品”科目，贷记“消耗性生物资产”科目

【解析】选项 B 错误，自行栽培的大田作物和蔬菜，应按照收获前发生的必要支出，借记“消耗性生物资产”科目，贷记“银行存款”等科目。

【答案】ACD

➢ **【经典例题 71 · 多选题】**下列关于消耗性生物资产会计核算的表述中，正确的有（　　）。（2022 年改编 · 2 分）

A. 抚育更新性质采伐而补植林木类消耗性生物资产发生的后续支出应计入管理费用

B. 自行繁殖的育肥畜出售前发生的饲料费应计入资产成本

C. 消耗性生物资产的跌价准备一经计提，不得转回

D. 每年年度终了，应当按照可变现净值低于账面价值的差额，计提生物资产跌价准备

【解析】选项 A 错误，抚育更新性质采伐而补植林木类消耗性生物资产发生的后续支出应计入消耗性生物资产的成本；选项 C 错误，消耗性生物资产

减值的影响因素已经消失的，减记金额应当予以恢复，并在原已计提的跌价准备金额内转回，转回的金额计入当期损益。

【答案】BD

考点09 存货清查

考频 | ★★

为了反映和监督企业在财产清查中查明的各种存货的盘盈、盘亏和毁损情况，企业应当设置“待处理财产损溢”科目进行核算，借方登记存货的盘亏、毁损金额及盘盈的转销金额，贷方登记存货的盘盈金额及盘亏的转销金额。企业的财产损溢，应查明原因，在期末结账前处理完毕，处理后本科目应无余额。

存货盘盈、盘亏及毁损的账务处理如下表所示。

存货清查	盘盈时	盘亏及毁损时
批准前	借：原材料、库存商品等 贷：待处理财产损溢	借：待处理财产损溢 贷：原材料、库存商品等 应交税费——应交增值税（进项税额转出）解释1
批准后	借：待处理财产损溢 贷：管理费用 解释2	借：原材料等［残料］ 其他应收款［过失人或保险公司赔偿］ 管理费用［一般经营损失］ 营业外支出等［非常损失］ 贷：待处理财产损溢

解释1

管理不善等原因造成的一般经营损失，需要转出进项税额，自然灾害等非常损失（不可抗力因素导致，如：地震、洪涝等）不需要转出进项税额。

解释2

存货盘盈一般是由于收发时记录错误所致，这属于管理方面的问题，所以存货盘盈批准后冲减管理费用。

【易错易混点辨析】库存现金清查和存货清查的核算科目。

清理情况	库存现金清查净损益	存货清查净损益
盘亏及毁损（现金短缺）	计入管理费用	计入管理费用（一般经营损失） 计入营业外支出（非常损失）
盘盈（现金溢余）	计入营业外收入	冲减管理费用

小企业存货发生毁损，按取得的处置收入、可收回的责任人赔偿和保险赔款，扣除其成本、相关税费后的净额，应当计入营业外支出或营业外收入。盘盈存货实现的收益应当计入营业外收入；盘亏存货发生的损失应当计入营业外支出。

历年命题视角

1. 存货盘亏及毁损的净损失的计算
2. 不同原因导致存货盘亏及毁损的账务处理
3. 存货盘盈报经批准后贷记的科目

【经典例题 72 · 单选题】某企业为增值税一般纳税人，因遭受雷电毁损一批库存原材料，该批原材料的实际成本为 10000 元，增值税税额为 1300 元。经确认，毁损原材料应由保险公司赔偿 2000 元。不考虑其他因素，该企业应确认的原材料净损失为（　　）元。（2022 年 · 2 分）

A. 10000　　B. 8000

C. 9300　　D. 11300

【解析】雷电导致的非常损失不需要转出进项税额，该企业应确认的原材料净损失 =10000-2000=8000（元）。

【答案】B

【经典例题 73 · 判断题】企业发生的存货盘盈，按管理权限报经批准后，应计入营业外收入。（　　）（2022 年 · 1 分）

【解析】企业发生的存货盘盈，按管理权限报经批准后，应冲减管理费用。

【答案】×

【经典例题 74 · 单选题】某企业为增值税一般纳税人，2022 年 6 月 20 日因管理不善造成一批库存材料毁损。该批材料账面余额为 20000 元，增值税进项税额为 2600 元，未计提存货跌价准备，收回残料价值 1000 元，应由责任人赔偿 5000 元。不考虑其他因素，该企业应确认的材料毁损净损失为（　　）元。

A. 14000　　B. 21600

C. 17600　　D. 16600

【解析】相关分录如下：

批准处理前	批准处理后
借：待处理财产损溢　22600 　贷：原材料　20000 　　应交税费——应交增值税（进项税额转出）　2600	借：其他应收款　5000 　原材料　1000 　管理费用　16600 　贷：待处理财产损溢　22600

【答案】D

【经典例题 75 · 单选题】下列各项中，关于企业原材料盘亏及毁损会计处理表述正确的是（　　）。

A. 保管员过失造成的损失赔偿，计入管理费用

B. 因台风造成的净损失，计入营业外支出

C. 应由保险公司赔偿的部分，计入营业外收入

D. 经营活动造成的净损失，计入其他业务成本

【解析】选项 AC 计入其他应收款；选项 D 计入管理费用。

【答案】B

考点10 存货减值

考频 ★★

（一）存货跌价准备的计提和转回

（1）资产负债表日，存货应当按照成本与可变现净值孰低进行计量。

其中：

成本 = 期末存货的实际成本

可变现净值 = 存货的估计售价 − 至完工时估计将要发生的成本 − 估计的销售费用和相关税费

如果存货是直接用于出售的，可变现净值 = 存货的估计售价 − 估计的销售费用和相关税费。

（2）减值测试：

成本 < 可变现净值→存货未减值→按成本计价

成本 > 可变现净值→存货发生减值→按可变现净值计价（计提存货跌价准备，并计入当期损益）

以前减记存货价值的影响因素已经消失的，减记的金额应当予以恢复，并在原已计提的存货跌价准备金额内转回，转回的金额计入当期损益。

（二）存货跌价准备的账务处理

（1）"存货跌价准备"科目。

企业应当设置"存货跌价准备"(解释1)科目核算存货跌价准备的计提、转回和转销情况，具体内容如下图所示。

> 解释1
>
> 存货跌价准备是资产类科目的备抵科目，与资产类科目的记账方向相反，为借减贷增。

借方	存货跌价准备 贷方
实际发生的存货跌价损失 转回的存货跌价准备	期初余额（如有） 计提的存货跌价准备
	已计提但尚未转销的存货跌价准备

（2）具体账务处理。

当期应计提的存货跌价准备 =（存货成本 − 可变现净值）− 存货跌价准备已有贷方余额

情形	账务处理
结果大于零	表示当期应当计（补）提存货跌价准备： 借：资产减值损失 　贷：存货跌价准备
结果小于零	表示减值的金额应当予以恢复，应在已计提的存货跌价准备范围内转回，转回的金额计入当期损益： 借：存货跌价准备 　贷：资产减值损失

企业结转存货销售成本时，对于已计提存货跌价准备的，应当一并结转，同时调整销售成本。

借：主营业务成本、其他业务成本

　贷：库存商品、原材料等

借：存货跌价准备

　贷：主营业务成本、其他业务成本

历年命题视角　1. 存货可变现净值的计算

2. 存货跌价准备金额的计算及账务处理

【经典例题 76 · 多选题】下列各项中，关于存货期末计量会计处理正确的有（　　）。（2022 年 · 2 分）

A. 存货跌价损失一经确认，在以后会计期间不得转回

B. 某种存货成本高于其可变现净值的，应确认存货跌价损失

C. 期末存货应按成本与可变现净值孰低计量

D. 某种存货成本低于可变现净值的差额应借记“资产减值损失”科目

【解析】选项 A 错误，存货减值因素消失的，应在原已计提的存货跌价准备金额内转回。选项 BC 正确，存货期末按照成本与可变现净值孰低计量，成本高于可变现净值说明存货发生减值，要确认存货跌价损失。选项 D 错误，存货成本低于可变现净值，不需要计提存货跌价准备，可能涉及转回存货跌价准备，贷记“资产减值损失”科目。

【答案】BC

【经典例题 77 · 单选题】2019 年 12 月 31 日，某企业 E 商品账面余额为 3000000 元，由于市场价格下跌，该商品预计可变现净值为 2500000 元，“存货跌价准备”科目期初余额为零。下列各项中，不考虑其他因素，该商品期末计提存货跌价准备的会计处理正确的是（　　）。（2020 年 · 2 分）

A. 借：营业外支出　2500000

　贷：存货跌价准备　2500000

B. 借：管理费用　500000

　贷：存货跌价准备　500000

C. 借：信用减值损失　500000

　贷：存货跌价准备　500000

D. 借：资产减值损失　500000

　贷：存货跌价准备　500000

【解析】E 商品账面余额 3000000 元高于可变现净值 2500000 元，二者的差额为 500000 元，应计提存货跌价准备，记入“资产减值损失”科目。

【答案】D

【经典例题78·单选题】2022年3月31日，某企业乙存货的实际成本为100万元，加工该存货至完工产成品估计还将发生的成本为25万元，估计销售费用和相关税费为3万元，估计该存货生产的产成品售价为120万元。假定乙存货月初“存货跌价准备”科目余额为12万元，2022年3月31日应计提的存货跌价准备为（　　）万元。

A. -8　　B. 4　　C. 8　　D. -4

【解析】乙存货的可变现净值=存货的估计售价-进一步加工成本-估计的销售费用和相关税费=120-25-3=92（万元），乙存货的实际成本为100万元，高于可变现净值，应计提存货跌价准备，2022年3月31日应计提的存货跌价准备（解释2）=（存货成本-可变现净值）-存货跌价准备已有贷方余额=（100-92）-12=-4（万元）。

【答案】D

解释2

存货跌价准备

借方	贷方
	期初 12
? =4（倒挤）	
	期末 8 ← 100-92（给定）

习题指路：P427

若有习题帮，考试心不慌！学完本章考点，要及时做同步练习题哦！

第四章　非流动资产

考情分析

非流动资产是指不能在1年或者超过1年的一个营业周期内变现或者耗用的资产。本章的内容包括固定资产、生产性生物资产、无形资产和长期待摊费用、投资性房地产以及长期投资。

近三年题型题量分析表

年份＼题型	单项选择题	多项选择题	判断题	不定项选择题	合计
2022年	2题4分	2题4分	1题1分	4题8分	17分
2021年	2题4分	1题2分	1题1分	4题8分	15分
2020年	1题2分	1题2分	1题1分	3题6分	11分

考点剖析与经典例题

第一单元　固定资产

使用“会计云课堂”App扫码听课、做题、答疑

考点01　固定资产的管理　考频｜★

（一）固定资产的概念和特征

固定资产是指同时具有以下特征的有形资产：

（1）为生产商品、提供劳务、出租或经营管理而持有的，不是直接用于出售。其中，出租是指以经营租赁方式出租的机器设备等。

（2）使用寿命超过一个会计年度。

（二）固定资产的分类

分类标准	具体内容
按经济用途分类	（1）生产经营用固定资产 （2）非生产经营用固定资产

分类标准	具体内容
综合分类	（1）生产经营用固定资产 （2）非生产经营用固定资产 （3）租出固定资产（以经营租赁的方式出租给其他单位使用的固定资产） （4）不需用固定资产 （5）未使用固定资产 （6）土地（指过去已经估价单独入账的土地） （7）租入固定资产（指企业除短期租赁和低价值资产租赁租入的固定资产外，该资产在租赁期内，应作为使用权资产进行核算与管理）

考点 02 固定资产核算的会计科目 考频 | ★

为了反映和监督固定资产取得、计提折旧和处置等情况，企业一般需要设置“固定资产”“累计折旧”“在建工程”“工程物资”“固定资产清理”等科目进行核算。

考点 03 取得固定资产的账务处理 考频 | ★★★

（一）外购固定资产

1. 外购固定资产成本的确定

企业外购的固定资产，应按实际支付的购买价款、相关税费（不含可抵扣增值税）、使固定资产达到预定可使用状态前所发生的可归属于该项资产的运输费、装卸费、安装费和专业人员服务费（解释）等，作为固定资产的取得成本。

解释

专业人员服务费 vs 员工培训费：

①专业人员服务费：构成固定资产入账成本。

②员工培训费：不构成固定资产入账成本，在发生时计入当期损益。

2. 一般纳税人外购固定资产的账务处理

项目		账务处理
外购不需要安装的固定资产		借：固定资产 　应交税费——应交增值税（进项税额） 　贷：银行存款、应付账款等
外购需要安装的固定资产	购入时	借：在建工程 　应交税费——应交增值税（进项税额） 　贷：银行存款、应付账款等
	发生的安装调试成本	借：在建工程 　应交税费——应交增值税（进项税额） 　贷：银行存款等
	耗用的材料和人工等	借：在建工程 　贷：原材料、应付职工薪酬等
	达到预定可使用状态	借：固定资产 　贷：在建工程

3. 小规模纳税人外购固定资产的账务处理

借：固定资产、在建工程［含增值税进项税额］

　贷：银行存款、应付账款等

4. 企业以一笔款项购入多项没有单独标价的固定资产

应当将各项资产单独确认为固定资产，并按各项固定资产公允价值的比例对总成本进行分配，分别确定各项固定资产的成本。

历年命题视角　　外购固定资产入账成本的计算。

【经典例题1·多选题】一般纳税人购入需要安装的生产设备，其入账价值包括（　　）。（2022年·2分）

A. 支付的增值税　　B. 安装人员薪酬

C. 安装领用材料成本　　D. 进口关税

【解析】选项A，一般纳税人支付的增值税可以抵扣，不计入固定资产成本。

【答案】BCD

【经典例题2·单选题】某企业为增值税小规模纳税人，2020年4月1日购入一台不需要安装即可投入使用的设备，取得的增值税专用发票上注明的价款为40000元，增值税税额为5200元；支付运费300元，增值税税额27元；全部款项以银行存款支付。该设备的入账价值为（　　）元。（2021年·2分）

A. 40300　　B. 40000

C. 45527　　D. 45500

【解析】小规模纳税人购入设备支付的增值税需要计入成本，该设备的入账价值=40000+5200+300+27=45527（元）。

【答案】C

【经典例题3·判断题】企业以一笔款项购入多项没有单独标价的固定资产时，应按各项固定资产公允价值的比例对总成本进行分配，以确定各项固定资产的成本。（　　）（2021年·1分）

【答案】√

（二）建造固定资产

企业自行建造固定资产，主要有自营和出包两种方式。

自行建造的固定资产，按建造该项资产达到预定可使用状态前所发生的必要支出，作为固定资产的成本。

企业自行建造固定资产，首先通过“在建工程”科目核算，待工程达到预定可使用状态时再转入“固定资产”科目。

1. 自营工程

节点	账务处理
购入工程物资时	借：工程物资 　应交税费——应交增值税（进项税额） 　贷：银行存款等
领用工程物资时	借：在建工程 　贷：工程物资
领用外购原材料时	借：在建工程 　贷：原材料
领用本企业生产的商品时	借：在建工程 　贷：库存商品
发生工程人员工资等其他费用时	借：在建工程 　贷：应付职工薪酬等
达到预定可使用状态时	借：固定资产 　贷：在建工程

肖老师解读

企业领用外购原材料与领用自产商品增值税的处理。

经济业务	增值税的处理
领用外购原材料	购入材料时确认的增值税进项税额不用转出 （原因：还处在增值税链条中）
领用自产商品	不确认增值税销项税额 （原因：商品未脱离企业）

历年命题视角　建造固定资产相关增值税的处理。

【经典例题4·单选题】甲公司为增值税一般纳税人，2021年2月2日购入需安装的生产用机器设备一台，支付价款100万元，增值税税额为13万元。安装过程中领用本公司自产产品一批，该批产品成本为5万元，公允价值为8万元。2021年2月22日安装结束，固定资产达到预定可使用状态，则该固定资产的入账金额为（　　）万元。（2022年·2分）

A. 121　　B. 108　　C. 105　　D. 118

【解析】固定资产的入账金额 =100+5=105（万元）。

【答案】C

【经典例题 5 · 单选题】某增值税一般纳税人自建仓库一幢，购入一批工程物资，增值税专用发票上注明价款 200 万元，增值税税额为 26 万元，已全部用于建造仓库；耗用库存原材料 50 万元，购入时的增值税税额为 6.5 万元；支付建筑工人工资 30 万元。不考虑其他因素，该仓库建造完成并达到预定可使用状态，其入账价值为（　　）万元。（2021 年改编 · 2 分）

A. 306　　B. 280　　C. 312.5　　D. 230

【解析】一般纳税人建造固定资产相关的增值税可以抵扣，所以该仓库的入账价值 =200+50+30=280（万元）。

【点题】领用原材料建造仓库，购入时的增值税可以正常抵扣，按照购入原材料的实际成本 50 万元计入在建工程即可。

【答案】B

【经典例题 6 · 多选题】某企业为增值税一般纳税人，自营建造一幢厂房。下列各项中，应计入该厂房成本的有（　　）。（2021 年 · 2 分）

A. 领用工程物资的成本　　B. 领用本企业自产产品的成本

C. 购买工程物资支付的增值税　　D. 确认工程人员的薪酬

【解析】增值税一般纳税人购买工程物资支付的增值税可以抵扣，不计入成本，选项 C 错误。

【答案】ABD

2. 出包工程

出包工程是指企业通过招标方式将工程项目发包给建造承包商，由建造承包商组织施工的建筑工程和安装工程。

企业采用出包方式进行的固定资产工程，其工程的具体支出主要由建造承包商核算，在这种方式下，“在建工程”科目主要是反映企业与建造承包商办理工程价款结算的情况，企业支付给建造承包商的工程价款作为工程成本，通过“在建工程”科目核算。工程达到预定可使用状态时，将“在建工程”科目余额转入“固定资产”科目。

节点	账务处理
企业按合理估计的发包工程进度和合同规定向建造承包商结算进度款	借：在建工程 　　应交税费——应交增值税（进项税额） 　贷：银行存款
工程完成时按合同规定补付的工程款	借：在建工程 　　应交税费——应交增值税（进项税额） 　贷：银行存款
工程达到预定可使用状态	借：固定资产 　贷：在建工程

考点 04 固定资产折旧

考频 ★★★

（一）固定资产折旧概述

企业应当在固定资产使用寿命内，按照确定的方法对应计折旧额进行系统分摊。

应计折旧额，是指应当计提折旧的固定资产原价扣除其预计净残值后的金额。已计提减值准备的固定资产，还应当扣除已计提的固定资产减值准备累计金额。

掌握 1. 影响固定资产折旧的主要因素

影响因素 解释	具体内容
（1）固定资产原价	指固定资产的成本
（2）预计净残值	指假定固定资产预计使用寿命已满并处于使用寿命终了时的预期状态，企业目前从该项资产处置中获得的扣除预计处置费用后的金额
（3）固定资产减值准备	指固定资产已计提的固定资产减值准备累计金额
（4）固定资产的使用寿命	指企业使用固定资产的预计期间，或者该固定资产所能生产产品或提供劳务的数量

解释

影响因素：

苹果的大小为“原价”，苹果核为“预计净残值”，如果腐烂了一块为“减值准备”，剩余的则为可供我们消耗的（即应计折旧额）。

2. 计提折旧的范围 提示1

除以下情况外，企业应当对所有固定资产计提折旧：

（1）已提足折旧仍继续使用的固定资产。

（2）单独计价入账的土地。

企业在确定计提折旧的范围时，还应注意以下几点：

（1）固定资产应当按月计提折旧，当月增加的固定资产，当月不计提折旧，从下月起计提折旧；当月减少的固定资产，当月仍计提折旧，从下月起不计提折旧。

（2）固定资产提足折旧后，不论能否继续使用，均不再计提折旧；提前报废的固定资产，也不再补提折旧。所谓提足折旧，是指已经提足该项固定资产的应计折旧额。

（3）已达到预定可使用状态但尚未办理竣工决算的固定资产，应当按照估计价值确定其成本，并计提折旧；待办理竣工决算后，再按实际成本调整原来的暂估价值，但不需要调整原已计提的折旧额。

提示1

固定资产计提折旧的范围：

①更新改造、改扩建期间——不计提折旧。

②日常维修、未使用、不需用——仍计提折旧。

3. 固定资产的使用寿命、预计净残值和折旧方法的复核

企业至少应当于每年年度终了，对固定资产的使用寿命、预计净残值和折旧方法进行复核。如有确凿证据表明固定资产使用寿命预计数与原先估计数有差异的，应当调整固定资产使用寿命。固定资产预计净残值预计数与原先估计数有差异的，应当调整预计净残值。与固定资产有关的经济利益预期消耗方式有重大改变的，企业应相应改变固定资产折旧方法。上述事项经股东大会或董事会、经理（厂长）会议或类似机构批准后，作为计提折旧的依据，并按照法律、行政法规等的规定报送有关部门备案。

固定资产使用寿命、预计净残值和折旧方法的改变应当作为会计估计变更进行会计处理。

历年命题视角　1. 固定资产折旧的影响因素
2. 固定资产的折旧范围

【经典例题 7 · 多选题】下列各项中，企业应当在当月计提固定资产折旧的有（　　）。（2022 年 · 2 分）

A. 当月出售未提足折旧的自用写字楼

B. 当月达到预定可使用状态的仓库

C. 当月经营租出的全新生产设备

D. 上月已提足折旧本月继续使用的电脑

【解析】选项 B：当月增加的固定资产当月不提折旧；选项 D：已提足折旧的固定资产不再计提折旧。

【答案】AC

【经典例题 8 · 多选题】下列各项中，企业应计提折旧的资产有（　　）。（2021 年 · 2 分）

A. 日常维修停用的设备

B. 已达到预定可使用状态但尚未办理竣工决算的办公楼

C. 更新改造中的厂房

D. 单独计价入账的土地

【解析】选项 C：更新改造中的厂房转入在建工程，不计提折旧；选项 D：单独计价入账的土地，不计提折旧。

【答案】AB

【经典例题 9 · 多选题】下列各项中，影响固定资产折旧的因素有（　　）。

A. 固定资产原价　　B. 固定资产的预计使用寿命

C. 固定资产预计净残值　　D. 已计提的固定资产减值准备

【答案】ABCD

（二）固定资产的折旧方法

企业应当根据与固定资产有关的经济利益的预期消耗方式，合理选择固定资产折旧方法。可选用的折旧方法包括年限平均法（又称直线法）、工作量法、双倍余额递减法和年数总和法等。

1. 年限平均法

也称直线法，是指将固定资产的应计折旧额均衡地分摊到固定资产预计使用寿命内的一种方法。采用这种方法计算的每期折旧额均相等。

掌握 公式如下：

年折旧率 =（1- 预计净残值率）÷ 预计使用寿命（年）× 100%

月折旧率 = 年折旧率 ÷ 12

月折旧额 = 固定资产原价 × 月折旧率

【经典例题 10 · 单选题】某企业现有房屋、设备等固定资产原值共计 960 万元，其中上月已提足折旧仍继续使用的某设备（提示 2）原值为 60 万元。该企业采用年限平均法计提折旧，所有固定资产的月折旧率均为 1%。不考虑其他因素，该企业当月应计提的折旧额为（　　）万元。

提示 2
上月已提足折旧仍继续使用的固定资产，不再计提折旧。

A. 9.6　　B. 9.4　　C. 9　　D. 9.2

【解析】本月需计提折旧的固定资产原值 =960-60=900（万元），当月应计提折旧额 =900 × 1%=9（万元）。

【答案】C

【经典例题 11 · 单选题】甲公司是增值税一般纳税人，2021 年 2 月 1 日购入需要安装的设备一台，取得的增值税专用发票上注明的设备价款为 100 万元，增值税税额为 13 万元。购买过程中，以银行存款支付运杂费等费用 13 万元（不考虑相关税费）。安装时，领用材料 6 万元，该材料负担的增值税税额为 0.78 万元；支付安装工人工资 13 万元。该设备于 2021 年 3 月 31 日达到预定可使用状态。甲公司对该设备采用年限平均法计提折旧，预计使用年限为 10 年，预计净残值为零。假定不考虑其他因素，2021 年该设备应计提的折旧额为（　　）万元。

A. 9　　B. 9.9　　C. 11　　D. 13.2

【解析】该设备的入账价值 =100+13+6+13=132（万元），2021 年度该设备应计提的折旧额 =132 ÷ 10（折旧年限）÷ 12（一年 12 个月，计算出每个月的折旧额）× 9（2021 年 4 月开始计提折旧，共计提 9 个月折旧）=9.9（万元）。

【答案】B

2. 工作量法

工作量法，是根据实际工作量计算每期应计提折旧额的一种方法。

掌握 公式如下：

单位工作量折旧额 =［固定资产原价 ×（1- 预计净残值率）］÷ 预计总工作量

某项固定资产月折旧额 = 该项固定资产当月工作量 × 单位工作量折旧额

3. 双倍余额递减法

双倍余额递减法是指在不考虑固定资产预计净残值的情况下，根据每期期初固定资产原价减去累计折旧后的余额和双倍的直线法折旧率计算固定资产折旧的一种方法。

采用该种方法计提固定资产折旧，一般在固定资产使用寿命到期前两年内，将固定资产账面净值扣除预计净残值后的余额平均摊销。

掌握 公式如下：

年折旧率 =2 ÷ 预计使用寿命（年）× 100%

年折旧额 = 每个折旧年度年初固定资产账面净值 × 年折旧率

月折旧额 = 年折旧额 ÷ 12

折旧年度不同于会计年度，假设企业 2021 年 10 月购入固定资产：

历年命题视角　会计年度和折旧年度相同或不同时，各会计年度的年折旧额的计算。

【经典例题 12 · 单选题】 某企业一台生产设备原价为 800 万元，预计净残值为 38.4 万元，预计可使用 5 年，采用双倍余额递减法计提折旧。至 2021 年 12 月 31 日，该设备已使用 3 年，账面净值为 172.8 万元，未计提固定资产减值准备。不考虑其他因素，该设备 2022 年应计提的折旧额为（　　）万元。

A. 86.4　　B. 67.2　　C. 53.76　　D. 69.12

【解析】 2022 年应计提的折旧额 =（172.8−38.4）÷ 2 提示3 =67.2（万元）。

【答案】 B

【经典例题 13 · 单选题】 某企业 2019 年 6 月购进设备一台，该设备的入账价值为 100 万元，预计净残值为 5.6 万元，预计使用年限为 5 年。在采用双倍余额递减法计提折旧的情况下，该设备 2020 年应计提折旧额 提示4 为（　　）万元。

A. 24　　B. 32　　C. 20　　D. 8

【解析】 本题考核会计年度和折旧年度不同时，某会计年度的年折旧额的计算。

第一个折旧年度计提的折旧额［2019.7−2020.6］=100 × 2/5=40（万元）。

第二个折旧年度计提的折旧额［2020.7−2021.6］=（100−40）× 2/5=24（万元）。

提示 3

最后两年，把尚未折旧完的"平分"。

提示 4

2020 年应计提折旧额：

第一年折旧额：$100 \times \frac{2}{5}=40$

2019.7.1　2019.12.31　2020.6.30
（2020.1.1）

第二年折旧额：$(100-40) \times \frac{2}{5}=24$

2020.7.1　2020.12.31　2021.6.30
（2021.1.1）

阴影部分相加：40 × 6/12+24 × 6/12=32

2020年度应计提折旧额［2020.1–2020.12］=40×6/12+24×6/12=32（万元）。

【答案】B

【经典例题14·多选题】2016年12月20日，某企业购入一台设备，其原价为2000万元，预计使用年限5年，预计净残值5万元，采用双倍余额递减法计提折旧，下列各项中，该企业采用双倍余额递减法计提折旧的结果表述正确的有（　　）。

A. 2017年折旧额为665万元　　B. 应计折旧总额为1995万元

C. 年折旧率为33%　　D. 2017年折旧额为800万元

【解析】本题采用双倍余额递减法计提折旧：

选项C：年折旧率（除最后两年外）=2/预计使用年限×100%=2/5×100%=40%，选项C错误。

选项AD：2017年应计提的折旧额=2000×40%=800（万元），选项A错误，选项D正确。

选项B：应计折旧总额=原值－预计净残值=2000–5=1995（万元），选项B正确。

【点题】因为该设备是2016年12月20日购入的，当月增加的固定资产次月开始计提折旧，即从2017年1月份开始计提折旧，也就是折旧年度和会计年度完全相同。

【答案】BD

4. 年数总和法

年数总和法，是指将固定资产的原价减去预计净残值后的余额，乘以一个以固定资产尚可使用寿命为分子、以预计使用寿命逐年数字总和为分母的逐年递减的分数计算每年的折旧额。

掌握 公式如下：

年折旧率=尚可使用年限 提示5 ÷预计使用寿命的年数总和×100%

年折旧额=（固定资产原价－预计净残值）×年折旧率

月折旧额=年折旧额÷12

已计提减值准备的固定资产，应当按照该项资产的账面价值（固定资产账面余额扣减累计折旧和减值准备后的金额）以及尚可使用寿命重新计算确定折旧率和折旧额。

提示5

尚可使用年限：包含开始计提折旧这一年。

历年命题视角　1. 各种折旧方法的应用原则

2. 不同折旧方法下如何计算折旧额

【经典例题15·单选题】2020年12月31日，某企业购入不需安装的设备一台，当日投入使用。该设备初始入账价值为288万元，预计使用寿命为5年，预计净残值为0，采用年数总和法计提折旧。不考虑其他因素，2021年该

设备应计提的折旧金额为（　　）万元。（2022 年 · 2 分）

A. 57.6　　B. 115.2

C. 96　　D. 19.2

【解析】2021 年该设备应计提的折旧金额 =288×[5/(1+2+3+4+5)]=96（万元）。

【答案】C

【经典例题 16 · 单选题】下列各项中，关于企业固定资产折旧方法的表述正确的是（　　）。（2021 年改编 · 2 分）

A. 年数总和法计算的固定资产年折旧额逐年递增

B. 工作量法不需要考虑固定资产的预计净残值

C. 年限平均法需要考虑固定资产的预计净残值，计算的年折旧额相等

D. 双倍余额递减法计算的固定资产年折旧额每年相等

【解析】选项 A 错误：年数总和法计算的固定资产年折旧额逐年递减。

选项 B 错误：工作量法需要考虑固定资产的预计净残值。

选项 D 错误：除了最后两年外，双倍余额递减法计算的固定资产年折旧额逐年递减。

【答案】C

【经典例题 17 · 单选题】某公司为增值税一般纳税人，2019 年 7 月 5 日购入一台需要安装的机器设备，增值税专用发票注明的价款为 600 万元，增值税税额 78 万元，以上款项以支票支付。安装过程中领用本公司原材料 80 万元，该设备 2019 年 8 月 8 日达到预定可使用状态并交付车间使用。该固定资产预计使用 5 年，预计净残值率为 5%，同时对该固定资产采用年数总和法计提折旧，则 2020 年应当计提的折旧额（提示 6）为（　　）万元。（计算结果保留两位小数）

A. 215.33　　B. 172.26　　C. 200.98　　D. 196.45

【解析】本题考核会计年度和折旧年度不同时，某会计年度的年折旧额的计算。

固定资产的入账价值 =600+80=680（万元）；固定资产应当从 2019 年 9 月开始计提折旧。

第一个折旧年度的折旧额 [2019.9–2020.8] =680×（1–5%）×5/15=215.33（万元）；

第二个折旧年度的折旧额 [2020.9–2021.8] =680×（1–5%）×4/15=172.27（万元）。

2020 年度应当计提的折旧额 =215.33×8/12+172.27×4/12=200.98（万元）。

【答案】C

提示 6

2020 年应当计提的折旧额：

第一年折旧额：680×（1–5%）×$\frac{5}{15}$=215.33

第二年折旧额：680×（1–5%）×$\frac{4}{15}$=172.27

阴影部分相加：215.33×$\frac{8}{12}$+172.27×$\frac{4}{12}$=200.98

（三）固定资产折旧的账务处理

固定资产应当按月计提折旧，计提的折旧记入“累计折旧”科目，根据固定资产的用途和受益对象性质计入相关资产的成本或者当期损益。

借：制造费用［用于生产车间］

　　管理费用［用于行政管理部门或不需用、未使用的固定资产］

　　销售费用［用于专设销售部门］

　　在建工程［用于工程建设］

　　研发支出［用于项目研发］

　　其他业务成本［用于经营租出］等

　贷：累计折旧

历年命题视角　固定资产折旧的归属科目。

【经典例题18·多选题】下列各项中，关于企业固定资产折旧的会计处理表述正确的有（　　）。

A. 自行建造厂房使用自有固定资产，计提的折旧应计入在建工程成本

B. 基本生产车间使用自有固定资产，计提的折旧应计入制造费用

C. 经营租出的固定资产，其计提的折旧应计入管理费用

D. 专设销售机构使用的自有固定资产，计提的折旧应计入销售费用

【解析】选项C错误，经营租出的固定资产，其计提的折旧计入其他业务成本。

【答案】ABD

考点05　固定资产发生的后续支出　考频｜★★★

固定资产的后续支出，是指固定资产在使用过程中发生的更新改造支出、修理费用等。与固定资产有关的更新改造等后续支出，符合资本化条件的应当予以资本化。

（一）资本化的后续支出

情形	账务处理
固定资产转入在建工程时	借：在建工程 　　累计折旧 　　固定资产减值准备 　贷：固定资产
发生资本化后续支出时	借：在建工程 　　应交税费——应交增值税（进项税额） 　贷：银行存款等

情形	账务处理
终止确认被替换部分时	借：营业外支出 　贷：在建工程［被替换部分的账面价值］ 企业在处置被替换部分过程中，可能会获得变价收入和残料价值等，将其冲减营业外支出，不影响固定资产入账价值 借：银行存款［变价收入］ 　　原材料［残料价值］ 　贷：营业外支出
达到预定可使用状态时	借：固定资产 　贷：在建工程

转为固定资产后，按重新确定的使用寿命、预计净残值和折旧方法计提折旧。

更新改造后固定资产的入账成本 =（改造前固定资产原值 – 累计折旧 – 固定资产减值准备）+ 资本化的更新改造支出 – 被替换部分的账面价值

肖老师解读 提示1

如果题目中没有直接给出被替换部分的账面价值，可通过下面的公式进行计算：

被替换部分的账面价值 = 被替换部分的账面原值 – 被替换部分的累计折旧 – 被替换部分的减值准备

被替换部分的累计折旧 = 被替换部分的账面原值 ×（固定资产整体计提的累计折旧 ÷ 固定资产整体的账面原值）

注意："被替换部分的减值准备"在初级中一般不涉及。

提示 1

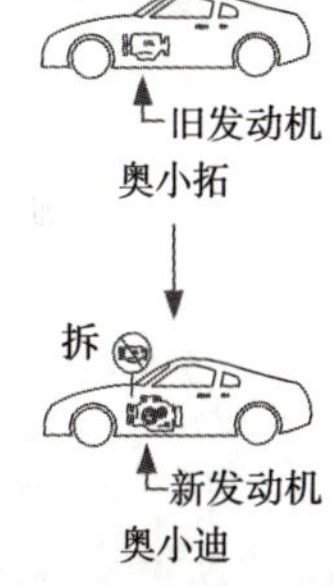

奥小拓 8（原值 10– 折旧 2）+ 新发动机 5– 旧发动机（账面价值）0.8= 奥小迪（账面价值）12.2

若"旧发动机"给出的是原值，而不是账面价值，需先计算出账面价值。

历年命题视角

1. 更新改造后的固定资产入账价值的计算
2. "被替换部分"的账面价值和账面原值的区分

【经典例题 19 · 单选题】某企业对其行政管理部门使用的设备进行更新改造，该设备原值为 1000 万元，已计提折旧 500 万元。更新改造过程中发生支出 600 万元，被替换部分账面原值为 100 万元，出售价款 提示2 为 2 万元。不考虑相关税费，则新设备的入账价值为(　　)万元。（2022 年改编 · 2 分）

A. 1100　　B. 1050

C. 1048　　D. 1052

提示 2

出售价款：

被替换部分的变价收入冲减营业外支出，不影响设备的入账价值。

【解析】被替换部分的账面价值 = 账面原值 – 累计折旧 – 固定资产减

值准备（本题不涉及）=100-500÷1000×100=50（万元）。新设备的入账价值 =1000-500+600-50=1050（万元）。

【答案】B

【经典例题 20·判断题】符合资本化确认条件的固定资产更新改造支出，应在发生时通过“在建工程”科目核算。（　　）（2020 年·1 分）

【答案】√

【经典例题 21·单选题】某企业的某项固定资产账面原价为 2000 万元，采用年限平均法计提折旧，预计使用寿命为 10 年，预计净残值为 0。在第 4 个折旧年度末企业对该项固定资产的某一主要部件进行更换，发生支出合计 1000 万元，符合准则规定的固定资产确认条件。被更换部件的账面原价为 800 万元，出售取得变价收入 1 万元。该企业的固定资产更新改造后的入账价值为（　　）万元。

A. 2200　　B. 1720　　C. 1200　　D. 2199

【解析】固定资产更新改造后的入账价值 = 该项固定资产更新改造前的账面价值 + 发生的资本化后续支出 - 该项固定资产被更换部件的账面价值 =（2000-2000÷10×4）+1000-（800-800÷10×4）=1720（万元）。

【答案】B

（二）费用化的后续支出

与固定资产有关的修理费用等后续支出，不符合固定资产确认条件的，应当根据不同情况分别在发生时计入当期管理费用、销售费用等。如涉及可抵扣的增值税，同时确认增值税的进项税额。

借：管理费用［行政管理部门固定资产修理费用］
　　销售费用［专设销售机构固定资产修理费用］
　　应交税费——应交增值税（进项税额）
　贷：原材料、应付职工薪酬、银行存款等

【经典例题 22·单选题】某企业为增值税一般纳税人，发生行政管理部门设备日常维修费 50000 元，专设销售机构管理用办公设备维修费 30000 元，增值税专用发票上注明的增值税税额为 10400 元。不考虑其他因素，下列各项中，该企业发生设备维修费的会计处理结果正确的是（　　）。（2021 年·2 分）

A. 管理费用增加 30000 元　　B. 管理费用增加 50000 元

C. 销售费用增加 50000 元　　D. 管理费用增加 90400 元

【解析】相关账务处理为：

借：管理费用　　50000
　　销售费用　　30000
　　应交税费——应交增值税（进项税额）　　10400
　贷：银行存款等　　90400

【答案】B

考点 06　处置固定资产

考频 | ★★★

固定资产处置，即固定资产的终止确认，具体包括固定资产的出售、报废、毁损、对外投资、非货币性资产交换、债务重组等。

企业处置固定资产应通过“固定资产清理”科目核算。

	借方	固定资产清理	贷方	
清理成本	转入清理的固定资产的账面价值 发生的清理费用等		出售固定资产取得的价款、残料价值和变价收入 保险赔偿等	清理收益
	清理净损失		清理净收益	← 清理结束时

处置固定资产通常包括以下环节：

<table>
<tr><th>环节</th><th colspan="2">账务处理</th></tr>
<tr><td>1. 固定资产转入清理</td><td colspan="2">借：固定资产清理
　　累计折旧
　　固定资产减值准备
　贷：固定资产</td></tr>
<tr><td>2. 发生的清理费用</td><td colspan="2">借：固定资产清理
　　应交税费——应交增值税（进项税额）
　贷：银行存款等</td></tr>
<tr><td>3. 收回出售固定资产的价款、残料价值和变价收入等</td><td colspan="2">借：银行存款
　贷：固定资产清理
　　　应交税费——应交增值税（销项税额）
借：原材料等
　贷：固定资产清理</td></tr>
<tr><td>4. 应收责任单位（或个人）赔偿</td><td colspan="2">借：其他应收款
　贷：固定资产清理</td></tr>
<tr><td rowspan="2">5. 清理净损益的处理</td><td>（1）因已丧失使用功能或因自然灾害发生毁损（解释）等原因而报废清理产生的利得或损失应计入营业外收支</td><td>生产经营期间报废清理产生的处理净损失：
借：营业外支出——非流动资产处置损失［正常原因丧失使用功能］
　　　　　　——非常损失［自然灾害等非正常原因］
　贷：固定资产清理
生产经营期间报废清理产生的处理净收益：
借：固定资产清理
　贷：营业外收入——非流动资产处置利得</td></tr>
<tr><td>（2）因出售、转让等原因产生的固定资产处置利得或损失应计入资产处置损益</td><td>借：固定资产清理
　贷：资产处置损益［利得］
借：资产处置损益［损失］
　贷：固定资产清理</td></tr>
</table>

解释

毁损：

①固定资产的毁损通过“固定资产清理”科目核算。

②存货的毁损通过“待处理财产损溢”科目核算。

【提示】资产负债表中“固定资产”项目期末余额=“固定资产”科目期末余额-“累计折旧”科目期末余额-“固定资产减值准备”科目期末余额±“固定资产清理”科目期末余额(借+贷-)。

历年命题视角
1.“固定资产清理”的账户结构
2.固定资产出售转让的账务处理
3.固定资产报废毁损的账务处理

【经典例题23·单选题】某企业报废一台设备,该设备原值为100万元,已计提折旧85万元,未发生资产减值损失。取得设备报废残值变价收入5万元,增值税税额为0.65万元,发生自行清理费用2万元。下列各项中,设备报废应确认的净损失(提示)为( )万元。(2022年·2分)

A. 15　　B. 11.35
C. 12　　D. 18

【解析】相关账务处理为:
将报废固定资产转入清理时:
借:固定资产清理　15
　　累计折旧　85
　贷:固定资产　100
支付清理费用时:
借:固定资产清理　2
　贷:银行存款　2
取得残值变价收入时:
借:银行存款　5.65
　贷:固定资产清理　5
　　　应交税费——应交增值税(销项税额)　0.65
结转报废固定资产发生的净损失时:
借:营业外支出　12
　贷:固定资产清理　12
【答案】C

提示
净损失:

固定资产清理

借方	贷方
(坏事)	(好事)
100-85=15	5
2	
12	

营业外支出

借方	贷方
12	

注:固定资产清理的借方余额从相反方向结转到营业外支出;增值税和企业的损益无关。

【经典例题24·多选题】下列各项中,应通过“固定资产清理”科目核算的有( )。(2022年·2分)

A. 盘盈办公设备
B. 处置交通事故毁损的运输车辆
C. 报废技术落后的生产设备
D. 盘亏办公设备

【解析】选项 A 通过“以前年度损益调整”科目核算；选项 D 通过“待处理财产损溢”科目核算。

【答案】BC

➤【经典例题 25 · 判断题】企业报废的固定资产清理完毕，应将“固定资产清理”科目的余额转入“资产处置损益”科目。（　　）（2020 年 · 1 分）

【解析】企业报废的固定资产清理完毕，应将“固定资产清理”科目的余额转入“营业外支出”或“营业外收入”科目。

【答案】×

➤【经典例题 26 · 单选题】某企业出售一台旧设备，原价为 23 万元，已计提折旧 5 万元。出售该设备开具的增值税专用发票上注明的价款为 20 万元，增值税税额为 2.6 万元，发生的清理费用为 1.5 万元，不考虑其他因素，该企业出售设备应确认的净收益为（　　）万元。

A. −2.9　　B. 0.5　　C. 20　　D. 2

【解析】该企业出售设备应确认的净收益 =20-（23−5）−1.5=0.5（万元）。

【答案】B

➤【经典例题 27 · 判断题】企业因经营业务调整出售固定资产而发生的处置净损失，应记入“营业外支出”科目。（　　）

【解析】企业出售固定资产的净损失，应记入“资产处置损益”科目。

【答案】×

考点 07　固定资产清查

考频 | ★★

企业应当定期或者至少于每年年末对固定资产进行清查盘点。在固定资产清查过程中，如果发现盘盈、盘亏的固定资产，应当填制固定资产盘盈盘亏报告表。清查固定资产的损溢，应当及时查明原因，并按照规定程序报批处理。

项目	批准前	批准后
固定资产盘盈（应当作为重要的前期差错进行账务处理）	借：固定资产［重置成本］ 　贷：以前年度损益调整 借：以前年度损益调整 　贷：应交税费——应交所得税	借：以前年度损益调整 　贷：盈余公积 　　利润分配——未分配利润
固定资产盘亏	借：待处理财产损溢 　累计折旧 　固定资产减值准备 　贷：固定资产 　　应交税费——应交增值税（进项税额转出）［自然灾害除外］	借：其他应收款［应收保险赔款或过失人赔偿］ 　营业外支出——盘亏损失 　贷：待处理财产损溢

掌握【易错易混点辨析】库存现金、存货和固定资产清查的对比。

项目	盘盈（现金称“溢余”）	盘亏（现金称“短缺”）
库存现金	借：库存现金 　贷：待处理财产损溢 借：待处理财产损溢 　贷：其他应付款 　　　营业外收入［不明原因］	借：待处理财产损溢 　贷：库存现金 借：其他应收款 　　管理费用［不明原因］ 　贷：待处理财产损溢
存货	借：原材料等 　贷：待处理财产损溢 借：待处理财产损溢 　贷：管理费用	借：待处理财产损溢 　贷：原材料等 　　　应交税费——应交增值税（进项税额转出）［管理不善］ 借：原材料等［收回的残料］ 　　其他应收款［应收赔款］ 　　管理费用［一般经营损失］ 　　营业外支出［非常损失］ 　贷：待处理财产损溢
固定资产	借：固定资产［重置成本］ 　贷：以前年度损益调整 借：以前年度损益调整 　贷：应交税费——应交所得税 借：以前年度损益调整 　贷：盈余公积 　　　利润分配——未分配利润	借：待处理财产损溢 　　累计折旧 　　固定资产减值准备 　贷：固定资产 　　　应交税费——应交增值税（进项税额转出）［自然灾害除外］ 借：其他应收款［应收赔款］ 　　营业外支出 　贷：待处理财产损溢

历年命题视角

1. 固定资产盘盈、盘亏的归属科目
2. “待处理财产损溢”科目和“固定资产清理”科目的核算内容

【经典例题28·多选题】下列各项中，企业在财产清查中盘亏固定资产的会计处理正确的有（　　）。（2022年·2分）

A. 盘亏固定资产的净损失计入营业外支出

B. 盘亏的固定资产应作为重要的前期差错

C. 盘亏固定资产的账面价值通过“待处理财产损溢”科目核算

D. 盘亏固定资产的账面价值通过“以前年度损益调整”科目核算

【解析】盘亏固定资产的账面价值通过“待处理财产损溢”科目核算，盘亏固定资产的净损失计入营业外支出；盘盈固定资产作为重要的前期差错，按照重置成本记入“以前年度损益调整”科目。

【答案】AC

➤【经典例题 29 · 单选题】下列各项中，企业通过“待处理财产损溢”科目核算的业务是（　　）。（2020 年 · 2 分）

A. 固定资产报废　　B. 固定资产减值

C. 固定资产盘盈　　D. 固定资产盘亏

【解析】选项 A 通过“固定资产清理”科目核算。选项 B 通过“资产减值损失”科目核算。选项 C 通过“以前年度损益调整”科目核算。

【答案】D

➤【经典例题 30 · 多选题】某公司年末固定资产清查时发现上年购入的一台设备未入账，其重置成本为 10000 元，该公司按净利润的 10% 提取法定盈余公积。不考虑所得税及其他因素，下列各项中，该设备盘盈的会计处理错误的有（　　）。（2020 年 · 2 分）

A. 借：以前年度损益调整　　10000
　　贷：盈余公积——法定盈余公积　　1000
　　　　利润分配——未分配利润　　9000

B. 借：待处理财产损溢　　10000
　　贷：营业外收入　　10000

C. 借：固定资产　　10000
　　贷：以前年度损益调整　　10000

D. 借：固定资产　　10000
　　贷：待处理财产损溢　　10000

【解析】固定资产盘盈的会计处理为：

借：固定资产　　10000
　贷：以前年度损益调整　　10000

借：以前年度损益调整　　10000
　贷：盈余公积——法定盈余公积　　［10000×10%］1000
　　　利润分配——未分配利润　　9000

【答案】BD

考点 08 // 固定资产减值　　考频 | ★

1. 固定资产减值金额的确定

固定资产在资产负债表日存在可能发生减值的迹象时，其可收回金额低于账面价值的，企业应当将该固定资产的账面价值减记至可收回金额，减记的金额确认为减值损失，计入当期损益，同时计提相应的固定资产减值准备。

2. 固定资产减值的账务处理

借：资产减值损失

　贷：固定资产减值准备

固定资产减值损失一经确认，在以后会计期间不得转回。

肖老师解读

提示

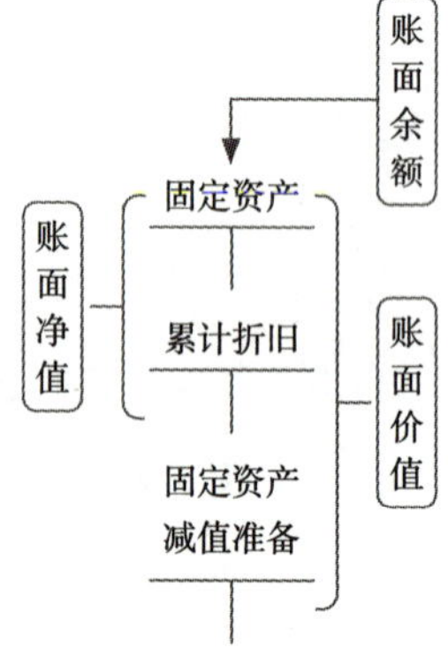

明确三个概念：提示

固定资产账面原值＝账面余额＝入账价值

固定资产账面净值＝固定资产账面原值－累计折旧

固定资产账面价值＝固定资产账面原值－累计折旧－固定资产减值准备

＝固定资产账面净值－固定资产减值准备

【经典例题31·多选题】下列各项中，企业对固定资产会计处理表述正确的有（　　）。（2021年·2分）

A. 固定资产减值损失一经确认，在以后会计期间不得转回

B. 达到预定可使用状态但尚未办理竣工决算的固定资产按估计价值计提折旧

C. 专设销售机构固定资产的日常维修费用应计入管理费用

D. 盘亏的固定资产当月应计提折旧

【解析】选项C错误，专设销售机构固定资产的日常维修费用应计入销售费用。

【答案】ABD

【经典例题32·多选题】下列各项中，会导致企业固定资产账面价值减少的事项有（　　）。（2019年·2分）

A. 计提固定资产折旧　　B. 提前报废固定资产

C. 盘亏固定资产　　D. 确认固定资产减值损失

【解析】固定资产账面价值＝账面原值－累计折旧－固定资产减值准备，选项A增加累计折旧，账面价值减少；选项BC账面原值减少，导致账面价值减少；选项D增加固定资产减值准备，账面价值减少。

【答案】ABCD

【经典例题33·单选题】2021年12月31日，丁公司的某生产线存在可能发生减值的迹象。经计算，该生产线的可收回金额为200万元，账面原价为400万元，已提折旧120万元，以前年度未对该生产线计提减值准备。该固定资产2021年12月31日应计提的减值准备金额为（　　）万元。

A. 80　　B. 200　　C. 0　　D. 120

【解析】该固定资产2021年12月31日应计提的减值准备金额=（400-120）-200=80（万元）。

【答案】A

第二单元　生产性生物资产

使用“会计云课堂”App
扫码听课、做题、答疑

考点01 // 生产性生物资产的确认与计量　考频 | ★

生产性生物资产，是指为产出农产品、提供劳务或出租等目的而持有的生物资产，包括经济林、薪炭林、产畜和役畜等。

（一）生产性生物资产的计量

（1）外购生产性生物资产的成本，包括购买价款、相关税费、运输费、保险费以及可直接归属于购买该资产的其他支出。

（2）自行营造或繁殖的生产性生物资产的成本，应当按照下列规定确定：

①自行营造的林木类生产性生物资产的成本，包括达到预定生产经营目的前发生的造林费、抚育费、营林设施费、良种试验费、调查设计费和应分摊的间接费用等必要支出。

②自行繁殖的产畜和役畜的成本，包括达到预定生产经营目的（成龄）前发生的饲料费、人工费和应分摊的间接费用等必要支出。达到预定生产经营目的，是指生产性生物资产进入正常生产期，可以多年连续稳定产出农产品、提供劳务或出租。

（3）因择伐、间伐或抚育更新性质采伐而补植林木类生物资产发生的后续支出，应当计入林木类生物资产的成本。

生物资产在郁闭或达到预定生产经营目的后发生的管护、饲养费用等后续支出，应当计入当期损益。

（二）主要会计科目的设置

为了反映和监督生产性生物资产的生产、耗费以及产出等情况，企业需要设置“生产性生物资产”“生产性生物资产累计折旧”等科目。

1.“生产性生物资产”科目

内容	核算企业（农、林、牧、渔业）持有的生产性生物资产的原价（成本）
性质	资产类科目
结构	借方登记外购、自行营造的林木、自行繁殖产畜和役畜等生产性生物资产原价（成本）的增加额 贷方登记出售、报废、毁损、对外投资等生产性生物资产原价（成本）的减少额 期末余额在借方，反映企业（农、林、牧、渔业）生产性生物资产的原价（成本）

设户	本科目按照“未成熟生产性生物资产”和“成熟生产性生物资产”，分别生物资产的种类、群别等进行明细核算

2.“生产性生物资产累计折旧”科目

内容	核算企业（农、林、牧、渔业）成熟生产性生物资产的累计折旧
性质	资产类科目
结构	贷方登记企业按月计提成熟生产性生物资产的折旧 借方登记处置生产性生物资产结转的生产性生物资产累计折旧 期末余额在贷方，反映企业成熟生产性生物资产的累计折旧额
设户	本科目按照生产性生物资产的种类、群别等进行明细核算

【经典例题 34 · 多选题】生产性生物资产包括（　　）。（2022 年 · 2 分）

A. 经济林　　　　B. 存栏待售的牲畜

C. 薪炭林　　　　D. 产畜

【解析】选项 B 属于消耗性生物资产。

【答案】ACD

【经典例题 35 · 判断题】某养殖企业自行繁殖的产畜达到预定生产经营目的前发生的饲料费、人工费等必需支出，应计入生产性生物资产成本。（　　）（2022 年 · 1 分）

【答案】√

考点 02 生产性生物资产的账务处理 考频 | ★

（一）生产性生物资产增加的账务处理

项目	账务处理
外购的生产性生物资产	借：生产性生物资产 　　应交税费——应交增值税（进项税额） 　贷：银行存款等
自行营造的林木类生产性生物资产，达到预定生产经营目的前发生的造林费、抚育费、营林设施费、良种试验费、调查设计费和应分摊的间接费用等必要支出	借：生产性生物资产——未成熟生产性生物资产 　贷：原材料、银行存款、应付利息等
自行繁殖的产畜和役畜，达到预定生产经营目的前发生的饲料费、人工费和应分摊的间接费用等必要支出	（同上）

项目	账务处理
未成熟生产性生物资产达到预定生产经营目的	借：生产性生物资产——成熟生产性生物资产 　贷：生产性生物资产——未成熟生产性生物资产
育肥畜转为产畜或役畜	借：生产性生物资产 　贷：消耗性生物资产 【提示】产畜或役畜淘汰转为育肥畜： 借：消耗性生物资产 　　生产性生物资产累计折旧 　贷：生产性生物资产
择伐、间伐或抚育更新等生产性采伐而补植林木类生产性生物资产发生的后续支出	借：生产性生物资产——未成熟生产性生物资产 　贷：银行存款等

【提示】生产性生物资产发生的管护、饲养费用等后续支出：

借：管理费用

　贷：银行存款等

（二）生产性生物资产折旧的账务处理

企业对达到预定生产经营目的的生产性生物资产，应当按期计提折旧，并根据用途分别计入相关资产的成本或当期损益。

企业应当根据生产性生物资产的性质、使用情况和有关经济利益的预期消耗方式，合理确定其使用寿命、预计净残值和折旧方法。

在生产性生物资产计提折旧时，应注意以下内容：

（1）可选用的折旧方法包括年限平均法、工作量法、产量法等。

（2）企业确定生产性生物资产的使用寿命，应当考虑的因素包括：预计的产出能力或实物产量；预计的有形损耗；预计的无形损耗。

（3）生产性生物资产的使用寿命、预计净残值和折旧方法一经确定，不得随意变更。

（4）企业至少应当于每年年度终了对生产性生物资产的使用寿命、预计净残值和折旧方法进行复核。使用寿命或预计净残值的预期数与原先估计数有差异的，或者有关经济利益预期消耗方式有重大改变的，应当作为会计估计变更，调整生产性生物资产的使用寿命或预计净残值或者改变折旧方法。

（三）生产性生物资产减值的账务处理

企业至少应当于每年年度终了对生产性生物资产进行检查，有确凿证据表明生产性生物资产的可收回金额低于其账面价值的，应当按照可收回金额低于账面价值的差额，计提生产性生物资产减值准备，并计入当期损益。生产性生物资产减值准备一经计提，不得转回。

（四）生产性生物资产成本结转

生产性生物资产收获的农产品成本，按照产出或采收过程中发生的材料费、人工费和应分摊的间接费用等必要支出计算确定，并采用加权平均法、个别计价法、蓄积量比例法、轮伐期年限法等方法，将其账面价值结转为农产品成本。

（五）生产性生物资产后续计量的公允价值账务处理

根据规定，生产性生物资产通常按照成本计量，但有确凿证据表明其公允价值能够持续可靠取得的除外。采用公允价值计量的生物资产，应当同时满足下列两个条件：

（1）生产性生物资产有活跃的交易市场。

（2）能够从交易市场上取得同类或类似生物资产的市场价格及其他相关信息，从而对生产性生物资产的公允价值作出合理估计。

【经典例题36·多选题】下列各项中，关于生产性生物资产会计处理表述正确的有（　　）。（2022年·2分）

A. 对达到预定生产经营目的的生产性生物资产，应当计提折旧

B. 自行繁殖的产畜达到预定生产经营目的前发生的饲料费应计入管理费用

C. 生产性生物资产至少应于每年末进行减值测试

D. 生产性生物资产减值准备一经计提，不得转回

【解析】选项B错误，应记入“生产性生物资产”科目。

【答案】ACD

【经典例题37·多选题】下列有关生产性生物资产的表述中，正确的有（　　）。（2022年改编·2分）

A. 自行繁殖的育肥畜应计入生产性生物资产

B. 有活跃的交易市场且公允价值能够持续可靠取得时，生产性生物资产可采用公允价值计量

C. 生产性生物资产在郁闭后发生的管护费应计入管理费用

D. 自行营造的经济林应计入生产性生物资产

【解析】选项A，自行繁殖的育肥畜应计入消耗性生物资产。

【答案】BCD

【经典例题38·判断题】育肥畜转为产畜时，应按转群时育肥畜的公允价值计入产畜的成本。（　　）（2022年改编·1分）

【解析】育肥畜转为产畜时，应当按照其账面余额计入产畜的成本，而非公允价值。

【答案】×

第三单元　无形资产和长期待摊费用

使用“会计云课堂”App
扫码听课、做题、答疑

考点 01 // 无形资产　考频 | ★★

（一）无形资产的概念和特征

1. 无形资产的概念

无形资产是指企业拥有或者控制的没有实物形态的可辨认非货币性资产。

无形资产的主要内容包括：①专利权；②非专利技术；③商标权；④著作权；⑤土地使用权；⑥特许权等。

2. 无形资产的特征

无形资产具有以下特征：

（1）由企业拥有或者控制并能为其带来未来经济利益。

（2）不具有实物形态。

（3）具有可辨认性。

【提示】企业自创商誉、内部产生的品牌、报刊名等，无法与企业整体资产分离而存在，不具有可辨认性，因此这类项目不应确认为无形资产。

（4）属于非货币性资产。

【经典例题 39·多选题】下列各项中，企业应作为无形资产核算的有（　　）。（2022 年 · 2 分）

A. 投资者投入的土地使用权

B. 自行开发并按法律程序申请取得的专利权

C. 企业自创但尚未注册登记的商标

D. 内部自创的商誉

【解析】选项 C 错误，尚未注册登记的商标，不满足无形资产的可辨认性标准，故不应确认为无形资产；选项 D 错误，企业自创的商誉无法与企业的整体资产分离而存在，不具有可辨认性，按现行会计准则规定不应确认为无形资产。

【答案】AB

（二）无形资产的确认

无形资产同时满足下列条件的，才能予以确认：

（1）与该无形资产有关的经济利益很可能流入企业；

（2）该无形资产的成本能够可靠地计量。

（三）无形资产的账务处理

1. 取得无形资产

无形资产应按取得成本进行初始计量。

（1）外购无形资产。其成本包括购买价款、相关税费以及直接归属于使该项资产达到预定用途所发生的其他支出。

下列各项不包括在无形资产的初始成本中：

①引入新产品进行宣传发生的广告费、管理费用及其他间接费用。

②无形资产达到预定用途以后发生的费用。

（2）企业自行研究开发无形资产。企业内部研究开发项目所发生的支出应区分研究阶段支出和开发阶段支出。

<table>
<tr><th colspan="2">节点</th><th>账务处理</th></tr>
<tr><td colspan="2">研究阶段</td><td rowspan="2">借：研发支出——费用化支出
应交税费——应交增值税（进项税额）
贷：银行存款、原材料、应付职工薪酬等
期末：
借：管理费用
贷：研发支出——费用化支出</td></tr>
<tr><td rowspan="2">开发阶段</td><td>不符合资本化条件</td></tr>
<tr><td>符合资本化条件</td><td>借：研发支出——资本化支出
应交税费——应交增值税（进项税额）
贷：银行存款、原材料、应付职工薪酬等</td></tr>
<tr><td colspan="2">达到预定用途（提示1）</td><td>借：无形资产
贷：研发支出——资本化支出</td></tr>
</table>

提示1

未达到预定用途前，“研发支出——资本化支出”科目余额列示在资产负债表中的“开发支出”项目。

如果无法可靠区分研究阶段和开发阶段的支出，应当将其所发生的研发支出全部费用化，计入当期损益（管理费用）。

历年命题视角

1. 取得无形资产入账价值的计算
2. 研发过程中影响当期损益金额的计算
3. 自行研究开发无形资产的账务处理

【经典例题40·单选题】某企业自行研究开发一项专利技术，截至2021年12月31日，共发生研发支出150万元，经测试，已完成研究阶段。2022年1月1日，研发活动进入开发阶段，该阶段共发生支出200万元，其中，120万元符合资本化条件。2022年9月30日研究项目达到预定用途，形成一项无形资产。不考虑其他因素，该专利技术的初始入账成本为（　　）万元。（2022年·2分）

A. 200　　B. 120　　C. 350　　D. 270

【解析】研究阶段发生的研究支出以及开发阶段不符合资本化条件的支出均计入研发支出——费用化支出，不计入无形资产成本，只有开发阶段符合资本化条件的支出计入无形资产成本，所以本题该专利技术的初始入账成本为120万元。

【答案】B

【经典例题 41 · 单选题】某企业研发一项非专利技术，在其研究阶段共发生支出 75 万元。其中：支付合作单位研究费 50 万元，分配职工薪酬 25 万元。该技术开发阶段共发生支出 105 万元，其中 85 万元开发支出符合资本化条件。不考虑其他因素，研发该项非专利技术计入当期损益的金额为（　　）万元。（2022 年 · 2 分）

A. 95　　B. 85　　C. 75　　D. 105

【解析】研究该项非专利技术计入当期损益的金额 =75+（105–85）=95（万元）。

【答案】A

【经典例题 42 · 多选题】下列各项支出中，应计入无形资产成本的有（　　）。（2022 年改编 · 2 分）

A. 在取得土地使用权过程中发生的符合资本化条件的支出

B. 支付已注册登记自创商标的宣传费

C. 从外单位购入专利权实际支付的价款

D. 专利权申请过程中发生的专利登记费

【解析】选项 B，应计入当期损益。

【答案】ACD

【经典例题 43 · 判断题】企业如果无法可靠区分研究阶段和开发阶段的支出，应将发生的研发支出全部资本化，计入无形资产成本。（　　）（2022 年 · 1 分）

【解析】企业如果无法可靠区分研究阶段的支出和开发阶段的支出，应将发生的研发支出全部费用化，计入当期损益，记入“管理费用”科目的借方。

【答案】×

【经典例题 44 · 单选题】某企业自行研究开发一项技术，共发生研发支出 450 万元，其中，研究阶段发生职工薪酬 100 万元，专用设备折旧费用 50 万元；开发阶段满足资本化条件支出 300 万元，取得增值税专用发票上注明的增值税税额为 39 万元；开发阶段结束，研究开发项目达到预定用途形成无形资产。不考虑其他因素，下列各项中，关于该企业研发支出会计处理表述正确的是（　　）。

A. 确认管理费用 150 万元，确认无形资产 300 万元

B. 确认管理费用 150 万元，确认无形资产 339 万元

C. 确认管理费用 100 万元，确认无形资产 350 万元

D. 确认管理费用 189 万元，确认无形资产 300 万元

【解析】研究阶段：

借：研发支出——费用化支出	150	
贷：应付职工薪酬		100
累计折旧		50

期末：

借：管理费用 150

贷：研发支出——费用化支出 150

开发阶段：

借：研发支出——资本化支出 300

应交税费——应交增值税（进项税额） 39

贷：银行存款等 339

最终达到预定用途形成无形资产：

借：无形资产 300

贷：研发支出——资本化支出 300

【答案】A

2. 无形资产摊销

（1）无形资产的摊销范围。

企业应当于取得无形资产时分析判断其使用寿命。使用寿命不确定的无形资产不应摊销。使用寿命有限的无形资产应进行摊销。

（2）无形资产的应摊销金额、摊销期、预计残值、摊销方法及账务处理。

事项	使用寿命有限的无形资产
应摊销金额	应摊销金额＝成本－预计残值－无形资产减值准备
摊销期 解释	自可供使用（即其达到预定用途）当月起开始摊销，处置当月不再摊销
预计残值	通常视为零 提示2
摊销方法	年限平均法（直线法）、生产总量法等 企业选择的无形资产的摊销方法，应当反映与该项无形资产有关的经济利益的预期消耗方式。无法可靠确定预期消耗方式的，应当采用直线法摊销
账务处理	借：生产成本、制造费用、在建工程等［某项无形资产包含的经济利益通过转入所生产的产品或其他资产实现的］ 管理费用［管理用无形资产］ 其他业务成本［出租的无形资产］ 贷：累计摊销

解释

摊销期：

企业固定资产是当月增加下月起计提折旧，处置当月仍计提折旧。

提示2

下列情况除外：

①第三方承诺在使用寿命结束时购买。

②可根据活跃市场（使用寿命结束时很可能存在）得到预计残值信息。

历年命题视角

1. 无形资产摊销的范围、时间、方法
2. 无形资产摊销的归属科目
3. 无形资产摊销额、账面价值的计算

【经典例题 45 · 单选题】下列关于无形资产会计处理的表述中，正确的是（　　）。（2022 年 · 2 分）

A. 当月增加的使用寿命有限的无形资产从下月开始摊销

B. 无形资产摊销方法应当反映其经济利益的预期消耗方式

C. 使用寿命不确定的无形资产应采用年限平均法摊销

D. 无法可靠确定有关的经济利益的预期消耗方式的无形资产不应摊销

【解析】选项 A，无形资产从增加当月开始摊销；选项 C，使用寿命不确定的无形资产不应摊销；选项 D，无法可靠确定有关的经济利益的预期消耗方式的无形资产采用直线法摊销。

【答案】B

【经典例题 46 · 多选题】下列各项中，制造业企业计提无形资产摊销的会计处理正确的有（　　）。（2022 年 · 2 分）

A. 专门用于生产产品的无形资产的摊销额计入产品成本

B. 行政管理部门使用的无形资产，其摊销额计入管理费用

C. 出租的无形资产其摊销额计入营业外支出

D. 财务部门使用的无形资产，其摊销额计入财务费用

【解析】选项 C 计入其他业务成本；选项 D 计入管理费用。

【答案】AB

【经典例题 47 · 单选题】甲公司为增值税一般纳税人，2022 年 1 月 5 日以 2700 万元购入一项专利权，另支付注册登记费 120 万元。为推广由该专利权生产的产品，甲公司发生广告宣传费 60 万元。该专利权预计使用 5 年，预计残值为零，采用直线法摊销。假设不考虑其他因素，2022 年 12 月 31 日该专利权的账面价值为（　　）万元。

A. 2160　　B. 2256　　C. 2304　　D. 2700

【解析】为推广由该专利权生产的产品，甲公司发生的广告宣传费应计入当期损益。2022 年 12 月 31 日该专利权的账面价值 =2700+120-（2700+120）÷5=2256（万元）。

【答案】B

【经典例题 48 · 多选题】某公司为增值税一般纳税人，2022 年 1 月 1 日购入一项无形资产，取得的增值税专用发票注明价款为 880 万元，增值税税额为 52.8 万元，该无形资产使用年限为 5 年，采用年限平均法进行摊销，预计残值为零。下列关于该项无形资产的会计处理中，正确的有（　　）。

A. 2022 年 1 月 1 日取得该项无形资产的成本为 880 万元

B. 2022 年 12 月 31 日该项无形资产的累计摊销额为 176 万元

C. 该项无形资产自 2022 年 2 月起开始摊销

D. 该无形资产的应计摊销总额为 932.8 万元

【解析】无形资产按照取得时的成本进行初始计量，选项 A 正确。对于使用

寿命有限的无形资产应当自可供使用当月起开始摊销，所以2022年的摊销额=880÷5=176（万元），选项B正确，选项C错误。该无形资产的应计摊销总额为无形资产的成本880万元，选项D错误。

【答案】AB

3. 出售和报废无形资产

项目	具体内容
出售无形资产	企业应当将取得的价款与该无形资产账面价值及出售的相关税费的差额作为资产处置损益进行会计处理，分录如下： 借：银行存款等 　　无形资产减值准备 　　累计摊销 　贷：无形资产 　　　应交税费——应交增值税（销项税额） 　　　资产处置损益［差额，或借方］
报废无形资产	无形资产预期不能为企业带来未来经济利益的，应将其报废并予以转销，其账面价值转入当期损益，分录如下： 借：营业外支出 　　累计摊销 　　无形资产减值准备 　贷：无形资产

历年命题视角　出售或报废无形资产对净损益影响金额的计算。

【经典例题49·单选题】甲公司为增值税一般纳税人，现将一项专利权转让给乙公司，开具的增值税专用发票上注明的价款为40万元，增值税税额为2.4万元。该专利权成本为30万元，已累计摊销15万元。不考虑其他因素，转让该项专利权应确认的处置净损益为（　　）万元。（2020年·2分）

A. 25　　B. 27.4　　C. 10　　D. 12.4

【解析】转让该项专利权的账务处理为：

借：银行存款等　42.4
　　累计摊销　15
　贷：无形资产　30
　　　应交税费——应交增值税（销项税额）　2.4
　　　资产处置损益　25

【答案】A

4. 无形资产的减值

项目	具体内容
无形资产减值金额的确定	无形资产在资产负债表日存在可能发生减值的迹象，且其可收回金额低于账面价值的，企业应当将该无形资产的账面价值减记至可收回金额，减记的金额确认为减值损失，计入当期损益，同时计提相应的减值准备
无形资产减值的账务处理	借：资产减值损失 　贷：无形资产减值准备 无形资产减值损失一经确认，以后会计期间不得转回

掌握 **【易错易混点辨析】**初级中有关资产减值相关内容对比。

项目	比较基础	是否允许转回	账务处理	
			计提	转回
应收款项	预期信用损失	√	借：信用减值损失 　贷：坏账准备	借：坏账准备 　贷：信用减值损失
存货	成本与可变现净值	√	借：资产减值损失 　贷：存货跌价准备	借：存货跌价准备 　贷：资产减值损失
消耗性生物资产	成本与可变现净值	√	借：资产减值损失 　贷：消耗性生物资产减值准备	借：消耗性生物资产减值准备 　贷：资产减值损失
固定资产	账面价值与可收回金额	×	借：资产减值损失 　贷：固定资产减值准备	—
无形资产	账面价值与可收回金额	×	借：资产减值损失 　贷：无形资产减值准备	—
长期股权投资	账面价值与可收回金额	×	借：资产减值损失 　贷：长期股权投资减值准备	—
投资性房地产（成本模式）	账面价值与可收回金额	×	借：资产减值损失 　贷：投资性房地产减值准备	—
生产性生物资产	账面价值与可收回金额	×	借：资产减值损失 　贷：生产性生物资产减值准备	—

历年命题视角　1. 资产减值损失的核算内容以及以后会计期间能否转回
2. 无形资产计提减值准备对账面价值和后续摊销的影响

【经典例题 50 · 单选题】 2020 年 1 月，某企业以银行存款 400 万元购入一项非专利技术。合同规定的受益年限为 5 年，采用年限平均法摊销，预计残值为 0。2021 年 12 月 31 日，经测试，该项无形资产的可收回金额为 210 万元。不考虑其他因素，2021 年末该项无形资产应计提的减值准备为（　　）万元。（2022 年 · 2 分）

A. 190　　B. 30　　C. 38　　D. 110

【解析】 2021 年末该项无形资产应计提的减值准备 =（400−400÷5×2）−210=30（万元）。

【答案】 B

【经典例题 51 · 单选题】 2021 年 1 月初，企业购入一项专利权用于行政管理部门使用，购买价款为 100 万元，摊销年限为 10 年，采用年限平均法进行摊销。2021 年年末其可收回金额为 72 万元，则该企业 2021 年营业利润减少（　　）万元。（2022 年 · 2 分）

A. 10　　B. 18　　C. 28　　D. 38

【解析】 2021 年应计提的摊销额 =100÷10=10（万元），该专利权用于行政管理部门，所以分录如下：

借：管理费用　　10
　贷：累计摊销　　10

2021 年年末计提减值准备前的账面价值 =100−10=90（万元），大于可收回金额 72 万元，计提减值准备的金额 =90−72=18（万元），分录如下：

借：资产减值损失　　18
　贷：无形资产减值准备　　18

该企业 2021 年营业利润减少金额 = 10+18=28（万元）。

【答案】 C

【经典例题 52 · 多选题】 下列各项中，会引起无形资产账面价值发生增减变动的有（　　）。（2022 年 · 2 分）

A. 对无形资产计提减值准备

B. 企业内部研究开发项目研究阶段发生的支出

C. 摊销无形资产成本

D. 出售无形资产

【解析】 选项 B，研究阶段的支出计入管理费用，不影响无形资产的账面价值。

【答案】 ACD

【经典例题 53 · 多选题】下列各项中，企业计提的资产减值准备在以后会计期间不得转回的有（　　）。（2022 年改编 · 2 分）

A. 固定资产减值准备　　B. 无形资产减值准备

C. 坏账准备　　D. 存货跌价准备

【解析】应收款项计提的坏账准备、存货计提的存货跌价准备在以后会计期间可以转回。

【答案】AB

【经典例题 54 · 单选题】下列各项中，应记入“资产减值损失”科目的是（　　）。

A. 管理不善导致的原材料盘亏净损失

B. 固定资产、无形资产的减值损失

C. 应收账款减值损失

D. 无形资产出售净损失

【解析】选项 A，管理不善导致的原材料盘亏净损失计入管理费用。选项 C，应收账款的减值损失计入信用减值损失。选项 D，无形资产出售净损失计入资产处置损益。

【答案】B

考点 02　长期待摊费用　　考频 | ★

长期待摊费用是企业已经发生但应由本期和以后各期负担的分摊期限在一年以上的各项费用，如以租赁方式租入的使用权资产发生的改良支出等。企业应设置“长期待摊费用”科目，核算长期待摊费用的发生、摊销情况。

发生长期待摊费用时：

借：长期待摊费用

　　应交税费——应交增值税（进项税额）

　贷：银行存款

　　　原材料

　　　应付职工薪酬等

摊销长期待摊费用时，借记“管理费用”“销售费用”等科目。

如果“长期待摊费用”项目不能使以后会计期间受益，应当将尚未摊销的该项目的摊余价值全部转入当期损益。

历年命题视角　1. 长期待摊费用核算的内容

2.“长期待摊费用”科目的记账方向

【经典例题 55 · 单选题】企业对租入的租期为 10 年的办公楼进行大规模装修改造，下列各项中，分配的装修工人工资应记入的会计科目是（　　）。（2022 年 · 2 分）

A. 管理费用　　B. 在建工程　　C. 营业外支出　　D. 长期待摊费用

【解析】选项D正确，长期待摊费用是指企业已经发生但应由本期和以后各期负担的分摊期限在一年以上的各项费用，如以租赁方式租入的使用权资产发生的改良支出等。

【答案】D

【经典例题56·多选题】下列各项中，关于长期待摊费用的会计处理表述正确的有（　　）。（2022年·2分）

A.“长期待摊费用”科目期末贷方余额反映企业尚未摊销完毕的长期待摊费用

B. 以租赁方式租入的使用权资产发生分摊期限为2年的改良支出，应借记“长期待摊费用”科目

C. 计提摊销应贷记“长期待摊费用”科目

D.“长期待摊费用”科目按待摊费用项目进行明细核算

【解析】选项A错误，“长期待摊费用”科目期末借方余额反映企业尚未摊销完毕的长期待摊费用。

【答案】BCD

【经典例题57·判断题】企业对以租赁方式新租入的使用权资产的改良支出，应计入使用权资产的实际成本。（　　）（2022年·1分）

【解析】应计入长期待摊费用。

【答案】×

使用“会计云课堂”App扫码听课、做题、答疑

第四单元　投资性房地产

考点01　投资性房地产的管理　考频｜★

（一）投资性房地产的概念

投资性房地产是指为赚取租金或资本增值，或两者兼有而持有的房地产，包括已出租的土地使用权、持有并准备增值后转让的土地使用权、已出租的建筑物。企业持有投资性房地产主要以赚取租金和资本增值为目的。

项目	具体内容
属于投资性房地产的项目	（1）已出租的土地使用权 （2）持有并准备增值后转让的土地使用权 （3）已出租的建筑物 （4）企业将建筑物出租，按租赁协议向承租人提供的相关辅助服务在整个协议中不重大的，如企业将办公楼出租并向承租人提供保安、维修等辅助服务，应当将该建筑物确认为投资性房地产

<table>
<tr><th>项目</th><th colspan="3">具体内容</th></tr>
<tr><td>不属于投资性房地产的项目</td><td colspan="3">（1）以经营租赁方式租入土地使用权再转租给其他单位的
（2）以经营租赁方式租入建筑物再转租的
（3）按照国家有关规定认定的闲置土地
（4）企业自用房地产，即为生产商品、提供劳务或者经营管理而持有的房地产。如企业拥有并自行经营的旅馆饭店
（5）作为存货的房地产</td></tr>
<tr><td rowspan="3">某项房地产部分用于赚取租金或资本增值，部分用于生产商品、提供劳务或经营管理</td><td rowspan="2">能够单独计量和出售的</td><td>赚取租金或资本增值部分</td><td>确认为投资性房地产</td></tr>
<tr><td>用于生产商品、提供劳务或经营管理部分</td><td>确认为固定资产等</td></tr>
<tr><td>不能够单独计量和出售的</td><td colspan="2">全部确认为固定资产等，不能确认为投资性房地产</td></tr>
</table>

肖老师解读

用途	确认
自用	固定资产 / 无形资产
作为存货出售	存货
赚取租金 / 资本增值	投资性房地产

（二）投资性房地产的管理要求

投资性房地产是企业的一种经营性活动，主要是以出租赚取租金、持有并准备增值后转让来获取资本增值为经营方式。出租建筑物和土地使用权是一种商业行为，其实质是在一定时期内让渡资产使用权。

投资性房地产租金的多少和资本增值的大小，与众多因素影响紧密相关，而且投资性房地产投资金额巨大、周期长，管理困难，实际业务中存在较大风险，所以要加强其核算与监督。

【经典例题 58 · 单选题】下列各项中，属于企业投资性房地产的是（　　）。（2022 年 · 2 分）

A. 用于出售的楼盘　　B. 用于自建厂房的土地使用权

C. 拥有并自行经营的旅馆　　D. 已出租的办公楼

【解析】选项 A，属于存货；选项 B，属于无形资产；选项 C，属于固定资产。

【答案】D

【经典例题59 · 多选题】 甲公司为制造业企业，与乙公司签订为期10年的租赁合同，将自有的一栋写字楼租赁给乙公司，每年年末收取租金，每月按年限平均法计提折旧。不考虑其他因素，下列各项中，关于甲公司的会计处理表述正确的有（ ）。（2022年 · 2分）

A. 租金收入确认为主营业务收入

B. 租金收入确认为其他业务收入

C. 出租的写字楼应确认为投资性房地产

D. 每月计提的折旧额确认为其他业务成本

【解析】 投资性房地产是指为赚取租金或资本增值，或两者兼有而持有的房地产，包括已出租的土地使用权、持有并准备增值后转让的土地使用权、已出租的建筑物，选项C正确；甲公司为制造业企业，出租不是主营业务，所以租金收入应该计入其他业务收入，选项A错误、选项B正确；每月计提的折旧额确认为其他业务成本，选项D正确。

【答案】 BCD

【经典例题60 · 判断题】"投资性房地产"科目的核算内容包括企业自用的房地产和作为存货的房地产。（ ）（2022年 · 1分）

【解析】 企业自用房地产和作为存货的房地产不属于投资性房地产。

【答案】 ×

【经典例题61 · 判断题】 企业以经营租赁方式租入后再转租给其他单位的土地使用权，不能确认为投资性房地产。（ ）（2022年改编 · 1分）

【答案】 √

考点02 // 投资性房地产的确认与计量

考频 | ★★

（一）投资性房地产的确认

提示1

土地使用权、建筑物进入出租状态、开始赚取租金的日期。

解释

用于经营出租且持有意图短期内不再发生变化，即使尚未签订租赁协议，也应视为投资性房地产。

项目	具体内容
确认条件	符合其定义的前提下，同时满足下列条件的，才能予以确认： （1）与该投资性房地产有关的经济利益很可能流入企业 （2）该投资性房地产的成本能够可靠地计量
确认时点	（1）已出租的土地使用权或建筑物→租赁期开始日 提示1 （2）持有以备经营出租的空置建筑物 解释 →董事会或类似机构作出书面决议的日期 （3）持有并准备增值后转让的土地使用权→自用土地使用权停止自用、准备增值后转让的日期

（二）投资性房地产的计量

投资性房地产的计量分为成本模式和公允价值模式两种。

模式 提示2	内容
成本模式	成本模式是指投资性房地产的初始计量和后续计量均采用实际成本进行核算，外购、自行建造等按照初始购置或自行建造的实际成本计量，后续发生符合资本化条件的支出计入账面成本，后续计量按照固定资产或无形资产的相关规定按期计提折旧或摊销，资产负债表日发生减值的计提减值准备
公允价值模式	公允价值模式是指投资性房地产初始计量采用实际成本核算，后续计量按照投资性房地产的公允价值进行计量 按准则规定，有确凿证据表明投资性房地产的公允价值能够持续可靠取得的，企业才可以对投资性房地产采用公允价值模式进行后续计量

提示2

项目	成本模式	公允价值模式
折旧	√	×
摊销	√	×
减值	√	×
公允价值变动	×	√ “公允价值变动损益”科目

肖老师解读

（1）企业是否可以对一部分投资性房地产采用成本模式计量，一部分投资性房地产采用公允价值模式计量？

不可以。同一企业只能采用一种模式对所有投资性房地产进行后续计量，不得同时采用两种计量模式，如企业选择采用公允价值模式，就应当对其所有投资性房地产均采用公允价值模式进行后续计量。

（2）企业可以随意选择公允价值的计量模式吗？

不可以。企业通常应当采用成本模式对投资性房地产进行后续计量，对采用公允价值模式的条件作了限制性规定。只有存在确凿证据表明投资性房地产的公允价值能够持续可靠取得的情况下，企业才可以采用公允价值模式进行后续计量。

（3）两种计量模式可以随意转换吗？

不可以。企业可以从成本模式变更为公允价值模式，已采用公允价值模式不得转为成本模式。

【经典例题62·判断题】已采用公允价值模式计量的投资性房地产，不得从公允价值模式转为成本模式。（　　）（2022年·1分）

【答案】√

（三）投资性房地产的会计科目设置

为了反映和监督投资性房地产的取得、计提折旧或摊销、公允价值变动和处置等情况，企业应按照成本模式和公允价值模式分别设置“投资性房地产”等会计科目。

1. 成本模式会计科目

情形	会计科目	核算内容
初始核算	投资性房地产	核算其实际成本及其增减变化，按具体项目（如厂房、已出租土地使用权等）设置明细科目
后续核算	投资性房地产累计折旧 / 投资性房地产累计摊销	分别核算计提折旧或计提摊销
	投资性房地产减值准备	核算计提的减值准备
处置核算	其他业务收入	核算投资性房地产的处置收益
	其他业务成本	核算投资性房地产的处置成本

2. 公允价值模式会计科目

情形	会计科目	核算内容
初始核算	投资性房地产——成本	核算其实际成本及其增减变化
后续核算	投资性房地产——公允价值变动	核算投资性房地产的公允价值增减变动
	公允价值变动损益	
	其他综合收益	核算非投资性房地产转换为投资性房地产转换日的公允价值大于账面价值的差额
处置核算	其他业务收入	核算处置投资性房地产确认的收益
	其他业务成本	核算处置投资性房地产结转的成本

【经典例题63·单选题】下列关于投资性房地产会计处理的表述中，正确的是（　　）。（2022年·2分）

A. 已采用成本模式计量的，资产负债表日公允价值变动应确认公允价值变动损益

B. 成本模式核算下，已确认的减值损失以后会计期间不得转回

C. 同一企业可以同时采用成本模式和公允价值模式进行后续计量

D. 采用公允价值模式计量的，应计提减值准备

【解析】选项A错误，采用公允价值模式计量的，资产负债表日公允价值变动确认公允价值变动损益。选项C错误，同一企业只能采用一种模式对所有投资性房地产进行后续计量，不得同时采用两种计量模式。选项D错误，采用公允价值模式计量的，不应计提减值准备。

【答案】B

【经典例题64·多选题】下列各项中，关于投资性房地产会计处理表述正确的有（　　）。（2022年·2分）

A. 采用公允价值模式计量的投资性房地产，可转换为成本模式计量

B. 采用公允价值模式计量的投资性房地产，应计提折旧或摊销

C. 采用成本模式计量的投资性房地产，在满足规定条件的情况下，可转换为公允价值模式计量

D. 采用公允价值模式计量的投资性房地产，其公允价值变动应计入公允价值变动损益

【解析】选项 A 错误，企业可以从成本模式变更为公允价值模式，已采用公允价值模式不得转为成本模式；选项 B 错误，公允价值模式计量的投资性房地产，不应计提折旧或摊销。

【答案】CD

考点 03 // 投资性房地产的账务处理　考频丨★★★

（一）取得投资性房地产的账务处理

在成本模式下或公允价值模式下，企业取得投资性房地产均应按照取得时的实际成本核算。

项目	成本模式	公允价值模式
外购 提示1	借：投资性房地产［价款＋相关税费＋其他支出］ 　贷：银行存款等	借：投资性房地产——成本 　贷：银行存款等
自行建造 提示2	借：投资性房地产 　贷：银行存款等	借：投资性房地产——成本 　贷：银行存款等
自用房地产或存货转换为投资性房地产（以固定资产为例）	借：投资性房地产 　累计折旧 　固定资产减值准备 　贷：固定资产 　　投资性房地产累计折旧 　　投资性房地产减值准备	（1）转换日的公允价值＜原账面价值 借：投资性房地产——成本 　累计折旧 　固定资产减值准备 　公允价值变动损益［借方差］ 　贷：固定资产 （2）转换日的公允价值＞原账面价值 借：投资性房地产——成本 　累计折旧 　固定资产减值准备 　贷：固定资产 　　其他综合收益［贷方差］

提示1

企业购入的房地产，部分用于出租（或资本增值）、部分自用，用于出租（或资本增值）的部分应当予以单独确认的，应按照不同部分的公允价值占公允价值总额的比例将成本在不同部分之间进行分配。

提示2

建造过程中发生的非正常损失直接计入当期损益，不计入建造成本。

对公允价值变动损益的不同处理，一方面体现谨慎性原则，即不应多计收入、少计费用，使得反映的净利润偏低；另一方面体现可靠性原则，即有确凿证据表明公允价值增值应如实反映，转换日的公允价值大于原账面价值的差额属于未实现损

益，将其作为其他综合收益计入利润表但不增加净利润，这就既符合谨慎性要求，又满足了会计核算的有用性要求。

➤ **【经典例题65 · 单选题】** 某企业将自用的房地产转换为采用公允价值模式计量的投资性房地产，下列各项中，转换日公允价值小于原账面价值的差额应计入的会计科目是（　　）。（2022年 · 2分）

A. 公允价值变动损益　　B. 资产处置损益

C. 其他收益　　D. 其他综合收益

【解析】 选项A正确，自用房地产或存货转换为采用公允价值模式计量的投资性房地产，该项投资性房地产应当按照转换日的公允价值计量。转换日的公允价值小于原账面价值的，其差额计入当期损益（公允价值变动损益）。

【答案】 A

➤ **【经典例题66 · 判断题】** 自用房地产转换为采用公允价值模式计量的投资性房地产，转换日公允价值大于账面价值的差额计入其他综合收益。（　　）（2022年 · 1分）

【答案】 √

（二）投资性房地产后续核算的账务处理

采用成本模式	采用公允价值模式
在成本模式下，应当按照投资性房地产的实际成本进行计量，在持有期间计提折旧或摊销以及减值的，比照固定资产或无形资产的相关规定处理 借：其他业务成本 　贷：投资性房地产累计折旧 / 摊销 借：其他应收款等 　贷：其他业务收入	采用公允价值模式进行后续核算，投资性房地产本着"三不一可"原则，即不折旧、不摊销、不减值，可反映公允价值变动 借：投资性房地产——公允价值变动 　贷：公允价值变动损益——投资性房地产 （或相反会计分录） 借：其他应收款等 　贷：其他业务收入

➤ **【经典例题67 · 单选题】** 下列关于以公允价值模式进行后续计量的投资性房地产的表述中，正确的是（　　）。（2022年改编 · 2分）

A. 设置"投资性房地产累计折旧"科目

B. 可以由公允价值模式转为成本模式计量

C. 采用公允价值模式计量的投资性房地产仍应计提摊销

D. 公允价值模式下，期末投资性房地产的公允价值不管是低于还是高于其账面价值，其差额均计入公允价值变动损益

【解析】 选项AC错误，公允价值模式计量的投资性房地产不计提折旧或摊销；选项B错误，企业对持有的投资性房地产可以从成本模式变更为公允价值模式，但是，已采用公允价值模式不得转为成本模式。

【答案】 D

（三）投资性房地产处置的账务处理

企业出售、转让、报废投资性房地产或者发生投资性房地产毁损，应当将处置收入扣除其账面价值和相关税费后的金额计入当期损益。

成本模式计量	公允价值模式计量
借：银行存款等 　贷：其他业务收入 借：其他业务成本 　　投资性房地产累计折旧 / 摊销 　贷：投资性房地产	借：银行存款等 　贷：其他业务收入 借：其他业务成本 　　投资性房地产——公允价值变动［或贷方］ 　贷：投资性房地产——成本 借：其他业务成本 　贷：公允价值变动损益 （或相反会计分录） 借：其他综合收益 　贷：其他业务成本

【经典例题 68 · 单选题】下列各项中，某制造业企业确认出售投资性房地产收入应记入的会计科目是（　　）。（2022 年 · 2 分）

A. 其他业务收入　　B. 营业外收入

C. 主营业务收入　　D. 资产处置损益

【解析】相关账务处理为：

借：银行存款等

　贷：其他业务收入

【答案】A

【经典例题 69 · 单选题】某企业处置一项投资性房地产，收取价款 4000 万元，该投资性房地产原价为 8000 万元，已计提折旧 5000 万元。不考虑其他因素，下列关于企业处置投资性房地产的会计处理结果表述正确的是（　　）。（2022 年 · 2 分）

A. 影响营业外支出 3000 万元　　B. 影响投资收益 1000 万元

C. 影响资产处置收益 1000 万元　　D. 增加营业收入 4000 万元

【解析】本题分录如下：

借：银行存款　4000

　贷：其他业务收入　4000

借：其他业务成本　3000

　　投资性房地产累计折旧　5000

　贷：投资性房地产　8000

【答案】D

【经典例题 70 · 单选题】2022 年 3 月 1 日，甲公司外购一栋写字楼直接租赁给乙公司使用，租赁期为 6 年，每年租金为 180 万元。甲公司对投资性房地产采用公允价值模式进行后续计量，该写字楼的买价为3000万元；2022年12月31日，该写字楼的公允价值为3200万元。假设不考虑相关税费，则该项投资性房地产对甲公司2022年度利润总额的影响金额是（　　）万元。

A. 180　　B. 200　　C. 350　　D. 380

【解析】当年确认的其他业务收入 =180÷12×10=150（万元）。

期末时，公允价值变动损益 =3200-3000=200（万元）。

该项投资性房地产对甲公司2022年度利润总额的影响金额 =150+200=350（万元）。

【答案】C

使用“会计云课堂”App扫码听课、做题、答疑

第五单元　长期投资

提示

由于长期投资涉及到第六章所有者权益内容较多，为了方便同学们理解，本单元的视频课程放置在第六章后面。

考点01　长期投资概述　　考频 | ★

（一）长期投资的管理

长期投资，是指企业投资期限在1年以上的对外投资。

（二）长期投资的内容

企业的长期投资包括债权投资、其他债权投资、长期股权投资、其他权益工具投资等对外投资。

项目	具体内容
债权投资	是指以摊余成本计量的金融资产中的债权投资 如企业投资普通债券通常可能符合本金加利息的合同现金流量的以摊余成本计量的金融资产
其他债权投资	以公允价值计量且其变动计入其他综合收益的金融资产 企业管理该金融资产的模式既以收取合同现金流量为目标又以某个特定日期出售为目标
长期股权投资	根据投资方在股权投资后对被投资方能够施加影响的程度，区分为两种情况：分别是按照长期股权投资准则进行核算与按照金融工具准则进行核算 （1）属于前者的股权投资，是根据投资方在取得投资后能够对被投资方施加影响程度划分确定的，包括对联营企业、合营企业和子公司的投资 （2）除上述（1）之外的股权投资划分为按后者进行核算与管理

项目	具体内容
其他权益工具投资	核算企业指定为以公允价值计量且其变动计入其他综合收益的金融资产

考点 02　债权投资

考频 | ★

（一）长期债券投资（适用于小企业会计准则）

1. 长期债券投资核算应设置的会计科目

（1）“长期债券投资”科目。

本科目属于资产类科目，核算小企业准备长期（在 1 年以上）持有的债券投资。本科目应按照债券种类和被投资单位，设置明细科目进行核算，分别为“面值”“溢折价”“应计利息”等。

（2）“投资收益”科目。

本科目属于损益类科目，核算长期债券投资实际获得的利息收入。

（3）“应收利息”科目。

本科目属于资产类科目，核算分期付息、到期还本的长期债券投资按票面利率计算确定的应收未收的利息。

2. 基本账务处理

情形	账务处理
取得时	借：长期债券投资——面值 ——溢折价［或贷方］ 应收利息［已到期但尚未收到的利息］ 贷：银行存款
后续计量时 提示1 （分期确认利息收入）	借：应收利息 贷：长期债券投资——溢折价［摊销溢折价，或借方］ 投资收益［“倒挤”差额］ 实际收到利息（包括收到价款中包含的利息）： 借：银行存款 贷：应收利息
到期收回时	借：银行存款 贷：长期债券投资——面值 应收利息
债务人依法宣告破产、关闭、解散、被撤销等原因而无法收回时	借：营业外支出［账面余额 – 可收回的金额］ 贷：长期债券投资

提示 1

小企业会计准则规定小企业采用直线法。

【提示】债权投资的后续计量分为实际利率法和直线法两种。

项目	实际利率法	直线法
内容	是指计算金融资产的摊余成本以及将利息收入分摊至各会计期间的方法	是指债券投资的折价或者溢价在债券存续期间内进行平均摊销，并确认相关债券利息收入
优点	由于考虑了市场实际利率的波动影响，计量与确认的摊余成本和投资收益比较准确	会计处理简便易行
缺点	市场实际利息率计算及相应的账务处理较为复杂	债权投资后续计量与确认时不考虑市场实际利率的波动影响，使得摊余成本和投资收益的确认与计量不够准确

（二）债权投资（适用于企业会计准则）

1. 债权投资核算应设置的会计科目

（1）“债权投资”科目。

本科目属于资产类科目，核算企业以摊余成本计量的债权投资业务。分别设置“成本”“利息调整”“应计利息”等明细科目进行核算。

债权投资——成本	核算债券投资的面值
债权投资——利息调整	核算其面值与实际支付的购买价款和相关税费之间的差额，以及实际利率法下后续计量的折价或者溢价摊销额
债权投资——应计利息	核算一次还本付息债券投资按票面利率计算确定的应收未收的利息

（2）“应收利息”科目。

本科目属于资产类科目，核算债权投资为分期付息、一次还本债券投资的应按票面利率计算确定的应收未收的利息。

（3）“投资收益”科目。

本科目属于损益类科目，核算债权投资实际获得的债权投资的利息收入。

2. 基本账务处理

情形	账务处理
取得时	借：债权投资——成本 　　　　　　——利息调整［或贷方］ 　　应收利息 　贷：银行存款
后续计量时 提示2 （分期确认利息收入）	借：债权投资——应计利息［到期一次还本付息］ 　　应收利息［分次付息，一次还本］ 　贷：投资收益 　　　债权投资——利息调整［或借方］

提示2

按照企业会计准则的规定应当采用实际利率法。

情形	账务处理
到期收回时	（1）分次付息，到期还本： 借：银行存款 　贷：应收利息 借：银行存款 　贷：债权投资——成本 （2）到期一次还本付息： 借：银行存款 　贷：债权投资——成本 　　　　　　——应计利息

3. 理论总结

债权投资的确认与计量：企业取得符合债权投资定义的金融资产应当确认为债权投资。

节点	具体内容
取得时	（1）按照购买价款和相关税费作为成本进行计量 （2）实际支付价款中包含的已到付息期但尚未领取的债券利息，应当单独确认为应收利息，不计入债权投资的成本
持有期间	（1）持有期间的摊余成本应当以其初始确认金额扣除已偿还的本金、加上或减去采用实际利率法将该初始确认金额与到期日金额之间的差额进行摊销形成的累计摊销额、扣除计提的累计信用减值准备计算确定 （2）持有期间发生的应收利息（实际利率法下考虑溢、折价摊销等利息调整后）应当确认为投资收益 （3）持有期间预期发生信用减值损失的还应计提债权投资减值准备
处置时	处置价款扣除其账面余额、相关税费后的净额，应当计入投资收益

【经典例题 71 · 单选题】下列各项中，关于“债权投资”科目核算内容的表述正确的是（　　）。（2022 年 · 2 分）

A. 以公允价值计量且其变动计入其他综合收益的债券投资

B. 以公允价值计量且其变动计入当期损益的债券投资

C. 以摊余成本计量的债券投资

D. 以公允价值计量且其变动计入其他综合收益的权益投资

【解析】选项 C 正确，债权投资是指以摊余成本计量的金融资产中的债权投资。选项 A 属于其他债权投资，选项 B 属于交易性金融资产，选项 D 属于其他权益工具投资。

【答案】C

【经典例题 72 · 判断题】企业对分期付息、一次还本的债券投资计提的利息，应通过“债权投资——应计利息”科目核算。（　　）（2022 年 · 1 分）

【解析】企业对分期付息、一次还本的债券投资计提的利息，应通过“应收利息”科目核算。

【答案】×

【经典例题73 · 单选题】2022年1月1日甲公司从市场上购入乙公司当日发行的3年期、分期付息（于次年1月5日付息）、到期一次还本的债券，面值总额为2000万元，实际支付价款为1980万元，另发生相关税费2万元。甲公司将该债券划分为以实际利率法摊销的债权投资。则2022年1月1日该债权投资的入账价值为（　　）万元。

A. 2000　　B. 2002　　C. 1982　　D. 1880

【解析】甲公司取得该债权投资的入账价值=1980+2=1982（万元）。

相关账务处理：

借：债权投资——成本　　2000

　贷：银行存款　　［1980+2］1982

　　　债权投资——利息调整　　18

【答案】C

【经典例题74 · 多选题】下列关于债权投资的说法中，正确的有（　　）。

A. 债权投资应当按照取得时的购买价款和相关税费之和作为初始确认金额

B. 在取得时，如果实际支付的价款中包含已到付息期但尚未领取的债券利息，应一并计入债权投资成本

C. 采用实际利率法时，债权投资在持有期间应当按照摊余成本和实际利率计算确认利息收入，计入投资收益

D. 持有期间预期发生信用减值损失的应计提债权投资减值准备

【解析】选项B，实际支付价款中包含的已到付息期但尚未领取的债券利息，应当单独确认为应收利息，不计入债权投资的成本。

【答案】ACD

【经典例题75 · 多选题】甲公司为一家小企业（执行《小企业会计准则》）。2021年1月1日，从二级市场购入乙公司债券，支付价款合计510000元（含已到付息期但尚未收到的利息10000元），另支付交易费用10000元。该债券面值500000元，剩余期限为2年，票面年利率为4%，每半年付息一次，合同现金流量特征仅为本金和以未偿付本金金额为基础的利息的支付。甲公司准备持有至到期，分类为长期债券投资进行核算与管理，下列处理中，正确的有（　　）。

A. 交易费用10000元应记入“长期债券投资——溢折价”科目

B. 支付价款中已到付息期但尚未收到的利息10000元应记入“应收利息”科目

C. 每半年应收利息为10000元

D. 每半年溢折价的摊销额为2500元

【解析】选项A，交易费用10000元在“长期债券投资——溢折价”科目进

行核算，在以后确认投资收益时采用直线法摊销。

选项 B，实际支付价款中包含的已到付息期但尚未收到的债券利息，应当单独确认为应收利息。

选项 C，每半年应收利息 =500000×4%÷2=10000（元）。

选项 D，溢折价摊销额 =10000÷4（剩余期限 2 年，每半年付息一次，摊销次数为 4 次）=2500（元）。

【答案】ABCD

【经典例题 76 · 判断题】债权投资无须计提减值准备。（　）

【解析】债权投资预期发生信用减值损失，应计提债权投资减值准备。

【答案】×

考点 03　长期股权投资

考频 ★★★

按照企业会计准则的相关规定，长期股权投资的确认与计量的范围如下：

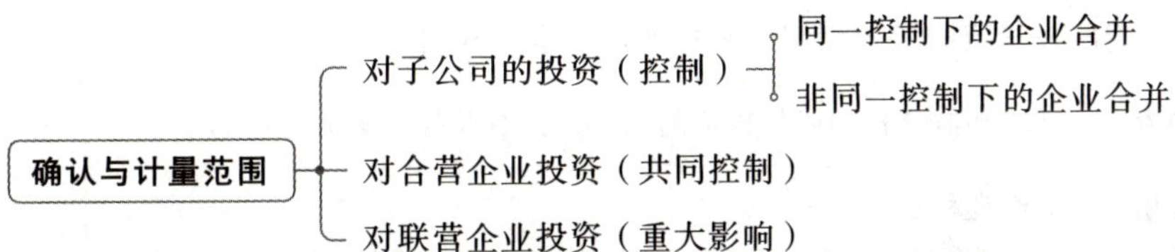

按照小企业会计准则规定，长期股权投资是指小企业准备长期持有的权益性投资。

（一）长期股权投资的账务处理

长期股权投资取得方式有 2 条主线，如图：

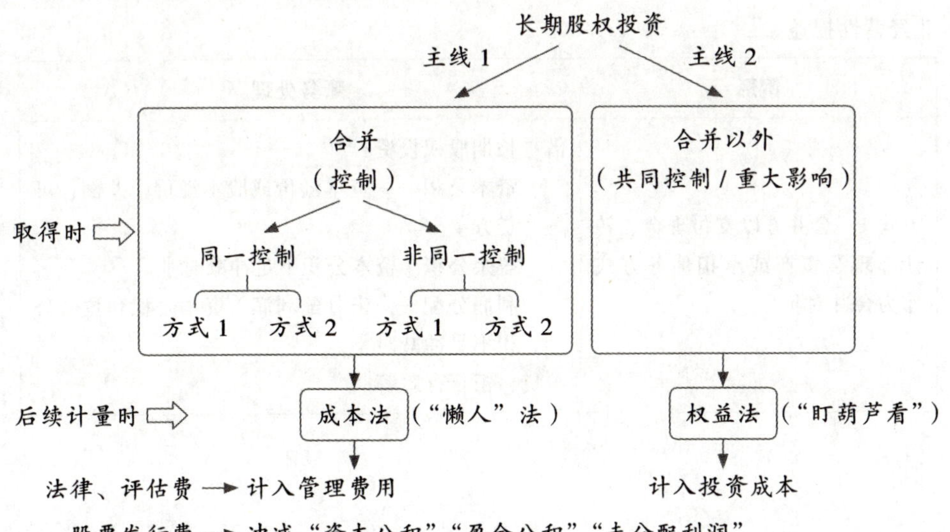

项目	主线 1		主线 2
从取得方式来看	合并取得		合并以外的方式取得
	同一控制	非同一控制	
从形成局面来看	控制		共同控制或重大影响
从后续计量来看	成本法（“懒人”法）		权益法（“盯葫芦看”）
从交易费用来看（法律、评估费等）	计入管理费用		计入投资成本
从股票发行费用来看	冲减“资本公积”“盈余公积”“未分配利润”		

1. 企业合并形成长期股权投资的账务处理（主线 1）

长期股权投资核算应设置“长期股权投资”科目。

内容	反映和监督长期股权投资的取得、持有及处置等业务活动
性质	资产类科目
结构	借方登记取得股权时的实际投资成本或享有被投资单位权益的增加额 贷方登记享有被投资单位权益的减少额或股权投资处置的成本 期末借方余额，反映企业持有的长期股权投资的价值

（1）取得时：

①同一控制下企业合并形成的长期股权投资。

同一控制下企业合并实质是集团内部重新调配资产与账面调拨，资产和所有者权益仅在集团内部不同企业间增减变动，不具有商业实质，不应产生经营性损益和非经营性损益。

情形	账务处理
方式 1：合并方以支付现金、转让非现金资产或承担债务方式作为合并对价	借：长期股权投资 提示 1 资本公积——资本溢价或股本溢价［差额，可贷方］解释 1 盈余公积［资本公积不足冲减时］ 利润分配——未分配利润［资本公积和盈余公积不足冲减时］ 贷：银行存款等

提示 1

按合并日被合并方所有者权益在最终控制方合并财务报表中的账面价值的份额确认。

解释 1

长期股权投资的入账价值可能高于支付的银行存款，差额在贷方，此时增加资本公积，无须冲减盈余公积和未分配利润。

情形	账务处理
方式2：合并方以发行权益性证券作为合并对价	借：长期股权投资 提示2 资本公积——股本溢价［差额，可贷方］解释2 盈余公积［资本公积不足冲减时］ 利润分配——未分配利润［资本公积和盈余公积不足冲减时］ 贷：股本

②非同一控制下企业合并形成的长期股权投资。

非同一控制下的企业合并实质是不同市场主体间的产权交易，如果购买方以转让非现金资产方式作为对价，实质是转让或处置了非现金资产，具有商业实质，产生经营性损益或非经营性损益。

情形	账务处理
方式1：购买方以支付现金、转让非现金资产（以无形资产为例）或承担债务方式等作为合并对价的	借：长期股权投资 提示3 累计摊销 无形资产减值准备 贷：银行存款／无形资产等 资产处置损益等［可借方］
方式2：购买方以发行权益性证券作为合并对价的	借：长期股权投资［发行的权益性证券的公允价值］ 贷：股本 资本公积——股本溢价［差额，可借方］

【提示】针对①和②，企业为企业合并发生的审计、法律服务、评估咨询等中介费用以及其他相关管理费用：

借：管理费用
　贷：银行存款等

另付发行股票佣金时（支付给证券机构的）：

借：资本公积——股本溢价
　　盈余公积［资本公积不足冲减时］
　　利润分配——未分配利润［资本公积和盈余公积不足冲减时］
　贷：银行存款

（2）后续计量时：

长期股权投资采用成本法核算的，应按被投资单位宣告发放的现金股利或利润中属于投资企业的部分：

借：应收股利
　贷：投资收益

提示2

按合并日被合并方所有者权益在最终控制方合并财务报表中的账面价值的份额确认。

解释2

长期股权投资的入账价值可能高于股本，差额在贷方，此时增加资本公积，无须冲减盈余公积和未分配利润。

提示3

按照现金、非现金资产的公允价值作为初始投资成本。

收到上述股利时：
借：银行存款
　贷：应收股利
（3）计提长期股权投资减值准备：
借：资产减值损失
　贷：长期股权投资减值准备

【提示】小企业发生长期股权投资减值损失采用直接转销法核算。
借：银行存款［可收回的金额］
　　营业外支出［差额］
　贷：长期股权投资［账面余额］

（4）处置长期股权投资的会计处理：
借：银行存款
　　长期股权投资减值准备
　贷：长期股权投资
　　　应收股利
　　　投资收益［或借方］

提示4

本题为同一控制下的企业合并，给出的公允价值为干扰项。

【经典例题77 · 单选题】甲公司和乙公司是同一母公司最终控制下的两家公司。2021年1月1日，甲公司向其母公司发行1000万股普通股，该普通股每股面值为1元，每股的公允价值为3.6元（提示4）。取得母公司拥有乙公司80%的股权，于当日起能够对乙公司实施控制。合并后乙公司维持其独立法人地位继续经营。合并日母公司合并报表中，乙公司的净资产账面价值为4000万元，公允价值为4200万元（提示4）。假定合并前双方采用的会计政策及会计期间均相同。不考虑其他因素，下列有关甲公司合并日所作账务处理的说法正确的是（　　）。（2022年 · 2分）

A. 该长期股权投资的初始投资成本为4000万元
B. 该长期股权投资的初始投资成本为3200万元
C. 贷方登记“实收资本”科目1000万元
D. 借方登记“股本”科目1000万元

【解析】甲公司对乙公司长期股权投资的初始投资成本=4000×80%=3200（万元），选项A错误，选项B正确。
合并日，甲公司应进行如下账务处理：
借：长期股权投资——乙公司　3200
　贷：股本　1000
　　　资本公积——股本溢价　2200
选项CD错误。

【答案】B

【经典例题 78 · 单选题】甲公司和乙公司为同一母公司最终控制下的两家公司。甲公司支付现金 5200 万元取得乙公司 100% 的股权对其实施控制。合并日，甲公司的资本公积为 300 万元，母公司合并报表中乙公司的净资产账面价值为 5000 万元。不考虑其他因素，甲公司合并日的会计处理正确的是（　　）。（2022 年 · 2 分）

A. 借：长期股权投资　50000000
　　　营业外支出　2000000
　　贷：银行存款　52000000

B. 借：长期股权投资　50000000
　　　投资收益　2000000
　　贷：银行存款　52000000

C. 借：长期股权投资　50000000
　　　资本公积　2000000
　　贷：银行存款　52000000

D. 借：长期股权投资　52000000
　　贷：银行存款　52000000

【点题】若资本公积为 100 万元，则资本公积不足冲减，应依次借记“盈余公积”“利润分配——未分配利润”科目。

【答案】C

【经典例题 79 · 单选题】甲公司长期持有乙公司 70% 的股权并采用成本法核算。2021 年 1 月 1 日，该项投资账面价值为 19200 万元，2021 年度乙公司实现净利润 2000 万元，宣告发放现金股利 1200 万元，不考虑其他因素，2021 年 12 月 31 日，甲公司该项投资的账面价值为（　　）万元。（2022 年 · 2 分）

A. 19200　　B. 20400

C. 20600　　D. 19760

【解析】2021 年 12 月 31 日甲公司该项投资的账面价值，即 2021 年 1 月 1 日该项投资账面价值 19200 万元。2021 年度乙公司实现净利润 2000 万元，甲公司不进行账务处理。2021 年度乙公司宣告发放现金股利 1200 万元，甲公司应确认投资收益金额 =1200×70%=840（万元）。甲公司应进行如下账务处理：

借：应收股利　840
　贷：投资收益　840

不影响长期股权投资的账面价值。

【答案】A

【经典例题80·单选题】下列关于长期股权投资采用成本法核算投资收益的账务处理中，表述正确的是（　　）。（2022年·2分）

A. 按被投资单位实现净利润中应享有的份额确认投资收益

B. 按被投资单位宣告分派现金股利中应享有的份额确认投资收益

C. 按应分担的被投资单位的亏损份额确认投资损失

D. 按收到被投资单位发放的股票股利确认投资收益

【解析】长期股权投资采用成本法核算的，应按被投资单位宣告发放的现金股利或利润中属于投资企业的部分。借记“应收股利”科目，贷记“投资收益”科目，选项B正确。选项AC为采用权益法核算时的处理，选项D收到被投资单位发放的股票股利不进行账务处理。

【答案】B

【经典例题81·判断题】非同一控制下的企业合并发生的审计、法律服务、评估咨询等中介费用应作为投资的初始成本入账。（　　）（2022年·1分）

【解析】非同一控制下企业合并发生的审计、法律服务、评估咨询等中介费用以及其他相关管理费用应作为当期损益计入管理费用。

【答案】×

2. 以企业合并以外的方式形成的长期股权投资的账务处理（主线2）

长期股权投资核算应设置“长期股权投资”科目。

【提示】权益法下，“长期股权投资”科目还应当分别设置“投资成本”“损益调整”“其他权益变动”“其他综合收益”明细科目进行明细核算。

企业以非企业合并方式形成的长期股权投资，其实质是进行权益投资性质的商业交易。

（1）取得时：

以支付现金、非现金资产等其他方式取得的长期股权投资，应按现金、非现金资产的公允价值或按照非货币性资产交换或债务重组准则确定初始投资成本（提示5）。

> 提示5
>
> 初始投资成本：
>
> 现金：实际支付的购买价款。
>
> 非现金资产：非现金资产的公允价值。

借：长期股权投资——投资成本

　贷：银行存款等

（2）后续计量时：

企业长期股权投资采用权益法核算的，应当分下列情况进行处理：

①对长期股权投资初始入账价值的调整。

情形	账务处理
长期股权投资的初始投资成本大于投资时应享有被投资单位可辨认净资产公允价值份额	不调整已确认的初始投资成本

情形	账务处理
长期股权投资的初始投资成本小于投资时应享有被投资单位可辨认净资产公允价值份额	借：长期股权投资——投资成本 贷：营业外收入

肖老师解读

2023 年 1 月 1 日甲公司以 500 万元取得 A 公司 30% 股权，能够对其财务和经营政策施加重大影响。取得投资时，A 公司可辨认净资产公允价值为 2000 万元。

分析：

投资时甲公司享有 A 公司可辨认净资产公允价值的份额 =2000×30%=600（万元），初始投资成本 500 万元，多余部分确认为营业外收入。

账务处理：

借：长期股权投资——投资成本　　500

　贷：银行存款　　500

借：长期股权投资——投资成本　　100

　贷：营业外收入　　100

②被投资单位实现盈利或发生亏损的会计处理。

情形	账务处理
资产负债表日，企业应按被投资单位实现净利润的份额	借：长期股权投资——损益调整 贷：投资收益

资产负债表日，企业应按被投资单位发生净亏损（解释 3）的份额	借：投资收益
	  贷：长期股权投资——损益调整
	    长期应收款
	    预计负债

解释 3

被投资单位发生净亏损时，投资方按如下顺序冲减：

①以长期股权投资的账面价值为限冲减长期股权投资的账面价值。

②以长期应收款的账面价值为限冲减长期应收款。

③除①②外，按合同或协议约定将承担的损失确认预计负债。

④账外备查登记。

以后被投资单位实现净利润时按照④③②①的顺序恢复。

③被投资单位分配股利或利润的会计处理。

情形	账务处理
被投资单位宣告发放现金股利或利润时，企业计算应分得的部分	借：应收股利 贷：长期股权投资——损益调整（提示 6）
收到被投资单位发放的股票股利	不进行账务处理，但应在备查簿中登记

提示 6

此处调整长期股权投资的账面价值，不确认投资收益。

④被投资单位除净损益、利润分配以外的其他综合收益变动或所有者权益的其他变动。

情形	账务处理
被投资单位其他综合收益发生变动	借：长期股权投资——其他综合收益 贷：其他综合收益 （或相反会计分录）
被投资单位所有者权益的其他变动	借：长期股权投资——其他权益变动 贷：资本公积——其他资本公积 （或相反会计分录）

肖老师解读

针对②③④，投资方的账务处理本着“四步走”原则，如图所示：

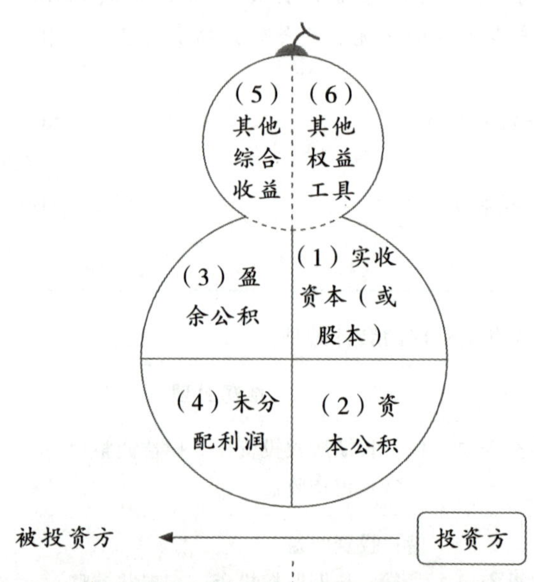

原因1：实现盈利/发生亏损　长期股权投资——损益调整［投资收益］

原因2：宣告分配现金股利/利润　长期股权投资——损益调整［应收股利］

原因3：其他综合收益变动　长期股权投资——其他综合收益［其他综合收益］

原因4：所有者权益的其他变动　长期股权投资——其他权益变动［资本公积——其他资本公积］

1. 盯着葫芦 ⇨ 2. 找原因 ⇨ 3. 调整“长投”及明细科目 ⇨ 4. 对方科目

（3）计提长期股权投资减值准备：

借：资产减值损失

　贷：长期股权投资减值准备

（4）处置长期股权投资的会计处理：

①借：银行存款

　　长期股权投资减值准备

　贷：长期股权投资——投资成本

　　　　　　　　　——损益调整［或借方］

　　　　　　　　　——其他综合收益［或借方］

　　　　　　　　　——其他权益变动［或借方］

　　投资收益［或借方］

②借：其他综合收益［应转入损益的其他综合收益］

　贷：投资收益

（或相反会计分录）

③借：资本公积——其他资本公积

　贷：投资收益

（或相反会计分录）

【提示】处置采用权益法核算的长期股权投资时，应当采用与被投资单位直接处置相关资产或负债相同的基础，对相关的其他综合收益进行会计处理。

【经典例题 82 · 单选题】2021 年初，甲公司购入乙公司 25% 有表决权股份的长期股权投资，入账价值为 728 万元，采用权益法核算。2021 年度乙公司实现净利润 400 万元，其他资本公积增加 64 万元，不考虑其他因素，2021 年末该长期股权投资的账面价值为（　　）万元。（2022 年 · 2 分）

A. 1192　　　　B. 1128

C. 828　　　　D. 844

【解析】2021 年末该长期股权投资的账面价值 =728+400×25%+64×25%=844（万元）。

【答案】D

【经典例题 83 · 单选题】企业采用权益法核算长期股权投资时，导致投资收益增加的是（　　）。（2022 年 · 2 分）

A. 被投资单位提取盈余公积

B. 被投资单位实现净利润

C. 收到被投资单位分配的股票股利

D. 收到被投资单位分配的现金股利

【解析】权益法下，资产负债表日，企业应按被投资单位实现的净利润中企业享有的份额，借记“长期股权投资——损益调整”科目，贷记“投资收益”科目。

【答案】B

➢ **【经典例题 84 · 单选题】**下列各项中，关于长期股权投资后续计量方法的表述正确的是（　　）。（2022 年 · 2 分）

A. 采用成本法核算时，长期股权投资的账面价值随被投资单位所有者权益的变动而变动

B. 投资方能够对被投资单位实施控制的长期股权投资应采用权益法核算

C. 对合营企业的长期股权投资应采用成本法核算

D. 对联营企业的长期股权投资应采用权益法核算

【解析】采用权益法核算时，长期股权投资的账面价值随被投资单位所有者权益的变动而变动，选项 A 错误；投资方能够对被投资单位实施控制的长期股权投资应采用成本法核算，选项 B 错误；对合营企业的长期股权投资应采用权益法核算，选项 C 错误。

【答案】D

➢ **【经典例题 85 · 多选题】**权益法下，企业"长期股权投资"科目的明细科目一般包括（　　）。（2022 年 · 2 分）

A. 投资成本

B. 损益调整

C. 其他权益变动

D. 投资收益

【解析】权益法下，"长期股权投资"科目应当分别设置"投资成本""损益调整""其他权益变动""其他综合收益"明细科目进行明细核算。选项 D：投资收益是一级科目，不是二级明细科目。

【答案】ABC

➢ **【经典例题 86 · 判断题】**采用权益法核算的长期股权投资，初始投资成本大于投资时应享有被投资单位可辨认净资产公允价值份额的，其差额计入投资收益。（　　）（2022 年 · 1 分）

【解析】权益法下，长期股权投资的初始投资成本大于投资时应享有被投资单位可辨认净资产公允价值份额的，不调整已确认的初始投资成本。

【答案】×

（二）长期股权投资的确认与计量（理论总结）

1. 长期股权投资的初始计量

（1）以合并方式取得的长期股权投资。

类别	确认原则
同一控制下	初始投资成本 = 被合并方所有者权益在最终控制方合并财务报表中账面价值的份额

类别	确认原则
非同一控制下	①购买方以支付现金、转让非现金资产或承担债务方式等作为合并对价： 初始投资成本 = 购买方支付现金、转让非现金资产或承担债务的公允价值 ②购买方以发行权益性证券作为合并对价： 初始投资成本 = 购买日发行的权益性证券的公允价值

（2）以非合并方式取得的长期股权投资。

取得方式	确认原则
以支付现金、非现金资产等其他方式取得	初始投资成本 = 现金、非现金资产的公允价值
以发行权益性证券取得	初始投资成本 = 发行的权益性证券的公允价值

【易错易混点辨析】

<table>
<tr><th>类别</th><th colspan="2">初始投资成本</th><th>初始入账价值</th></tr>
<tr><td rowspan="2">合并方式</td><td>同一控制</td><td>被合并方所有者权益在最终控制方合并财务报表中账面价值的份额</td><td>与初始投资成本一致</td></tr>
<tr><td>非同一控制</td><td>现金、非现金资产等的公允价值
权益性证券的公允价值</td><td>与初始投资成本一致</td></tr>
<tr><td rowspan="2">合并以外方式</td><td colspan="2" rowspan="2">现金、非现金资产的公允价值</td><td>初始投资成本＞投资时应享有被投资单位可辨认净资产的公允价值的份额：
不调整已确认的初始投资成本，初始入账价值与初始投资成本一致</td></tr>
<tr><td>初始投资成本＜投资时应享有被投资单位可辨认净资产的公允价值份额：
初始入账价值 = 初始投资成本 + 初始投资成本与投资时应享有被投资单位可辨认净资产的公允价值份额的差额，初始入账价值与初始投资成本不一致</td></tr>
</table>

（3）小企业的长期股权投资（提示7）。

取得方式	确认原则
支付现金取得	初始投资成本 = 购买价款 + 相关税费
非货币性资产交换取得	初始投资成本 = 换出非货币性资产的评估价值 + 相关税费

> 提示7
>
> 实际支付价款中包含的已宣告但尚未发放的现金股利，应当单独确认为应收股利，不计入长期股权投资的成本。

（4）交易费用。

企业为企业合并（控制）发生的审计、法律服务、评估咨询等中介费用以及其他相关管理费用，应当于发生时借记“管理费用”科目，贷记“银行存款”等科目。

肖老师解读

关于各项投资涉及的相关费用所属科目总结：

类型	所属科目	购买价款中已宣告但尚未发放的现金股利
同一控制下企业合并	管理费用	不计入投资成本，单独作为应收项目核算
非同一控制下企业合并	管理费用	
交易性金融资产	投资收益	
债权投资	债权投资——利息调整	

2. 长期股权投资的后续计量

项目	成本法	权益法
定义	指长期股权投资日常核算按照投资成本计价的一种方法	指取得长期股权投资以初始投资成本计价，后续根据投资企业享有被投资单位所有者权益份额的变动相应对其投资的账面价值进行调整的一种方法
账面价值	追加或收回投资应当调整长期股权投资的成本；除此之外，长期股权投资的账面价值一般应当保持不变	长期股权投资的账面价值随被投资单位所有者权益的变动而变动（解释4）
宣告分配现金股利或利润	投资企业应当按照被投资单位宣告发放的现金股利或利润中应享有的份额确认投资收益	投资企业应当按照被投资单位宣告发放的现金股利或利润中应享有的份额，冲减“长期股权投资——损益调整”

> 解释4
>
> 在股权持有期间，长期股权投资的账面价值与享有被投资单位所有者权益的份额相对应。

项目	成本法	权益法
适用情况	（1）企业会计准则规定，投资方能够对被投资单位实施控制的长期股权投资 （2）按照小企业会计准则规定，长期股权投资应当采用成本法进行会计处理	企业会计准则规定，投资方对联营企业和合营企业的长期股权投资

习题指路：P457

若有习题帮，考试心不慌！学完本章考点，要及时做同步练习题哦！

第五章　负　债

考情分析

负债是反映企业财务状况的一个会计要素，内容包括短期借款、应付及预收账款、应付职工薪酬、应交税费、长期借款、应付债券和长期应付款等。

近三年题型题量分析表

题型 年份	单项选择题	多项选择题	判断题	不定项选择题	合计
2022 年	2 题 4 分	2 题 4 分	1 题 1 分	2 题 4 分	13 分
2021 年	2 题 4 分	2 题 4 分	2 题 2 分	2 题 4 分	14 分
2020 年	3 题 6 分	1 题 2 分	2 题 2 分	2 题 4 分	14 分

考点剖析与经典例题

使用“会计云课堂”App
扫码听课、做题、答疑

第一单元　短期借款

短期借款是指企业向银行或其他金融机构等借入的期限在 1 年以下（含 1 年）的各种借款。

短期借款一般是企业为了满足正常生产经营所需的资金或者是为了偿还某项债务而借入的，具有金额小、时间短、利息低等特点。

企业应设置“短期借款”科目核算短期借款的取得及偿还等情况。该科目的贷方登记短期借款本金的增加额，借方登记短期借款本金的减少额，期末余额在贷方，反映企业期末尚未偿还的短期借款。该科目可按借款种类、贷款人和币种进行明细核算。

考点 01　取得短期借款　考频 ★

情形	账务处理
取得短期借款时	借：银行存款 　贷：短期借款

考点 02 // 发生短期借款利息

考频 | ★★

<table>
<tr><th>情形</th><th colspan="2">账务处理</th></tr>
<tr><td rowspan="2">发生短期借款利息时</td><td>预提方式
（提示）</td><td>应用情形：短期借款是按期（季度）支付利息的，或在借款到期时，利息连同本金一起归还，并且其数额较大
账务处理：
计提利息时：（解释 1）
借：财务费用
　贷：应付利息
实际支付时：（解释 2）
借：应付利息 / 财务费用
　贷：银行存款 / 库存现金</td></tr>
<tr><td>直接支付方式（不预提）</td><td>应用情形：短期借款利息按月支付，或者在借款到期时利息连同本金一起归还，数额不大
在实际支付或收到银行的计息通知时：
借：财务费用
　贷：银行存款等</td></tr>
</table>

【提示 1】利息预提方式和直接支付方式在核算上的区别在于是否通过“应付利息”科目核算。

【提示 2】短期借款利息属于企业的筹资费用，在发生时计入财务费用；但企业筹建期间的短期借款利息（不符合资本化条件）计入管理费用。

提示

银行的付息期通常在 20 号，付息时，本月 1–20 日的利息作为财务费用直接支付，后面的利息在月末计提，下次支付时再冲减应付利息。考试时应多加注意支付利息的日期。

解释 1

预提利息属于本期应付未付的利息，体现为本期费用和负债的增加。

解释 2

如果支付前期已经计提的利息，则冲减应付利息；如果支付当月未计提的利息，则直接确认财务费用。

考点 03 // 归还短期借款

考频 | ★★

借款到期，本息一起归还：

借：短期借款

　　应付利息 / 财务费用

　贷：银行存款

历年命题视角

1. 预提利息的科目归属
2. 短期借款利息在预提与直接支付两种方式下的账务处理对比

【经典例题 1 · 单选题】下列各项中，制造业企业计提生产经营用短期借款利息应借记的会计科目是（　　）。（2022 年 · 2 分）

A. 制造费用　　B. 在建工程　　C. 管理费用　　D. 财务费用

【解析】企业计提的生产经营用短期借款利息，借记“财务费用”科目，贷记“应付利息”科目。

【答案】D

【经典例题2·单选题】2021年4月1日，某企业向银行借入生产经营用短期借款1000000元，期限为6个月，年利率为4.5%，本金到期后一次归还，利息按月计提、按季度支付，假定6月30日收到计息通知。下列各项中，该企业6月30日支付利息的会计处理正确的是（　　）。（2022年·2分）

A. 借：财务费用　7500
　　贷：银行存款　7500

B. 借：财务费用　3750
　　　应付利息　7500
　　贷：银行存款　11250

C. 借：财务费用　3750
　　　短期借款　7500
　　贷：银行存款　11250

D. 借：短期借款　1000000
　　贷：银行存款　1000000

【解析】按月计提的利息 =1000000×4.5%÷12=3750（元）。

4、5月计提利息时：

借：财务费用　3750
　贷：应付利息　3750

6月30日支付利息时：

借：应付利息　7500 提示1
　　财务费用　3750 提示2
　贷：银行存款　11250

【答案】B

提示1：支付4月、5月的利息，因已经确认"财务费用"，同时计入了"应付利息"，所以支付时冲减"应付利息"。

提示2：支付6月的利息，确认"财务费用"，同时直接支付，减少"银行存款"。

【经典例题3·单选题】2020年7月1日，某企业向银行借入生产经营用短期借款200万元，期限为6个月，年利率为4.5%，本金到期后一次归还，利息按月计提、按季度支付，假定9月20日收到计息通知。下列各项中，该企业9月20日 提示3 支付利息的会计处理正确的是（　　）。（2021年改编·2分）

提示3：9月20日：本题是20日付息，而不是月底付息。

A. 借：财务费用　20000
　　贷：银行存款　20000

B. 借：财务费用　5000
　　　应付利息　15000
　　贷：银行存款　20000

C. 借：财务费用　5000
　　　短期借款　15000
　　贷：银行存款　20000

D. 借：短期借款　20000
　　贷：银行存款　20000

【解析】7 月份、8 月份计提利息时：

借：财务费用 [2000000×4.5%÷12] 7500

　贷：应付利息 7500

9 月 20 日支付利息时：

借：财务费用 [2000000×4.5%÷12÷30×20] 5000

　　应付利息 [7500×2] 15000

　贷：银行存款 20000

9 月末计提 9 月份后 10 天利息时：

借：财务费用 [2000000×4.5%÷12÷30×10] 2500

　贷：应付利息 2500

【答案】B

第二单元 应付及预收账款

使用“会计云课堂”App扫码听课、做题、答疑

考点 01 应付票据 考频 | ★★

（一）应付票据的管理

应付票据是指企业购买材料、商品和接受服务等而开出、承兑的商业汇票，包括商业承兑汇票和银行承兑汇票。

（二）应付票据的账务处理

情形	账务处理	
采购开出商业汇票	借：材料采购、在途物资、原材料、库存商品等 　　应交税费——应交增值税（进项税额） 　贷：应付票据 解释1	
开出银行承兑汇票支付给银行的手续费	借：财务费用 　　应交税费——应交增值税（进项税额）解释2 　贷：银行存款	
到期支付票据款	借：应付票据 　贷：银行存款	
转销应付票据	商业承兑汇票到期无力偿还票款	借：应付票据 　贷：应付账款
	银行承兑汇票到期无力偿还票款	借：应付票据 　贷：短期借款
	【提示】如企业无力支付到期的银行承兑汇票的票款，则由承兑银行代为支付，并作为付款企业的短期借款处理	

解释 1

应付票据：

①应按票面金额作为应付票据的入账金额。

②对于带息的应付票据，于期末计息时，增加应付票据的账面价值。

解释 2

企业支付银行承兑汇票手续费，属于购买增值税应税服务，取得增值税专用发票的，确认增值税进项税额。

历年命题视角

1. 应付票据的核算内容
2. 开出银行承兑汇票支付银行手续费的账务处理
3. 转销应付票据（商业承兑汇票/银行承兑汇票）的不同账务处理

【经典例题4·单选题】2021年10月，某企业支付材料采购款180万元，其中以商业承兑汇票付款125万元，申请签发银行本票25万元、银行汇票30万元。不考虑其他因素，该企业当月应记入“应付票据”科目贷方的金额为（　　）万元。（2022年·2分）

A. 25　　B. 125　　C. 55　　D. 30

【解析】选项B正确，应付票据是指企业购买材料、商品和接受服务等而开出、承兑的商业汇票，包括商业承兑汇票和银行承兑汇票。而银行本票、银行汇票通过“其他货币资金”科目核算。

【答案】B

【经典例题5·单选题】下列各项中，关于企业应付票据会计处理的表述正确的是（　　）。（2022年改编·2分）

A. 企业采购原材料以商业汇票结算货款，应通过“应付票据”科目核算，并以商业汇票的票面金额作为“应付票据”科目的入账金额

B. 应将到期无力支付的银行承兑汇票的账面余额转作应付账款

C. 申请银行承兑汇票支付的手续费应计入当期管理费用

D. 应将到期无力支付的商业承兑汇票的账面余额转作短期借款

【解析】选项B：应将到期无力支付的银行承兑汇票的账面余额转作短期借款。借记“应付票据”科目，贷记“短期借款”科目。

选项C：申请银行承兑汇票支付的手续费应计入当期财务费用。按照确认的手续费，借记“财务费用”科目，取得增值税专用发票的，按注明的增值税进项税额，借记“应交税费——应交增值税（进项税额）”科目，按照实际支付的金额，贷记“银行存款”科目。

选项D：应将到期无力支付的商业承兑汇票的账面余额转作应付账款。借记“应付票据”科目，贷记“应付账款”科目。

【答案】A

【经典例题6·多选题】下列各项中，引起“应付票据”科目金额发生增减变动的有（　　）。

A. 开出商业承兑汇票购买原材料

B. 转销已到期无力支付票款的商业承兑汇票

C. 转销已到期无力支付票款的银行承兑汇票

D. 支付银行承兑汇票手续费

【解析】选项 A：增加“应付票据”科目金额；选项 BC：减少“应付票据”科目金额；选项 D：计入财务费用，不影响“应付票据”科目金额。

【答案】ABC

考点 02 应付账款

考频丨★★

（一）应付账款的管理

应付账款是指企业因购买材料、商品或接受服务等经营活动而应付给供应单位的款项。

应付账款包括购买材料、商品或接受服务等应支付的价款，应支付的增值税税额，应付销货方代垫的运杂费、包装费等。

（二）应付账款的账务处理

节点	账务处理
发生时	借：原材料等 　　应交税费——应交增值税（进项税额） 　贷：应付账款
偿还时	借：应付账款 　贷：银行存款 　　　应付票据［开出商业汇票抵付］等
确实无法支付的应付账款予以转销时	借：应付账款 　贷：营业外收入

肖老师解读

确实无法支付的应付账款转销时为什么计入营业外收入？

无法支付的应付账款是指由于债权人的原因（如撤销）等导致企业确实无法支付相关款项，对于企业来说是偶然的利得，所以计入营业外收入。

实务中，企业外购电力、燃气等动力时，一般通过“应付账款”科目核算。

项目	具体内容
（1）在每月付款时先作暂付款处理	借：应付账款 　　应交税费——应交增值税（进项税额） 　贷：银行存款等
（2）月末按用途分配	借：生产成本 　　制造费用 　　管理费用等 　贷：应付账款

【易错易混点辨析】转销应付票据与转销应付账款的对比。

转销应付票据	借：应付票据 　贷：应付账款［商业承兑汇票］ 　　　短期借款［银行承兑汇票］
转销应付账款	借：应付账款 　贷：营业外收入

历年命题视角
1. 应付账款的入账价值
2. 转销应付账款的账务处理

【经典例题7 · 单选题】2021年8月1日，某企业购入一批原材料并验收入库，取得增值税专用发票注明的价款为600000元，增值税税额为78000元。对方代垫的运费为12000元，增值税专用发票上注明的增值税税额为1080元，全部款项尚未支付。不考虑其他因素，该企业确认应付账款的金额为（　　）元。（2022年 · 2分）

A. 600000　　B. 678000　　C. 612000　　D. 691080

【解析】该企业确认应付账款的金额=600000+78000+12000+1080=691080（元）。

【答案】D

【经典例题8 · 多选题】下列各项中，导致企业负债总额发生增减变动的有（　　）。（2022年 · 2分）

A. 转销无法偿付的应付账款

B. 计提短期借款利息

C. 转销已到期但无力支付的应付票据

D. 支付债券利息

【解析】本题各选项的相关分录如下：

选项A	选项B
借：应付账款 　贷：营业外收入 导致负债总额减少	借：财务费用 　贷：应付利息 导致负债总额增加
选项C	**选项D**
借：应付票据 　贷：应付账款 / 短期借款 不会导致企业负债总额发生增减变动	借：应付利息 　贷：银行存款等 导致负债总额减少

【答案】ABD

考点 03 预收账款

考频 | ★

预收账款是指企业按照合同规定预收的款项。

节点	账务处理
取得预收账款时（解释）	借：银行存款等 贷：预收账款 应交税费——应交增值税（销项税额）
确认收入时	借：预收账款 贷：其他业务收入等
收到补付的款项时	借：银行存款等 贷：预收账款（提示 1） 应交税费——应交增值税（销项税额）
退回客户多预付的款项时	借：预收账款 应交税费——应交增值税（销项税额） 贷：银行存款等

解释

“预收账款”科目不适用于收入准则，此处预收账款视同提供租赁服务预收租金，在实际收款时发生纳税义务，确认增值税销项税额。

提示 1

预收账款：

本着“一预到底”的原则，收到补付款时，仍用预收账款，而不是“应收账款”科目。

【易错易混点辨析】不单独设置“预收账款”科目的企业，发生的预收款通过“应收账款”科目贷方核算；不单独设置“预付账款”科目的企业，发生的预付款通过“应付账款”科目的借方核算。（提示 2）

提示 2

本着“收找收”“付找付”的原则，对应“搬家”。如下图：

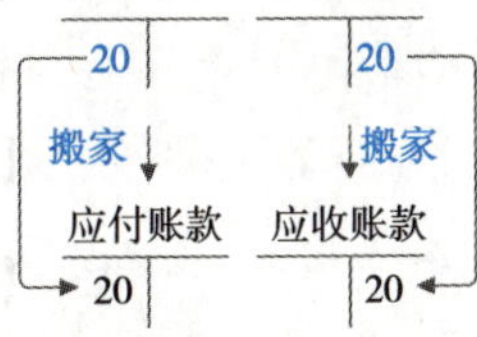

【经典例题 9 · 单选题】预收账款业务不多的企业，可以不设“预收账款”科目，而将预收的款项直接记入（　　）科目。

A. 其他应收款　　B. 应付账款

C. 其他应付款　　D. 应收账款

【解析】预收账款业务不多的企业，可以不设“预收账款”科目，而将预收的款项直接记入“应收账款”科目的贷方。

【答案】D

考点 04 合同负债（提示）

考频 | ★

合同负债是指企业已收或应收客户对价而应向客户转让商品的义务。

收入准则中核算的销售商品或提供服务预收的款项，通过“合同负债”科目核算。该科目贷方登记企业在向客户转让商品之前，已经收到或已经取得无条件收取合同对价权利的金额；借方登记企业向客户转让商品时冲销的金额；期末贷方余额，反映企业在向客户转让商品之前，已经收到的合同对价或已经取得的无条件收取合同对价权利的金额。

具体账务处理参见本书第七章。

提示

预收账款 vs 合同负债：

注意！注意！预收账款和合同负债分别领用一下！

我用“预收账款”　租赁准则等

我用“合同负债”　收入准则

考点05 应付利息和应付股利

考频 | ★

（一）应付利息

应付利息是指企业按照合同约定应支付的利息，包括预提短期借款的利息，以及分期付息到期还本的长期借款、企业债券等应支付的利息。

（1）计提时：

借：财务费用等

　贷：应付利息

（2）实际支付时：

借：应付利息

　贷：银行存款等

历年命题视角　应付利息的核算内容及实际案例应用。

【经典例题10·多选题】下列各项中，企业应通过“应付利息”科目核算的有（　　）。（2021年·2分）

A. 计提每季度付息到期还本的应付企业债券利息

B. 计提短期借款的利息

C. 计提每半年付息到期还本的长期借款利息

D. 宣告发放的现金股利

【解析】应付利息是指企业按照合同约定应支付的利息，包括预提短期借款的利息，以及分期付息到期还本的长期借款、企业债券等应支付的利息。选项D通过“应付股利”科目核算。

【答案】ABC

【经典例题11·多选题】下列各项中，关于“应付利息”科目表述错误的有（　　）。

A. 企业开出银行承兑汇票支付给银行的手续费，应记入“应付利息”科目借方

B.“应付利息”科目期末贷方余额反映企业应付未付的利息

C. 按照短期借款合同约定预提的应付利息，应记入“应付利息”科目借方

D. 企业支付已经预提的利息，应记入“应付利息”科目借方

【解析】选项A：企业因开出银行承兑汇票而支付给银行的承兑汇票手续费，应当计入当期损益，借记“财务费用”科目，贷记“银行存款”科目。选项C：按照短期借款合同约定预提的应付利息，借记“财务费用”科目，贷记“应付利息”科目。

【答案】AC

（二）应付股利

应付股利是指企业根据股东大会或类似机构审议批准的利润分配方案确定分配给投资者的现金股利或利润。

项目	账务处理
宣告分配现金股利时 提示1	企业根据股东大会或类似机构审议批准的利润分配方案，按应支付的现金股利或利润，作如下处理： 借：利润分配——应付现金股利或利润 　贷：应付股利 提示2
实际支付时	借：应付股利 　贷：银行存款等

企业董事会或类似机构通过的利润分配方案中拟分配的现金股利或利润，不作账务处理，但应在附注中披露。

历年命题视角　判断现金股利确认的时间及账务处理。（注意区分两点：主体－董事会/股东大会；股利－现金股利/股票股利）

提示1

①企业宣告分配股票股利不需要进行账务处理。

②企业实际分配股票股利不通过“应付股利”科目核算，通过“股本”科目核算：

借：利润分配——转作股本的股利

　贷：股本

提示2

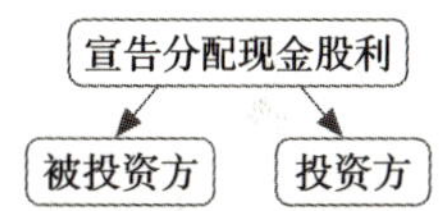

借：利润分配　借：应收股利

　贷：应付股利　贷：投资收益等

【经典例题12·多选题】下列各项中，股份有限公司应通过“应付股利”科目核算的有（　　）。（2020年·2分）

A. 实际发放股票股利　　B. 宣告发放现金股利

C. 宣告发放股票股利　　D. 实际发放现金股利

【解析】宣告发放股票股利不作账务处理，实际发放股票股利的会计分录：

借：利润分配——转作股本的股利

　贷：股本

选项AC均不通过“应付股利”科目核算。

【答案】BD

【经典例题13·判断题】企业董事会通过的利润分配方案中拟分配的现金股利，不需要进行账务处理。（　　）（2020年·1分）

【答案】√

【经典例题14·判断题】企业根据股东大会或类似机构审议批准的利润分配方案中确认分配的股票股利，应通过“应付股利”科目核算。（　　）

【解析】企业宣告分配的股票股利不需要进行账务处理。

【答案】×

考点 06 其他应付款

考频 | ★

（一）其他应付款的管理

其他应付款是指企业除应付账款、应付票据、预收账款、应付职工薪酬、应交税费、应付利息、应付股利等经营活动以外的其他各项应付、暂收的款项，如应付短期租赁固定资产租金、应付低价值资产租赁的租金、应付租入包装物租金、出租或出借包装物收取客户的押金、存入保证金等。

企业应通过“其他应付款”科目，核算其他应付款的增减变动及其结存情况，并按照其他应付款的项目和对方单位（或个人）设置明细科目进行明细核算。

（二）其他应付款的账务处理

项目	账务处理
发生时	借：管理费用等 　贷：其他应付款
支付或退回时	借：其他应付款 　贷：银行存款等

【易错易混点辨析】

其他应收款核算的内容	其他应付款核算的内容
（1）应收的各种赔款、罚款，如因企业财产等遭受意外损失而应向有关保险公司收取的赔款等 （2）应收的出租包装物租金 （3）应向职工收取的各种垫付款项，如为职工垫付的水电费、应由职工负担的医药费、房租费等 （4）存出保证金，如租入包装物支付的押金 （5）其他各种应收、暂付款项	（1）应付短期租赁固定资产租金 （2）应付低价值资产租赁的租金 （3）应付租入包装物租金 （4）从职工工资中代扣的应由职工个人负担（提示）的社会保险费和住房公积金 （5）出租或出借包装物向客户收取的押金 （6）存入保证金等

提示

个人负担：

社会保险费和住房公积金分为个人负担部分以及单位负担部分，其中由个人负担部分的会计处理为：

借：应付职工薪酬

　贷：其他应付款

历年命题视角　其他应付款核算内容及实际案例应用。

【经典例题 15·单选题】 2021 年 12 月月初某企业“应付账款”科目贷方余额为 200 万元，当月以银行存款偿还上月的外购材料货款 30 万元，退还出借包装物押金 5 万元。不考虑其他因素，2021 年 12 月月末该企业“应付账款”科目余额为（　　）万元。（2022 年·2 分）

A. 235　　　B. 165

C. 170　　　D. 200

【解析】2021 年 12 月月末该企业“应付账款”科目余额 =200-30=170（万元）。退还出借包装物押金 5 万元通过“其他应付款”科目核算，不冲减应付账款。

【答案】C

【经典例题 16·单选题】下列各项中，企业应通过“其他应付款”科目核算的是（　　）。（2022 年·2 分）

A. 应付企业债券的利息

B. 应付租入包装物的租金

C. 应付供应商的材料采购款

D. 应付投资者的现金股利

【解析】选项 A 计入应付利息等；选项 C 计入应付账款；选项 D 计入应付股利。

【答案】B

【经典例题 17·单选题】下列各项中，应通过“其他应付款”科目核算的是（　　）。（2022 年改编·2 分）

A. 应付销货方代垫的运杂费

B. 应付出借包装物收取的保证金

C. 应付职工抚恤费

D. 为职工垫付的水电费

【解析】选项 A，计入应付账款；选项 C，计入应付职工薪酬；选项 D，计入其他应收款。

【答案】B

【经典例题 18·单选题】下列各项中，工业企业应通过“其他应付款”科目核算的是（　　）。（2022 年改编·2 分）

A. 应付职工的工资

B. 应交纳的教育费附加

C. 到期无力支付的商业承兑汇票

D. 应归还客户的包装物押金

【解析】选项 A，计入应付职工薪酬；选项 B，计入应交税费；选项 C，计入应付账款。

【答案】D

【经典例题 19·多选题】下列各项中，企业应通过“其他应付款”科目核算的有（　　）。（2022 年改编·2 分）

A. 购进商品时发生的供货方代垫运费

B. 应付的合同违约金

C. 代垫职工家属医药费

D. 存入保证金

【解析】本题各选项的相关会计分录如下：

选项 A	选项 B
借：库存商品等 　贷：应付账款	借：营业外支出 　贷：其他应付款
选项 C	选项 D
借：其他应收款 　贷：银行存款等	借：银行存款等 　贷：其他应付款

【答案】BD

使用"会计云课堂"App扫码听课、做题、答疑

第三单元　应付职工薪酬

考点 01 // 职工薪酬的内容　考频 | ★

职工薪酬，是指企业为获得职工提供的服务或解除劳动关系而给予的各种形式的报酬或补偿。职工薪酬包括短期薪酬、离职后福利、辞退福利和其他长期职工福利。企业提供给职工配偶、子女、受赡养人、已故员工遗属及其他受益人等的福利，也属于职工薪酬。

这里的"职工"，主要是指：

（1）与企业订立劳动合同的所有人员，含全职、兼职和临时职工。

（2）未与企业订立劳动合同，但由企业正式任命的治理层和管理层人员（如董事会成员、监事会成员）。

（3）虽未与企业订立劳动合同或未由其正式任命，但向企业所提供服务与职工所提供服务类似的人员，也属于职工的范畴，包括通过企业与劳务中介公司签订用工合同而向企业提供服务的人员。

职工薪酬主要包括以下内容：

类型	概念	具体内容
短期职工薪酬	企业在职工提供相关服务的年度报告期间结束后12个月内需要全部予以支付的职工薪酬，因解除与职工的劳动关系给予的补偿除外	①职工工资、奖金、津贴和补贴 ②职工福利费 ③医疗保险费、工伤保险费等社会保险费（解释1） ④住房公积金 ⑤工会经费和职工教育经费 ⑥短期带薪缺勤（解释2） ⑦短期利润分享计划 ⑧其他短期薪酬

解释1

社会保险费：

养老保险费和失业保险费属于离职后福利，不属于短期职工薪酬。

解释2

短期带薪缺勤：

①短期带薪缺勤是指职工虽然缺勤但企业仍向其支付报酬的安排，包括年休假、病假、婚假、产假、丧假、探亲假等。

②长期带薪缺勤属于其他长期职工福利。

类型	概念	具体内容
长期职工薪酬	离职后福利：企业为获得职工提供的服务而在职工退休或与企业解除劳动关系后，提供的各种形式的报酬和福利，属于短期薪酬和辞退福利的除外	①设定提存计划，是指向独立的基金缴存固定费用后，企业不再承担进一步支付义务的离职后福利计划 ②设定受益计划，是指除设定提存计划以外的离职后福利计划
	辞退福利 提示：企业在职工劳动合同到期之前解除与职工的劳动关系，或者为鼓励职工自愿接受裁减而给予职工的补偿	在职工劳动合同到期之前： ①无论职工本人是否愿意，企业决定解除与职工的劳动关系而给予的补偿 ②为鼓励职工自愿接受裁减而给予职工的补偿
	其他长期职工福利：除短期薪酬、离职后福利、辞退福利之外所有的职工薪酬	①长期带薪缺勤 ②长期残疾福利 ③长期利润分享计划等

提示

辞退福利：

辞退福利有可能是在12个月内无法支付完毕的，所以不属于短期薪酬中的职工福利费。

历年命题视角 企业职工薪酬组成内容及实际案例应用。

【经典例题20·多选题】下列各项中，属于企业短期职工薪酬核算内容的有（ ）。（2022年·2分）

A. 按规定计提的应缴纳住房公积金

B. 按规定计提的工会经费和职工教育经费

C. 按规定计提的基本养老保险费

D. 实际发生的职工福利费

【解析】选项C错误，按规定计提的基本养老保险费属于长期职工薪酬。

【答案】ABD

【经典例题21·多选题】下列各项中，通过“应付职工薪酬”科目核算的有（ ）。（2022年改编·2分）

A. 短期带薪缺勤

B. 报销的差旅费

C. 向职工发放的生活困难补助

D. 提前解除劳动合同给予职工的补偿

【解析】选项AC属于短期薪酬，选项D属于辞退福利，均属于职工薪酬，通过“应付职工薪酬”科目核算；选项B借记“管理费用”等科目，贷记“其他应收款”科目。

【答案】ACD

考点 02 短期职工薪酬的账务处理

考频 ★★★

企业通过“应付职工薪酬”科目核算应付职工薪酬的计提、结算、使用等情况。

“应付职工薪酬”科目包括“工资”“职工福利费”“非货币性福利”“社会保险费”“住房公积金”“工会经费”“职工教育经费”“带薪缺勤”“利润分享计划”“设定提存计划”“设定受益计划”“辞退福利”等明细科目。

企业应当在职工为其提供服务的会计期间，将实际发生的短期薪酬确认为负债，并计入当期损益，其他会计准则要求或允许计入资产成本的除外。

（一）货币性职工薪酬

1. 职工工资、奖金、津贴和补贴

确认应付职工薪酬时	支付职工薪酬、扣还各种款项时
应当在职工为其提供服务的会计期间，将实际发生的职工工资、奖金、津贴和补贴等，根据职工提供服务的受益对象，编制如下会计分录： 借：生产成本［生产车间生产工人薪酬］ 　　制造费用［生产车间管理人员薪酬］ 　　管理费用［行政管理人员薪酬］ 　　销售费用［销售人员薪酬］ 　　合同履约成本［履行合同过程中发生的人员薪酬］ 　　研发支出［从事研发活动人员薪酬］ 　　在建工程［从事工程建设人员薪酬］等 　贷：应付职工薪酬——工资	借：应付职工薪酬——工资 　贷：其他应收款［代垫的职工家属医药费等］ 　　　应交税费——应交个人所得税［代扣的个人所得税］ 　　　银行存款［实际支付给职工的款项］等

2. 职工福利费

计提时，按实际发生额计入受益对象	实际支付时
借：生产成本 　　制造费用 　　管理费用 　　销售费用等 　贷：应付职工薪酬——职工福利费	借：应付职工薪酬——职工福利费 　贷：银行存款等

3. 国家规定计提标准的职工薪酬（单位应负担的）

对于国家规定了计提基础和计提比例的医疗保险费、工伤保险费等社会保险费和住房公积金，以及按规定提取的工会经费（工资总额的2%）和职工教育经费（工资总额的8%），企业应当在职工为其提供服务的会计期间，根据规定的计提基础和计提比例计算确定相应的职工薪酬金额，按照受益对象计入当期损益或相关资产成本。

期末根据规定的计提基础和计提比例计提时	实际缴纳时
借：生产成本 制造费用 管理费用 销售费用等 贷：应付职工薪酬——工会经费 ——职工教育经费 ——社会保险费 ——住房公积金	借：应付职工薪酬——工会经费 ——职工教育经费 ——社会保险费 ——住房公积金 贷：银行存款等

【提示】对于需要个人承担的社会保险费和住房公积金 解释1，由企业每月从职工的工资中代扣代缴，具体账务处理如下：

企业代扣时	企业代缴时
借：应付职工薪酬——工资 贷：其他应付款——社会保险费 ——住房公积金	借：其他应付款——社会保险费 ——住房公积金 贷：银行存款等

4. 短期带薪缺勤

职工带薪缺勤，分为累积带薪缺勤和非累积带薪缺勤两类。企业应当对累积带薪缺勤和非累积带薪缺勤分别进行会计处理。

项目	内容	账务处理	处理原则
累积带薪缺勤	是指带薪权利可以结转下期的带薪缺勤，即如果本期的带薪缺勤权利没有用完可以在未来期间使用	确认累积带薪缺勤时 解释2： 借：管理费用等 贷：应付职工薪酬	企业应当在职工提供了服务从而增加了其未来享有的带薪缺勤权利时，确认与累积带薪缺勤相关的职工薪酬，并以累积未行使权利而增加的预期支付金额计量
非累积带薪缺勤	是指带薪权利不能结转下期的带薪缺勤，即如果当期带薪缺勤权利没有行使完，就予以取消，并且职工离开企业时也无权获得现金支付	通常情况下，与非累积带薪缺勤相关的职工薪酬已经包含在企业每期向职工发放的工资等薪酬中，因此，不必额外作账务处理 解释3	企业应当在职工实际发生缺勤的会计期间确认与非累积带薪缺勤相关的职工薪酬

解释1

代扣代缴的社会保险费和住房公积金（个人承担）是企业的一项负债。

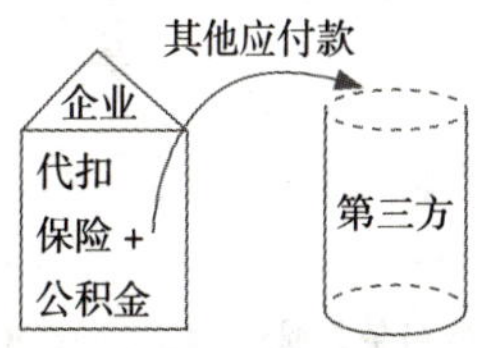

解释2

22年的“假”，23年“休”，正常发工资，本着权责发生制原则，“休假正常发工资”确认的“管理费用”应往前提到2022年。

2022年 | 2023年
12月31日
借：管理费用
贷：应付职工薪酬

解释3

非累积带薪缺勤，不管员工缺勤或不缺勤，仍然是要给员工发工资的，那么就要进行账务处理；只是它会和当月工资一起进行确认，不会进行“额外”的账务处理。

历年命题视角

1. 分配职工薪酬的归属科目及金额计算
2. 支付职工薪酬时扣还各种款项的归属科目
3. 累积带薪缺勤确认的归属科目及计算
4. 非累积带薪缺勤的处理原则

> **解释 4**
>
> ①个人所得税不属于职工薪酬。
>
> ②是否属于职工薪酬与是否通过“应付职工薪酬”科目核算是不同的概念。
>
> ③本题使用“应付职工薪酬”科目核算只是因为企业帮忙在工资中代扣，又帮忙将钱交至税务局，“应付职工薪酬”科目此时只起到一个周转作用。

【经典例题 22 · 单选题】 下列各项中，企业按照税法规定代扣职工个人所得税，应借记的会计科目是（　　）。（2022 年 · 2 分）

A. 应付职工薪酬——工资　　B. 应交税费——应交个人所得税

C. 税金及附加　　D. 财务费用

【解析】 企业从应付职工薪酬中扣还的个人所得税，借记“应付职工薪酬——工资”科目，贷记“应交税费——应交个人所得税”科目，选项 A 正确。解释 4

【答案】 A

【经典例题 23 · 单选题】 2021 年 7 月 31 日，某企业确认本月发放车间职工的防暑降温补贴 12000 元，其中生产工人 9000 元，车间管理人员 3000 元，全部款项将于发放职工工资时支付。不考虑其他因素，下列各项中，该企业在确认应发放的防暑降温补贴时会计处理正确的是（　　）。（2022 年 · 2 分）

A. 借：生产成本　　9000
　　　管理费用　　3000
　　贷：其他应付款　　12000

B. 借：生产成本　　9000
　　　管理费用　　3000
　　贷：应付职工薪酬——职工福利费　　12000

C. 借：生产成本　　9000
　　　制造费用　　3000
　　贷：应付职工薪酬——职工福利费　　12000

D. 借：生产成本　　9000
　　　制造费用　　3000
　　贷：应付职工薪酬——工资　　12000

【解析】确认应发放的防暑降温补贴时会计处理为：

借：生产成本 9000

　　制造费用 3000

　贷：应付职工薪酬——职工福利费 12000

【答案】C

【经典例题 24 · 单选题】下列各项中，企业根据本月“工资费用分配汇总表”分配所列财务部门人员薪酬时，应借记的会计科目是（　　）。（2020 年 · 2 分）

A. 管理费用　　B. 主营业务成本

C. 其他业务成本　　D. 财务费用

【解析】企业财务部门人员的薪酬计入管理费用。

【答案】A

【经典例题 25 · 单选题】甲公司共有 200 名职工。从 2022 年 1 月 1 日起，该公司实行累积带薪缺勤制度。该制度规定，每名职工每年可享受 5 个工作日带薪年休假，未使用的年休假只能向后结转一个公历年度，超过 1 年未行使的权利作废；职工休年休假时，首先使用当年可享受的权利，不足部分再从上年结转的带薪年休假余额中扣除（提示），在职工离开公司时，对未使用的累积带薪年休假无权获得现金支付。2022 年 12 月 31 日，每个职工当年平均未使用带薪年休假为 2 天。根据过去的经验并预期该经验将继续适用，甲公司预计 2023 年有 150 名职工将享受不超过 5 天的带薪年休假，剩余 50 名总部管理人员每人将平均享受 6 天带薪年休假，该公司每名职工每个工作日平均工资为 400 元。甲公司 2022 年年末因累积带薪缺勤计入管理费用的金额为（　　）元。

> 提示
>
> 后续题干中提及：总部管理人员每人平均享受 6 天带薪年休假，其中 5 天优先使用 2023 年的，剩余的 1 天才会使用 2022 年未使用的带薪年休假。

A. 20000　　B. 120000

C. 60000　　D. 0

【解析】甲公司 2022 年年末应当将预计由于累积未使用的带薪年休假而导致预期将支付的工资确认为负债，根据甲公司预计 2023 年职工的年休假情况，只有 50 名总部管理人员会使用 2022 年的未使用带薪年休假 1（6−5）天，而其他人员 2022 年累积未使用的带薪年休假都将失效，所以应计入管理费用的金额 =50×（6−5）×400=20000（元）。

【答案】A

【经典例题 26 · 判断题】企业在职工提供了服务从而增加了其未来享有的带薪缺勤权利时，确认与非累积带薪缺勤相关的职工薪酬。（　　）

【解析】企业应当在职工提供了服务从而增加了其未来享有的带薪缺勤权利时，确认与**累积带薪缺勤**相关的职工薪酬。

【答案】×

【经典例题27·判断题】某企业职工张某经批准休探亲假5天，根据企业规定确认为非累积带薪缺勤，企业应在职工实际发生缺勤的会计期间确认与非累积带薪缺勤相关的应付职工薪酬。(　　)

【点题】非累积带薪缺勤，如婚假、探亲假等，要等到实际发生的时候确认和这个假期相关的职工薪酬（也就是实际休婚假、探亲假的时候公司正常发工资，不扣钱），但是需要注意，这时不用额外作账务处理，视同出勤，正常核算本月工资即可。

【答案】√

（二）非货币性职工薪酬

1. 以自产产品作为福利发放给职工（视同销售）

节点	账务处理
计提职工薪酬时	借：生产成本 　　制造费用 　　管理费用 　　销售费用 　　在建工程 　　研发支出等 　贷：应付职工薪酬——非货币性福利［公允价值＋按公允价值计算的销项税额］解释5
实际发放时	借：应付职工薪酬——非货币性福利 　贷：主营业务收入［公允价值］ 　　应交税费——应交增值税（销项税额） 同时，结转成本： 借：主营业务成本 　　存货跌价准备［如涉及］ 　贷：库存商品

解释5

以自产产品作为福利发放给职工属于视同销售，所以计入应付职工薪酬的金额应该是价税合计金额。

2. 以外购商品作为福利发放给职工

节点	账务处理
购买商品时（增值税专用发票未经税务机关认证）	借：库存商品［购买价款］ 　　应交税费——待认证进项税额 　贷：银行存款等
经税务机关认证不可抵扣时	借：应交税费——应交增值税（进项税额） 　贷：应交税费——待认证进项税额 同时： 借：库存商品 　贷：应交税费——应交增值税（进项税额转出）

节点	账务处理
计提职工薪酬时	借：生产成本 　　制造费用 　　管理费用 　　销售费用 　　在建工程 　　研发支出等 　贷：应付职工薪酬——非货币性福利［购买价款＋增值税］
实际发放时	借：应付职工薪酬——非货币性福利 　贷：库存商品

历年命题视角

1.“应付职工薪酬”科目借方、贷方核算的内容
2.应付职工薪酬入账价值的计算
3.非货币性职工薪酬的账务处理

【经典例题 28 · 单选题】某企业购入按摩仪一批，该批按摩仪的市场售价为 150 万元，适用的增值税税率为 13%，成本为 100 万元，作为非货币性职工福利发放给生产工人。不考虑其他因素，该企业发放非货币性职工福利应计入应付职工薪酬的金额为（　　）万元。（2022 年 · 2 分）

A. 150　　B. 100

C. 113　　D. 169.5

【解析】该企业发放非货币性职工福利应计入应付职工薪酬的金额 =150×（1+13%）=169.5（万元）。

【答案】D

【经典例题 29 · 单选题】某纺织业企业为增值税一般纳税人，适用的增值税税率为 13%。该企业以其生产的服装作为福利发放给 100 名生产车间管理人员，每人一套，每套服装不含税售价为 350 元，成本为 280 元。不考虑其他因素，下列各项中，该企业关于非货币性福利的会计处理结果错误的是（　　）。（2022 年改编 · 2 分）

A. 确认制造费用 39550 元

B. 确认应付职工薪酬 39550 元

C. 确认主营业务收入 39550 元

D. 确认增值税销项税额 4550 元

【解析】相关会计处理如下：

（1）确认时：

借：制造费用 39550

　贷：应付职工薪酬——非货币性福利 ［350×100×（1+13%）］39550

（2）实际发放时：

借：应付职工薪酬——非货币性福利 39550

　贷：主营业务收入 35000

　　应交税费——应交增值税（销项税额） 4550

借：主营业务成本 ［280×100］28000

　贷：库存商品 28000

【答案】C

【经典例题30·多选题】下列各项中，企业通过“应付职工薪酬”科目借方核算的有（　　）。（2022年·2分）

A. 以自产的产品发放非货币性福利

B. 确认因解除与职工劳动关系应给予的补偿

C. 缴存应由企业负担的职工基本养老保险费

D. 支付应由企业负担的职工继续教育培训费

【解析】选项A：借记“应付职工薪酬”科目，贷记“主营业务收入”等科目；选项B错误：借记“管理费用”科目，贷记“应付职工薪酬”科目；选项CD：借记“应付职工薪酬”科目，贷记“银行存款”等科目。

【答案】ACD

【经典例题31·多选题】下列各项中，关于企业职工薪酬会计处理正确的有（　　）。（2022年·2分）

A. 计提的生产工人的工会经费计入管理费用

B. 累积带薪缺勤应在提供服务的当期按照预期支付的金额增加职工薪酬

C. 以自产产品发放给职工，应按产品的含税公允价值计入应付职工薪酬

D. 根据短期利润分享计划支付给管理人员的提成属于利润分配

【解析】选项A错误，计入生产成本；选项D错误，短期利润分享计划属于短期职工薪酬，并非利润分配。

【答案】BC

【经典例题32·判断题】企业以其自产产品作为非货币性福利发放给职工的，应根据确定的受益对象，按照产品的含税公允价值直接计入当期损益。（　　）（2022年·1分）

【解析】企业以其自产产品作为非货币性福利发放给职工的，应当根据受益对象，按照该产品的含税公允价值计入相关资产成本或当期损益，同时确认应付职工薪酬，借记“生产成本”“制造费用”“管理费用”等科目，贷记“应付职工薪酬——非货币性福利”科目。

【答案】×

3. 将拥有的房屋或租赁住房等资产供职工无偿使用

（1）将企业拥有的房屋等资产无偿提供给职工使用，根据受益对象：

借：生产成本、管理费用、销售费用等

  贷：应付职工薪酬——非货币性福利［折旧金额］

借：应付职工薪酬——非货币性福利

  贷：累计折旧

（2）租赁住房等资产供职工无偿使用，根据受益对象：

借：生产成本、管理费用、销售费用等

  贷：应付职工薪酬——非货币性福利［支付的租金］

借：应付职工薪酬——非货币性福利

  贷：银行存款等

【提示】难以认定受益对象的非货币性福利，应当直接计入当期损益（管理费用）和应付职工薪酬。

【经典例题 33 · 单选题】 下列各项中，企业为管理人员提供免费使用汽车的折旧费，应借记的会计科目是（　　）。（2020 年 · 2 分）

A. 制造费用　　B. 生产成本

C. 营业外支出　　D. 应付职工薪酬

【解析】 本题会计分录为：

借：管理费用

  贷：应付职工薪酬——非货币性福利

借：应付职工薪酬——非货币性福利

  贷：累计折旧

【答案】 D

【经典例题 34 · 多选题】 下列各项中，关于企业非货币性职工薪酬的会计处理表述错误的有（　　）。（2020 年 · 2 分）

A. 难以认定受益对象的非货币性福利，应当直接计入当期损益

B. 企业租赁汽车供高级管理人员无偿使用，应当将每期应付的租金计入管理费用

C. 企业以自产产品作为非货币性福利发放给销售人员，应当按照产品的实际成本计入销售费用

D. 企业将自有房屋无偿提供给生产工人使用，应当按照该住房的公允价值计入生产成本

【解析】 选项 C：企业以自产产品作为非货币性福利发放给销售人员，应当按照该产品的公允价值和增值税销项税额计入销售费用。

选项 D：企业将自有的房屋无偿提供给生产工人使用，应当按照该住房每期应计提的折旧金额计入生产成本。

【答案】 CD

考点03 长期职工薪酬的账务处理

考频 | ★

（一）离职后福利

对于设定提存计划，企业应当根据在资产负债表日为换取职工在会计期间提供的服务而应向单独主体缴存的提存金，确认为应付职工薪酬，并计入当期损益或相关资产成本，应编制如下会计分录：

借：生产成本

制造费用

管理费用

销售费用等

贷：应付职工薪酬——设定提存计划

（二）辞退福利

企业向职工提供辞退福利的，确定辞退福利的时点应当在以下二者孰早日：

（1）企业不能单方面撤回因解除劳动关系或裁减所提供的辞退福利时；

（2）企业确认涉及支付辞退福利的重组相关的成本或费用时。

确认辞退福利产生的职工薪酬负债，计入当期损益，编制如下会计分录：

借：管理费用 解释

贷：应付职工薪酬——辞退福利

解释

管理费用：

对于满足负债确认条件的所有辞退福利，不管是哪个部门的，借方均应当计入管理费用，不计入资产成本，这里的思路不再是谁受益谁负担。

（三）其他长期职工福利

企业向职工提供的其他长期职工福利：

（1）符合设定提存计划条件的，应当按照设定提存计划的有关规定进行会计处理。

（2）符合设定受益计划条件的，应当按照设定受益计划的有关规定进行会计处理。

（3）对于长期残疾福利水平，若与职工提供服务期间长短相关的，企业应在职工提供服务的期间确认应付长期残疾福利义务，计量时应当考虑长期残疾福利支付的可能性和预期支付的期限；若与职工提供服务期间长短无关的，企业应当在导致职工长期残疾的事件发生的当期确认应付长期残疾福利。

【经典例题35·单选题】下列职工薪酬中，不应当根据职工提供服务的受益对象计入相关资产成本或当期损益的是（　）。（2022年·2分）

A. 职工福利费　　B. 因解除与职工的劳动关系给予的补偿

C. 工会经费和职工教育经费　　D. 社会保险费

【解析】选项B：辞退福利不区分受益对象，均通过“管理费用”科目核算。相关会计处理如下：

借：管理费用

贷：应付职工薪酬——辞退福利

【答案】B

【经典例题 36 · 单选题】下列职工薪酬中，属于长期职工薪酬的是（　　）。（2022 年 · 2 分）

A. 职工教育经费　　B. 离职后福利

C. 职工生活困难补助　　D. 工会经费

【解析】选项 ACD 属于短期职工薪酬。

【答案】B

【经典例题 37 · 单选题】甲企业与其运营总监达成协议：3 年后利润达到 5 亿元，其薪酬为利润的 0.5%。下列各项中，甲企业向其运营总监提供薪酬的类别是（　　）。

A. 带薪缺勤　　B. 辞退福利

C. 离职后福利　　D. 利润分享计划

【解析】利润分享计划，是指因职工提供服务而与职工达成的基于利润或其他经营成果提供薪酬的协议。

【答案】D

【经典例题 38 · 判断题】企业在资产负债表日为换取职工在会计期间提供的服务而应向单独主体缴存的提存金，确认为其他应付款。（　　）

【解析】企业在资产负债表日为换取职工在会计期间提供的服务而应向单独主体缴存的提存金，应确认为应付职工薪酬。

【答案】×

第四单元　应交税费

使用"会计云课堂"App 扫码听课、做题、答疑

考点 01　应交税费概述　考频 | ★★

企业根据税法规定应交纳的税费包括：增值税、消费税、城市维护建设税、资源税、企业所得税、土地增值税、房产税、车船税、城镇土地使用税、教育费附加、印花税、耕地占用税、环境保护税、契税、车辆购置税等。

企业应设置"应交税费"(解释) 科目，核算各种税费的应交、交纳等情况。但存在例外情况，如：企业交纳的耕地占用税、印花税、车辆购置税、契税、进口关税不需要预计应交数的税金，不通过"应交税费"科目核算。具体账务处理如下：

税种	交纳时的账务处理
耕地占用税	借：在建工程 　贷：银行存款
印花税	借：税金及附加 　贷：银行存款

解释

应交税费：

应交税费是一个会计概念，是企业根据税法规定应负担的税费；而"应交税费"科目是一个会计科目，不是企业应负担的全部税费都要通过该科目核算。

税种	交纳时的账务处理
车辆购置税	借：固定资产 　贷：银行存款
契税	借：固定资产 / 无形资产等 　贷：银行存款
进口关税	借：原材料等 　贷：银行存款

提示

常见的不通过“税金及附加”科目核算的税种：

①增值税；

②企业所得税；

③企业代扣代交的个人所得税；

④耕地占用税；⑤车辆购置税；⑥契税；⑦进口关税等。——直接计入资产 / 成本

【易错易混点辨析】常见的税种确认时的具体账务处理：借方解决“科目归属”问题，贷方解决“支付渠道”问题，即“欠着”计入应交税费，“不欠”计入银行存款。提示

税种	借方（科目归属）	贷方（支付渠道）
个人所得税	应付职工薪酬	应交税费（“欠着”）
企业所得税	所得税费用	
消费税、城市维护建设税、资源税、土地增值税（房地产开发企业）、房产税、车船税、城镇土地使用税、教育费附加、环境保护税	税金及附加	
印花税		银行存款（“不欠”）
进口关税、车辆购置税、契税、耕地占用税	资产 / 成本	

历年命题视角　“应交税费”科目核算的税种范围。

【经典例题 39·单选题】下列各项中，应通过“应交税费”科目核算的是（　　）。（2022 年·2 分）

A. 一般纳税人进口商品缴纳的关税

B. 占用耕地缴纳的耕地占用税

C. 购买印花税票缴纳的印花税

D. 销售应税消费品缴纳的消费税

【解析】选项 ABC 不需要预计应交数，不通过“应交税费”科目核算。

【答案】D

【经典例题 40·多选题】下列各项中，通过“应交税费”科目核算的有（　　）。（2022 年·2 分）

A. 交纳的印花税　　B. 代扣的职工个人所得税

C. 按规定应交纳的土地增值税　　D. 按规定应交纳的城市维护建设税

【解析】

选项 A	选项 B
借：税金及附加 　贷：银行存款	借：应付职工薪酬 　贷：应交税费——应交个人所得税
选项 C	**选项 D**
借：税金及附加等 　贷：应交税费——应交土地增值税	借：税金及附加 　贷：应交税费——应交城市维护建设税

【答案】BCD

【经典例题 41·多选题】企业缴纳的下列税金，通过“应交税费”科目核算的有（　　）。（2022 年改编·2 分）

A. 城镇土地使用税

B. 增值税一般纳税人购进固定资产应支付的增值税进项税额

C. 交纳的房产税

D. 开采矿产品应交的资源税

【答案】ABCD

考点 02 // 应交增值税　考频 | ★★★

（一）应交增值税概述

增值税是以商品（含应税劳务、应税行为）在流转过程中实现的增值额作为计税依据而征收的一种流转税。

<table>
<tr><th>项目</th><th colspan="2">内容</th></tr>
<tr><td>纳税人</td><td colspan="2">（1）按照我国现行增值税法律制度的规定，在我国境内销售货物、加工修理修配劳务、服务、无形资产和不动产以及进口货物的企业、单位和个人为增值税的纳税人
（2）根据经营规模大小及会计核算水平的健全程度，增值税纳税人分为一般纳税人和小规模纳税人</td></tr>
<tr><td>计税方法</td><td>一般计税方法</td><td>应纳税额 = 当期销项税额 - 当期进项税额 解释 1
当期销项税额 = 不含税销售额 × 增值税税率
当期进项税额 = 购进货物、加工修理修配劳务、服务、无形资产或者不动产，支付或者负担的增值税税额
下列进项税额准予从销项税额中抵扣：
（1）从销售方取得的增值税专用发票（含《机动车销售统一发票》，下同）上注明的增值税税额</td></tr>
</table>

解释 1

当期销项税额小于当期进项税额不足抵扣时，其不足部分可以结转下期继续抵扣。

项目	内容	
计税方法	一般计税方法	（2）从海关取得的海关进口增值税专用缴款书上注明的增值税税额 （3）从境外单位或者个人购进服务、无形资产或者不动产，从税务机关或者扣缴义务人取得的解缴税款的完税凭证上注明的增值税税额 （4）购进农产品，除取得增值税专用发票或者海关进口增值税专用缴款书外，按照农产品收购发票或者销售发票上注明的农产品买价和9%的扣除率计算的进项税额；如用于生产销售或委托加工13%税率货物的农产品，按照农产品收购发票或者销售发票上注明的农产品买价和10%的扣除率计算的进项税额 （5）一般纳税人支付的道路通行费，取得的收费公路通行费增值税电子普通发票上注明的增值税税额；桥、闸通行费，凭取得的通行费发票上注明的收费金额和规定的方法计算的可抵扣的增值税进项税额
	简易计税方法	增值税的简易计税方法是按照销售额与征收率的乘积计算应纳税额，不得抵扣进项税额 计算公式： 应纳税额 = 不含税销售额 × 征收率 不含税销售额 = 含税销售额 ÷（1+征收率）解释2 征收率：一般为3%，国家另有规定的除外 适用范围：小规模纳税人、一般纳税人发生财政部和国家税务总局规定的特定应税销售行为

解释2

如果纳税人采用销售额和应纳税额合并定价的方法，应按该公式还原为不含税销售额计算。

（二）一般纳税人的账务处理

增值税核算应设置的会计科目，如下图所示。

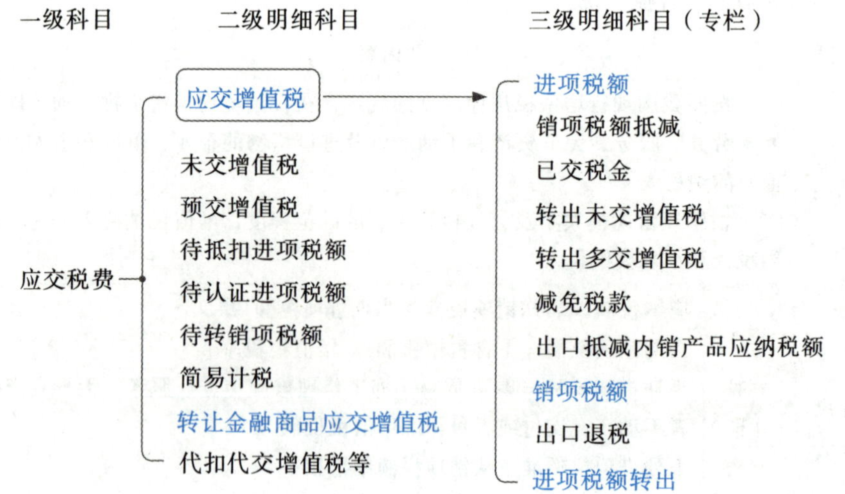

“应交税费”的二级明细科目列示：

应交增值税	核算一般纳税人进项税额、销项税额抵减、已交税金、转出未交增值税、减免税款、出口抵减内销产品应纳税额、销项税额、出口退税、进项税额转出、转出多交增值税等情况
未交增值税	核算一般纳税人月度终了从“应交增值税”或“预交增值税”明细科目转入当月应交未交、多交或预交的增值税税额，以及当月交纳以前期间未交的增值税税额
预交增值税	核算一般纳税人转让不动产、提供不动产经营租赁服务、提供建筑服务、采用预收款方式销售自行开发的房地产项目等，以及其他按现行增值税制度规定应预交的增值税税额
待抵扣进项税额	核算一般纳税人已取得增值税扣税凭证并经税务机关认证，按照现行增值税制度规定准予以后期间从销项税额中抵扣的进项税额
待认证进项税额	核算一般纳税人由于未经税务机关认证而不得从当期销项税额中抵扣的进项税额 包括：一般纳税人已取得增值税扣税凭证、按照现行增值税制度规定准予从销项税额中抵扣，但尚未经税务机关认证的进项税额；一般纳税人已申请稽核但尚未取得稽核相符结果的海关缴款书进项税额
待转销项税额 解释3	核算一般纳税人销售货物、加工修理修配劳务、服务、无形资产或不动产，已确认相关收入（或利得）但尚未发生增值税纳税义务而需于以后期间确认为销项税额的增值税税额
简易计税	核算一般纳税人采用简易计税方法发生的增值税计提、扣减、预缴、缴纳等业务
转让金融商品应交增值税	核算增值税纳税人转让金融商品发生的增值税税额
代扣代交增值税	核算纳税人购进在境内未设经营机构的境外单位或个人在境内的应税行为代扣代缴的增值税

解释 3

该科目主要用于核算会计确认与增值税确认的时间性差异。

“应交增值税”的明细科目（专栏）列示：

进项税额	记录一般纳税人购进货物、加工修理修配劳务、服务、无形资产或不动产而支付或负担的、准予从当期销项税额中抵扣的增值税税额
销项税额抵减	记录一般纳税人按照现行增值税制度规定因扣减销售额而减少的销项税额
已交税金	记录一般纳税人当月已交纳的应交增值税税额
转出未交增值税	记录一般纳税人月度终了转出当月应交未交的增值税税额

转出多交增值税	记录一般纳税人月度终了转出当月多交的增值税税额
减免税款	记录一般纳税人按现行增值税法律制度规定准予减免的增值税税额
出口抵减内销产品应纳税额	记录实行“免、抵、退”办法的一般纳税人按规定计算的出口货物的进项税抵减内销产品的应纳税额
销项税额	记录一般纳税人销售货物、加工修理修配劳务、服务、无形资产或不动产应收取的增值税税额
出口退税	记录一般纳税人出口货物、加工修理修配劳务、服务、无形资产按规定退回的增值税税额
进项税额转出	记录一般纳税人购进货物、加工修理修配劳务、服务、无形资产或不动产等发生非正常损失以及其他原因而不应从销项税额中抵扣、按规定转出的进项税额

一般纳税人的相关账务处理：

1. 取得资产、接受劳务或服务

情形	账务处理
一般纳税人购进货物、加工修理修配劳务、服务、无形资产或固定资产	（1）根据合法扣税凭证注明的增值税税额记入“应交税费——应交增值税（进项税额）”科目 基本账务处理： 借：材料采购、原材料、无形资产、固定资产等 　　应交税费——应交增值税（进项税额） 　贷：银行存款等 （2）购进农产品进项税额的账务处理 借：材料采购、在途物资、原材料、库存商品等［买价扣除进项税额的差额］ 　　应交税费——应交增值税（进项税额） 　贷：应付账款、应付票据、银行存款等［应付或实际支付的价款］
一般纳税人已取得增值税扣税凭证、按照现行增值税制度规定准予从销项税额中抵扣，但尚未经税务机关认证的进项税额，以及一般纳税人已申请稽核但尚未取得稽核相符结果的海关缴款书	借：原材料等 　　应交税费——待认证进项税额 　贷：应付账款等 经认证后准予抵扣时： 借：应交税费——应交增值税（进项税额） 　贷：应交税费——待认证进项税额

情形	账务处理
进项税额转出	（1）改变用途，如外购生产用原材料被用于集体福利或个人消费等 借：应付职工薪酬 　贷：原材料 / 库存商品等 　　应交税费——应交增值税（进项税额转出） （2）发生非正常损失，如管理不善或被依法没收等 借：待处理财产损溢等 　贷：原材料 / 库存商品等 　　应交税费——应交增值税（进项税额转出）

【易错易混点辨析】非正常损失 vs 非常损失

（1）非正常损失，是指因管理不善造成货物被盗、丢失、霉烂变质，以及因违反法律法规造成货物或者不动产被依法没收、销毁、拆除的情形。

（2）非常损失，是指企业对于因客观因素（如自然灾害等）造成的损失，扣除保险合同赔偿后应计入营业外支出的净损失。

2. 销售等业务的账务处理

（1）企业销售货物、加工修理修配劳务、服务、无形资产或不动产。

情形	账务处理
会计准则相关规定的收入或利得确认时点等于按照现行增值税法律制度确认增值税纳税义务发生时点的	借：应收账款 / 应收票据 / 银行存款等 　贷：主营业务收入 / 其他业务收入 / 固定资产清理等 　　应交税费——应交增值税（销项税额）/ 应交税费——简易计税 【提示】企业销售货物等发生销售退回的，应根据税务机关开具的红字增值税专用发票作相反的会计分录
会计准则相关规定的收入或利得确认时点早于按照现行增值税法律制度确认增值税纳税义务发生时点的	确认收入或利得时： 借：应收账款 / 应收票据 / 银行存款等 　贷：主营业务收入 / 其他业务收入 　　应交税费——待转销项税额 实际发生纳税义务时： 借：应交税费——待转销项税额 　贷：应交税费——应交增值税（销项税额）/ 应交税费——简易计税

情形	账务处理
按照现行增值税法律制度确认增值税纳税义务发生时点早于会计准则相关规定的收入或利得确认时点的	发生纳税义务时： 借：发出商品 　贷：库存商品 借：应收账款 　贷：应交税费——应交增值税（销项税额）/应交税费——简易计税 确认收入，结转成本时： 借：应收账款 　贷：主营业务收入 借：主营业务成本 　贷：发出商品

（2）视同销售。

企业将自产或委托加工的货物用于集体福利或个人消费，将自产或委托加工的货物作为投资、分配给股东或投资者、无偿赠送他人等，税法上视为销售行为，需要计算确认增值税销项税额。

情形	账务处理
①集体福利	借：应付职工薪酬 　贷：主营业务收入等 　　应交税费——应交增值税（销项税额） 同时： 借：主营业务成本等 　贷：库存商品等
②对外投资	借：长期股权投资等 　贷：主营业务收入等 　　应交税费——应交增值税（销项税额） 同时： 借：主营业务成本等 　贷：库存商品等
③（以实物）支付（分配）股利	借：应付股利 　贷：主营业务收入等 　　应交税费——应交增值税（销项税额） 同时： 借：主营业务成本等 　贷：库存商品等

情形	账务处理
④对外捐赠	借：营业外支出 贷：库存商品（成本价） 应交税费——应交增值税（销项税额）[计税价/公允价/市场价 × 现行增值税税率]

肖老师解读

如何判断增值税的“视同销售”？

两个标准：一看是否增值；二看对内对外。

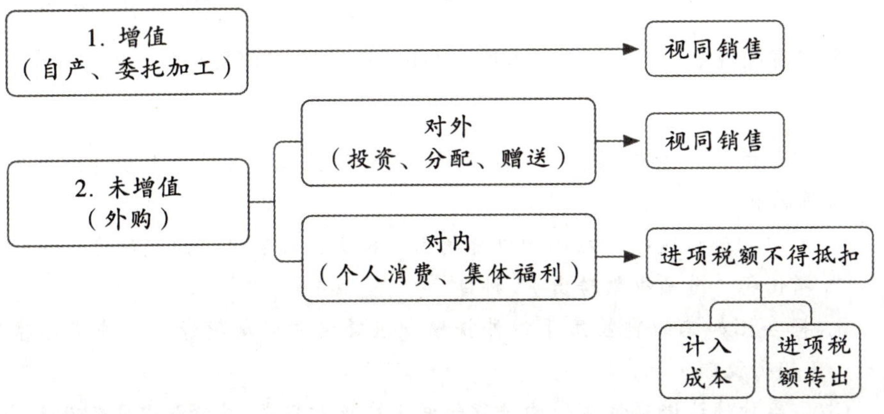

3. 交纳增值税

情形	账务处理
（1）交纳当月应交增值税	借：应交税费——应交增值税（已交税金） 贷：银行存款
（2）交纳以前期间未交的增值税	借：应交税费——未交增值税 贷：银行存款

4. 月末转出多交增值税和未交增值税

月度终了，企业应将当月应交未交或多交的增值税从“应交增值税”明细科目转入“未交增值税”明细科目。

情形	账务处理
（1）对于当月应交未交的增值税	借：应交税费——应交增值税（转出未交增值税） 贷：应交税费——未交增值税

情形	账务处理
(2)对于当月多交的增值税	借：应交税费——未交增值税 贷：应交税费——应交增值税(转出多交增值税)

【易错易混点辨析】“应交增值税”明细科目 vs “未交增值税”明细科目

科目	借方	贷方
应交税费——应交增值税	借方余额代表留抵税额	月末无贷方余额
应交税费——未交增值税	借方余额代表多交的增值税	贷方余额代表期末结转下期应交的增值税

历年命题视角 一般纳税人增值税的账务处理及案例应用。

【经典例题42 · 多选题】下列各项中，关于增值税一般纳税人会计处理表述正确的有(　　)。

A. 已单独确认进项税额的购进货物用于投资，应贷记“应交税费——应交增值税(进项税额转出)”科目

B. 将委托加工的货物用于对外捐赠，应贷记“应交税费——应交增值税(销项税额)”科目

C. 已单独确认进项税额的购进货物发生非正常损失，应贷记“应交税费——应交增值税(进项税额转出)”科目

D. 企业管理部门领用本企业生产的产品，应贷记“应交税费——应交增值税(销项税额)”科目

【解析】选项A错误：外购货物用于投资，应视同销售，确认增值税销项税额。选项D错误：企业管理部门领用自己生产的存货，不视同销售，按成本领用，借记“管理费用”科目，贷记“库存商品”科目。

【答案】BC

(三)小规模纳税人的账务处理

小规模纳税人核算增值税采用简易计税的方法，按照销售额(不含税)的3%(或5%)的征收率征收。

小规模纳税人进行账务处理时，只需在“应交税费”科目下设置“应交增值税”明细科目，该明细科目不再设置增值税专栏。

情形	账务处理
购进货物、应税服务或应税行为	借：原材料等［价税合计数］ 　贷：银行存款等 【提示】小规模纳税人购进货物的增值税进项税额不可以抵扣，计入采购成本中
销售货物、应税服务或应税行为	借：银行存款等 　贷：主营业务收入等 　　　应交税费——应交增值税
交纳增值税	借：应交税费——应交增值税 　贷：银行存款

历年命题视角 小规模纳税人增值税的账务处理及案例应用。

【经典例题 43 · 单选题】2021 年 9 月 5 日，某增值税小规模纳税人购入一批原材料（按实际成本核算），取得增值税专用发票中注明的价款为 500000 元，税额为 65000 元，材料入库前的挑选整理费为 800 元，下列各项中，该批原材料的入账价值是（　　）元。（2022 年 · 2 分）

A. 500800　　B. 565000　　C. 565800　　D. 500000

【解析】小规模纳税人增值税不可以抵扣，该批原材料的入账价值 =500000+65000+800=565800（元）。

【答案】C

【经典例题 44 · 单选题】某企业为增值税小规模纳税人，2022 年 8 月购入原材料取得的增值税专用发票注明价款为 10000 元，增值税税额为 1300 元。当月销售产品开具的增值税普通发票注明含税价款为 123600 元，适用的征收率为 3%。不考虑其他因素，该企业 2022 年 8 月应交纳的增值税税额为（　　）元。

A. 3600　　B. 2408　　C. 3708　　D. 2300

【解析】小规模纳税人核算增值税采用简易计税的方法，购入材料取得增值税专用发票上注明的增值税一律不予抵扣，直接计入原材料成本；销售时按照不含税的销售额和规定的增值税征收率计算应交纳的增值税，所以该企业 2022 年 8 月应交纳的增值税税额 =123600 ÷（1+3%）× 3%=3600（元），选项 A 正确。

【答案】A

【经典例题 45 · 判断题】小规模纳税人销售货物采用销售额和应纳税额合并定价的方法向客户结算款项时，应按照不含税销售额确认收入。（　　）

【答案】√

（四）差额征税的账务处理

1. 企业按规定相关成本费用允许扣减销售额的账务处理

情形	账务处理
确认收入时	借：银行存款等 　贷：主营业务收入等 　　　应交税费——应交增值税（销项税额）
发生成本费用时	借：主营业务成本等 　贷：银行存款等
根据增值税扣税凭证抵减销项税额时	借：应交税费——应交增值税（销项税额抵减）/应交税费——简易计税/应交税费——应交增值税 　贷：主营业务成本等

2. 企业转让金融商品按规定以盈亏相抵后的余额作为销售额（参见第三章第二单元）

【经典例题46·单选题】某旅行社为增值税一般纳税人，应交增值税采用差额征税方式核算。2022年7月份，该旅行社为乙公司提供职工境内旅游服务，向乙公司收取含税价款212万元，其中增值税12万元，全部款项已收妥入账。旅行社以银行存款支付其他接团旅游企业的旅游费用和其他单位相关费用共计106万元，其中，因允许扣减销售额而减少的销项税额为6万元。则下列会计处理错误的是（　　）。

A. 借：银行存款　212
　　贷：主营业务收入　200
　　　　应交税费——应交增值税（销项税额）　12

B. 借：主营业务成本　106
　　贷：银行存款　106

C. 借：应交税费——应交增值税（销项税额抵减）　6
　　贷：主营业务成本　6

D. 借：应交税费——应交增值税（销项税额抵减）　6
　　贷：主营业务收入　6

【解析】根据增值税扣税凭证抵减销项税额时：

借：应交税费——应交增值税（销项税额抵减）　6
　贷：主营业务成本　6

选项D错误。

【答案】D

（五）增值税税控系统专用设备和技术维护费用抵减增值税额的账务处理

情形	账务处理
购入增值税税控系统专用设备	初次购入时： 借：固定资产［价款 + 增值税］ 　贷：银行存款等 按规定抵减的增值税应纳税额： 借：应交税费——应交增值税（减免税款）/ 应交税费——应交增值税 　贷：管理费用等
发生设备技术维护费	支付时： 借：管理费用 　贷：银行存款等 按规定抵减的增值税应纳税额： 借：应交税费——应交增值税（减免税款）/ 应交税费——应交增值税 　贷：管理费用等

小微企业在取得销售收入时，应按照现行增值税法律制度的规定计算应交增值税，并确认为应交税费，在达到规定的免征增值税条件时，将有关应交增值税转入当期损益。

考点 03 // 应交消费税　　考频 | ★★★

（一）应交消费税概述

消费税是指在我国境内生产、委托加工和进口应税消费品的单位和个人，按其流转额交纳的一种税。

消费税是在销售收入中包含的税款，亦称为“价内税”。（提示）

提示

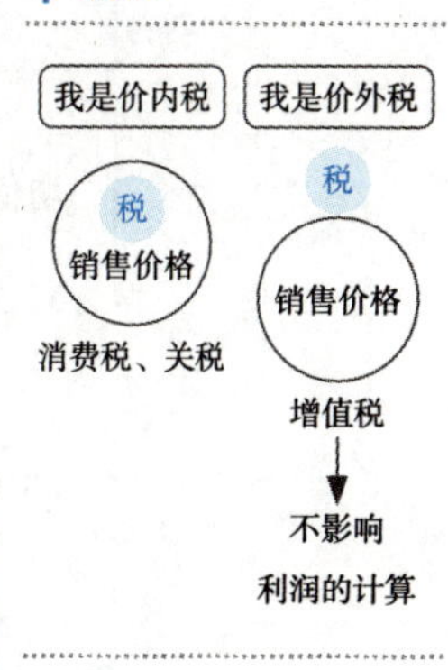

（二）应交消费税的账务处理

企业应在“应交税费”科目下设置“应交消费税”明细科目，核算应交消费税的发生、交纳情况。应交纳的消费税计入该科目贷方，已交纳的消费税计入该科目借方；期末余额在贷方，反映企业尚未交纳的消费税；期末余额在借方，反映企业多交纳的消费税。

情形	账务处理
销售应税消费品	企业生产的应税消费品直接对外销售的，其应交纳的消费税，通过“税金及附加”科目核算： 借：税金及附加 　贷：应交税费——应交消费税

<table>
<tr><th colspan="2">情形</th><th>账务处理</th></tr>
<tr><td colspan="2">自产自用应税消费品</td><td>企业生产的应税消费品用于在建工程等非生产机构：
借：在建工程等
　贷：应交税费——应交消费税</td></tr>
<tr><td rowspan="2">委托加工应税消费品</td><td>收回后直接用于对外销售</td><td>由受托方代收代缴的消费税计入委托加工物资的成本：
借：委托加工物资
　贷：银行存款 / 应付账款等</td></tr>
<tr><td>收回后连续生产应税消费品</td><td>（1）由受托方代收代缴的消费税先记入“应交税费——应交消费税”科目的借方：
借：应交税费——应交消费税
　贷：银行存款等
（2）最终产品出售时，按总的应交消费税记入“应交税费——应交消费税”科目的贷方：
借：税金及附加
　贷：应交税费——应交消费税
（3）最后，再补交其差额即可</td></tr>
<tr><td colspan="2">进口应税消费品</td><td>企业进口应税消费品在进口环节应交纳的消费税，计入该项物资的成本：
借：库存商品等
　贷：银行存款等</td></tr>
</table>

【易错易混点辨析】消费税和增值税计入产品成本还是单独确认，总结如下表。

税种	计入产品成本	单独确认
消费税	委托加工物资收回后直接出售	委托加工物资收回后连续生产应税消费品：应交税费——应交消费税
增值税	（1）一般纳税人（取得增值税普通发票） （2）小规模纳税人	一般纳税人（取得增值税专用发票）：应交税费——应交增值税（进项税额）

历年命题视角　　消费税是否单独核算及其账务处理。

【经典例题 47 · 单选题】甲企业为增值税一般纳税人，委托乙企业加工应交消费税的 M 材料，发出材料价款 20000 元，支付加工费 7000 元，由受托方代收代缴消费税 3000 元。M 材料收回后用于连续生产应税消费品，收

回 M 材料的成本为（ ）元。（2022 年 · 2 分）

A. 30000　　B. 27000

C. 30910　　D. 20000

【解析】收回后继续加工应税消费品的，受托方代收代缴的消费税计入应交税费——应交消费税的借方。收回 M 材料的成本 =20000+7000=27000（元）。

【答案】B

【经典例题 48 · 单选题】某企业委托其他单位加工应税消费品（非金银首饰），该产品收回后直接对外销售，下列各项中，受托方代收代缴的消费税应计入的会计科目是（ ）。（2022 年 · 2 分）

A. 应交税费——应交消费税

B. 税金及附加

C. 生产成本

D. 委托加工物资

【解析】相关账务处理为：

借：委托加工物资

　贷：银行存款等

【答案】D

【经典例题 49 · 多选题】下列各项中，企业计提应交消费税应计入相关资产成本的有（ ）。（2022 年 · 2 分）

A. 进口应税消费品

B. 对外销售应税消费品

C. 领用自产的应税消费品用于在建工程

D. 领用自产的应税消费品用于财务人员职工薪酬

【解析】选项 BD 计入税金及附加。

【答案】AC

考点 04 其他应交税费

考频 | ★★

税种	具体内容	账务处理
资源税	（1）对外销售应税产品应交纳的资源税应记入“税金及附加”科目 （2）自产自用应税产品应交纳的资源税应记入“生产成本”“制造费用”等科目	借：税金及附加 　　生产成本 　　制造费用等 　贷：应交税费——应交资源税

税种	具体内容	账务处理
城市维护建设税	应纳税额 =（实际交纳的增值税 + 实际交纳的消费税）× 适用税率	计提时： 借：税金及附加等 贷：应交税费——应交城市维护建设税 交纳时： 借：应交税费——应交城市维护建设税 贷：银行存款
教育费附加	应纳税额 =（实际交纳的增值税 + 实际交纳的消费税）× 征收率	计提时： 借：税金及附加等 贷：应交税费——应交教育费附加 交纳时： 借：应交税费——应交教育费附加 贷：银行存款
土地增值税	转让土地使用权时连同地上建筑物及其附着物一并在“固定资产”科目核算	借：固定资产清理［转让时应交的土地增值税］ 贷：应交税费——应交土地增值税
	土地使用权在“无形资产”科目核算	借：银行存款［实际收到的金额］ 累计摊销［已计提的摊销额］ 无形资产减值准备［已计提的减值准备金额］ 贷：应交税费——应交土地增值税［转让时应交的土地增值税］ 无形资产［账面价值］ 资产处置损益［差额，或借方］
	房地产开发经营企业销售房地产应交纳的土地增值税	借：税金及附加 贷：应交税费——应交土地增值税
房产税、城镇土地使用税和车船税	企业应交的房产税、城镇土地使用税和车船税记入“税金及附加”科目	借：税金及附加 贷：应交税费——应交房产税 ——应交城镇土地使用税 ——应交车船税

历年命题视角 各种税费计入的会计科目。

【经典例题 50 · 单选题】某企业期末按当地规定确认的房产税金额为 15 万元，下列各项中，该企业计提房产税的会计处理正确的是（　　）。（2022 年 · 2 分）

A. 借：管理费用 150000
　　贷：银行存款 150000

B. 借：税金及附加 150000
　　贷：应交税费——应交房产税 150000

C. 借：营业外支出 150000
　　贷：银行存款 150000

D. 借：固定资产 150000
　　贷：应交税费——应交房产税 150000

【解析】选项 B 正确，企业应交的房产税，借记“税金及附加”科目，贷记“应交税费——应交房产税”科目。

【答案】B

【经典例题 51 · 单选题】企业自销应税矿产品应交的资源税，应计入（　　）。（2022 年 · 2 分）

A. 税金及附加　　B. 生产成本

C. 主营业务成本　　D. 销售费用

【解析】对外销售应税产品应交纳的资源税应记入“税金及附加”科目，借记“税金及附加”科目，贷记“应交税费——应交资源税”科目。

【答案】A

【经典例题 52 · 单选题】下列各项中，将应交资源税的自产矿产品用于企业产品的生产，确认应交的资源税应借记的会计科目是（　　）。（2021 年 · 2 分）

A. 应交税费——应交资源税

B. 税金及附加

C. 管理费用

D. 生产成本

【解析】自产自用应税产品应交纳的资源税应借记“生产成本”等科目，贷记“应交税费——应交资源税”科目。

【答案】D

【经典例题 53 · 判断题】房地产开发经营企业销售房地产应缴纳的土地增值税记入“税金及附加”科目。（　　）（2020 年 · 1 分）

【解析】房地产开发经营企业销售房地产应交纳的土地增值税，借记“税金及附加”科目，贷记“应交税费——应交土地增值税”科目。

【答案】√

【经典例题 54 · 单选题】下列各项中，企业确认当期销售部门使用车辆应交纳的车船税，应借记的会计科目是（　　）。

A. 其他业务成本

B. 税金及附加

C. 管理费用

D. 销售费用

【解析】确认车船税时：

借：税金及附加

　贷：应交税费——应交车船税

【答案】B

使用"会计云课堂"App
扫码听课、做题、答疑

第五单元　非流动负债

考点 01　长期借款　考频 | ★★

（一）长期借款的概念

长期借款是指企业向银行或其他金融机构借入的期限在1年以上（不含1年）的各种借款。其用途通常为：购建固定资产、改扩建工程、大修理工程、对外投资、保持长期经营能力等方面。

（二）长期借款的账务处理

企业应设置"长期借款"科目，核算长期借款的借入、归还等情况。该科目按照贷款单位和贷款种类设置明细账，分"本金""利息调整"等进行明细核算。该科目的贷方登记长期借款本息的增加额，借方登记本息的减少额，期末贷方余额反映企业尚未偿还的长期借款。

项目	账务处理
取得长期借款	借：银行存款［实际收到的款项］ 　　长期借款——利息调整［差额］ 　贷：长期借款——本金
发生长期借款利息	长期借款利息费用应当在资产负债表日按照实际利率法计算确定，实际利率与合同利率差异较小的，也可以采用合同利率计算确定利息费用 借：管理费用［筹建期间不符合资本化条件的］ 　　财务费用［生产经营期间不符合资本化条件的］ 　　在建工程［未达到预定可使用状态前符合资本化条件的］等 　贷：应付利息［分期付息］ 　　　长期借款——应计利息［到期一次还本付息］

项目	账务处理
归还长期借款	借：长期借款——本金［归还的本金］ 应付利息 / 长期借款——应计利息 贷：银行存款［实际归还的款项］

【经典例题 55 · 单选题】下列各项中，企业筹建期间发生的不符合资本化条件的长期借款利息应记入的会计科目是（　　）。（2022 年 · 2 分）

A. 管理费用　　　　B. 长期待摊费用

C. 财务费用　　　　D. 营业外支出

【解析】选项 A 正确，筹建期间发生的不符合资本化条件的长期借款利息应计入管理费用。

【答案】A

【经典例题 56 · 多选题】下列各项中，发生长期借款利息的账务处理可能涉及的会计科目有（　　）。（2022 年 · 2 分）

A. 管理费用

B. 财务费用

C. 长期借款——应计利息

D. 应付利息

【解析】长期借款的利息，属于筹建期间，不符合资本化条件的，计入管理费用（选项 A）；属于生产经营期间，不符合资本化条件的，计入财务费用（选项 B）；到期一次还本付息的利息计入长期借款——应计利息（选项 C）；分期付息的利息计入应付利息（选项 D）。

【答案】ABCD

【经典例题 57 · 判断题】企业购建固定资产发生的长期借款利息符合资本化条件的，应计入在建工程成本。（　　）（2022 年 · 1 分）

【答案】√

【经典例题 58 · 判断题】长期借款利息费用应当按照实际利率法计算确定，实际利率与合同利率差异较小的，可以采用合同利率计算确定利息费用。（　　）（2022 年 · 1 分）

【答案】√

考点 02 应付债券

考频 | ★

（一）债券的发行

企业为筹集长期资金而发行的、期限在 1 年以上的债券为应付债券，构成了企业一项非流动负债。

情况	具体内容
面值发行	发行价格 = 票面金额，票面利率 = 市场利率
溢价发行	发行价格＞票面金额，票面利率＞市场利率
折价发行	发行价格＜票面金额，票面利率＜市场利率

【提示】债券溢价或折价不是债券发行企业的收益或损失，而是发行债券企业在债券存续期内对利息费用的一种调整。其中：折价是企业以后各期少付利息而预先给投资者的补偿，溢价是企业以后各期多付利息而事先得到的补偿。

（二）应付债券的账务处理

企业应当设置"应付债券"科目，核算应付债券发行、计提利息、还本付息等情况。该科目可按"面值""利息调整""应计利息"等设置明细科目进行明细核算。

该科目贷方登记应付债券的本金和利息；借方登记归还的债券本金和利息；期末贷方余额表示企业尚未偿还的长期债券。

节点	分期付息、到期还本	到期一次还本付息
发行债券时	借：银行存款等 　　应付债券——利息调整［或贷方］ 　贷：应付债券——面值	
计提利息时	借：在建工程／制造费用／财务费用／研发支出等［摊余成本 × 实际利率］ 　贷：应付利息［票面金额 × 票面利率］ 　　　应付债券——利息调整［或借方］ 支付利息时： 借：应付利息 　贷：银行存款等	借：在建工程／制造费用／财务费用／研发支出等 　贷：应付债券——应计利息 　　　　　　　——利息调整［或借方］
到期偿还时	计算最后一期利息时： 借：在建工程／财务费用等 　贷：应付利息 　　　应付债券——利息调整［或借方］	计算最后一期利息时： 借：在建工程／财务费用等 　贷：应付债券——应计利息 　　　　　　　——利息调整［或借方］

节点	分期付息、到期还本	到期一次还本付息
到期偿还时	偿还本金和最后一期利息时： 借：应付债券——面值 　　应付利息 　贷：银行存款	偿还本金和利息时： 借：应付债券——面值 　　　　　——应计利息 　贷：银行存款

考点 03 长期应付款

考频 | ★

（一）长期应付款的管理

长期应付款，是指企业除长期借款和应付债券以外的其他各种长期应付款项，如以分期付款方式购入固定资产发生的应付款项等。

（二）长期应付款的账务处理

（1）企业应设置“长期应付款”科目核算企业应付的款项及偿还情况。该科目可按长期应付款的种类和债权人进行明细核算。该科目的贷方登记发生的长期应付款，借方登记偿还的应付款项，期末余额在贷方，反映企业尚未偿还的长期应付款。

（2）企业购买资产有可能延期支付有关价款。如果延期支付的购买价款超过正常信用条件，实质上具有融资性质的，所购资产的成本应当以延期支付购买价款的现值之和为基础确认。应作如下账务处理：

借：固定资产、在建工程等［延期支付购买价款的现值之和］
　　未确认融资费用［差额］
　贷：长期应付款［延期支付购买价款的总额］

（3）各期实际支付的价款之和与其现值之和之间的差额，应当在信用期间内采用实际利率法进行摊销，计入相关资产成本或当期损益。应作如下账务处理：

借：财务费用
　　在建工程等
　贷：未确认融资费用

【经典例题 59 · 单选题】企业以分期付款方式采购一台大型设备（实质具有融资性质）。下列各项中，应付设备款应记入的会计科目是（　　）。（2022 年 · 2 分）

A. 长期借款　　　　B. 应付账款

C. 长期应付款　　　D. 其他应付款

【解析】长期应付款，是指企业除长期借款和应付债券以外的其他各种长期应付款项，如以分期付款方式购入固定资产发生的应付款项等。

【答案】C

【经典例题60·判断题】在长期应付款中，各期实际支付的价款之和与其现值之和之间的差额应当在信用期间内采用实际利率法进行摊销，计入相关资产成本或当期损益。（ ）（2022年改编·1分）

【答案】√

习题指路：P491

若有习题帮，考试心不慌！学完本章考点，要及时做同步练习题哦！

第六章　所有者权益

考情分析

所有者权益是反映企业财务状况的一个会计要素，本章重点介绍实收资本或股本、其他权益工具、资本公积、其他综合收益和留存收益的有关内容。

近三年题型题量分析表

题型 年份	单项选择题	多项选择题	判断题	不定项选择题	合计
2022 年	1 题 2 分	2 题 4 分	1 题 1 分	2 题 4 分	11 分
2021 年	1 题 2 分	1 题 2 分	1 题 1 分	2 题 4 分	9 分
2020 年	2 题 4 分	1 题 2 分	1 题 1 分	1 题 2 分	9 分

考点剖析与经典例题

考点 // 所有者权益概述

考频 | ★

所有者权益（提示）是指企业资产扣除负债后由所有者享有的剩余权益。公司的所有者权益又称为股东权益。

所有者权益的来源包括所有者投入的资本、直接计入所有者权益的利得和损失、留存收益等，通常由实收资本（或股本）、其他权益工具、资本公积、其他综合收益、盈余公积和未分配利润等构成。

> 提示
>
> **所有者权益 vs 负债：**
>
> ①所有者权益是所有者对企业净资产的要求权。
>
> ②负债是债权人对全部资产的要求权。

肖老师解读

本章会围绕一个“葫芦”来展开，如图“大圈”+“小圈”构成。“大圈”分为四个部分，分别为：

（1）实收资本（或股本）；

（2）资本公积；

（3）盈余公积；

（4）未分配利润。

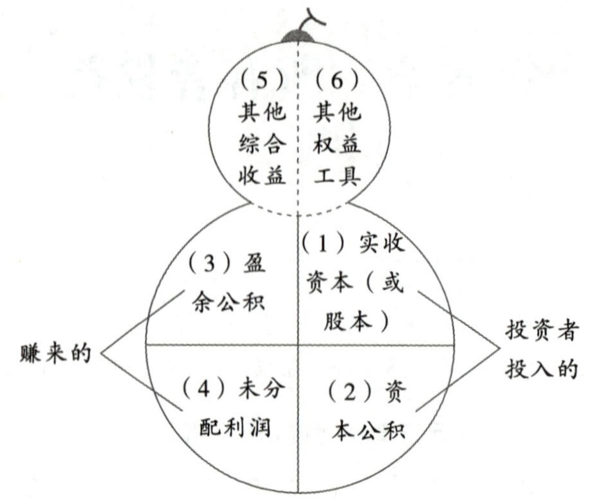

其中（3）和（4）统称为留存收益。

而"小圈"包括（5）其他综合收益和（6）其他权益工具。在初级中，"大圈"用到的居多，当题目不涉及（5）和（6）时，可简化只画出"大圈"即可。

第一单元　实收资本或股本

使用"会计云课堂"App
扫码听课、做题、答疑

考点01 实收资本或股本概述　考频｜★

（一）实收资本或股本的管理

1. 相关概念

实收资本是企业按照章程规定或合同、协议约定，接受投资者投入企业的资本。实收资本的构成比例或股东的股份比例，是确定所有者在企业所有者权益中所占份额的基础，也是企业进行利润或股利分配的主要依据。

2. 股东出资形式

我国《公司法》规定，股东可以用货币出资，也可以用实物、知识产权、土地使用权等可以用货币估价并可以依法转让的非货币财产作价出资；但是，法律、行政法规规定不得作为出资的财产除外。

3. 增减变动

除国家另有规定外，企业的注册资金应当与实收资本相一致，当实收资本比原注册资金增加或减少超过20%时，应持资金使用证明或者验资证明，向原登记主管机关申请变更登记。如擅自改变注册资本或抽逃资金，要受到工商行政管理部门的处罚。

（二）实收资本或股本的确认与计量

项目	实收资本	股本
借方	登记企业按照法定程序报经批准减少的注册资本额	登记经批准核销的股票面值
贷方	登记企业收到投资者符合注册资本的出资额	登记已发行的股票面值
期末余额	在贷方，反映企业期末实有的资本额	在贷方，反映发行在外的股票面值
设户	按照投资者设置明细账 【提示】小企业根据合同规定在合作期间归还投资者的投资，应在本科目设置“已归还投资”明细科目进行核算	按照股票的类别设置明细账
适用范围	除股份有限公司外	股份有限公司

考点 02　实收资本或股本的账务处理　　考频 | ★★

（一）接受现金资产投资

1. 接受现金资产投资的账务处理

项目	账务处理
股份有限公司接受现金资产投资	借：银行存款等 　贷：股本［按每股股票面值和发行股份总数的乘积计算的金额］ 　　资本公积——股本溢价［实际收到的金额与股本之间的差额］
股份有限公司以外的企业接受现金资产投资	借：银行存款等 　贷：实收资本［按投资合同或协议约定的投资者在注册资本中所占份额的部分］ 　　资本公积——资本溢价［实际收到的金额与实收资本之间的差额］

2. 股份有限公司发行费用的处理

属于溢价发行的，发行费用从溢价收入中扣除，冲减资本公积——股本溢价；溢价金额不足冲减的，或者属于按面值发行无溢价的，依次冲减盈余公积和未分配利润。即按照分录中①②③的顺序冲减。

借：资本公积——股本溢价　①
　　盈余公积　②
　　利润分配——未分配利润　③
　贷：银行存款

（二）接受非现金资产投资

借：固定资产、原材料、无形资产等［投资合同或协议约定的价值，不公允的除外］
　　应交税费——应交增值税（进项税额）^(解释)
　贷：实收资本（或股本）［投资合同或协议约定的投资者在企业注册资本或股本中所占份额］
　　　资本公积——资本溢价（或股本溢价）［差额］

> **解释**
> 固定资产、原材料、无形资产增值税税额的处理（一般纳税人）：
> ①被投资企业：进项税额可以抵扣。
> ②投资企业：视同销售，计算增值税销项税额。

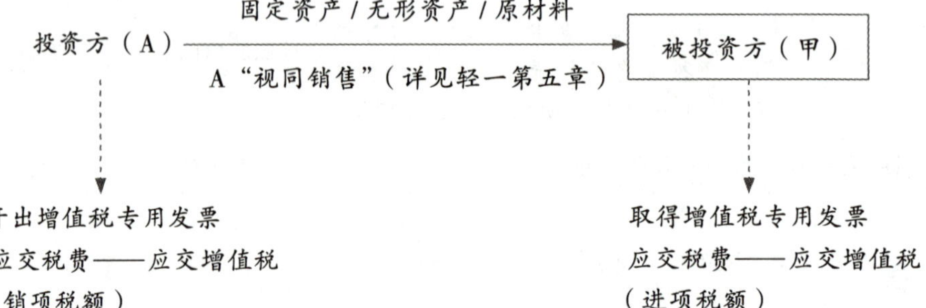

被投资方（甲）获取两个“好处”：一是固定资产 / 无形资产 / 原材料，二是增值税专用发票（进项税额可以去抵扣销项税额），均确认在借方；但是好处不是白得的，所以需要增加投资方在实收资本（或股本）或资本公积当中的份额，实收资本（或股本）及资本公积确认在贷方。

历年命题视角

1. 实收资本（或股本）的入账价值（接受非现金资产投资同理）
2. 股份有限公司发行股票时发行费用的处理原则
3. 倒挤资本公积差额的计算（接受非现金资产投资同理）

【经典例题1·单选题】甲企业与乙企业均为增值税一般纳税人。2021年初，甲企业接受乙企业投入设备一台，该设备账面价值为340万元，投资协议约定的不含税价值为400万元，与公允价值相符。乙企业支付了增值税税额为52万元，并提供了增值税专用发票，乙企业的全部投资用于增加注册资本，不考虑其他因素，甲企业接受投资应计入实收资本的金额为（　　）万元。（2022年·2分）

A. 340　　　　B. 384.2

C. 400　　　　D. 452

【解析】相关账务处理为：

借：固定资产　400
　　应交税费——应交增值税（进项税额）　52
　贷：实收资本　452

【答案】D

【经典例题 2 · 多选题】甲公司设立时收到乙公司作为资本投入的不需要安装的设备一台，合同约定的价值 400 万元与公允价值相同，增值税进项税额为 52 万元（由投资方支付税款，并开具增值税专用发票）。按照约定，乙公司在甲公司注册资本中所占的份额为 300 万元。不考虑其他因素，下列各项中，甲公司确认乙公司投资时，会计科目处理正确的有（　　）。（2022 年 ·2 分）

A. 借记“固定资产”科目 400 万元

B. 贷记“资本公积”科目 100 万元

C. 贷记“实收资本”科目 452 万元

D. 借记“应交税费——应交增值税（进项税额）”科目 52 万元

【解析】账务处理如下：

借：固定资产　400
　　应交税费——应交增值税（进项税额）　52
　贷：实收资本　300
　　　资本公积——资本溢价　152

【答案】AD

【经典例题 3 · 多选题】下列各项中，关于企业发行股票交易费用的会计处理表述正确的有（　　）。（2022 年 · 2 分）

A. 应计入管理费用

B. 无溢价发行股票的，其交易费用应冲减盈余公积

C. 溢价发行股票且溢价足以抵扣交易费用的，应从溢价中抵扣

D. 溢价金额不足抵扣交易费用的，应冲减资本公积

【解析】选项 A：发行股票相关的手续费、佣金等交易费用，如果是溢价发行股票的，应从溢价中抵扣，冲减资本公积——股本溢价，而不是计入管理费用。

选项 BD：无溢价发行股票或溢价金额不足以抵扣交易费用的，应将不足抵扣的部分依次冲减盈余公积和未分配利润，选项 B 正确，选项 D 错误。

选项 C：在溢价发行股票的情况下，企业发行股票取得的收入，等于股票面值部分作为股本处理，超出股票面值的溢价收入应作为资本公积（股本溢价）处理，交易费用应从溢价中抵扣，冲减资本公积（股本溢价）。

【答案】BC

【经典例题 4 · 单选题】某股份有限公司对外公开发行普通股 2000 万股，每股面值为 1 元，每股发行价格为 3 元，发行手续费 600000 元从发行收入中扣除，发行所得款项存入银行。不考虑其他因素，下列各项中，该笔业务会计处理正确的是（　　）。（2020 年 · 2 分）

A. 借：银行存款　59400000
　　贷：股本　20000000
　　　　资本公积　39400000

B. 借：银行存款　59400000
　　　　财务费用　600000
　　贷：股本　20000000
　　　　资本公积　40000000

C. 借：银行存款　60000000
　　　　财务费用　600000
　　贷：股本　20000000
　　　　资本公积　40600000

D. 借：银行存款　60000000
　　贷：股本　60000000

【解析】股份有限公司发行股票时，股本反映面值总额，其金额为每股股票面值和发行股份总数的乘积，即计入股本的金额 =1×20000000=20000000（元），发生的手续费、佣金等交易费用，应从溢价中扣除，冲减资本公积（股本溢价），不涉及财务费用，即计入资本公积（股本溢价）的金额 =3×20000000−20000000−600000=39400000（元）。

【答案】A

（三）实收资本（或股本）的增减变动

1. 实收资本（或股本）的增加

途径	账务处理
接受投资者追加投资	借：银行存款等 　贷：实收资本（或股本） 　　　资本公积——资本溢价（或股本溢价）
资本公积转增资本	借：资本公积——资本溢价（或股本溢价） 　贷：实收资本（或股本）
盈余公积转增资本	借：盈余公积 　贷：实收资本（或股本）

【提示】用资本公积或盈余公积转增资本时，应按原投资者各自出资比例计算确定各投资者相应增加的出资额；资本公积转增资本或盈余公积转增资本，企业所有者权益总额不发生变化。

【经典例题 5·多选题】下列各项中，导致企业实收资本增加的有（　　）。（2022 年·2 分）

A. 接受投资者追加投资　　B. 资本公积转增资本
C. 盈余公积转增资本　　D. 接受固定资产捐赠

【解析】账务处理如下：

选项 A	选项 B
借：银行存款等 　贷：实收资本 　　　资本公积——资本溢价 实收资本增加	借：资本公积 　贷：实收资本 实收资本增加
选项 C	选项 D
借：盈余公积 　贷：实收资本 实收资本增加	借：固定资产 　　应交税费——应交增值税(进项税额) 　贷：营业外收入 不影响实收资本，选项 D 错误

【答案】ABC

【经典例题 6 · 判断题】企业接受新投资者会导致所有者权益总额增加。(　　)(2021 年 · 1 分)

【答案】√

2. 实收资本（或股本）的减少

途径	账务处理
股份有限公司回购并注销股票	回购股票时：提示1 借：库存股 　贷：银行存款 注销股票时： （1）如果回购价款大于 提示2 股票面值，差额冲减资本公积——股本溢价，不足冲减的，依次冲减盈余公积和利润分配——未分配利润 借：股本［每股面值 × 注销股数］ 　　资本公积——股本溢价 　　盈余公积 　　利润分配——未分配利润 　贷：库存股［每股回购价格 × 注销股数］ （2）如果回购价款小于 提示3 股票面值，差额计入资本公积——股本溢价 借：股本［每股面值 × 注销股数］ 　贷：库存股［每股回购价格 × 注销股数］ 　　　资本公积——股本溢价［差额］

提示 1

回购股票时：

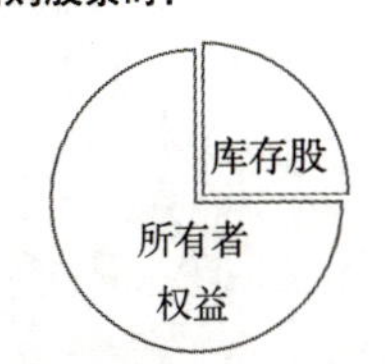

回购股票，回购部分记在“库存股”中。

提示 2

大于：

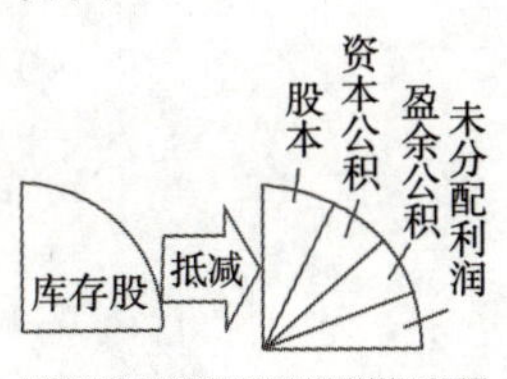

提示 3

小于：

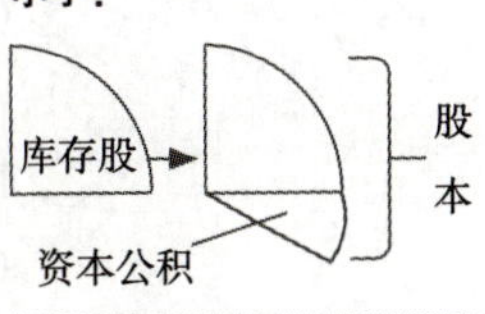

途径	账务处理
有限责任公司和小企业发还投资的会计处理比较简单，按法定程序报经批准减少注册资本	借：实收资本/资本公积等 　贷：库存现金/银行存款等

肖老师解读

股份有限公司采用回购本公司股票的方式进行减资，并通过“库存股”科目核算回购股份的金额。“库存股”科目属于所有者权益备抵项，记账方向与所有者权益类科目相反，借方表示增加，贷方表示减少（类似于累计折旧与固定资产的关系）。

回购、注销股票对留存收益总额和所有者权益总额的影响如下：

发生时点	库存股	留存收益总额	所有者权益总额
回购股票时	增加	不影响	减少
注销股票时	减少	（1）资本公积足够冲减时，不影响 （2）资本公积不足冲减时，减少	不影响

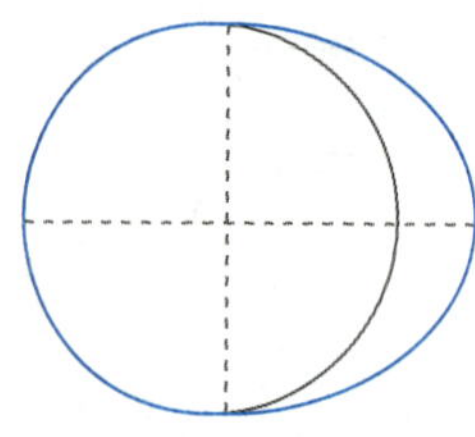

动作1：回购。“蓝圈”变小，即所有者权益总额减少。
动作2：注销。“灰圈”内部相互转换，“灰圈”不变、即不影响所有者权益总额。

历年命题视角

1. 回购和注销股票的账务处理
2. 回购、注销股票对留存收益总额和所有者权益总额的影响

【经典例题7·单选题】某上市公司折价回购并注销本公司股票，下列各项中，其支付的价款低于股票面值总额的差额应计入的会计科目是（　　）。（2022年·2分）

A. 资本公积——股本溢价

B. 盈余公积

C. 营业外收入

D. 利润分配——未分配利润

【解析】如果回购股票支付的价款低于股票面值总额（折价回购），应按股

票面值总额，借记“股本”科目，按所注销的库存股账面余额，贷记“库存股”科目，按其差额，贷记“资本公积——股本溢价”科目。

【答案】A

【经典例题 8 · 多选题】2021 年 8 月 1 日，某公司资产负债表所有者权益部分项目期初余额如下：股本 10000 万元，资本公积（股本溢价）1500 万元，盈余公积 4000 万元，未分配利润 400 万元。同日，该公司经批准回购并注销库存股 1000 万股，该库存股的账面余额 3000 万元、股本面值总额 1000 万元。不考虑其他因素，下列各项中，该公司注销库存股的会计处理结果正确的有（　　）。（2022 年 · 2 分）

A. 资本公积减少 2000 万元　　B. 盈余公积减少 500 万元

C. 股本减少 3000 万元　　D. 资本公积减少 1500 万元

【解析】账务处理如下：

回购股票时：

借：库存股　3000

　贷：银行存款　3000

注销股票时：

借：股本　1000

　　资本公积——股本溢价　1500

　　盈余公积　500

　贷：库存股　3000

【答案】BD

【经典例题 9 · 多选题】甲公司 2021 年 12 月 31 日的股本为 10000 万股，每股面值为 1 元，资本公积（股本溢价）4000 万元，盈余公积 1500 万元。经股东大会批准，甲公司以银行存款回购本公司股票 1500 万股并注销，每股回购价为 0.9 元。下列各项中，会计处理正确的有（　　）。（2022 年 · 2 分）

A. 回购股票时所有者权益减少 1350 万元

B. 回购股票不影响资产总额

C. 注销股票时股本减少 1350 万元

D. 注销股票时资本公积增加 150 万元

【解析】回购股票时：

借：库存股　［1500×0.9］1350

　贷：银行存款　1350

库存股增加，所有者权益减少，选项 A 正确。

注销股票时：

借：股本　1500

　贷：库存股　1350

　　　资本公积——股本溢价　150

注销时股本减少1500万元，资本公积增加150万元，选项D正确。

【点题】注销时，借记“股本”科目，会导致所有者权益总额减少，贷记“库存股”等科目，其中库存股减少，库存股为所有者权益备抵项，库存股的减少会导致所有者权益的增加，资本公积的增加会导致所有者权益增加，所以注销是所有者权益内部的增减变动，不影响所有者权益总额。

【答案】AD

【经典例题10·判断题】企业注销库存股，其回购股票支付的价款高于股票面值总额的，其差额应冲减资本公积（股本溢价），股本溢价不足冲减的，冲减留存收益。（ ）（2022年·1分）

【答案】√

考点03 其他权益工具

考频 | ★

（一）其他权益工具的概念

其他权益工具是企业发行的除普通股以外的按照准则规定归类为权益工具的各种金融工具，如优先股、永续债等。

项目	含义	特点
优先股	指依照《公司法》，在一般规定的普通种类股份之外，另行规定的其他种类股份，其股份持有人优先于普通股股东分配公司利润和剩余财产，但参与公司决策管理等权利受到限制。优先股每股票面金额为100元	（1）优先股的股东对公司资产、利润分配等享有优先权，其风险较小 （2）对公司的经营没有参与权，优先股股东不能退股，只能通过优先股的赎回条款被公司赎回
永续债	指没有到期日的债券，一般由主权国家、大型企业发行，持有人不能要求清偿本金，但可以按期取得利息	高票息、长久期、附加赎回条款并伴随利率调整条款

【提示】符合负债条件的优先股、永续债，应当分类为金融负债。

（二）其他权益工具的账务处理

对于发行的除普通股以外的归类为权益工具的各种金融工具，应设置所有者权益类“其他权益工具”科目核算，并按发行其他权益工具的种类设置“优先股”“永续债”明细科目进行明细核算。

节点	账务处理
发行时	借：银行存款等［发行价－手续费、佣金等］ 贷：其他权益工具——优先股/永续债

节点	账务处理
在存续期间分派股利等	借：利润分配——应付优先股股利等 　贷：应付股利——优先股股利等
赎回时	借：库存股——其他权益工具 　贷：银行存款等
注销时	借：其他权益工具 　贷：库存股——其他权益工具

第二单元　资本公积和其他综合收益

使用“会计云课堂”App扫码听课、做题、答疑

考点 01　资本公积概述　考频 | ★

资本公积是指企业收到投资者出资额超出其在注册资本（或股本）中所占份额的部分，以及其他资本公积等。资本公积（解释）包括资本溢价（或股本溢价）和其他资本公积。

（1）资本溢价（或股本溢价）是企业收到投资者的超出其在企业注册资本（或股本）中所占份额的投资。

（2）其他资本公积是指除资本溢价（或股本溢价）以外所形成的资本公积。

> 解释
>
> 资本公积：其来源不是企业实现的利润，而是资本溢价（或股本溢价）等。

【提示】与实收资本（或股本）不同，资本公积不直接反映企业所有者在企业的基本产权关系，不作为企业持续经营期间进行利润或股利分配的依据。

【经典例题 11 · 多选题】 下列各项中，属于资本公积来源的有（　　）。

A. 盈余公积转入　　B. 股本溢价

C. 资本溢价　　D. 从企业实现的净利润中提取

【解析】 盈余公积可以转增资本，但不能转入资本公积，选项 A 错误；从企业实现的净利润中提取的留存于企业的内部积累应计入盈余公积，不计入资本公积，不属于资本公积的来源，选项 D 错误。

【答案】 BC

考点 02　资本公积的账务处理　考频 | ★★

（一）资本溢价（或股本溢价）的核算

资本溢价	非股份有限公司接受投资者投入资产的金额超过投资者在企业注册资本中所占份额的部分，通过“资本公积——资本溢价”科目核算

股本溢价	股份有限公司在溢价发行股票的情况下，企业发行股票取得的收入，等于股票面值的部分作为股本处理，超出股票面值的溢价收入应作为股本溢价处理

历年命题视角　资本公积的构成及数额计算。

【经典例题12·单选题】某股份有限公司发行普通股股票10000万股，每股面值1元，每股发行价5元，发生相关的手续费10万元。不考虑其他因素，该公司发行普通股导致“资本公积”科目贷方增加的金额为（　　）万元。（2022年·2分）

A. 10000　　B. 50000

C. 39990　　D. 40000

【解析】发行普通股导致“资本公积”科目贷方增加金额=10000×（5–1）–10=39990（万元）。

【答案】C

【经典例题13·单选题】2020年4月1日，甲公司接受投资者投入一台需要安装的设备，该设备市场售价为200万元，与公允价值相符，增值税税额为26万元（由投资方支付税款，并提供增值税专用发票）；发生本公司安装人员工资4万元。2020年4月10日设备达到预定可使用状态。按合同约定，该投资计入实收资本的金额为180万元。不考虑其他因素，该项投资导致资本公积增加的金额为（　　）万元。（2022年·2分）

A. 20　　B. 46

C. 24　　D. 50

【解析】该项投资导致资本公积增加的金额=200+26–180=46（万元）。

相关账务处理为：

借：在建工程　200
　　应交税费——应交增值税（进项税额）　26
　贷：实收资本　180
　　　资本公积——资本溢价　46

借：在建工程　4
　贷：应付职工薪酬　4

借：固定资产　204
　贷：在建工程　204

【答案】B

【经典例题14·判断题】企业收到投资者出资额超过其在注册资本中所占份额的部分，应计入其他综合收益。（　　）（2022年·1分）

【解析】企业收到投资者出资额超过其在注册资本中所占份额的部分，应计入资本公积——资本溢价。

【答案】×

【经典例题 15 · 判断题】股份有限公司溢价发行股票的交易费用，应记入“财务费用”科目。(　　)（2022 年 · 1 分）

【解析】股份有限公司溢价发行股票的交易费用，应从溢价中抵扣，冲减资本公积（股本溢价）。

【答案】×

【经典例题 16 · 单选题】某公司委托证券公司发行普通股 400000 股，每股面值为 1 元，每股发行价格为 16 元。双方协议约定，证券公司按发行收入的 2% 收取佣金，并直接从发行收入中扣除。不考虑其他因素，该公司发行股票应计入资本公积的金额为（　　）元。

A. 6272000　　B. 5880000

C. 5872000　　D. 6000000

【解析】该公司发行股票应计入资本公积（提示 1）的金额 =400000×（16-1）-400000×16×2%=5872000（元）。

【答案】C

提示 1

资本公积：

发行股票时，“好事”“坏事”都计入资本公积，“好事”在贷方，“坏事”在借方。

资本公积	
坏事：发行手续费	好事：溢价收入

【经典例题 17 · 多选题】下列各项中，应计入资本公积的有（　　）。

A. 注销的库存股账面余额低于所冲减股本的差额

B. 投资者超额缴入的资本

C. 交易性金融资产发生的公允价值变动

D. 溢价发行股票，超出股票面值的溢价收入

【解析】选项 C 计入公允价值变动损益。

【答案】ABD

（二）其他资本公积的核算

1. 采用权益法核算的长期股权投资（提示 2）

提示 2

详见“长期股权投资”的讲解。

企业的长期股权投资采用权益法核算的，因被投资单位除净损益、其他综合收益和利润分配以外的所有者权益的其他变动，投资企业按应享有或应分担被投资单位所有者权益的增减数额，调整长期股权投资的账面价值和资本公积——其他资本公积。

账务处理如下：

借：长期股权投资——其他权益变动

　贷：资本公积——其他资本公积

（或相反分录）

处置长期股权投资时（假设全部处置），要将原记入“资本公积——其他资本公积”科目的金额结转至“投资收益”科目中。

借：资本公积——其他资本公积

　贷：投资收益

（或相反分录）

2. 以权益结算的股份支付

以权益结算的股份支付换取职工或其他方提供服务的，应在等待期内按照确定的金额，记入"管理费用"科目，同时增加资本公积——其他资本公积（提示3）。

> **提示3**
> **资本公积——其他资本公积：**
> 该内容不是投资产生的溢价，所以不能进到股本溢价或者资本溢价，只能通过其他资本公积核算。

在等待期内的每个资产负债表日，账务处理如下：

借：管理费用

　贷：资本公积——其他资本公积

在职工或其他方行权日，账务处理如下：

借：银行存款

　　资本公积——其他资本公积［按实际行权的权益数量计算的金额］

　贷：实收资本（或股本）

　　　资本公积——资本溢价（或股本溢价）［倒挤差额］

（三）资本公积转增资本的核算

资本公积转增资本时，按转增的金额，借记"资本公积"科目，贷记"实收资本"或"股本"科目，企业所有者权益总额不变。

【经典例题18·单选题】某公司年初资本公积为1500万元，经股东大会批准，用资本公积转增资本300万元。不考虑其他因素，该公司年末的资本公积为（　　）万元。

A. 1700　　B. 1500　　C. 1200　　D. 1400

【解析】资本公积转增资本会减少资本公积，所以该公司年末的资本公积=1500−300=1200（万元）。

【答案】C

考点03　其他综合收益　考频｜★

（一）其他综合收益的含义及分类

含义	指企业根据其他会计准则规定未在当期损益中确认的各项利得和损失
分类	以后会计期间不能重分类进损益的其他综合收益
	以后会计期间满足规定条件时将重分类进损益的其他综合收益

（二）其他综合收益的内容

1. 以后会计期间不能重分类进损益的其他综合收益

（1）重新计量设定受益计划净负债或净资产变动导致的权益变动。

（2）按权益法核算因被投资单位重新计量设定受益计划净负债或净资产变动导

致的权益变动，投资企业按持股比例计算确认的该部分其他综合收益项目。

（3）在初始确认时，企业可以将非交易性权益工具指定为以公允价值计量且其变动计入其他综合收益的金融资产，该指定后不得撤销。

【提示】不能进损益的其他综合收益结转时，应计入留存收益。

2. 以后会计期间满足规定条件时将重分类进损益的其他综合收益

（1）以公允价值计量且其变动计入其他综合收益的金融资产（其他债权投资）。

（2）按照金融工具准则规定，将以公允价值计量且其变动计入其他综合收益的债务工具投资重分类为以摊余成本计量的金融资产的，或重分类为以公允价值计量且其变动计入当期损益的金融资产。

（3）采用权益法核算的长期股权投资，按照被投资单位实现其他综合收益以及持股比例计算应分享或分担的金额。

（4）自用房地产或存货转换为采用公允价值模式计量的投资性房地产，转换日的公允价值大于原账面价值。

【经典例题 19 · 多选题】下列各项中确认的其他综合收益，以后期间满足条件时将重分类进损益的有（ ）。

A. 重新计量设定受益计划净负债或净资产变动导致的权益变动

B. 在初始确认时指定为以公允价值计量且其变动计入其他综合收益的非交易性权益工具

C. 以公允价值计量且其变动计入其他综合收益的金额资产（其他债权投资）

D. 自用房地产或存货转换为采用公允价值模式计量的投资性房地产，转换日的公允价值大于原账面价值

【解析】选项 AB，在以后期间不能重分类转入当期损益；选项 CD，在以后会计期间满足规定条件时将重分类进损益。

【答案】CD

第三单元 留存收益

使用“会计云课堂”App 扫码听课、做题、答疑

考点 01 留存收益的管理

考频 | ★

留存收益是指企业从历年实现的利润中提取或形成的留存于企业的内部积累，包括盈余公积和未分配利润两类。

（一）盈余公积的管理

盈余公积是指企业按照有关规定从净利润中提取的积累资金，公司制企业的盈余公积包括法定盈余公积和任意盈余公积。

法定盈余公积是指企业按照规定的比例从净利润中提取的盈余公积。

任意盈余公积是指企业按照股东会或股东大会决议提取的盈余公积。

类型	具体内容
公司制企业	（1）应按照净利润（减弥补以前年度亏损，下同）的10%提取法定盈余公积 （2）可根据股东会或股东大会的决议提取任意盈余公积 （3）法定盈余公积累计额已达到注册资本的50%时可以不再提取 （4）法定公积金（盈余公积）转增资本时，所留存的该项公积金不得少于转增前公司注册资本的25%
非公司制企业	（1）法定盈余公积的提取比例可超过净利润的10% （2）经类似权力机构批准，也可提取任意盈余公积

如果以前年度未分配利润有盈余（即年初未分配利润余额为正数），在计算提取法定盈余公积的基数时，不应包括企业年初未分配利润；如果以前年度有未弥补的亏损（即年初未分配利润余额为负数），应先弥补以前年度亏损再提取盈余公积。

（二）未分配利润的管理

未分配利润是指企业实现的净利润经过弥补亏损、提取盈余公积和向投资者分配利润后留存在企业的、历年结存的利润。

利润分配是指企业根据国家有关规定和企业章程、投资者协议等，对企业当年可供分配的利润所进行的分配。

（1）利润分配的顺序依次是：①提取法定盈余公积；②提取任意盈余公积；③向投资者分配利润。

（2）计算公式：

期末可供分配的利润 = 当年实现的净利润（或净亏损）+ 年初未分配利润（或 - 年初未弥补亏损）+ 其他转入（如盈余公积补亏）

期末可供投资者分配的利润 = 期末可供分配的利润 - 提取的盈余公积

期末未分配利润 = 期末可供投资者分配的利润 - 向投资者分配的现金股利或利润、实际发放的股票股利等

历年命题视角 留存收益的构成。

【经典例题20·单选题】2021年12月末，某企业盘盈一台生产设备，重置成本为30000元，该企业按净利润的10%提取盈余公积，不考虑相关税费等因素，该企业盘盈设备增加的留存收益金额为（　　）元。（2022年·2分）

A. 27000　　B. 33000　　C. 3000　　D. 30000

【解析】相关账务处理为：

借：固定资产　　30000

　贷：以前年度损益调整　　30000

借：以前年度损益调整　30000
　贷：盈余公积　3000
　　利润分配——未分配利润　27000

【答案】D

【经典例题21·判断题】如果企业以前年度未分配利润有盈余，在确定提取本期法定盈余公积的基数时，应包括年初未分配利润。（　　）（2022年·1分）

【解析】如果以前年度未分配利润有盈余（即年初未分配利润余额为正数），在计算提取法定盈余公积的基数时，不应包括企业年初未分配利润。

【答案】×

【经典例题22·单选题】下列各项中，能导致企业盈余公积减少的是（　　）。（2020年·2分）

A. 股东大会宣告分配股票股利

B. 以资本公积转增资本

C. 提取盈余公积

D. 以盈余公积弥补亏损

【解析】本题相关的会计分录如下：

选项A	选项B
宣告分配股票股利不作账务处理，不影响盈余公积	借：资本公积 　贷：实收资本（或股本） 不影响盈余公积
选项C	**选项D**
借：利润分配——提取法定（任意）盈余公积 　贷：盈余公积——法定（任意）盈余公积 盈余公积增加	借：盈余公积 　贷：利润分配——盈余公积补亏 盈余公积减少，选项D正确

【答案】D

考点02 留存收益的账务处理　考频丨★★★

（一）盈余公积的账务处理

企业提取的盈余公积经批准可用于弥补亏损、转增资本、发放现金股利或利润等。

企业应通过“盈余公积”科目，反映和监督盈余公积的形成和使用情况，该科目可通过“法定盈余公积”“任意盈余公积”科目分别进行明细核算。账户如下图所示：

借方	盈余公积 贷方
	期初数
用于弥补亏损 用于转增资本 用于分配现金股利或利润等	按规定提取
	期末结存数

（二）未分配利润的账务处理

企业通过“利润分配”科目核算企业利润的分配（或亏损的弥补）和历年分配（或弥补）后的未分配利润（或未弥补亏损）。该科目应设置“提取法定盈余公积”“提取任意盈余公积”“应付现金股利或利润”“盈余公积补亏”“未分配利润”等明细科目进行明细核算。企业未分配利润通过“利润分配——未分配利润”明细科目进行核算。

有关留存收益的账务处理如下：

项目	账务处理
结转当期实现的净利润（或发生的净亏损）解释1	借：本年利润 　贷：利润分配——未分配利润 （或相反分录）
提取盈余公积	借：利润分配——提取法定盈余公积 　　　　　　——提取任意盈余公积 　贷：盈余公积——法定盈余公积 　　　　　　——任意盈余公积
向投资者分配现金股利 解释2 或利润	宣告分配现金股利时： 借：利润分配——应付现金股利或利润 　贷：应付股利 实际发放现金股利时： 借：应付股利 　贷：银行存款等
盈余公积弥补亏损	借：盈余公积 　贷：利润分配——盈余公积补亏
将“利润分配”科目所属其他明细科目的余额结转至“未分配利润”明细科目	借：利润分配——未分配利润 　贷：利润分配——提取法定盈余公积 　　　　　　——提取任意盈余公积 　　　　　　——应付现金股利或利润 　　　　　　——转作股本的股利等 借：利润分配——盈余公积补亏 　贷：利润分配——未分配利润 结转后，“利润分配”科目中除“未分配利润”明细科目以外，其他明细科目无余额 解释3

解释1

如果年初未分配利润为负数，即存在未弥补亏损，那么结转当年实现的净利润，也是在自动弥补以前年度的亏损。

解释2

现金股利vs股票股利：

宣告分配股票股利时不作账务处理，实际发放股票股利时：

借：利润分配——转作股本的股利

　贷：股本

解释3

由于存在结转关系，当账务处理涉及“利润分配”任何一个二级科目时，相当于最终都会影响“未分配利润”。

【易错易混点辨析】弥补亏损的相关问题。

企业弥补亏损的途径主要有两条：一是用以后年度利润弥补；二是用盈余公积弥补。

（1）用以后年度利润弥补亏损。

“利润分配——未分配利润”科目如出现借方余额，则表示累积未弥补的亏损金额。对于未弥补亏损可以用以后年度实现的税前利润进行弥补，一般企业弥补期限不得超过5年，超过5年以后用税后利润弥补。

（2）用盈余公积弥补亏损。

用盈余公积弥补亏损时，借记“盈余公积”科目，贷记“利润分配——盈余公积补亏”科目。

历年命题视角　可供分配利润和未分配利润金额的计算。

【经典例题23·单选题】下列各项中，应通过“利润分配——未分配利润”科目贷方核算的是（　　）。（2022年·2分）

A. 宣告发放现金股利

B. 结转当年实现的净利润

C. 盈余公积转增资本

D. 提取法定盈余公积

【解析】本题相关的会计分录如下：

选项 A	选项 B
借：利润分配——应付现金股利或利润 　贷：应付股利 期末结转时： 借：利润分配——未分配利润 　贷：利润分配——应付现金股利或利润	借：本年利润 　贷：利润分配——未分配利润
选项 C	**选项 D**
借：盈余公积 　贷：实收资本（或股本）	借：利润分配——提取法定盈余公积 　贷：盈余公积——法定盈余公积 期末结转时： 借：利润分配——未分配利润 　贷：利润分配——提取法定盈余公积

【答案】B

【经典例题 24 · 多选题】下列各项中，影响可供分配的利润的因素有（　　）。（2022 年 · 2 分）

A. 年初盈余公积　　B. 提取法定盈余公积

C. 其他转入　　D. 当年实现的净利润

【解析】可供分配的利润 = 当年实现的净利润（或净亏损）+ 年初未分配利润（或 – 年初未弥补亏损）+ 其他转入。选项 CD 影响可供分配的利润。

【答案】CD

【经典例题 25 · 判断题】年终“本年利润”和“利润分配”科目结转后，“利润分配——未分配利润”科目借方余额表示企业累积未弥补亏损金额。（　　）（2022 年 · 1 分）

【答案】√

【经典例题 26 · 判断题】未分配利润是指企业实现的净利润经过弥补亏损、提取盈余公积和向投资者分配利润后留存在企业的结存利润。（　　）（2022 年 · 1 分）

【答案】√

【经典例题 27 · 多选题】下列各项中，导致企业年末可供分配利润总额发生增减变动的有（　　）。（2020 年 · 2 分）

A. 本年发生净亏损

B. 支付上年宣告发放的现金股利

C. 盈余公积转增资本

D. 本年实现净利润

【解析】可供分配的利润 = 当年实现的净利润（或净亏损）+ 年初未分配利润（或 – 年初未弥补亏损）+ 其他转入（如用盈余公积弥补亏损）。

选项 B：支付上年宣告发放的现金股利是针对公式中“年初未分配利润（或 – 年初未弥补亏损）”，在上年宣告发放现金股利时，已经影响了未分配利润，在实际支付时，不再重复影响。

选项 C：不涉及利润分配的问题，不影响公式的计算。

【答案】AD

【经典例题 28 · 单选题】某公司年初未分配利润为 1000 万元，当年实现净利润 500 万元，按 10% 提取法定盈余公积，5% 提取任意盈余公积，宣告发放现金股利 100 万元，不考虑其他因素，该公司年末未分配利润为（　　）万元。

A. 1450　　B. 1475　　C. 1325　　D. 1400

【解析】该公司年末未分配利润 =1000+500–500（提示 1）×（10%+5%）–100=1325（万元）。

【答案】C

提示 1

计提盈余公积以当期净利润为基数，年初未分配利润为正数，则不考虑，为负数则减掉亏损数额。

【经典例题 29 · 单选题】2022 年年初某企业"利润分配——未分配利润"科目借方余额 20 万元，2022 年度该企业实现净利润为 160 万元，根据净利润的 10% 提取盈余公积，2022 年年末该企业可供分配的利润的金额为（　　）万元。

A. 126　　B. 124

C. 140　　D. 160

【解析】2022 年年末该企业可供分配的利润的金额 = 年初未分配利润（或 – 年初未弥补亏损）+ 本年实现的净利润（或净亏损）+ 其他转入 = –20+160=140（万元）。

【答案】C

肖老师解读

掌握 关于所有者权益各业务对留存收益和所有者权益总额增减变动的影响，一般不涉及（5）其他综合收益和（6）其他权益工具，所以简化只画出下面的"大圈"即可，理解思路为：各业务是否影响到"大圈"里面的 4 个部分。

"左半圈"（3）、（4）部分为留存收益。

即所有者权益范围＞留存收益范围。

进入"大圈"的，所有者权益变大；流出"大圈"的，所有者权益变小。"大圈"里相互转化的，所有者权益不变。如下图：

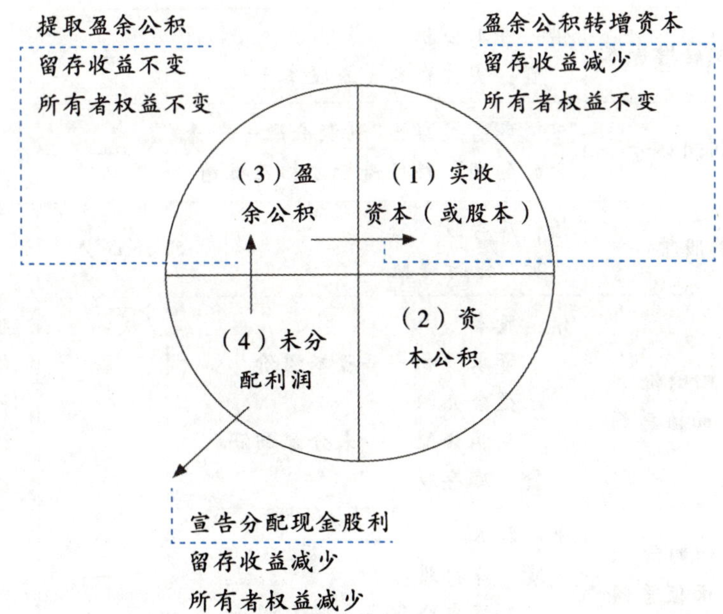

<table>
<tr><th colspan="2">项目</th><th>账务处理</th><th>对所有者权益总额的影响</th><th>对留存收益总额的影响</th></tr>
<tr><td colspan="2">提取盈余公积</td><td>借：利润分配——提取法定（任意）盈余公积
贷：盈余公积——法定（任意）盈余公积</td><td>—</td><td>—</td></tr>
<tr><td colspan="2">盈余公积补亏</td><td>借：盈余公积
贷：利润分配——盈余公积补亏</td><td>—</td><td>—</td></tr>
<tr><td colspan="2">盈余公积转增资本</td><td>借：盈余公积
贷：实收资本（或股本）</td><td>—</td><td>减少</td></tr>
<tr><td colspan="2">宣告分配现金股利</td><td>借：利润分配——应付现金股利或利润
贷：应付股利</td><td>减少</td><td>减少</td></tr>
<tr><td colspan="2">实际发放现金股利</td><td>借：应付股利
贷：银行存款等</td><td>—</td><td>—</td></tr>
<tr><td colspan="2">宣告分配股票股利</td><td>不作账务处理</td><td>—</td><td>—</td></tr>
<tr><td colspan="2">实际发放股票股利</td><td>借：利润分配——转作股本的股利
贷：股本</td><td>—</td><td>减少</td></tr>
<tr><td colspan="2">资本公积转增资本</td><td>借：资本公积
贷：实收资本（或股本）</td><td>—</td><td>—</td></tr>
<tr><td colspan="2">税后利润补亏</td><td>不作账务处理，“利润分配——未分配利润”科目借贷方相互抵销</td><td>—</td><td>—</td></tr>
<tr><td colspan="2">回购股票</td><td>借：库存股 解释4
贷：银行存款</td><td>减少</td><td>—</td></tr>
<tr><td rowspan="2">注销股票</td><td>回购价＞面值总额</td><td>借：股本
资本公积——股本溢价
盈余公积
利润分配——未分配利润
贷：库存股</td><td>—</td><td>股本溢价不足冲减时，留存收益减少</td></tr>
<tr><td>回购价＜面值总额</td><td>借：股本
贷：库存股
资本公积——股本溢价</td><td>—</td><td>—</td></tr>
</table>

解释4

库存股是所有者权益备抵项，记账方向与所有者权益类科目相反，借方表示“库存股”增加，导致所有者权益减少。

历年命题视角

1. 盈余公积的计提和期末余额的计算
2. 盈余公积的用途及其账务处理
3. 实际业务案例对留存收益和所有者权益总额增减变动的影响
4. “利润分配——未分配利润”科目的结转

【经典例题 30 · 单选题】2021 年 1 月初，某企业所有者权益总额为 3950 万元。2021 年度实现净利润 500 万元，提取盈余公积 100 万元，以资本公积转增资本 350 万元，向投资者分配现金股利 300 万元。不考虑其他因素，2021 年 12 月末该企业所有者权益总额为(　　)万元。（2022 年改编 · 2 分）

A. 4150　　B. 4100　　C. 4350　　D. 4000

【解析】提取盈余公积和以资本公积转增资本不影响所有者权益总额。2021 年 12 月末该企业所有者权益总额 =3950+500−300=4150（万元）。

【答案】A

【经典例题 31 · 单选题】下列各项中，会导致所有者权益总额减少的是(　　)。（2022 年改编 · 2 分）

A. 提取法定盈余公积　　B. 向投资者分配现金股利

C. 接受固定资产投资　　D. 盈余公积转增资本

【解析】选项 AD 均属于所有者权益内部的增减变动，不影响所有者权益总额；选项 C 导致企业所有者权益总额增加。

【答案】B

【经典例题 32 · 多选题】下列各项中，引起所有者权益总额发生增减变动的有(　　)。（2022 年 · 2 分）

A. 宣告发放现金股利　　B. 回购并注销本公司股票

C. 以盈余公积弥补亏损　　D. 资本公积转增资本

【解析】本题相关的会计分录如下：

选项 A	选项 B
借：利润分配——应付现金股利或利润 　贷：应付股利 所有者权益总额减少	回购时： 借：库存股 　贷：银行存款 注销时： 借：股本 　　资本公积——股本溢价［或贷方］等 　贷：库存股 回购时所有者权益总额减少，注销时所有者权益总额不变，合计导致所有者权益总额减少

选项 C	选项 D
借：盈余公积 　贷：利润分配——盈余公积补亏 所有者权益总额不变	借：资本公积 　贷：实收资本（或股本） 所有者权益总额不变

【答案】AB

【经典例题 33 · 单选题】下列各项中，关于盈余公积会计处理的表述正确的是（　　）。（2021 年 · 2 分）

A. 用盈余公积弥补亏损时，应借记“盈余公积”科目，贷记“利润分配——盈余公积补亏”科目

B. 用盈余公积发放现金股利时，应借记“盈余公积”科目，贷记“利润分配——应付现金股利或利润”科目

C. 提取盈余公积时，应借记“本年利润”科目，贷记“盈余公积”科目

D. 用盈余公积转增资本时，应借记“盈余公积”科目，贷记“资本公积”科目

【解析】选项 B：用盈余公积发放现金股利时，应借记“盈余公积”科目，贷记“应付股利”科目。

选项 C：提取盈余公积时，应借记“利润分配——提取 ×× 盈余公积”科目，贷记“盈余公积”科目。

选项 D：用盈余公积转增资本时，应借记“盈余公积”科目，贷记“实收资本”或“股本”科目。

【答案】A

【经典例题 34 · 多选题】下列各项中，导致企业留存收益变动的有（　　）。（2021 年 · 2 分）

A. 盈余公积转增资本

B. 用盈余公积发放现金股利

C. 资本公积转增资本

D. 接受投资者设备投资

【解析】留存收益包括盈余公积和未分配利润。

选项 A	选项 B
借：盈余公积 　贷：实收资本（或股本） 留存收益总额减少	借：盈余公积 　贷：应付股利 留存收益总额减少

选项 C	选项 D
借：资本公积 　贷：实收资本（或股本） 留存收益总额不变	借：固定资产 　　应交税费——应交增值税（进项税额） 　贷：实收资本（或股本）等 留存收益总额不变

【答案】AB

【经典例题 35 · 单选题】下列各项中，引起企业资产和所有者权益同时增加的是（　　）。（2020 年 · 2 分）

A. 经股东大会批准向股东宣告分配现金股利 提示 2

B. 收到投资者投入一台设备

C. 取得一笔短期借款并存入银行

D. 经股东大会批准以现金回购本企业股票方式减资

【解析】选项 A：利润分配减少，应付股利增加，即负债和所有者权益一增一减。

选项 B：固定资产增加，实收资本（或股本）等增加，即资产和所有者权益同时增加。

选项 C：短期借款增加，银行存款增加，即资产和负债同时增加。

选项 D：银行存款减少，库存股增加（所有者权益备抵项，导致所有者权益减少），即资产和所有者权益同时减少。

【答案】B

提示 2

若为“宣告发放并支付现金股利”，则引起企业资产和所有者权益同时减少。

【经典例题 36 · 单选题】2022 年年初，某公司“盈余公积”项目余额为 150 万元，当年实现利润总额 900 万元，所得税费用 300 万元，按净利润的 10% 提取法定盈余公积，经股东大会批准将盈余公积 50 万元转增资本，2022 年 12 月 31 日，该公司资产负债表中“盈余公积”项目年末余额为（　　）万元。

A. 210　　B. 150

C. 160　　D. 100

【解析】2022 年 12 月 31 日，该公司资产负债表中“盈余公积”项目的年末余额 =150+（900−300）提示 3 ×10%−50=160（万元）。

【答案】C

提示 3

净利润 = 利润总额 − 所得税费用 =900−300=600（万元）。

【经典例题 37 · 多选题】某公司年初“利润分配——未分配利润”科目贷方余额为 700000 元，本年实现净利润 5000000 元，本年提取法定盈余公积 500000 元，宣告分配现金股利 2000000 元。不考虑其他因素，该公司当年结转本年利润及其分配的会计处理正确的有（　　）。

A. 结转本年实现的净利润时：

借：本年利润　　5000000

　贷：利润分配——未分配利润　　5000000

B. 结转本年实现的净利润时：

借：利润分配——未分配利润　　5000000

　贷：本年利润　　5000000

C. 结转“利润分配”科目所属明细科目余额时：

借：利润分配——提取法定盈余公积　　500000

　　　　——应付现金股利或利润　　2000000

　贷：利润分配——未分配利润　　2500000

D. 结转“利润分配”科目所属明细科目余额时：

借：利润分配——未分配利润　　2500000

　贷：利润分配——提取法定盈余公积　　500000

　　　　——应付现金股利或利润　　2000000

【解析】本题相关的会计分录如下：

（1）结转本年实现的净利润时：

借：本年利润　　5000000

　贷：利润分配——未分配利润　　5000000

（2）提取法定盈余公积时：

借：利润分配——提取法定盈余公积　　500000

　贷：盈余公积——法定盈余公积　　500000

（3）宣告分配现金股利时：

借：利润分配——应付现金股利或利润　　2000000

　贷：应付股利　　2000000

（4）结转“利润分配”科目所属明细科目余额时：

借：利润分配——未分配利润　　2500000

　贷：利润分配——提取法定盈余公积　　500000

　　　　——应付现金股利或利润　　2000000

【答案】AD

习题指路：P511

若有习题帮，考试心不慌！学完本章考点，要及时做同步练习题哦！

第七章　收入、费用和利润

考情分析

收入、费用和利润是反映企业经营成果的会计要素。

近三年题型题量分析表

年份 \ 题型	单项选择题	多项选择题	判断题	不定项选择题	合计
2022 年	3 题 6 分	3 题 6 分	1 题 1 分	4 题 8 分	21 分
2021 年	3 题 6 分	2 题 4 分	2 题 2 分	4 题 8 分	20 分
2020 年	4 题 8 分	3 题 6 分	2 题 2 分	1 题 2 分	18 分

考点剖析与经典例题

第一单元　收　入

使用“会计云课堂”App扫码听课、做题、答疑

考点 01　收入概述

考频 | ★

收入是指企业在日常活动（解释）中形成的、会导致所有者权益增加的、与所有者投入资本无关的经济利益的总流入。

按照企业主要经营业务等经常性经营活动实现的收入，通常将收入分为主营业务收入和其他业务收入。比如，制造业企业销售商品取得的收入属于主营业务收入，销售生产产品用的材料或出租包装物等收入则属于其他业务收入。

> 解释
>
> **日常活动：**指企业为完成其经营目标所从事的经常性活动以及与之相关的其他活动。

考点 02 // 收入的确认与计量 (解释 1)

考频 | ★★★

收入确认和计量的基本步骤：

步骤	内容	实质
第 1 步	识别与客户订立的合同	收入确认
第 2 步	识别合同中的单项履约义务	收入确认
第 3 步	确定交易价格	收入计量
第 4 步	将交易价格分摊至各单项履约义务	
第 5 步	履行各单项履约义务时确认收入	收入确认

解释 1

本章的收入不涉及：

（1）出租资产收取的租金（租赁准则）；

（2）债权投资收取的利息收益（金融工具准则）；

（3）股权投资取得的股利收益（金融工具准则、长期股权投资准则）；

（4）保费收入等（与保费有关的准则）。

1. 识别与客户订立的合同

合同是指双方或多方之间订立有法律约束力的权利义务的协议。合同包括书面形式、口头形式以及其他形式。

合同的存在是企业确认客户合同收入的前提，企业与客户一经签订合同，企业既享有权利，同时也负有义务：享有从客户取得与转移商品和服务对价的权利，负有向客户转移商品和服务的履约义务。

<table>
<tr><th>项目</th><th colspan="2">具体内容</th></tr>
<tr><td>收入确认的前提条件</td><td colspan="2">企业与客户之间的合同同时满足下列五项条件的，企业应当在履行了合同中的履约义务，即在客户取得相关商品控制权时确认收入：
（1）合同各方已批准该合同并承诺将履行各自义务
（2）该合同明确了合同各方与所转让商品相关的权利和义务
（3）该合同有明确的与所转让商品相关的支付条款
（4）该合同具有商业实质，即履行该合同将改变企业未来现金流量的风险、时间分布或金额
（5）企业因向客户转让商品而有权取得的对价很可能收回</td></tr>
<tr><td rowspan="3">收入确认的原则</td><td colspan="2">企业应当在履行了合同中的履约义务，即在客户 (解释 2) 取得相关商品控制权时确认收入</td></tr>
<tr><td rowspan="2">取得商品控制权</td><td>内容：
是指客户能够主导该商品的使用并从中获得几乎全部经济利益，也包括有能力阻止其他方主导该商品的使用并从中获得经济利益</td></tr>
<tr><td>三项要素：
（1）现时权利。客户必须拥有现时权利，能够主导该商品的使用并从中获得几乎全部经济利益
（2）主导该商品的使用。客户有能力主导该商品的使用是指客户在其活动中有权使用该商品，或能够允许或阻止其他方使用该商品
（3）客户能够获得几乎全部的经济利益</td></tr>
</table>

解释 2

客户：

本章所称的客户是指与企业订立合同以向该企业购买其日常活动产出的商品并支付对价的一方。

2. 识别合同中的单项履约义务

履约义务，是指合同中企业向客户转让可明确区分商品或服务的承诺。

企业应当将下列向客户转让商品的承诺作为单项履约义务：一是企业向客户转让可明确区分商品（或者商品的组合）的承诺，二是企业向客户转让一系列实质相同且转让模式相同的、可明确区分商品的承诺。

3. 确定交易价格

交易价格是指企业因向客户转让商品而预期有权收取的对价金额。

（1）企业代第三方收取的款项（例如增值税）以及企业预期将退还给客户的款项，应当作为负债进行会计处理，不计入交易价格；

（2）合同标价并不一定代表交易价格，合同条款中所承诺的对价，可能是固定金额、可变金额或两者同时存在。

4. 将交易价格分摊至各单项履约义务

合同中包含两项或多项履约义务时，企业应当在合同开始日，按照各单项履约义务所承诺商品的单独售价的相对比例，将交易价格分摊至各单项履约义务。

5. 履行各单项履约义务时确认收入

企业应当在履行了合同中的履约义务，即客户取得相关商品控制权时确认收入。

企业应当根据实际情况，首先判断履约义务是否满足在某一时段内履行的条件，如不满足，则该履约义务属于在某一时点履行的履约义务。对于在某一时段内履行的履约义务，企业应当选择恰当的方法来确定履约进度。

➤ **【经典例题1·单选题】**下列各项中，企业确认销售收入的时点正确的是（　　）。（2022年·2分）

A. 收到客户支付的货款并登记入账时

B. 与客户订立商品销售合同时

C. 客户取得商品控制权时

D. 开出商品出库单并向客户发出商品时

【解析】选项C正确，企业应当在履行了合同中的履约义务，即在客户取得相关商品控制权时确认收入。

【答案】C

➤ **【经典例题2·单选题】**甲企业与客户签订设备销售和安装合同，不含增值税的合同总价款为420万元。该设备不含增值税的销售和安装单独售价分别为324万元和108万元。下列各项中，甲企业销售设备应分摊的交易价格为（　　）万元。（2022年·2分）

A. 105　　B. 108

C. 315　　D. 324

【解析】甲企业销售设备应分摊的交易价格 = 设备单独售价 ÷（设备单独售价 + 安装单独售价）× 合同总价款 =324÷（324+108）×420=315（万元）。

【答案】C

【经典例题 3 · 多选题】下列各项中，收入确认和计量表述正确的有（ ）。（2021 年 · 2 分）

A. 企业识别合同中的单项履约义务

B. 企业履行各单项履约义务时确认收入

C. 交易价格不包括企业预期将退还给客户的款项

D. 企业确认客户合同收入应以合同存在为前提

【答案】ABCD

考点 03 会计科目设置

考频 | ★★

企业一般应设置“主营业务收入”“其他业务收入”“主营业务成本”“其他业务成本”“合同取得成本”“合同履约成本”“合同资产”“合同负债”等科目，核算企业与客户之间的合同产生的收入及相关的成本费用。

（一）“主营业务收入”科目与“主营业务成本”科目

项目	主营业务收入	主营业务成本
核算内容	本科目核算企业确认的销售商品、提供服务等主营业务的收入	本科目核算企业确认销售商品、提供服务等主营业务收入时应结转的成本
借贷方向	本科目贷方登记企业主营业务活动实现的收入增加额，借方登记期末转入“本年利润”科目的主营业务收入，结转后本科目应无余额（贷加借减）	本科目借方登记企业应结转的主营业务成本，贷方登记期末转入“本年利润”科目的主营业务成本，结转后本科目应无余额（借加贷减）
明细核算	可按主营业务的种类进行明细核算	
主要账务处理	企业在履行了合同中的单项履约义务时： 借：银行存款 / 应收账款 / 应收票据 / 合同资产等 贷：主营业务收入 应交税费——应交增值税（销项税额）	企业根据本期销售各种商品、提供各种服务的实际成本，结转主营业务成本时： 借：主营业务成本 存货跌价准备［如有］ 贷：库存商品 / 合同履约成本等

（二）"其他业务收入"科目与"其他业务成本"科目

项目	其他业务收入 解释1	其他业务成本
核算内容	本科目核算企业确认的除主营业务活动以外的其他经营活动实现的收入，包括出租固定资产、出租无形资产、出租包装物和商品、销售材料等实现的收入	本科目核算企业确认的除主营业务活动以外的其他经营活动所形成的成本，包括销售材料的成本、出租固定资产的折旧额、出租无形资产的摊销额、出租包装物的成本或摊销额等
借贷方向	本科目贷方登记企业其他业务活动实现的收入增加额，借方登记期末转入"本年利润"科目的其他业务收入，结转后本科目应无余额（贷加借减）	本科目借方登记企业应结转的其他业务成本，贷方登记期末转入"本年利润"科目的其他业务成本，结转后本科目应无余额（借加贷减）
明细核算	可按其他业务的种类进行明细核算	
主要账务处理	企业确认其他业务收入时： 借：银行存款 / 应收账款等 贷：其他业务收入 应交税费——应交增值税（销项税额）	企业发生其他业务成本时： 借：其他业务成本 存货跌价准备［如有］ 贷：原材料 / 周转材料等

解释1

其他业务收入：出租资产收取的租金适用于租赁准则等，不适用于收入准则，但仍然用"其他业务收入"科目核算，属于企业营业收入。

【经典例题4·单选题】下列各项中，制造业企业应计入其他业务成本的是（　　）。（2022年·2分）

A. 推广新产品发生的展览费

B. 随同产品出售单独计价的包装物成本

C. 非流动资产毁损净损失

D. 取得交易性金融资产支付的相关税费

【解析】选项A计入销售费用，选项C计入营业外支出，选项D计入投资收益。

【答案】B

【经典例题5·单选题】下列各项中，制造业企业应通过"其他业务成本"科目核算的是（　　）。（2022年改编·2分）

A. 销售商品的成本

B. 出租无形资产的摊销额

C. 随同商品出售不单独计价的包装物成本

D. 出借包装物的摊销费用

【解析】选项A，通过"主营业务成本"科目核算；选项CD，通过"销售费用"科目核算。

【答案】B

【经典例题6·单选题】2021年3月，某制造业企业发生的部分经济业务如下：对外捐赠产品的成本为120万元，出售原材料的成本为15万元，行政管理部门领用低值易耗品的摊销额为3万元。该企业当月应计入其他业务成本的金额为（ ）万元。（2022年·2分）

A. 15　　B. 123　　C. 18　　D. 138

【解析】对外捐赠产品的成本120万元应计入营业外支出，出售原材料的成本15万元应计入其他业务成本，行政管理部门领用低值易耗品的摊销额3万元应计入管理费用。

【答案】A

提示

制造业企业：

本题是“制造业企业”，因此销售产品属于主营业务，而提供运输服务取得的收入属于其他业务收入。

【经典例题7·多选题】下列各项中，属于制造业企业（提示）其他业务收入的有（ ）。（2020年改编·2分）

A. 销售原材料收入

B. 出租包装物租金收入

C. 出售生产设备净收益

D. 对外提供运输服务取得的收入

【解析】选项ABD计入其他业务收入；选项C计入资产处置损益。

【答案】ABD

（三）“合同取得成本”科目与“合同履约成本”科目

项目	合同取得成本	合同履约成本
核算内容	本科目核算企业取得合同发生的、预计能够收回的增量成本，如销售佣金	本科目核算企业为履行当前或预期取得的合同所发生的、不属于其他企业会计准则规范范围且按照收入准则应当确认为一项资产的成本
借贷方向	本科目借方登记发生的合同取得成本，贷方登记摊销的合同取得成本，期末余额在借方，反映企业尚未结转的合同取得成本	本科目借方登记发生的合同履约成本，贷方登记摊销的合同履约成本，期末余额在借方，反映企业尚未结转的合同履约成本
明细核算	本科目可按合同进行明细核算	本科目可按合同分别设置“服务成本”“工程施工”等明细科目进行明细核算
主要账务处理	（1）企业发生合同取得成本时： 借：合同取得成本 　贷：银行存款等 （2）对合同取得成本进行摊销时： 借：销售费用等 　贷：合同取得成本 涉及增值税的，还应进行相应的处理	（1）企业发生合同履约成本时： 借：合同履约成本 　贷：应付职工薪酬等 （2）对合同履约成本进行摊销时： 借：主营业务成本等 　贷：合同履约成本 涉及增值税的，还应进行相应的处理

（四）“合同资产”科目与“合同负债”科目

项目	合同资产 解释2	合同负债 解释3
核算内容	本科目核算企业已向客户转让商品而有权收取对价的权利，且该权利取决于时间流逝之外的其他因素（如履行合同中的其他履约义务），该权利既承担信用风险，还可能承担履约风险等其他风险。仅取决于时间流逝因素的权利不在本科目核算，应在“应收账款”科目核算	本科目核算企业已收或应收客户对价而应向客户转让商品的义务
借贷方向	本科目借方登记因已转让商品而有权收取的对价金额，贷方登记取得无条件收款权的金额，期末余额在借方，反映企业已向客户转让商品而有权收取的对价金额	本科目贷方登记企业在向客户转让商品之前，已经收到或已经取得无条件收取合同对价权利的金额；借方登记企业向客户转让商品时冲销的金额；期末余额在贷方，反映企业在向客户转让商品之前，已经收到的合同对价或已经取得的无条件收取合同对价权利的金额
明细核算	按合同进行明细核算	
主要账务处理	（1）企业在客户实际支付合同对价或在该对价到期应付之前，已经向客户转让了商品的，应当按因已转让商品而有权收取的对价金额： 借：合同资产 　贷：主营业务收入 / 其他业务收入等 （2）企业取得无条件收款权时： 借：应收账款等 　贷：合同资产 涉及增值税的，还应进行相应的处理	（1）企业在向客户转让商品之前，客户已经支付了合同对价或企业已经取得了无条件收取合同对价权利的，企业应当在客户实际支付款项与到期应支付款项孰早时点，按照该已收或应收的金额： 借：银行存款 / 应收账款 / 应收票据等 　贷：合同负债 （2）企业向客户转让相关商品时： 借：合同负债 　贷：主营业务收入 / 其他业务收入等 涉及增值税的，还应进行相应处理

企业发生减值的，应当设置“合同履约成本减值准备”“合同取得成本减值准备”“合同资产减值准备”等科目进行核算。

解释2

合同资产 vs 应收账款：

二者都属于资产类科目，区别在于收款权利是否有条件。

例：甲 —销售商品→ 乙

约定：

①乙3个月后无条件付款—应收账款。

②如无质量问题，乙3个月后付款—合同资产。

解释3

合同负债 vs 预收账款：

二者都属于负债类科目，核算的是企业预收的款项。

①合同负债：强调“合同”的概念，核算的是在收入准则范围内所产生的预收的款项。

②预收账款：并不强调“合同”的概念，适用于收入准则之外的预收的款项，最常见的例子为向他人提供租赁服务所预收的款项。

【经典例题8·单选题】下列各项中，属于合同负债的是（ ）。（2022年·2分）

A. 预收销售商品款

B. 应支付的租入设备的租金

C. 应付材料采购款

D. 因接受劳务向供应单位签发已承兑的商业汇票

【解析】选项B，计入其他应付款；选项C，计入应付账款；选项D，计入应付票据。

【答案】A

考点04 在某一时点完成的商品销售收入的账务处理 考频 ★★★

（一）一般商品销售收入的确认

企业一般商品销售合同中涉及的履约义务属于在某一时点履行的履约义务。对于该履约义务，企业应当在相关商品控制权转移给客户时确认收入。在判断控制权是否转移时，企业应当综合考虑下列迹象：

（1）企业就该商品享有现时收款权利，即客户就该商品负有现时付款义务；

（2）企业已将该商品的法定所有权转移给客户，即客户已拥有该商品的法定所有权；

（3）企业已将该商品实物转移给客户，即客户已占有该商品实物；

（4）企业已将该商品所有权上的主要风险和报酬转移给客户，即客户已取得该商品所有权上的主要风险和报酬；

（5）客户已接受该商品；

（6）其他表明商品控制权已转移给客户的迹象。

时间节点	账务处理
确认收入时	借：银行存款/应收账款/应收票据等 贷：主营业务收入 应交税费——应交增值税（销项税额）
结转成本时	借：主营业务成本 存货跌价准备［已销售商品所对应的存货跌价准备，如有］ 贷：库存商品
代垫运费时	借：应收账款等 贷：银行存款

（二）现金结算方式销售业务的账务处理

企业对外销售商品采取现金结算方式的，在客户取得相关商品控制权时点确认收入。

时间节点	账务处理
确认收入时	借：库存现金 / 银行存款等［实际收到的款项］ 　贷：主营业务收入 　　　应交税费——应交增值税（销项税额）
结转成本时	借：主营业务成本 　　存货跌价准备［如有］ 　贷：库存商品

（三）委托收款结算方式销售业务的账务处理

企业对外销售商品采取委托收款结算方式的，在其办妥委托收款手续且客户取得相关商品控制权时点确认收入。

时间节点	账务处理
确认收入时	借：应收账款［应收的款项］ 　贷：主营业务收入 　　　应交税费——应交增值税（销项税额）
结转成本时	借：主营业务成本 　　存货跌价准备［如有］ 　贷：库存商品
实际收到款项时	借：银行存款 　贷：应收账款

（四）商业汇票结算方式销售业务的账务处理

企业对外销售商品以商业汇票结算的，在收到商业汇票且客户取得相关商品控制权时点确认收入。

时间节点	账务处理
确认收入时	借：应收票据［收到商业汇票的票面金额］ 　贷：主营业务收入 　　　应交税费——应交增值税（销项税额）
结转成本时	借：主营业务成本 　　存货跌价准备［如有］ 　贷：库存商品

（五）赊销方式销售业务的账务处理

企业对外销售商品以赊销方式的，在客户取得相关商品控制权时点确认收入。

时间节点	账务处理
确认收入时	借：应收账款［应收的款项］ 　贷：主营业务收入 　　　应交税费——应交增值税（销项税额）
结转成本时	借：主营业务成本 　　存货跌价准备［如有］ 　贷：库存商品
实际收到款项时	借：银行存款 　贷：应收账款

肖老师解读

应收账款 vs 合同资产

当企业履行两项及以上的单项履约义务并且根据合同约定，全部履行完毕之后，才具有无条件收取合同对价的权利时，企业履行完某单项履约义务之后，应将有权收取的对价先确认为合同资产，待全部履行完毕之后再转入应收账款。

以两项单项履约义务为例（不考虑增值税）：

时间节点	账务处理
履行了单项履约义务A	借：合同资产 　贷：主营业务收入 借：主营业务成本 　　存货跌价准备［如有］ 　贷：库存商品
履行了单项履约义务B	借：应收账款 　贷：合同资产 　　　主营业务收入 借：主营业务成本 　　存货跌价准备［如有］ 　贷：库存商品
收到货款时	借：银行存款 　贷：应收账款

【经典例题9·单选题】企业与客户签订M、N两种商品销售合同，合同价款为108万元，M、N商品单独售价分别为30万元、90万元，成本分别

为 22 万元、64 万元。合同约定，M 商品和 N 商品分别于合同开始日起 30 天内交付和 50 天内交付，当两种商品全部交付给客户，企业才有权收取全部合同价款。M、N 商品分别构成单项履约义务，其控制权在交付时转移给客户。上述价格均不包含增值税。不考虑其他因素，下列各项中，企业按合同要求交付 M 商品的会计处理结果正确的是（ ）。（2022 年 · 2 分）

A. 应收账款增加 30 万元

B. 发出商品增加 22 万元

C. 营业收入增加 30 万元

D. 合同资产增加 27 万元

【解析】相关账务处理为：

借：合同资产 ［108 × 30/（30+90）］27

　贷：主营业务收入 27

借：主营业务成本 22

　贷：库存商品 22

【答案】D

【经典例题 10 · 多选题】甲企业按照合同向乙企业发出某商品，其成本为 40 万元，开具的增值税专用发票上注明的售价为 60 万元，增值税税额为 7.8 万元。甲企业向乙企业发出商品后应继续提供商品安装服务才具有无条件收取合同对价的权利，下列各项中，甲企业销售该商品的会计处理正确的有（ ）。（2022 年 · 2 分）

A. 结转销售成本：

借：发出商品 400000

　贷：库存商品 400000

B. 结转销售成本：

借：主营业务成本 400000

　贷：库存商品 400000

C. 确认销售收入：

借：应收账款 678000

　贷：主营业务收入 600000

　　应交税费——应交增值税（销项税额） 78000

D. 确认销售收入：

借：合同资产 678000

　贷：主营业务收入 600000

　　应交税费——应交增值税（销项税额） 78000

【答案】BD

【经典例题 11 · 多选题】2022 年 3 月 1 日，甲公司与客户签订合同，向其销售 A、B 两项商品，A 商品的单独售价为 6000 元，B 商品的单独售价为 24000 元，合同价款为 25000 元。合同约定，A 商品于合同开始日交付，B

商品在一个月之后交付，只有当两项商品全部交付之后，甲公司才有权收取25000元的合同对价。假定A商品和B商品分别构成单项履约义务，其控制权在交付时转移给客户。上述价格均不包含增值税，且假定不考虑相关税费影响。甲公司下列会计处理中正确的有（　　）。

A. 分摊至A商品的合同价款为5000元

B. 分摊至B商品的合同价款为20000元

C. 2022年3月1日，销售A商品应确认合同资产5000元

D. 2022年3月1日，销售A商品应确认应收账款5000元

【解析】选项A：分摊至A商品的合同价款=6000÷（6000+24000）×25000=5000（元）。

选项B：分摊至B商品的合同价款=24000÷（6000+24000）×25000=20000（元）。

选项CD：因只有当两项商品全部交付之后，甲公司才有权收取25000元的合同对价，所以甲公司2022年3月1日销售A商品时，应通过“合同资产”科目核算，不应通过“应收账款”科目核算，只有交付B商品后，才存在仅取决于时间流逝因素的收款权利，通过“应收账款”科目核算。甲公司的账务处理如下：

（1）交付A商品时： 借：合同资产　5000 　贷：主营业务收入　5000	（2）交付B商品时： 借：应收账款　25000 　贷：合同资产　5000 　　主营业务收入　20000

【答案】ABC

（六）发出商品业务的账务处理

1. 企业向客户转让商品的对价未达到“很可能收回”收入确认条件 解释

在发出商品时：提示1

借：发出商品

　贷：库存商品

2. 支付手续费方式的委托代销

委托方		受托方	
时点	账务处理	时点	账务处理
发出商品时（不符合收入确认条件）	借：发出商品 　贷：库存商品［成本价］	收到商品时	借：受托代销商品 　贷：受托代销商品款

解释

如销售方在销售时已知购买方资金周转发生困难，但仍发货的情况。

提示1

如已发出商品被客户退回，应编制相反会计分录。

委托方		受托方	
时点	账务处理	时点	账务处理
收到代销清单、代销手续费发票时	借：应收账款 　贷：主营业务收入 　　　应交税费——应交增值税（销项税额） 借：主营业务成本 　贷：发出商品 提示2 借：销售费用——代销手续费 　　应交税费——应交增值税（进项税额） 　贷：应收账款	对外销售时	借：银行存款 　贷：受托代销商品 　　　应交税费——应交增值税（销项税额）
		收到委托方开具的增值税专用发票时	借：受托代销商品款 　　应交税费——应交增值税（进项税额） 　贷：应付账款
收到货款时	借：银行存款 　贷：应收账款	支付货款并计算代销手续费时	借：应付账款 　贷：银行存款 　　　其他业务收入——代销手续费 　　　应交税费——应交增值税（销项税额）

提示2

发出商品：

“发出商品”科目的期末余额应在资产负债表“存货”项目列示。

历年命题视角

1. 不符合收入确认条件时发出商品的账务处理
2. 委托代销方式下，委托方确认收入的时点以及支付代销手续费的科目归属

【经典例题 12 · 单选题】企业按合同向客户发出商品未满足收入确认条件，下列各项中，企业按合同发出商品的成本应计入的会计科目是（　　）。（2022 年 · 2 分）

A. 主营业务成本　　B. 发出商品

C. 合同取得成本　　D. 合同履约成本

【解析】在发出商品时未满足收入确认条件，企业不应确认收入，将发出商品的成本记入“发出商品”科目，借记“发出商品”科目，贷记“库存商品”科目。

【答案】B

【经典例题 13 · 多选题】2021 年 6 月 30 日，甲公司以支付手续费方式委托乙公司销售商品，商品已发出，其实际成本为 100 万元。7 月，乙公司将受托代销商品全部销售，取得收入 150 万元。7 月 31 日，甲公司收到代销清单和代销手续费发票，应支付乙公司代销手续费 15 万元，不考虑增值税等其他因素，下列各项中，关于甲公司委托代销商品的会计处理表述正确

的有（　　）。（2022年·2分）

A. 收到代销清单时，确认主营业务收入150万元

B. 收到代销手续费发票时，确认销售费用15万元

C. 发出商品时，结转主营业务成本100万元

D. 收到代销清单时，结转主营业务成本100万元

【解析】

（1）6月30日，发出商品时：

借：发出商品　　100

　贷：库存商品　　100

（2）7月31日，收到代销清单、代销手续费发票时：

借：应收账款　　150

　贷：主营业务收入　　150

借：主营业务成本　　100

　贷：发出商品　　100

借：销售费用　　15

　贷：应收账款　　15

【答案】ABD

【经典例题14·单选题】采用支付手续费委托代销方式下，下列各项中，委托方在收到受托方开出的代销清单时应将支付的代销手续费记入的会计科目是（　　）。（2020年·2分）

A. 销售费用　　B. 财务费用

C. 其他业务成本　　D. 管理费用

【解析】选项A正确：委托方应支付受托方的代销手续费是为了销售商品而发生的，记入“销售费用”科目。

【答案】A

【经典例题15·判断题】某企业赊销商品时知晓客户财务困难，不能确定能否收回货款，为了维持与客户的长期合作关系仍将商品发出并开具增值税专用发票，对于该赊销，不需要进行相关的会计处理。（　　）

【解析】本题不符合企业因向客户转让商品而有权取得的对价很可能收回的条件，所以不能确认收入。但仍应进行如下会计处理：

发出商品时：

借：发出商品

　贷：库存商品

同时，企业销售该批商品时纳税义务已经发生（开具了增值税专用发票），应确认增值税销项税额：

借：应收账款

　贷：应交税费——应交增值税（销项税额）

【答案】×

（七）材料销售业务的账务处理

企业在日常活动中发生对外销售不需用的原材料、随同商品对外销售单独计价的包装物等业务时，收入的确认和计量原则比照商品销售。销售原材料、包装物等存货确认的收入作为其他业务收入处理，结转的相关成本作为其他业务成本处理。

时间节点	账务处理
确认收入时	借：银行存款等 　贷：其他业务收入 　　　应交税费——应交增值税（销项税额）
结转成本时	借：其他业务成本 　贷：原材料等

（八）销售退回业务的账务处理

销售退回是指企业因售出商品不符合销售合同中在质量、规格等方面规定条款的要求，客户要求企业予以退货。

企业销售商品发生退货，意味着企业履约义务的减少以及客户商品控制权及其相关经济利益的丧失。

情形	账务处理
未确认收入的已发出商品发生退回	借：库存商品 　贷：发出商品
已确认收入的售出商品发生退回（除资产负债表日后事项外）	直接冲减退回当月的收入和成本： 借：主营业务收入 　　应交税费——应交增值税（销项税额） 　贷：银行存款等 借：库存商品 　贷：主营业务成本

考点 05　可变对价的账务处理　考频 | ★★

（一）可变对价的管理

1. 可变对价的概念

企业与客户的合同中约定的对价金额可能是固定的，也可能会发生变化。

可变对价的情形包括：

（1）折扣、价格折让、返利、退款、奖励积分、激励措施、业绩奖金、索赔等。

（2）根据一项或多项或有事项的发生而收取不同对价金额的合同。

2. 可变对价的确认

若合同中存在可变对价，企业应当对计入交易价格的可变对价进行估计。确定可变对价的最佳估计数的两种方法：最可能发生金额或期望值。

（1）最可能发生金额是一系列可能发生的对价金额中最可能发生的单一金额，即合同最可能产生的单一结果。

（2）期望值是按照各种可能发生的对价金额及相关概率计算确定的金额。

（二）可变对价的账务处理

1. 根据最可能发生金额确定可变对价的最佳估计数

最可能发生金额是一系列可能发生的对价金额中最可能发生的单一金额，即合同最可能产生的单一结果。

（1）对于商业折扣，企业应按扣除商业折扣后的金额确认销售收入和增值税销项税额。

（2）对于现金折扣（提示），通常根据最可能发生的现金折扣率预测其有权获取的对价金额。

> 提示
>
> **现金折扣：** 现金折扣通常用“2/20，N/30”表示，即20天内付款享受2%的现金折扣，超过20天付款不享受现金折扣。

企业应确认的销售商品收入 = 商品单价 × 销售数量 − 商业折扣 − 现金折扣

【举例】 戊公司为增值税一般纳税人，2022年3月1日销售商品给客户，不含税售价为200万元，商品适用的增值税税率为13%，实际成本为120万元；由于是成批销售，戊公司给予客户10%的商业折扣，并在销售合同中规定现金折扣条件为2/20，N/30，且计算现金折扣时不考虑增值税；当日商品发出，客户收到商品并验收入库。戊公司基于对客户的了解，预计客户20天内付款的概率为90%，20天后付款的概率为10%。2022年3月18日，收到客户支付的货款。该项销售业务属于在某一时点履行的履约义务。

对于现金折扣，戊公司认为按照最可能发生金额能够更好地预测其有权获取的对价金额。

【解析】 对于商业折扣，从应确认的销售商品收入中予以扣除。

戊公司应确认的销售商品收入的金额 =200×（1−10%）×（1−2%）= 176.4（万元）；

增值税销项税额 =200×（1−10%）×13%=23.4（万元）。

节点	账务处理
确认收入时	借：应收账款 199.8 贷：主营业务收入 176.4 应交税费——应交增值税（销项税额） 23.4 同时： 借：主营业务成本 120 贷：库存商品 120
收到货款时	借：银行存款 199.8 贷：应收账款 199.8

2. 根据期望值确定可变对价的最佳估计数

期望值是按照各种可能发生的对价金额及相关概率计算确定的金额。

企业应确认的销售商品收入 = Σ（可能发生的对价金额 × 相关概率）

【举例】2022 年 3 月，丁公司向 A 公司销售电脑 100 台，适用的增值税税率为 13%，合同价款每台 2000 元（不含增值税），合计 200000 元，成本为 100000 元。A 公司收到电脑并验收入库。丁公司向 A 公司承诺价格保护，如果未来 3 个月内同款电脑售价下降，则按照合同价格与最低售价之间的差额向 A 公司支付差价。丁公司根据经验，预计未来 3 个月内，各种结果发生的概率为：

未来 3 个月售价（元 / 台）	概率
2000	60%
1800	30%
1600	10%

丁公司认为按照期望值能够更好地预测其有权获取的对价金额。

【解析】丁公司估计交易价格 =2000×60%+1800×30%+1600×10%=1900（元 / 台）；应确认的销售商品收入金额 =1900×100=190000（元），增值税销项税额 =2000×100×13%=26000（元）。

节点	账务处理
确认收入时	借：应收账款　216000 　贷：主营业务收入　190000 　　应交税费——应交增值税（销项税额）　26000
结转成本时	借：主营业务成本　100000 　贷：库存商品　100000

3. 销售折让

企业售出商品发生销售折让且不属于资产负债表日后事项的，应冲减当期销售收入和增值税销项税额，但不冲减销售商品成本。

节点	账务处理
确认收入时	借：应收账款等 　贷：主营业务收入 　　应交税费——应交增值税（销项税额） 同时结转成本： 借：主营业务成本 　贷：库存商品

节点	账务处理
发生销售折让时	借：主营业务收入［发生的销售折让金额］ 应交税费——应交增值税（销项税额）［发生的销售折让金额 × 增值税税率］ 贷：应收账款等

【经典例题 16·单选题】某企业与客户签订装修服务合同，合同价款为 20 万元，3 个月完工；同时约定，若提前 1 个月完工，将获得额外奖励 1 万元。该企业估计工程提前 1 个月完工的概率为 95%。不考虑其他因素，该项装修业务的交易价格为（　　）万元。（2022 年·2 分）

A. 19　　　　B. 21

C. 20　　　　D. 20.95

【解析】若合同中存在可变对价，企业应当对计入交易价格的可变对价进行估计。企业应当按照期望值或最可能发生金额确定可变对价的最佳估计数。提前 1 个月完工的概率为 95%，提前完工的奖励应计入交易价格，该项装修业务的交易价格 =20+1=21（万元）。

【答案】B

【经典例题 17·判断题】若合同中存在可变对价，企业应当按照期望值或最可能发生金额确定可变对价的最佳估计数。（　　）（2022 年·1 分）

【答案】√

【经典例题 18·判断题】企业确认收入后发生的销售折让，且其不属于资产负债表日后事项的，销售折让形成的损失应计入销售费用。（　　）（2022 年·1 分）

【解析】发生销售折让且不属于资产负债表日后事项的，应按照确定的销售折让金额冲减当期销售收入。

【答案】×

考点 06　在某一时段内完成的商品销售收入的账务处理

考频 | ★★★

（一）判断在某一时段内履行的履约义务的条件

满足下列条件之一的，属于在某一时段内履行的履约义务：

（1）客户在企业履约的同时即取得并消耗企业履约所带来的经济利益。

（2）客户能够控制企业履约过程中在建的商品。

（3）企业履约过程中所产出的商品具有不可替代用途，且该企业在整个合同期间内有权就累计至今已完成的履约部分收取款项。

（二）在某一时段内履行的履约义务的收入确认方法

（1）原则：对于在某一时段内履行的履约义务，企业应当在该段时间内按照履约进度确认收入，履约进度不能合理确定的除外。企业应当采用恰当的方法确定履约进度，以使其如实反映企业向客户转让商品和服务的履约情况。

（2）履约进度的确认方法。

企业应当考虑商品的性质，采用实际测量的完工进度、评估已实现的结果、时间进度、已完工或交付的产品等产出指标，或采用投入的材料数量、花费的人工工时、机器工时、发生的成本和时间进度等投入指标确定恰当的履约进度。

【提示】

（1）在确定履约进度时，应当扣除那些客户尚未取得控制权的商品和服务。

（2）通常，企业按照累计实际发生的成本占预计总成本的比例（即成本法）确定履约进度。

对于每一项履约义务，企业只能采用一种方法来确定其履约进度，并加以一贯运用。对于类似情况下的类似履约义务，企业应当采用相同的方法确定履约进度。

具体计算方法如下：

本期应确认的收入 = 合同的交易价格总额 × 履约进度 – 以前期间已确认的收入

掌握 当履约进度不能合理确定时，企业已经发生的成本预计能够得到补偿的，应当按照已经发生的成本金额确认收入，直到履约进度能够合理确定为止。

历年命题视角

1. 履约进度能合理确定时，收入的确认计量
2. 履约进度不能合理确定时，收入的确认计量

【经典例题 19 · 单选题】2020 年 9 月，某企业与客户签订一项装修服务合同，合同收入总额为 300 万元，预计合同成本总额为 240 万元，已收到全部合同款。该企业在合同期间按照履约进度确认收入。2020 年已确认收入 80 万元，截止 2021 年 12 月 31 日履约进度已达到 60%，不考虑其他因素，该企业 2021 年应确认的收入为（　　）万元。（2022 年 · 2 分）

A. 64　　B. 100

C. 150　　D. 160

【解析】2021 年该企业应确认的收入 =300×60%−80=100（万元）。

【答案】B

【经典例题 20 · 单选题】2020 年 11 月，某企业接受一项建筑装修工程，合同总价款 140 万元。至 2020 年年末实际发生劳务成本 36 万元，预计还将发生成本 54 万元。2021 年 3 月 31 日，工程完工并通过验收。该装修劳务属于在某一时段内履行的履约义务，按照实际发生成本占预计总成本的

比例确定履约进度。该企业 2021 年提供该项劳务应确认的收入为（　　）万元。（2022 年 · 2 分）

A. 56　　B. 54

C. 140　　D. 84

【解析】2020 年年末履约进度 =36÷（36+54）×100%=40%，2020 年度应确认的劳务收入 =140×40%=56（万元）。该企业 2021 年提供该项劳务应确认的收入 =140−56=84（万元）。

【答案】D

【经典例题 21 · 多选题】对于在某一时段内履行的履约义务，企业应当在该段时间内按照履约进度确认收入。下列各项中关于履约进度的表述正确的有（　　）。（2022 年 · 2 分）

A. 企业可以采用实际测量的完工进度确定履约进度

B. 对于类似情况下的履约义务，企业应当采用相同的方法确定履约进度

C. 对于某一项履约义务，企业可以采用多种方法来确定其履约进度

D. 企业可以按累计实际发生的成本占预计总成本的比例确定履约进度

【解析】对于每一项履约义务，企业只能采用一种方法来确定其履约进度，并加以一贯运用，选项 C 错误。

【答案】ABD

【经典例题 22 · 判断题】当履约进度不能合理确定时，企业已经发生的成本预计能够得到补偿的，应当按照已经发生的成本金额确认收入。（　　）（2022 年 · 1 分）

【答案】√

【经典例题 23 · 单选题】某企业为建筑施工单位，2020 年 9 月 1 日与客户签订一份施工合同，属于在某一时段内履行的单项履约义务。合同总金额为 3500 万元，预计总成本为 2000 万元。截至 2020 年 12 月 31 日，该企业为履行履约义务实际发生成本 800 万元，履约进度不能合理确定，已经发生的成本预计能够得到补偿。不考虑相关税费和其他因素，2020 年该企业应确认的收入为（　　）万元。（2021 年 · 2 分）

A. 2000　　B. 1400

C. 800　　D. 2100

【解析】当履约进度不能合理确定时，企业已经发生的成本预计能够得到补偿的，应当按照已经发生的成本金额确认收入，直到履约进度能够合理确定为止。

【答案】C

（三）合同成本与合同负债

1. 合同取得成本

（1）合同取得成本的概念。

①企业为取得合同发生的增量成本预期能够收回的，应当作为合同取得成本确

认为一项资产。增量成本，是指企业不取得合同就不会发生的成本，如销售佣金。

②企业为取得合同发生的、除预期能够收回的增量成本之外的其他支出，例如无论是否取得合同均会发生的差旅费、投标费、为准备投标资料发生的相关费用等，应当在发生时计入当期损益，除非这些支出明确由客户承担。

（2）合同取得成本的账务处理。

企业对已确认为资产的合同取得成本，应当采用与该资产相关的商品收入确认相同的基础（即在履约义务履行的时点或按照履约义务的履约进度）进行摊销，计入当期损益。

节点	账务处理
支付相关费用时	借：合同取得成本［增量成本］ 　贷：银行存款等
确认收入、摊销合同取得成本时	借：应收账款等 　贷：主营业务收入 　　　应交税费——应交增值税（销项税额） 借：销售费用等 　贷：合同取得成本

【提示】为简化实务操作，合同取得成本摊销期限不超过一年的，可以在发生时计入当期损益。

历年命题视角　　合同取得成本的核算范围。

【经典例题24·单选题】甲公司为增值税一般纳税人，通过竞标方式获得一个为某客户提供3年服务的合同，为取得该服务合同，甲公司支付外部律师尽职调查费5万元，为投标发生的差旅费2.8万元，销售人员佣金6万元，预期这些支出未来均能收回。该公司根据年度业绩，向销售部门经理支付年度奖金1.5万元，不考虑税费等其他因素，下列各项中，该项目的合同取得成本为（　　）万元。（2022年·2分）

A. 15.3　　B. 13.8　　C. 7.8　　D. 6

【解析】尽职调查费5万元和为投标发生的差旅费2.8万元计入管理费用，确认为当期损益；销售人员佣金6万元属于预期未来能够收回的增量成本，应作为合同取得成本确认为一项资产；向销售部门经理支付年度奖金1.5万元计入销售费用。

【答案】D

【经典例题25·判断题】企业按期摊销的合同取得成本应计入销售费用等科目。（　　）（2022年·1分）

【答案】√

【经典例题 26·判断题】企业为取得建筑施工合同发生的预期能够收回的增量成本，应当作为合同取得成本，确认为一项资产。（　　）（2021 年·1 分）

【答案】√

2. 合同履约成本

（1）合同履约成本的概念。

企业为履行合同可能会发生各种成本，企业应当对这些成本进行分析，如果不属于存货、固定资产、无形资产等范围且同时满足下列条件的，应当作为合同履约成本确认为一项资产：

①该成本与一份当前或预期取得的合同直接相关。

<table>
<tr><th>项目</th><th colspan="2">具体内容</th></tr>
<tr><td rowspan="3">与合同直接相关的成本</td><td>直接材料</td><td>如为履行合同耗用的原材料、辅助材料、构配件、零件、半成品的成本和周转材料的摊销及租赁费用等</td></tr>
<tr><td>直接人工</td><td>如支付给直接为客户提供所承诺服务的人员的工资、奖金等</td></tr>
<tr><td>制造费用或类似费用</td><td>如组织和管理相关生产、施工、服务等活动发生的费用，包括车间管理人员的职工薪酬、劳动保护费、固定资产折旧费及修理费、物料消耗、取暖费、水电费、办公费、差旅费、财产保险费、工程保修费、临时设施摊销费等</td></tr>
<tr><td>明确由客户承担的成本以及仅因该合同而发生的其他成本</td><td colspan="2">如支付给分包商的成本、机械使用费、设计和技术援助费用、施工现场二次搬运费、生产工具和用具使用费、检验试验费、工程定位复测费、工程点交费用、场地清理费等</td></tr>
</table>

②该成本增加了企业未来用于履行（包括持续履行）履约义务的资源。

③该成本预期能够收回。

【提示】企业应当在下列支出发生时，将其计入当期损益：

①管理费用，除非这些费用明确由客户承担；

②非正常消耗的直接材料、直接人工和制造费用（或类似费用），这些支出为履行合同发生，但未反映在合同价格中；

③与履约义务中已履行（包括已全部履行或部分履行）部分相关的支出，即该支出与企业过去的履约活动相关；

④无法在尚未履行的与已履行（或已部分履行）的履约义务之间区分的相关支出。

历年命题视角　合同履约成本的核算内容。

【经典例题 27 · 单选题】下列各项中，应计入合同履约成本的是（ ）。（2021 年 · 2 分）

A. 与企业过去的履约活动相关的差旅费

B. 非正常消耗的直接材料

C. 企业承担的管理费用

D. 本期发生直接为客户提供承诺服务且预期能够收回的人员工资

【解析】选项 ABC，计入当期损益，不计入合同履约成本。

【答案】D

【经典例题 28 · 多选题】下列各项中，属于合同履约成本的有（ ）。（2021 年 · 2 分）

A. 支付给分包商的成本

B. 与履约义务中已履行部分相关的材料支出

C. 支付给直接为客户提供承诺服务的人员工资

D. 非正常消耗的直接材料

【解析】选项 BD 直接计入当期损益，不计入合同履约成本。

【答案】AC

【经典例题 29 · 多选题】下列各项中，不属于合同履约成本的有（ ）。

A. 为取得合同发生但预期能够收回的增量成本

B. 为组织和管理企业生产经营发生的但非由客户承担的管理费用

C. 无法在尚未履行的与已履行（或已部分履行）的履约义务之间区分的支出

D. 为履行合同发生的非正常消耗的直接材料、直接人工和制造费用

【解析】选项 A，为取得合同发生但预期能够收回的增量成本应作为合同取得成本确认为一项资产；选项 BCD 在发生时计入当期损益。

【答案】ABCD

（2）合同履约成本的账务处理。

企业对已确认为资产的合同履约成本，应当采用与该资产相关的商品收入确认相同的基础（即在履约义务履行的时点或按照履约义务的履约进度）进行摊销，计入当期损益。

节点	账务处理
发生相关成本时	借：合同履约成本 　贷：银行存款、应付职工薪酬、累计折旧等
确认收入、摊销合同履约成本时	借：银行存款等 　贷：主营业务收入等 　　　应交税费——应交增值税（销项税额） 借：主营业务成本等 　贷：合同履约成本

【易错易混点辨析】合同履约成本 vs 合同取得成本

项目	具体内容
合同履约成本	考虑类似于生产成本，因为可能是在一段时间内履行的义务，不能一次性确认成本，所以先将发生的成本进行归集，最后统一结转到主营业务成本等科目中
合同取得成本	考虑同上，因为可能是在一段时间内履行的义务，不能一次性确认相关费用，所以先将发生的费用归集到合同取得成本中，最后统一结转到相关费用中 此处常见的例子为销售佣金，最后需结转到销售费用之中

【经典例题 30 · 单选题】甲公司 2021 年 4 月初与乙公司签订一项为期 3 个月的装修合同。当月以银行存款支付装修人工费用 30000 元。4 月底，甲公司按完工进度确认应结转的劳务成本为 25000 元。不考虑其他因素，下列各项中，甲公司当月结转装修人工成本的会计处理正确的是（　　）。（2022 年 · 2 分）

A. 借：主营业务成本　25000
　　贷：银行存款　25000

B. 借：主营业务成本　25000
　　贷：合同履约成本　25000

C. 借：合同履约成本　30000
　　贷：银行存款　30000

D. 借：合同履约成本　30000
　　贷：主营业务成本　30000

【答案】B

3. 合同负债

合同负债是指企业已收或应收客户对价而应向客户转让商品的义务。

对于尚未向客户履行转让商品的义务而已收或应收客户对价中的增值税部分，不确认为合同负债。

预收款项时：

借：银行存款
　贷：合同负债
　　应交税费——待转销项税额

按期确认收入时：

借：合同负债
　应交税费——待转销项税额
　贷：主营业务收入
　　应交税费——应交增值税（销项税额）

➤ **【经典例题 31 · 多选题】**某公司经营一家健身俱乐部，适用的增值税税率为6%。2021 年 1 月 1 日与客户签订合同，并收取会员费 3816 元（含增值税）。客户可在未来 12 个月内享受健身服务，且没有次数限制。不考虑其他因素，下列各项中，关于该健身俱乐部相关会计处理的表述正确的有（　　）。（2022 年 · 2 分）

A. 每月确认主营业务收入 300 元

B. 为客户提供健身服务属于在某一时段内履行的履约义务

C. 收取会员费时，应确认合同负债增加 3600 元

D. 收取会员费时，应确认预收账款增加 3600 元

【解析】客户可在未来 12 个月内享受健身服务且没有次数限制，该公司的履约义务是承诺随时准备在客户需要时为其提供健身服务，属于在某一时段内履行的履约义务。相关账务处理为：

1 月 1 日，收到会员费时：

借：银行存款　　3816

　贷：合同负债　　[3816 ÷（1+6%）] 3600

　　　应交税费——待转销项税额　　216

1 月 31 日，确认收入，同时将对应的待转销项税额确认为销项税额：

借：合同负债　　[3600 ÷ 12] 300

　　应交税费——待转销项税额　　18

　贷：主营业务收入　　300

　　　应交税费——应交增值税（销项税额）　　18

【答案】ABC

➤ **【经典例题 32 · 单选题】**某咨询服务公司本月与客户签订为期半年的咨询服务合同，并已预收全部咨询服务费，该合同于下月开始执行。下列各项中，该公司预收咨询服务费应记入的会计科目是（　　）。（2021 年 · 2 分）

A. 合同取得成本

B. 合同负债

C. 主营业务成本

D. 主营业务收入

【解析】签订咨询服务合同属于在某一时段内履行的履约义务，预收咨询服务费，相关账务处理为：

借：银行存款

　贷：合同负债

【答案】B

使用"会计云课堂"App扫码听课、做题、答疑

第二单元 费 用

费用是指企业日常活动所发生的、会导致所有者权益减少的、与向所有者分配利润无关的经济利益的总流出，主要是指企业为取得营业收入进行产品销售等营业活动所发生的营业成本、税金及附加和期间费用。

考点 01 营业成本

考频 | ★★

企业为生产产品、提供劳务等发生的可归属于产品成本、劳务成本等的费用，应当在确认销售商品收入、提供劳务收入等时，将已销售商品、已提供劳务的成本确认为营业成本（包括主营业务成本和其他业务成本）。

考点 02 税金及附加

考频 | ★★

税金及附加是指企业经营活动应负担的相关税费，包括消费税、城市维护建设税、教育费附加、资源税、土地增值税（房地产开发经营企业）、房产税、环境保护税、城镇土地使用税、车船税、印花税等。

节点	账务处理
计算确定与经营活动相关的消费税、城市维护建设税、教育费附加、资源税、土地增值税（房地产开发经营企业）、房产税、环境保护税、城镇土地使用税、车船税等	借：税金及附加 贷：应交税费——应交消费税 ——应交城市维护建设税 ——应交教育费附加 ——应交资源税 ——应交土地增值税 ——应交房产税 ——应交环境保护税 ——应交城镇土地使用税 ——应交车船税等
交纳不需要预计应交数的税金（如印花税）	借：税金及附加 贷：银行存款
期末结转到本年利润	借：本年利润 贷：税金及附加

历年命题视角 税金及附加的核算范围及金额计算。

【经典例题 33 · 单选题】下列各项中，通过"税金及附加"科目核算的是（ ）。（2022 年改编 · 2 分）

A. 委托加工物资受托方代收代缴的消费税

B. 厂部车辆应交的车辆购置税

C. 企业因订立买卖合同而交纳的印花税

D. 应交的企业所得税

【解析】选项 A，委托加工应税消费品，受托方代收代缴的消费税计入委托加工物资或应交税费——应交消费税，不通过“税金及附加”科目核算。销售应税消费品应交的消费税通过“税金及附加”科目核算；选项 B，计入固定资产成本；选项 D，计入所得税费用。

【答案】C

【经典例题 34 · 多选题】下列各项中，企业应通过“税金及附加”科目核算的有（　　）。（2022 年 · 2 分）

A. 代扣代缴的职工个人所得税

B. 销售应税消费品应交的消费税

C. 以自产产品对外捐赠应交的增值税

D. 销售应税矿产品应交的资源税

【解析】相关账务处理如下：

选项 A	选项 B
借：应付职工薪酬 　贷：应交税费——应交个人所得税 借：应交税费——应交个人所得税 　贷：银行存款	借：税金及附加 　贷：应交税费——应交消费税
选项 C	**选项 D**
借：营业外支出 　贷：库存商品 　　　应交税费——应交增值税（销项税额）	借：税金及附加 　贷：应交税费——应交资源税

【答案】BD

【经典例题 35 · 多选题】某企业销售应税消费品应交增值税 150 万元，消费税 90 万元，城市维护建设税 16.8 万元，全部税金尚未交纳。不考虑其他因素，上述税金计入的会计科目正确的有（　　）。（2022 年 · 2 分）

A.“税金及附加”科目 166.8 万元　　B.“税金及附加”科目 106.8 万元

C.“应交税费”科目 256.8 万元　　D.“管理费用”科目 90 万元

【解析】增值税不通过“税金及附加”科目核算，故“税金及附加”科目金额 =90+16.8=106.8（万元），选项 B 正确；“应交税费”科目金额 =150+90+16.8=256.8（万元），选项 C 正确。

【答案】BC

【经典例题36·单选题】某企业为增值税一般纳税人，2022年应交的各种税金为：增值税300万元，消费税100万元，城市维护建设税28万元，教育费附加12万元，房产税10万元，车船税2万元，印花税1万元，个人所得税80万元，企业所得税200万元。上述各项税金中应计入税金及附加的金额为（　　）万元。

A. 533　　B. 233

C. 153　　D. 453

【解析】应计入税金及附加的金额=100+28+12+10+2+1=153（万元）。

【点题】计算计入税金及附加的金额时，关注点有两个：①如没有给出城市维护建设税和教育费附加的金额，只给了相关税率或征收率，那么需要根据实际交纳增值税和消费税之和作为基数，计算城市维护建设税和教育费附加的金额。②印花税不通过“应交税费”科目核算，但是应通过“税金及附加”科目核算，实际交纳时借记“税金及附加”科目，贷记“银行存款”科目。

【答案】C

【经典例题37·多选题】2022年12月，某企业当月交纳增值税50万元，销售应税消费品交纳消费税20万元，经营用房屋交纳房产税10万元。该企业适用的城市维护建设税税率为7%，教育费附加征收率为3%，不考虑其他因素。下列各项中，关于该企业12月份应交纳城市维护建设税和教育费附加（提示）的相关会计科目处理正确的有（　　）。

> 提示
>
> 题目问的是“应交纳的城市维护建设税和教育费附加”，因此计算税金及附加的时候不需要考虑其他相关税费。

A. 借记“税金及附加”科目7万元

B. 贷记“应交税费——应交教育费附加”科目2.1万元

C. 贷记“应交税费——应交城市维护建设税”科目5.6万元

D. 借记“管理费用”科目7万元

【解析】应交城市维护建设税=（实际交纳的增值税+实际交纳的消费税）×适用税率=（50+20）×7%=4.9（万元），选项C错误；应交教育费附加=（50+20）×3%=2.1（万元），选项B正确；企业的城市维护建设税以及教育费附加计入税金及附加，因本月城市维护建设税和教育费附加而计入税金及附加的金额=4.9+2.1=7（万元），选项A正确，选项D错误。

【答案】AB

考点03 期间费用

考频：★★★

（一）期间费用的概述

期间费用是企业日常活动中所发生的经济利益的流出，通常不计入特定的成本核算对象，是因为期间费用是企业为组织和管理整个经营活动所发生的费用，与可以确定特定成本核算对象的材料采购、产成品生产等没有直接关系，因而期间费用不计入有关成本核算对象，而是直接计入当期损益。

期间费用包括销售费用、管理费用和财务费用。

提示

（二）期间费用的核算

1. 销售费用

销售费用是指企业销售商品和材料、提供服务的过程中发生的各种费用。

（1）核算内容。

销售费用

- 企业在销售商品过程中发生的包装费、保险费、展览费、广告费、商品维修费、预计产品质量保证损失、运输费、装卸费等
- 为销售本企业商品而专设的销售机构（含销售网点、售后服务网点等）的职工薪酬、业务费、折旧费等经营费用
- 与专设销售机构相关的固定资产修理费用等后续支出

掌握 出借包装物的摊销额、随同商品出售不单独计价的包装物成本、委托代销商品委托方支付的手续费也计入销售费用。

（2）账务处理。

会计科目	通过"销售费用"科目核算销售费用的发生和结转情况 该科目借方登记发生的各项销售费用，贷方登记期末转入"本年利润"科目的销售费用，期末结转后，"销售费用"科目无余额
基本账务处理	发生时： 借：销售费用 　　应交税费——应交增值税（进项税额） 　贷：库存现金 / 银行存款 / 应付职工薪酬 / 累计折旧等 期末： 借：本年利润 　贷：销售费用

【经典例题 38 · 单选题】下列各项中，制造业企业应计入销售费用的是（　　）。（2022 年 · 2 分）

A. 随同商品出售单独计价包装物的成本

B. 筹建期间发生的开办费

C. 专设销售网点发生的业务费

D. 董事会成员开会发生的会议费

【解析】选项 A 计入其他业务成本；选项 BD 计入管理费用。

【答案】C

【经典例题39 · 单选题】下列各项中，企业应计入销售费用的是（ ）。（2022年 · 2分）

A. 因产品质量原因给予的销售折让

B. 计提存货跌价准备

C. 行政管理人员报销的差旅费

D. 专设销售机构发生的固定资产维修费

【解析】选项A冲减当期营业收入；选项B计入资产减值损失；选项C计入管理费用。

【答案】D

【经典例题40 · 多选题】下列各项中，企业应计入销售费用的有（ ）。（2022年 · 2分）

A. 销售商品发生的商业折扣　　B. 销售部门办公设备的折旧费

C. 售后服务中心员工的薪酬　　D. 销售商品负担的运费

【解析】选项A，从应确认的销售商品收入中扣除。

【答案】BCD

【经典例题41 · 多选题】下列各项中，应通过"销售费用"科目核算的有（ ）。（2021年改编 · 2分）

A. 销售商品为购货方代垫的保险费

B. 预计产品质量保证损失

C. 随同商品出售不单独计价的包装物成本

D. 出借包装物的摊销额

【解析】选项A计入应收账款。

【答案】BCD

2. 管理费用

管理费用是指企业为组织和管理生产经营发生的各种费用。

（1）核算内容。

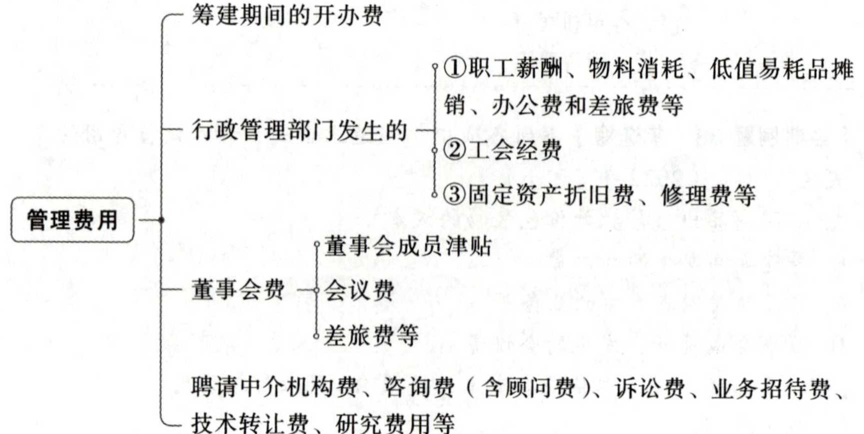

（2）账务处理。

会计科目	通过“管理费用”科目核算管理费用的发生和结转情况 该科目借方登记发生的各项管理费用，贷方登记期末转入“本年利润”科目的管理费用，期末结转后，“管理费用”科目无余额
基本账务处理	发生时： 借：管理费用 　　应交税费——应交增值税（进项税额） 　贷：银行存款 / 应付职工薪酬 / 累计折旧 / 研发支出等 期末： 借：本年利润 　贷：管理费用

【提示】商品流通企业管理费用不多的，可不设“管理费用”科目，相关核算内容可并入“销售费用”科目核算。

【经典例题 42 · 单选题】下列各项中，应计入管理费用的是（　　）。（2022 年 · 2 分）

A. 外币汇兑损失

B. 支付的法律诉讼费

C. 因违反协议支付的违约金

D. 支付的专设销售机构房屋维修费

【解析】选项 A 计入财务费用；选项 C 计入营业外支出；选项 D 计入销售费用。

【答案】B

【经典例题 43 · 单选题】下列各项中，应计入企业管理费用的是（　　）。（2022 年改编 · 2 分）

A. 董事会成员的津贴

B. 生产车间机器设备的折旧费

C. 销售产品保险费

D. 银行存款利息

【解析】选项 B 计入制造费用，选项 C 计入销售费用，选项 D 计入财务费用。

【答案】A

【经典例题 44 · 单选题】下列各项中，企业应计入管理费用科目的是（　　）。（2022 年 · 2 分）

A. 经营活动的借款利息

B. 发生的税收滞纳金

C. 聘请中介机构的费用

D. 发生产品广告费

【解析】选项A计入财务费用，选项B计入营业外支出，选项D计入销售费用。

【答案】C

【经典例题45·单选题】2020年12月某企业计提固定资产折旧共计55万元，其中：车间管理部门30万元，行政管理部门15万元，专设销售机构10万元。企业行政管理部门负担的工会经费5万元，不考虑其他因素，应计入管理费用的金额为（　　）万元。（2021年改编·2分）

A. 20　　B. 45　　C. 55　　D. 40

【解析】车间管理部门固定资产折旧计入制造费用；专设销售机构固定资产折旧计入销售费用。应计入管理费用的金额=15+5=20（万元）。

【答案】A

【经典例题46·判断题】管理费用不多的商品流通企业可以不设置“管理费用”科目，相关费用并入“销售费用”科目核算。（　　）（2021年·1分）

【答案】√

3. 财务费用

财务费用是指企业为筹集生产经营所需资金等而发生的筹资费用。

（1）核算内容。

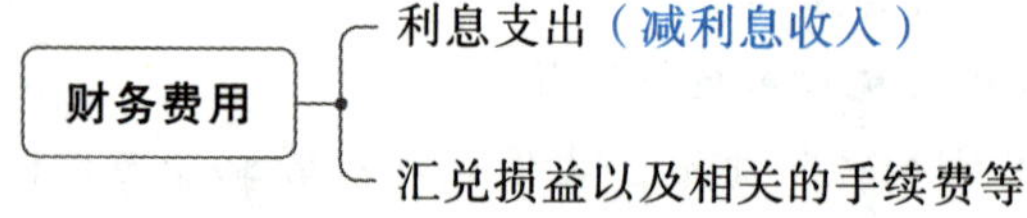

（2）账务处理。

会计科目	通过“财务费用”科目核算财务费用的发生和结转情况 该科目借方登记手续费、利息费用等财务费用的增加额，贷方登记应冲减财务费用的利息收入、期末转入“本年利润”科目的财务费用净额等。期末结转后，“财务费用”科目无余额		
基本账务处理	①发生时： 借：财务费用 　贷：银行存款等	②冲减时： 借：银行存款等 　贷：财务费用	③期末： 借：本年利润 　贷：财务费用

【经典例题47·多选题】下列各项中，企业应贷记“财务费用”科目的有（　　）。（2022年·2分）

A. 确认银行存款产生的利息收入

B. 支付银行承兑汇票的手续费

C. 计提短期借款的利息费用

D. 发生的汇兑收益

【解析】选项BC，应借记“财务费用”科目。

【答案】AD

【经典例题48·多选题】下列各项中，不通过“财务费用”科目核算的有（　　）。（2022年改编·2分）

A. 财务部门发生的办公费用

B. 财务人员的薪酬

C. 发生的销售折让

D. 支付的年度财务报表审计费

【解析】选项ABD，通过“管理费用”科目核算；选项C，冲减当期的销售收入。

【答案】ABCD

【经典例题49·多选题】下列各项中，属于“财务费用”科目核算内容的有（　　）。（2020年改编·2分）

A. 支付公开发行普通股的佣金

B. 销售商品发生的商业折扣

C. 流动资金存款利息收入

D. 确认的生产经营用短期借款利息费用

【解析】选项A：冲减资本公积等。选项B：销售商品发生的商业折扣在确认收入时要进行扣除，不通过“财务费用”科目核算。

【答案】CD

第三单元　利　润

使用“会计云课堂”App扫码听课、做题、答疑

考点01　利润的构成

考频｜★★

利润包括收入减去费用后的净额、直接计入当期利润的利得和损失（提示）等。

> 提示
>
> **利得和损失：**
>
> 此处需要注意利得与收入、损失与费用的区别。【详见第二章】

直接计入当期利润的利得，是指由企业非日常活动所形成的、会导致所有者权益增加的、与所有者投入资本无关的经济利益的流入。

直接计入当期利润的损失，是指由企业非日常活动所发生的、会导致所有者权益减少的、与向所有者分配利润无关的经济利益的流出。

与利润相关的计算公式：

掌握（1）营业利润＝营业收入－营业成本－税金及附加－销售费用－管理费用－研发费用－财务费用＋其他收益＋投资收益（－投资损失）＋净敞口套期收益（－净敞口套期损失）＋公允价值变动收益（－公允价值变动损失）－信用减值损失－资产减值损失＋资产处置收益（－资产处置损失）。

其中：

研发费用是指企业计入管理费用的进行研究与开发过程中发生的费用化支出，以及计入管理费用的自行开发无形资产的摊销。

其他收益主要是指与企业日常活动相关的政府补助（除冲减相关成本费用外），

以及其他应计入其他收益的内容。

信用减值损失是指企业计提各项金融资产信用减值准备所确认的信用损失。比如应收款项、债权投资、其他债权投资等。

资产减值损失是指企业计提有关资产减值准备所形成的损失。

掌握（2）利润总额 = 营业利润 + 营业外收入 − 营业外支出。

掌握（3）净利润 = 利润总额 − 所得税费用。

肖老师解读

“三顶帽子”，帽子越大，受影响的因素越多。

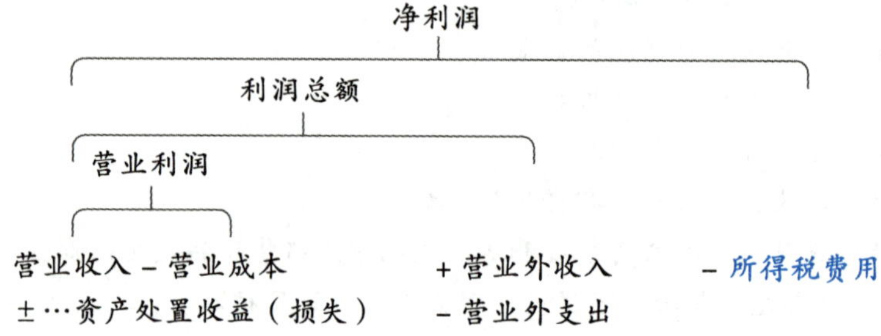

历年命题视角　1. 影响营业利润的实际案例应用
2. 净利润的金额计算

【经典例题50·单选题】2021年，某企业发生下列经济业务：出售商品确认收入500万元，结转已销商品成本300万元，出售自用设备实现净收益50万元，确认存货跌价损失30万元，确认捐赠支出10万元。不考虑其他因素，2021年该企业确认的营业利润为（　　）万元。（2022年·2分）

A. 210　　B. 170

C. 220　　D. 190

【解析】营业利润 =500−300+50−30=220（万元）。捐赠支出计入营业外支出，不影响营业利润。

【答案】C

【经典例题51·单选题】下列各项中，导致企业营业利润减少的经济业务是（　　）。（2022年改编·2分）

A. 接受现金资产捐赠

B. 为职工垫付的应由其个人负担的医药费

C. 确认无形资产减值损失

D. 结转报废固定资产净损失

【解析】选项 A 计入营业外收入；选项 B 计入其他应收款；选项 C 计入资产减值损失，导致营业利润减少；选项 D 计入营业外支出。

【答案】C

【经典例题 52 · 多选题】下列各项中，引起企业当期营业利润变动的有(　　)。(2022 年 · 2 分)

A. 确认当期所得税费用

B. 收到与日常活动无关的政府补助

C. 确认交易性金融资产公允价值变动收益

D. 确认短期借款利息

【解析】选项 A 计入所得税费用，影响净利润，不影响营业利润；选项 B 计入营业外收入，影响利润总额和净利润，不影响营业利润；选项 C 计入公允价值变动损益，影响营业利润；选项 D 计入财务费用，影响营业利润。

【答案】CD

【经典例题 53 · 多选题】下列各项中，影响当期营业利润的有(　　)。(2021 年改编 · 2 分)

A. 销售商品过程中承担的保险费

B. 自营工程领用本企业生产的产品成本

C. 计提的存货跌价准备

D. 结转盘亏固定资产的净损失

【解析】选项 A：计入销售费用，导致营业利润减少。选项 B：计入在建工程，不属于损益类科目，不影响营业利润。选项 C：计入资产减值损失，导致营业利润减少。选项 D：计入营业外支出，影响利润总额和净利润，不影响营业利润。

【答案】AC

【经典例题 54 · 多选题】下列各项中，引起当期利润总额增加的有(　　)。(2021 年 · 2 分)

A. 确认存货盘盈的收益

B. 确认本期出租闲置设备的租金收入

C. 确认银行存款的利息收入

D. 出售交易性金融资产取得的净收益

【解析】选项 A 冲减管理费用，选项 B 增加营业收入，选项 C 冲减财务费用，选项 D 增加投资收益，均会导致利润总额增加。

【答案】ABCD

【经典例题 55 · 单选题】某公司 2019 年实现利润总额 120 万元，确认所得税费用 30 万元、其他综合收益税后净额 8 万元。不考虑其他因素，该公司 2019 年实现的净利润为(　　)万元。(2020 年 · 2 分)

A. 120　　B. 128　　C. 90　　D. 98

【解析】该公司2019年实现的净利润=利润总额－所得税费用=120－30=90（万元）。

【点题】在利润表的顺序中，是先计算净利润，再考虑其他综合收益的税后净额，因此在计算净利润时不需要考虑其他综合收益税后净额。

【答案】C

【经典例题56·多选题】下列各项中，影响企业当期营业利润的有（　　）。（2020年改编·2分）

A. 盘盈周转材料

B. 核销确实无法收回的应收款项

C. 转让商品使用权的使用费收入

D. 确认的专利权减值损失

【解析】选项A：盘盈周转材料冲减管理费用，增加营业利润；选项B：冲减坏账准备和应收款项，不影响营业利润；选项C：转让商品使用权的使用费收入计入其他业务收入，增加营业利润；选项D：计入资产减值损失，减少营业利润。

【答案】ACD

考点02 营业外收入与营业外支出

考频 | ★★

项目	营业外收入	营业外支出
定义	指企业确认的与其日常活动无直接关系的各项利得	指企业发生的与其日常活动无直接关系的各项损失
核算内容	（1）非流动资产毁损报废收益 （2）盘盈利得（现金盘盈） （3）捐赠利得 （4）与企业日常活动无关的政府补助	（1）非流动资产毁损报废损失 （2）盘亏损失（固定资产盘亏净损失） （3）捐赠支出 （4）非常损失（自然灾害等造成的损失） （5）罚款支出（行政罚款、税务罚款、违约金、赔偿金等）

历年命题视角　营业外收入与营业外支出的核算内容。

【经典例题57·单选题】下列各项中，企业应记入“营业外支出”科目的是（　　）。（2022年·2分）

A. 支付的法律顾问费

B. 质量三包期间的商品修理费

C. 因合同纠纷支付的诉讼费

D. 因违反合同协议支付的赔偿金

【解析】选项 AC 计入管理费用；选项 B 计入销售费用。

【答案】D

【经典例题 58 · 单选题】2021 年 9 月，某企业发生公益性捐赠支出 8 万元，出售非专利技术净损失 20 万元，违反税法规定支付罚款 3 万元。不考虑其他因素，该企业 2021 年 9 月计入营业外支出的金额为（　　）万元。（2022 年 · 2 分）

A. 31　　B. 11

C. 15　　D. 23

【解析】2021 年 9 月计入营业外支出的金额 =8+3=11（万元）。出售非专利技术产生的净损失计入资产处置损益。

【答案】B

【经典例题 59 · 多选题】下列各项中，企业应通过“营业外收入”科目核算的有（　　）。（2022 年 · 2 分）

A. 销售不需用原材料取得的收入

B. 固定资产盘盈

C. 接受捐赠产生的利得

D. 固定资产报废清理净收益

【解析】选项 A 计入其他业务收入，选项 B 计入以前年度损益调整。

【答案】CD

【经典例题 60 · 单选题】下列各项中，报经批准后计入营业外支出的是（　　）。（2021 年改编 · 2 分）

A. 生产车间固定资产折旧费

B. 采购原材料途中发生的合理损耗

C. 台风导致的库存材料盘亏净损失

D. 出售无形资产净收益

【解析】选项 A 计入制造费用，选项 B 计入原材料成本，选项 D 计入资产处置损益。

【答案】C

【经典例题 61 · 多选题】下列各项中，企业应通过“营业外支出”科目核算的有（　　）。（2021 年改编 · 2 分）

A. 出租固定资产的租金收入

B. 公益性捐赠支出

C. 行政罚款支出

D. 存货跌价损失

【解析】选项 A 通过“其他业务收入”科目核算。选项 D 通过“资产减值损失”科目核算。

【答案】BC

【经典例题62 · 单选题】2019年9月，某企业报经批准结转无法查明原因的现金溢余500元，转销由于债权单位撤销无法清偿的应付账款8000元，出售管理用设备确认净收益6000元。不考虑其他因素，2019年9月该企业确认的营业外收入为（ ）元。（2020年 · 2分）

A. 14500　　B. 8500

C. 6500　　D. 14000

【解析】出售管理用设备确认净收益计入资产处置损益；2019年9月该企业确认的营业外收入 =500+8000=8500（元）。

【答案】B

【经典例题63 · 单选题】下列各项中，企业计入营业外支出的是（ ）。（2020年改编 · 2分）

A. 购进材料定额内合理损耗

B. 确认房屋减值损失

C. 原材料因管理不善发生的盘亏净损失

D. 仓库因自然灾害毁损净损失

【解析】选项A计入购进材料的成本；选项B计入资产减值损失；选项C计入管理费用；选项D计入营业外支出。

【答案】D

【经典例题64 · 单选题】某企业2019年发生经济业务如下：确认销售费用1000万元，公允价值变动损失60万元，确认信用减值损失4万元，支付税收滞纳金26万元。不考虑其他因素，上述业务导致该企业2019年营业利润减少的金额为（ ）万元。（2020年 · 2分）

A. 1090　　B. 1064

C. 1086　　D. 1060

【解析】税收滞纳金计入营业外支出，不影响营业利润，所以上述业务导致该企业2019年营业利润减少的金额 =1000+60+4=1064（万元）。

【答案】B

【经典例题65 · 单选题】下列各项中，导致企业当期营业利润减少的是（ ）。

A. 租出非专利技术的摊销额

B. 对外捐赠的商品成本

C. 支付的税收滞纳金

D. 自然灾害导致生产线报废净损失

【解析】选项A，计入其他业务成本，减少营业利润；选项BCD，均计入营业外支出，不影响营业利润。

【答案】A

考点 03　所得税费用

考频 ★★

企业的所得税费用包括当期所得税和递延所得税两部分。

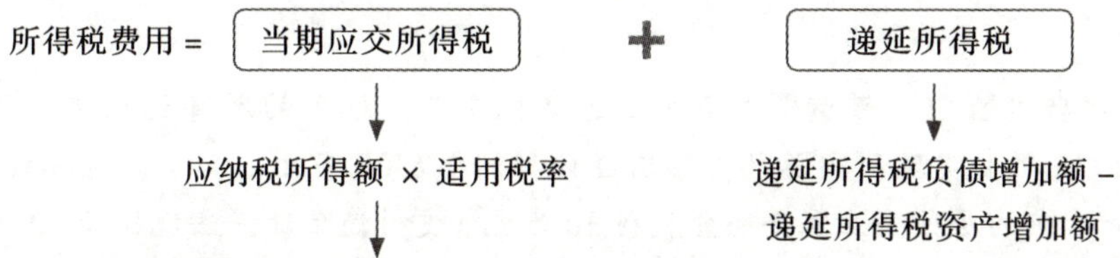

（一）应交所得税

应交所得税是指企业按照企业所得税法规定计算确定的针对当期发生的交易和事项，应交纳给税务部门的所得税金额，即当期应交所得税。

应纳税所得额是在企业税前会计利润（即利润总额）的基础上调整确定的，计算公式为：

掌握 应纳税所得额 = 税前会计利润 + 纳税调整增加额 - 纳税调整减少额

掌握 应交所得税 = 应纳税所得额 × 适用税率

熟知 项目	内容
纳税调整增加额	（1）企业已计入当期损失但企业所得税法规定不允许扣除项目的金额（如：税收滞纳金、罚款、罚金等） （2）企业所得税法规定允许扣除项目中，企业已计入当期费用但超过税法规定扣除标准的金额： ①企业发生的职工福利费支出，超过工资、薪金总额 14% 的部分 ②企业拨缴的工会经费，超过工资、薪金总额 2% 的部分 ③除国务院财政、税务主管部门另有规定外，企业发生的职工教育经费支出，超过工资、薪金总额 8% 的部分（准予结转以后纳税年度扣除）等
纳税调整减少额	（1）前五年内的未弥补亏损 （2）国债利息收入 （3）符合条件的居民企业之间的股息、红利等权益性投资收益等

（二）所得税费用的账务处理

根据企业会计准则的规定，企业计算确定的当期所得税和递延所得税之和，即为应从当期利润总额中扣除的所得税费用，通过“所得税费用”科目核算。

掌握 所得税费用 = 当期所得税 + 递延所得税

掌握 递延所得税 =（递延所得税负债的期末余额 - 递延所得税负债的期初余额）-（递延所得税资产的期末余额 - 递延所得税资产的期初余额）

历年命题视角　1. 无递延所得税时所得税费用的计算
2. 有递延所得税时所得税费用的计算

【经典例题66·单选题】某企业为居民企业，适用的所得税税率为25%。2022年度实现利润总额（税前会计利润）2300万元，其中，从其投资的未上市的居民企业取得现金股利30万元、支付违反环保法规罚款10万元。假定无递延所得税因素，该企业当期确认的所得税费用为（　　）万元。（2022年·2分）

A. 547.5　B. 527.5　C. 575　D. 570

【解析】该企业当期确认的所得税费用=(2300−30+10)×25%=570(万元)。

【答案】D

【经典例题67·判断题】企业当期的所得税费用应根据当期应交所得税和递延所得税计算确定。（　　）（2022年·1分）

【答案】√

【经典例题68·单选题】某企业2020年当期所得税为650万元，递延所得税负债年初数为45万元、年末数为58万元。递延所得税资产年初数为36万元、年末数为32万元。不考虑其他因素，该企业2020年应确认的所得税费用为（　　）万元。（2021年·2分）

A. 650　B. 663　C. 633　D. 667

【解析】递延所得税=（递延所得税负债的期末余额−递延所得税负债的期初余额）−（递延所得税资产的期末余额−递延所得税资产的期初余额）=（58−45）−（32−36）=17（万元）。所得税费用=当期所得税+递延所得税=650+17=667（万元）。

【答案】D

【经典例题69·单选题】某企业2020年度利润总额为500万元，应纳税所得额为480万元；递延所得税资产年初数为18万元，年末数为10万元；所得税税率为25%。不考虑其他因素，该企业2020年末确认的所得税费用为（　　）万元。（2021年·2分）

A. 125　B. 112　C. 120　D. 128

【解析】递延所得税=0−（10−18）=8（万元）；所得税费用=当期所得税+递延所得税=480×25%+8=128（万元）。

【答案】D

【经典例题70·单选题】A公司2019年度利润总额为300万元，其中本年度国债利息收入15万元，税收滞纳金5万元，实际发生的业务招待费25万元（税法核定的业务招待费15万元）。递延所得税负债年初数为2万元，年末数为 3 万元，递延所得税资产年初数为 5 万元，年末数为 3 万元。适用的企业所得税税率为 25%，假定不考虑其他因素，A 公司 2019 年度应纳税所得额为（　　）万元。（2020 年 · 2 分）

A. 299　　B. 300　　C. 295　　D. 294

【解析】应纳税所得额 解释 = 税前会计利润 + 纳税调整增加额 − 纳税调整减少额 =300+5+（25−15）−15=300（万元）。递延所得税影响所得税费用，不影响应纳税所得额。

【点题】题干中“实际发生的业务招待费 25 万元（税法核定的业务招待费 15 万元）”说的是 25 万元中只有 15 万元可以扣除，剩余 10（25−15）万元应纳税调增。

【答案】B

解释

应纳税所得额：超出税法核定范围的业务招待费和税收滞纳金属于纳税调整增加额，国债利息收入属于纳税调整减少额。

【经典例题 71 · 单选题】某企业适用的所得税税率为 25%。2022 年度利润总额为 3000 万元，应纳税所得额为 3200 万元，递延所得税资产增加 160 万元，递延所得税负债增加 80 万元。不考虑其他因素，该企业 2022 年度应确认的所得税费用为（　　）万元。

A. 670　　B. 830　　C. 880　　D. 720

【解析】应交所得税 = 应纳税所得额 × 适用税率 =3200 × 25%=800（万元）；所得税费用 = 当期所得税 + 递延所得税 =800+80−160=720（万元）。

【答案】D

考点 04 本年利润的账务处理　考频 | ★

（一）本年利润的结转方法

会计期末，结转本年利润的方法有表结法和账结法。

掌握 账结法	表结法
（1）每月月末均需编制转账凭证，将在账上结计出的各损益类科目的余额结转入“本年利润”科目 （2）账结法在各月均可通过“本年利润”科目提供当月及本年累计的利润（或亏损）额，缺点是增加了转账环节和工作量	（1）各损益类科目每月月末只需结计出本月发生额和月末累计余额，不结转到“本年利润”科目，而是通过利润表计算反映各期的利润（或亏损），即每月月末要将损益类科目的本月发生额合计数填入利润表的本月数栏，同时将本月月末累计余额填入利润表的本年累计数栏 （2）表结法的优点是减少了转账环节和工作量，同时并不影响利润表的编制及有关损益指标的利用。因为年中损益类科目无须结转入“本年利润”科目，只有在年末时才将全年累计余额结转入“本年利润”科目

（二）结转本年利润的会计处理

结转各项收入、利得类账户发生额（结转后期末无余额）： 借：主营业务收入 　　其他业务收入 　　公允价值变动损益［收益］ 　　投资收益［收益］ 　　资产处置损益［收益］ 　　其他收益 　　营业外收入等 　贷：本年利润	结转各项费用、损失类账户发生额（结转后期末无余额）： 借：本年利润 　贷：主营业务成本 　　　其他业务成本 　　　管理费用 　　　销售费用 　　　财务费用 　　　税金及附加 　　　信用减值损失 　　　资产减值损失 　　　公允价值变动损益［损失］ 　　　投资收益［损失］ 　　　资产处置损益［损失］ 　　　营业外支出等
计算所得税费用： 借：所得税费用 　　递延所得税资产［或贷方］ 　贷：应交税费——应交所得税 　　　递延所得税负债［或借方］	结转所得税费用： 借：本年利润 　贷：所得税费用
结转净利润： 借：本年利润 　贷：利润分配——未分配利润	结转净亏损： 借：利润分配——未分配利润 　贷：本年利润

历年命题视角　1. 各损益类科目期末结转的处理
2. 表结法和账结法的特点

【经典例题72·单选题】某企业2021年实现净利润150万元，按规定全部用于弥补2020年的亏损。不考虑其他因素，该企业结转2021年净利润的会计处理正确的是（　　）。（2022年·2分）

A. 借：本年利润　　1500000
　贷：利润分配——未分配利润　　1500000

B. 借：利润分配——未分配利润　　1500000
　贷：利润分配——其他转入　　1500000

C. 借：利润分配——未分配利润　　1500000
　贷：本年利润　　1500000

D. 借：利润分配——盈余公积补亏　　1500000

　贷：利润分配——未分配利润　　1500000

【答案】A

【经典例题 73 · 多选题】企业采用账结法结转本年利润，期末应将其本期发生额结转至本年利润科目的有（　　）。（2022 年 · 2 分）

A. 财务费用

B. 制造费用

C. 管理费用

D. 销售费用

【解析】制造费用应计入产品成本，无须结转至本年利润。

【答案】ACD

【经典例题 74 · 判断题】企业采用“账结法”结转本年利润的，每月末均需编制转账凭证，将在账上结计出的各损益类科目的余额结转入“本年利润”科目。（　　）（2022 年 · 1 分）

【答案】√

【经典例题 75 · 判断题】会计期末，企业应将“所得税费用”科目的余额转入“利润分配——未分配利润”科目。（　　）（2021 年 · 1 分）

【解析】期末，应将“所得税费用”科目的余额转入“本年利润”科目。

【答案】×

【经典例题 76 · 多选题】下列各项中，关于采用表结法结转本年利润表述错误的有（　　）。（2020 年 · 2 分）

A. 每月均可通过“本年利润”科目提供当月利润额

B. 每月末将损益类科目的本月发生额合计数填入利润表的本月数栏

C. 年末将损益类科目全年累计余额结转入“本年利润”科目

D. 每月均可通过“本年利润”科目提供本年累计利润额

【解析】表结法下，各损益类科目每月月末只需结计出本月发生额和月末累计余额，不结转到“本年利润”科目（选项 AD 错误），只有在年末时才将全年累计余额结转入“本年利润”科目（选项 C 正确）。但每月月末要将损益类科目的本月发生额合计数填入利润表的本月数栏（选项 B 正确），同时将本月月末累计余额填入利润表的本年累计数栏，通过利润表计算反映各期的利润（或亏损）。

【答案】AD

【经典例题 77 · 单选题】下列各项中，关于本年利润结转方法表述正确的是（　　）。

A. 采用表结法，增加“本年利润”科目的结转环节和工作量

B. 采用表结法，每月月末应将各损益类科目的余额结转入“本年利润”科目

C. 采用账结法，每月月末应将各损益类科目的余额结转入“本年利润”科目

D. 采用账结法，减少“本年利润”科目的结转环节和工作量

【解析】表结法下，每月月末损益类科目不结转入“本年利润”科目，不会增加结转环节和工作量（选项AB错误）；账结法下，每月月末均需编制转账凭证，将在账上结计出的各损益类科目的余额结转入“本年利润”科目（选项C正确），会增加结转环节和工作量（选项D错误）。

【答案】C

若有习题帮，考试心不慌！学完本章考点，要及时做同步练习题哦！

第八章　财务报告

考情分析

财务报告是财务会计工作的主要成果，也是企业财务会计的重要组成部分。本章内容包括概述、资产负债表、利润表、现金流量表、所有者权益变动表、财务报表附注及财务报告信息披露要求和财务报告的阅读与应用。

近三年题型题量分析表

年份＼题型	单项选择题	多项选择题	判断题	不定项选择题	合计
2022 年	2 题 4 分	1 题 2 分	1 题 1 分	1 题 2 分	9 分
2021 年	3 题 6 分	1 题 2 分	1 题 1 分	—	9 分
2020 年	2 题 4 分	2 题 4 分	1 题 1 分	1 题 2 分	11 分

考点剖析与经典例题

第一单元　概　述

使用“会计云课堂”App扫码听课、做题、答疑

考点 01　财务报告概念　　考频 | ★

（一）财务报告的含义

财务报告，是指企业对外提供的反映企业某一特定日期的财务状况和某一会计期间的经营成果、现金流量等会计信息的文件。

（二）财务报告体系及其构成

1. 财务报告体系

财务报告包括财务报表和其他应当在财务报告中披露的相关信息和资料，财务报告体系由二者共同构成。

财务报表（提示），也称财务会计报表，是对企业财务状况、经营成果和现金流量的结构性表述。

> 提示
>
> **财务报表：**
>
> 一套完整的财务报表至少应当包括“四表一注”，即资产负债表、利润表、现金流量表、所有者权益变动表和附注。

财务报表列报，是指交易和事项在报表中的列示和在附注中的披露。其中，“列示”通常反映资产负债表、利润表、现金流量表和所有者权益（或股东权益）变动表等报表中的信息，“披露”通常主要反映附注中的信息。

2. 财务报告的分类

分类标准	具体内容	
编报时间	财务报告	（1）年报 （2）中期报告。中期财务报告至少应当包括资产负债表、利润表、现金流量表和附注
	财务报表	（1）年度财务会计报表 （2）中期财务会计报表。中期财务报表分为月度、季度和半年度财务会计报表
编制主体	财务报表	（1）个别财务报表 （2）合并财务报表

考点02　财务报告编制要求

考频 | ★

（1）依据各项会计准则确认和计量的结果编制财务报表。

（2）列报基础。企业应当以持续经营为基础编制财务报表。

（3）权责发生制。除现金流量表按照收付实现制编制外，企业应当按照权责发生制编制其他财务报表。

（4）列报的一致性。财务报表项目的列报应当在各个会计期间保持一致，不得随意变更。

【提示】在下列情况下，企业可以变更财务报表项目的列报：

①会计准则要求改变财务报表项目的列报；

②企业经营业务的性质发生重大变化或对企业经营影响较大的交易或事项发生后，变更财务报表项目的列报能够提供更可靠、更相关的会计信息。

（5）依据重要性原则单独或汇总列报项目。企业在进行重要性判断时，从项目的性质和金额大小两方面予以判断。企业对于各个项目的重要性判断标准一经确定，不得随意变更。

（6）总额列报。财务报表项目应当以总额列报，资产和负债、收入和费用、直接计入当期利润的利得项目和损失项目的金额不能相互抵销，即不得以净额列报，但另有规定的除外。

【提示】以下三种情况不属于抵销，可以以净额列示：

①一组类似交易形成的利得和损失以净额列示的，不属于抵销。

②资产或负债项目按扣除备抵项目后的净额列示，不属于抵销。

③非日常活动产生的利得和损失，以同一交易形成的收益扣减相关费用后的净额列示更能反映交易实质的，不属于抵销（解释）。

解释

比如固定资产处置的利得和损失，以净额列示，不属于抵销。

（7）比较信息的列报。

（8）财务报表表首的列报要求。

➤ **【经典例题1·多选题】**企业的中期财务报告至少应当包括（　　）。

A. 资产负债表　　B. 利润表

C. 现金流量表　　D. 附注

【解析】企业的中期财务报告至少应当包括资产负债表、利润表、现金流量表和附注。

【答案】ABCD

➤ **【经典例题2·多选题】**下列情形中，可以在财务报表中以净额列报的有（　　）。

A. 一组类似交易形成的利得和损失以净额列示

B. 应收账款以扣减相关坏账准备后的净额列示

C. 非日常活动产生的利得和损失，以同一交易形成的收益扣减相关费用后的净额列示

D. 营业收入以扣除与其相关的销售费用后的金额列示

【答案】ABC

第二单元　资产负债表

使用“会计云课堂”App扫码听课、做题、答疑

资产负债表是反映企业在某一特定日期的财务状况的报表，是对企业特定日期的资产、负债和所有者权益的结构性表述。它反映在某一特定日期企业所拥有或控制的经济资源、所承担的现时义务以及所有者对净资产的要求权。

考点01　资产负债表概述　考频 | ★★

我国企业的资产负债表采用账户式（提示）结构，分为左右两方，左方为资产项目，右方为负债及所有者权益项目。左方的资产项目，大体按资产的流动性强弱排列，流动性强的资产排在前面，如“货币资金”“交易性金融资产”等，流动性弱的资产排在后面，如“长期股权投资”“固定资产”等。右方的负债及所有者权益项目，一般按要求清偿期限长短的先后顺序排列，需要在1年内或者长于1年的一个正常营业周期内偿还的流动负债排在前面，如“短期借款”“应付票据”“应付账款”等，在1年以上才需偿还的非流动负债排在中间，如“长期借款”等，在企业清算之前不需要偿还的所有者权益项目排在后面。

> **提示**
>
> **账户式：**
>
> 与账户式对应的是报告式，报告式资产负债表中资产、负债、所有者权益项目自上而下排列。

➤ **【经典例题3·单选题】**下列各项中，反映企业某一特定日期财务状况的报表是（　　）。（2022年·2分）

A. 利润表　　B. 现金流量表

C. 资产负债表　　D. 所有者权益变动表

【解析】资产负债表是反映企业在某一特定日期的财务状况的报表，是对企业特定日期的资产、负债和所有者权益的结构性表述。

【答案】C

考点 02 // 资产负债表的编制

考频 | ★★★

（一）资产负债表项目的填列方法

资产负债表各项目均需填列“期末余额”和“上年年末余额”两栏。

资产负债表的“上年年末余额”栏内各项数字，应根据上年年末资产负债表的“期末余额”栏内所列数字填列。

如果上年度资产负债表规定的各个项目的名称和内容与本年度不相一致，应按照本年度的规定对上年年末资产负债表各项目的名称和数字进行调整，填入本表“上年年末余额”栏内。

资产负债表的“期末余额”栏主要有以下几种填列方法：

掌握 1. 根据总账科目余额填列

项目	具体内容
“短期借款”“应付票据”“实收资本（或股本）”“资本公积”“盈余公积”“其他综合收益”等	根据总账科目的期末余额直接填列
“货币资金”	根据“库存现金”“银行存款”“其他货币资金”三个总账科目的期末余额计算填列
“其他应付款”	根据“应付利息”“应付股利”“其他应付款”总账科目的期末余额计算填列

掌握 2. 根据明细账科目余额计算填列

项目	具体内容
“应付账款”	根据“应付账款”和“预付账款”科目所属的相关明细科目的期末贷方余额合计数填列
“预收款项”	根据“应收账款”和“预收账款”科目所属相关明细科目的期末贷方余额合计数填列
“交易性金融资产”	根据“交易性金融资产”科目的相关明细科目的期末余额分析填列
“开发支出”	根据“研发支出”科目中所属的“资本化支出”明细科目期末余额填列
“应付职工薪酬”	根据“应付职工薪酬”科目的明细科目期末余额计算填列
“一年内到期的非流动资产”“一年内到期的非流动负债”	根据有关非流动资产和非流动负债项目的明细科目余额计算填列

掌握 3. 根据总账科目和明细账科目余额分析计算填列

项目	具体内容
“长期借款”	根据“长期借款”总账科目余额扣除“长期借款”科目所属的明细科目中将在资产负债表日起一年内到期、且企业不能自主地将清偿义务展期的长期借款后的金额计算填列
“其他非流动资产”	根据有关科目的期末余额减去将于一年内（含一年）收回数后的金额计算填列
“其他非流动负债”	根据有关科目的期末余额减去将于一年内（含一年）到期偿还数后的金额计算填列

历年命题视角 给出具体的项目，选择对应的填列方法。

【经典例题 4 · 多选题】下列资产负债表项目中，其期末余额应根据相关明细账科目期末余额计算填列的有（　　）。（2022 年 · 2 分）

A. 应付票据　　B. 开发支出　　C. 应付账款　　D. 短期借款

【解析】选项 AD，应根据总账科目的期末余额直接填列。

【答案】BC

【经典例题 5 · 多选题】下列各项中，资产负债表“期末余额”栏金额应根据相关总账科目和明细账科目余额分析计算填列的项目有（　　）。（2022 年 · 2 分）

A. 长期借款　　B. 资本公积

C. 其他非流动资产　　D. 货币资金

【解析】选项 B 错误，应根据总账科目的期末余额直接填列。选项 D 错误，应根据总账科目的期末余额计算填列。

【答案】AC

【经典例题 6 · 多选题】企业应根据总账科目期末余额直接填列的有（　　）。（2022 年 · 2 分）

A. 固定资产　　B. 短期借款　　C. 资本公积　　D. 长期借款

【解析】选项 A 错误，应根据有关科目余额减去其备抵科目余额后的净额填列；选项 D 错误，应根据总账科目和明细账科目余额分析计算填列。

【答案】BC

【经典例题 7 · 单选题】下列各项中，根据明细账科目余额计算填列的资产负债表项目是（　　）。（2021 年改编 · 2 分）

A. 应收票据　　B. 在建工程

C. 应付职工薪酬　　D. 其他应付款

【解析】选项AB错误，应根据有关科目余额减去其备抵科目余额后的净额填列；选项D错误，应根据“应付利息”“应付股利”“其他应付款”三个总账科目的期末余额计算填列。

【答案】C

掌握 4. 根据有关科目余额减去其备抵科目余额后的净额填列

项目	具体内容
“应收账款”	根据“应收账款”科目的期末余额，减去“坏账准备”科目中相关坏账准备期末余额后的金额分析填列，如“预收账款”解释1科目所属各明细科目期末有借方余额，也在本项目填列
“应收票据”	根据“应收票据”科目的期末余额，减去“坏账准备”科目中相关坏账准备期末余额后的金额分析填列
“其他应收款”	根据“应收利息”“应收股利”“其他应收款”科目期末余额合计数，减去“坏账准备”科目中相关的坏账准备期末余额后的金额填列
“在建工程”	根据“在建工程”科目期末余额，减去“在建工程减值准备”科目期末余额，加上“工程物资”科目期末余额，减去“工程物资减值准备”科目期末余额后的金额填列
“投资性房地产”	“投资性房地产”采用成本模式计量时，根据“投资性房地产”科目的期末余额，减去“投资性房地产累计折旧（摊销）”“投资性房地产减值准备”科目的期末余额后的净额填列
“固定资产”	根据“固定资产”科目的期末余额，减去“累计折旧”“固定资产减值准备”科目期末余额后的金额，以及“固定资产清理”科目的期末余额填列
“无形资产”	根据“无形资产”科目的期末余额，减去“累计摊销”“无形资产减值准备”科目期末余额后的净额填列
“长期股权投资”	根据“长期股权投资”科目的期末余额，减去“长期股权投资减值准备”科目的期末余额后的净额填列

解释1

“预收账款”：是负债类科目，期末贷方余额，反映企业预收的款项，如为借方余额，则反映应收的款项。所以“预收账款”科目所属明细科目期末为借方余额的，应在资产负债表“应收账款”项目填列。

【易错易混点辨析】“应收账款”“预付款项”“预收款项”“应付账款”提示1项目期末余额填列方法。

项目	填列方法
应收账款	“应收账款”明细科目借方余额+“预收账款”明细科目借方余额－相应的“坏账准备”科目期末余额
预付款项	“应付账款”明细科目借方余额+“预付账款”明细科目借方余额－相应的“坏账准备”科目期末余额

提示1

“预收款项”“应付账款”：预收款项和应付账款属于负债项目，填列时不需要考虑坏账准备。

项目	填列方法
预收款项	“应收账款”明细科目贷方余额 + “预收账款”明细科目贷方余额
应付账款	“应付账款”明细科目贷方余额 + “预付账款”明细科目贷方余额

历年命题视角

1.“在建工程”“固定资产”“无形资产”项目期末余额的计算
2. 根据有关科目余额减去备抵科目余额填列的项目
3.“预收款项”“预付款项”“应收账款”“应付账款”项目金额的计算和填列方法

【经典例题 8 · 单选题】下列各项中，企业在编制资产负债表时，应根据有关科目余额减去其备抵科目余额的净额填列的项目是（　　）。（2022 年 · 2 分）

A. 无形资产　　B. 短期借款　　C. 预收款项　　D. 货币资金

【解析】选项 B，根据总账科目的期末余额直接填列；选项 C，根据明细账科目余额计算填列；选项 D，根据三个总账科目的期末余额计算填列。

【答案】A

【经典例题 9 · 单选题】某企业年末“应收账款”科目借方余额为 100 万元，其中明细科目借方余额合计为 120 万元，贷方余额合计为 20 万元，年末“坏账准备——应收账款”科目贷方余额为 10 万元。不考虑其他因素，该企业年末资产负债表中“应收账款”项目“期末余额”栏应填列的金额为（　　）万元。（2021 年 · 2 分）

A. 120　　B. 110　　C. 90　　D. 100

【解析】该企业年末资产负债表中“应收账款”项目“期末余额”栏应填列的金额 =120−10=110（万元）。

【答案】B

【经典例题 10 · 单选题】2020 年 12 月 31 日，某公司下列会计科目余额为：“固定资产”科目借方余额 1000 万元，“累计折旧”科目贷方余额 400 万元，“在建工程”科目借方余额 80 万元，“固定资产减值准备”科目贷方余额 80 万元，“固定资产清理”科目借方余额 20 万元。2020 年 12 月 31 日，该公司资产负债表中“固定资产”项目期末余额应列报的金额为（　　）万元。（2021 年改编 · 2 分）

A. 600　　B. 520　　C. 620　　D. 540

【解析】该公司资产负债表中“固定资产”项目期末余额应列报的金额 = 1000−400−80+20=540（万元），选项 D 正确。

【点题】固定资产进入清理程序，将其账面价值转入固定资产清理后，可能在资产负债表日尚未完成处置，所以仍应将“固定资产清理”科目的余额作为企业的固定资产在资产负债表中列示。

在填列“固定资产”项目的时候，对于固定资产清理，最简便的理解方式就是此时将其看作一个资产类科目，借方余额加上，贷方余额减去。

【答案】D

【经典例题11·多选题】下列各项中，应在企业资产负债表“预付款项”项目填列的有（　　）。（2021年·2分）

A.“预收账款”科目所属明细科目的期末贷方余额

B.“应收账款”科目所属明细科目的期末贷方余额

C.“预付账款”科目所属明细科目的期末借方余额

D.“应付账款”科目所属明细科目的期末借方余额

【解析】选项AB在“预收款项”项目填列。

【答案】CD

【经典例题12·单选题】2019年12月31日，某公司有关科目余额如下，“在建工程”科目借方余额80万元，“在建工程减值准备”科目贷方余额8万元，“工程物资”科目借方余额30万元，“工程物资减值准备”科目贷方余额3万元。不考虑其他因素，2019年12月31日，该公司资产负债表“在建工程”项目期末余额应填列的金额为（　　）万元。（2020年·2分）

A. 72　　B. 80

C. 99　　D. 110

【解析】2019年12月31日，该公司资产负债表“在建工程”项目期末余额=80−8+30−3=99（万元）。

【答案】C

掌握 5. 综合运用上述填列方法分析填列

项目	具体内容
“存货”	根据“材料采购”“原材料”“库存商品”“周转材料”“委托加工物资”“生产成本”“受托代销商品”“发出商品”等科目的期末余额合计数，减去“受托代销商品款”“存货跌价准备”科目期末余额后的净额填列。材料采用计划成本核算，以及库存商品采用计划成本核算或售价核算的企业，还应按加或减材料成本差异、商品进销差价后的金额填列

历年命题视角　“存货”项目的构成及期末余额的计算。

【经典例题 13·单选题】2021 年 12 月 31 日，某企业有关科目余额如下："库存商品"科目借方余额 1000 万元，"生产成本"科目借方余额 580 万元，"材料成本差异"科目借方余额 80 万元，"工程物资"科目借方余额 150 万元，"存货跌价准备"科目贷方余额 40 万元。不考虑其他因素，该企业 2021 年 12 月 31 日，资产负债表中"存货"项目"期末余额"栏应填列的金额为（　　）万元。（2022 年改编·2 分）

A. 1620　　B. 1580

C. 1500　　D. 1650

【解析】"存货"项目"期末余额"栏应填列的金额 =1000+580+80−40=1620（万元）。"工程物资"科目借方余额 150 万元填列在"在建工程"项目当中。

【答案】A

【经典例题 14·多选题】下列各项中，应在企业资产负债表"存货"项目填列的有（　　）。（2022 年·2 分）

A. 生产成本　　B. 委托加工物资

C. 原材料　　D. 工程物资

【解析】选项 D 错误，应在企业资产负债表"在建工程"项目填列。

【答案】ABC

【经典例题 15·多选题】下列各项中，导致企业资产负债表"存货"项目期末余额发生变动的有（　　）。

A. 计提存货跌价准备

B. 用银行存款购入的修理用备件（备品备件）

C. 已经发出但不符合收入确认条件的商品

D. 收到受托代销的商品

【解析】选项 A：计提存货跌价准备，导致"存货"项目期末余额减少。

选项 B：购入修理用备件，导致"存货"项目期末余额增加。

选项 C：发出不符合收入确认条件的商品，借记"发出商品"科目，贷记"库存商品"科目，二者均属于"存货"项目，"存货"项目期末余额不变。

选项 D：收到受托代销商品，借记"受托代销商品"科目，贷记"受托代销商品款"科目，二者均列入"存货"项目，"存货"项目期末余额不变。

【点题】在编制资产负债表时，"受托代销商品"科目与"受托代销商品款"科目余额均填入"存货"项目并且借贷金额相互冲销，事实上资产负债表的"存货"项目并没有包括受托代销商品，即受托代销商品在资产负债表中并没有确认为一项资产。将受托代销商品纳入表内核算的目的主要是为了方便企业加强对存货的实物管理，保证受托代销商品的安全。

【答案】AB

（二）资产负债表项目的填列说明

1. 资产项目的填列说明

▶ 掌握 “货币资金”项目

反映企业库存现金、银行结算户存款、银行汇票存款、银行本票存款、信用卡存款、信用证保证金存款、外埠存款等的合计数。

填列：本项目应根据“库存现金”“银行存款”“其他货币资金”科目期末余额的合计数填列。

▶ “交易性金融资产”项目

反映资产负债表日企业分类为以公允价值计量且其变动计入当期损益的金融资产，以及企业持有的指定为以公允价值计量且其变动计入当期损益的金融资产的期末账面价值。

填列：本项目应根据“交易性金融资产”科目的相关明细科目期末余额分析填列。自资产负债表日起超过一年到期且预期持有超过一年的以公允价值计量且其变动计入当期损益的非流动金融资产的期末账面价值，在“其他非流动金融资产”项目反映。

▶ “应收票据”项目

反映资产负债表日以摊余成本计量的，企业因销售商品、提供服务等收到的商业汇票，包括银行承兑汇票和商业承兑汇票。

填列：本项目应根据“应收票据”科目的期末余额，减去“坏账准备”科目中相关坏账准备期末余额后的金额分析填列。

▶ 掌握 “应收账款”项目

反映资产负债表日以摊余成本计量的，企业因销售商品、提供服务等经营活动应收取的款项。

填列：本项目应根据“应收账款”科目的期末余额，减去“坏账准备”科目中相关坏账准备期末余额后的金额分析填列。如“预收账款”科目所属明细科目期末为借方余额的，也在本项目填列。

▶ “应收款项融资”项目

反映资产负债表日以公允价值计量且其变动计入其他综合收益的应收票据和应收账款等。

▶ 掌握 “预付款项”项目 解释2

反映企业按照购货合同规定预付给供应单位的款项等。

填列：本项目应根据“预付账款”和“应付账款”科目所属各明细科目的期末借方余额合计数，减去“坏账准备”科目中有关预付账款计提的坏账准备期末余额后的净额填列。如“预付账款”科目所属各明细科目期末有贷方余额的，应在资产负债表“应付账款”项目内填列。

解释2

“预付款项”项目：

①预付账款情况不多的企业，可以不设置“预付账款”科目，而将预付的款项通过“应付账款”科目借方核算，期末，“应付账款”明细科目借方余额需要填列在资产负债表“预付款项”项目中。

②即使企业没有设置“预付账款”科目，也必须设置“预付款项”项目。

▸ 掌握 "其他应收款" 项目

反映企业其他各种应收、暂付的款项（除应收票据、应收账款、预付账款等经营活动以外）。

填列：本项目应根据"应收利息""应收股利"和"其他应收款"科目的期末余额合计数，减去"坏账准备"科目中相关坏账准备期末余额后的金额填列。其中的"应收利息"仅反映相关金融工具已到期可收取但于资产负债表日尚未收到的利息。基于实际利率法计提的金融工具的利息应包含在相应金融工具的账面余额中。

【易错易混点辨析】会计科目和报表项目。

注意"会计科目"与"报表项目"的区别："其他应收款"项目的填列，不仅包括"其他应收款"科目的账面价值，还包括"应收股利"和"应收利息"科目的账面价值。"其他应付款"项目和"其他应付款"科目的关系同理。

▸ 掌握 "存货" 项目

反映企业期末在库、在途和在加工中的各种存货的可变现净值或成本（成本与可变现净值孰低计量）。

填列：本项目应根据"材料采购""原材料""库存商品""周转材料""委托加工物资""生产成本"提示2"受托代销商品""发出商品"等科目的期末余额合计数，减去"受托代销商品款""存货跌价准备"科目期末余额后的净额填列。材料采用计划成本核算，以及库存商品采用计划成本核算或售价核算的企业，还应按加或减材料成本差异提示3、商品进销差价后的金额填列。

提示2

生产成本vs材料采购：

①"生产成本"是在加工中的存货。

②"材料采购"是计划成本核算下购入但尚未验收入库的存货。

提示3

"材料成本差异"如为借方余额则加，如为贷方余额则减。

▸ "合同资产"项目

反映企业按照《企业会计准则第14号——收入》（2017）的相关规定，根据本企业履行履约义务与客户付款之间的关系在资产负债表中列示的合同资产。

填列：本项目应根据"合同资产"科目的相关明细科目期末余额分析填列。同一合同下的合同资产和合同负债应当以净额列示，其中净额为借方余额的，应当根据其流动性在"合同资产"或"其他非流动资产"项目中填列，已计提减值准备的，还应以减去"合同资产减值准备"科目中相关的期末余额后的金额填列；其中净额为贷方余额的，应当根据其流动性在"合同负债"或"其他非流动负债"项目中填列。

▸ "持有待售资产"项目

反映资产负债表日划分为持有待售类别的非流动资产及划分为持有待售类别的处置组中的流动资产和非流动资产的期末账面价值。

填列：本项目应根据"持有待售资产"科目的期末余额，减去"持有待售资产减值准备"科目的期末余额后的金额填列。

▸ "一年内到期的非流动资产"项目

反映预计自资产负债表日起一年内变现的非流动资产。

填列：本项目应根据有关科目的期末余额分析填列。

▸ “债权投资”项目

反映资产负债表日企业以摊余成本计量的长期债权投资的期末账面价值。

填列：本项目应根据“债权投资”科目的相关明细科目期末余额，减去“债权投资减值准备”科目中相关减值准备的期末余额后的金额分析填列。自资产负债表日起一年内到期的长期债权投资的期末账面价值，在“一年内到期的非流动资产”项目反映。企业购入的以摊余成本计量的一年内到期的债权投资的期末账面价值，在“其他流动资产”项目反映。

▸ “其他债权投资”项目

反映资产负债表日企业分类为以公允价值计量且其变动计入其他综合收益的长期债权投资的期末账面价值。

填列：本项目应根据“其他债权投资”科目的相关明细科目期末余额分析填列。自资产负债表日起一年内到期的长期债权投资的期末账面价值，在“一年内到期的非流动资产”项目反映。企业购入的以公允价值计量且其变动计入其他综合收益的一年内到期的债权投资的期末账面价值，在“其他流动资产”项目反映。

▸ “长期应收款”项目

反映企业租赁产生的应收款项以及采用递延方式分期收款、实质上具有融资性质的销售商品和提供劳务等经营活动产生的应收款项。

填列：本项目应根据“长期应收款”科目的期末余额，减去相应的“未实现融资收益”科目和“坏账准备”科目所属相关明细科目期末余额后的金额填列。

▸ “长期股权投资”项目

反映企业持有的对子公司、联营企业和合营企业的权益性投资。

填列：本项目应根据“长期股权投资”科目的期末余额，减去“长期股权投资减值准备”科目的期末余额后的净额填列。

▸ “其他权益工具投资”项目

反映资产负债表日企业指定为以公允价值计量且其变动计入其他综合收益的非交易性权益工具投资的期末账面价值。

填列：本项目应根据“其他权益工具投资”科目的期末余额填列。

▸ 掌握 “固定资产”项目

反映资产负债表日企业固定资产的期末账面价值和企业尚未清理完毕的固定资产清理净损益。

填列：本项目应根据“固定资产”科目的期末余额，减去“累计折旧”和“固定资产减值准备”科目的期末余额后的金额，以及“固定资产清理”科目的期末余额填列。

▸ “在建工程”项目

反映资产负债表日企业尚未达到预定可使用状态的在建工程的期末账面价值和企业为在建工程准备的各种物资的期末账面价值。

填列：本项目应根据“在建工程”科目的期末余额，减去“在建工程减值准备”科目的期末余额后的金额，以及“工程物资”科目的期末余额，减去“工程物资减值准备”科目的期末余额后的金额填列。

▸ **“使用权资产”项目**

反映资产负债表日承租人企业持有的使用权资产的期末账面价值。

填列：本项目应根据“使用权资产”科目的期末余额，减去“使用权资产累计折旧”和“使用权资产减值准备”科目的期末余额后的金额填列。

▸ **“无形资产”项目**

反映企业持有的专利权、非专利技术、商标权、著作权、土地使用权等无形资产的成本减去累计摊销和减值准备后的净值。

填列：本项目应根据“无形资产”科目的期末余额，减去“累计摊销”和“无形资产减值准备”科目期末余额后的净额填列。

▸ 掌握 **“开发支出”项目**

反映企业开发无形资产过程中能够资本化形成无形资产成本的支出部分。

填列：本项目应根据“研发支出”科目所属的“资本化支出”明细科目期末余额填列。

▸ **“长期待摊费用”项目**

反映企业已经发生但应由本期和以后各期负担的分摊期限在一年以上的各项费用。

填列：本项目应根据“长期待摊费用”科目的期末余额分析填列。长期待摊费用的摊销年限只剩一年或不足一年的，或预计在一年内（含一年）进行摊销的部分，不得归类为流动资产，仍在本项目中填列，不转入“一年内到期的非流动资产”项目。

▸ **“递延所得税资产”项目**

反映企业根据所得税准则确认的可抵扣暂时性差异产生的所得税资产。

填列：本项目应根据“递延所得税资产”科目的期末余额填列。

▸ **“其他非流动资产”项目**

反映企业除长期股权投资、固定资产、在建工程、无形资产等以外的其他非流动资产。

填列：本项目应根据有关科目的期末余额填列。

➤ **【经典例题 16 · 多选题】**下列各项中，应在资产负债表“其他应收款”项目填列的有（　　）。（2022 年 · 2 分）

A. 为购货方代垫的商品包装费

B. 为职工垫付的房租

C. 确认被投资方已宣告但尚未发放的现金股利

D. 支付的租入包装物押金

【解析】"其他应收款"项目应根据"应收利息""应收股利"和"其他应收款"科目的期末余额合计数，减去"坏账准备"科目中相关坏账准备期末余额后的金额填列。选项A，列示在"应收账款"项目中；选项BD计入其他应收款；选项C计入应收股利。

【答案】BCD

【经典例题17·判断题】资产负债表中的"开发支出"项目应根据"研发支出"科目所属的"资本化支出"明细科目期末余额填列。(　　)(2021年·1分)

【答案】√

【经典例题18·判断题】企业资产负债表中"使用权资产"项目应根据"使用权资产"科目的期末余额减去"使用权资产累计折旧"和"使用权资产减值准备"科目的期末余额后的金额填列。(　　)(2021年·1分)

【答案】√

【经典例题19·多选题】下列各项中，应在资产负债表"在建工程"项目中列报的有(　　)。(2020年·2分)

A. 在建工程减值准备　　B. 工程物资

C. 在建工程　　D. 固定资产清理

【解析】选项D在"固定资产"项目列报。

【答案】ABC

【经典例题20·多选题】下列会计科目中，其余额应在资产负债表"无形资产"项目填列的有(　　)。(2020年·2分)

A. 研发支出　　B. 累计摊销

C. 无形资产　　D. 无形资产减值准备

【解析】选项A，"研发支出"科目所属的"资本化支出"明细科目期末余额在"开发支出"项目填列。

【答案】BCD

【经典例题21·判断题】企业日常核算中不设置"预付账款"账户，期末编制资产负债表时不需要填列"预付款项"项目。(　　)

【解析】预付账款情况不多的企业，可以不设置"预付账款"科目，而将预付的款项通过"应付账款"科目借方核算，期末"应付账款"明细科目借方余额需要填列在资产负债表"预付款项"项目中。

【答案】×

2. 负债项目的填列说明

▸ "短期借款"项目

反映企业向银行或其他金融机构等借入的期限在一年以下（含一年）的各种借款。

填列：本项目应根据"短期借款"科目的期末余额填列。

▶ “交易性金融负债”项目

反映企业资产负债表日承担的交易性金融负债，以及企业持有的直接指定为以公允价值计量且其变动计入当期损益的金融负债的期末账面价值。

填列：本项目应根据“交易性金融负债”科目的相关明细科目期末余额填列。

▶ “应付票据”项目

反映资产负债表日以摊余成本计量的、企业因购买材料、商品和接受服务等开出、承兑的商业汇票，包括银行承兑汇票和商业承兑汇票。

填列：本项目应根据“应付票据”科目的期末余额填列。

▶ 掌握 “应付账款”项目

反映资产负债表日以摊余成本计量的、企业因购买材料、商品和接受服务等经营活动应支付的款项。

填列：本项目应根据“应付账款”和“预付账款”科目所属的相关明细科目的期末贷方余额合计数填列。

▶ 掌握 “预收款项”项目

反映企业按合同规定预收的款项。

填列：本项目应根据“预收账款”和“应收账款”科目所属各明细科目的期末贷方余额合计数填列。如“预收账款”科目所属各明细科目期末有借方余额的，则应在资产负债表“应收账款”项目内填列。

▶ “合同负债”项目

反映企业已收或应收客户对价而应向客户转让商品的义务。根据本企业履行履约义务与客户付款之间的关系在资产负债表中列示的合同负债。

填列：本项目应根据“合同负债”的相关明细科目期末余额分析填列。

▶ “应付职工薪酬”项目

反映职工为企业提供了服务或企业与职工解除劳动关系，企业给予的各种形式的报酬或补偿。

填列：本项目应根据“应付职工薪酬”科目所属各明细科目的期末贷方余额分析填列。

▶ 掌握 “应交税费”项目

反映企业按照税法规定计算应交纳的各种税费，包括增值税、消费税、资源税、土地增值税、城市维护建设税、房产税、城镇土地使用税、车船税、教育费附加、企业所得税、环境保护税等。企业代扣代缴的个人所得税，也通过本项目列示。企业所交纳的税金不需要预计应交数的，如印花税等，不在本项目列示。

填列：本项目应根据“应交税费”科目的期末贷方余额填列。

▶ 掌握 “其他应付款”项目

反映企业其他各项应付、暂收的款项（除应付票据、应付账款、预收账款、应付职工薪酬、应交税费等经营活动以外）。

填列：本项目应根据“应付股利”“应付利息”和“其他应付款”科目的期末余额合计数填列。其中的“应付利息”仅反映相关金融工具已到期应支付但于资产负债表日尚未支付的利息。基于实际利率法计提的金融工具的利息应包含在相应金融工具的账面余额中。

▸ **“持有待售负债”项目**

反映资产负债表日处置组中与划分为持有待售类别的资产直接相关的负债的期末账面价值。

填列：本项目应根据“持有待售负债”科目的期末余额填列。

▸ **“一年内到期的非流动负债”项目**

反映企业非流动负债中将于资产负债表日后一年内到期部分的金额，如将于一年内偿还的长期借款。

填列：本项目应根据有关科目的期末余额分析填列。

▸ **“长期借款”项目**

反映企业向银行或其他金融机构借入的期限在一年以上（不含一年）的各项借款。

填列：本项目应根据“长期借款”科目的期末余额，扣除“长期借款”科目所属的明细科目中将在资产负债表日起一年内到期且企业不能自主地将清偿义务展期的长期借款后的金额计算填列。

▸ **“应付债券”项目**

反映企业为筹集长期资金而发行的债券本金和应付的利息。

填列：本项目应根据“应付债券”科目的期末余额分析填列。

▸ **“租赁负债”项目**

反映资产负债表日承租人企业尚未支付的租赁付款额的期末账面价值。

填列：本项目应根据“租赁负债”科目的期末余额填列。自资产负债表日起一年内到期应予以清偿的租赁负债的期末账面价值，在“一年内到期的非流动负债”项目反映。

▸ **“长期应付款”项目**

反映资产负债表日企业除长期借款和应付债券以外的其他各种长期应付款项的期末账面价值。

填列：本项目应根据“长期应付款”科目的期末余额，减去相关的“未确认融资费用”科目的期末余额后的金额，以及“专项应付款”科目的期末余额填列。

▸ **“预计负债”项目**

反映企业确认的对外提供担保、未决诉讼、产品质量保证、重组义务以及固定资产和矿区权益弃置义务等产生的预计负债。

填列：本项目应根据“预计负债”科目的期末余额填列。企业按照金融工具确认和计量的相关规定，对贷款承诺等项目计提的损失准备，应当在本项目中填列。

▸ **“递延收益”项目**

反映尚待确认的收入或收益。本项目核算包括企业根据政府补助准则确认的应在以后期间计入当期损益的政府补助金额、售后租回形成融资租赁的售价与资产账面价值差额等其他递延性收入。

填列：本项目应根据“递延收益”科目的期末余额填列。本项目中摊销期限只剩一年或不足一年的，或预计在一年内（含一年）进行摊销的部分，不得归类为流动负债，仍在本项目中填列，不转入“一年内到期的非流动负债”项目。

▸ **“递延所得税负债”项目**

反映企业根据所得税准则确认的应纳税暂时性差异产生的所得税负债。

填列：本项目应根据“递延所得税负债”科目的期末余额填列。

▸ **“其他非流动负债”项目**

反映企业除长期借款、应付债券等非流动负债以外的其他非流动负债。

填列：本项目应根据有关科目的期末余额，减去将于一年内（含一年）到期偿还数后的余额分析填列。非流动负债各项目中将于一年内（含一年）到期的非流动负债，应在“一年内到期的非流动负债”项目内反映。

历年命题视角 “长期借款”“其他应付款”“应付账款”“应交税费”等项目的填列方法。

【经典例题22·单选题】某企业有一笔长期借款将于2022年6月1日到期。下列各项中，企业在编制2021年12月31日资产负债表时，应填列的报表项目是（ ）。（2022年·2分）

A. 短期借款　　B. 长期借款

C. 其他非流动负债　　D. 一年内到期的非流动负债

【解析】选项D正确，“一年内到期的非流动负债”项目，反映企业非流动负债中将于资产负债表日后一年内到期部分的金额，如将于一年内偿还的长期借款。

【答案】D

【经典例题23·单选题】2020年12月31日，甲公司“长期借款”科目余额为650万元，其中：从乙银行借入的50万元借款距离到期日尚余8个月，甲公司不具有自主展期清偿的权利；从丙银行借入的200万元借款距离到期日尚余13个月；从丁银行借入的400万元借款距离到期日尚余24个月。不考虑其他因素，甲公司2020年12月31日资产负债表“长期借款”项目的期末余额为（ ）万元。（2022年·2分）

A. 650　　B. 400

C. 600　　D. 50

【解析】甲公司2020年12月31日资产负债表"长期借款"项目的期末余额=650-50=600(万元)。

【答案】C

【经典例题24·单选题】2021年12月31日，某企业应付款项相关会计科目期末贷方余额为：其他应付款40万元，应付利息10万元，应付股利300万元。不考虑其他因素，2021年12月31日该企业资产负债表中"其他应付款"项目期末余额栏应填列的金额为(　　)万元。(2022年·2分)

A. 0　　B. 350

C. 310　　D. 300

【解析】2021年12月31日该企业资产负债表中"其他应付款"项目期末余额栏应填列的金额=40+10+300=350(万元)。

【答案】B

【经典例题25·单选题】下列属于企业资产负债表中负债项目的是(　　)。(2022年·2分)

A. 递延收益　　B. 预付款项

C. 其他收益　　D. 其他综合收益

【解析】选项B属于资产负债表中的资产项目；选项C属于利润表中的项目；选项D属于资产负债表中的所有者权益项目。

【答案】A

【经典例题26·判断题】企业"预付账款"科目所属明细科目期末为贷方余额的，应将其贷方余额在资产负债表"应付账款"项目内填列。(　　)(2022年·1分)

【解析】"应付账款"项目，应根据"应付账款"和"预付账款"科目所属的相关明细科目的期末贷方余额合计数填列。

【答案】√

【经典例题27·多选题】下列各项中，应列入企业资产负债表"应交税费"项目的有(　　)。(2020年·2分)

A."应交税费——应交消费税"科目期末贷方余额

B."应交税费——应交资源税"科目期末贷方余额

C."应交税费——应交车船税"科目期末贷方余额

D."应交税费——应交个人所得税"科目期末贷方余额

【答案】ABCD

3. 所有者权益项目的填列说明

▸ "实收资本(或股本)"项目

反映企业各投资者实际投入的资本(或股本)总额。本项目应根据"实收资本(或股本)"科目的期末余额填列。

▸ **“其他权益工具”项目**

反映资产负债表日企业发行在外的除普通股以外分类为权益工具的金融工具的期末账面价值，对于优先股和永续债，应在“其他权益工具”下设“优先股”和“永续债”项目分别填列。

▸ **“资本公积”项目**

反映企业收到的投资者出资超出其在注册资本或股本中所占的份额以及直接计入所有者权益的利得和损失等。本项目应根据“资本公积”科目的期末余额填列。

▸ **“其他综合收益”项目**

本项目应根据“其他综合收益”科目的期末余额填列。

▸ **“专项储备”项目**

反映高危行业企业按国家规定提取的安全生产费的期末账面价值。本项目应根据“专项储备”科目的期末余额填列。

▸ **“盈余公积”项目**

本项目应根据“盈余公积”科目的期末余额填列。

▸ **“未分配利润”项目**

反映企业尚未分配的利润。本项目应根据“本年利润”科目和“利润分配”科目的余额计算填列。未弥补的亏损在本项目内以“-”号填列。

【经典例题 28 · 判断题】企业实现的净利润经过弥补亏损、提取盈余公积和向投资者分配利润后留存在企业的、历年结存的利润应作为未分配利润在资产负债表“未分配利润”项目列报。(　　)(2022 年 · 1 分)

【答案】√

【经典例题 29 · 单选题】2019 年 12 月 31 日，甲公司有关科目的期末贷方余额如下：实收资本 80 万元，资本公积 20 万元，盈余公积 35 万元，利润分配——未分配利润 5 万元。不考虑其他因素，2019 年 12 月 31 日，该公司资产负债表中“所有者权益合计”项目期末余额填列的金额为(　　)万元。(2020 年 · 2 分)

A. 80　　B. 100　　C. 120　　D. 140

【解析】该公司资产负债表中“所有者权益合计”项目期末余额填列的金额 =80+20+35+5=140(万元)。

【答案】D

【经典例题 30 · 多选题】下列各项中，不属于企业资产负债表所有者权益项目的有(　　)。(2020 年 · 2 分)

A. 库存股　　B. 公允价值变动收益

C. 每股收益　　D. 其他综合收益

【解析】选项 BC 属于利润表的项目。

【答案】BC

使用"会计云课堂"App扫码听课、做题、答疑

第三单元 利润表

考点01 利润表概述

考频 ★★

利润表，又称损益表，是反映企业在一定会计期间的经营成果的报表。

我国企业的利润表采用多步式（解释）格式。

解释

多步式：

即通过对当期的收入、费用、支出项目按性质加以归类，分步计算当期净损益。

考点02 利润表的编制

考频 ★★★

（一）利润表的编制要求

利润表中一般应单独列报的项目主要有营业利润、利润总额、净利润、其他综合收益的税后净额、综合收益总额和每股收益等。

（1）营业利润单独列报的项目包括营业收入、营业成本、税金及附加、销售费用、管理费用、研发费用、财务费用、信用减值损失、资产减值损失、其他收益、投资收益、公允价值变动收益、资产处置收益等。

（2）利润总额项目为营业利润加上营业外收入减去营业外支出。

（3）净利润项目为利润总额减去所得税费用，包括持续经营净利润和终止经营净利润等项目。

（4）其他综合收益的税后净额包括不能重分类进损益的其他综合收益和将重分类进损益的其他综合收益等项目。

（5）综合收益总额为净利润加上其他综合收益的税后净额。

（6）每股收益包括基本每股收益和稀释后每股收益两项项目。

（二）利润表的填列方法

▶ 掌握 **"营业收入"项目**

反映企业经营主要业务和其他业务所确认的收入总额。

填列：本项目应根据两个科目的发生额分析填列，分别为"主营业务收入"和"其他业务收入"科目。

▶ 掌握 **"营业成本"项目**

反映企业经营主要业务和其他业务所发生的成本总额。

填列：本项目应根据两个科目的发生额分析填列，分别为"主营业务成本"和"其他业务成本"科目。

▶ **"税金及附加"项目**

反映企业经营业务应负担的消费税、城市维护建设税、资源税、土地增值税（房地产开发经营企业）、教育费附加、房产税、车船税、城镇土地使用税、印花税、环境保护税等相关税费。

填列：本项目应根据“税金及附加”科目的发生额分析填列。

▸ **“销售费用”项目**

反映企业在销售商品过程中发生的包装费、广告费等费用和为销售本企业商品而专设的销售机构的职工薪酬、业务费等经营费用。

填列：本项目应根据“销售费用”科目的发生额分析填列。

▸ 掌握 **“管理费用”项目**

反映企业为组织和管理生产经营发生的管理费用。

填列：本项目应根据“管理费用”科目的发生额，减去“管理费用”科目下的“研发费用”、自行研发无形资产的“无形资产摊销”明细科目发生额分析填列。

▸ 掌握 **“研发费用”项目** 解释1

反映企业进行研究与开发过程中发生的费用化支出，以及计入管理费用的自行开发无形资产的摊销。

填列：本项目应根据“管理费用”科目下的“研发费用”明细科目的发生额以及“管理费用”科目下自行研发无形资产的“无形资产摊销”明细科目的发生额分析填列。

▸ **“财务费用”项目** 解释2

反映企业为生产经营而筹集资金等发生的利息支出中应予以费用化的部分。

填列：本项目应根据“财务费用”科目的相关明细科目发生额分析填列。

（1）“财务费用”项目下的“利息费用”项目，反映企业为筹集生产经营所需资金等而发生的应予费用化的利息支出。本项目应根据“财务费用”科目的相关明细科目的发生额分析填列。

（2）“财务费用”项目下的“利息收入”项目，反映企业按照相关会计准则确认的应冲减财务费用的利息收入。本项目应根据“财务费用”科目的相关明细科目的发生额分析填列。

▸ **“其他收益”项目**

反映计入其他收益的政府补助，以及其他与日常活动相关且计入其他收益的项目。

填列：本项目应根据“其他收益”科目的发生额分析填列。企业作为个人所得税的扣缴义务人，根据《中华人民共和国个人所得税法》收到的扣缴税款手续费，应作为其他与日常活动相关的收益在本项目中填列。

▸ **“投资收益”项目**

反映企业以各种方式对外投资所取得的收益。

填列：本项目应根据“投资收益”科目的发生额分析填列。如为投资损失，以“-”号填列。

▸ **“净敞口套期收益”项目**

反映净敞口套期下被套期项目累计公允价值变动转入当期损益的金额或现金流量套期储备转入当期损益的金额。

解释1

“研发费用”项目：该项目金额是从“管理费用”科目中分离出来的，包括“管理费用——研发费用”明细科目金额以及对自行研发无形资产进行摊销产生的“管理费用——无形资产摊销”明细科目金额，其他的管理费用依然在“管理费用”项目中填列。

解释2

“财务费用”项目：该项目金额 = 利息支出 - 利息收入

①产生利息支出的业务包括：本期计提的借款利息、支付的银行手续费等。

②产生利息收入的业务包括：收到的银行存款利息等。

填列：本项目应根据“净敞口套期损益”科目的发生额分析填列。如为套期损失，以“-”号填列。

▸ “公允价值变动收益”项目

反映企业按照相关会计准则确认应当计入当期损益的资产或负债公允价值变动收益。

填列：本项目应根据“公允价值变动损益”科目的发生额分析填列。如为净损失，以“-”号填列。

▸ “信用减值损失”项目

反映企业按照金融工具确认和计量的要求计提的各项金融工具信用减值准备所确认的信用损失。

填列：本项目应根据“信用减值损失”科目的发生额分析填列。

▸ “资产减值损失”项目

反映企业固定资产、无形资产、长期股权投资等有关资产发生的减值损失。

填列：本项目应根据“资产减值损失”科目的发生额分析填列。

▸ “资产处置收益”项目

反映企业出售划分为持有待售的非流动资产（金融工具、长期股权投资和投资性房地产除外）或处置组（子公司和业务除外）时确认的处置利得或损失，以及处置未划分为持有待售的固定资产、在建工程、生产性生物资产及无形资产而产生的处置利得或损失。债务重组中因处置非流动资产和非货币性资产交换中换出非流动资产所产生的利得或损失也包括在本项目内。

填列：本项目应根据“资产处置损益”科目的发生额分析填列。如为处置损失，以“-”号填列。

▸ “营业利润”项目

反映企业实现的营业利润。如为亏损，以“-”号填列。

▸ “营业外收入”项目

反映企业发生的除营业利润以外的收益，主要包括非流动资产毁损报废收益、与企业日常活动无关的政府补助、盘盈利得、捐赠利得（经济实质属于股东对企业的资本性投入的除外）等。

填列：本项目应根据“营业外收入”科目的发生额分析填列。

▸ “营业外支出”项目

反映企业发生的除营业利润以外的支出，主要包括公益性捐赠支出、盘亏损失、非常损失、非流动资产毁损报废损失等。

填列：本项目应根据“营业外支出”科目的发生额分析填列。

▸ “利润总额”项目

反映企业实现的利润。如为亏损，以“-”号填列。

▸ **“所得税费用”项目**

反映企业根据所得税准则确认的应从当期利润总额中扣除的所得税费用。

填列：本项目应根据“所得税费用”科目的发生额分析填列。

▸ **“净利润”项目**

反映企业实现的净利润。如为亏损，以“-”号填列。

▸ **“其他综合收益的税后净额”项目**

反映企业根据企业会计准则规定未在损益中确认的各项利得和损失扣除所得税影响后的净额。

▸ **“综合收益总额”项目**

反映企业净利润与其他综合收益的税后净额的合计金额。

▸ **“每股收益”项目**

包括两项指标，分别为基本每股收益与稀释每股收益，反映普通股或潜在普通股已公开交易的企业，以及正处在公开发行普通股或潜在普通股过程中的企业的每股收益信息。

历年命题视角

1. 利润表项目的构成
2. “营业收入”“营业成本”“税金及附加”“综合收益总额”等主要项目的填列和计算
3. 影响“营业利润”“利润总额”“净利润”项目的具体案例应用及金额计算

【经典例题 31 · 单选题】 下列各项中，不应列入利润表“营业成本”项目的是（　　）。（2022 年 · 2 分）

A. 已对外销售的原材料的成本

B. 以经营租赁方式出租的固定资产的折旧额

C. 无形资产出售净损失

D. 成本模式计量的投资性房地产的折旧或摊销额

【解析】 营业成本包括主营业务成本与其他业务成本。选项 ABD，均通过“其他业务成本”科目核算；选项 C，通过“资产处置损益”科目核算。

【答案】 C

【经典例题 32 · 单选题】 下列各项中，应在利润表“管理费用”项目填列的是（　　）。（2022 年 · 2 分）

A. 行政管理用外购非专利技术的摊销额

B. 支付的商品质量三包费

C. 专利权处置净损失

D. 签订合同交纳的印花税

【解析】选项 B 在“销售费用”项目列示；选项 C 在“资产处置收益”项目或“营业外支出”项目列示；选项 D 在“税金及附加”项目列示。

【答案】A

【经典例题 33 · 单选题】下列各项中，属于企业利润表中“营业外支出”项目列报内容的是（ ）。（2022 年 · 2 分）

A. 出售固定资产确认的净损失

B. 交易性金融资产的公允价值变动净损失

C. 自然灾害造成的存货毁损净损失

D. 存货的减值净损失

【解析】选项 A 在“资产处置收益”项目列报，选项 B 在“公允价值变动收益”项目列报，选项 D 在“资产减值损失”项目列报。

【答案】C

【经典例题 34 · 单选题】下列各项中，制造业企业应在利润表“营业成本”项目填列的是（ ）。（2021 年 · 2 分）

A. 出售固定资产发生的净损失

B. 在建工程领用产品的成本

C. 为取得生产技术服务合同发生的投标费

D. 出租包装物的摊销额

【解析】“营业成本”项目应根据“主营业务成本”和“其他业务成本”科目的发生额分析填列。选项 A 计入资产处置损益，选项 B 计入在建工程，选项 C 计入管理费用，选项 D 计入其他业务成本。

【答案】D

【经典例题 35 · 单选题】甲公司为增值税一般纳税人。2020 年 12 月 22 日销售 M 商品 200 件，每件商品的标价为 6 万元（不含增值税）。给予购货方 200 万元的商业折扣。M 商品适用的增值税税率为 13%，开具增值税专用发票，销售商品符合收入确认条件。不考虑其他因素，甲公司 2020 年度利润表中“营业收入”项目“本期金额”栏的填列金额增加（ ）万元。（2021 年 · 2 分）

A. 1130　　　　B. 1000

C. 1356　　　　D. 1200

【解析】甲公司 2020 年度利润表中“营业收入”项目“本期金额”栏的填列金额增加额 =200×6-200=1000（万元）。

【点题】企业应当按照扣除商业折扣后的金额确定销售商品收入的金额，所以在计算“营业收入”项目本期金额时需要减去商业折扣的金额。

【答案】B

【经典例题 36 · 多选题】下列各项中，应在制造业企业利润表“营业收入”项目列示的有（ ）。（2021 年 · 2 分）

A. 持有交易性金融资产期间取得的利息收入

B. 销售商品取得的收入

C. 出租无形资产的租金收入

D. 出售固定资产实现的净收益

【解析】本题各选项相关的会计分录如下：

选项 A	选项 B
借：应收利息 　贷：投资收益 在“投资收益”项目列示	借：银行存款等 　贷：主营业务收入等 在“营业收入”项目列示
选项 C	**选项 D**
借：银行存款等 　贷：其他业务收入等 在“营业收入”项目列示	借：固定资产清理 　贷：资产处置损益 在“资产处置收益”项目列示

【答案】BC

【经典例题 37 · 判断题】企业应交纳的增值税应在利润表的“税金及附加”项目中填列。(　　)(2021 年 · 1 分)

【解析】“税金及附加”项目，反映企业经营业务应负担的消费税、城市维护建设税、资源税、土地增值税（房地产开发经营企业）、教育费附加、房产税、车船税、城镇土地使用税、印花税、环境保护税等相关税费，不包括增值税。

【答案】×

【经典例题 38 · 判断题】利润表中“综合收益总额”项目依据企业净利润和其他综合收益（税后净额）的合计金额填列。(　　)(2021 年 · 1 分)

【答案】√

【经典例题 39 · 单选题】2022 年 9 月，某企业发生的财务费用资料如下：收到本月活期存款利息（提示）700 元；计提本月应负担的生产经营用短期借款利息费用 2000 元。不考虑其他因素，该企业本月利润表中“财务费用”项目“本期金额”的列报金额为（　　）元。

A. 1600　　B. 2100

C. 1700　　D. 1300

【解析】选项 D 正确：本月利息支出 2000 元，利息收入 700 元，因此，该企业本月利润表中“财务费用”项目“本期金额”的列报金额 =2000−700=1300（元）。

【答案】D

提示

活期存款利息： 收到活期存款利息，应冲减财务费用。

【经典例题40·单选题】某企业2022年度实现营业收入3000万元，发生营业成本2000万元，管理费用150万元，销售费用200万元，税金及附加60万元，取得投资收益100万元。不考虑其他因素，该企业2022年利润表“营业利润”项目“本期金额”的列报金额为（ ）万元。

A. 590　　B. 690

C. 650　　D. 750

【解析】“营业利润”项目“本期金额”的列报金额=3000-2000-150-200-60+100=690（万元）。

【答案】B

使用“会计云课堂”App扫码听课、做题、答疑

第四单元　现金流量表

考点01　现金流量表概述　考频 | ★

（一）现金流量表的概念

现金流量表，是指反映企业在一定会计期间现金和现金等价物流入和流出的报表。它是按照收付实现制要求，以资产负债表和利润表等资料为依据对企业现金流量进行的结构性表述，反映了企业在一定会计期间获取现金及现金等价物的能力。

现金流量，是指现金和现金等价物的流入和流出。

现金，是指企业库存现金以及可以随时用于支付的存款。不能随时用于支付的存款不属于现金。

现金等价物，是指企业持有的期限短、流动性强、易于转换为已知金额现金、价值变动风险很小的投资。期限短，一般是指从购买日起三个月内到期。现金等价物通常包括三个月内到期的债券投资等。

（二）现金流量表的结构原理

1. 现金流量表的结构内容

现金流量表是以“现金流入量－现金流出量＝现金净流量”这一公式为依据而设计的基本结构。

现金流量包括现金流入量、现金流出量以及现金净流量。

根据企业业务活动的性质和现金流量的功能，准则将企业一定期间产生的现金流量分为三类：经营活动产生的现金流量、投资活动产生的现金流量和筹资活动产生的现金流量。

此外，企业持有除记账本位币外的以外币为计量单位的资产负债及往来款项的，还应列示汇率变动对现金及现金等价物的影响。

（1）经营活动产生的现金流量，指与销售商品、提供劳务有关的活动产生的现金流量，包括企业投资活动和筹资活动以外的所有交易和事项产生的现金流量。

具体内容如下：

项目	本期金额	上期金额
一、经营活动产生的现金流量：		
销售商品、提供劳务收到的现金		
收到的税费返还		
收到其他与经营活动有关的现金		
经营活动现金流入小计		
购买商品、接受劳务支付的现金		
支付给职工以及为职工支付的现金		
支付的各项税费		
支付其他与经营活动有关的现金		
经营活动现金流出小计		
经营活动产生的现金流量净额		

（2）投资活动产生的现金流量，指取得或处置与非流动资产有关的活动产生的现金流量，包括企业购建长期资产和不包括在现金等价物范围内的投资及其处置活动产生的现金流量。

具体内容如下：

项目	本期金额	上期金额
二、投资活动产生的现金流量：		
收回投资收到的现金		
取得投资收益收到的现金		
处置固定资产、无形资产和其他长期资产收回的现金净额		
处置子公司及其他营业单位收到的现金净额		
收到其他与投资活动有关的现金		
投资活动现金流入小计		
购建固定资产、无形资产和其他长期资产支付的现金		
投资支付的现金		
取得子公司及其他营业单位支付的现金净额		
支付其他与投资活动有关的现金		
投资活动现金流出小计		
投资活动产生的现金流量净额		

（3）筹资活动产生的现金流量，指导致企业资本及债务规模和构成发生变动的活动产生的现金流量。

具体内容如下：

项目	本期金额	上期金额
三、筹资活动产生的现金流量：		
吸收投资收到的现金		
取得借款收到的现金		
收到其他与筹资活动有关的现金		
筹资活动现金流入小计		
偿还债务支付的现金		
分配股利、利润或偿付利息支付的现金		
支付其他与筹资活动有关的现金		
筹资活动现金流出小计		
筹资活动产生的现金流量净额		

肖老师解读

投资活动分为对内投资和对外投资，后续与之相关的收到现金或支付现金，均属于投资活动（如图1）。筹资活动可以理解为两个渠道去“找钱”，会形成负债和所有者权益，后续与之相关的收到现金或支付现金均属于筹资活动（如图2）。

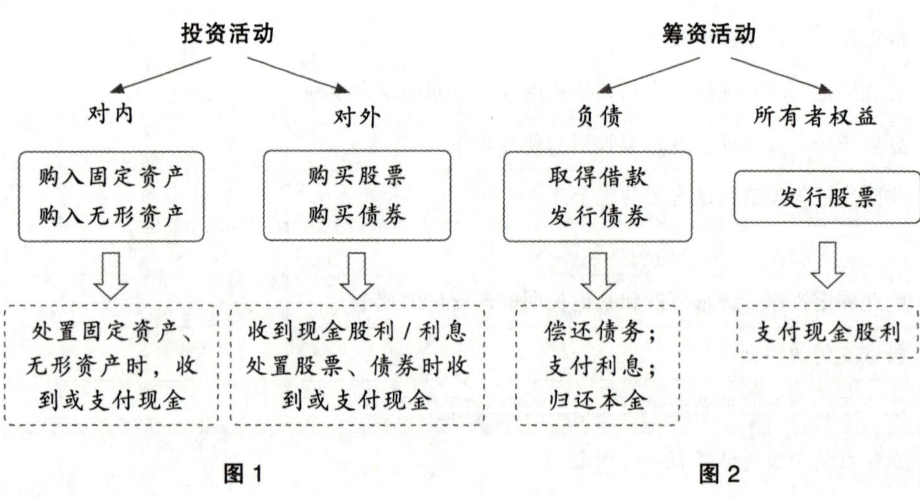

图1　　图2

2. 现金流量表的格式

现金流量表的格式，是指现金流量表结构内容的编排顺序和方式。其基本原理是将以权责发生制为基础编制的资产负债表和利润表资料按照收付实现制基础调整计算编制现金流量表。调整计算方法通常有直接法和间接法两种。

（1）直接法，是指通过现金收入和现金支出的主要类别列示经营活动现金流量的一种方法。

（2）间接法，是指将净利润调整为经营活动现金流量的一种方法。

我国企业会计准则规定，企业应当采用直接法编制现金流量表，同时要求在附注中披露将净利润调整为经营活动现金流量的信息。

➢ **【经典例题 41 · 单选题】**下列各项中，应在现金流量表“经营活动产生的现金流量”项目中填列的是（　　）。（2022 年 · 2 分）

A. 为客户代垫的商品运杂费

B. 支付短期借款利息

C. 收到被投资单位发放的现金股利

D. 从银行借入短期借款

【解析】选项 BD，在现金流量表“筹资活动产生的现金流量”项目中填列；选项 C，在现金流量表“投资活动产生的现金流量”项目中填列。

【答案】A

➢ **【经典例题 42 · 单选题】**下列各项中，应列入企业现金流量表中“筹资活动产生的现金流量”项目的是（　　）。（2022 年 · 2 分）

A. 支付的各项税费

B. 取得子公司支付的现金净额

C. 购建固定资产支付的现金

D. 偿还借款支付的现金

【解析】选项 A，属于经营活动产生的现金流量；选项 BC，属于投资活动产生的现金流量。

【答案】D

➢ **【经典例题 43 · 多选题】**下列各项中，属于投资活动产生的现金流量的有（　　）。（2022 年改编 · 2 分）

A. 出售固定资产收到的现金

B. 购买债券支付的现金

C. 广告宣传支付的现金

D. 购买商品支付的现金

【解析】选项 CD 属于经营活动产生的现金流量。

【答案】AB

➢ **【经典例题 44 · 多选题】**下列各项中，导致现金流量表中“现金及现金等价物净增加额”项目本期金额变动的有（　　）。（2022 年 · 2 分）

A. 为购货方代垫运费

B. 计提固定资产减值准备

C. 以银行存款归还短期借款

D. 取得投资收益收到的现金股利

【解析】计提固定资产减值准备时，借记“资产减值损失”科目，贷记“固定资产减值准备”科目，不涉及现金及现金等价物的变动，选项B错误。

【答案】ACD

【经典例题45·多选题】下列各项中，属于现金流量表中现金和现金等价物的有（　　）。

A. 可随时用于支付的银行存款

B. 存货

C. 从购买日起，三个月内到期的债券投资

D. 其他货币资金中可以随时用于支付的存款

【解析】存货不符合现金及现金等价物的定义，选项B错误。

【答案】ACD

考点02 现金流量表的编制 考频 | ★★

（一）现金流量表的编制要求

现金流量表应当分别列报经营活动、投资活动和筹资活动现金流量。现金流量应当分别按照现金流入和现金流出总额列报。但是，下列各项可以按照净额列报：

（1）代客户收取或支付的现金；

（2）周转快、金额大、期限短项目的现金流入和现金流出；

（3）金融企业的有关项目；

（4）自然灾害损失、保险索赔等特殊项目；

（5）汇率变动对现金的影响额应当作为调整项目，在现金流量表中单独列报“汇率变动对现金及现金等价物的影响”。

（二）直接法

运用直接法编制现金流量表可采用工作底稿法或T型账户法，也可以根据有关会计科目记录分析填列。按直接法编制的现金流量表为现金流量表的正表。

项目	工作底稿法	T型账户法
内容	以工作底稿为手段，以资产负债表和利润表数据为基础，分别对每一项目进行分析并编制调整分录，进而编制现金流量表的方法	以T型账户为手段，以资产负债表和利润表数据为基础，分别对每一项目进行分析并编制调整分录，进而编制现金流量表的方法

项目	工作底稿法	T 型账户法
步骤	（1）将资产负债表的期初数和期末数过入工作底稿的期初数栏和期末数栏，将同期的利润表资料过入工作底稿 （2）对当期业务进行分析并编制调整分录 （3）将调整分录逐笔过入工作底稿 （4）核对工作底稿中各项目的借方、贷方合计数是否相等 （5）根据工作底稿中的现金流量表项目编制正式的现金流量表	（1）为所有非现金项目（包括资产负债表项目和利润表项目）分别开设 T 型账户，并将各自的期末期初变动数过入各该账户 （2）开设一个大的“现金及现金等价物”T 型账户，分设经营活动、投资活动、筹资活动三个二级 T 型账户，左方（借方）记现金流入，右方（贷方）记现金流出，借方余额为现金流入净额，贷方余额为现金流出净额 （3）以利润表项目为基础，结合资产负债表分析每一个非现金项目的增减变动，并据此编制调整分录 （4）将调整分录过入各 T 型账户，并进行核对 （5）根据大的“现金及现金等价物”T 型账户编制正式的现金流量表

【举例】以工作底稿法为例。

甲公司属于增值税一般纳税人，适用的增值税税率为 13%，该公司主要从事商品采购和销售业务，未发生涉及记账本位币之外的业务。甲公司 2022 年 12 月 31 日编制的利润表和资产负债表相关资料如下。

（1）甲公司利润表中列示“营业收入”项目金额为 1500 万元，资产负债表中列示“应收账款”项目年末较年初增加金额 100 万元。

（2）甲公司利润表中列示“营业成本”项目金额为 1000 万元，资产负债表中列示“应付账款”项目年末较年初增加金额 150 万元，“存货”项目年末较年初增加金额 480 万元。

要求：根据上述资料，调整营业收入和营业成本，编制调整分录。

【解析】根据资料（1）调整营业收入，应编制调整分录为：

借：经营活动的现金流量——销售商品收到的现金　1595
　　应收账款　100
　贷：营业收入　1500
　　　应交税费——应交增值税　195

根据资料（2）调整营业成本，应编制调整分录为：

借：营业成本　1000
　　存货　480
　　应交税费——应交增值税　[（1000+480）×13%] 192.4
　贷：应付账款　150
　　　经营活动的现金流量——购进商品支付的现金　1522.4

（三）间接法

企业采用间接法编制现金流量表的基本步骤如下：

步骤	具体内容
（1）将报告期利润表中净利润调节为经营活动产生的现金流量	以净利润为起算点，调整四类项目：没有实际支付现金的费用（应加回）、没有实际收到现金的收益（应减去）、不属于经营活动的损益（应剔除）、经营性应收应付项目的增减变动
（2）分析调整不涉及现金收支的重大投资和筹资活动项目	本项目反映企业一定会计期间内影响资产或负债但不形成该期现金收支的各项投资或筹资活动的信息资料 此类需要列报的项目有： ①债务转为资本 ②一年内到期的可转换公司债券 ③融资租入固定资产
（3）分析调整现金及现金等价物净变动情况	本项目反映现金及现金等价物增减变动及其净增加额
（4）编制正式的现金流量表补充资料	可采用前述工作底稿法或T型账户法，也可以根据有关会计科目记录分析填列

提示

净利润：
应试技巧是在净利润的基础上：
好事“-”,坏事“+”。

第一步，将报告期利润表中净利润（提示）调节为经营活动产生的现金流量。

调整项目	调整方向	调整原因说明
资产减值准备	+	已经作为减项在净利润中扣除，但在报告期内没有实际支付现金的费用，应予以加回
信用损失准备	+	
固定资产折旧、油气资产折耗、生产性生物资产折旧	+	
无形资产摊销	+	
长期待摊费用摊销	+	
处置固定资产、无形资产和其他长期资产的损失	（损失）+ （收益）-	不属于经营活动的损益（属于计入净利润项目的投资活动产生的现金流量），应予以扣除
固定资产报废损失	（损失）+ （收益）-	
公允价值变动损失	（损失）+ （收益）-	
投资损失	（损失）+ （收益）-	

调整项目	调整方向	调整原因说明
财务费用	（损失）+ （收益）-	对于属于筹资活动或投资活动的财务费用，应予以加回；对于属于筹资活动或投资活动的财务收益应予以减去（对于属于经营活动产生的利息收入或费用等具体情况分析计算调整）
递延所得税资产减少	（减少）+ （增加）-	该项目属于企业未来期间的应纳税所得额及应交所得税，不构成报告期的现金流量，应予以扣除
递延所得税负债增加	（增加）+ （减少）-	
存货的减少	（减少）+ （增加）-	期末存货比期初存货减少，说明报告期耗用的存货有一部分是期初的存货，耗用这部分存货并没有发生现金流出，但在计算净利润时已经扣除，所以应当加回。反之，期末存货比期初存货增加，说明当期购入的存货除耗用外，还剩余了一部分，这部分存货也发生了现金流出，但在计算净利润时没有包括在内，所以需要减去。此外，若存货的增减变动不属于经营活动，则需分析计算调整非经营活动的现金流量
经营性应收项目的减少	（减少）+ （增加）-	经营性应收项目减少，表示报告期收到了以前年度应收项目的现金，但没有计算在净利润之内，应当加回；反之，经营性应收项目增加，表明有尚未收到的现金流入量计入到了报告期的净利润中，应当减去
经营性应付项目的增加	（增加）+ （减少）-	经营性应付项目增加，表示报告期内“存货”等项目中存在尚未支付的应付项目的现金，但已经计入营业成本在净利润中扣除，应当加回；反之，经营性应付项目减少，说明报告期计算净利润时存在尚未扣除的现金流出量，应当减去

第二步，分析调整不涉及现金收支的重大投资和筹资活动项目。

（1）债务转为资本。反映企业报告期内转为资本的债务金额。

（2）一年内到期的可转换公司债券。反映企业报告期内到期的可转换公司债券的本息。

（3）融资租入固定资产。反映企业报告期内融资租入的固定资产。

第三步，分析调整现金及现金等价物净变动情况。

第四步，编制正式的现金流量表补充资料。

【经典例题46·多选题】企业填列现金流量表“将净利润调节为经营活动现金流量”项目时，下列各项中，需要调整加回的有（ ）。（2022年·2分）

A. 无形资产摊销　　B. 资产减值准备

C. 投资损失　　D. 经营性应收项目增加

【解析】从应试技巧来看，“坏事”+，“好事”-。选项ABC均为“坏事”，需加回。选项D，经营性应收项目增加为“好事”，需要减去。

【答案】ABC

【经典例题47·多选题】下列各项中，应作为现金流量表补充资料中“将净利润调节为经营活动现金流量”调增项目的有（ ）。（2022年·2分）

A. 固定资产折旧　　B. 资产减值准备

C. 无形资产摊销　　D. 长期待摊费用摊销

【解析】上述选项均属于净利润中没有实际支付现金的费用，在报告期内不需要支付现金，应予以加回。从应试技巧来看，“坏事”+，“好事”-。选项ABCD均为“坏事”，需加回，调增。

【答案】ABCD

使用“会计云课堂”App扫码听课、做题、答疑

第五单元　所有者权益变动表

考点01　所有者权益变动表的基本原理　考频 | ★

（一）所有者权益变动表的概念

所有者权益变动表是反映构成所有者权益各组成部分当期增减变动情况的报表。

（二）所有者权益变动表的内容

掌握 在所有者权益变动表上，企业至少应当单独列示反映下列信息的项目：

（1）综合收益总额 解释；

（2）会计政策变更和差错更正的累积影响金额；

（3）所有者投入资本和向所有者分配利润等；

（4）提取的盈余公积；

（5）实收资本、其他权益工具、资本公积、其他综合收益、专项储备、盈余公积、未分配利润的期初和期末余额及其调节情况。

> 解释
>
> **综合收益总额：**同时出现在利润表和所有者权益变动表中，体现了报表之间的勾稽关系。

所有者权益变动表的主要项目内容及其功能如下：

1.“上年年末余额”项目

“上年年末余额”项目，反映企业上年资产负债表中实收资本（或股本）、其他权益工具、资本公积、库存股、其他综合收益、专项储备、盈余公积、未分配利润的年末余额。

2.“会计政策变更”“前期差错更正”项目

“会计政策变更”“前期差错更正”项目，分别反映企业采用追溯调整法处理的会计政策变更的累积影响金额和采用追溯重述法处理的会计差错更正的累积影响金额。

熟知 3.“本年增减变动金额”项目

（1）“综合收益总额”项目，反映利润表中净利润和其他综合收益的税后净额的合计金额。

（2）“所有者投入和减少资本”项目，反映企业当年所有者投入的资本和减少的资本。

（3）“利润分配”项目，反映企业当年的利润分配金额。

（4）“所有者权益内部结转”项目，反映不影响当年所有者权益总额的所有者权益各组成部分之间当年的增减变动情况。

（三）所有者权益变动表的结构

所有者权益变动表结构为纵横交叉的矩阵式结构。

1. 纵向结构

纵向结构以所有者权益增减变动时间及内容为依据分为四栏，分别是“上年年末余额”“本年年初余额”“本年增减变动金额”“本年年末余额”，其数量关系为：

本年年初余额 = 上年年末余额 + 会计政策变更、前期差错更正及其他变动

本年年初余额 + 本年增减变动金额 = 本年年末余额

其中，本年增减变动金额按照所有者权益增减变动的交易或事项列示，即：

本年增减变动金额 = 综合收益总额 ± 所有者投入和减少资本 ± 利润分配 ± 所有者权益内部结转

2. 横向结构

横向结构采用比较式结构，分为两栏：“本年金额”和“上年金额”，每栏的具体结构以所有者权益构成内容为依据逐项列示，即：

实收资本（或股本）+ 其他权益工具 + 资本公积 − 库存股 + 其他综合收益 + 专项储备 + 盈余公积 + 未分配利润 = 所有者权益合计

纵横填列结果归结到本年年末所有者权益合计数，保持所有者权益变动表的表内填列数额的平衡。

历年命题视角

1. 所有者权益年末列报金额的计算
2. 所有者权益变动表的项目构成
3. 所有者权益变动表中单独列示反映的项目

【经典例题 48 · 多选题】下列各项中，属于所有者权益变动表列示的项目有（　　）。（2022 年 · 2 分）

A. 综合收益总额　　　　B. 所得税费用

C. 利润总额　　　　　　D. 提取盈余公积

【解析】在所有者权益变动表上，企业至少应当单独列示反映下列信息的项目：综合收益总额（选项 A）；会计政策变更和差错更正的累积影响金额；所有者投入资本和向所有者分配利润等；提取的盈余公积（选项 D）；实收资本、其他权益工具、资本公积、其他综合收益、专项储备、盈余公积、未分配利润的期初和期末余额及其调节情况。

【答案】AD

【经典例题 49 · 判断题】企业在编制年报时，所有者权益变动表"未分配利润"栏目的本年年末余额，应当与资产负债表"未分配利润"项目的年末余额相等。（　　）（2022 年 · 1 分）

【答案】√

【经典例题 50 · 单选题】2019 年初，某公司所有者权益合计为 500 万元。本年度所有者权益变动表有关项目情况如下：综合收益总额增加 360 万元，提取盈余公积 30 万元，分配现金股利 100 万元。不考虑其他因素，该公司 2019 年度所有者权益变动表中"所有者权益合计"项目的本年年末余额为（　　）万元。（2020 年 · 2 分）

A. 760　　B. 860

C. 830　　D. 730

【解析】综合收益总额增加，"所有者权益合计"项目金额增加；提取盈余公积，盈余公积增加，未分配利润减少，属于所有者权益内部的增减变动，不影响"所有者权益合计"项目金额；分配现金股利，未分配利润减少，"所有者权益合计"项目金额减少。该公司 2019 年度所有者权益变动表中"所有者权益合计"项目的本年年末余额 =500+360–100=760（万元）。

【答案】A

【经典例题 51 · 多选题】下列各项中，属于所有者权益变动表"本年增减变动金额"项目的有（　　）。（2020 年 · 2 分）

A. 盈余公积转增资本　　B. 提取盈余公积

C. 盈余公积弥补亏损　　D. 资本公积转增资本

【答案】ABCD

考点 02 // 所有者权益变动表的填列方法　考频 | ★

（一）上年金额栏的填列方法

所有者权益变动表"上年金额"栏内各项数字，应根据上年度所有者权益变动表"本年金额"栏内所列数字填列。上年度所有者权益变动表规定的各个项目的名称和内容同本年度不一致的，应对上年度所有者权益变动表各项目的名称和数字按照本年度的相关规定进行调整，填入所有者权益变动表的"上年金额"栏内。

（二）本年金额栏的填列方法

所有者权益变动表“本年金额”栏内各项目数字一般应根据资产负债表所有者权益项目金额或“实收资本（或股本）”“其他权益工具”“资本公积”“库存股”“其他综合收益”“专项储备”“盈余公积”“利润分配”“以前年度损益调整”等科目及其明细科目的发生额分析填列。

第六单元 财务报表附注及财务报告信息披露要求

使用“会计云课堂”App扫码听课、做题、答疑

考点 01 附注的作用

考频 | ★

附注是对资产负债表、利润表、现金流量表和所有者权益变动表等报表中列示项目的文字描述或明细资料，以及对未能在这些报表中列示项目的说明等。

通过附注与资产负债表、利润表、现金流量表和所有者权益变动表列示项目的相互参照关系，以及对未能在财务报表中列示项目的说明，可以使财务报表使用者全面了解企业的财务状况、经营成果和现金流量以及所有者权益的情况。

考点 02 附注的主要内容

考频 | ★

附注是财务报表的重要组成部分。根据企业会计准则的规定，企业应当按照如下顺序编制披露附注的主要内容：

（一）企业简介和主要财务指标

（1）企业名称、注册地、组织形式和总部地址。

（2）企业的业务性质和主要经营活动。

（3）母公司以及集团最终母公司的名称。

（4）财务报告的批准报出者和财务报告的批准报出日。

（5）营业期限有限的企业，还应当披露有关营业期限的信息。

（6）截至报告期末公司近 3 年的主要会计数据和财务指标。

（二）财务报表的编制基础

财务报表的编制基础是指财务报表是在持续经营基础上还是在非持续经营基础上编制的。企业一般是在持续经营基础上编制财务报表，清算、破产属于非持续经营基础。

（三）遵循企业会计准则的声明

企业应当声明编制的财务报表符合企业会计准则的要求，真实、完整地反映了企业的财务状况、经营成果和现金流量等有关信息，以此明确企业编制财务报表所依据的制度基础。

（四）重要会计政策和会计估计

企业应当披露采用的重要会计政策和会计估计，不重要的会计政策和会计估计可以不披露。

（五）会计政策和会计估计变更以及差错更正的说明

企业应当按照会计政策、会计估计变更和差错更正会计准则的规定，披露会计政策和会计估计变更以及差错更正的有关情况。

（六）报表重要项目的说明

（七）或有事项和承诺事项、资产负债表日后非调整事项、关联方关系及其交易等需要说明的事项

（八）有助于财务报表使用者评价企业管理资本的目标、政策及程序的信息

历年命题视角 附注的主要内容。

【经典例题52·多选题】下列各项中，属于企业财务报表附注中应披露的信息有（ ）。（2022年·2分）

A. 重要会计政策

B. 财务报表的编制基础

C. 会计差错更正的说明

D. 报表重要项目的说明

【答案】ABCD

【经典例题53·判断题】企业在财务报表附注中披露存货增减变动情况，可使财务报表使用者了解资产负债表中未单列的存货分类信息。（ ）（2022年·1分）

【答案】√

【经典例题54·判断题】企业采用的重要会计政策和会计估计属于财务报表附注披露的内容。（ ）（2020年·1分）

【解析】企业在附注中应当披露采用的重要会计政策和会计估计，不重要的会计政策和会计估计可以不披露。

【答案】√

考点03 财务报告信息披露的要求 考频 | ★

（一）财务报告信息披露的概念

财务报告信息披露，也称会计信息披露，是指企业将其财务状况、经营成果、

现金流量等财务信息对外发布的过程。披露主要是指会计报表附注的披露。信息披露是上市公司的法定义务和责任。

（二）财务报告信息披露的基本要求

财务报告信息披露基本要求，也称财务报告信息披露的基本质量。主要体现为五个方面：真实、准确、完整、及时和公平。

第七单元　财务报告的阅读与应用

使用“会计云课堂”App扫码听课、做题、答疑

考点 01 // 资产负债表的阅读与应用　考频 | ★

资产负债表阅读的主要内容有资产的存在状态及其分布、负债及所有者权益的构成状况，整体财务状况三方面。

阅读“资产”资料： 获取企业拥有或控制的经济资源总量及配置状况的结构性信息，包括资产总额和资产结构的信息	阅读“负债”资料： 获取企业在一定时期内需要偿还的债务的总量和债务状况的结构性信息，了解掌握企业拥有或控制资产中运用负债获取资金来源的状况，包括负债总额和负债结构性的信息
	阅读“所有者权益”资料： 获取企业股权融资和盈利积累资金的总量以及所有者权益状况的结构性信息，了解掌握企业拥有或控制资产中运用股权融资和盈余积累获取资金来源的状况，包括所有者权益总额及其结构性的信息

阅读资产负债表资料，获取企业整体财务状况的结构性信息，厘清企业资金的来龙去脉关系，对企业财务状况作出基本评价，预测企业财务状况的基本变化趋势和发展前景。

考点 02 // 利润表的阅读与应用　考频 | ★

（1）阅读利润表中营业利润、利润总额、净利润等项目资料，获取企业利润构成信息，评价企业利润质量和盈利能力。

（2）阅读利润表中净利润和综合收益总额资料，获取企业经营成果和实现经济效益的信息，评价企业一定会计期间的经营情况。

考点 03 // 现金流量表的阅读与应用　考频 | ★

现金流量表阅读的内容主要有持有现金、现金流量的构成情况和经营活动及其财务成果质量三方面。

（一）现金流量表阅读的主要内容

项目	具体应用
阅读经营活动产生的现金流量及其具体项目	获得经营活动产生的现金流量的详细信息 评价企业经营活动产生的现金流量
阅读投资活动产生的现金流量及其项目	获得投资活动产生的现金流量的详细信息 评价企业投资活动产生的现金流量
阅读筹资活动产生的现金流量及其项目	获得筹资活动产生的现金流量的详细信息 评价企业筹资活动产生的现金流量
阅读“现金及现金等价物净增加额”项目	获得现金增减净额信息 评价企业现金支付能力

（二）现金流量表补充资料

（1）经营活动产生现金流量的补充性结构信息。现金流量表补充资料提供将净利润调节为经营活动现金流量、不涉及现金收支的重大投资和筹资活动以及现金及现金等价物净变动情况三方面的结构性信息。

（2）利润质量。现金流量表补充资料进一步补充列示说明企业净利润与经营活动现金流量净额之间的关系。如果经营活动现金流量净额大于同期净利润额，一般说明收到的现金高于同期实现的净利润额，表明利润的质量好；反之，则表明利润的质量较差。

习题指路：P553

若有习题帮，考试心不慌！学完本章考点，要及时做同步练习题哦！

轻松过关®1

2023年会计专业技术资格考试

应试指导及全真模拟测试

初级会计实务

（下册）

肖磊荣　主编

东奥会计在线　编

北京科学技术出版社

目录
CONTENTS

下册 · 经典习题

第三部分　同步习题

第一章　概　述 …… 389

同步强化练习题 …… 389

答案速查 …… 393

参考答案及解析 …… 393

第二章　会计基础 …… 397

同步强化练习题 …… 397

答案速查 …… 413

参考答案及解析 …… 414

第三章　流动资产 …… 427

同步强化练习题 …… 427

答案速查 …… 442

参考答案及解析 …… 443

第四章　非流动资产 …… 457

同步强化练习题 …… 457

答案速查 …… 474

参考答案及解析 …… 476

第五章　负　债 …… 491

同步强化练习题 …… 491

答案速查 …… 501
参考答案及解析 …… 502

第六章 所有者权益 …… 511
同步强化练习题 …… 511
答案速查 …… 518
参考答案及解析 …… 519

第七章 收入、费用和利润 …… 526
同步强化练习题 …… 526
答案速查 …… 540
参考答案及解析 …… 541

第八章 财务报告 …… 553
同步强化练习题 …… 553
答案速查 …… 560
参考答案及解析 …… 561

第四部分 经典大题

历年经典大题回顾 …… 571
专题一 流动资产 …… 571
专题二 非流动资产 …… 580
专题三 负 债 …… 588
专题四 所有者权益 …… 596
专题五 收入、费用和利润 …… 600
专题六 财务报告 …… 611
专题七 成本会计 …… 614

跨章节大题集训 …… 617
跨章节不定项 …… 617

附 录 「2套」全真模拟测试题 …… 638

第三部分

同步习题

第一章　概　述

同步强化练习题

使用“会计云课堂”App 扫码做题、对答案、看解析、掌握解题思路，开启轻松过关之旅。

一、单项选择题

1. 下列各项中，关于会计职能表述错误的是（　　）。
   A. 会计核算职能是会计最基本的职能
   B. 单位内部的会计监督是对经济活动和会计核算的真实性、完整性、合法性和合理性的审查
   C. 会计监督是会计核算的基础，会计核算是会计监督的保障
   D. 参与经济决策是会计的拓展职能

2. 在可预见的未来，会计主体不会破产清算，所持有的资产将正常使用，所负有的债务将正常偿还，这属于（　　）假设。
   A. 会计主体　　B. 持续经营
   C. 会计分期　　D. 货币计量

3. 下列各项中，关于会计核算的基础的说法不正确的是（　　）。
   A. 凡是当期已经实现的收入和已经发生或者应当负担的费用，无论款项是否收付，都应当作为当期的收入和费用，属于权责发生制
   B. 凡是不属于当期的收入和费用，即使款项已在当期收付，也不应当作为当期的收入和费用，属于权责发生制
   C. 企业可以选择按权责发生制或收付实现制进行会计核算，一经确定，不得变更
   D. 政府会计中的预算会计核算采用收付实现制，国务院另有规定的除外

4. 下列会计处理中，符合权责发生制的是（　　）。
   A. 销售产品的收入只有在收到款项时才予以确认
   B. 产品已销售并符合收入确认条件，货款未收到也应确认收入
   C. 厂房租金只能在支付时计入当期费用
   D. 职工薪酬只能在支付给职工时计入当期费用

5. 某企业 2022 年 10 月租用厂房租金为 100 万元，用银行存款支付 50 万元，剩余 50 万元尚未支付；预订下月管理部门耗用材料一批，用银行存款支付预付款 5 万元。根据权责发生制，该企业 10 月份应确认的费用为（　　）万元。

A. 50　　B. 55

C. 100　　D. 105

6. 2023 年 1 月 1 日开始，甲公司按照会计准则的规定采用新的财务报表格式进行列报。因部分财务报表列报项目发生变更，甲公司对可比期间 2022 年度财务报表的数据按照变更后的财务报表列报项目进行了调整。甲公司的上述会计处理体现的会计信息质量要求是（　　）。

A. 实质重于形式　　B. 权责发生制

C. 可比性　　D. 谨慎性

7. 下列各项中，不属于会计职业道德的相关管理规定的是（　　）。

A. 增强会计人员诚信意识　　B. 建设会计人员信用档案

C. 会计职业道德管理的组织实施　　D. 建立完善的法律制度

8. 下列有关会计职业道德与会计法律制度关系的表述中，不正确的是（　　）。

A. 在作用上相互补充，相互协调

B. 违反会计法律制度，一定违反会计职业道德

C. 在内容上相互渗透，相互吸收

D. 违反会计职业道德，一定违反会计法律制度

9. 根据会计职业道德的规定，“理万金分文不沾”“常在河边走，就是不湿鞋”，这两句话体现的会计职业道德的内容是（　　）。

A. 参与管理　　B. 廉洁自律

C. 提高技能　　D. 强化服务

10. 下列各项内部控制要素中，属于内部控制的重要环节，是实施控制的对象内容的是（　　）。

A. 内部监督　　B. 控制活动

C. 内部环境　　D. 风险评估

二、多项选择题

1. 下列关于会计的基本特征的说法中，正确的有（　　）。

A. 会计以货币为主要计量单位　　B. 准确完整性、连续系统性

C. 会计监督是会计核算的基础　　D. 会计是一种经济管理活动

2. 下列各项中，属于会计目标的有（　　）。

A. 对特定主体的经济活动进行确认、计量、记录和报告

B. 向财务报告使用者提供会计信息

C. 对特定主体经济活动和相关会计核算的真实性、完整性、合法性和合理性进行审查

D. 反映企业管理层受托责任的履行情况

3. 关于会计信息质量要求，下列各项表述中，正确的有（ ）。

A. 谨慎性要求企业对交易或者事项进行会计确认、计量、记录和报告应当保持应有的谨慎，不应高估资产或者收益、低估负债或者费用

B. 及时性要求企业对于已经发生的交易或者事项，应当及时进行确认、计量、记录和报告，不得提前或延后

C. 重要性要求企业提供的会计信息应当反映与企业财务状况、经营成果和现金流量有关的所有重要交易或者事项

D. 实质重于形式要求企业应当按照交易或者事项的经济实质进行会计确认、计量、记录和报告，不应仅以交易或者事项的法律形式为依据

4. 下列各项中，体现谨慎性会计信息质量要求的有（ ）。

A. 固定资产加速计提折旧

B. 低值易耗品金额较小的，在领用时一次性计入成本费用

C. 对售出商品很可能发生的保修义务确认预计负债

D. 当存货成本高于可变现净值时，计提存货跌价准备

5. 下列各项中，关于会计信息质量要求的表述正确的有（ ）。

A. 将租入的使用权资产作为自有资产核算体现的是实质重于形式

B. 提供的会计信息应当清晰明了，便于理解和使用体现的是可理解性

C. 同一企业不同时期发生的相同交易，应采用一致的会计政策，不得随意变更体现的是可比性

D. 及时将编制的财务报告传递给使用者体现的是及时性

6. 下列企业会计人员行为中，属于遵守客观公正会计职业道德的有（ ）。

A. 实事求是，不偏不倚地办理会计事务，以客观事实为依据，依法依规办事

B. 坚持以合法有效的原始凭证为依据进行会计处理，客观公正地办理会计事务

C. 在处理利益关系时，保持应有的独立性

D. 公正处理企业利益相关者和社会公众的利益关系

7. 下列关于会计职业道德内容的表述中，体现参与管理要求的有（ ）。

A. 保守本单位的商业秘密

B. 广泛宣传国家统一的会计制度

C. 积极参与管理，促进企业可持续高质量健康发展

D. 树立正确的人生观和价值观

8. 下列各项中，关于会计职业道德内容的表述正确的有（ ）。

A. 刻苦钻研，不断提高业务技能水平体现的是提高技能

B. 树立职业荣誉感、热爱会计工作体现的是爱岗敬业

C. 清正廉洁、严格自我约束体现的是廉洁自律

D. 不弄虚作假，保密守信体现的是诚实守信

9. 甲公司的领导认为年度财务会计报告“不好看”，遂许诺10万元“好处费”指使财务总监李某通过虚构业务来调整年度财务会计报告的数据，李某予以拒绝。李某的行为体现的职业道德包括（　　）。
A. 廉洁自律　　B. 参与管理　　C. 客观公正　　D. 诚实守信

10. 下列属于企业内部控制目标的有（　　）。
A. 合理保证企业经营管理合法合规　　B. 资产安全完整
C. 财务报告及相关信息真实完整　　D. 提高经营效率和效果

11. 下列属于内部控制要素的有（　　）。
A. 风险评估　　B. 控制活动　　C. 信息与沟通　　D. 内部监督

三、判断题

1. 会计资料及会计信息使用者主要包括投资者、债权人、政府及其有关部门和社会公众等。（　　）

2. 会计基本假设是对会计核算时间和空间范围等所作的合理假定，是企业会计确认、计量、记录和报告的前提。（　　）

3. 会计核算的基础，是指会计确认、计量、记录和报告的基础，包括实地盘点法和技术推算法。（　　）

4. 由于有了持续经营这个会计核算的基本假设，才产生了当期与其他期间的区别，从而出现了权责发生制与收付实现制的区别。（　　）

5. 企业应当保证会计信息真实可靠、内容完整，应当以实际发生的交易或事项为依据进行确认、计量、记录和报告体现的是会计信息质量的可靠性要求。（　　）

6. 可比性要求企业采用的会计处理方法和程序前后各期应当一致，不得变更。（　　）

7. 重要性的应用需要依赖职业判断，企业应当根据其所处环境和实际情况，仅从项目的金额大小加以判断。（　　）

8. 会计法律制度是会计职业道德的最低要求。（　　）

9. 会计人员在工作中“懒”“惰”“拖”的不良习惯，违背了会计职业道德内容中的诚实守信。（　　）

10. 内部控制各项要素之间是相互分离的，每个要素负责内部控制的不同部分。（　　）

11. 控制活动，是指企业对其内部控制的健全性、合理性和有效性进行监督检查与评估，形成书面报告并作出相应处理的过程，是实施内部控制的重要保证。（　　）

12. 重要缺陷，是指一个或多个控制缺陷的组合，其严重程度低于重大缺陷，但仍有可能导致企业偏离控制目标。（　　）

13. 内部控制的运行存在弱点和偏差、不能及时发现并纠正错误与舞弊的情形，属于运行缺陷。（　　）

答案速查

一、单项选择题

1	C	2	B	3	C	4	B	5	C	6	C
7	D	8	D	9	B	10	D				

二、多项选择题

1	AB	2	BD	3	ABCD	4	ACD	5	ABCD	6	ABCD
7	BC	8	ABCD	9	ACD	10	ABCD	11	ABCD		

三、判断题

1	√	2	√	3	×	4	×	5	√	6	×
7	×	8	√	9	×	10	×	11	×	12	√
13	√										

参考答案及解析

一、单项选择题

1.【答案】C

【解析】选项 A 正确，会计基本职能包括核算职能和监督职能，其中核算职能是最基本的职能。选项 B 正确，单位内部的会计监督职能是指会计机构、会计人员对其特定主体经济活动和相关会计核算的真实性、完整性、合法性和合理性进行审查，使之达到预期经济活动和会计核算目标的功能。选项 C 错误，会计核算是会计监督的基础，会计监督是会计核算质量的保障。选项 D 正确，会计拓展职能包括预测经济前景、参与经济决策、评价经营业绩等。

2.【答案】B

【解析】持续经营，是指在可以预见的将来，企业将会按当前的规模和状态继续经营下去，不会停业，也不会大规模削减业务。

3.【答案】C

【解析】选项 C 错误，企业会计的确认、计量、记录和报告应当以权责发生制为基础。

4.【答案】B

【解析】选项 ACD 符合收付实现制。

5.【答案】C

【解析】10 月厂房租金 100 万元，无论是否全额支付，都应确认为本期费用；支付下月管理部门耗用材料预付款 5 万元，属于下月的费用，不应确认为本期费用，选项 C 正确。

【点题】权责发生制盯“事”，收付实现制盯“钱”。

6.【答案】C

【解析】可比性要求企业提供的会计信息应当相互可比。

7.【答案】D

【解析】会计职业道德的相关管理规定包括:（1）增强会计人员诚信意识（选项 A);（2）建设会计人员信用档案（选项 B);（3）会计职业道德管理的组织实施（选项 C);（4）建立健全会计职业联合惩戒机制。

8.【答案】D

【解析】选项 D 不正确：会计法律制度是会计职业道德的最低要求，因此，会计职业道德规范的范围大于会计法律制度。所以，违反会计法律制度，一定违反会计职业道德，而违反会计职业道德，不一定违反会计法律制度。

9.【答案】B

【解析】廉洁自律要求会计人员树立正确的人生观和价值观；公私分明，清正廉洁，不贪不占，保持清白；遵纪守法，一身正气；坚持职业标准，严格自我约束，自觉抵制不良欲望的侵袭和干扰。

10.【答案】D

【解析】内部环境（选项 C）是实施内部控制的基础；风险评估是实施内部控制的重要环节，是实施控制的对象内容（选项 D 正确）；控制活动（选项 B）是实施内部控制的具体方式方法和手段；信息与沟通是实施内部控制的重要条件；内部监督（选项 A）是实施内部控制的重要保证。

二、多项选择题

1.【答案】AB

【解析】会计的基本特征表现为以货币为主要计量单位和准确完整性、连续系统性两个方面，选项 AB 正确。选项 C 错误，会计核算和会计监督是会计职能，且会计核算是会计监督的基础。选项 D 错误，属于会计的定义。

2.【答案】BD

【解析】会计的基本目标是向财务报告使用者提供企业财务状况、经营成果和现金流量等有关的会计资料和信息，反映管理层受托责任的履行情况，有助于财务报告使用者作出经济决策。

3.【答案】ABCD

4.【答案】ACD

【解析】选项 B 错误：体现的是重要性。

5.【答案】ABCD

6.【答案】ABCD

【解析】客观公正要求会计人员端正态度，以客观事实为依据，依法依规办事；实事求是，不偏不倚；公正处理企业利益相关者和社会公众的利益关系，保持应有的独立性。

7.【答案】BC

【解析】选项 A 体现的是诚实守信；选项 D 体现的是廉洁自律。

8.【答案】ABCD

9.【答案】ACD

【解析】选项 B 与题干所述的内容无关，参与管理要求会计人员应当广泛宣传财经法律、法规、规章和国家统一会计制度。充分发挥会计在企业经营管理中的职能作用，努力钻研相关业务，全面熟悉本单位经营活动和业务流程，建立健全企业内部控制、促进完善企业规章制度和业务流程，保障企业生产经营活动合法合规；主动提出合理化建议，充分发挥决策支持的功能作用，积极参与管理，促进企业可持续高质量健康发展。

10.【答案】ABCD

【解析】企业内部控制的目标包括:（1）合理保证企业经营管理合法合规（选项 A）;（2）资产安全完整（选项 B）;（3）财务报告及相关信息真实完整（选项 C）;（4）提高经营效率和效果（选项 D）;（5）促进企业实现发展战略。

11.【答案】ABCD

【解析】内部控制五要素一般包括：内部环境、风险评估、控制活动、信息与沟通和内部监督。

三、判断题

1.【答案】√

2.【答案】√

3.【答案】×

【解析】会计核算的基础，是指会计确认、计量、记录和报告的基础，具体包括权责发生制和收付实现制。

4.【答案】×

【解析】由于有了会计分期这个基本假设，才产生了当期与其他期间的区别，从而出现了权责发生制与收付实现制的区别。

5.【答案】√

6.【答案】×

【解析】可比性要求企业采用的会计处理方法和程序前后各期应当一致，不得随意变更（不是不得变更）。

7.【答案】×

【解析】重要性的应用需要依赖职业判断，企业应当根据其所处环境和实际情况，从项目的功能、性质和金额大小多方面加以判断。

8.【答案】√

【解析】会计职业道德是会计法律制度的重要补充，会计法律制度是会计职业道德的最低要求，是会计职业道德的基本制度保障。

9.【答案】×

【解析】会计人员在工作中“懒”“惰”“拖”的不良习惯，违背会计职业道德内容中的爱岗敬业。

10.【答案】×

【解析】内部控制各项控制要素之间是一个有机的多维的相互联系、相互影响、相互作用的整体，共同构成实现内部控制目标的体制机制和方式方法的完整体系。

11.【答案】×

【解析】内部监督，是指企业对其内部控制的健全性、合理性和有效性进行监督检查与评估，形成书面报告并作出相应处理的过程，是实施内部控制的重要保证。而控制活动，是指企业根据风险评估结果，采用相应的控制措施，将风险控制在可承受范围和程度之内的过程，是实施内部控制的具体方式方法和手段。

12.【答案】√

13.【答案】√

第二章　会计基础

同步强化练习题

使用“会计云课堂”App 扫码做题、对答案、看解析、掌握解题思路，开启轻松过关之旅。

一、单项选择题

1. 下列各项中，符合资产会计要素定义的是（　　）。
   A. 委托代销商品
   B. 筹建期间发生的开办费
   C. 已签订采购合同但尚未购入的生产设备
   D. 盘亏的存货

2. 下列资产负债表项目中，属于流动资产的是（　　）。
   A. 开发支出　　B. 其他应收款
   C. 固定资产　　D. 在建工程

3. 下列各项中，不会形成收入的是（　　）。
   A. 收到投资者投入的款项　　B. 出租无形资产的使用权
   C. 销售企业剩余的原材料　　D. 运输公司提供运输服务

4. 下列各项中，不影响企业利润的是（　　）。
   A. 销售商品确认的收入　　B. 支付的业务招待费
   C. 出售固定资产产生的净收益　　D. 接受所有者投资

5. 盘盈固定资产初始入账价值的计量属性是（　　）。
   A. 可变现净值　　B. 公允价值　　C. 重置成本　　D. 现值

6. 资产按照购置时所支付的现金或者现金等价物的金额，或者按照购置资产时所付出的对价的公允价值计量，属于（　　）计量属性。
   A. 历史成本　　B. 重置成本　　C. 公允价值　　D. 现值

7. 下列各项中，不会引起企业资产总额发生变化的是（　　）。
   A. 购入原材料一批，款项尚未支付　　B. 发行股票收到银行存款
   C. 结转销售商品成本　　D. 收回应收账款存入银行

8. 某公司资产总额为 25 万元，所有者权益总额为 20 万元。以银行存款 4 万元支付现金股利，并以银行存款 2 万元购买设备（不考虑增值税）。则上述业务入账后该公司的负债总额为（　　）万元。

A. 23　　B. 1　　C. 13　　D. 2

9. 下列各项中，引起企业资产和所有者权益同时增加的是（　　）。

A. 支付已宣告发放的现金股利

B. 收到投资者投入一台设备

C. 取得一笔短期借款并存入银行

D. 已到期的商业承兑汇票因无力支付转为应付账款

10. 下列各项中，属于损益类科目的是（　　）。

A. 其他综合收益　　B. 固定资产

C. 制造费用　　D. 管理费用

11. 下列各项中，关于借贷记账法特点的说法中，错误的是（　　）。

A. 借贷记账法下，以“借”“贷”为记账符号，账户的左方为借方，右方为贷方

B.“借”表示增加，“贷”表示减少

C. 可根据借贷平衡原理进行试算平衡

D. 以“有借必有贷，借贷必相等”为记账规则

12. 下列关于损益类账户的相关说法中，不正确的是（　　）。

A. 费用类账户和收入类账户属于损益类账户

B. 费用类账户与收入类账户记录增加的方向一致

C. 收入类账户借方登记减少额，贷方登记增加额

D. 费用类账户借方登记增加额，贷方登记减少额

13.“应付账款”账户期初贷方余额为 200 万元，本期贷方发生额为 300 万元，期末贷方余额为 100 万元，则该账户本期借方发生额为（　　）万元。

A. 400　　B. 300　　C. 200　　D. 100

14. 某企业“累计折旧”账户的年初贷方余额为 600 万元，假设该企业“累计折旧”账户当年的借方发生额为 200 万元，贷方发生额为 300 万元，则该企业“累计折旧”账户的年末余额为（　　）万元。

A. 贷方 700　　B. 借方 500　　C. 贷方 500　　D. 借方 700

15. 下列各项中，关于借贷记账法的说法不正确的是（　　）。

A. 资产类账户期末借方余额 = 期初借方余额 + 本期借方发生额 − 本期贷方发生额

B. 负债类账户的借方登记减少额，贷方登记增加额

C. 所有者权益类账户期末贷方余额 = 期初贷方余额 + 本期贷方发生额 − 本期借方发生额

D. 所有者权益类账户的借方登记增加额，贷方登记减少额

16. 下列关于试算平衡的相关说法中，不正确的是（　　）。

A. 试算平衡包括发生额试算平衡和余额试算平衡

B. 如果试算平衡，说明总分类账的登记一定是正确的

C. 发生额试算平衡依据的是借贷记账法的记账规则

D. 余额试算平衡依据的是资产与权益的恒等关系

17. 下列各项中，不属于原始凭证应当具备的基本内容的是（　　）。

A. 填制凭证单位名称　　B. 接受凭证单位名称

C. 经办人员的签名或盖章　　D. 记账符号

18. 下列原始凭证中，属于累计凭证的是（　　）。

A. 收料单　　B. 限额领料单

C. 制造费用分配表　　D. 税收缴款书

19. 下列经济业务应填制收款凭证的是（　　）。

A. 将库存现金存入银行　　B. 从银行提取现金

C. 收回应收账款　　D. 赊销商品

20. 下列各项业务中，应编制付款凭证的是（　　）。

A. 收回前欠货款 40000 元　　B. 购入材料 70000 元，货款未付

C. 以银行存款归还前欠货款 60000 元　　D. 接受投资者投入资金 90000 元

21. 关于会计凭证的保管，下列说法中，不正确的是（　　）。

A. 原始凭证较多时，可单独装订

B. 临时保管期间出纳人员不得兼管会计档案

C. 单位保存的会计档案一般不得对外借出，其他单位如有特殊原因，确实需要使用单位会计档案时，经本单位会计机构负责人、会计主管人员批准，可以复制

D. 会计档案在保管期满后应当销毁

22. 下列各项中，属于订本式账簿优点的是（　　）。

A. 可以防止抽换账页　　B. 便于分工记账

C. 可以根据需要随时增添账页　　D. 账页可多可少，不会造成浪费

23. 下列各项中，适合采用数量金额式账簿的是（　　）。

A. 管理费用明细账　　B. 库存商品明细账

C. 应收账款明细账　　D. 主营业务收入明细账

24. 下列各项中，适合采用多栏式明细分类账簿进行明细核算的是（　　）。

A. 向客户赊销商品形成的应收账款　　B. 生产车间发生的制造费用

C. 购买并验收入库的原材料　　D. 向银行借入的短期借款

25. 下列各项中，不属于账账核对的是（　　）。

A. 明细分类账簿之间的核对

B. 总分类账簿与所辖明细分类账簿之间的核对

C. 总分类账簿与序时账簿之间的核对

D. 会计账簿与原始凭证之间的核对

26. 下列各项中，属于总分类账簿与序时账簿之间核对的是（　　）。
A. 总分类账各账户的期末余额与其所辖各明细分类账的期末余额之和核对相符
B. 会计机构有关实物资产的明细账与财产物资保管部门或使用部门的明细账定期核对
C. 总分类账簿之间的核对
D. 库存现金总账的期末余额与库存现金日记账期末余额之间的核对

27. 下列各项中，应采用划线更正法更正的是（　　）。
A. 记账凭证上会计科目和记账方向正确，所记金额小于应记金额，导致账簿记录错误
B. 记账凭证上会计科目和记账方向正确，所记金额大于应记金额，导致账簿记录错误
C. 记账凭证上会计科目错误，导致账簿记录错误
D. 记账凭证正确，在登记账簿时发生错误，导致账簿记录错误

28. 某企业记账后发现账簿记录中有一笔金额为 3475 元的采购业务误记为 3457 元，误记的原因是记账凭证金额记录错误。下列各项中，属于该企业应采用的错账更正方法是（　　）。
A. 补充登记法　　B. 划线更正法
C. 更正账页法　　D. 红字更正法

29. 甲公司从乙公司购买一批原材料，增值税专用发票上注明价款 5000 元，增值税税额 650 元，材料已验收入库，款项已用银行存款支付。甲公司在记账凭证中登记的会计分录为：借记“原材料”科目 5000 元，借记“应交税费——应交增值税（进项税额）”科目 650 元，贷记“库存现金”科目 5650 元，并据以入账。则甲公司适用的错账更正方法是（　　）。
A. 红字更正法　　B. 补充登记法
C. 尾数法　　D. 划线更正法

30. 下列各项中，关于账簿保管的表述不正确的是（　　）。
A. 年度终了更换并启用新账后，对更换下来的旧账要整理装订，造册归档
B. 账簿经管人员既要负责记账、对账、结账等工作，又要负责保证账簿安全
C. 会计账簿禁止携带外出
D. 各种账簿必须按照《会计档案管理办法》规定的保存年限妥善保管，不得丢失和任意销毁

31. 关于库存现金的清查，下列说法中错误的是（　　）。
A. 库存现金的清查采用实地盘点法确定库存现金的实存数，然后与库存现金日记账的账面余额相核对，确定账实是否相符
B. 对库存现金进行盘点时，单位负责人必须在场
C. 库存现金盘点结束后，应填制“库存现金盘点报告表”，作为重要原始凭证
D. 库存现金清查一般由主管会计或财务负责人和出纳人员共同清点出各种纸币的张数和硬币的个数，并填制“库存现金盘点报告表”

32. 关于银行存款的清查，下列说法中错误的是（　　）。
A. 银行存款的清查是采用与开户银行核对账目的方法进行的，即将本单位银行存款日记账的账簿记录与开户银行转来的对账单逐笔进行核对，查明银行存款的实有数额

B. 将截止到清查日所有银行存款的收付业务都登记入账后，对发生的错账、漏账应及时查清更正，再与银行的对账单逐笔核对

C. 银行存款的清查一般在月末进行

D. 如果银行存款日记账的账簿记录与开户银行转来的对账单二者余额不相符，则一定存在未达账项

33. 关于实物资产的清查方法，下列说法中错误的是（　　）。

A. 对于实物的质量，应根据不同的实物性质和特征采用不同的检查方法

B. 在实物清查过程中，实物保管人员和盘点人员必须同时在场

C. 对于盘点结果，应如实登记盘存单，并由盘点人和实物保管人签字或盖章，以明确经济责任

D. 盘存单既是记录盘点结果的书面证明，也是反映财产物资实存数的记账凭证

34. 某公司2022年11月30日银行存款日记账余额为4800万元,银行对账单余额为4815万元。经逐笔核对，发现两笔未达账项:（1）公司已开出转账支票并登记银行存款减少20万元，银行尚未记账;（2）银行应收取的5万元利息已从公司存款账户中扣减，但公司未收到银行扣款通知。不考虑其他因素，该公司月末银行存款余额调节表中调节后的银行存款余额为（　　）万元。

A. 4780　　B. 4795　　C. 4815　　D. 4775

35. 各种账务处理程序的主要区别是（　　）。

A. 登记明细账的依据不同　　B. 登记总分类账的依据和方法不同

C. 记账的程序不同　　D. 记账的方法不同

36. 下列各项中，不属于科目汇总表账务处理程序特点的是（　　）。

A. 不利于对账目进行检查

B. 可以清晰地反映账户之间的对应关系

C. 适用于经济业务较多的单位，可以大大减少登记总分类账的工作量

D. 科目汇总表可以起到试算平衡的作用

37. 下列各项中，不应计入产品成本的是（　　）。

A. 直接材料成本　　B. 直接人工成本

C. 生产车间管理人员的工资　　D. 销售机构固定资产的修理费用

38. 下列各项中，属于企业产品成本计算方法的是（　　）。

A. 滚动预算　　B. 分批法

C. 战略地图　　D. 平衡计分卡

39. 下列各项中，关于分步法特点的表述不正确的是（　　）。

A. 适用于如冶金、纺织、机械制造等大量大批的多步骤生产企业

B. 成本计算期与产品的生产周期一致

C. 月末生产成本要在各步骤完工产品和在产品之间进行分配

D. 成本核算对象是各种产品的生产步骤

40. 某企业生产 A、B 两种产品的外购动力消耗定额分别为 4 工时和 6.5 工时。6 月份生产 A 产品 500 件、B 产品 400 件，共支付动力费 11040 元。该企业按定额消耗量比例分配动力费，当月 A 产品应分配的动力费为（　　）元。

A. 3840　　B. 4800　　C. 6343　　D. 6240

41. 某企业有甲、乙两个辅助生产车间，采用交互分配法分配辅助生产费用，2022 年 5 月分配辅助生产费用前，甲车间通过“生产成本——辅助生产成本”科目归集辅助生产费用 21.6 万元；当月交互分配时，甲车间由乙车间分入辅助生产费用 1.4 万元，向乙车间分出辅助生产费用 1.8 万元，不考虑其他因素，由甲车间向其他部门分配的辅助生产费用为（　　）万元。

A. 21.6　　B. 21.2　　C. 22　　D. 23

42. 某企业 A 产品经过两道工序加工完成。生产成本在完工产品和在产品之间采用约当产量比例法分配。2022 年 2 月与 A 产品有关的资料如下：（1）A 产品单位工时定额 100 小时，其中第一道工序 60 小时，第二道工序 40 小时，假定各工序内在产品完工程度均为 50%。（2）本月完工产品 600 件。月末在产品数量为：第一道工序 200 件，第二道工序 300 件。2022 年 2 月末在产品的约当产量为（　　）件。

A. 60　　B. 500　　C. 240　　D. 300

43. 下列各项中，属于企业管理会计目标的是（　　）。

A. 提供现金流量信息　　B. 提供财务状况信息

C. 提供经营成果信息　　D. 推动单位实现战略规划

44. 某企业运用本量利分析制定营运计划，该企业当期甲产品单位售价 9 万元，单位变动成本 6 万元，固定成本 800 万元，预计销售数量 400 件，则该企业预计的营业利润为（　　）万元。

A. 1600　　B. 400　　C. 2800　　D. 1200

45.《政府会计准则——基本准则》确立了“双功能”“双基础”“双要素”“双报告”的政府会计核算体系，其中“双报告”指的是（　　）。

A. 预算报告和财务报告　　B. 决算报告和财务报告

C. 绩效报告和预算报告　　D. 预算报告和决算报告

46. 下列有关政府会计要素的表述正确的是（　　）。

A. 流动资产包括货币资金、短期投资、应收及预付款项、存货、公共基础设施、政府储备资产、文物文化资产等

B. 政府资产计量属性只有历史成本、现值和公允价值

C. 非流动负债包括长期借款、长期应付款、应缴款项等

D. 收入是指报告期内导致政府会计主体净资产增加的、含有服务潜力或者经济利益的经济资源的流入

47. 下列各项中，不属于政府负债的是（　　）。

A. 发行的地方政府债券　　B. 政府向外国政府借入的款项

C. 向国际经济组织借入的款项　　D. 政府储备资产

二、多项选择题

1. 企业确认资产除需要符合资产的定义，还应同时满足的两个条件有（　　）。

   A. 由企业过去的交易或者事项形成的

   B. 预期会给企业带来经济利益

   C. 该资源的成本或者价值能够可靠地计量

   D. 与该资源有关的经济利益很可能流入企业

2. 下列各项中，企业应确认为负债的有（　　）。

   A. 向银行借入的 3 个月款项　　B. 因购买材料应付未付的款项

   C. 预付下一季度租房款　　D. 因销售商品而应收的款项

3. 下列关于会计要素的相关表述中，不正确的有（　　）。

   A. 收入是指企业在日常活动中形成的、会导致所有者权益增加的、与所有者投入资本有关的经济利益的总流入

   B. 利得是指企业在非日常活动中形成的、会导致所有者权益增加的、与所有者投入资本无关的经济利益的净流入

   C. 费用是指企业在非日常活动中形成的、会导致所有者权益减少的、与向所有者分配利润无关的经济利益的总流出

   D. 损失是指企业在非日常活动中形成的、会导致所有者权益减少的、与向所有者分配利润无关的经济利益的净流出

4. 下列各项中，影响利润金额的有（　　）。

   A. 收入　　B. 费用

   C. 直接计入当期损益的利得和损失　　D. 接受投资

5. 下列关于会计计量属性的说法中，正确的有（　　）。

   A. 采用现值计量时，负债按照预计期限内需要偿还的未来净现金流出量的折现金额计量

   B. 采用历史成本计量时，资产按照购置时实际支付的现金或现金等价物的金额，或者所付出对价的公允价值计量

   C. 公允价值是指市场参与者在计量日发生的有序交易中，出售一项资产所能收到或者转移一项负债所需支付的价格

   D. 存货期末按照成本与可变现净值孰低计量

6. 下列关于会计等式“收入 - 费用 = 利润”的表述中，正确的有（　　）。

   A. 该等式为反映企业经营成果的动态会计等式

   B. 该等式表明了企业在一定会计期间经营成果与相应的收入和费用之间的关系

   C. 该等式为反映企业财务状况的动态会计等式

   D. 该等式为反映企业经营成果的静态会计等式

7. 下列业务中，属于资产和负债同时增加的有（　　）。

   A. 赊购原材料　　B. 从银行提取备用金

   C. 取得短期借款　　D. 以银行存款偿付欠款

8. 下列各项中,会计等式“资产＝负债＋所有者权益”左右两边总额保持不变的交易或事项有(　　)。

A. 股份有限公司宣告发放现金股利　　B. 采用会员制经营方式预收会员费

C. 上市公司回购本公司股票　　D. 收回包装物押金

9. 下列会计科目中，属于负债类科目的有(　　)。

A. 长期借款　　B. 应交税费　　C. 累计折旧　　D. 应付利息

10. 下列各项中，根据核算的经济内容计入成本类账户的有(　　)。

A. 主营业务成本　　B. 制造费用　　C. 管理费用　　D. 研发支出

11. 下列各项中，不属于所有者权益类会计科目的有(　　)。

A. 实收资本　　B. 盈余公积　　C. 资产处置损益　　D. 税金及附加

12. 关于账户，下列说法中正确的有(　　)。

A. 账户是根据会计科目设置的，具有一定格式和结构，用于分类反映会计要素增减变动情况及其结果的载体

B. 账户可以根据其核算的经济内容、提供信息的详细程度及其统驭关系进行分类

C. 账户具有一定的结构以用来连续、系统、完整地记录企业经济活动，账户是会计科目的具体应用

D. 账户的基本结构在T型账户下分为左右两方，一方登记增加，另一方登记减少

13. 关于总分类账与明细分类账的关系，下列说法中正确的有(　　)。

A. 明细分类账户对总分类账户具有补充说明作用

B. 总分类账对所辖明细分类账起着统驭作用

C. 总分类账户与其所辖明细分类账户在总金额上应当相等

D. 登记总分类账与登记所辖明细分类账的原始凭证是相同的

14. 在借贷记账法下，关于成本类账户，下列说法中正确的有(　　)。

A. 借方登记增加额　　B. 贷方登记减少额

C. 期末一定没有余额　　D. 期末余额一般在借方

15. 下列各项中，不影响借、贷方的平衡关系的有(　　)。

A. 漏记或重记某项经济业务

B. 某项经济业务记错有关会计科目，即串户

C. 某项经济业务在账户记录中，颠倒记账方向

D. 借方或贷方的发生额中，金额记录的不正确

16. 下列各项中，属于外来原始凭证的有(　　)。

A. 职工出差报销的航空运输电子客票行程单

B. 发料凭证汇总表

C. 采购原材料取得的增值税专用发票

D. 员工差旅费报销单

17. 下列原始凭证中，属于通用凭证的有（　　）。

A. 领料单　　B. 银行转账结算凭证

C. 增值税专用发票　　D. 折旧计算表

18. 下列各项原始凭证中，属于汇总凭证的有（　　）。

A. 差旅费报销单汇总表　　B. 工资结算汇总表

C. 限额领料单　　D. 发料凭证汇总表

19. 下列各项中，属于原始凭证的有（　　）。

A. 盘存单　　B. 库存现金盘点报告表

C. 银行对账单　　D. 银行存款余额调节表

20. 关于会计凭证，下列表述中正确的有（　　）。

A. 会计凭证是记录经济业务发生或者完成情况的书面证明

B. 原始凭证是指在经济业务发生或完成时取得或填制的，用以记录或证明经济业务的发生或完成情况的原始凭据

C. 记账凭证是指会计人员根据审核无误的原始凭证，按照经济业务的内容加以归类，并据以确定会计分录后填制的会计凭证，作为登记账簿的直接依据

D. 原始凭证是登记账簿的直接依据

21. 关于原始凭证填制的基本要求，下列表述中正确的有（　　）。

A. 原始凭证所填列经济业务的内容和数字，必须真实可靠；要求填列的项目必须填列齐全，不得遗漏或省略

B. 有角无分的，分位不得用符号“-”代替；无角无分的，写“00”或者符号“-”

C. 对外开出的原始凭证必须加盖本单位公章或者财务专用章

D. 已预先印定编号的原始凭证，因错作废时，加盖“作废”戳记，妥善保管，不得撕毁

22. 下列各项中，属于原始凭证审核内容的有（　　）。

A. 原始凭证所记录经济业务是否符合国家法律法规

B. 原始凭证业务内容和数据是否真实

C. 原始凭证记载的各项内容是否正确

D. 原始凭证各项基本要素是否齐全

23. 下列各项中，有关记账凭证的表述正确的有（　　）。

A. 收款凭证的借方科目只能是“库存现金”或“银行存款”

B. 付款凭证的贷方科目只能是“库存现金”或“银行存款”

C. 收款凭证和付款凭证是出纳人员登记库存现金日记账或银行存款日记账的依据

D. 转账凭证中不会涉及“库存现金”或“银行存款”科目

24. 下列各项中，可以作为库存现金日记账记账依据的有（　　）。

A. 库存现金收款凭证　　B. 库存现金付款凭证

C. 银行存款收款凭证　　D. 银行存款付款凭证

25. 针对当年形成的会计档案，正确的保管方法有（　　）。
A. 在年度终了后，可暂由会计机构临时保管一年
B. 会计机构保管一年期满后，移交本单位档案管理机构统一保管
C. 未设立档案管理机构的，应当在会计机构等机构内部指定专人保管
D. 因工作需要确需推迟移交的，应当经单位档案管理机构同意，且最长不超过三年

26. 下列关于会计账簿的分类的说法中，正确的有（　　）。
A. 按照用途，会计账簿可以分为序时账簿和卡片式账簿
B. 按账页格式，主要分为三栏式账簿、多栏式账簿和数量金额式账簿
C. 库存现金日记账和银行存款日记账属于总分类账簿
D. 订本式账簿和活页式账簿是依据外形特征划分的

27. 下列关于明细分类账的账页格式表述正确的有（　　）。
A. 三栏式账簿适用于资本、债权、债务明细账等
B. 多栏式账簿适用于收入、成本、费用明细账
C. 多栏式账页是将属于同一个总账科目的各个明细科目合并在一张账页上进行登记
D. 数量金额式账簿适用于既要进行金额核算又要进行数量核算的存货明细账等

28. 下列情况中，可以用红墨水记账的有（　　）。
A. 在不设借贷等栏的多栏式账页中，登记减少数
B. 在三栏式账户的余额栏前，如果未印明余额方向的，在余额栏内登记正数余额
C. 冲销错误记录
D. 冲销账簿中多记的金额

29. 关于总分类账与明细分类账的平行登记，下列说法中正确的有（　　）。
A. 在总分类账户及其所辖的明细分类账户中登记同一项经济业务时，方向应当相同
B. 发生的经济业务，记入总分类账户和所辖明细分类账户的具体时间可以有先后，但应在同一个会计期间记入总分类账户和所辖明细分类账户
C. 记入总分类账户的金额必须与记入其所辖的一个或几个明细分类账户的金额合计数相等
D. 发生的经济业务，必须同一时间记入总分类账户和所辖明细分类账户

30. 下列各项中，属于账证核对的有（　　）。
A. 日记账与收款凭证、付款凭证相核对
B. 总账与记账凭证相核对
C. 明细账与记账凭证或原始凭证相核对
D. 总分类账与明细分类账相核对

31. 下列各项中，属于账实核对的有（　　）。
A. 各项财产物资明细账账面余额与财产物资的实有数额定期核对
B. 银行存款日记账余额与银行对账单余额核对
C. 总账账户借方发生额合计与其有关明细账账户借方发生额合计的核对
D. 应收、应付账款明细账账面余额与有关债权、债务单位的账面记录相核对

32. 下列各项中，有关结账的说法正确的有（　　）。

A. 总账账户平时只需结出月末余额

B. 年度终了，有余额的账户，应将其余额结转下年

C. 对不需按月结计本期发生额的账户，每月最后一笔余额为月末余额

D. 库存现金日记账每月结账时要在最后一笔经济业务记录下面通栏划单红线

33. 红字更正法通常适用的情况有（　　）。

A. 记账后发现会计科目无误而所记金额大于应记金额

B. 记账后在当年内发现记账凭证所记的会计科目错误

C. 结账前发现账簿记录中数字错误而记账凭证无误

D. 记账后发现会计科目无误而所记金额小于应记金额

34. 下列关于会计账簿的保管的说法中，正确的有（　　）。

A. 各种账簿要分工明确，指定专人管理

B. 会计账簿不能随意交与其他人员管理

C. 会计账簿未经领导和会计负责人或者有关人员批准，非经管人员不能随意翻阅查看会计账簿

D. 实行会计电算化的单位，不可仅以电子形式保存会计账簿

35. 财产清查按清查的时间可以分为（　　）。

A. 年度清查　　B. 中期清查　　C. 定期清查　　D. 不定期清查

36. 下列财产清查中，属于不定期全面清查的有（　　）。

A. 开展全面的资产评估、清产核资前

B. 企业股份制改造前

C. 单位主要负责人调离工作前

D. 年终决算前

37. 进行局部财产清查时，下列各项中，正确的做法有（　　）。

A. 每日终了应由出纳人员对库存现金进行清点核对

B. 银行存款每月至少同银行核对一次

C. 贵重物品每月至少盘点一次

D. 债权、债务每年至少核对一至两次

38. 下列各项中，关于汇总记账凭证账务处理程序的说法正确的有（　　）。

A. 不利于会计核算的日常分工

B. 当转账凭证较多时，编制汇总转账凭证的工作量较大

C. 适用于规模较小、经济业务量较少的单位

D. 不能反映各个账户之间的对应关系

39. 下列各项中，属于会计软件功能的有（　　）。

A. 为会计核算、财务管理直接采集数据

B. 生成会计凭证、账簿、报表等会计资料

C. 对会计资料进行转换、输出、分析、利用

D. 应当提供不可逆的记账功能和会计资料归档功能，为报表使用者进行决策提供依据

40. 下列各项中，应计入产品成本的有（ ）。

A. 产品售出后发生的维修费用

B. 生产产品领用辅助材料的成本

C. 为扩大产品销售发生的广告费

D. 基本生产车间管理用具的摊销费

41. 下列各项中，属于平行结转分步法特点的有（ ）。

A. 不计算各生产步骤所产半成品成本，只计算本步骤所发生的各项其他成本

B. 各步骤之间不结转半成品成本

C. 各步骤应计算本步骤发生的生产费用中应计入产成品的份额

D. 将相同产品各步骤应计入产成品成本的份额平行结转、汇总，即可计算出该种产成品的成本

42. 下列各项中，关于分批法的表述正确的有（ ）。

A. 需要计算和结转各步骤产品的生产成本

B. 产品成本计算不定期，一般不需要在完工产品和在产品之间分配成本

C. 成本计算期与产品生产周期基本一致

D. 以产品的批别作为产品成本核算对象，适用于小批、单件生产的企业

43. 下列各项中，应计入废品损失的有（ ）。

A. 可修复废品的修复费用，扣除回收废品残料价值和应收赔款以后的损失

B. 产品入库后发现的超定额的不可修复废品的生产成本，扣除回收废品残料价值和应收赔款以后的损失

C. 产品入库后因保管不善而损坏变质的产品成本

D. 生产过程中发生的超定额的不可修复废品的生产成本，扣除回收废品残料价值和应收赔款以后的损失

44. 下列有关停工损失核算表述正确的有（ ）。

A. 应由过失单位或保险公司负担的赔款，从停工损失中扣除

B. 不满一个工作日的停工，一般不计算停工损失

C. 辅助生产一般不单独核算停工损失

D. “停工损失”科目月末可能会有余额

45. 下列各项中，属于管理会计要素的有（ ）。

A. 工具方法　　B. 管理会计活动

C. 信息与报告　　D. 应用环境

46. 下列各项中，属于管理会计工具方法的有（ ）。

A. 战略地图　　B. 滚动预算

C. 本量利分析　　D. 作业成本法

47. 下列各项中，属于政府会计主体的非流动资产的有（　　）。

A. 在建工程　　B. 长期投资

C. 保障性住房　　D. 自然资源资产

48. 关于政府负债的计量属性，下列各项表述中正确的有（　　）。

A. 政府负债的计量属性主要有历史成本、现值和公允价值

B. 在历史成本计量下，负债按照因承担现时义务而实际收到的款项或者资产的金额，或者承担现时义务的合同金额，或者按照为偿还负债预期需要支付的现金计量

C. 在现值计量下，负债按照预计期限内需要偿还的未来净现金流出量的折现金额计量

D. 在公允价值计量下，负债按照市场参与者在计量日发生的有序交易中，转移负债所需支付的价格计量

49. 下列各项关于政府会计特点的表述中，正确的有（　　）。

A. 政府预算会计采用收付实现制，国务院另有规定的，依照其规定

B. 与企业会计相比，政府会计具有双功能、双基础、双要素、双报告四个特点

C. 政府财务会计实行权责发生制

D. 预算会计通过预算收入、预算支出和预算结余三个要素，主要反映和监督预算收支执行情况

50. 下列各项中，除以名义金额计量的固定资产之外，事业单位应计提折旧的有（　　）。

A. 电影设备　　B. 陈列品

C. 动植物　　D. 钢结构的房屋

三、判断题

1. 仓库中已失效或已毁损的商品，由于企业对其拥有所有权并且能够实际控制，因此应该作为本企业的资产。（　　）

2. 某企业将一项符合负债定义的现时义务确认为负债，要同时满足两个条件，即与该义务有关的经济利益很可能流出企业和未来流出企业的经济利益的金额能够可靠地计量。（　　）

3. 所有者权益是企业所有者在企业资产中享有的经济利益，其金额为企业的资产总额。（　　）

4. 收入，是指企业在日常活动中形成的、会导致所有者权益增加的、与所有者投入资本无关的经济利益的净流入。（　　）

5. 企业因自然灾害毁损固定资产发生净损失 5 万元，应将其确认为费用。（　　）

6. 采用重置成本计量时，资产按照现在购买相同或者相似资产所需支付的现金或者现金等价物的金额计量。（　　）

7. 会计科目的性质决定了账户的性质，会计科目的分类决定了账户的分类。（　　）

8. 资产类账户和负债类账户一般都有期末余额，而资产类账户由于增加在借方，所以期末余额的方向与记录增加的方向一致，而负债类账户由于增加在贷方，所以期末余额的方向与记录增加的方向相反。（　　）

9. 期末要将损益类账户中收入类账户余额转入“本年利润”账户。（ ）

10. 会计人员误将财务费用确认为制造费用，通过试算平衡表无法查出该差错。（ ）

11. 累计凭证，是指对一定时期内反映经济业务内容相同的若干张原始凭证，按照一定标准综合填制的原始凭证。（ ）

12. 对外开出或从外单位取得的电子形式的原始凭证必须附有符合《电子签名法》的电子签名。（ ）

13. 除结账和更正错账可以不附原始凭证外，其他记账凭证必须附原始凭证。（ ）

14. 会计凭证按照填制程序和用途可分为自制凭证和外来凭证。（ ）

15. 记账凭证仅用以记录、证明经济业务已经发生或完成，而原始凭证则使用会计科目对已经发生或完成的经济业务进行归类、整理。（ ）

16. 收款凭证是依据库存现金收款业务的原始凭证所编制的记账凭证。（ ）

17. 出纳人员在办理收款或付款业务后，应在原始凭证上加盖“收讫”或“付讫”的戳记，以免重收重付。（ ）

18. 单位仅以电子形式保存会计档案的，原则上可以从一个完整会计年度的任何时点开始执行。（ ）

19. 分类账簿按其反映经济业务的详略程度，可分为序时账簿和备查账簿。（ ）

20. 备查账簿，又称辅助登记簿或补充登记簿，是对某些在序时账簿和分类账簿中未能记载或记载不全的经济业务进行补充登记的账簿。（ ）

21. 库存现金日记账由出纳人员根据审核无误的现金收、付款凭证和转账凭证按照经济业务的发生顺序，逐日、逐笔登记。（ ）

22. 平行登记，是指对所发生的每项经济业务都要以会计凭证为依据，同时在借方和贷方登记。（ ）

23. 会计账簿除需要与外单位核对外，一般不能携带外出。（ ）

24. 记账时会计账簿如果发生跳行、隔页，应当在空行、空页处用红色墨水划对角线注销，或者注明“此行空白”或“此页空白”字样，并由记账人员和会计机构负责人（会计主管人员）在更正处签章。（ ）

25. 对账工作一般在记账之后编制报表之前，即在年末进行。（ ）

26. 对于需要按月结计发生额的明细账，每月结账时，应在“本年合计”字样下面划通栏单红线。（ ）

27. 应收、应付款项和预收、预付款项一般采用发函询证的方法进行核对。（ ）

28. 企业在遭受自然灾害时，对存货进行的清查属于不定期清查。（ ）

29. 由上级主管部门、审计机关、司法部门、注册会计师等对本单位进行的财产清查为外部清查。（　）

30. 未达账项，是指企业或银行在登记账簿时漏记的款项。（　）

31. 银行存款余额调节表往往作为调整企业银行存款账面记录的记账依据。（　）

32. 记账凭证账务处理程序是最基本的账务处理程序，其特点是登记账簿的工作量较小。（　）

33. 企业不得在非涉密信息系统中存储、处理和传输涉及国家秘密，关系国家经济信息安全的电子会计资料。（　）

34. 企业使用的会计软件应当提供对已记账凭证日期、金额、科目和操作人的修改功能。（　）

35. 资金预算和资金支付是财务机器人在资金管理方面的突出亮点。（　）

36. 在使用同种原料生产主产品的同时，附带生产副产品的情况下，由于副产品价值相对较低，而且在全部产品价值中所占的比重较小，因此，在分配主产品和副产品的生产成本时，通常先确定主产品的生产成本，然后，再确定副产品的生产成本。（　）

37. 逐步结转分步法是可以计算半成品成本的一种分步法，需要将生产成本在各步骤完工产品和在产品之间进行分配。（　）

38. 品种法下，月末一般不存在在产品，如果月末有在产品，要将生产成本在完工产品和在产品之间进行分配。（　）

39. 平衡计分卡，是指基于企业战略，从财务、客户、内部业务流程、学习与成长四个维度，将战略规划目标逐层分解转化为具体的、相互平衡的业绩指标体系，并据此进行绩效管理的方法。（　）

40. 预算结余包括结余资金和结转资金。其中结转资金是指预算安排项目的支出年终尚未执行完毕或者因故未执行，且下年需要按原用途继续使用的资金。（　）

41. 我国的政府会计准则制度体系主要由政府会计基本准则、政府会计具体准则及应用指南和政府会计制度等组成。（　）

四、不定项选择题

某企业基本生产车间只生产一种产品，采用品种法计算产品成本。生产产品耗用的原材料在生产开始时一次性投入，其他加工费用随加工程度均衡发生，期末采用约当产量比例法在完工产品与在产品之间分配生产费用。2022年12月，期初在产品为100件，生产成本为136万元，其中：直接材料成本80万元，直接人工成本30万元，制造费用26万元。该企业本月生产产品有关资料如下：

（1）本月新投产400件，本月完工产品450件，月末在产品50件，月末在产品的完工程度为60%。

（2）本月生产产品领用直接材料 280 万元，车间管理部门领用材料 40 万元。

（3）本月分配产品生产工人薪酬 150 万元，车间管理人员薪酬 20 万元。本月计提车间固定资产折旧费 10 万元。

要求：根据上述资料，不考虑其他因素，分析回答下列小题。（答案中的金额单位用万元表示）

1. 根据资料（1），月末用于分配直接人工成本和制造费用的在产品的约当产量是（　　）件。

A. 90　　B. 50　　C. 130　　D. 30

2. 根据期初资料、资料（1）和（2），下列各项中，关于直接材料成本在本月完工产品和月末在产品之间分配结果正确的是（　　）。

A. 在产品应负担的直接材料成本为 36 万元

B. 完工产品应负担的直接材料成本为 324 万元

C. 在产品应负担的直接材料成本为 22.5 万元

D. 完工产品应负担的直接材料成本为 337.5 万元

3. 根据期初资料、资料（1）和（3），下列各项中，关于直接人工成本在本月完工产品和月末在产品之间分配结果正确的是（　　）。

A. 在产品应负担的直接人工成本为 11.25 万元

B. 完工产品应负担的直接人工成本为 168.75 万元

C. 在产品应负担的直接人工成本为 18 万元

D. 完工产品应负担的直接人工成本为 162 万元

4. 根据资料（2）和（3），下列各项中，关于本月制造费用归集与分配的会计处理正确的是（　　）。

A. 归集耗用的原材料：

借：制造费用　40

　贷：原材料　40

B. 归集车间固定资产折旧费：

借：制造费用　10

　贷：累计折旧　10

C. 归集车间管理人员薪酬：

借：制造费用　20

　贷：应付职工薪酬　20

D. 分配本月发生的制造费用：

借：生产成本　70

　贷：制造费用　70

5. 根据期初资料、资料（1）至（3），本月完工产品的总成本是（　　）万元。

A. 596.25　　B. 582　　C. 576　　D. 582.75

答案速查

一、单项选择题

题号	答案	题号	答案	题号	答案	题号	答案	题号	答案	题号	答案
1	A	2	B	3	A	4	D	5	C	6	A
7	D	8	B	9	B	10	D	11	B	12	B
13	A	14	A	15	D	16	B	17	D	18	B
19	C	20	C	21	D	22	A	23	B	24	B
25	D	26	D	27	D	28	A	29	A	30	C
31	B	32	D	33	D	34	B	35	B	36	B
37	D	38	B	39	B	40	B	41	B	42	D
43	D	44	B	45	B	46	D	47	D		

二、多项选择题

题号	答案	题号	答案	题号	答案	题号	答案	题号	答案	题号	答案
1	CD	2	AB	3	AC	4	ABC	5	ABCD	6	AB
7	AC	8	AD	9	ABD	10	BD	11	CD	12	ABCD
13	ABCD	14	ABD	15	ABC	16	AC	17	BC	18	ABD
19	AB	20	ABC	21	ABCD	22	ABCD	23	ABCD	24	ABD
25	ABCD	26	BD	27	ABCD	28	ACD	29	ABC	30	ABC
31	ABD	32	ABCD	33	AB	34	ABC	35	CD	36	ABC
37	ABCD	38	AB	39	ABC	40	BD	41	ABCD	42	BCD
43	ABD	44	ABC	45	ABCD	46	ABCD	47	ABCD	48	ABCD
49	ABCD	50	AD								

三、判断题

1	×	2	√	3	×	4	×	5	×	6	√
7	√	8	×	9	√	10	√	11	×	12	√
13	√	14	×	15	×	16	×	17	√	18	×
19	×	20	√	21	×	22	×	23	√	24	√
25	×	26	×	27	√	28	√	29	√	30	×
31	×	32	×	33	√	34	×	35	×	36	×
37	√	38	√	39	√	40	√	41	√		

四、不定项选择题

1	D	2	AB	3	AB	4	ABCD	5	D

参考答案及解析

一、单项选择题

1.【答案】A

【解析】资产是指企业过去的交易或事项形成的，由企业拥有或控制的，预期会给企业带来经济利益的资源。选项BD，预期不会给企业带来经济利益；选项C，不是由过去的交易或事项形成的。

2.【答案】B

【解析】选项ACD，属于非流动资产。

3.【答案】A

【解析】选项A，投资者投入的款项属于所有者权益，不属于收入。

4.【答案】D

【解析】利润包括收入减去费用后的净额、直接计入当期利润的利得和损失等，与接受所有者投资无关，选项D不影响。

5.【答案】C

【解析】盘盈的固定资产，应按重置成本确定其入账价值，借记“固定资产”科目，贷记“以前年度损益调整”科目。

【点题】本考点需重点关注应用举例，考试时会先以案例的形式阐述，然后要求判断是哪种计量属性。

计量属性	常见案例
历史成本	购入存货、固定资产、无形资产等的入账价值
重置成本	盘盈存货、固定资产
可变现净值	存货的期末计量
现值	具有融资性质的分期付款购入固定资产
公允价值	交易性金融资产的期末计量

6.【答案】A

【解析】采用历史成本计量时，资产按照其购置时支付的现金或者现金等价物的金额，或者按照购置时所付出对价的公允价值计量。

7.【答案】D

【解析】选项 A，资产（原材料）和负债（应付账款）同时增加；选项 B，资产（银行存款）和所有者权益（股本、资本公积）同时增加；选项 C，资产（库存商品）和所有者权益同时减少（主营业务成本增加，最终会导致所有者权益减少）；选项 D，一项资产（银行存款）增加，一项资产（应收账款）减少，属于资产内部增减变动，不会引起资产总额发生变化。

8.【答案】B

【解析】根据“资产 = 负债 + 所有者权益”会计等式，可知业务入账前负债总额 =25-20=5（万元）。以银行存款 4 万元支付现金股利，使得资产和负债同时减少 4 万元，以银行存款 2 万元购买设备（不考虑增值税），属于资产内部的增减变动，不会影响负债总额，因此上述业务入账后该公司的负债总额 =5-4=1（万元）。

9.【答案】B

【解析】选项 A 错误：银行存款减少，应付股利减少，即资产和负债同时减少；选项 B 正确：固定资产增加，实收资本（或股本）等增加，即资产和所有者权益同时增加；选项 C 错误：短期借款增加，银行存款增加，即资产和负债同时增加；选项 D 错误：应付票据减少，应付账款增加，即负债内部一增一减。

【点题】支付已宣告发放的现金股利时，应付股利减少，即负债减少；银行存款减少，即资产减少，二者均不涉及所有者权益科目，所以不影响所有者权益的金额。

10.【答案】D

【解析】其他综合收益为所有者权益类科目；固定资产为资产类科目；制造费用为成本类科目；管理费用为损益类科目，选项 D 正确。

11.【答案】B

【解析】“借”表示增加，还是“贷”表示增加，取决于账户的性质与所记录经济内容的性质。

12.【答案】B

【解析】费用类账户与收入类账户记录增加的方向不一致，费用类账户增加记借方，收入类账户增加记贷方。

13.【答案】A

【解析】“应付账款”属于负债类账户，贷方表示增加，借方表示减少。本期借方发生额＝期初贷方余额＋本期贷方发生额－期末贷方余额=200+300−100=400（万元）。

14.【答案】A

【解析】“累计折旧”账户属于资产类的备抵账户，其结构与资产类账户结构相反，贷方表示增加，借方表示减少，期末余额在贷方。期末贷方余额＝期初贷方余额＋本期贷方发生额－本期借方发生额=600+300−200=700（万元）。

15.【答案】D

【解析】所有者权益类账户，贷方登记增加额，借方登记减少额，选项D错误。

16.【答案】B

【解析】选项B不正确，如果试算平衡，只能说明总分类账的登记基本正确，不能说绝对正确，可能存在不影响试算平衡的错误。

17.【答案】D

【解析】原始凭证应当具备以下基本内容（也称为原始凭证要素）：①凭证的名称；②填制凭证的日期；③填制凭证单位名称和填制人姓名（选项A）；④经办人员的签名或者盖章（选项C）；⑤接受凭证单位名称（选项B）；⑥经济业务内容；⑦数量、单价和金额。

18.【答案】B

【解析】选项ACD均属于一次凭证。

19.【答案】C

【解析】对于涉及“库存现金”和“银行存款”之间的相互划转业务，如将现金存入银行或从银行提取现金，为了避免重复记账，一般只填制付款凭证，不再填制收款凭证，选项AB填制付款凭证；选项D填制转账凭证。

20.【答案】C

【解析】选项AD，应编制收款凭证；选项B，应编制转账凭证。

21.【答案】D

【解析】会计档案达到保管期限的，单位应当组织对会计档案进行鉴定。经鉴定，仍需继续保存的会计档案，应当重新划定保管期限；保管期满但涉及未结清的债权债务的会计档案和涉及其他未了事项的会计档案不得销毁。

22.【答案】A

【解析】订本式账簿能避免账页散失和防止抽换账页，但是不能准确为各账户预留账页，预留太多造成浪费，预留太少影响登记。订本式账簿在同一时间只能由一人登记，这样不利于记账人员分工记账。

23.【答案】B

【解析】数量金额式账簿，是在账簿的借方、贷方和余额三个栏目内，每个栏目再分设数量、单价和金额三小栏，借以反映财产物资的实物数量和价值量的账簿。原材料、库存商品（选项 B 正确）等明细账一般采用数量金额式账簿。选项 AD 一般采用多栏式账簿；选项 C 一般采用三栏式账簿。

24.【答案】B

【解析】选项 AD，适用三栏式账簿；选项 C，适用数量金额式账簿。

25.【答案】D

【解析】选项 D 属于账证核对。

26.【答案】D

【解析】总分类账簿与序时账簿之间的核对主要是指库存现金总账和银行存款总账的期末余额，与库存现金日记账和银行存款日记账的期末余额之间的核对。

27.【答案】D

【解析】选项 A 适用于补充登记法；选项 BC 适用于红字更正法；划线更正法适用于结账前发现账簿记录有误（包括文字或数字错误），而记账凭证并无错误的情形，选项 D 正确。

28.【答案】A

【解析】选项 A 正确，记账后发现账簿记录和记账凭证有错，但是应借、应贷会计科目无误，只是所记金额小于应记金额时，应采用补充登记法。

29.【答案】A

【解析】选项 A 正确，记账后发现记账凭证中应借、应贷会计科目有错误所引起的记账错误（应贷记“银行存款”科目），应采用红字更正法。

30.【答案】C

【解析】选项 C 错误，会计账簿除需要与外单位核对外，一般不能携带外出；对携带外出的账簿，一般应由经管人员或会计主管人员指定专人负责。

31.【答案】B

【解析】对库存现金进行盘点时，出纳人员必须在场，对单位负责人没有要求，选项 B 错误。

32.【答案】D

【解析】如果银行存款日记账的账簿记录与开户银行转来的对账单二者余额不相符，则可能是企业或银行一方或双方记账过程有错误或者存在未达账项，选项 D 错误。

33.【答案】D

【解析】选项 D 错误，盘存单既是记录盘点结果的书面证明，也是反映财产物资实存数的原始凭证（而非记账凭证）。

34.【答案】B

【解析】该公司月末银行存款余额调节表中调节后的银行存款余额 =4800-5=4795（万元），或者 =4815-20=4795（万元）。

35.【答案】B

【解析】选项 B 正确：登记总分类账的依据和方法不同是各账务处理程序的主要区别。

36.【答案】B

【解析】科目汇总表账务处理程序适用于经济业务较多的单位，其优点是减轻了登记总分类账的工作量，并可以起到试算平衡的作用，缺点是不能反映各账户之间的对应关系，不利于对账目进行检查。

37.【答案】D

【解析】选项 AB 计入生产成本，选项 C 计入制造费用，选项 ABC 构成产品成本中的“料、工、费”，所以均计入产品成本；选项 D 计入销售费用。

38.【答案】B

【解析】企业常用的产品成本计算方法有品种法、分批法、分步法、分类法、定额法、标准成本法等。选项 ACD 均属于管理会计工具方法。

39.【答案】B

【解析】分步法的成本计算期是固定的，与产品的生产周期不一致，选项 B 错误。

40.【答案】B

【解析】动力费用分配率 =11040 ÷（500 × 4+400 × 6.5）=2.4，A 产品应分配的动力费 =2.4 × 500 × 4=4800（元）。

41.【答案】B

【解析】甲车间向其他部门分配的辅助生产费用 =21.6+1.4−1.8=21.2（万元）。

42.【答案】D

【解析】第一道工序的完工程度 =60 × 50% ÷ 100 × 100%=30%；第二道工序的完工程度 =（60+40 × 50%）÷ 100 × 100%=80%；则月末在产品的约当产量 =200 × 30%+300 × 80%=300（件）。

43.【答案】D

【解析】选项 D 正确：管理会计的目标是通过运用管理会计工具方法，参与单位规划、决策、控制、评价活动并为之提供有用信息，推动单位实现战略规划。

44.【答案】B

【解析】营业利润 =（单价 − 单位变动成本）× 业务量 − 固定成本 =（9−6）× 400−800=400（万元）。

45.【答案】B

【解析】“双报告”指的是决算报告和财务报告，选项 B 正确。

46.【答案】D

【解析】选项 A 错误，公共基础设施、政府储备资产、文物文化资产属于非流动资产；选项 B 错误，政府资产计量属性主要包括历史成本、重置成本、现值、公允价值和名义金额；选项 C 错误，应缴款项属于流动负债。

47.【答案】D

【解析】政府举借的债务属于政府负债，政府举借的债务包括政府发行的政府债券（选项A），向外国政府、国际经济组织等借入的款项（选项BC），以及向上级政府借入转贷资金形成的借入转贷款。政府储备资产属于政府资产，选项D错误。

二、多项选择题

1.【答案】CD

【解析】选项AB错误，属于资产的定义。将一项资源确认为资产，需要符合资产的定义，还应同时满足以下两个条件：(1) 与该资源有关的经济利益很可能流入企业（选项D）；(2) 该资源的成本或者价值能够可靠地计量（选项C）。

2.【答案】AB

【解析】选项A为短期借款；选项B为应付账款；选项C为预付账款，属于资产；选项D为应收账款，属于资产。

3.【答案】AC

【解析】选项A错误，收入与所有者投入资本无关；选项C错误，费用是企业在日常活动中形成的。

4.【答案】ABC

【解析】利润包括收入减去费用后的净额、直接计入当期利润的利得和损失等。接受投资不影响利润。

5.【答案】ABCD

6.【答案】AB

【解析】选项CD错误，“收入－费用＝利润”是反映企业经营成果的动态会计等式。

7.【答案】AC

【解析】选项A，赊购原材料，“原材料”增加，“应付账款”增加，属于资产和负债同时增加；选项B，提取备用金，“库存现金”增加，“银行存款”减少，属于资产内部一增一减；选项C，取得短期借款，“银行存款”增加，“短期借款”增加，属于资产和负债同时增加；选项D，以银行存款偿付欠款，“银行存款”减少，“应付账款”减少，属于资产和负债同时减少。

8.【答案】AD

【解析】选项A，宣告发放现金股利，负债（应付股利）增加，所有者权益（利润分配）减少，等式左右两边总额不变；选项B，预收会员费，资产（银行存款等）增加，负债（合同负债）增加，等式左右两边总额增加；选项C，回购本公司股票，资产（银行存款）减少，所有者权益减少（库存股增加，导致所有者权益减少），等式左右两边总额减少；选项D，收回包装物押金，资产内部一增一减（银行存款等增加，其他应收款减少），等式左右两边总额不变。

9.【答案】ABD

【解析】选项C，“累计折旧”科目是资产类的备抵科目，属于资产类科目。

10.【答案】BD

【解析】成本类科目，是对可归属于产品生产成本、劳务成本等的具体内容进行分类核算的项目，主要有“生产成本”“制造费用”“劳务成本”“研发支出”等科目。成本类科目应计入对应的成本类账户，选项 BD 正确。选项 AC，属于损益类科目，应计入对应的损益类账户中。

11.【答案】CD

【解析】选项 CD 属于损益类科目。

12.【答案】ABCD

13.【答案】ABCD

14.【答案】ABD

【解析】成本类账户期末余额一般在借方，选项 C 错误。

15.【答案】ABC

【解析】借方或贷方的发生额中，金额记录的不正确导致借、贷方的平衡关系被破坏，选项 D 错误。

16.【答案】AC

【解析】选项 AC 正确，外来原始凭证，是指在经济业务发生或完成时，从其他单位或个人直接取得的原始凭证，如购买原材料取得的增值税专用发票、职工出差报销的飞机票、火车票和餐饮费发票等。选项 BD 错误，属于自制原始凭证。

17.【答案】BC

【解析】通用凭证，是指由有关部门统一印制、在一定范围内使用的具有统一格式和使用方法的原始凭证。选项 AD 属于专用凭证。

18.【答案】ABD

【解析】选项 C，属于累计凭证。

19.【答案】AB

【解析】选项 CD 均不属于用以记录或证明经济业务的发生或完成情况的原始凭证，只是为了核对账目，不能据此调账。

20.【答案】ABC

【解析】记账凭证是登记账簿的直接依据，选项 D 错误。

21.【答案】ABCD

22.【答案】ABCD

【解析】选项 A，属于审核原始凭证的合法性、合理性；选项 B，属于审核原始凭证的真实性；选项 C，属于审核原始凭证的正确性；选项 D，属于审核原始凭证的完整性。

23.【答案】ABCD

24.【答案】ABD

【解析】库存现金日记账由出纳人员根据库存现金收款凭证（选项 A）、库存现金付款凭证（选项 B）和银行存款付款凭证（选项 D），按照库存现金收、付款业务和银行存款付款业务发生时间的先后顺序逐日逐笔登记。

【点题】对于涉及“库存现金”和“银行存款”之间的相互划转业务，如将现金存入银行或从银行提取现金，为了避免重复记账，一般只填制付款凭证，不再填制收款凭证。也就是说，当从银行提取现金时，只会编制银行存款付款凭证，但却会使库存现金增加，因而银行存款付款凭证可以作为库存现金日记账记账的依据。

25.【答案】ABCD

26.【答案】BD

【解析】选项 A，按照用途，会计账簿可以分为序时账簿、分类账簿和备查账簿；选项 C，库存现金日记账和银行存款日记账属于序时账簿。

27.【答案】ABCD

28.【答案】ACD

【解析】选项 B，在三栏式账户的余额栏前，如未印明余额方向的，在余额栏内用红字登记负数余额。

29.【答案】ABC

【解析】发生的经济业务，记入总分类账户和所辖明细分类账户的具体时间可以有先后，但应在同一个会计期间记入总分类账户和所辖明细分类账户，选项 D 错误。

30.【答案】ABC

【解析】账证核对是指将账簿记录与会计凭证核对，核对账簿记录与原始凭证、记账凭证的时间、凭证字号、内容、金额等是否一致，记账方向是否相符，做到账证相符。选项 D 属于账账核对。

31.【答案】ABD

【解析】选项 C，属于账账核对。

32.【答案】ABCD

33.【答案】AB

【解析】选项 C，应采用划线更正法；选项 D，应采用补充登记法。

34.【答案】ABC

【解析】选项 D 错误，实行会计电算化的单位，满足《会计档案管理办法》第八条有关规定的，可仅以电子形式保存会计账簿，无须定期打印会计账簿；确需打印的，打印的会计账簿必须连续编号，经审核无误后装订成册，并由记账人员和会计机构负责人、会计主管人员签字或者盖章。

35.【答案】CD

【解析】财产清查按清查的时间分为定期清查和不定期清查。

36.【答案】ABC

【解析】选项D属于定期全面清查。

37.【答案】ABCD

【解析】进行局部清查主要有以下几种情况：①对于库存现金，每日终了，应由出纳人员进行清点核对（选项A）；②对于银行存款，企业至少每月同银行核对一次（选项B）；③对于贵重的财产物资，每月都要进行清查盘点（选项C）；④对于债权、债务，企业应每年至少同债权人、债务人核对一至两次（选项D）；⑤对于流动性较大的财产物资，应根据需要随时轮流盘点或重点抽查。

38.【答案】AB

【解析】汇总记账凭证账务处理程序的缺点是当转账凭证较多时，编制汇总转账凭证的工作量较大，并且按每一贷方账户编制汇总转账凭证，不利于会计核算的日常分工，选项AB正确；汇总记账凭证账务处理程序，适合于规模较大、经济业务较多的单位，选项C错误；选项D，属于科目汇总表账务处理程序的缺点。

39.【答案】ABC

【解析】会计软件一般具有以下功能：①为会计核算、财务管理直接采集数据（选项A）；②生成会计凭证、账簿、报表等会计资料（选项B）；③对会计资料进行转换、输出、分析、利用（选项C）。

40.【答案】BD

【解析】选项AC通过“销售费用”科目核算，不计入产品成本。

41.【答案】ABCD

42.【答案】BCD

【解析】选项A属于分步法计算产品成本的特点。

43.【答案】ABD

【解析】废品损失是指在生产过程中发生的（选项D）和入库后发现的（选项B）超定额的不可修复废品的生产成本，以及可修复废品的修复费用（选项A），扣除回收的废品残料价值和应收赔款以后的损失。

44.【答案】ABC

【解析】选项D错误，“停工损失”科目月末无余额。

45.【答案】ABCD

【解析】单位应用管理会计，应包括应用环境（选项D）、管理会计活动（选项B）、工具方法（选项A）、信息与报告（选项C）四项管理会计要素。

46.【答案】ABCD

【解析】管理会计工具方法是实现管理会计目标的具体手段，是单位应用管理会计时所采用的战略地图、滚动预算、作业成本法、本量利分析、平衡计分卡等模型、技术、流程的统称。

47.【答案】ABCD

【解析】政府会计主体的资产按照流动性，分为流动资产和非流动资产。其中，非流动资产包括固定资产、在建工程（选项 A）、无形资产、长期投资（选项 B）、公共基础设施、政府储备资产、文物文化资产、保障性住房（选项 C）和自然资源资产（选项 D）等。

48.【答案】ABCD

49.【答案】ABCD

50.【答案】AD

【解析】除文物和陈列品，动植物，图书、档案，单独计价入账的土地，以名义金额计量的固定资产外，事业单位应当按月对固定资产计提折旧，选项 AD 正确。

三、判断题

1.【答案】×

【解析】资产，是指企业过去的交易或者事项形成的，由企业拥有或者控制的，预期会给企业带来经济利益的资源。仓库中已失效或已毁损的商品预期不能给企业带来经济利益，不能确认为企业的资产。

2.【答案】√

3.【答案】×

【解析】所有者权益是企业资产扣除负债后，由所有者享有的剩余权益。

4.【答案】×

【解析】收入，是指企业在日常活动中形成的、会导致所有者权益增加的、与所有者投入资本无关的经济利益的总流入。

5.【答案】×

【解析】企业因自然灾害毁损固定资产发生的净损失与企业的日常活动无关，具有偶发性，所以不能作为企业的费用，只能作为损失确认为营业外支出。

6.【答案】√

7.【答案】√

【解析】账户是根据会计科目设置的，账户是会计科目的具体运用，因此，会计科目的性质决定了账户的性质，会计科目的分类决定了账户的分类。

8.【答案】×

【解析】资产类账户和负债类账户一般都有期末余额，余额的方向通常与记录增加的方向一致。

9.【答案】√

10.【答案】√

【解析】试算平衡只是通过借贷金额是否平衡来检查账户记录是否正确的一种方法。该经济业务记错有关账户，借贷仍然平衡，所以通过试算平衡表无法查出该差错。

11.【答案】×

【解析】汇总凭证，是指对一定时期内反映经济业务内容相同的若干张原始凭证，按照一定标准综合填制的原始凭证。

12.【答案】√

13.【答案】√

14.【答案】×

【解析】会计凭证按照填制程序和用途可分为原始凭证和记账凭证；原始凭证按取得来源，分为自制原始凭证和外来原始凭证。

15.【答案】×

【解析】原始凭证仅用以记录、证明经济业务已经发生或完成，而记账凭证则使用会计科目对已经发生或完成的经济业务进行归类、整理。

16.【答案】×

【解析】收款凭证是指用于记录库存现金和银行存款收款业务的记账凭证，收款凭证不只依据库存现金收款业务的原始凭证编制，还可能依据银行存款收款业务的原始凭证编制。

17.【答案】√

18.【答案】×

【解析】单位仅以电子形式保存会计档案的，原则上应从一个完整会计年度的年初开始执行，以保证其年度会计档案保存形式的一致性。

19.【答案】×

【解析】分类账簿按其反映经济业务的详略程度，可分为总分类账簿和明细分类账簿。

20.【答案】√

21.【答案】×

【解析】库存现金日记账由出纳人员根据审核无误的现金收、付款凭证和银行存款付款凭证按照经济业务的发生顺序，逐日、逐笔登记，不能依据转账凭证进行登记。

22.【答案】×

【解析】平行登记，是指对所发生的每项经济业务都要以会计凭证为依据，一方面记入有关总分类账户，另一方面记入所辖明细分类账户的方法。

23.【答案】√

【解析】会计账簿除需要与外单位核对外，一般不能携带外出；对携带外出的账簿，一般应由经管人员或会计主管人员指定专人负责。

24.【答案】√

25.【答案】×

【解析】对账工作一般在记账之后结账之前，即在月末进行。

26.【答案】×

【解析】对于需要按月结计发生额的明细账，每月结账时，应在“本月合计”字样下面划通栏单红线。

27.【答案】√

28.【答案】√

29.【答案】√

30.【答案】×

【解析】未达账项是指企业与银行之间，由于记账时间不一致而导致的一方已经入账，而另一方尚未入账的事项。

31.【答案】×

【解析】银行存款余额调节表是一种对账工具，不能作为调整企业银行存款账面记录的记账依据。

32.【答案】×

【解析】记账凭证账务处理程序是最基本的账务处理程序，特点是直接根据记账凭证逐笔登记总分类账，缺点是登记总分类账的工作量较大。

33.【答案】√

34.【答案】×

【解析】企业使用的会计软件应当提供不可逆的记账功能，确保对同类已记账凭证的连续编号，不得提供对已记账凭证的删除和插入功能，不得提供对已记账凭证日期、金额、科目和操作人的修改功能。

35.【答案】×

【解析】银企对账自动化是财务机器人在资金管理方面的突出亮点。

36.【答案】×

【解析】由于副产品价值相对较低，而且在全部产品生产中所占的比重较小，因而可以采用简化的方法确定其成本，然后从总成本中扣除，其余额就是主产品的成本。在分配主产品和副产品的生产成本时，通常先确定副产品的生产成本，然后再确定主产品的生产成本。

37.【答案】√

38.【答案】√

39.【答案】√

40.【答案】√

41.【答案】√

四、不定项选择题

1.【答案】D

【解析】在产品约当产量 =50×60%=30（件）。

2.【答案】AB

【解析】该产品本月直接材料成本合计 = 月初在产品直接材料成本 + 本月投入直接材料成本 =80+280=360（万元）；由于生产产品耗用的原材料在生产开始时一次性投入，在产品和完工产品负担同样的材料成本，在产品无须按约当产量计算，因此完工产品应负担的直接材料成本 =360÷（450+50）×450=324（万元），在产品应负担的直接材料成本 =360-324=36（万元）。

3.【答案】AB

【解析】该产品本月直接人工成本合计 = 月初在产品直接人工成本 + 本月投入直接人工成本 =30+150=180（万元），在产品按约当产量计算为 30 件，完工产品应负担的直接人工成本 =180÷（450+30）×450=168.75（万元），在产品应负担的直接人工成本 =180-168.75=11.25（万元）。

4.【答案】ABCD

5.【答案】D

【解析】该产品本月制造费用合计 = 月初在产品制造费用 + 本月投入制造费用 =26+70=96（万元），在产品按约当产量计算为 30 件，完工产品应负担的制造费用 =96÷（450+30）×450=90（万元），在产品应负担的制造费用 =96-90=6（万元）；完工产品的总成本 =324+168.75+90=582.75（万元）。

第三章　流动资产

同步强化练习题

使用“会计云课堂”App扫码做题、对答案、看解析、掌握解题思路，开启轻松过关之旅。

一、单项选择题

1. 按照现金管理相关规定，下列各项中，企业不能使用库存现金进行结算的经济业务是（　　）。

A. 按规定颁发给科技人员的创新奖金　　B. 发放给职工的劳保福利

C. 向个人收购农副产品的价款　　D. 向外单位支付的机器设备款

2. 企业在现金清查中发现有待查明原因的现金短缺或溢余，已按管理权限批准，下列各项中，有关会计处理不正确的是（　　）。

A. 属于无法查明原因的现金溢余，应借记“待处理财产损溢”科目，贷记“营业外收入”科目

B. 属于应由责任方赔偿的现金短缺，应借记“其他应收款”科目，贷记“待处理财产损溢”科目

C. 属于应支付给有关单位的现金溢余，应借记“待处理财产损溢”科目，贷记“其他应付款”科目

D. 属于无法查明原因的现金短缺，应借记“营业外支出”科目，贷记“待处理财产损溢”科目

3. 下列各项中，不会引起其他货币资金发生变动的是（　　）。

A. 企业采购原材料开出的银行承兑汇票

B. 企业用银行本票购买办公用品

C. 企业将款项汇往外地开立采购专用账户

D. 企业为购买基金将资金存入在证券公司指定银行开立的投资款专户

4. 某企业为增值税一般纳税人，2022年10月该企业使用信用卡购买一批办公用品，取得增值税专用发票上注明的价款为1000元，增值税税额为130元。不考虑其他因素，下列关于购买办公用品应记入的相关科目的表述正确的是（　　）。

A. 借记“管理费用”科目1130元　　B. 借记“材料采购”科目1130元

C. 贷记“其他货币资金”科目1130元　　D. 贷记“银行存款”科目1130元

5. 下列各项中，不属于企业金融资产的是（　　）。

A. 库存现金　　B. 债权投资　　C. 投资性房地产　　D. 股权投资

6. 某金融资产的业务模式是以收取合同现金流量为目标，合同现金流量包括投资期间各期应收的利息和到期日收回的本金，企业应当将该金融资产分类为（　　）。

A. 以摊余成本计量的金融资产

B. 以公允价值计量且其变动计入当期损益的金融资产

C. 以公允价值计量且其变动计入其他综合收益的金融资产

D. 长期股权投资

7. 小企业购买股票作为短期投资时，实际支付的购买价款中包含已宣告但尚未发放的现金股利，应计入的会计科目是（　　）。

A. 短期投资　　B. 投资收益　　C. 财务费用　　D. 应收股利

8. 某小企业以 110000 元将上月购入的短期股票予以出售，该批股票的账面余额为 100000 元。则该企业记入“投资收益”科目的金额应为（　　）元。

A. 10000　　B. 110000　　C. 100000　　D. 210000

9. 甲公司 2022 年 8 月 1 日从证券交易市场购入一项交易性金融资产，支付购买价款 215 万元，其中包含已宣告但尚未发放的现金股利 15 万元；购买时甲公司另支付相关交易费用 3 万元，取得增值税专用发票上注明的增值税税额为 0.18 万元。假定不考虑其他因素，则甲公司购入该项交易性金融资产的入账价值为（　　）万元。

A. 200　　B. 203　　C. 215　　D. 218

10. 2022 年 12 月 1 日，某企业“交易性金融资产—— A 上市公司股票”借方余额为 1000000 元；12 月 31 日，A 上市公司股票的公允价值为 1050000 元。不考虑其他因素，下列各项中，关于该企业持有 A 上市公司股票相关会计科目处理正确的是（　　）。

A. 贷记“营业外收入”科目 50000 元

B. 贷记“资本公积”科目 50000 元

C. 贷记“公允价值变动损益”科目 50000 元

D. 贷记“投资收益”科目 50000 元

11. 某公司 2022 年 3 月 15 日购入 M 公司发行在外的普通股股票作为交易性金融资产核算。购买时支付价款 1200 万元（其中包含已宣告但尚未发放的现金股利 100 万元，交易费用 20 万元），至 2022 年 6 月 30 日，该股票的公允价值为 1200 万元。2022 年 8 月 19 日，该公司将持有的 M 公司的股票全部出售，收取价款 1210 万元，不考虑增值税等相关因素，则在处置时应当确认的投资收益为（　　）万元。

A. 10　　B. 130　　C. 80　　D. 30

12. 下列各项中，会引起交易性金融资产账面价值发生变化的是（　　）。

A. 期末交易性金融资产账面余额与公允价值不同

B. 计算转让交易性金融资产应交增值税

C. 确认作为交易性金融资产核算的债券的利息

D. 被投资单位宣告分配现金股利

13. A 公司 2022 年 6 月 2 日从证券交易市场购入 B 公司发行在外的普通股股票 1000 万股，作为交易性金融资产核算，每股支付购买价款 5 元，另支付相关交易费用 1 万元，2022 年 6 月 30 日，该股票的公允价值为 5.2 元 / 股。不考虑其他因素，则该项金融资产对 A 公司营业利润的影响金额为（　　）万元。

A. 200　　B. 199　　C. 0　　D. 201

14. 甲公司 2022 年 7 月 1 日购入乙公司 2022 年 1 月 1 日发行的债券，支付价款 2040 万元（含已到付息期但尚未领取的债券利息 40 万元），另支付交易费用 15 万元。该债券面值为 2000 万元，票面年利率为 4%（票面利率等于实际利率），每半年付息一次，甲公司将其划分为交易性金融资产。甲公司在 2022 年度由于该项交易性金融资产确认的投资收益为（　　）万元。

A. 25　　B. 40　　C. 65　　D. 80

15. 下列各项中，应记入“应收票据”科目的是（　　）。

A. 销售商品收到银行汇票　　B. 购买原材料开出商业承兑汇票
C. 提供服务收到的银行承兑汇票　　D. 销售原材料收到的转账支票

16. 企业将持有的不带息商业汇票向银行申请贴现，支付给银行的贴现息应记入的会计科目是（　　）。

A. 财务费用　　B. 管理费用
C. 投资收益　　D. 营业外支出

17. 某企业采用托收承付结算方式销售一批商品，增值税专用发票上注明的价款为 1000 万元，增值税税额为 130 万元，销售商品为客户代垫运输费 5 万元，增值税税额为 0.45 万元，已办妥托收手续。不考虑其他因素，该企业应确认的应收账款为（　　）万元。

A. 1000　　B. 1005.45　　C. 1130　　D. 1135.45

18. 下列各项中，应在“预付账款”科目贷方核算的是（　　）。

A. 收回多预付的款项
B. 预付购入设备的款项
C. 收到赊销货款
D. 当企业预付货款小于采购货物所需支付的款项时，补付不足部分

19. 下列各项中，应记入资产负债表“其他应收款”项目的是（　　）。

A. 应付租入包装物的租金　　B. 应向职工收取的各种垫付款项
C. 应付短期租赁固定资产的租金　　D. 出租包装物收取的押金

20. 2022 年初，某企业“坏账准备”科目贷方余额为 10 万元，当期实际发生坏账损失 5 万元。经减值测试，2022 年年末“坏账准备”科目应保持的贷方余额为 16 万元。不考虑其他因素，年末该企业应计提坏账准备的金额为（　　）万元。

A. 11　　B. 6　　C. 16　　D. 1

21. 2022 年 12 月 1 日，某公司“坏账准备——应收账款”科目贷方余额为 1 万元。12 月 16 日，收回已作坏账转销的应收账款 2 万元。12 月 31 日，应收账款账面余额为 120 万元。经评估，

应收账款的账面价值为 110 万元，不考虑其他因素，12 月 31 日该公司应计提的坏账准备金额为（　　）万元。

A. 10　　B. 8　　C. 7　　D. 9

22. 下列关于直接转销法的表述不正确的是（　　）。

A. 直接转销法的账务处理简单

B. 直接转销法不符合权责发生制会计基础，也与资产定义存在一定的冲突

C. 直接转销法采用一定的方法按期确认预期信用损失，计入当期损益

D. 直接转销法在一定程度上高估了期末应收款项

23. 下列各项中，不构成一般纳税人外购存货入账成本的是（　　）。

A. 运输途中合理损耗　　B. 进口货物缴纳的增值税

C. 进口货物缴纳的关税　　D. 进口货物保险费

24. 某企业为增值税小规模纳税人，本月购入甲材料 2060 千克，每千克不含税单价 50 元，增值税专用发票上注明的增值税税额为 13390 元，另外支付运杂费及保险费共计 3500 元，运输途中发生合理损耗 60 千克，入库前发生挑选整理费用 620 元。另支付甲材料的包装物押金 3000 元。该批材料入库的实际单位成本为（　　）元。

A. 50　　B. 51.81　　C. 52　　D. 60.255

25. 某企业采用先进先出法核算原材料，2022 年 3 月 1 日库存甲材料 500 千克，实际成本为 3000 元；3 月 5 日购入甲材料 1200 千克，实际成本为 7440 元；3 月 8 日购入甲材料 300 千克，实际成本为 1830 元；3 月 10 日发出甲材料 900 千克。不考虑其他因素，该企业 3 月份发出的甲材料实际成本为（　　）元。

A. 5550　　B. 5580　　C. 5521.5　　D. 5480

26. 存货采用先进先出法计价，在物价上涨的情况下，对该企业影响正确的是（　　）。

A. 期末存货价值升高，当期利润减少　　B. 期末存货价值升高，当期利润增加

C. 期末存货价值降低，当期利润增加　　D. 期末存货价值降低，当期利润减少

27. 某企业采用月末一次加权平均法核算发出材料成本。2022 年 6 月 1 日结存乙材料 200 件、单位成本 35 元，6 月 10 日购入乙材料 400 件、单位成本 40 元，6 月 20 日购入乙材料 400 件、单位成本 45 元。当月发出乙材料 600 件。不考虑其他因素，该企业 6 月份发出乙材料的成本为（　　）元。

A. 24600　　B. 25000　　C. 26000　　D. 23000

28. 企业采用计划成本法核算原材料，对于货款已付但尚未验收入库的在途材料，应计入的会计科目是（　　）。

A. 在途物资　　B. 原材料　　C. 周转材料　　D. 材料采购

29. 下列各项中，关于“材料成本差异”科目的表述正确的是（　　）。

A. 期末贷方余额反映库存材料的超支差异

B. 期末余额应在资产负债表中单独列示

C. 期末贷方余额反映库存材料的节约差异

D. 借方登记入库材料的节约差异

30. 某企业材料采用计划成本核算。月初结存材料计划成本为 200 万元，材料成本差异为节约差 20 万元，当月购入材料一批，实际成本为 135 万元，计划成本为 150 万元，领用材料的计划成本为 180 万元。当月结存材料的实际成本为（　　）万元。

A．153　　B．162　　C．170　　D．187

31. 随同商品出售单独计价的包装物，应于发出时按其实际成本计入（　　）。

A．其他业务成本　　B．销售费用　　C．管理费用　　D．其他应收款

32. 出租的包装物，应将其摊销的成本计入（　　）。

A．其他业务成本　　B．管理费用　　C．销售费用　　D．主营业务成本

33. 企业销售产品领用不单独计价的包装物一批，其计划成本为 10000 元，材料成本差异率为 3%。对于该项业务，下列处理中正确的是（　　）。

A．应计入其他业务成本的金额为 10300 元

B．应计入其他业务成本的金额为 10000 元

C．应计入销售费用的金额为 10000 元

D．应计入销售费用的金额为 10300 元

34. 甲、乙公司均为增值税一般纳税人。甲公司委托乙公司加工一批收回后用于连续生产应税消费品的半成品。甲公司发出原材料的实际成本为 200 万元，支付加工费 10 万元、增值税 1.3 万元以及消费税 20 万元（乙公司代收代缴），以上款项均以银行存款支付。不考虑其他因素，甲公司收回该半成品的入账价值为（　　）万元。

A．210　　B．220　　C．221.3　　D．231.3

35. 甲公司为增值税一般纳税人，委托外单位加工一批应交消费税的商品，以银行存款支付加工费 200 万元、增值税税额 26 万元、消费税税额 30 万元（由受托方代收代缴），该批商品收回后将直接用于销售。甲公司支付上述相关款项时，应编制的会计分录是（　　）。

A．借：委托加工物资　　256
　　贷：银行存款　　256

B．借：委托加工物资　　230
　　　　应交税费——应交增值税（进项税额）　　26
　　贷：银行存款　　256

C．借：委托加工物资　　200
　　　　应交税费——应交增值税（进项税额）　　26
　　　　　　　　——应交消费税　　30
　　贷：银行存款　　256

D．借：委托加工物资　　256
　　贷：银行存款　　200
　　　　应交税费——应交增值税（销项税额）　　26
　　　　　　　　——应交消费税　　30

36. 下列各项中，不会引起企业期末存货账面价值发生变动的是（　　）。

A．已确认销售收入但尚未发出商品

B. 结转完工入库产品成本

C. 已收到材料但尚未收到发票账单

D. 已收到发票账单并付款但尚未收到材料

37. 某商品流通企业采用毛利率法计算发出存货成本。该企业 2022 年 4 月份实际毛利率为 20%，5 月 1 日的存货成本为 3000 万元，5 月份购入存货成本为 2500 万元，销售收入为 3000 万元，销售退回为 500 万元。该企业 5 月末存货成本为（　　）万元。

A. 1300　　B. 1900　　C. 2110　　D. 3500

38. 某商场采用售价金额核算法核算库存商品，2022 年 3 月 1 日，该商场库存商品的进价成本总额为 180 万元，售价总额为 250 万元；本月购入商品的进价成本总额为 500 万元，售价总额为 750 万元；本月实现的销售收入总额为 600 万元。不考虑其他因素，2022 年 3 月 31 日该商场库存商品的成本总额为（　　）万元。

A. 408　　B. 400　　C. 272　　D. 192

39. 甲农场种植黄豆 500 亩，收获前发生的支出有：种苗费 50000 元、肥料 10000 元、农药 10000 元、人工费 20000 元。该批黄豆的生产成本为（　　）元。

A. 50000　　B. 60000　　C. 70000　　D. 90000

40. 下列关于原材料损失的说法中，应计入营业外支出的是（　　）。

A. 计量差错引起的原材料盘亏净损失　　B. 应由责任人赔偿的原材料损失

C. 原材料运输途中发生的合理损耗　　D. 自然灾害造成的原材料盘亏净损失

41. 某企业因台风造成一批原材料毁损，该批原材料取得时的成本为 20 万元，负担的增值税税额为 2.6 万元，该批原材料的计税价格为 22 万元。取得保险公司的赔款为 10 万元。则与此项业务相关的下列表述中正确的是（　　）。

A. 应确认应交税费——应交增值税（销项税额）2.86 万元

B. 应计入待处理财产损溢 22.86 万元

C. 应计入营业外支出 10 万元

D. 应确认应交税费——应交增值税（进项税额转出）2.6 万元

42. 某企业原材料采用实际成本核算。2022 年 6 月 29 日，该企业对存货进行全面清查。发现短缺原材料一批，账面成本 12000 元，增值税税率 13%。经确认，由保管人员过失造成，应由保险公司赔偿 4000 元，由过失人员赔偿 3000 元，存货清查业务应确认的净损失为（　　）元。

A. 5000　　B. 9560　　C. 6560　　D. 3000

43. 企业发生存货盘盈时，按管理权限报经批准后，应贷记的会计科目是（　　）。

A. 营业外收入　　B. 以前年度损益调整

C. 资本公积　　D. 管理费用

44. 小企业存货发生盘盈，按实现的收益计入的会计科目是（　　）。

A. 待处理财产损溢　　B. 管理费用

C. 营业外支出　　D. 营业外收入

45. 下列关于存货跌价准备的表述中，正确的是（　　）。
A. 当存货可变现净值高于存货成本时应将其差额计入当期损益
B. 转回存货跌价准备会减少存货的账面价值
C. 存货的成本高于其可变现净值的差额为当期需要计提的存货跌价准备金额
D. 企业出售存货时要将对应的存货跌价准备一并结转

二、多项选择题

1. 下列各项中，属于货币资金的有（　　）。
A. 债权人持有的商业汇票　　B. 银行存款
C. 其他货币资金　　D. 库存现金

2. 下列各项中，不应通过“其他货币资金”科目核算的有（　　）。
A. 企业存入信用证保证金专户的存款
B. 销售货物收到的支票
C. 存放在企业其他部门和个人的备用金
D. 租入包装物支付的存出保证金

3. 企业根据金融资产的业务模式和合同现金流量的特征，可将金融资产划分为（　　）。
A. 以可变现净值计量的金融资产
B. 以公允价值计量且其变动计入其他综合收益的金融资产
C. 以摊余成本计量的金融资产
D. 以公允价值计量且其变动计入当期损益的金融资产

4. 小企业核算实际收到短期投资的现金股利时，可能涉及的会计科目有（　　）。
A. 投资收益　　B. 短期投资
C. 应收股利　　D. 银行存款

5. 关于交易性金融资产的会计处理，下列说法中正确的有（　　）。
A. 取得交易性金融资产时，应当按照该交易性金融资产取得时的公允价值作为其初始确认金额
B. 取得交易性金融资产所支付价款中包含的已宣告但尚未发放的现金股利或已到付息期但尚未领取的债券利息，应当单独确认为应收项目
C. 取得交易性金融资产所发生的相关交易费用应当在发生时计入投资收益
D. 资产负债表日，交易性金融资产应当按照公允价值计量，公允价值与账面余额之间的差额计入资本公积

6. 下列各项中，关于交易性金融资产会计处理表述正确的有（　　）。
A. 资产负债表日公允价值与账面余额之间的差额计入当期损益
B. 出售时公允价值与其账面余额的差额计入投资收益
C. 持有期间被投资单位宣告发放的现金股利计入投资收益
D. 出售时如产生转让收益，计算的转让金融商品应交增值税冲减投资收益

7. 按现行准则规定，下列各项中，通过“应收票据”或“应付票据”科目核算的有（　　）。

A. 银行承兑汇票　　B. 信用证保证金存款

C. 银行本票存款　　D. 商业承兑汇票

8. 按照准则规定，可以作为应收账款入账金额的项目有（　　）。

A. 商品销售收入价款　　B. 增值税销项税额

C. 预付职工差旅费　　D. 代购货方垫付的运杂费

9. 下列各项中，会引起应收账款账面余额发生增减变动的有（　　）。

A. 计提坏账准备　　B. 收回应收账款　　C. 转销坏账　　D. 已转销的坏账又收回

10. 关于“预付账款”科目，下列说法中正确的有（　　）。

A.“预付账款”属于负债性质的科目

B. 预付款项情况不多的企业，可以不单独设置“预付账款”科目，将预付的款项记入“应付账款”科目的借方

C.“预付账款”科目贷方余额反映的是应付或应补付供应单位的款项

D.“预付账款”科目核算企业因销售业务产生的往来款项

11. 下列各项中，企业应通过“其他应收款”科目核算的有（　　）。

A. 为职工垫付的水电费　　B. 企业应向保险公司收取的财产损失赔款

C. 销售商品应收取的增值税　　D. 为购货单位垫付的运杂费

12. 下列各项中，企业应通过“其他应收款”科目核算的有（　　）。

A. 出租包装物收取的押金　　B. 应向责任人收取的现金短缺赔偿

C. 从工资中扣回垫付的医疗费　　D. 销售商品未收到的货款

13. 根据小企业会计准则，下列情形发生时，应收账款可以直接确认坏账损失的有（　　）。

A. 债务人逾期 1 年以上未清偿，且有确凿证据证明已无力清偿债务

B. 与债务人达成债务重组协议或法院批准破产重整计划后，无法追偿

C. 债务人死亡，其遗产不足清偿

D. 因自然灾害、战争等不可抗力导致无法收回

14. 某企业采用备抵法核算应收账款的减值损失。下列各项中，该企业应借记“坏账准备”科目的有（　　）。

A. 转销坏账损失

B. 计提坏账准备

C. 收回已转销的应收账款而恢复的坏账准备

D. 冲减多计提的坏账准备

15. 下列关于采用备抵法核算信用减值损失的表述中，正确的有（　　）。

A. 备抵法符合权责发生制和会计谨慎性要求

B. 有利于落实企业管理者的经管责任

C. 有利于企业外部利益相关者如实评价企业的经营业绩

D. 预期信用损失的确定足够客观

16. 下列各项与存货相关的费用中，应计入存货成本的有（　　）。

A. 材料采购过程中支付的保险费和装卸费用

B. 材料入库后发生的不属于为达到下一生产阶段所必需的储存费用

C. 材料入库前发生的挑选整理费

D. 运输途中的合理损耗

17. 下列各项中，属于存货加工成本的有（　　）。

A. 直接人工　　B. 按照一定方法分配的制造费用

C. 管理费用　　D. 入库前的挑选整理费

18. 下列各项中，不属于存货成本的有（　　）。

A. 非正常消耗的直接材料

B. 非正常消耗的直接人工和制造费用

C. 在生产过程中为达到下一个生产阶段所必需的仓储费用

D. 不能归属于使存货达到目前场所和状态的其他支出

19. 下列各项中，一般纳税人应计入存货成本的有（　　）。

A. 为特定客户设计产品发生的可直接认定的产品设计费用

B. 发出委托加工材料负担的运输费用

C. 自制存货发生的直接材料、直接人工和制造费用

D. 购入存货支付的可抵扣增值税

20. 下列各项中，应在“材料成本差异”科目借方登记的有（　　）。

A. 购进材料实际成本小于计划成本的差额

B. 发出材料应负担的超支差异

C. 发出材料应负担的节约差异

D. 购进材料实际成本大于计划成本的差额

21. 下列各项中，关于包装物的会计处理表述正确的有（　　）。

A. 随同商品出售不单独计价的包装物，按实际成本计入其他业务成本

B. 随同商品出售单独计价的包装物，按实际成本计入销售费用

C. 出租的包装物发生的修理费用，按实际支出计入其他业务成本

D. 出借包装物摊销时的实际成本应计入销售费用

22. 下列各项中，关于包装物的会计处理表述正确的有（　　）。

A. 收取包装物押金时，记入“其他应付款”科目

B. 收取包装物租金时，记入“其他业务收入”科目

C. 生产领用作为产品组成部分的包装物成本直接记入“生产成本”科目

D. 生产车间一般耗用的包装物成本记入“制造费用”科目

23. 一般纳税人委托其他单位加工材料收回后直接对外销售的，其发生的下列支出中，应计入委托加工物资成本的有（　　）。

A. 加工费　　B. 支付的可抵扣的增值税税额

C. 由委托方承担的往返运杂费　　D. 受托方代收代缴的消费税

24. 某企业为增值税一般纳税人，委托其他单位加工应税消费品，该产品收回后继续加工应税消费品，下列各项中，应计入委托加工物资成本的有（　　）。

A. 发出材料的实际成本　　B. 支付给受托方的加工费

C. 支付的可抵扣增值税　　D. 受托方代收代缴的消费税

25. 甲企业委托乙企业加工一批物资，发出原材料的实际成本为 100 万元，支付运杂费 3 万元、加工费 2 万元（均不考虑增值税）。乙企业代收代缴消费税 8 万元，该物资收回后用于直接出售。不考虑其他税费，下列各项中，关于甲企业委托加工物资会计处理结果表述正确的有（　　）。

A. 支付的运杂费 3 万元应计入委托加工物资成本

B. 乙企业代收代缴的消费税 8 万元应计入委托加工物资成本

C. 乙企业代收代缴的消费税 8 万元应借记“应交税费——应交消费税”科目

D. 委托加工物资成本为 113 万元

26. 2022 年 10 月 1 日，某商场服装类库存商品结存 1500 万元，本月购入服装类商品成本为 3000 万元，本月销售收入 3600 万元，上季度该类商品毛利率为 20%，则下列计算结果正确的有（　　）。

A. 本月销售毛利为 720 万元

B. 本月销售成本为 2880 万元

C. 月末结存商品成本为 1620 万元

D. 月末结存商品成本为 900 万元

27. 下列关于消耗性生物资产账务处理的表述中，正确的有（　　）。

A. 自行营造的林木类消耗性生物资产，应按照郁闭前发生的必要支出，借记“消耗性生物资产”科目，贷记“银行存款”等科目

B. 外购的消耗性生物资产，按照应计入消耗性生物资产成本的金额，借记“消耗性生物资产”科目，贷记“银行存款”“应付账款”等科目

C. 林木类消耗性生物资产达到郁闭后发生的管护费用等后续支出，借记“消耗性生物资产”科目，贷记“银行存款”等科目

D. 消耗性生物资产收获为农产品时，应按照其账面余额，借记“农产品”科目，贷记“消耗性生物资产”科目

28. 下列各项支出中，应计入消耗性生物资产成本的有（　　）。

A. 自行栽培的大田作物和蔬菜收获前发生的必要支出

B. 自行营造的林木类消耗性生物资产郁闭前发生的必要支出

C. 自行繁殖的育肥畜出售前发生的必要支出

D. 择伐、间伐或抚育更新性质采伐而补植林木类消耗性生物资产发生的后续支出

29. 企业进行材料清查时，对于盘亏的材料，应先记入“待处理财产损溢”科目，报经批准后，根据不同的情况可分别转入的科目有（　　）。

A. 其他应付款　　B. 管理费用

C. 营业外支出　　D. 其他应收款

30. 下列关于存货减值的说法中，正确的有（　　）。

A. 资产负债表日，存货应当按照成本与可变现净值孰低计量

B. 当存货成本高于可变现净值时，企业应当计提存货跌价准备

C. 存货跌价准备科目的期末余额一般在借方，反映企业已计提但尚未转销的存货跌价准备

D. 企业计提的存货跌价准备在持有期间不可以进行转回

三、判断题

1. 企业内部各部门周转使用的备用金，可以单独设置“备用金”科目进行核算。（　　）

2. “银行存款日记账”应定期与“银行对账单”核对，至少每年核对一次。（　　）

3. 企业采购商品或接受服务采用银行承兑汇票结算时，应通过“应付票据”科目核算。（　　）

4. 企业收到退回的银行汇票多余款项时，记入“其他货币资金”科目的借方。（　　）

5. 小企业短期投资的成本是指取得投资时实际支付的全部价款。（　　）

6. 在小企业短期投资持有期间，被投资单位宣告发放现金股利时，应确认投资收益。（　　）

7. 租入包装物支付的押金，应记入“其他应收款”科目的借方。（　　）

8. 备抵法下，转销无法收回的应收账款，应冲减坏账准备和应收账款。（　　）

9. 在备抵法下，应收账款已确认坏账，以后又收回的，仍然应通过“应收账款”科目核算，并贷记“坏账准备”科目。（　　）

10. 按照小企业会计准则规定确认的应收账款实际发生的坏账损失，记入“营业外支出——坏账损失”科目。（　　）

11. 不能归属于使存货达到目前场所和状态的其他支出，应在发生时计入存货成本。（　　）

12. 商品流通企业和适用小企业会计准则的小企业采购商品过程中发生的采购费用应计入当期损益，不计入存货成本。（　　）

13. 月末一次加权平均法只在月末计算加权平均单价，可以简化成本计算工作。但由于月末一次计算加权平均单价和发出存货成本，不便于存货成本的日常管理与控制。（　　）

14. 企业采用计划成本进行材料日常核算，月末分摊发出材料成本差异时，超支差异记入“材料成本差异”科目的借方，节约差异记入“材料成本差异”科目的贷方。（　　）

15. 企业销售商品领用单独计价包装物的实际成本应计入销售费用。（　　）

16. “周转材料——低值易耗品”科目，借方登记低值易耗品的减少，贷方登记低值易耗品的增加，期末余额在贷方。（　　）

17. 企业委托外单位加工材料时发生的加工费、受托方代收代缴的消费税、运杂费等都应该计入委托加工物资的成本。（　　）

18. 企业应在国家统一会计制度规定范围内尽可能选择发出存货成本偏低的计价方法。（ ）

19. 商业批发企业一般采用售价金额核算法核算库存商品成本。（ ）

20. 如果企业的商品进销差价率各期之间比较均衡，也可以采用上期商品进销差价率分摊本期的商品进销差价，年度终了，应对商品进销差价进行核实调整。（ ）

21. 林木类消耗性生物资产达到郁闭后发生的管护费用等后续支出计入管理费用。（ ）

22. 消耗性生物资产发生减值一经计提，不可转回。（ ）

23. 低值易耗品应按照使用次数分次计入成本费用，金额较小的，也可以在领用时一次计入成本费用。（ ）

24. 属于因自然灾害造成的存货毁损，应按该存货的实际成本计入营业外支出。（ ）

25. 存货的可变现净值是指在日常活动中，存货的估计售价减去至完工时估计将要发生的成本、估计的销售费用及估计的相关税费后的金额。（ ）

26. 企业计提存货跌价准备，会影响资产负债表中“存货”项目的金额。（ ）

四、不定项选择题

（一）

A公司为增值税一般纳税人，2022年发生的有关交易性金融资产业务如下：

（1）2月10日，A公司购入甲公司发行的公司债券，支付价款600万元（其中包含已到付息期但尚未领取的债券利息14万元），另支付相关交易费用3万元，取得的增值税专用发票上注明的增值税税额为0.18万元。A公司将其划分为交易性金融资产。

（2）3月15日，收到甲公司发放的债券利息14万元并存入投资款专户。

（3）8月31日，A公司持有的甲公司债券的公允价值为660万元。

（4）9月15日，将持有的甲公司债券全部出售，价款为710万元。9月30日，A公司核算出售该项金融资产应交增值税为6.23万元。

要求：根据上述资料，假定该公司取得的增值税专用发票均已经税务机关认证，不考虑其他因素，分析回答下列小题。（答案中的金额单位用万元表示）

1. 根据资料（1），A公司购入交易性金融资产相关会计处理结果正确的是（ ）。

A.“交易性金融资产——成本”科目借方增加586万元

B.“应收利息”科目借方增加14万元

C.“投资收益”科目借方增加3万元

D.“交易性金融资产——成本”科目借方增加600万元

2. 根据资料（2），下列各项中，关于A公司收到甲公司发放的债券利息的会计处理正确的是（ ）。

A. 借记“其他货币资金——存出投资款”科目14万元

B. 借记“银行存款”科目 14 万元

C. 贷记“投资收益”科目 14 万元

D. 贷记“应收利息”科目 14 万元

3. 根据资料（1）和（3），下列各项中，A 公司 8 月 31 日的会计处理正确的是（　　）。

A. 借：交易性金融资产——公允价值变动　74
　　贷：公允价值变动损益　74

B. 借：公允价值变动损益　74
　　贷：交易性金融资产——公允价值变动　74

C. 借：投资收益　74
　　贷：公允价值变动损益　74

D. 借：公允价值变动损益　74
　　贷：投资收益　74

4. 根据资料（1）至（4），下列各项中，关于 A 公司出售甲公司债券的相关会计处理正确的是（　　）。

A. 9 月 15 日，出售债券：
　借：其他货币资金——存出投资款　710
　　贷：交易性金融资产——成本　660
　　　　投资收益　50

B. 9 月 15 日，出售债券：
　借：其他货币资金——存出投资款　710
　　贷：交易性金融资产——成本　586
　　　　　　　　　　——公允价值变动　74
　　　　投资收益　50

C. 9 月 30 日：
　借：投资收益　6.23
　　贷：应交税费——转让金融商品应交增值税　6.23

D. 9 月 30 日：
　借：应交税费——转让金融商品应交增值税　6.23
　　贷：投资收益　6.23

5. 根据资料（1）至（4），A 公司因该交易性金融资产取得的净收益是（　　）万元。

A. 43.77　　B. 114.77　　C. 50　　D. 36.23

（二）

甲公司为增值税一般纳税人，适用的增值税税率为 13%，存货采用计划成本核算。2022 年 1 月份发生如下事项：

（1）期初结存 M 原材料计划成本为 25 万元，“材料成本差异”科目借方余额为 3 万元，M 原材料对应的“存货跌价准备”科目贷方余额为 3 万元。

（2）2 日，购入 M 原材料一批，实际支付价款为 50 万元，取得增值税专用发票上注明的增值税税额为6.5万元；采购过程中发生运杂费0.3万元，保险费1万元，入库前挑选整理费0.2万元（上述费用不考虑增值税）。该批M原材料的计划成本为58万元。

（3）10日，生产产品领用该M原材料一批，领用材料计划成本为30万元。管理部门领用M原材料一批，领用材料计划成本为5万元。

（4）15日，收回之前委托乙公司加工的N半成品一批，委托加工时发出半成品的实际成本为15万元；加工过程中支付加工费2万元，取得增值税专用发票上注明的增值税税额为0.26万元；装卸费0.8万元，取得增值税专用发票上注明的增值税税额为0.048万元；受托方代收代缴消费税4.5万元。甲公司收回该委托加工物资后准备继续加工生产应税消费品，该批N半成品的计划成本为20万元。

（5）月末，甲公司结存M原材料的可变现净值为42万元。

要求：根据上述资料，不考虑其他因素，分析回答下列小题。（答案中的金额单位用万元表示，计算结果保留小数点后两位）

1. 根据资料（1）和（2），甲公司本月M原材料成本差异率是（　　）。

A. −4.22%　　B. 1.20%　　C. 6.02%　　D. 11.45%

2. 根据资料（1）至（3），甲公司本月发出M原材料的会计处理结果表述正确的是（　　）。

A. 生产产品领用M原材料计入生产成本

B. 管理部门领用M原材料计入管理费用

C. 生产产品领用M原材料的实际成本为30万元

D. 管理部门领用M原材料的实际成本为4.79万元

3. 根据资料（4），下列有关甲公司委托加工业务的表述中，正确的是（　　）。

A. 甲公司将发出的半成品仍作为存货进行核算

B. 收回委托加工物资时，支付的装卸费应计入管理费用核算

C. 收回委托加工物资的实际成本为17.8万元

D. 收回委托加工物资的实际成本为22.3万元

4. 根据资料（1）至（3）以及资料（5），甲公司月末M原材料应计提的存货跌价准备金额为（　　）万元。

A. 0.98　　B. 3.98　　C. 18.78　　D. 37.5

5. 根据资料（1）至（5），甲公司资产负债表“存货”项目的期末余额是（　　）万元。

A. 42　　B. 59.80　　C. 88.53　　D. 70.73

（三）

甲企业为增值税一般纳税人，适用的增值税税率为13%，原材料按实际成本核算，2022年12月初，A材料账面余额100000元。该企业12月份发生的有关经济业务如下：

（1）10日，购入A材料1000千克，增值税专用发票上注明的价款为300000元，增值税税额为39000元，购入该批材料发生保险费1000元，发生运输费4000元（已取得运输业增值税专用发票），运输过程中发生合理损耗10千克，材料已验收入库，款项均已通过银行付讫，运输费用的增值税税率为9%。

（2）20 日，委托外单位加工 B 材料（属于应税消费品），发出 B 材料成本为 70000 元，支付加工费 20000 元，取得的增值税专用发票上注明的增值税税额为 2600 元，由受托方代收代缴的消费税为 10000 元，材料加工完毕验收入库，款项均已支付。材料收回后用于继续生产应税消费品。

（3）25 日，领用 A 材料 30000 元，用于企业专设销售机构设备的日常维修，购入 A 材料时支付的相关增值税税额为 3900 元。

（4）31 日，生产领用 A 材料一批，该批材料成本 15000 元。

要求：根据上述资料，不考虑其他因素，分析回答下列小题。

1. 根据资料（1），下列各项中，应计入外购原材料实际成本的是（　　）。

A. 增值税专用发票上注明的增值税税额　　B. 采购过程中发生的保险费

C. 增值税专用发票上注明的价款　　D. 运输过程中的合理损耗

2. 根据资料（1），下列各项中，关于甲企业采购 A 材料的会计处理结果正确的是（　　）。

A. 记入“原材料”科目的金额为 305000 元

B. 记入“原材料”科目的金额为 304960 元

C. 记入“应交税费——应交增值税（进项税额）”科目的金额为 39000 元

D. 记入“应交税费——应交增值税（进项税额）”科目的金额为 39360 元

3. 根据资料（2），下列各项中，关于甲企业委托加工业务会计处理表述正确的是（　　）。

A. 收回委托加工物资的成本为 90000 元

B. 收回委托加工物资的成本为 100000 元

C. 受托方代收代缴的消费税 10000 元应记入“应交税费”科目的借方

D. 受托方代收代缴的消费税 10000 元应计入委托加工物资成本

4. 根据资料（3），下列各项中，甲企业专设销售机构设备日常维修领用 A 材料会计处理正确的是（　　）。

A. 借：在建工程　30000
　　贷：原材料　30000

B. 借：在建工程　33900
　　贷：原材料　30000
　　　　应交税费——应交增值税（进项税额转出）　3900

C. 借：销售费用　33900
　　贷：原材料　30000
　　　　应交税费——应交增值税（进项税额转出）　3900

D. 借：销售费用　30000
　　贷：原材料　30000

5. 根据期初资料、资料（1）、资料（3）和资料（4），甲企业 12 月 31 日 A 材料的结存成本是（　　）元。

A. 390000　　B. 375000　　C. 360000　　D. 405000

答 案 速 查

一、单项选择题

1	D	2	D	3	A	4	C	5	C	6	A
7	D	8	A	9	A	10	C	11	A	12	A
13	B	14	A	15	C	16	A	17	D	18	A
19	B	20	A	21	C	22	C	23	B	24	D
25	D	26	B	27	A	28	D	29	C	30	A
31	A	32	A	33	D	34	A	35	B	36	B
37	D	38	C	39	D	40	D	41	C	42	C
43	D	44	D	45	D						

二、多项选择题

1	BCD	2	BCD	3	BCD	4	CD	5	ABC	6	ABCD
7	AD	8	ABD	9	BC	10	BC	11	AB	12	BC
13	BCD	14	AD	15	ABC	16	ACD	17	AB	18	ABD
19	ABC	20	CD	21	CD	22	ABCD	23	ACD	24	AB
25	ABD	26	ABC	27	ABD	28	ABCD	29	BCD	30	AB

三、判断题

1	√	2	×	3	√	4	×	5	×	6	√
7	√	8	√	9	√	10	√	11	×	12	×
13	√	14	×	15	×	16	×	17	×	18	×
19	×	20	√	21	√	22	×	23	√	24	×
25	√	26	√								

四、不定项选择题

(一) ▶	1 ABC	2 AD	3 A	4 BC	5 B
(二) ▶	1 A	2 ABD	3 AC	4 A	5 C
(三) ▶	1 BCD	2 AD	3 AC	4 D	5 C

参考答案及解析

一、单项选择题

1.【答案】D

【解析】选项 D：向外单位支付的机器设备款应当以银行转账等方式支付。

2.【答案】D

【解析】现金短缺时，相关账务处理为：

报经批准前	报经批准后
借：待处理财产损溢 贷：库存现金	借：其他应收款［应由责任方赔偿的部分］ 管理费用［无法查明原因的部分］ 贷：待处理财产损溢

现金溢余时，相关账务处理为：

报经批准前	报经批准后
借：库存现金 贷：待处理财产损溢	借：待处理财产损溢 贷：其他应付款［应支付给有关人员或单位的部分］ 营业外收入［无法查明原因的部分］

所以选项 D 错误。

3.【答案】A

【解析】选项 A 通过“应付票据”科目核算，不会引起其他货币资金发生变动。选项 BCD 分别属于“其他货币资金”科目核算的银行本票存款、外埠存款和存出投资款的内容。

4.【答案】C

【解析】企业使用信用卡购买办公用品时，账务处理如下：

借：管理费用　　1000

　　应交税费——应交增值税（进项税额）　　130

　贷：其他货币资金　　1130

5.【答案】C

【解析】金融资产属于企业资产的重要组成部分，主要包括：库存现金（选项A）、银行存款、应收账款、应收票据、贷款、其他应收款、应收利息、股权投资（选项D）、债权投资（选项B）、基金投资及衍生金融资产等。选项C，投资性房地产不属于企业的金融资产。

6.【答案】A

【解析】企业应当将同时符合下列条件的金融资产分类为以摊余成本计量的金融资产：（1）管理该金融资产的业务模式是以收取合同现金流量为目标。（2）该金融资产的合同条款规定，在特定日期产生的现金流量，仅为对本金和以未偿付本金金额为基础的利息的支付。

7.【答案】D

【解析】小企业购入股票作为短期投资的，如果实际支付的购买价款中包含已宣告但尚未发放的现金股利，按照应收的现金股利，借记"应收股利"科目。

8.【答案】A

【解析】出售短期投资，应当按照实际收到的出售价款与该项短期投资的账面余额的差额，贷记或借记"投资收益"科目。即记入"投资收益"科目的金额=110000-100000=10000(元)。

9.【答案】A

【解析】购入交易性金融资产时支付的交易费用冲减投资收益，购买价款中包含的已宣告但尚未发放的现金股利单独作为应收项目处理，甲公司购入该项交易性金融资产的入账价值=215-15=200（万元），选项A正确。相关会计分录如下：

借：交易性金融资产——成本　　200
　　应收股利　　15
　　投资收益　　3
　　应交税费——应交增值税（进项税额）　　0.18
　贷：其他货币资金　　218.18

10.【答案】C

【解析】交易性金融资产期末按公允价值计量，12月31日，公允价值上升50000元，相关分录如下：

借：交易性金融资产——公允价值变动　　50000
　贷：公允价值变动损益　　50000

11.【答案】A

【解析】处置时应确认的投资收益=1210-1200=10（万元），选项A正确。

12.【答案】A

【解析】选项A正确，由于交易性金融资产是以公允价值计量的，期末应按照账面余额和公允价值的差额调增或调减交易性金融资产的账面价值；选项B错误，计入投资收益，不影响交易性金融资产的账面价值；选项C错误，应借记"应收利息"科目，贷记"投资收益”科目，不影响交易性金融资产的账面价值；选项 D 错误，应借记“应收股利”科目，贷记“投资收益”科目，不影响交易性金融资产的账面价值。

13.【答案】B

【解析】影响营业利润的金额 =−1（投资收益）+（5.2−5）× 1000（公允价值变动损益）= 199（万元）。

【点题】营业利润 = 营业收入 − 营业成本 − 税金及附加 − 销售费用 − 管理费用 − 研发费用 − 财务费用 + 其他收益 + 投资收益（− 投资损失）+ 净敞口套期收益（− 净敞口套期损失）+ 公允价值变动收益（− 公允价值变动损失）− 信用减值损失 − 资产减值损失 + 资产处置收益（− 资产处置损失）。

14.【答案】A

【解析】本题共涉及两笔投资收益：①企业购入交易性金融资产时，支付的交易费用 15 万元，应记入“投资收益”科目的借方；②企业持有交易性金融资产期间确认的半年的利息收入 =2000 × 4% ÷ 12 × 6=40（万元），应记入“投资收益”科目的贷方。因此，甲公司 2022 年度由于该项交易性金融资产确认的投资收益的金额 =−15+40=25（万元）。

15.【答案】C

【解析】选项 AD 计入银行存款；选项 B 计入应付票据。

16.【答案】A

【解析】商业汇票的贴现息记入“财务费用”科目。

17.【答案】D

【解析】该企业应确认的应收账款的金额 =1000+130+5+0.45=1135.45（万元）。

18.【答案】A

【解析】“预付账款”科目借方核算预付的款项及补付的款项，贷方核算收到货物时应结转的预付账款及收回多付款项的金额。选项 B，应记入“预付账款”科目的借方，借记“预付账款”科目，贷记“银行存款”科目；选项 C，与预付账款无关，借记“银行存款”科目，贷记“应收账款”科目；选项 D，补付货款时，应记入“预付账款”科目的借方，借记“预付账款”科目，贷记“银行存款”科目。

19.【答案】B

【解析】选项 ACD 计入其他应付款。

20.【答案】A

【解析】实际发生坏账损失时：

借：坏账准备	5	
贷：应收账款		5

计提坏账准备前，“坏账准备”科目的贷方余额 =10−5=5（万元）。该企业年末应计提的坏账准备 =“坏账准备”科目年末应有余额 − 计提坏账准备前“坏账准备”科目的贷方余额 =16−5=11（万元）。

21.【答案】C

【解析】应计提的坏账准备 = 期末应有的金额 - 已有金额 =(120-110)-(1+2)=7(万元)。

【点题】收回已作坏账转销的应收账款的意思是，有一笔应收账款之前已经确认收不回来了，当时已将其作为坏账从账面上转销，但是现在这笔应收账款又收回来了，应借记“应收账款”科目 2 万元，贷记“坏账准备”科目 2 万元，同时，借记“银行存款”科目 2 万元，贷记“应收账款”科目 2 万元。

22.【答案】C

【解析】直接转销法的优点是账务处理简单（选项 A 正确），将坏账损失在实际发生时确认为损失符合其偶发性特征和小企业经营管理的特点。其缺点是不符合权责发生制会计基础，也与资产定义存在一定的冲突（选项 B 正确）。在这种方法下，只有坏账实际发生时，才将其确认为当期损益（选项 C 错误），导致资产和各期损益不实；另外，在资产负债表上，应收款项是按账面余额而不是按账面价值反映，这在一定程度上高估了期末应收款项（选项 D 正确）。

23.【答案】B

【解析】一般纳税人购进货物支付的增值税作为进项税额抵扣，不构成外购存货的入账成本。

24.【答案】D

【解析】小规模纳税人取得的增值税专用发票上注明的增值税，一律不予抵扣，应计入原材料成本中，该企业甲材料的入账价值 =2060 × 50+13390+3500+620=120510（元），材料应按照实际数量入库，实际单位成本 =120510 ÷（2060-60）=60.255（元）。

【点题】支付的包装物押金计入其他应收款，不计入购买材料的成本中。

25.【答案】D

【解析】3 月 10 日发出的 900 千克甲材料中，先发出 3 月 1 日库存的 500 千克，然后发出 3 月 5 日购入材料中的 400（900-500）千克。3 月 5 日购入甲材料的单位成本 =7440 ÷ 1200=6.2（元），该企业 3 月份发出的甲材料实际成本 =3000+400 × 6.2=5480（元）。

【点题】若计算该企业结存材料的实际成本，结存的甲材料为 3 月 5 日购入材料中剩余的 800（1200-400）千克，以及 3 月 8 日购入的 300 千克，该企业结存甲材料的实际成本 = 800 × 6.2+1830=6790（元）。

26.【答案】B

【解析】存货采用先进先出法计价，在物价上涨的情况下，发出存货的价值低，期末存货价值高，销售成本降低，当期利润增加。

27.【答案】A

【解析】该企业 6 月份发出乙材料的成本 =（200 × 35+400 × 40+400 × 45）÷（200+400+400）× 600=24600（元）。

28.【答案】D

【解析】选项 A：“在途物资”科目是企业采用实际成本核算原材料时用到的科目。

选项 B：在采用计划成本核算原材料时，“原材料”科目的借方登记入库材料的计划成本，贷方登记发出材料的计划成本，期末余额在借方，反映企业库存材料的计划成本。

选项 C：周转材料，是指企业能够多次使用，不符合固定资产定义，逐渐转移其价值但仍保持原有形态的材料物品。

29.【答案】C

【解析】选项 A 错误，期末贷方余额反映库存材料的节约差异；选项 B 错误，期末余额在“存货”项目中填列；选项 D 错误，借方登记入库材料的超支差异。

30.【答案】A

【解析】本月材料成本差异率 =（-20+135-150）÷（200+150）×100%=-10%。

方法 1：当月结存材料的实际成本 =（200+150-180）×（1-10%）=153（万元）。

方法 2：领用原材料的实际成本 =180×（1-10%）=162（万元），当月结存材料的实际成本 = 期初结存材料实际成本 + 本期购入材料实际成本 - 本期发出材料实际成本 =200-20+135-162=153（万元）。

31.【答案】A

【解析】随同商品出售单独计价的包装物，按其销售收入确认其他业务收入，其成本应计入其他业务成本。

32.【答案】A

【解析】出租的包装物，确认的收入应计入其他业务收入，其摊销的成本应计入其他业务成本。

33.【答案】D

【解析】企业销售产品领用的不单独计价的包装物，应按实际成本计入销售费用，因此，计入销售费用的金额 =10000×（1+3%）=10300（元）。

34.【答案】A

【解析】委托加工物资收回后用于连续生产应税消费品的，受托方代收代缴的消费税应当记入“应交税费——应交消费税”科目的借方，不计入委托加工物资的成本。因此收回该半成品的入账价值 =200+10=210（万元），选项 A 正确。

35.【答案】B

【解析】需要交纳消费税的委托加工物资，由受托方代收代缴的消费税，加工收回后直接销售的，按规定计税时不准予扣除，计入委托加工物资的成本。

36.【答案】B

【解析】结转完工入库产品成本，借记“库存商品”科目，贷记“生产成本”科目，两者均属于存货，因此不会引起企业期末存货账面价值发生变动。

37.【答案】D

【解析】销售毛利 =（销售收入 - 销售退回）× 毛利率 =（3000-500）×20%=500（万元）；5 月份销售成本 =（销售收入 - 销售退回）- 销售毛利 =（3000-500）-500=2000（万元）；5 月末存货成本 =3000（期初结存）+2500（5 月份购入）-2000（5 月份销售成本）=3500（万元）。

38.【答案】C

【解析】本月商品进销差价率 =（期初库存商品进销差价 + 本期购入商品进销差价）÷（期初库存商品售价 + 本期购入商品售价）×100%=（250–180+750–500）÷（250+750）×100%=32%，2022 年 3 月 31 日该商场库存商品的成本总额 =（250+750–600）×（1–32%）=272（万元）。

39.【答案】D

【解析】自行栽培的大田作物和蔬菜的成本包括：在收获前耗用的种子、肥料、农药等材料费，人工费和应分摊的间接费用。故该批黄豆的生产成本 =50000+10000+10000+20000=90000（元）。

40.【答案】D

【解析】选项 A，计量差错引起的原材料盘亏净损失应计入管理费用；选项 B，应由责任人赔偿的原材料损失应计入其他应收款；选项 C，原材料运输途中发生的合理损耗无须进行专门的账务处理，其包含在原材料总成本中。

41.【答案】C

【解析】因自然灾害导致的原材料毁损，增值税进项税额不需要转出。该企业应当编制的会计分录为：

批准处理前：

借：待处理财产损溢　　20

　贷：原材料　　20

按管理权限报经批准后：

借：其他应收款　　10

　　营业外支出　　10

　贷：待处理财产损溢　　20

42.【答案】C

【解析】存货清查业务应确认的净损失 =12000×（1+13%）–4000–3000=6560（元）。

【点题】存货盘亏及毁损净损失 = 存货成本 + 增值税进项税额转出（管理不善导致）– 残料价值 – 保险公司和过失人赔偿。

43.【答案】D

【解析】企业发生存货盘盈时，按管理权限报经批准后，应借记“待处理财产损溢”科目，贷记“管理费用”科目。

44.【答案】D

【解析】小企业发生的存货盘盈，按实现的收益计入营业外收入；发生的存货盘亏损失应当计入营业外支出。

45.【答案】D

【解析】当存货可变现净值高于存货成本时，按成本计量，此时不需要计提存货跌价准备，选项 A 错误；存货账面价值 = 存货账面余额 – 存货跌价准备，转回存货跌价准备，存货跌价准备减少，存货账面价值增加，选项 B 错误；存货的成本高于其可变现净值的差额为当期需要提足的存货跌价准备，如果期初有余额，则本期计提存货跌价准备的金额应当将期初余额考虑在其中，选项 C 错误。

二、多项选择题

1.【答案】BCD

【解析】债权人持有的商业汇票属于“应收票据”科目核算的内容。

2.【答案】BCD

【解析】选项 A，通过“其他货币资金”科目核算；选项 B，通过“银行存款”科目核算；选项 C，可以单独设置“备用金”科目核算；选项 D，通过“其他应收款”科目核算。

3.【答案】BCD

【解析】企业应当根据管理金融资产的业务模式和金融资产的合同现金流量特征，将金融资产划分为以下三类：①以摊余成本计量的金融资产（选项 C）；②以公允价值计量且其变动计入其他综合收益的金融资产（选项 B）；③以公允价值计量且其变动计入当期损益的金融资产（选项 D）。

4.【答案】CD

【解析】小企业核算实际收到短期投资的现金股利，应借记“银行存款”科目，贷记“应收股利”科目。

5.【答案】ABC

【解析】选项 D 错误，资产负债表日，交易性金融资产应当按照公允价值计量，公允价值与账面余额之间的差额计入当期损益（公允价值变动损益）。

6.【答案】ABCD

7.【答案】AD

【解析】“应收票据”科目及“应付票据”科目核算的是商业汇票的内容，包括银行承兑汇票和商业承兑汇票。信用证保证金存款和银行本票存款属于“其他货币资金”科目核算的内容。

8.【答案】ABD

【解析】预付职工差旅费通过“其他应收款”科目核算，选项 C 不正确。

9.【答案】BC

【解析】

选项 A	选项 B
借：信用减值损失 　贷：坏账准备 不影响应收账款的账面余额	借：银行存款 　贷：应收账款 应收账款的账面余额减少

选项 C	选项 D
借：坏账准备 　贷：应收账款 应收账款的账面余额减少	借：应收账款 　贷：坏账准备 借：银行存款 　贷：应收账款 不影响应收账款的账面余额

10.【答案】BC

【解析】“预付账款”属于资产性质的科目，选项 A 错误；“预付账款”科目核算企业因购货业务产生的往来款项，选项 D 错误。

11.【答案】AB

【解析】选项 CD，均通过“应收账款”科目核算。

12.【答案】BC

【解析】选项 A，通过“其他应付款”科目核算；选项 D，通过“应收账款”等科目核算。

13.【答案】BCD

【解析】小企业应收及预付款项符合下列条件之一的，减除可收回的金额后确认的无法收回的应收及预付款项，作为坏账损失：

（1）债务人依法宣告破产、关闭、解散、被撤销，或者被依法注销、吊销营业执照，其清算财产不足清偿的。

（2）债务人死亡，或者依法被宣告失踪、死亡，其财产或者遗产不足清偿的（选项 C 正确）。

（3）债务人逾期 3 年以上未清偿，且有确凿证据证明已无力清偿债务的（选项 A 错误）。

（4）与债务人达成债务重组协议或法院批准破产重整计划后，无法追偿的（选项 B 正确）。

（5）因自然灾害、战争等不可抗力导致无法收回的（选项 D 正确）。

（6）国务院财政、税务主管部门规定的其他条件。

14.【答案】AD

【解析】选项 BC 错误，均应贷记“坏账准备”科目。

15.【答案】ABC

【解析】备抵法下，预期信用损失的估计需要考虑的因素众多，且有部分估计因素带有一定的主观性，对会计职业判断的要求较高，可能导致预期信用损失的确定不够准确、客观，选项 D 不正确。

16.【答案】ACD

【解析】材料入库后发生的储存费用若不属于为达到下一生产阶段必需的费用，应计入管理费用。

17.【答案】AB

【解析】存货的加工成本是指在存货的加工过程中发生的追加费用，包括直接人工（选项 A）以及按照一定方法分配的制造费用（选项 B）。

18.【答案】ABD

【解析】在生产过程中为达到下一个生产阶段所必需的仓储费用应计入存货成本。

19.【答案】ABC

【解析】一般纳税人购入存货支付的可抵扣增值税计入应交税费——应交增值税（进项税额），不构成存货成本，选项 D 错误。

20.【答案】CD

【解析】“材料成本差异”科目借方登记超支差异（实际成本 > 计划成本）及发出材料应负担的节约差异，贷方登记节约差异（实际成本 < 计划成本）及发出材料应负担的超支差异。选项 AB 登记在“材料成本差异”科目的贷方。

21.【答案】CD

【解析】选项 A 错误，随同商品出售不单独计价的包装物，按实际成本计入销售费用；选项 B 错误，随同商品出售单独计价的包装物，按实际成本计入其他业务成本。

22.【答案】ABCD

【解析】相关账务处理如下：

选项 A	选项 B
借：库存现金 / 银行存款等 　贷：其他应付款——存入保证金	借：库存现金 / 银行存款等 　贷：其他业务收入
选项 C	**选项 D**
借：生产成本 　贷：周转材料——包装物 　　　材料成本差异［采用计划成本核算时，或借方］	借：制造费用 　贷：周转材料——包装物 　　　材料成本差异［采用计划成本核算时，或借方］

23.【答案】ACD

【解析】一般纳税人支付的增值税税额可以抵扣，计入应交税费——应交增值税（进项税额），不计入委托加工物资的成本。

24.【答案】AB

【解析】增值税一般纳税人支付的可抵扣增值税计入应交税费——应交增值税（进项税额），不计入委托加工物资成本；对于收回后继续加工的应税消费品，按规定不属于直接出售的，在计税时准予扣除，受托方代收代缴的消费税记入“应交税费——应交消费税”科目的借方，不计入委托加工物资成本。

25.【答案】ABD

【解析】甲企业委托加工物资的账务处理为：

借：委托加工物资　　　　［100+3+2+8］113

　贷：原材料　　　　100

　　　银行存款等　　　　13

26.【答案】ABC

【解析】本月销售毛利 =3600×20%=720（万元）；本月销售成本 =3600−720=2880（万元）；月末结存商品成本 =1500+3000−2880=1620（万元）。

27.【答案】ABD

【解析】林木类消耗性生物资产达到郁闭后发生的管护费用等后续支出，借记“管理费用”科目，贷记“银行存款”等科目，选项 C 错误。

28.【答案】ABCD

29.【答案】BCD

【解析】对于盘亏的材料应根据盘亏的原因，经批准后分情况进行处理，对于应由保险公司和过失人赔偿的损失，记入“其他应收款”科目；属于一般经营损失的部分，记入“管理费用”科目；对于非常损失的部分，记入“营业外支出”科目。

30.【答案】AB

【解析】“存货跌价准备”科目的期末余额一般在贷方，反映企业已计提但尚未转销的存货跌价准备，选项 C 错误；如果以前减记存货价值的影响因素已经消失，应将其在原已计提存货跌价准备的金额内转回，选项 D 错误。

三、判断题

1.【答案】√

2.【答案】×

【解析】“银行存款日记账”应定期与“银行对账单”核对，至少每月核对一次。

3.【答案】√

【点题】注意区分：若企业采购商品或接受服务采用银行汇票结算时，应通过“其他货币资金”科目核算。

4.【答案】×

【解析】企业收到退回的银行汇票多余款项时，记入“其他货币资金”科目的贷方，分录如下：

借：银行存款

　贷：其他货币资金——银行汇票

5.【答案】×

【解析】小企业短期投资的成本是指取得投资时实际支付的全部价款和相关税费，扣除购买价款中包含的已宣告但尚未发放的现金股利或已到付息期但尚未领取的债券利息。

6.【答案】√

7.【答案】√

【解析】租入包装物支付的押金，借记“其他应收款”科目，贷记“银行存款”等科目。

8.【答案】√

【解析】备抵法下，转销无法收回的应收账款的会计分录为：

借：坏账准备

　贷：应收账款

9.【答案】√

【解析】相关会计分录如下：

借：应收账款

　贷：坏账准备

同时：

借：银行存款

　贷：应收账款

10.【答案】√

11.【答案】×

【解析】不能归属于使存货达到目前场所和状态的其他支出，应在发生时计入当期损益，不得计入存货成本。

12.【答案】×

【解析】商品流通企业采购商品发生的采购费用一般应计入存货成本。如果进货费用金额较小的，可以在发生时直接计入当期损益；适用小企业会计准则的小企业采购商品过程中发生的采购费用直接计入当期损益。

13.【答案】√

14.【答案】×

【解析】月末分摊发出材料成本差异时，超支差异记入“材料成本差异”科目的贷方，节约差异记入“材料成本差异”科目的借方。

15.【答案】×

【解析】销售商品领用单独计价包装物的实际成本应计入其他业务成本。

16.【答案】×

【解析】“周转材料——低值易耗品”科目，借方登记低值易耗品的增加，贷方登记低值易耗品的减少，期末余额在借方，表示企业期末结存低值易耗品的金额。

17.【答案】×

【解析】由受托方代收代缴的消费税，企业委托加工物资如果收回后直接用于出售，按规定计税时不准予扣除，那么要计入委托加工物资的成本；如果收回后用于继续生产应税消费品，按规定不属于直接出售的，在计税时准予扣除，那么要记入“应交税费——应交消费税”科目的借方，不计入委托加工物资的成本。

18.【答案】×

【解析】企业应在国家统一会计制度规定范围内尽可能选择发出存货成本偏高的计价方法，以使企业利益相关者特别是股东作出谨慎的经济决策。

19.【答案】×

【解析】商业批发企业一般采用毛利率法核算库存商品成本，从事商业零售业务的企业一般采用售价金额核算法核算库存商品成本。

20.【答案】√

21.【答案】√

22.【答案】×

【解析】消耗性生物资产按照可变现净值低于账面价值的差额，计提生物资产跌价准备，并计入当期损益。减值的影响因素已经消失的，减记金额应当予以恢复，并在原已计提的跌价准备金额内转回，转回的金额计入当期损益。

23.【答案】√

24.【答案】×

【解析】应将自然灾害造成的存货毁损的净损失计入营业外支出。

25.【答案】√

26.【答案】√

【解析】资产负债表中“存货”项目反映的是存货的账面价值，存货的账面价值=存货的账面余额-存货跌价准备，企业计提存货跌价准备，会影响资产负债表中“存货”项目的金额。

四、不定项选择题

（一）

1.【答案】ABC

【解析】2月10日购入交易性金融资产时：

借：交易性金融资产——成本	586	
应收利息	14	
贷：其他货币资金——存出投资款		600

支付相关交易费用：

借：投资收益	3	
应交税费——应交增值税（进项税额）	0.18	
贷：其他货币资金——存出投资款		3.18

2.【答案】AD

【解析】3月15日收到债券利息的会计分录：

借：其他货币资金——存出投资款	14	
贷：应收利息		14

3.【答案】A

【解析】8月31日甲公司债券公允价值发生变动时：

借：交易性金融资产——公允价值变动　　［660−586］74

　贷：公允价值变动损益　　74

4.【答案】BC

【解析】9 月 15 日出售债券时的会计分录：

借：其他货币资金——存出投资款　　710

　贷：交易性金融资产——成本　　586

　　　　——公允价值变动　　74

　　投资收益　　50

9 月 30 日计算转让金融商品应交增值税的会计分录：

借：投资收益　　6.23

　贷：应交税费——转让金融商品应交增值税　　6.23

5.【答案】B

【解析】A 公司因该交易性金融资产取得的净收益 =−3（资料 1）+74（资料 3）+50（资料 4）−6.23（资料 4）=114.77（万元）。

（二）

1.【答案】A

【解析】购入 M 原材料实际成本 =50+0.3+1+0.2=51.5（万元），该批 M 原材料的计划成本为 58 万元，购入材料形成的材料成本差异 =51.5−58=−6.5（万元）（节约差）。甲公司本月 M 原材料成本差异率 =（3−6.5）÷（25+58）×100%=−4.22%。

2.【答案】ABD

【解析】生产产品领用 M 原材料的实际成本 =30×（1−4.22%）=28.73（万元），管理部门领用 M 原材料的实际成本 =5×（1−4.22%）=4.79（万元）。

3.【答案】AC

【解析】选项 B 错误：收回委托加工物资时，支付的装卸费应计入委托加工物资的成本。选项 D 错误：收回委托加工物资的实际成本 =15+2+0.8=17.8（万元）。

4.【答案】A

【解析】结存 M 原材料实际成本 =（25+3）（资料 1）+51.5（资料 2）−（28.73+4.79）（资料 3）=45.98（万元），结存 M 原材料的可变现净值为 42 万元，月末存货跌价准备应有余额 =45.98−42=3.98（万元），期初“存货跌价准备”科目贷方余额 3 万元，月末计提存货跌价准备金额 =3.98−3=0.98（万元）。

5.【答案】C

【解析】“存货”项目期末余额 =（25+3）（资料 1）+51.5（资料 2）−（4.79+28.73−28.73）（资料 3）+17.8（资料 4）−3.98（资料 5）=88.53（万元）。

【点题】资料（3）中生产产品领用 M 原材料的分录如下：

借：生产成本 28.73

材料成本差异 1.27

贷：原材料 30

“生产成本”“原材料”“材料成本差异”都属于企业的存货，在资产负债表中“存货”项目填列。

（三）

1.【答案】BCD

【解析】购入材料的实际成本包括买价、运杂费、运输途中的合理损耗、入库前的挑选整理费用、购入材料负担的税金（如关税等）和其他费用。一般纳税人增值税专用发票上注明的增值税税额可以进行抵扣，不计入材料成本。

2.【答案】AD

【解析】甲企业采购A材料的成本 =300000+1000+4000=305000（元），“应交税费——应交增值税（进项税额）”科目的金额 =39000+4000×9%=39360（元）。

3.【答案】AC

【解析】委托加工物资收回后用于连续生产的，受托方代收代缴的消费税按规定准予抵扣，记入“应交税费——应交消费税”科目的借方，不计入成本中，选项C正确，选项D错误；收回委托加工物资的成本 =70000+20000=90000（元），选项A正确，选项B错误。

4.【答案】D

【解析】销售部门领用的原材料计入销售费用，账务处理如下：

借：销售费用 30000

贷：原材料 30000

5.【答案】C

【解析】甲企业12月31日A材料的结存成本 =100000+305000−30000−15000=360000（元）。

第四章　非流动资产

同步强化练习题

使用“会计云课堂”App 扫码做题、对答案、看解析、掌握解题思路，
开启轻松过关之旅。

一、单项选择题

1. 2022 年 4 月 9 日，甲公司（增值税一般纳税人）外购不需安装的生产用设备一台，取得增值税专用发票上注明的价款为 120 万元，增值税税额为 15.6 万元；取得增值税专用发票上注明的保险费为 1 万元，增值税税额为 0.06 万元；取得运输增值税专用发票上注明的运费为 6 万元，增值税税额为 0.54 万元；采购人员差旅费 0.02 万元，则甲公司购入该固定资产的入账价值为（　　）万元。

A. 127　　B. 126　　C. 142.6　　D. 142.66

2. 甲公司为增值税一般纳税人，2022 年 2 月 2 日购入需安装的生产用机器设备一台，支付价款 100 万元，增值税税额为 13 万元。安装过程中领用本公司自产产品一批，该批产品成本为 5 万元，公允价值为 8 万元。2022 年 2 月 22 日安装结束，固定资产达到预定可使用状态。则该固定资产的入账金额为（　　）万元。

A. 121　　B. 108　　C. 105　　D. 118

3. 甲公司为增值税一般纳税人，自行建造某项生产用大型设备，建造过程中发生外购设备和材料成本共 100 万元，增值税税额共 13 万元，已全部投入使用。另发生人工成本 80 万元，资本化的借款费用 5 万元，安装费用 10 万元，为达到正常运转发生测试费 2 万元，外聘专业人员服务费 1 万元，员工培训费 0.5 万元，则甲公司建造该设备的成本为（　　）万元。

A. 198.5　　B. 211.5　　C. 198　　D. 211

4. 甲公司为一家制造型企业，为增值税一般纳税人。2022 年 5 月 10 日，为降低采购成本，向乙公司一次性购入三套不同型号且有不同生产能力的设备 A、B、C。甲公司以银行存款支付价款 1900 万元，增值税税额为 247 万元，保险费 20 万元（假定不考虑增值税）。A 设备在安装过程中领用账面价值为 10 万元的生产用原材料，支付安装工人工资 8 万元。A 设备于 2022 年 12 月 21 日达到预定可使用状态。假定 A、B、C 设备均满足固定资产定义及确认条件，公允价值分别为 750 万元、600 万元、650 万元。不考虑其他因素，则 A 设备的入账价值为（　　）万元。

A. 600　　B. 738　　C. 658　　D. 750

5. 下列关于企业固定资产计提折旧的会计处理的表述中，不正确的是（　　）。

A. 对财务部门使用的固定资产计提的折旧应计入财务费用
B. 对生产车间使用的固定资产计提的折旧应计入制造费用
C. 对管理部门使用的固定资产计提的折旧应计入管理费用
D. 对专设销售机构使用的固定资产计提的折旧应计入销售费用

6. 下列关于固定资产折旧的表述中，错误的是（　　）。
A. 处于季节性修理过程中的固定资产在修理期间应当停止计提折旧
B. 已达到预定可使用状态但尚未办理竣工决算的固定资产应当按暂估价值计提折旧
C. 处于更新改造过程中的固定资产不计提折旧
D. 与固定资产有关的经济利益预期消耗方式发生重大改变的，应当调整折旧方法

7. 2022 年 3 月 31 日，甲公司采用出包方式对某固定资产进行更新改造，该固定资产账面原值为 1800 万元，预计使用年限为 5 年，截至 2022 年 3 月 31 日已使用 3 年，预计净残值为零，采用年限平均法计提折旧。更新改造过程中，甲公司支付出包工程款 48 万元（不考虑增值税）。2022 年 8 月 31 日，更新改造后的固定资产达到预定可使用状态并投入使用，预计尚可使用 4 年，预计净残值为零，仍采用年限平均法计提折旧。2022 年度该固定资产应计提的折旧额为（　　）万元。
A. 154　　B. 90　　C. 64　　D. 192

8. 2021 年 12 月 3 日，某企业购入一台不需要安装的生产设备并投入使用，原价为 60000 元，预计净残值为 3000 元，预计使用年限为 5 年，按年数总和法计提折旧。不考虑其他因素，2022 年 12 月 31 日该设备的账面价值为（　　）元。
A. 48600　　B. 48000　　C. 41000　　D. 40000

9. 甲公司某项固定资产已完成改造，累计发生的改造成本为 800 万元，拆除部分的原价为 400 万元，出售价款为 10 万元。改造前，该项固定资产原价为 1600 万元，已计提折旧 500 万元，未计提固定资产减值准备。不考虑其他因素，甲公司该项固定资产改造后的入账价值为（　　）万元。
A. 1900　　B. 2000　　C. 1625　　D. 1500

10. 2022 年 4 月，由于生产技术更新，甲公司将一条生产线进行更新改造，并替换了生产线上的一台设备。该生产线为 2018 年 4 月购入，原值 200 万元，预计使用年限 10 年，预计净残值为 0，采用年限平均法计提折旧，至 2022 年 4 月 30 日已计提折旧 4 年。该生产线更新改造期间，发生相关支出 30 万元，符合资本化条件，被替换设备账面价值为 40 万元，新设备价值 50 万元。2022 年 12 月 1 日，该生产线更新改造完毕，假定不考虑其他因素，则更新改造后该生产线的入账价值为（　　）万元。
A. 150　　B. 160　　C. 200　　D. 280

11. 甲公司系增值税一般纳税人，销售设备适用的增值税税率为 13%，2022 年 8 月 31 日以不含增值税的价格 100 万元出售一台生产用机床，增值税销项税额为 13 万元，该机床原价为 200 万元（不含增值税），已计提折旧 120 万元，已计提减值 30 万元，处置发生清理费用 15 万元。不考虑其他因素，该业务影响当期营业利润的金额为（　　）万元。
A. 66　　B. 20　　C. 35　　D. 50

12. 某企业为增值税一般纳税人，报废一台旧设备，取得残料价款 56 万元，增值税税额 7.28 万元，支付清理费用 2 万元及其增值税税额 0.12 万元。该设备原值为 60 万元，已计提折旧 10 万元。假定不考虑其他因素，报废该设备影响当期损益的金额为（　　）万元。

A. 6　　B. 4　　C. 54　　D. 56

13. 某企业 2022 年 7 月被盗固定资产一台，该固定资产原值 120 万元，已计提折旧 12 万元，经过调查，该损失属于企业保管不善造成的，保险公司赔偿 20 万元。不考虑相关税费，则报经批准后应计入（　　）。

A. 管理费用 88 万元　　B. 营业外支出 88 万元

C. 资产减值损失 88 万元　　D. 其他应收款 88 万元

14. 下列各项中，按管理权限报经批准后计入营业外支出的是（　　）。

A. 因管理不善造成的原材料盘亏净损失

B. 固定资产盘亏净损失

C. 无法查明原因的现金短缺

D. 应由过失人赔付的库存商品毁损部分

15. 下列各项中，不会导致固定资产账面价值发生增减变动的是（　　）。

A. 盘盈固定资产　　B. 短期租入设备

C. 以固定资产对外投资　　D. 计提固定资产减值准备

16. 某企业 2021 年 12 月 31 日购入一台设备，入账价值为 200 万元，预计使用寿命为 10 年，预计净残值为 10 万元，采用年限平均法计提折旧。2022 年 12 月 31 日该设备存在减值迹象，经测试，预计可收回金额为 150 万元。2022 年 12 月 31 日该设备账面价值应为（　　）万元。

A. 150　　B. 160　　C. 180　　D. 181

17. 甲公司自 2022 年年初开始自行营造 100 亩橡胶树，发生种苗费 160000 元、抚育费 30000 元、人工费 75000 元，平整土地和定植所需机器设备折旧费 55000 元。不考虑其他因素，甲公司 2022 年生产性生物资产的成本为（　　）元。

A. 160000　　B. 190000　　C. 265000　　D. 320000

18. 下列关于生产性生物资产的计量的说法中，错误的是（　　）。

A. 外购生产性生物资产的成本，包括购买价款、相关税费、运输费、保险费以及可直接归属于购买该资产的其他支出

B. 自行营造的林木类生产性生物资产的成本，包括达到预定生产经营目的前发生的造林费、抚育费、营林设施费、良种试验费、调查设计费和应分摊的间接费用等必要支出

C. 因择伐、间伐或抚育更新性质采伐而补植林木类生物资产发生的后续支出，应当计入林木类生物资产的成本

D. 生物资产在郁闭或达到预定生产经营目的后发生的管护、饲养费用等后续支出，应当计入相关资产成本

19. 2022 年 6 月 10 日，长江公司购入一项非专利技术 W，支付价款 200 万元，为使该项非

专利技术达到预定用途支付相关专业服务费用10万元，员工培训费2万元。针对该项非专利技术，合同或法律没有明确规定其使用寿命，长江公司也无法合理确定该非专利技术为企业带来经济利益的期限。假定不考虑相关税费等因素，2022年年末该非专利技术的可收回金额为100万元。下列会计处理中错误的是（ ）。

A. 2022年12月31日该项无形资产账面价值为100万元

B. 该非专利技术入账价值为212万元

C. 该项非专利技术属于使用寿命不确定的无形资产

D. 该项非专利技术在持有期间不需要摊销

20. 某企业自行研发一项非专利技术累计发生支出680万元，其中280万元属于开发阶段符合资本化条件的支出，240万元属于研究阶段的支出，160万元属于无法可靠区分研究阶段和开发阶段的支出。该技术研发完成并形成一项非专利技术。不考虑其他因素，该非专利技术的入账价值为（ ）万元。

A. 520 B. 680 C. 280 D. 440

21. 工业企业出租无形资产使用权取得的收入应记入（ ）科目。

A. 营业外收入 B. 其他业务收入 C. 资产处置损益 D. 主营业务收入

22. 某企业将其自行开发完成的管理系统软件出租给乙企业，每年收取使用费240000元（不含增值税）。双方约定租赁期限为5年，且该管理系统软件预计在5年内能够为企业带来经济利益，预计残值为零。该管理系统软件的总成本为600000元。该企业以直线法按月进行摊销。不考虑其他因素，该企业对其按月进行摊销的会计处理正确的是（ ）。

A. 借：其他业务成本 10000
　　贷：累计摊销 10000

B. 借：管理费用 20000
　　贷：累计摊销 20000

C. 借：其他业务成本 20000
　　贷：累计摊销 20000

D. 借：管理费用 10000
　　贷：累计摊销 10000

23. A公司和B公司均为增值税一般纳税人，2022年1月4日，A公司与B公司签订商标销售合同，将一项酒类商标权出售，A公司开出的增值税专用发票上注明的价款为100万元，增值税税额为6万元，款项已经存入银行。该商标权的账面余额为120万元，累计已摊销金额为40万元，未计提减值准备，不考虑其他因素。A公司出售该商标权计入资产处置损益的金额为（ ）万元。

A. 26 B. 100 C. 20 D. 80

24. 下列各项中，不会引起无形资产账面价值发生增减变动的是（ ）。

A. 对无形资产计提减值准备 B. 企业内部研发项目研究阶段发生的支出

C. 摊销无形资产 D. 出售无形资产

25. 下列各项中，企业应通过“长期待摊费用”科目核算的是（　　）。

A. 行政管理部门电子设备的日常维修费

B. 租入使用权资产的改良支出

C. 财务部门电子设备的日常修理费

D. 专设销售机构的房屋维修费

26. 下列各项中，属于投资性房地产核算范围的是（　　）。

A. 工业企业持有并准备增值后转让的土地使用权

B. 企业将经营租赁方式租入的办公楼再转租

C. 企业拥有并自行经营的饭店

D. 出租给本企业职工居住的自建宿舍楼

27. 某企业的投资性房地产采用公允价值模式进行后续计量。2022 年 1 月 1 日，该企业将一项固定资产转换为投资性房地产。当日，该固定资产的账面余额为 200 万元，已提折旧 30 万元，已提减值准备 20 万元，公允价值为 135 万元。不考虑其他因素，转换日影响本期营业利润的金额是（　　）万元。

A. 15　　B. 25

C. 30　　D. 5

28. 甲公司对投资性房地产以成本模式进行后续计量，2022 年 6 月 20 日甲公司以银行存款 5000 万元购入一栋写字楼并以经营租赁方式出租，甲公司预计该写字楼的使用寿命为 40 年，预计净残值为 200 万元。采用年限平均法计提折旧，不考虑相关税费及其他因素，2022 年甲公司应对该写字楼计提的折旧金额为（　　）万元。

A. 60　　B. 120

C. 30　　D. 50

29. 甲公司于 2022 年 1 月 1 日将一幢商品房对外出租，采用公允价值模式进行后续计量，租期为 5 年，每年 1 月 1 日收取租金 150 万元，出租时，该幢商品房成本为 3000 万元，公允价值为 4500 万元，2022 年 12 月 31 日，该幢商品房的公允价值为 5200 万元。则甲公司 2022 年年末应确认的公允价值变动损益为（　　）万元。

A. 3000　　B. 1500

C. 2200　　D. 700

30. 企业将写字楼转换为以成本模式计量的投资性房地产，其计提的折旧应当计入的会计科目是（　　）。

A. 其他业务成本　　B. 投资收益

C. 管理费用　　D. 公允价值变动损益

31. 企业采用公允价值模式对投资性房地产进行后续计量的，资产负债表日投资性房地产公允价值与其账面价值的差额计入的会计科目是（　　）。

A. 公允价值变动损益　　B. 资产减值损失

C. 资本公积　　D. 其他综合收益

32. 2022 年 1 月，甲公司出售一项以成本模式计量的投资性房地产，实际收到的金额为 200 万元，已存入银行。投资性房地产的账面余额为 1000 万元，累计折旧金额为 600 万元，计提的减值准备金额为 250 万元。假设不考虑相关税费，则甲公司出售该项投资性房地产对当期损益的影响金额为（　　）万元。

A. 50　　B. 200　　C. 150　　D. 300

33. 小企业（执行《小企业会计准则》）取得准备持有超过 1 年的债券投资，应借记的会计科目是（　　）。

A. 长期股权投资　　B. 长期债券投资

C. 交易性金融资产　　D. 债权投资

34. 下列关于长期股权投资会计处理的表述中，正确的是（　　）。

A. 权益法下，按被投资方宣告发放现金股利中应享有的份额确认投资收益

B. 处置长期股权投资时，应结转其已计提的长期股权投资减值准备

C. 成本法下，按被投资方实现净利润应享有的份额确认投资收益

D. 对合营企业的长期股权投资，采用成本法核算

35. 甲公司和乙公司为同一母公司最终控制下的两家公司，2022 年 3 月 1 日，甲公司以向母公司发行股票的方式取得乙公司 80% 的股权，形成同一控制下企业合并。为取得该股权，甲公司增发 1000 万股普通股股票，每股面值为 1 元，每股公允价值为 7 元。甲公司取得该股权时，乙公司在母公司合并财务报表中的净资产账面价值为 5000 万元，甲、乙公司在合并前采用的会计政策相同，不考虑相关税费等其他因素。甲公司取得乙公司股权投资的初始投资成本为（　　）万元。

A. 7000　　B. 5000　　C. 1000　　D. 4000

36. 甲公司和乙公司为非同一控制下的两家独立公司，2022 年 6 月 6 日，甲公司以非专利技术对乙公司投资，取得乙公司 70% 的股权，能够对乙公司实施控制，非专利技术原值 1200 万元，累计摊销 200 万元，公允价值 1500 万元，当日乙公司可辨认净资产公允价值 1000 万元。不考虑其他因素，甲公司取得乙公司股权投资的初始投资成本为（　　）万元。

A. 700　　B. 1500　　C. 1000　　D. 1200

37. 长期股权投资采用成本法进行核算的，其在持有期间确认的被投资单位宣告发放的现金股利应计入（　　）。

A. 公允价值变动损益　　B. 投资收益

C. 营业外收入　　D. 财务费用

38. 2022 年 1 月 1 日，甲公司以银行存款 1500 万元取得乙公司 30% 的股权，相关手续于当日完成，甲公司能够对乙公司施加重大影响。当日，乙公司可辨认净资产的公允价值为 6000 万元。则甲公司 2022 年 1 月 1 日长期股权投资的入账价值为（　　）万元。

A. 1500　　B. 1800　　C. 6000　　D. 2000

39. 2022 年 1 月 1 日，甲公司购买乙公司发行在外的普通股 1000 万股，拥有乙公司 30% 的股份，采用权益法核算，经审计的年度利润表中乙公司 2022 年实现净利润 2000 万元。

下列关于甲公司的相关会计处理正确的是（　　）。

A. 借：长期股权投资——损益调整　　600
　　贷：投资收益　　600

B. 借：长期股权投资——损益调整　　300
　　贷：投资收益　　300

C. 借：应收股利　　600
　　贷：投资收益　　600

D. 借：应收股利　　300
　　贷：投资收益　　300

二、多项选择题

1. 下列各项中，应计入固定资产入账价值的有（　　）。
A. 固定资产购入时发生的运杂费
B. 专业人员的服务费和设备调试费
C. 固定资产日常修理期间发生的修理费
D. 固定资产更新改造过程中发生的可资本化的材料费

2. 下列各项中，关于固定资产计提折旧的表述正确的有（　　）。
A. 未使用的机器设备应计提折旧　　B. 提前报废的固定资产应补提折旧
C. 单独计价入账的土地需计提折旧　　D. 暂时闲置的库房应计提折旧

3. 下列固定资产中，当月不计提折旧的有（　　）。
A. 已提足折旧仍继续使用的固定资产　　B. 当月减少的固定资产
C. 当月增加的固定资产　　D. 日常修理停用的固定资产

4. 下列各项中，应通过“固定资产清理”科目核算的有（　　）。
A. 盘亏固定资产的账面价值　　B. 固定资产更新改造支出
C. 固定资产毁损净损失　　D. 出售固定资产的账面价值

5. 下列各项中，影响固定资产清理净损益的有（　　）。
A. 处置固定资产发生的清理费用　　B. 处置固定资产的变价收入
C. 处置固定资产的账面价值　　D. 处置固定资产应收保险公司赔偿款

6. 下列各项表述中，正确的有（　　）。
A. 存货盘盈计入营业外收入
B. 固定资产盘盈计入营业外收入
C. 出售固定资产的净收益计入资产处置损益
D. 无法查明原因的现金溢余计入营业外收入

7. 下列各项中，通过“待处理财产损溢”科目核算的有（　　）。
A. 盘盈固定资产　　B. 盘盈存货
C. 盘亏固定资产　　D. 毁损固定资产

8. 资产减值影响因素消失后，下列各项中，已确认的减值损失应在其已计提的减值准备金额内转回的有（　　）。

A. 存货　　B. 无形资产　　C. 应收款项　　D. 固定资产

9. 下列各项中，关于生产性生物资产折旧的表述正确的有（　　）。

A. 企业对达到预定生产经营目的的生产性生物资产，应当按期计提折旧

B. 生产性生物资产的使用寿命、预计净残值和折旧方法一经确定，不得随意变更

C. 企业至少应当于每年年度终了对生产性生物资产的使用寿命、预计净残值和折旧方法进行复核

D. 生产性生物资产可选用的折旧方法包括年限平均法、工作量法、产量法等

10. 下列各项中，自行研发无形资产业务的会计处理表述正确的有（　　）。

A. 满足资本化条件的研发支出，达到预定用途时，应转入“无形资产”科目的借方

B. 不满足资本化条件的研发支出，期末应转入“管理费用”科目的借方

C. 满足资本化条件的研发支出，应记入“研发支出——资本化支出”科目的借方

D. 不满足资本化条件的研发支出，应记入“研发支出——费用化支出”科目的借方

11. 下列各项中，应计入企业自行研究开发专利权入账价值的有（　　）。

A. 专利权申请过程中发生的专利登记费和律师费

B. 研究阶段支付的研发人员薪酬

C. 开发阶段满足资本化条件的专利研发支出

D. 无法可靠区分研究阶段和开发阶段的专利研发支出

12. 下列各项中，关于企业无形资产摊销的表述正确的有（　　）。

A. 财务软件的摊销额计入管理费用

B. 使用寿命不确定的无形资产不进行摊销

C. 无形资产摊销方法应反映其经济利益的预期消耗方式

D. 使用寿命有限的无形资产处置当月应进行摊销

13. 企业对使用寿命有限的无形资产进行摊销时，其摊销额根据不同情况可能计入的科目有（　　）。

A. 企业管理用的无形资产，其摊销金额计入管理费用

B. 无形资产用于生产产品，其摊销金额计入制造费用或生产成本

C. 企业的无形资产用于其他无形资产的研发，其摊销金额计入研发支出

D. 出租的无形资产，其摊销金额计入其他业务成本

14. 下列有关无形资产会计处理的表述中，正确的有（　　）。

A. 出售无形资产时应将取得价款扣除账面价值及相关税费后的差额计入资产处置损益

B. 不能为企业带来经济利益的无形资产的账面价值，应该全部转入当期的营业外支出

C. 无法可靠确定与无形资产有关的经济利益预期消耗方式的，应当采用工作量法摊销

D. 外购的使用寿命有限的无形资产应当在取得当月起开始摊销

15. 甲公司 2022 年 1 月 1 日开始自行研究开发某管理用无形资产，其中，研究阶段发生职工薪酬 30 万元、计提专用设备折旧 40 万元；进入开发阶段后，符合资本化条件前发生职工薪酬 30 万元、计提专用设备折旧 30 万元，符合资本化条件后发生职工薪酬 100 万元、计提专用设备折旧 200 万元。2022 年 12 月 1 日，该无形资产研发成功并达到预定用途，预计使用年限为 10 年，采用直线法摊销，不考虑残值等其他因素。甲公司 2022 年对上述业务进行的下列会计处理中，正确的有（　　）。

A. 研发阶段确认的管理费用为 130 万元

B. 无形资产达到预定用途确认的成本为 300 万元

C. 影响 2022 年管理费用的金额为 132.5 万元

D. 2022 年年末无形资产的账面价值为 272.5 万元

16. 下列各项中，属于投资性房地产的有（　　）。

A. 按国家规定确认的闲置土地

B. 持有并准备增值后转让的土地使用权

C. 企业出租的土地使用权

D. 企业以经营租赁方式出租的写字楼

17. 企业将自用房地产转换为以公允价值模式计量的投资性房地产时，转换日公允价值与原账面价值的差额，可能计入的会计科目有（　　）。

A. 投资收益

B. 资本公积

C. 其他综合收益

D. 公允价值变动损益

18. 2022 年 1 月，甲公司购入一栋办公大楼并出租，价格为 5000 万元，采用成本模式对投资性房地产进行后续计量，租赁期为 5 年，每月租金 50 万元，年末以银行转账方式收到租金 600 万元（不考虑相关税费）。对于甲公司购入办公大楼及出租的账务处理正确的有（　　）。

A. 甲公司购入办公楼应借记“投资性房地产”科目 5000 万元

B. 甲公司购入办公楼应借记“固定资产”科目 5000 万元

C. 甲公司年末收到租金收入应借记“银行存款”科目 600 万元

D. 甲公司每月末确认租金收入应贷记“其他业务收入”科目 50 万元

19. 企业对投资性房地产采用成本模式进行后续计量的，下列表述中正确的有（　　）。

A. 按期计提折旧或摊销

B. 资产负债表日发生减值的计提减值准备

C. 同一企业只能采取一种模式对所有投资性房地产进行后续计量，不得同时采用成本模式和公允价值模式

D. 企业可以从成本模式变更为公允价值模式，也可以从公允价值模式变更为成本模式

20. 2022 年 1 月 1 日，A 公司购入一栋办公楼用于出租，支付价款共计 2400 万元。该办公楼所在地有活跃的房地产交易市场，并且能够从房地产市场上获得同类房地产的市场报价。A 公司采用公允价值模式对出租的办公楼进行后续计量。2022 年 12 月 31 日该办公楼的公允价值为 2600 万元。假设不考虑相关税费及其他因素影响，2022 年 1 月 1 日和 2022 年 12 月 31 日，A 公司的账务处理正确的有（　　）。

A. 2022 年 1 月 1 日：

借：投资性房地产——成本　　2400

　贷：银行存款　　2400

B. 2022 年 1 月 1 日：

借：固定资产　　2400

　贷：银行存款　　2400

C. 2022 年 12 月 31 日：

借：投资性房地产——公允价值变动　　200

　贷：公允价值变动损益　　200

D. 2022 年 12 月 31 日：

借：投资性房地产——成本　　200

　贷：其他综合收益　　200

21. 针对企业采用公允价值模式进行后续计量的投资性房地产，下列相关账务处理表述正确的有（　　）。

A. 不需要对投资性房地产计提折旧或摊销

B. 资产负债表日对投资性房地产进行减值测试并计提减值准备

C. 取得租金收入计入其他业务收入

D. 资产负债表日公允价值高于其账面价值的差额计入其他综合收益

22. 企业持有的到期一次还本付息的债权投资，分期确认利息收入时，下列会计处理正确的有（　　）。

A. 借记“应收利息”科目

B. 贷记“投资收益”科目

C. 借记“债权投资——应计利息”科目

D. 贷记“债权投资——成本”科目

23. 下列各项中，属于企业长期投资的有（　　）。

A. 债权投资

B. 其他债权投资

C. 长期股权投资

D. 其他权益工具投资

24. 甲公司为一家小企业（执行《小企业会计准则》），2022 年 1 月 1 日，从二级市场购入乙公司债券，以银行存款支付价款合计 1050 万元（含已到付息期但尚未收到的利息 50 万元），另支付交易费用 4 万元。该债券面值 1000 万元，剩余期限为 4 年，票面年利率为 5%，每年付息一次，每年 1 月 10 日支付上一年利息，合同现金流量特征仅为本金和以未偿付本金金额为基础的利息的支付，甲公司准备持有至到期，作为长期债券投资核算。甲公司 2022 年的账务处理正确的有（　　）。

A. 1 月 1 日，长期债券投资的入账价值为 1004 万元

B. 1 月 10 日，实际收到利息时贷记“应收利息”50 万元

C. 12 月 31 日，确认投资收益 49 万元

D. 12 月 31 日，长期债券投资的账面价值为 1004 万元

25. 下列各项中，关于长期股权投资初始计量的表述正确的有（　　）。

A. 同一控制下企业合并形成的长期股权投资，合并方以支付现金作为合并对价的，应在合并日以支付的现金对价作为初始投资成本计量

B. 企业为企业合并发生的审计、法律服务、评估咨询等中介费用以及其他相关管理费用应作为当期损益计入管理费用

C. 非同一控制下企业合并，购买方以发行权益性证券作为合并对价的，应在购买日按照发行的权益性证券的公允价值作为初始投资成本计量

D. 小企业（执行《小企业会计准则》）以支付现金取得的长期股权投资，应当按照购买价款和相关税费作为成本进行计量

26. 下列各项中，关于同一控制下企业合并形成的长期股权投资，表述正确的有（　　）。

A. 同一控制下企业合并实质是集团内部资产的重新配置与账面调拨

B. 同一控制下企业合并不具有商业实质，不产生经营性损益和非经营性损益

C. 合并方以支付现金作为合并对价的，应在合并日按取得被合并方所有者权益在最终控制方合并财务报表中的账面价值的份额确认长期股权投资的初始投资成本

D. 合并方以发行权益性证券作为合并对价的，应当在合并日按照权益性证券的公允价值确认长期股权投资的初始投资成本

27. 甲公司和乙公司为非同一控制下的两家独立公司，2022 年 1 月 1 日，甲公司购买乙公司发行的股票 500 万股准备长期持有，拥有乙公司 80% 的股份且能够实施控制，每股买入价为 5 元，款项已支付。2022 年 4 月 5 日乙公司宣告发放现金股利 200 万元，2022 年度乙公司实现净利润 500 万元，不考虑其他因素，下列关于甲公司的账务处理正确的有（　　）。

A. 长期股权投资的初始入账价值为 2500 万元

B. 应采用成本法进行后续核算

C. 4 月 5 日确认投资收益 160 万元

D. 2022 年度乙公司实现净利润时借记“长期股权投资——损益调整”科目 400 万元

28. 下列各项中，关于非同一控制下企业合并形成的长期股权投资，表述正确的有（　　）。

A. 非同一控制下的企业合并实质是不同市场主体间的产权交易

B. 为企业合并发生的审计、法律服务、评估咨询等中介费用以及其他相关管理费用，应当于发生时计入长期股权投资

C. 可能会产生经营性损益或非经营性损益

D. 购买方以转让非现金资产作为合并对价的，应在购买日按照非现金资产的公允价值作为初始投资成本

29. 企业下列投资中，不应采用权益法对长期股权投资进行后续计量的有（　　）。

A. 以公允价值计量且其变动计入当期损益的金融资产

B. 对联营企业的投资

C. 小企业（执行《小企业会计准则》）持有的长期股权投资

D. 对子公司的投资

30. 2022年1月1日，甲公司以银行存款1000万元取得乙公司30%的股权，投资时乙公司可辨认净资产公允价值为4000万元，与账面价值相同。甲公司取得投资后可派人参与乙公司生产经营决策，但无法对乙公司实施控制。2022年5月10日，乙公司宣告分配现金股利200万元。2022年度乙公司实现净利润400万元。不考虑其他因素，甲公司2022年相关账务处理表述正确的有（　　）。

A. 1月1日长期股权投资的初始投资成本为1000万元

B. 1月1日确认营业外收入200万元

C. 5月10日乙公司宣告分配现金股利时，确认投资收益60万元

D. 该投资对甲公司2022年度当期损益的影响金额为320万元

31. 下列关于以权益法核算的长期股权投资的说法中，正确的有（　　）。

A. 长期股权投资的初始投资成本大于投资时应享有被投资单位可辨认净资产公允价值份额的，不调整长期股权投资的初始投资成本

B. 长期股权投资的初始投资成本小于投资时应享有被投资单位可辨认净资产公允价值份额的，应按其差额计入营业外收入

C. 投资企业按照被投资单位宣告分派的现金股利计算应分得的股利，借记“应收股利”科目，贷记“投资收益”科目

D. 投资企业取得长期股权投资后，应当按照被投资单位实现的净利润中应享有的份额，确认投资收益并调整长期股权投资的账面价值

三、判断题

1. 与使用固定资产有关的员工培训费应计入固定资产成本。（　　）

2. 企业自行建造的固定资产应当以建造该固定资产达到预定可使用状态前所发生的必要支出作为固定资产的成本。（　　）

3. 因进行日常修理而停用的固定资产，不应计提折旧。（　　）

4. 已达到预定可使用状态但尚未办理竣工决算的固定资产，应当按照估计价值确定其成本，并计提折旧；待办理竣工决算后，再按实际成本调整原来的暂估价值，并调整原已计提的折旧额。（　　）

5. 固定资产预计使用寿命发生改变时，应同时改变固定资产折旧方法。（　　）

6. 固定资产使用寿命、预计净残值和折旧方法的改变应当作为会计政策变更。（　　）

7. 企业至少应当于每年年度终了对固定资产的使用寿命、预计净残值和折旧方法进行复核，使用寿命预计数与原先估计数有差异的应当调整固定资产使用寿命。（　　）

8. 企业对固定资产进行更新改造时，应当将该固定资产账面价值转入在建工程，并将被替换部件的变价收入冲减在建工程。（　　）

9. 企业管理部门发生的固定资产修理费用应计入管理费用。（　　）

10. 固定资产更新改造期间发生的资本化的后续支出应通过“在建工程”科目进行核算。（　　）

11. 固定资产出售、报废、毁损的净损益，应转入营业外收入或营业外支出。（ ）

12. 固定资产盘盈应先按重置成本记入“待处理财产损溢”科目，经批准后再转入营业外收入。（ ）

13. 生产性生物资产减值准备一经计提，不得转回。（ ）

14. 生产性生物资产采用公允价值计量需要满足以下条件之一：其一生产性生物资产有活跃的交易市场；其二能够从交易市场上取得同类或类似生物资产的市场价格及其他相关信息，从而对生产性生物资产的公允价值作出合理估计。（ ）

15. 根据规定，生产性生物资产通常按照公允价值计量。（ ）

16. 企业无法可靠区分研究阶段和开发阶段支出的，所发生的研发支出全部费用化，计入当期损益。（ ）

17. 企业出售的无形资产，应将取得的价款确认为收入；同时，将无形资产的账面价值确认为费用。（ ）

18. 企业自行研发无形资产，开发阶段发生的支出应全部资本化，计入无形资产成本。（ ）

19. 使用寿命有限的无形资产可能会有残值。（ ）

20. 对于使用寿命有限的无形资产应自可供使用（即其达到预定用途）下月起开始摊销，处置当月照常摊销。（ ）

21. 企业将自有房地产部分用于出租，部分自用，如果用于出租的部分能单独计量，企业应将该部分确认为投资性房地产；若这部分不能单独计量，则不应确认为投资性房地产。（ ）

22. 自用房地产或存货转换为采用公允价值模式计量的投资性房地产，该项投资性房地产应当按照转换日的账面价值计量。（ ）

23. 投资性房地产确认的租金应当记入“其他业务收入”科目核算。（ ）

24. 企业购入债权投资，实际支付价款中包含的已到付息期但尚未领取的债券利息，应当单独确认为应收利息，不计入债权投资的成本。（ ）

25. 小企业会计准则规定小企业采用实际利率法对债权投资进行后续计量。（ ）

26. 小企业（执行《小企业会计准则》）以支付现金取得的长期股权投资，应当按照实际支付的价款作为成本进行计量。（ ）

27. 采用成本法核算长期股权投资时，资产负债表日，企业根据资产减值相关要求确定长期股权投资发生减值的，按应减记的金额确认长期股权投资减值准备。（ ）

28. 采用成本法核算长期股权投资时，被投资单位实现盈利或发生亏损，投资单位不作账务处理。（ ）

29. 采用成本法核算的长期股权投资，处置时应当将其账面价值与实际收到价款的差额计入资本公积。 （ ）

四、不定项选择题

（一）

甲企业为增值税一般纳税人，2020 年至 2022 年发生的相关业务如下：

（1）2020 年 10 月 15 日，对一条生产线进行更新改造，原值为 150 万元，已计提折旧 50 万元。更新改造过程中发生满足固定资产确认条件的支出为 145 万元，被替换部分账面价值为 40 万元，出售价款为 5 万元，2020 年 11 月 20 日达到预定可使用状态。

（2）2020 年 12 月 31 日，将一处厂房转为投资性房地产对外出租，采用成本模式计量，该厂房 2017 年 12 月 31 日购入，原值为 240 万元，预计使用 10 年，预计净残值为 0，采用年限平均法计提折旧，至今未发生减值，租赁期为 2 年，每年年末收取租金 50 万元，按月计提折旧（不考虑相关税费）。

（3）2021 年 6 月，因保管车辆的需要，该企业决定采用自营方式建造一栋车库。购入车库工程物资 100 万元，增值税税额为 13 万元；发生运输费用 5 万元，增值税税额为 0.45 万元，全部款项以银行存款付讫，该部分工程物资全部用于工程建设；确认的工程人员薪酬为 30 万元；领用本企业生产的水泥一批，该批水泥成本为 20 万元，市场价为 30 万元；领用用于生产产品的外购原材料成本为 10 万元。

（4）2021 年 9 月 30 日，车库达到预定可使用状态，预计可使用年限为 5 年，预计净残值为 5 万元，采用双倍余额递减法计提折旧。

（5）2022 年 12 月 20 日，将上述车库以 200 万元向乙企业出售（不考虑相关税费）。

要求：根据上述资料，不考虑其他因素，分析回答下列小题。（答案中的金额单位用万元表示）

1. 根据资料（1），下列说法中正确的是（ ）。

A. 在更新改造期间，固定资产仍计提折旧

B. 该生产线更新改造后的入账价值为 200 万元

C. 该生产线更新改造后的入账价值为 205 万元

D. 该生产线应从 2020 年 12 月开始计提折旧

2. 根据资料（2），关于该企业出租厂房的会计处理表述正确的是（ ）。

A. 租金收入应确认为其他业务收入

B. 该企业采用成本模式计量的投资性房地产，可以转换为公允价值模式计量

C. 将该厂房进行出租，每月计提的折旧 2 万元确认为其他业务成本

D. 租赁期满时一次性确认收入

3. 根据资料（3），下列表述中正确的是（ ）。

A. 建造车库领用工程物资的入账成本是 105 万元

B. 建造车库领用工程物资的入账成本是 100 万元

C. 建造车库领用自产水泥，直接按成本 20 万元入账

D. 建造车库领用用于生产产品的外购原材料，按 10 万元入账

4. 根据资料（3）和（4），下列表述中正确的是（ ）。

A. 车库达到预定可使用状态时入账价值为 160 万元

B. 第一年折旧不考虑预计净残值

C. 2021 年折旧额为 16 万元

D. 双倍余额递减法下（除最后两年）的年折旧率为 40%

5. 根据资料（3）至（5），下列表述中正确的是（ ）。

A. 出售车库，结转车库账面价值时借记“固定资产清理”科目 89.1 万元

B. 出售车库，结转车库账面价值时借记“累计折旧”科目 75.9 万元

C. 出售车库，结转净收益时贷记“资产处置损益”科目 89.1 万元

D. 出售车库，对 2022 年营业利润影响的金额为 110.9 万元

（二）

甲企业为增值税一般纳税人。2020 年度至 2022 年度发生的与无形资产有关业务如下：

（1）2020 年 1 月 10 日，甲企业开始自行研发一项行政管理用非专利技术，截至 2020 年 5 月 31 日，用银行存款支付外单位协作费 74 万元，领用本企业原材料成本 26 万元。经测试，该项研发活动已完成研究阶段。

（2）2020 年 6 月 1 日，研发活动进入开发阶段，该阶段发生研究人员的薪酬支出 35 万元，领用材料成本 85 万元，全部符合资本化条件，2020 年 11 月 1 日，该项研发活动结束，最终开发形成一项非专利技术投入使用，该非专利技术预计可使用年限为 5 年，预计残值为零，采用直线法摊销。

（3）2020 年 12 月 1 日，甲企业将该非专利技术出租给乙企业，双方约定租赁期限为 2 年，每月末以银行转账结算方式收取租金，并开具增值税专用发票注明价款 2.5 万元，增值税税额 0.15 万元。

（4）2022 年 12 月 31 日，甲企业将该非专利技术出售，取得价款 52 万元（不考虑增值税），款项通过银行收讫。

要求：根据上述资料，不考虑其他因素，分析回答下列小题。（答案中的金额单位用万元表示）

1. 根据资料（1），下列各项中，甲企业研发支出的支付和结转的相关会计处理表述正确的是（ ）。

A. 支付的外单位协作费应予以费用化

B. 领用的本企业原材料应予以资本化

C. 研究阶段共转入“管理费用”科目 74 万元

D. 研究阶段共转入“管理费用”科目 26 万元

2. 根据资料（1）和（2），甲企业自行研究开发无形资产的入账价值是（ ）万元。

A. 100　　B. 120　　C. 146　　D. 220

3. 根据资料（1）至（3），下列各项中，关于甲企业该非专利技术摊销的会计处理表述正确的是（ ）。

A. 应当自可供使用的下月起开始摊销

B. 应当自可供使用的当月起开始摊销

C. 该非专利技术出租前的摊销额应计入管理费用

D. 该非专利技术月摊销金额为 2 万元

4. 根据资料（1）至（3），下列各项中，甲企业 2020 年 12 月与出租无形资产有关的会计处理正确的是（ ）。

A. 借：其他业务成本 2
　　贷：累计摊销 2

B. 借：管理费用 2
　　贷：累计摊销 2

C. 借：银行存款 2.65
　　贷：其他业务收入 2.5
　　　　应交税费——应交增值税（销项税额） 0.15

D. 借：银行存款 2.5
　　贷：营业外收入 2.5

5. 根据资料（1）至（4），出售非专利技术对甲企业 2022 年度利润表“营业利润”项目的影响金额是（ ）万元。

A. –18　　B. 21.12　　C. –20　　D. –16

（三）

甲、乙、丙公司均为非同一控制下的独立公司。2022 年甲公司发生如下与长期股权投资相关的交易或事项：

（1）2022 年 1 月 1 日，甲公司以 1000 万元购入乙公司有表决权股份的 100%，能够对乙公司实施控制，取得投资时，乙公司可辨认净资产公允价值为 1200 万元。

（2）2022 年 1 月 1 日，甲公司以 600 万元取得丙公司有表决权股份的 30%，能够对丙公司施加重大影响，取得投资时，丙公司可辨认净资产公允价值为 2500 万元。

（3）2022 年度乙公司实现净利润 100 万元，并宣告分派现金股利 20 万元。

（4）2022 年度丙公司实现净利润 200 万元，并宣告分派现金股利，甲公司按其持股比例可分得 15 万元。

（5）2022 年 12 月 31 日，甲公司已收到上述现金股利并存入银行，随后甲公司将其持有的乙公司股份全部出售，取得价款 1100 万元。

要求：根据上述资料，不考虑其他因素，分析回答下列小题。（答案中的金额单位用万元表示）

1. 根据期初资料和资料（1），下列各项中，关于甲公司取得乙公司长期股权投资核算的表述正确的是（ ）。

A. 对乙公司的长期股权投资应采用权益法核算

B. 甲公司的长期股权投资增加 1000 万元

C. 对乙公司的长期股权投资应采用成本法核算

D. 甲公司的长期股权投资增加 1200 万元

2. 根据期初资料和资料（2），下列各项中，甲公司取得丙公司长期股权投资的入账价值为（　　）万元。

A. 600　　B. 750　　C. 200　　D. 2500

3. 根据资料（1）和（3），下列各项中，甲公司会计处理正确的是（　　）。

A. 乙公司宣告分派现金股利：

借：应收股利　　20

　贷：投资收益　　20

B. 乙公司实现净利润：

借：长期股权投资——乙公司——损益调整　　100

　贷：投资收益　　100

C. 乙公司宣告分派现金股利时，不作账务处理

D. 乙公司实现净利润时，不作账务处理

4. 根据资料（2）和（4），下列各项中，关于甲公司会计处理结果正确的是（　　）。

A. 丙公司实现净利润时，“长期股权投资——丙公司——损益调整”科目增加 60 万元

B. 丙公司实现净利润时，“投资收益”科目增加 60 万元

C. 丙公司宣告分派现金股利时，“应收股利”科目增加 15 万元

D. 丙公司宣告分派现金股利时，“长期股权投资——丙公司——损益调整”科目减少 15 万元

5. 根据资料（1）、（3）和（5），下列各项中，甲公司出售乙公司股份时应确认的投资收益是（　　）万元。

A. 100　　B. 80　　C. 0　　D. 20

（四）

2021 年至 2022 年甲公司发生的有关业务资料如下：

（1）2021 年 1 月 1 日，甲公司以发行普通股 200 万股为对价，取得乙公司股份的 25%，能够对乙公司施加重大影响。该股票面值为每股 1 元，每股发行价为 9 元，另支付股票发行费用 30 万元，款项已支付。当日，乙公司可辨认净资产的公允价值为 8000 万元。

（2）2021 年乙公司实现净利润 400 万元。

（3）2022 年 3 月 20 日，乙公司宣告发放现金股利，甲公司应分得现金股利 40 万元。2022 年 4 月 20 日，甲公司收到乙公司分派的现金股利。

（4）2022 年 3 月 31 日，乙公司其他综合收益减少了 20 万元（可转入当期损益）。

（5）2022年4月30日，甲公司将持有的乙公司股份全部售出，取得价款2200万元，已存入银行。

要求：根据上述资料，不考虑其他因素，分析回答下列小题。（答案中的金额单位用万元表示）

1. 根据资料（1），下列各项中，关于甲公司会计处理结果正确的是（　　）。

A. 确认长期股权投资的初始投资成本为 1800 万元

B. 确认长期股权投资的初始投资成本为 1830 万元

C. 应确认营业外收入 200 万元

D. 应确认营业外收入 170 万元

2. 根据资料（2）和（3），下列各项中，甲公司会计处理正确的是（　　）。

A. 2021 年度乙公司实现净利润时：

借：长期股权投资——损益调整　100

　贷：投资收益　100

B. 2022 年 3 月 20 日，乙公司宣告发放现金股利时：

借：应收股利　40

　贷：长期股权投资——损益调整　40

C. 2022 年 3 月 20 日，乙公司宣告发放现金股利时：

借：应收股利　40

　贷：投资收益　40

D. 2022 年 4 月 20 日，甲公司收到乙公司的现金股利时：

借：银行存款　40

　贷：应收股利　40

3. 根据资料（4），下列各项中，甲公司会计处理结果正确的是（　　）。

A.“长期股权投资——其他权益变动”科目贷方登记 5 万元

B.“资本公积——其他资本公积”科目借方登记 5 万元

C.“长期股权投资——其他综合收益”科目贷方登记 5 万元

D.“其他综合收益”科目借方登记 5 万元

4. 根据资料（1）至（4），2022 年 3 月 31 日甲公司长期股权投资的账面价值是（　　）万元。

A. 2100　　B. 2065　　C. 2055　　D. 2060

5. 根据资料（1）至（5），下列各项中，甲公司出售长期股权投资会计处理结果正确的是（　　）。

A. 投资收益增加 145 万元　　B. 其他综合收益增加 5 万元

C. 其他综合收益增加 145 万元　　D. 投资收益增加 140 万元

答案速查

一、单项选择题

1	A	2	C	3	C	4	B	5	A	6	A
7	A	8	C	9	C	10	B	11	C	12	B
13	B	14	B	15	B	16	A	17	D	18	D
19	B	20	C	21	B	22	A	23	C	24	B
25	B	26	A	27	A	28	A	29	D	30	A

31	A	32	A	33	B	34	B	35	D	36	B
37	B	38	B	39	A						

二、多项选择题

1	ABD	2	AD	3	AC	4	CD	5	ABCD	6	CD
7	BC	8	AC	9	ABCD	10	ABCD	11	AC	12	ABC
13	ABCD	14	ABD	15	ABC	16	BCD	17	CD	18	ACD
19	ABC	20	AC	21	AC	22	BC	23	ABCD	24	ABC
25	BCD	26	ABC	27	ABC	28	ACD	29	ACD	30	ABD
31	ABD										

三、判断题

1	×	2	√	3	×	4	×	5	×	6	×
7	√	8	×	9	√	10	√	11	×	12	×
13	√	14	×	15	×	16	√	17	×	18	×
19	√	20	×	21	√	22	×	23	√	24	√
25	×	26	×	27	√	28	√	29	×		

四、不定项选择题

	1		2		3		4		5	
(一) ►	1	CD	2	ABC	3	ACD	4	BD	5	ABD
(二) ►	1	A	2	B	3	BCD	4	AC	5	A
(三) ►	1	BC	2	B	3	AD	4	ABCD	5	A
(四) ►	1	AC	2	ABD	3	CD	4	C	5	BD

参考答案及解析

一、单项选择题

1.【答案】A

【解析】增值税一般纳税人取得增值税专用发票，进项税额可以抵扣，计入应交税费——应交增值税（进项税额），采购人员差旅费计入管理费用，该固定资产的入账价值 = 购买价款 + 运费 + 保险费 =120+6+1=127（万元）。

2.【答案】C

【解析】固定资产的入账金额 =100+5=105（万元），安装领用本公司自产产品按成本领用即可。

3.【答案】C

【解析】发生的员工培训费计入当期损益，建造该设备的成本 =100+80+5+10+2+1=198（万元）。

4.【答案】B

【解析】A 设备入账价值 =（1900+20）× 750 ÷（750+600+650）+10+8=738（万元）。

5.【答案】A

【解析】财务部门使用的固定资产计提的折旧应计入管理费用，选项 A 不正确。

6.【答案】A

【解析】选项 A 错误，处于季节性修理过程中的固定资产在修理期间应继续计提折旧。

7.【答案】A

【解析】2022 年 8 月 31 日更新改造后固定资产的账面价值 =1800−1800 ÷ 5 × 3+48=768（万元）；2022 年 9 月份到 12 月份应计提折旧额 =768 ÷ 4 ÷ 12 × 4=64（万元）；2022 年 1 月份到 3 月份应计提折旧额 =1800 ÷ 5 ÷ 12 × 3=90（万元），所以 2022 年该固定资产应计提折旧额 =90+64=154（万元）。

8.【答案】C

【解析】2021 年 12 月购入的设备，2022 年 1 月开始计提折旧，所以折旧年度和会计年度是一致的，由于该企业采用年数总和法计提折旧，所以 2022 年计提的折旧额 =（60000−3000）× 5/（1+2+3+4+5）=19000（元），该设备的账面价值 = 账面原值 − 累计折旧 − 固定资产减值准备（本题不涉及）=60000−19000=41000（元）。

9.【答案】C

【解析】该项固定资产拆除部分的账面价值 =400−400 ÷ 1600 × 500=275（万元），该项固定资产改造后的入账价值 =1600−500−275+800=1625（万元）。

【点题】出售价款 10 万元冲减营业外支出，不影响固定资产改造后的入账价值。

10.【答案】B

【解析】更新改造后该生产线的入账价值 =（200−200 ÷ 10 × 4）−40+30+50=160（万元）。

11.【答案】C

【解析】甲公司出售该机床的净收益 =100−（200−120−30）−15=35（万元），计入资产处置损益，影响当期营业利润。

12.【答案】B

【解析】报废该设备的净收益 =56−（60−10）−2=4（万元），记入“营业外收入”科目，影响当期损益的金额为 4 万元。

13.【答案】B

【解析】企业固定资产盘亏净损失应计入营业外支出，报经批准后应计入营业外支出的金额 =120−12−20=88（万元）。

14.【答案】B

【解析】选项 AC 计入管理费用；选项 D 计入其他应收款。

15.【答案】B

【解析】短期租入的设备不属于企业的固定资产，不影响固定资产账面价值。

16.【答案】A

【解析】确定减值之前固定资产的账面价值 =200−（200−10）÷ 10=181（万元），大于可收回金额 150 万元，因此固定资产发生了减值，减值以后固定资产应该按照可收回金额确认账面价值，因此 2022 年 12 月 31 日该设备账面价值应为 150 万元。

17.【答案】D

【解析】甲公司 2022 年生产性生物资产的成本 =160000+30000+75000+55000=320000（元），选项 D 正确。

18.【答案】D

【解析】选项 D 错误，生物资产在郁闭或达到预定生产经营目的后发生的管护、饲养费用等后续支出，应当计入当期损益。

19.【答案】B

【解析】为使该项非专利技术达到预定用途支付的相关专业服务费用应计入无形资产成本，员工培训费计入管理费用。该非专利技术的入账价值 =200+10=210（万元），选项 B 错误。

20.【答案】C

【解析】开发阶段符合资本化条件的支出计入无形资产成本，所以该非专利技术的入账价值为 280 万元。研究阶段的支出以及无法可靠区分研究阶段和开发阶段的支出，应予以费用化。

21.【答案】B

【解析】工业企业出租无形资产使用权取得的收入应记入“其他业务收入”科目。

22.【答案】A

【解析】该企业每月摊销的金额 =600000 ÷ 5 ÷ 12=10000（元），该无形资产用于出租，无形资产计提的摊销应计入其他业务成本。

23.【答案】C

【解析】出售该商标权计入资产处置损益的金额 =100-（120-40）=20（万元）。A 公司会计处理如下：

借：银行存款 106
　　累计摊销 40
　贷：无形资产 120
　　　应交税费——应交增值税（销项税额） 6
　　　资产处置损益 20

24.【答案】B

【解析】无形资产账面价值 = 无形资产账面原值 - 累计摊销 - 无形资产减值准备。选项 A，无形资产减值准备增加，使无形资产账面价值减少；选项 B，研究阶段支出全部费用化，不影响无形资产账面价值；选项 C，累计摊销增加，使无形资产账面价值减少；选项 D，无形资产账面原值减少，使无形资产账面价值减少。

25.【答案】B

【解析】长期待摊费用是指企业已经发生但应由本期和以后各期负担的分摊期限在一年以上的各项费用，如以租赁方式租入的使用权资产发生的改良支出等。选项 AC 计入管理费用，选项 D 计入销售费用。

26.【答案】A

【解析】对以经营租赁方式租入办公楼再转租给其他单位的（选项 B），不能确认为投资性房地产；企业拥有并自行经营的饭店（选项 C），属于固定资产；出租给本企业职工居住的自建宿舍楼（选项 D），目的是为了生产经营，也属于固定资产，不属于投资性房地产。

27.【答案】A

【解析】账务处理如下：

借：投资性房地产——成本 135
　　公允价值变动损益 15
　　累计折旧 30
　　固定资产减值准备 20
　贷：固定资产 200

公允价值变动损益属于损益类科目，影响本期的营业利润。

28.【答案】A

【解析】投资性房地产为房屋建筑物的，其折旧方法同固定资产，即当月增加当月不计提折旧，从次月起计提折旧。甲公司 2022 年应按 6 个月计提折旧，2022 年甲公司应对该写字楼计提的折旧金额 =（5000-200）÷ 40 ÷ 12 × 6=60（万元）。

29.【答案】D

【解析】转换日投资性房地产的入账价值为4500万元，2022年年末公允价值为5200万元，所以应计入公允价值变动损益的金额 =5200-4500=700（万元）。

【点题】转换日公允价值4500万元与成本3000万元的差额1500万元计入其他综合收益。

30.【答案】A

【解析】对转换为投资性房地产的写字楼计提的折旧应计入其他业务成本。

31.【答案】A

【解析】账务处理为：

借：投资性房地产——公允价值变动

　贷：公允价值变动损益［或相反会计分录］

32.【答案】A

【解析】甲公司出售该项投资性房地产产生的净收益 =200-（1000-600-250）=50（万元）。账务处理为：

借：银行存款	200	
贷：其他业务收入		200
借：其他业务成本	150	
投资性房地产累计折旧	600	
投资性房地产减值准备	250	
贷：投资性房地产		1000

33.【答案】B

【解析】选项B正确，小企业（执行《小企业会计准则》）取得准备长期（在1年以上）持有的债券投资，应借记“长期债券投资”科目。

34.【答案】B

【解析】选项A错误，权益法下，按被投资方宣告发放现金股利中应享有的份额冲减长期股权投资，不确认投资收益；选项C错误，权益法下，按被投资方实现净利润应享有的份额确认投资收益，成本法下，被投资方实现净利润时投资方不作账务处理；选项D错误，对合营企业的长期股权投资，采用权益法核算。

35.【答案】D

【解析】相关会计分录如下：

借：长期股权投资	［5000×80%］4000	
贷：股本		1000
资本公积——股本溢价		3000

36.【答案】B

【解析】非同一控制下企业合并取得长期股权投资，应按照购买日无形资产的公允价值作为初始投资成本，即1500万元。

借：长期股权投资　1500
　　累计摊销　200
　贷：无形资产　1200
　　　资产处置损益　500

37.【答案】B

【解析】长期股权投资采用成本法进行核算的，其在持有期间确认的被投资单位宣告发放的现金股利应计入投资收益中。会计分录为：

借：应收股利
　贷：投资收益

38.【答案】B

【解析】甲公司取得长期股权投资的初始投资成本为1500万元，购买日占乙公司可辨认净资产公允价值的份额=6000×30%=1800（万元），初始投资成本小于投资时应享有的被投资单位可辨认净资产公允价值份额，应调增长期股权投资的入账价值，相关会计分录为：

借：长期股权投资——投资成本　1500
　贷：银行存款　1500
借：长期股权投资——投资成本　300
　贷：营业外收入　300

因此，甲公司长期股权投资的入账价值=1500+300=1800（万元），选项B正确。

【点题】长期股权投资的“初始投资成本”为1500万元；长期股权投资的“入账价值”为1800（1500+300）万元。

39.【答案】A

【解析】权益法下，被投资单位实现净利润，企业应按被投资单位实现的净利润中应享有的份额确认投资收益，应作如下分录：

借：长期股权投资——损益调整　［2000×30%］600
　贷：投资收益　600

二、多项选择题

1.【答案】ABD

【解析】选项C，日常修理期间发生的修理费不符合固定资产的确认条件，所以不能计入固定资产的入账价值。

2.【答案】AD

【解析】提前报废的固定资产无须补提折旧，选项B不正确；单独计价入账的土地无须计提折旧，选项C不正确。

3.【答案】AC

【解析】选项A，已提足折旧仍继续使用的固定资产不计提折旧；选项C，当月增加的固定资产，当月不计提折旧。

4.【答案】CD

【解析】选项 A 通过“待处理财产损溢”科目进行核算；选项 B 通过“在建工程”科目进行核算。

5.【答案】ABCD

【解析】固定资产处置时首先要将固定资产账面价值转入“固定资产清理”科目的借方，处置过程中发生的清理费用等记入“固定资产清理”科目的借方，变价收入、应收赔款等记入“固定资产清理”科目的贷方，将“固定资产清理”科目的借贷金额合计起来得到的就是固定资产清理的净损益。

6.【答案】CD

【解析】选项 A，冲减管理费用；选项 B，计入以前年度损益调整，最终影响期初留存收益。

7.【答案】BC

【解析】选项 A，通过“以前年度损益调整”科目核算；选项 D，通过“固定资产清理”科目核算。

8.【答案】AC

【解析】以前减记存货价值的影响因素消失的，减记的金额应当予以恢复，并在原已计提的存货跌价准备金额内转回，选项 A 正确；无形资产、固定资产计提的减值准备，在资产持有期间均不得转回，选项 BD 错误；应收款项计提的坏账准备可以转回，选项 C 正确。

9.【答案】ABCD

10.【答案】ABCD

11.【答案】AC

【解析】选项 BD，应计入管理费用。

12.【答案】ABC

【解析】无形资产自可供使用（即其达到预定用途）当月起开始摊销，处置当月不再摊销，选项 D 错误。

13.【答案】ABCD

14.【答案】ABD

【解析】无法可靠确定与无形资产有关的经济利益预期消耗方式的，应当采用年限平均法（直线法）摊销，选项 C 错误。

15.【答案】ABC

【解析】选项 A 正确，研发阶段确认的管理费用 =30+40+30+30=130（万元）；选项 B 正确，无形资产的成本 =100+200=300（万元）；选项 C 正确，影响 2022 年管理费用的金额 =130+300 ÷ 10 ÷ 12=132.5（万元）；选项 D 错误，2022 年年末无形资产的账面价值 = 300−300 ÷ 10 ÷ 12=297.5（万元）。

16.【答案】BCD

【解析】投资性房地产包括：已出租的土地使用权（选项 C）、持有并准备增值后转让的土地使用权（选项 B）、已出租的建筑物（选项 D）。选项 A，不属于持有并准备增值后转让的土地使用权，不符合投资性房地产定义。

17.【答案】CD

【解析】企业将自用房地产转换为以公允价值模式计量的投资性房地产时，转换日的公允价值大于账面价值的差额应计入其他综合收益，转换日的公允价值小于账面价值的差额应计入公允价值变动损益。

账务处理如下：

借：投资性房地产——成本
　　累计折旧
　　固定资产减值准备［如有］
　　公允价值变动损益［借方差额］
　贷：固定资产
　　　其他综合收益［贷方差额］

18.【答案】ACD

【解析】购入办公大楼时：

借：投资性房地产　5000
　贷：银行存款　5000

1-11 月，每月末确认租金收入时：

借：其他应收款　50
　贷：其他业务收入　50

年末收到租金：

借：银行存款　600
　贷：其他应收款　550
　　　其他业务收入　50

19.【答案】ABC

【解析】选项 D 错误，企业可以从成本模式变更为公允价值模式，已采用公允价值模式不得转为成本模式。

20.【答案】AC

【解析】2022 年 1 月 1 日，购入投资性房地产：

借：投资性房地产——成本　2400
　贷：银行存款　2400

2022 年 12 月 31 日，按照公允价值调整其账面价值，公允价值与原账面价值之间的差额计入当期损益：

借：投资性房地产——公允价值变动　［2600-2400］200
　贷：公允价值变动损益——投资性房地产　200

21.【答案】AC

【解析】采用公允价值模式进行后续计量的投资性房地产无须计提减值准备，选项 B 错误；资产负债表日公允价值高于其账面价值的差额计入公允价值变动损益，选项 D 错误。

22.【答案】BC

【解析】企业持有的到期一次还本付息的债权投资，分期确认利息收入时的会计分录如下：

借：债权投资——应计利息

　　　　　　——利息调整［差额，可能在贷方］

　贷：投资收益

23.【答案】ABCD

【解析】企业的长期投资包括债权投资、其他债权投资、长期股权投资、其他权益工具投资等对外投资。

24.【答案】ABC

【解析】2022 年 1 月 1 日，甲公司取得长期债券投资的入账价值 =1050-50+4=1004（万元），选项 A 正确。账务处理如下：

借：长期债券投资——面值　　1000

　　　　　　　　——溢折价　　4

　　应收利息　　50

　贷：银行存款　　1054

2022 年 1 月 10 日，实际收到购买价款中包含的已到付息期但尚未收到的利息时：

借：银行存款　　50

　贷：应收利息　　50

选项 B 正确。

2022 年 12 月 31 日，确认投资收益并采用直线法对溢折价进行摊销时：

借：应收利息　　［1000 × 5%］50

　贷：长期债券投资——溢折价　　［4 ÷ 4］1

　　　投资收益　　49

选项 C 正确。

2022 年 12 月 31 日，长期债券投资的账面价值 =1004-1=1003（万元），选项 D 错误。

25.【答案】BCD

【解析】同一控制下企业合并形成的长期股权投资，合并方以支付现金、转让非现金资产或承担债务方式作为合并对价的，应在合并日按取得被合并方所有者权益在最终控制方合并财务报表中的账面价值的份额作为初始投资成本计量，选项 A 错误。

26.【答案】ABC

【解析】同一控制下企业合并，合并方以发行权益性证券作为合并对价的，应当在合并日按照被合并方所有者权益在最终控制方合并财务报表中的账面价值的份额确认长期股权投资的初始投资成本，选项 D 错误。

27.【答案】ABC

【解析】甲公司购入长期股权投资的初始入账价值 =500×5=2500（万元），能够实施控制，应采用成本法进行核算，选项 AB 正确。

在采用成本法进行后续核算时，乙公司宣告发放现金股利时：

借：应收股利　［200×80%］160

　贷：投资收益　160

选项 C 正确。

在采用成本法进行后续核算时，被投资单位实现净利润时，投资单位不作账务处理，所以不会影响长期股权投资的账面价值，选项 D 错误。

28.【答案】ACD

【解析】选项 B 错误，企业为企业合并发生的审计、法律服务、评估咨询等中介费用以及其他相关管理费用，应当于发生时计入管理费用，不计入长期股权投资。

29.【答案】ACD

【解析】选项 A，属于交易性金融资产，不属于长期股权投资；选项 CD，应采用成本法对长期股权投资进行后续计量。

30.【答案】ABD

【解析】2022 年 1 月 1 日取得乙公司 30% 股权时：

借：长期股权投资——投资成本　1000

　贷：银行存款　1000

初始投资成本 1000 万元小于应享有的被投资方可辨认净资产公允价值份额 1200（4000×30%）万元，差额 200 万元应调整长期股权投资入账价值：

借：长期股权投资——投资成本　200

　贷：营业外收入　200

选项 AB 正确。

2022 年 5 月 10 日乙公司宣告分配现金股利时：

借：应收股利　［200×30%］60

　贷：长期股权投资——损益调整　60

选项 C 错误。

2022 年度乙公司实现净利润时：

借：长期股权投资——损益调整　［400×30%］120

　贷：投资收益　120

该项投资对甲公司 2022 年度当期损益的影响金额 =200（营业外收入）+120（投资收益）=320（万元），选项 D 正确。

31.【答案】ABD

【解析】选项 C 错误，权益法核算的长期股权投资，投资企业根据被投资单位宣告分派的现金股利或利润计算应分得的部分，借记“应收股利”科目，贷记“长期股权投资——损益调整”科目。

三、判断题

1.【答案】×

【解析】员工培训费应计入当期损益。

2.【答案】√

3.【答案】×

【解析】因进行日常修理而停用的固定资产，仍应当计提折旧。

4.【答案】×

【解析】已达到预定可使用状态但尚未办理竣工决算的固定资产，应当按照估计价值确定其成本，并计提折旧；待办理竣工决算后，再按实际成本调整原来的暂估价值，但不需要调整原已计提的折旧额。

5.【答案】×

【解析】与固定资产有关的经济利益的预期消耗方式有重大改变的，应当改变固定资产折旧方法。

6.【答案】×

【解析】固定资产使用寿命、预计净残值和折旧方法的改变应当作为会计估计变更。

7.【答案】√

8.【答案】×

【解析】被替换部件的变价收入冲减营业外支出。

9.【答案】√

10.【答案】√

11.【答案】×

【解析】出售固定资产产生的净损益应计入资产处置损益。

12.【答案】×

【解析】盘盈的固定资产作为前期差错进行处理，应当按重置成本确定其入账价值，借记“固定资产”科目，贷记“以前年度损益调整”科目。经批准后，调整期初留存收益。

13.【答案】√

14.【答案】×

【解析】生产性生物资产采用公允价值计量需要同时满足所述的两个条件。

15.【答案】×

【解析】根据规定，生产性生物资产通常按照成本计量，但有确凿证据表明其公允价值能够持续可靠取得的除外。

16.【答案】√

17.【答案】×

【解析】企业出售无形资产取得的价款扣除该无形资产账面价值以及出售相关税费后的差额作为资产处置损益进行会计处理。

18.【答案】×

【解析】企业开发阶段发生的支出也可能费用化。

19.【答案】√

【解析】使用寿命有限的无形资产，通常其残值视为零，但并非一定为零。

20.【答案】×

【解析】对于使用寿命有限的无形资产应当自可供使用（即其达到预定用途）当月起开始摊销，处置当月不再摊销。

21.【答案】√

22.【答案】×

【解析】自用房地产或存货转换为采用公允价值模式计量的投资性房地产，该项投资性房地产应当按照转换日的公允价值计量。

23.【答案】√

24.【答案】√

25.【答案】×

【解析】小企业会计准则规定小企业对债权投资进行后续计量采用直线法，一般企业对债权投资后续计量采用实际利率法。

26.【答案】×

【解析】小企业以支付现金取得的长期股权投资，应当按照购买价款和相关税费作为长期股权投资成本进行计量，实际支付价款中包含的已宣告但尚未发放的现金股利，作为应收股利核算。

27.【答案】√

28.【答案】√

29.【答案】×

【解析】采用成本法核算的长期股权投资，处置时应当将其账面价值与实际收到价款的差额计入投资收益。

四、不定项选择题

（一）

1.【答案】CD

【解析】选项 A 错误，固定资产在更新改造期间不计提折旧；选项 B 错误，选项 C 正确，更新改造后的入账价值 =150−50+145−40=205（万元）；选项 D 正确，固定资产当月增加当月不计提折旧，下月开始计提折旧，当月减少当月照提折旧，该生产线应从 2020 年 12 月开始计提折旧。

2.【答案】ABC

【解析】选项 A 正确，出租厂房取得租金收入应计入其他业务收入；选项 B 正确，采用成本模式计量的投资性房地产，可以转换为公允价值模式计量，相反，采用公允价值模式计量的投资性房地产，不可以转换为成本模式计量；选项 C 正确，月折旧额 =240 ÷ 10 ÷ 12=2（万元），出租期间折旧额应计入其他业务成本；选项 D 错误，租赁期内应分期确认收入。

3.【答案】ACD

【解析】选项 A 正确，选项 B 错误，建造车库领用工程物资的入账成本 =100+5=105（万元）；选项 CD 正确，领用自产产品和外购原材料均按成本入账。

4.【答案】BD

【解析】选项 A 错误，甲企业建造车库的入账成本 =100+5+30+20+10=165（万元）；选项 B 正确，预计可使用 5 年，双倍余额递减法计提折旧，前 3 年均不考虑预计净残值，只有最后两年考虑预计净残值；选项 C 错误，该车库 9 月 30 日达到预定可使用状态，从 10 月份开始计提折旧，2021 年应计提的折旧额 =（165 × 2/5）÷ 12 × 3=16.5（万元）；选项 D 正确，年折旧率 =2/5 × 100%=40%。

5.【答案】ABD

【解析】2022 年车库应计提折旧额 =（165 × 2/5）÷ 12 × 9+（165−165 × 2/5）× 2/5 ÷ 12 × 3=59.4（万元）。

相关账务处理为：

借：固定资产清理　　89.1
　　累计折旧　　[16.5+59.4] 75.9
　贷：固定资产　　165

借：银行存款　　200
　贷：固定资产清理　　200

借：固定资产清理　　[200−89.1] 110.9
　贷：资产处置损益　　110.9

（二）

1.【答案】A

【解析】选项 B 错误，领用的本企业原材料应予以费用化；选项 CD 错误，研究阶段共转入“管理费用”科目的金额 =74+26=100（万元）。

2.【答案】B

【解析】甲企业自行研发无形资产在研究阶段发生的支出不符合资本化条件，计入研发支出——费用化支出，期末转入当期损益（管理费用）；开发阶段符合资本化条件的支出计入研发支出——资本化支出，最终转入无形资产。所以甲企业自行研究开发无形资产的入账价值 =35+85=120（万元）。

3.【答案】BCD

【解析】选项 A 错误，选项 B 正确，对于使用寿命有限的无形资产应当自可供使用的当月起开始摊销，处置当月不再摊销；选项 C 正确，该无形资产出租前供行政管理使用，所以出租前其摊销金额应计入管理费用；选项 D 正确，月摊销金额 =120 ÷ 5 ÷ 12=2（万元）。

4.【答案】AC

【解析】出租无形资产的摊销金额计入其他业务成本，租金收入计入其他业务收入。

5.【答案】A

【解析】出售非专利技术计入资产处置损益的金额，即为对“营业利润”项目的影响金额 = 52-（120-2 × 25）=-18（万元）。

【点题】上述公式中“25”为该非专利技术 2020 年 11 月 -2022 年 11 月（共 25 个月）的摊销月份数。无形资产出售，当月不再摊销，故 2022 年 12 月并不需要摊销该无形资产。

会计分录如下：

借：银行存款　　52
　　累计摊销　　50
　　资产处置损益　　18
　贷：无形资产　　120

（三）

1.【答案】BC

【解析】甲公司购入乙公司 100% 的股份并能实施控制，应当采用成本法核算，选项 A 错误，选项 C 正确。非同一控制下，以支付现金、非现金资产等其他方式取得的长期股权投资，应按现金、非现金资产的公允价值确定初始投资成本，甲公司应确认长期股权投资 1000 万元，选项 B 正确，选项 D 错误。

2.【答案】B

【解析】甲公司取得丙公司长期股权投资的初始投资成本为 600 万元，相关分录为：

借：长期股权投资——投资成本　　600
　贷：银行存款　　600

由于长期股权投资的初始投资成本（600 万元）小于投资时应享有被投资单位可辨认净资产公允价值份额 750（2500 × 30%）万元，应调整入账价值，相关分录为：

借：长期股权投资——投资成本　　150
　贷：营业外收入　　150

因此，甲公司取得丙公司长期股权投资的入账价值 =600+150=750（万元）。

3.【答案】AD

【解析】成本法核算的长期股权投资，被投资单位实现净利润，投资单位不作账务处理，选项 B 错误，选项 D 正确；被投资单位宣告分派现金股利，投资单位应确认投资收益，选项 A 正确，选项 C 错误。

4.【答案】ABCD

【解析】相关账务处理为：

（1）丙公司实现净利润：

借：长期股权投资——丙公司——损益调整　　［200 × 30%］60

　贷：投资收益　　60

（2）丙公司宣告分派现金股利：

借：应收股利　　15

　贷：长期股权投资——丙公司——损益调整　　15

5.【答案】A

【解析】甲公司将其持有的乙公司股份全部出售，账务处理为：

借：银行存款　　1100

　贷：长期股权投资　　1000

　　　投资收益　　100

（四）

1.【答案】AC

【解析】甲公司取得长期股权投资的初始投资成本 =200 × 9=1800（万元），另支付的股票发行费用冲减资本公积——股本溢价，取得当日应享有乙公司可辨认净资产公允价值的份额 =8000 × 25%=2000（万元），大于初始投资成本，确认营业外收入的金额 =2000-1800=200（万元）。甲公司取得长期股权投资时会计处理如下：

借：长期股权投资——投资成本　　1800

　贷：股本　　200

　　　资本公积——股本溢价　　1600

借：资本公积——股本溢价　　30

　贷：银行存款　　30

借：长期股权投资——投资成本　　200

　贷：营业外收入　　200

2.【答案】ABD

【解析】权益法核算的长期股权投资，被投资方宣告发放现金股利时，被投资方的所有者权益减少，投资方应相应调减长期股权投资的账面价值，贷记“长期股权投资——损益调整”科目，不确认投资收益，选项 C 错误。

3.【答案】CD

【解析】被投资单位乙公司其他综合收益减少，甲公司的会计处理如下：

借：其他综合收益　　5

　贷：长期股权投资——其他综合收益　　［20 × 25%］5

4.【答案】C

【解析】2022 年 3 月 31 日甲公司长期股权投资的账面价值 =1800（资料 1）+200（资料 1）+100（资料 2）-40（资料 3）-5（资料 4）=2055（万元）。

5.【答案】BD

【解析】甲公司出售长期股权投资的相关会计处理为：

借：银行存款 2200

　　长期股权投资——其他综合收益 5

　贷：长期股权投资——投资成本 2000

　　　　　　　　　——损益调整 60

　　　投资收益 145

借：投资收益 5

　贷：其他综合收益 5

第五章　负　债

同步强化练习题

使用“会计云课堂”App 扫码做题、对答案、看解析、掌握解题思路，开启轻松过关之旅。

一、单项选择题

1. 2022 年 7 月 1 日，某企业向银行借入一笔生产用周转资金 1200000 元，期限为 6 个月，年利率为 6%，到期一次归还本金，利息按季支付、分月预提。下列各项中，关于 2022 年 9 月 20 日该企业支付借款利息时相关科目的会计处理结果正确的是（　　）。

   A. 借记“财务费用”科目 4000 元　　B. 贷记“应付利息”科目 18000 元

   C. 借记“财务费用”科目 6000 元　　D. 贷记“银行存款”科目 18000 元

2. 下列各项中，企业无力支付到期银行承兑汇票票款时，应将该票据的票面金额从“应付票据”科目的账面余额转入的会计科目是（　　）。

   A. 其他应付款　　B. 营业外收入　　C. 应付账款　　D. 短期借款

3. 下列各项中，企业以银行存款支付银行承兑汇票手续费应借记的会计科目是（　　）。

   A. 财务费用　　B. 管理费用　　C. 研发费用　　D. 在建工程

4. 下列各项中，企业对于到期无力支付票款的商业承兑汇票，转销时应贷记的会计科目是（　　）。

   A. 短期借款　　B. 其他应付款　　C. 预收账款　　D. 应付账款

5. 下列各项中，企业转销无法支付的应付账款应贷记的会计科目是（　　）。

   A. 其他业务收入　　B. 盈余公积　　C. 营业外收入　　D. 资本公积

6. 企业预收款项业务不多的情况下可以不设置“预收账款”科目，而是将预收的款项通过（　　）核算。

   A. 应付账款的贷方　　B. 应收账款的贷方

   C. 预付账款的贷方　　D. 其他应付款的贷方

7. 下列各项中，应计入应付股利的是（　　）。

   A. 董事会通过的利润分配方案中拟分配的现金股利

   B. 实际发放的股票股利

   C. 股东大会宣告分配但尚未支付的现金股利

   D. 宣告分配的股票股利

8. 下列各项中，应通过“其他应付款”科目核算的是（ ）。

A. 收到租出包装物的押金
B. 确认应付的职工福利费
C. 应付采购材料的价款
D. 确认应交的教育费附加

9. 某企业2022年1月1日以短期租赁方式租入管理用办公设备一批，月租金为2000元，每季度末一次性支付本季度租金。不考虑其他因素，该企业1月31日计提租入设备租金时相关会计科目处理正确的是（ ）。

A. 贷记“应付账款”科目2000元
B. 贷记“预收账款”科目2000元
C. 贷记“预付账款”科目2000元
D. 贷记“其他应付款”科目2000元

10. 下列各项中，不属于职工薪酬的是（ ）。

A. 职工出差报销的火车票
B. 职工福利费
C. 医疗保险费
D. 职工工资

11. 下列各项中，不属于企业职工薪酬组成内容的是（ ）。

A. 根据设定提存计划计提应向单独主体缴存的提存金
B. 为鼓励职工自愿接受裁减而给予职工的补偿
C. 按国家规定标准提取的职工教育经费
D. 为职工代扣代交的个人所得税

12. 下列各项中，企业按税法规定代扣个人所得税，应借记的会计科目是（ ）。

A. 财务费用
B. 应付职工薪酬
C. 税金及附加
D. 管理费用

13. 下列关于企业从应付职工薪酬中扣还代垫的职工家属医药费的说法中，正确的是（ ）。

A. 该业务会导致企业应付职工薪酬增加
B. 该业务会导致企业银行存款增加
C. 该业务会导致企业其他应收款减少
D. 该业务会导致企业银行存款减少

14. 某企业将自产的一批产品作为非货币性福利发给车间的生产工人，该批产品不含税售价为50000元，适用的增值税税率为13%，成本为35000元，下列各项中，发放该项非货币性福利确认应付职工薪酬的金额为（ ）元。

A. 41500
B. 35000
C. 56500
D. 50000

15. 下列有关离职后福利的说法中，不正确的是（ ）。

A. 离职后福利是指企业在职工提供相关服务的年度报告期间结束后十二个月内需要全部予以支付的职工薪酬
B. 离职后福利包括设定提存计划和设定受益计划
C. 设定提存计划是指向独立的基金缴存固定费用后，企业不再承担进一步支付义务的离职后福利计划
D. 设定受益计划是指除设定提存计划以外的离职后福利计划

16. 下列各项中，不通过“应交税费”科目核算的是（　　）。

A. 购买小汽车发生的车辆购置税　　B. 销售应税消费品应交的消费税

C. 计算确认的城市维护建设税　　D. 应缴纳的企业所得税

17. 下列各项中，销售商品时不符合收入确认条件，但已开具了增值税专用发票，应贷记的科目是（　　）。

A. 应交税费——应交增值税（销项税额）

B. 应交税费——待抵扣进项税额

C. 应交税费——应交增值税（进项税额转出）

D. 应交税费——待转销项税额

18. 某企业为增值税一般纳税人，因台风造成原材料毁损一批，该批原材料取得时的成本为20万元，负担的增值税为2.6万元，该批原材料的计税价格为22万元。取得保险公司的赔款为6万元。则关于此项业务下列表述正确的是（　　）。

A. 应确认应交税费——应交增值税（销项税额）2.86万元

B. 应计入待处理财产损溢22.86万元

C. 应计入营业外支出14万元

D. 应确认应交税费——应交增值税（进项税额转出）2.6万元

19. 甲企业为增值税一般纳税人，本月发生进项税额2000万元，销项税额5000万元，进项税额转出50万元，同时月末以银行存款缴纳增值税1000万元，则本月尚未缴纳的增值税为（　　）万元。

A. 3200　　B. 3450　　C. 3600　　D. 2050

20. 企业缴纳上月应交未交的增值税时，应借记的会计科目是（　　）。

A. 应交税费——应交增值税（转出未交增值税）

B. 应交税费——未交增值税

C. 应交税费——应交增值税（转出多交增值税）

D. 应交税费——应交增值税（已交税金）

21. 下列关于消费税核算的表述中，错误的是（　　）。

A. 企业销售应税消费品应交的消费税应通过“税金及附加”科目核算

B. 企业在建办公大楼领用生产的应税消费品时，应当将消费税的金额计入在建工程成本中

C. 进口环节交纳的消费税需要计入进口货物的成本中

D. 委托加工物资收回后直接出售，受托方代收代缴的消费税应记入“应交税费——应交消费税”科目

22. A公司为增值税一般纳税人，委托M公司加工应交消费税的B材料一批（非金银首饰），发出材料价款20000元，支付加工费10000元，取得增值税专用发票上注明增值税税额为1300元，由受托方代收代缴的消费税为1000元，材料已加工完成。A公司收回B材料用于连续生产应税消费品，则B材料收回时的成本为（　　）元。

A. 31000　　B. 30000　　C. 31300　　D. 32300

23. 某企业将自产资源税应税产品用于其产品生产，应交资源税应借记（ ）科目。

A. 管理费用
B. 营业外支出
C. 税金及附加
D. 生产成本

24. 下列各项中，房地产开发经营企业确认当期因销售房地产应交纳的土地增值税，应借记的会计科目是（ ）。

A. 营业外支出
B. 税金及附加
C. 管理费用
D. 销售费用

25. 2022 年 5 月 1 日，甲公司采用分期付款方式购入一台大型设备，当月投入使用。合同约定的价款为 5000 万元，分 5 年等额支付；该项业务中分期支付的购买价款的现值之和为 4725 万元。假定不考虑其他因素，则甲公司该设备的入账价值为（ ）万元。

A. 1000
B. 5000
C. 4725
D. 5725

二、多项选择题

1. 下列关于短期借款的表述中，正确的有（ ）。

A. 短期借款利息如果是借款到期时连同本金一起归还的，并且数额不大，可以不采用预提方式
B. 企业生产经营期间取得短期借款所支付的利息费用计入财务费用
C. 月末计提短期借款利息时贷记“应付利息”科目
D. 短期借款是企业向银行或其他金融机构等借入的期限在 1 年以下（含 1 年）的各种款项

2. 关于应付账款的核算，下列各项表述中正确的有（ ）。

A. 应付账款的入账价值包含商品价款和应付销货方代垫的运杂费、包装费，不包括应支付的增值税税额
B. 销货方代购货方垫付的运杂费应计入购货方的应付账款入账金额
C. 企业确实无法支付的应付账款应计入营业外收入
D. 企业采购存货如果月末发票账单尚未到达应暂估应付账款入账

3. 下列关于应付股利的说法中，正确的有（ ）。

A. 根据股东大会或类似机构审议批准的利润分配方案确定分配给投资者的现金股利或利润，应确认为应付股利
B. “应付股利”科目贷方登记应支付的现金股利或利润
C. 董事会或类似机构通过的利润分配方案中拟分配给投资者的现金股利或利润，应确认为应付股利
D. “应付股利”科目借方登记实际支付的现金股利或利润

4. 下列各项中，企业应通过“其他应付款”科目核算的有（ ）。

A. 应付采购材料的运费
B. 应付债券利息
C. 应付存入保证金
D. 应付租入包装物租金

5. 下列各项中，不应通过“其他应付款”科目核算的有（　　）。

A. 租入包装物支付的押金　　B. 应缴纳的教育费附加

C. 为职工垫付的水电费　　D. 外单位存入的保证金

6. 下列各项中，属于短期薪酬的有（　　）。

A. 提前解除劳动合同给予职工的补偿　　B. 按规定计提的基本养老保险费

C. 按规定计提的住房公积金　　D. 向职工发放的生活困难补助

7. 下列职工薪酬中，应当根据职工提供服务的受益对象计入相关资产成本或当期损益的有（　　）。

A. 职工福利费

B. 因解除与职工的劳动关系给予的补偿

C. 工会经费和职工教育经费

D. 社会保险费

8. 下列各项中，应作为职工薪酬计入相关资产成本的有（　　）。

A. 设备采购人员差旅费　　B. 公司总部管理人员的工资

C. 生产职工的伙食补贴　　D. 材料入库前挑选整理人员工资

9. 下列各项中，企业应记入“应付职工薪酬”科目借方的有（　　）。

A. 支付职工的培训费

B. 发放职工工资

C. 确认因解除与职工劳动关系应给予的补偿

D. 缴存职工基本养老保险费

10. 甲公司为增值税一般纳税人，适用的增值税税率为13%。甲公司以其生产的电风扇作为福利发放给100名生产车间管理人员，每人一台，每台电风扇不含税售价为350元，成本为280元。不考虑其他因素，下列各项中，甲公司关于非货币性福利的会计处理结果错误的有（　　）。

A. 确认管理费用39550元　　B. 确认应付职工薪酬39550元

C. 确认主营业务收入39550元　　D. 确认增值税销项税额3640元

11. 甲企业为高级管理人员提供企业自有公寓免费使用，应编制的会计分录有（　　）。

A. 借记“累计折旧”科目，贷记“固定资产”科目

B. 借记“管理费用”科目，贷记“固定资产”科目

C. 借记“管理费用”科目，贷记“应付职工薪酬——非货币性福利”科目

D. 借记“应付职工薪酬——非货币性福利”科目，贷记“累计折旧”科目

12. 下列各项中，应通过“应交税费”科目核算的有（　　）。

A. 自产应税消费品用于在建工程应交纳的消费税

B. 应交的城市维护建设税

C. 交纳的车船税

D. 代扣代交的个人所得税

13. 下列各项税金中，应计入有关资产成本的有（ ）。
A. 进口关税
B. 一般纳税人购入生产用设备支付的增值税（取得增值税专用发票）
C. 小规模纳税人购入商品支付的增值税
D. 小规模纳税人购入生产设备支付的增值税

14. 某企业为增值税一般纳税人，下列各项中，能作为其当期进项税额进行抵扣的有（ ）。
A. 从销售方取得的增值税专用发票上注明的增值税税额
B. 从海关取得的海关进口增值税专用缴款书上注明的增值税税额
C. 购进农产品准予抵扣的增值税税额
D. 外购生产用设备取得的增值税专用发票上注明的增值税税额

15. 一般纳税人发生的下列各项业务中，属于视同销售行为，要计算增值税销项税额的有（ ）。
A. 将自产的产品用于建造办公楼
B. 将自产的产品分配给股东
C. 将外购的材料用于建造厂房
D. 将自产的产品用于集体福利

16. 某增值税一般纳税人当月销项税额合计 100 万元，进项税额 80 万元，进项税额转出 5 万元，预交增值税 10 万元，则月末的账务处理正确的有（ ）。

A. 借：应交税费——应交增值税（已交税金） 15
　　贷：应交税费——应交增值税（转出未交增值税） 15

B. 借：应交税费——应交增值税（转出多交增值税） 10
　　贷：应交税费——未交增值税 10

C. 借：应交税费——应交增值税（转出未交增值税） 25
　　贷：应交税费——未交增值税 25

D. 借：应交税费——未交增值税 10
　　贷：应交税费——预交增值税 10

17. 下列有关小规模纳税人的说法中，正确的有（ ）。
A. 小规模纳税人在购进货物、应税服务或应税行为时，取得的增值税专用发票上注明的增值税，一律不予抵扣
B. “应交税费——应交增值税”科目期末借方余额，反映小规模纳税人尚未交纳的增值税
C. 在进行账务处理时，只需在“应交税费”科目下设置“应交增值税”明细科目，该明细科目不再设置增值税专栏
D. 一般来说，小规模纳税人采用销售额和应纳税额合并定价的方法向客户结算款项的，应进行价税分离，确定不含税的销售额

18. 某公司为增值税一般纳税人，初次购买数台增值税税控系统专用设备作为固定资产核算，取得增值税专用发票上注明的价款为 30000 元，增值税税额为 3900 元，价款和税款以银

行存款支付。使用过程中发生专用设备技术维护费5000元，以银行存款支付。该公司下列账务处理中正确的有（ ）。

A. 购入时：

借：固定资产 33900

贷：银行存款 33900

B. 初次购买按规定抵减税款时：

借：应交税费——应交增值税（减免税款） 33900

贷：管理费用 33900

C. 发生维护费按规定抵减税款时：

借：应交税费——应交增值税（减免税款） 5000

贷：主营业务成本 5000

D. 发生专用设备技术维护费时：

借：管理费用 5000

贷：银行存款 5000

19. 某企业本期实际交纳增值税1100000元，城镇土地使用税200000元，消费税500000元，土地增值税350000元，城市维护建设税税率为7%。下列关于城市维护建设税的处理中，正确的有（ ）。

A. 借记“税金及附加”科目112000元

B. 贷记“应交税费——应交城市维护建设税”科目112000元

C. 借记“管理费用”科目150500元

D. 贷记“应交税费——应交城市维护建设税”科目150500元

20. 下列关于长期借款的利息的说法中，正确的有（ ）。

A. 购建固定资产过程中发生的、未达到预定可使用状态前符合借款费用资本化条件的利息应记入“在建工程”科目

B. 筹建期间发生的不符合借款费用资本化条件的利息应记入“管理费用”科目

C. 对于一次还本付息的长期借款，计提的利息应贷记“长期借款——应计利息”科目

D. 生产经营用借款的利息应记入“财务费用”科目

21. 甲公司于2019年4月1日按面值发行三年期、到期时一次还本付息、票面年利率为6%（不计复利）、面值总额为1000万元的债券，并于当日收到款项1000万元。假定票面年利率等于实际利率，企业年末计提债券利息。发行债券所筹资金于当日用于建造固定资产。下列相关账务处理正确的有（ ）。

A. 2019年4月1日发行时：

借：银行存款 1000

贷：应付债券——面值 1000

B. 2019年12月31日工程尚未完工，计提本年长期债券利息时：

借：在建工程 45

贷：应付债券——应计利息 45

C. 2019 年 12 月 31 日工程尚未完工，计提本年长期债券利息时：

借：在建工程　45

　贷：应付利息　45

D. 2022 年 4 月 1 日，甲公司以银行存款偿还债券本金和利息时：

借：应付债券——面值　1000

　　　　　——应计利息　180

　贷：银行存款　1180

三、判断题

1. 短期借款利息在预提或实际支付时均应通过“短期借款”科目核算。（　）

2. 企业向供货单位采购原材料支付货款开出的银行承兑汇票，应通过“应付账款”科目核算。（　）

3. 经股东大会批准，企业对外宣告分配现金股利时，应借记“利润分配”科目，贷记“应付股利”科目；但是对外宣告发放股票股利时，则不进行账务处理。（　）

4. 其他应付款的核算范围包括应付短期租赁固定资产的租金、租入包装物的租金等，但是不包括存入保证金。（　）

5. 因解除与职工的劳动关系给予的补偿，属于企业短期薪酬的核算范围。（　）

6. 车间管理人员的社会保险费应计入当期管理费用。（　）

7. 对于短期带薪缺勤，不管是累积带薪缺勤还是非累积带薪缺勤，均应确认因累积未行使权利而增加的预期支付的金额。（　）

8. 累积带薪缺勤是指带薪权利不能结转下期的带薪缺勤，本期尚未用完的带薪缺勤权利将予以取消，并且职工离开企业时也无权获得现金支付。（　）

9. 某企业职工张某经批准休探亲假 5 天，根据企业规定确认为非累积带薪缺勤，该企业应当在其休假期间确认与非累积带薪缺勤相关的职工薪酬。（　）

10. 企业将自产的产品作为福利发放给本单位职工，应当根据产品的实际成本加上增值税销项税额作为应付职工薪酬核算。（　）

11. 应付职工薪酬中对于满足负债确认条件的辞退福利，应按照受益部门，计入相关费用或资产成本。（　）

12. 对于设定提存计划，企业应当根据在资产负债表日为换取职工在会计期间提供的服务而应向单独主体缴存的提存金，确认为应付职工薪酬，并计入当期损益或相关资产成本。（　）

13. 企业将自产的应税矿产品对外销售，按规定应交纳的资源税计入相关资产成本。（　）

14. 企业依据税法规定计算应交的车船税记入“税金及附加”科目的借方。（　）

15. 企业购入资产超过正常信用条件延期付款，应按购买价款的现值之和，借记“固定资产”“在建工程”等科目，按应支付的价款总额，贷记“长期应付款”科目，按其差额，借记“财务费用”科目。（ ）

16. 债券溢价或折价不是债券发行企业的收益或损失，而是发行债券企业在债券存续期内对利息费用的一种调整。（ ）

四、不定项选择题

（一）

ABC公司为增值税一般纳税人，适用的增值税税率为13%，2022年11月30日应付职工薪酬科目的贷方余额为523.55万元（均为工资）。12月发生如下与职工薪酬有关的经济业务：

（1）5日，支付上月工资，代扣个人所得税35.25万元，代扣职工个人负担的社会保险费78.5万元，剩余款项以银行转账方式支付。

（2）15日，与生产车间5名生产工人解除劳动关系，以银行转账方式支付经济补偿金50万元。

（3）20日，将自产的一批产品发放给本单位销售部门的优秀员工。该批产品成本为120万元，已计提存货跌价准备50万元，市场不含税售价为80万元。

（4）25日，管理部门员工预借差旅费2万元，以现金支付。

（5）31日，计提当月工资薪金525万元，其中生产车间生产工人工资236万元，车间管理人员工资35万元，行政管理部门人员工资129.5万元，专设销售机构人员工资103万元，工程建设人员工资21.5万元。

（6）31日，确认累积带薪缺勤合计25万元，其中行政管理部门人员22万元，专设销售机构人员3万元。

要求：根据上述资料，不考虑其他因素，分析回答下列小题。（答案中的金额单位用万元表示）

1. 根据资料（1），下列会计处理正确的是（ ）。

A. 借：应付职工薪酬 35.25
　　贷：其他应付款 35.25

B. 借：应付职工薪酬 78.5
　　贷：其他应付款 78.5

C. 借：应付职工薪酬 523.55
　　贷：银行存款 523.55

D. 借：应付职工薪酬 409.8
　　贷：银行存款 409.8

2. 根据资料（2），支付经济补偿金应计入的会计科目是（ ）。

A. 生产成本　　B. 制造费用

C. 管理费用　　D. 营业外支出

3. 根据资料（3），下列说法中正确的是（ ）。

A. 应确认主营业务收入80万元

B. 应结转主营业务成本 120 万元

C. 应确认销售费用 90.4 万元

D. 此项业务会影响当月损益的金额为 -80.4 万元

4. 根据资料（4）和（5），下列说法中正确的是（　　）。

A. 管理部门员工预借差旅费应计入其他应付款 2 万元

B. 预借差旅费应确认应付职工薪酬 2 万元

C. 计提工资计入当期损益的金额为 525 万元

D. 计提工资应确认应付职工薪酬 525 万元

5. 根据期初资料、资料（1）至（6），12 月 31 日"应付职工薪酬"科目的贷方余额为（　　）万元。

A. 550　　B. 525　　C. 643.6　　D. 1219.5

（二）

甲企业为增值税一般纳税人，销售产品适用的增值税税率为 13%，"应交税费"科目期初余额为零。采用实际成本进行存货日常核算。2022 年 12 月该企业发生与存货相关的经济业务如下：

（1）6 日，从乙企业采购一批原材料，取得增值税专用发票注明的价款为 100 万元，增值税税额为 13 万元，原材料验收入库。甲企业开具一张面值为 113 万元的银行承兑汇票，同时用银行存款支付承兑手续费 0.0533 万元，取得的增值税专用发票注明的增值税税额为 0.0032 万元。

（2）10 日，甲企业向丙企业销售一批不需用的原材料，开具的增值税专用发票注明的价款为 500 万元，增值税税额为 65 万元，收到一张面值为 565 万元、期限为 2 个月的商业承兑汇票。该批原材料的实际成本为 400 万元。

（3）27 日，领用一批自产产品作为福利发给 300 名职工，其中专设销售机构人员 100 名，总部管理人员 200 名。该批产品不含增值税的售价为 30 万元，实际成本为 21 万元。

要求：根据上述资料，不考虑其他因素，分析回答下列小题。（答案中的金额单位用万元表示）

1. 根据资料（1），下列各项中，甲企业采购原材料会计处理正确的是（　　）。

A. 借：财务费用　0.0533
　　应交税费——应交增值税（进项税额）　0.0032
　贷：银行存款　0.0565

B. 借：材料采购　100
　　应交税费——应交增值税（进项税额）　13
　贷：其他货币资金　113

C. 借：原材料　100
　　应交税费——应交增值税（进项税额）　13
　贷：应付票据　113

D. 借：原材料　113
　贷：应付票据　113

2. 根据资料（2），下列各项中，甲企业销售原材料会计处理表述正确的是（　　）。

A. 贷记“其他业务收入”科目 500 万元

B. 贷记“应交税费——应交增值税（销项税额）”科目 65 万元

C. 借记“其他业务成本”科目 400 万元

D. 借记“其他货币资金”科目 565 万元

3. 根据资料（3），下列各项中，甲企业发放福利会计处理表述正确的是（　　）。

A. 贷记“应交税费——应交增值税（销项税额）”科目 3.9 万元

B. 贷记“主营业务收入”科目 30 万元

C. 借记“管理费用”科目 22.6 万元

D. 借记“销售费用”科目 7 万元

4. 根据期初资料、资料（1）至（3），甲企业 12 月应交纳增值税的金额是（　　）万元。

A. 68.9　　B. 65　　C. 55.8968　　D. 55.9

5. 根据资料（1）至（3），上述业务导致甲企业 12 月 31 日资产负债表“存货”项目变动金额是（　　）万元。

A. 321　　B. 300　　C. 400　　D. 421

答 案 速 查

一、单项选择题

题号	答案	题号	答案	题号	答案	题号	答案	题号	答案	题号	答案
1	A	2	D	3	A	4	D	5	C	6	B
7	C	8	A	9	D	10	A	11	D	12	B
13	C	14	C	15	A	16	A	17	A	18	C
19	D	20	B	21	D	22	B	23	D	24	B
25	C										

二、多项选择题

题号	答案	题号	答案	题号	答案	题号	答案	题号	答案	题号	答案
1	ABCD	2	BCD	3	ABD	4	CD	5	ABC	6	CD
7	ACD	8	CD	9	ABD	10	ACD	11	CD	12	ABCD
13	ACD	14	ABCD	15	BD	16	CD	17	ACD	18	ABD
19	AB	20	ABCD	21	ABD						

三、判断题

1	×	2	×	3	√	4	×	5	×	6	×
7	×	8	×	9	√	10	×	11	×	12	√
13	×	14	√	15	×	16	√				

四、不定项选择题

	1		2		3		4		5	
(一) ▶	1	BD	2	C	3	ACD	4	D	5	A
(二) ▶	1	AC	2	ABC	3	ABC	4	C	5	A

参考答案及解析

一、单项选择题

1.【答案】A

【解析】相关会计分录为：

7、8月份计提利息时：

借：财务费用　［1200000×6%÷12］6000

　贷：应付利息　6000

9月20日支付利息时：

借：应付利息　12000

　　财务费用　［1200000×6%÷12÷30×20］4000

　贷：银行存款　16000

2.【答案】D

【解析】企业无力支付到期银行承兑汇票票款时：

借：应付票据

　贷：短期借款

3.【答案】A

【解析】企业因开出银行承兑汇票而支付给银行的承兑汇票手续费，应当计入当期财务费用，选项A正确。

4.【答案】D

【解析】应付商业承兑汇票到期，如企业无力支付票款，由于商业汇票已经失效，企业应将应付票据按账面余额转作应付账款，借记“应付票据”科目，贷记“应付账款”科目，选项D正确。

5.【答案】C

【解析】企业对于确实无法支付的应付账款应予以转销，按其账面余额计入营业外收入，借记“应付账款”科目，贷记“营业外收入”科目。

6.【答案】B

【解析】预收款项业务不多的企业可以不单独设置“预收账款”科目，其所发生的预收款项通过“应收账款”科目的贷方核算。

7.【答案】C

【解析】选项 A，企业董事会或类似机构通过的利润分配方案中拟分配的现金股利或利润，不需要进行账务处理，但应在附注中披露；选项 B，企业实际发放的股票股利通过“股本”科目核算；选项 D，宣告分配股票股利不需要进行账务处理。

【点题】通过应付股利核算 vs 不通过应付股利核算

通过应付股利核算	不通过应付股利核算
（1）股东大会或类似机构宣告发放现金股利或利润： 借：利润分配——应付现金股利或利润 　贷：应付股利 （2）实际支付时： 借：应付股利 　贷：银行存款等	（1）企业董事会或类似机构通过的利润分配方案中拟分配的现金股利或利润，不需要进行账务处理，但应在附注中披露 （2）宣告发放股票股利不作账务处理，实际发放时： 借：利润分配——转作股本的股利 　贷：股本

8.【答案】A

【解析】选项 B，通过“应付职工薪酬”科目核算；选项 C，通过“应付账款”科目核算；选项 D，通过“应交税费”科目核算。

9.【答案】D

【解析】计提租入设备租金分录如下：

借：管理费用　　2000

　贷：其他应付款　　2000

10.【答案】A

【解析】职工出差报销的火车票不是企业为获得职工提供的服务而给予的报酬，职工报销出差火车票时，借记“管理费用”等科目，贷记“其他应收款”等科目。

11.【答案】D

【解析】职工薪酬主要包括以下内容：

（1）短期职工薪酬，具体包括：①职工工资、奖金、津贴和补贴；②职工福利费；③医疗保险费、工伤保险费等社会保险费；④住房公积金；⑤工会经费和职工教育经费（选项 C）；⑥短期带薪缺勤；⑦短期利润分享计划；⑧其他短期薪酬。

（2）长期职工薪酬，具体包括：①离职后福利，分为设定提存计划和设定受益计划（选项 A）；②辞退福利（选项 B）；③其他长期职工福利，包括长期带薪缺勤、长期残疾福利、长期利润分享计划等。

选项 D，为职工代扣代交的个人所得税不属于职工薪酬。

12.【答案】B

【解析】代扣个人所得税时：

借：应付职工薪酬

  贷：应交税费——应交个人所得税

13.【答案】C

【解析】企业从应付职工薪酬中扣还代垫的职工家属医药费的账务处理如下：

借：应付职工薪酬

  贷：其他应收款——代垫医药费

从分录中可以看出该业务会导致企业的应付职工薪酬减少，其他应收款减少，选项 C 正确。

14.【答案】C

【解析】确认应付职工薪酬的金额 =50000×（1+13%）=56500（元）。

计提时：

借：生产成本	56500	
贷：应付职工薪酬——非货币性福利		56500

实际发放时：

借：应付职工薪酬——非货币性福利	56500	
贷：主营业务收入		50000
应交税费——应交增值税（销项税额）		6500
借：主营业务成本	35000	
贷：库存商品		35000

15.【答案】A

【解析】短期薪酬是指企业在职工提供相关服务的年度报告期间结束后十二个月内需要全部予以支付的职工薪酬，因解除与职工的劳动关系给予的补偿除外。离职后福利是指企业为获得职工提供的服务而在职工退休或与企业解除劳动关系后，提供的各种形式的报酬和福利，短期薪酬和辞退福利除外，选项 A 错误。

16.【答案】A

【解析】车辆购置税不需要预计应交数，不通过“应交税费”科目核算，相关账务处理为：

借：固定资产

  贷：银行存款

17.【答案】A

【解析】销售商品时开具了增值税专用发票，已发生增值税纳税义务，应确认应交增值税的销项税额。

18.【答案】C

【解析】因自然灾害导致的原材料毁损，增值税进项税额不需要转出。该企业应当编制的会计分录为：

借：待处理财产损溢　20
　贷：原材料　20
借：其他应收款　6
　　营业外支出　14
　贷：待处理财产损溢　20

19.【答案】D

【解析】本月尚未缴纳的增值税 =5000+50-2000-1000=2050（万元）。

20.【答案】B

【解析】企业交纳上月未交的增值税，借记“应交税费——未交增值税”科目，贷记“银行存款”科目。

21.【答案】D

【解析】选项 D 错误，委托加工物资收回后直接出售，受托方代收代缴的消费税应记入“委托加工物资”科目。

22.【答案】B

【解析】委托加工物资收回后用于连续生产应税消费品的，应按已由受托方代收代缴的消费税金额，借记“应交税费——应交消费税”科目，不计入委托加工物资成本，所以 B 材料收回时的成本 =20000+10000=30000（元）。

23.【答案】D

【解析】自产自用应税产品应交纳的资源税应借记“生产成本”“制造费用”等科目，贷记“应交税费——应交资源税”科目。

24.【答案】B

【解析】会计分录为：

借：税金及附加
　贷：应交税费——应交土地增值税

25.【答案】C

【解析】企业购买资产，如果延期支付的购买价款超过正常信用条件，实质上具有融资性质的，所购资产的成本不能以各期付款额之和直接确定，应当以延期支付购买价款的现值之和（4725 万元）为基础确定。

二、多项选择题

1.【答案】ABCD

2.【答案】BCD

【解析】应付账款的入账价值包括购买材料、商品或接受服务等应支付的价款，应支付的增值税税额，应付销货方代垫的运杂费、包装费等，选项 A 错误。

【点题】增值税实际是由消费者承担，所以在购买商品过程中发生的增值税也是包含在应付账款中的。

3.【答案】ABD

【解析】选项C错误，董事会或类似机构通过的利润分配方案中拟分配的现金股利或利润，不需要进行账务处理，但应在附注中披露。

4.【答案】CD

【解析】选项A计入应付账款；选项B计入应付利息等。

5.【答案】ABC

【解析】选项AC,租入包装物支付的押金、为职工垫付的水电费应记入“其他应收款”科目；选项B，应缴纳的教育费附加应记入“应交税费”科目。

6.【答案】CD

【解析】选项A属于辞退福利，选项B属于离职后福利，均属于长期职工薪酬。

7.【答案】ACD

【解析】选项B，因解除与职工的劳动关系给予的补偿，不区分受益对象，一律计入管理费用。

8.【答案】CD

【解析】选项A，不属于职工薪酬，应计入管理费用；选项B，公司总部管理人员的工资计入管理费用；选项C，生产职工的伙食补贴计入生产成本；选项D，材料入库前挑选整理人员工资计入材料成本。

9.【答案】ABD

【解析】选项ABD，支付职工的培训费、发放职工工资和缴存职工基本养老保险费的分录如下：

借：应付职工薪酬

　贷：银行存款等

选项C，确认因解除与职工劳动关系应给予的补偿的分录如下：

借：管理费用

　贷：应付职工薪酬

10.【答案】ACD

【解析】相关会计分录如下：

借：制造费用　　39550

　贷：应付职工薪酬——非货币性福利　　［350×100×（1+13%）］39550

借：应付职工薪酬——非货币性福利　　39550

　贷：主营业务收入　　35000

　　　应交税费——应交增值税（销项税额）　　4550

借：主营业务成本　　［280×100］28000

　贷：库存商品　　28000

11.【答案】CD

【解析】相关会计分录为：

借：管理费用

　贷：应付职工薪酬——非货币性福利

同时：

借：应付职工薪酬——非货币性福利

　贷：累计折旧

12.【答案】ABCD

13.【答案】ACD

【解析】选项 A，进口关税应计入取得货物的成本；选项 B，一般纳税人购入生产用设备支付的增值税（取得增值税专用发票）应作为进项税额抵扣，不计入成本；选项 C，小规模纳税人购入商品支付的增值税应计入购入商品的成本；选项 D，小规模纳税人购入生产设备支付的增值税应计入固定资产成本。

14.【答案】ABCD

15.【答案】BD

【解析】企业将自产或委托加工的货物用于集体福利或个人消费，作为投资、分配给股东或投资者、无偿赠送他人等，应视同销售计算增值税销项税额。选项 AC，将自产或外购产品用于安装、建造，按成本价领用即可，不视同销售。

16.【答案】CD

【解析】“应交税费——应交增值税”科目贷方余额 =100+5-80=25（万元），应从借方转入“应交税费——未交增值税”科目贷方，选项 C 正确；当月预交增值税在月末应转入“应交税费——未交增值税”科目借方，选项 D 正确。

17.【答案】ACD

【解析】“应交税费——应交增值税”科目期末贷方余额反映小规模纳税人尚未交纳的增值税，期末借方余额反映小规模纳税人多交纳的增值税，选项 B 错误。

18.【答案】ABD

【解析】选项 C 不正确，按规定抵减的增值税应纳税额应冲减“管理费用”科目，而非“主营业务成本”科目。

19.【答案】AB

【解析】应交纳的城市维护建设税金额 =（1100000+500000）×7%=112000（元），应借记“税金及附加”科目，贷记“应交税费——应交城市维护建设税”科目。

20.【答案】ABCD

【解析】关于长期借款利息的账务处理：

借：管理费用［筹建期间不符合资本化条件的］

　　财务费用［生产经营期间不符合资本化条件的］

　　在建工程［未达到预定可使用状态前符合资本化条件的］等

　贷：应付利息［分期付息］

　　　长期借款——应计利息［到期一次还本付息］

21.【答案】ABD

三、判断题

1.【答案】×

【解析】短期借款利息在预提利息时，借记“财务费用”科目，贷记“应付利息”科目；实际支付利息时，借记“应付利息”科目或“财务费用”科目，贷记“银行存款”等科目，均不通过“短期借款”科目核算。

2.【答案】×

【解析】企业向外单位开出的银行承兑汇票，通过“应付票据”科目核算。

3.【答案】√

4.【答案】×

【解析】存入保证金属于其他应付款的核算范围。

5.【答案】×

【解析】因解除与职工的劳动关系给予的补偿属于辞退福利（长期职工薪酬）。

6.【答案】×

【解析】车间管理人员的社会保险费应计入制造费用。

7.【答案】×

【解析】只有累积带薪缺勤应确认因累积未行使权利而增加的预期支付的金额。

8.【答案】×

【解析】累积带薪缺勤是指带薪权利可以结转下期的带薪缺勤，本期尚未用完的带薪缺勤权利可以在未来期间使用。非累积带薪缺勤，是指带薪权利不能结转下期的带薪缺勤，本期尚未用完的带薪缺勤权利将予以取消，并且职工离开企业时也无权获得现金支付。

9.【答案】√

10.【答案】×

【解析】企业将自产的产品作为福利发放给本单位职工，应当根据产品的公允价值加增值税销项税额作为应付职工薪酬核算，借记“应付职工薪酬——非货币性福利”科目，贷记“主营业务收入”科目，“应交税费——应交增值税（销项税额）”科目。

11.【答案】×

【解析】应付职工薪酬中对于满足负债确认条件的所有辞退福利，不管是哪个部门的，借方均应当计入管理费用，不计入资产成本，这里的思路不再是谁受益谁负担。相关会计处理如下：

借：管理费用

　贷：应付职工薪酬——辞退福利

12.【答案】√

13.【答案】×

【解析】企业将自产的应税矿产品对外销售，按规定应交纳的资源税计入税金及附加。

14.【答案】√

【解析】相关会计处理如下：

借：税金及附加

　贷：应交税费——应交车船税

15.【答案】×

【解析】企业购入资产超过正常信用条件延期付款实质上具有融资性质时，应按购买价款的现值之和，借记“固定资产”“在建工程”等科目，按应支付的价款总额，贷记“长期应付款”科目，按其差额，借记“未确认融资费用”科目。

16.【答案】√

四、不定项选择题

（一）

1.【答案】BD

【解析】ABC公司应编制的会计分录为：

借：应付职工薪酬	523.55	
贷：应交税费——应交个人所得税		35.25
其他应付款		78.5
银行存款		409.8

2.【答案】C

【解析】支付的经济补偿金属于辞退福利，应计入管理费用。

3.【答案】ACD

【解析】ABC公司应编制的会计分录为：

借：销售费用	90.4	
贷：应付职工薪酬		90.4
借：应付职工薪酬	90.4	
贷：主营业务收入		80
应交税费——应交增值税（销项税额）		10.4
借：主营业务成本	70	
存货跌价准备	50	
贷：库存商品		120

对当月损益的影响金额=80-70-90.4=-80.4（万元），选项ACD正确。

4.【答案】D

【解析】选项AB错误：差旅费不属于职工薪酬，预借差旅费应通过“其他应收款”科目核算。选项C错误：计提工资计入当期损益的金额=129.5+103=232.5（万元）。选项D正确：计提工资应贷记“应付职工薪酬”科目525万元。

5.【答案】A

【解析】12月31日“应付职工薪酬”科目的贷方余额=523.55−523.55+50−50+90.4−90.4+525+25=550（万元）。

（二）

1.【答案】AC

2.【答案】ABC

【解析】相关会计分录如下：

借：应收票据 565

　贷：其他业务收入 500

　　应交税费——应交增值税（销项税额） 65

借：其他业务成本 400

　贷：原材料 400

3.【答案】ABC

【解析】相关会计分录如下：

借：销售费用 11.3

　　管理费用 22.6

　贷：应付职工薪酬 33.9

借：应付职工薪酬 33.9

　贷：主营业务收入 30

　　应交税费——应交增值税（销项税额） 3.9

借：主营业务成本 21

　贷：库存商品 21

【点题】管理费用=200÷300×［30×（1+13%）］=22.6（万元），销售费用=100÷300×［30×（1+13%）］=11.3（万元）。

4.【答案】C

【解析】甲企业12月应交纳增值税的金额=（65+3.9）−（13+0.0032）=55.8968（万元）。

5.【答案】A

【解析】甲企业12月31日资产负债表“存货”项目变动金额=100−400−21=−321（万元），即变动金额为321万元。

第六章　所有者权益

同步强化练习题

使用“会计云课堂”App扫码做题、对答案、看解析、掌握解题思路，开启轻松过关之旅。

一、单项选择题

1. 某公司公开发行普通股1000万股，每股面值1元，每股发行价格为10元，按发行收入的2%向证券公司支付佣金，佣金从发行收入中扣除，收到的剩余款项已存入银行。不考虑其他因素，该公司发行股票应计入资本公积的金额为（　　）万元。

A. 9000　　B. 8800　　C. 9800　　D. 200

2. 甲公司为增值税一般纳税人，收到乙公司作为资本投入的一台机器设备，合同约定该机器设备不含增值税的价值为2000万元，增值税税额为260万元，此部分增值税由乙公司支付，甲公司已取得增值税专用发票。该机器设备的合同约定价值与公允价值相符，乙公司享有甲公司注册资本的份额为800万元。不考虑其他因素。下列各项中，甲公司接受乙公司投资相关会计处理表述正确的是（　　）。

A. 借记“固定资产”科目2260万元

B. 贷记“资本公积——资本溢价”科目1460万元

C. 贷记“实收资本”科目2000万元

D. 贷记“应交税费——应交增值税（进项税额）”科目260万元

3. 下列各项中，股份有限公司回购股票支付的价款低于股票面值总额的差额，在注销股票时应计入的会计科目是（　　）。

A. 资本公积——股本溢价　　B. 利润分配——未分配利润

C. 盈余公积　　D. 营业外收入

4. 下列各项中，使资本公积增加的是（　　）。

A. 企业实现净利润　　B. 固定资产处置净收益

C. 资本公积转增资本　　D. 投资者投入的超过注册资本额的资本

5. 下列各项中，关于股份有限公司溢价发行股票相关会计处理表述正确的是（　　）。

A. 发行股票发生的交易费用应单独计入当期损益

B. 溢价总额不足以抵扣发行股票发生的交易费用的差额应冲减股本

C. 溢价总额高于发行股票发生的交易费用的差额作为资本公积入账

D. 溢价总额不足以抵扣发行股票发生的交易费用的差额应计入当期损益

6. 某公司年初未分配利润为1000万元，盈余公积为500万元；本年实现净利润5000万元，分别提取法定盈余公积500万元、任意盈余公积250万元，宣告发放现金股利500万元。不考虑其他因素，该公司年末留存收益为（　　）万元。

A. 5250　B. 6000　C. 6500　D. 5750

7. 某企业2022年年初盈余公积为100万元，当年实现净利润200万元，提取盈余公积20万元，用盈余公积转增资本30万元，用盈余公积向投资者分配现金股利10万元，2022年年末该企业盈余公积为（　　）万元。

A. 70　B. 80　C. 90　D. 60

8. 某企业年初所有者权益总额为500万元，当年以资本公积转增资本50万元，实现净利润300万元，提取盈余公积30万元，向投资者分配现金股利70万元。不考虑其他因素，该企业年末所有者权益总额为（　　）万元。

A. 730　B. 650　C. 680　D. 770

9. 下列关于计提法定盈余公积的说法中，错误的是（　　）。

A. 公司制企业应该按照净利润（减弥补以前年度亏损）的10%提取法定盈余公积

B. 非公司制企业法定盈余公积的提取比例可超过净利润的10%

C. 在计算本年提取法定盈余公积的基数时，应包括企业年初盈余的未分配利润

D. 公司制企业法定盈余公积累计额已达到注册资本的50%时可以不再提取

10. 下列各项中，企业应通过“利润分配”科目核算的是（　　）。

A. 支付已宣告发放的现金股利

B. 以盈余公积转增资本

C. 以股票溢价抵扣股票发行手续费

D. 以盈余公积弥补亏损

11. 下列各项中，年终结转后，“利润分配——未分配利润”科目借方余额反映的是（　　）。

A. 历年累积未弥补的亏损　B. 本年实现的净利润

C. 本年发生的净亏损　D. 历年累积未分配的利润

12. 2022年1月1日，某股份有限公司未分配利润为100万元，2022年度实现净利润400万元，法定盈余公积的提取比例为10%，不考虑其他因素，下列关于盈余公积的账务处理正确的是（　　）。

A. 借：利润分配——提取法定盈余公积　40
　　贷：盈余公积　40

B. 借：本年利润——提取法定盈余公积　40
　　贷：盈余公积　40

C. 借：本年利润——提取法定盈余公积　50
　　贷：盈余公积　50

D. 借：利润分配——提取法定盈余公积　50
　　贷：盈余公积　50

13. 某企业2022年1月1日所有者权益构成情况如下：实收资本1500万元，资本公积100万元，盈余公积300万元，未分配利润200万元。2022年度实现利润总额为600万元，企业所得税税率为25%。假定不存在纳税调整事项及其他因素，该企业2022年12月31日可供分配的利润为（　　）万元。

A. 600　　B. 650　　C. 800　　D. 1100

14. 甲上市公司2022年1月1日所有者权益构成情况如下：股本1500万元，资本公积100万元，盈余公积300万元，未分配利润400万元。2022年度发生亏损200万元，盈余公积弥补亏损100万元。假定不存在纳税调整事项及其他因素，甲上市公司2022年12月31日可供分配利润为（　　）万元。

A. 500　　B. 400　　C. 300　　D. 1300

15. 某企业年初未分配利润贷方余额为100万元，本年利润总额为400万元，本年所得税费用为150万元，按净利润的10%提取法定盈余公积，提取任意盈余公积12.5万元，向投资者分配利润12.5万元。该企业年末“未分配利润”科目贷方余额为（　　）万元。

A. 300　　B. 325　　C. 312.5　　D. 285

16. 上市公司发生的下列交易或事项中，会引起所有者权益总额发生增减变动的是（　　）。

A. 发放股票股利　　B. 转销无法支付的应付账款

C. 以本年实现的利润弥补以前年度亏损　　D. 注销库存股

17. 下列各项中，会导致企业所有者权益总额增加的事项是（　　）。

A. 以盈余公积发放现金股利　　B. 以盈余公积弥补以前年度亏损

C. 资本公积转增资本　　D. 当年实现净利润

18. 企业用当年实现的利润弥补亏损时，会计处理正确的是（　　）。

A. 借记“本年利润”科目，贷记“利润分配——未分配利润”科目

B. 借记“利润分配——未分配利润”科目，贷记“本年利润”科目

C. 借记“利润分配——盈余公积补亏”科目，贷记“利润分配——未分配利润”科目

D. 无须专门作账务处理

二、多项选择题

1. 某公司由甲、乙投资者分别出资100万元设立。为扩大经营规模，该公司的注册资本由200万元增加到250万元，丙企业以现金出资100万元享有该公司增资后20%的注册资本，不考虑其他因素，该公司接受丙企业出资，相关会计处理结果正确的有（　　）。

A. 贷记“实收资本”科目100万元　　B. 贷记“盈余公积”科目100万元

C. 贷记“资本公积”科目50万元　　D. 借记“银行存款”科目100万元

2. 下列各项中，会导致企业实收资本增加的有（　　）。

A. 资本公积转增资本　　B. 接受投资者追加投资

C. 盈余公积转增资本　　D. 接受非关联方非流动资产捐赠

3. 甲公司 2022 年 12 月 31 日的股本为 10000 万股，每股面值为 1 元，资本公积（股本溢价）为 4000 万元，盈余公积为 1500 万元。经股东大会批准，甲公司以银行存款回购本公司股票 1500 万股并注销，每股回购价为 4 元。下列各项中表述正确的有（　　）。

A. 回购库存股时所有者权益减少 6000 万元

B. 注销库存股时资本公积减少 4500 万元

C. 注销库存股不影响所有者权益总额

D. 注销库存股时股本减少 1500 万元

4. 下列关于回购及注销股票的说法中，正确的有（　　）。

A. 注销库存股时，按股票面值和注销股数计算的股票面值总额，借记“股本”科目

B. 如果回购股票支付的价款高于面值总额，注销时，按注销库存股的账面余额，贷记“库存股”科目，按其库存股与股本的差额借记“资本公积——股本溢价”等科目

C. 回购股票，将导致所有者权益总额减少

D. 如果回购股票支付的价款低于面值总额，注销时，应按股票面值总额借记“股本”科目，按所注销的库存股账面余额，贷记“库存股”科目，按其差额，贷记“资本公积——股本溢价”科目

5. 下列各项中，属于资本公积来源的有（　　）。

A. 从企业实现的净利润中提取

B. 股本溢价

C. 资本溢价

D. 以权益结算的股份支付换取职工或其他方提供服务

6. 下列各项中，关于资本公积的表述正确的有（　　）。

A. 资本公积可以用于转增资本

B. 溢价发行股票发生的相关交易费用冲减资本公积

C. 资本公积可以用于弥补上年度发生的亏损

D. 资本公积包括资本溢价（或股本溢价）和其他资本公积

7. 下列各项中，可能涉及“资本公积——其他资本公积”科目的有（　　）。

A. 以权益结算的股份支付换取职工或其他方提供服务

B. 长期股权投资采用权益法核算时，被投资单位除净损益、其他综合收益和利润分配以外的所有者权益的其他变动

C. 企业集团内发生的股份支付交易

D. 从企业实现的净利润中提取

8. 下列各项中，盈余公积可用于（　　）。

A. 转增资本公积

B. 转增资本

C. 弥补亏损

D. 发放现金股利或利润

9. 下列各项中，会引起负债和所有者权益同时发生变动的有（　　）。

A. 以盈余公积补亏

B. 以现金回购本公司股票

C. 宣告发放现金股利

D. 转销确实无法支付的应付账款

10. 下列各项中，不会引起留存收益总额发生增减变动的有（　　）。

A. 资本公积转增资本　　B. 盈余公积转增资本

C. 盈余公积弥补亏损　　D. 税后利润弥补亏损

11. 下列各项中，能够引起所有者权益总额变化的有（　　）。

A. 以盈余公积转增资本　　B. 增发新股

C. 向股东支付已宣告分配的现金股利　　D. 回购股票

12. 下列关于其他权益工具的账务处理的说法中，正确的有（　　）。

A. 企业发行金融工具时发生的手续费、佣金等交易费用，如分类为债务工具且以摊余成本计量的，应当从“其他权益工具”科目中扣除

B. 企业按规定发行的其他权益工具在存续期间分派股利的，借记“利润分配”科目，贷记“应付股利”科目

C. 企业按规定赎回其他权益工具时，借记“库存股——其他权益工具”科目，贷记“银行存款”等科目

D. 企业按规定注销其他权益工具时，借记“其他权益工具”科目，贷记“库存股——其他权益工具”科目

13. 下列各项中，通过“其他综合收益”科目核算的有（　　）。

A. 重新计量设定受益计划净负债或净资产变动导致的权益变动

B. 以公允价值计量且其变动计入其他综合收益的债权性投资持有期间的公允价值变动

C. 采用权益法核算的长期股权投资，按照被投资单位实现其他综合收益以及持股比例计算应分享或分担的金额

D. 自用房地产或存货转换为采用公允价值模式计量的投资性房地产，转换日的公允价值小于原账面价值的差额

三、判断题

1. 实收资本是所有者投入资本形成的，而资本公积、留存收益属于经营过程中形成的。（　　）

2. 所有者权益是所有者对企业净资产的要求权，负债是债权人对全部资产的要求权，二者的性质是不同的。（　　）

3. 小企业根据合同规定在合作期间归还投资者的投资，应在“实收资本”科目设置“已归还投资”明细科目进行核算。（　　）

4. 企业接受的机器设备投资，其可抵扣的增值税进项税额不能作为投入资本处理。（　　）

5. 当投资者投入的资本超出其所占注册资本份额时，企业应当将超出的部分计入资本公积。（　　）

6. 公司制企业当年只要实现净利润，就应按一定比例提取盈余公积。（　　）

7. 未分配利润的余额等于企业当年实现的净利润（或净亏损）加上年初未分配利润（或减年初未弥补亏损）减去已提取的盈余公积。（　　）

8. 企业以盈余公积向投资者分配现金股利会使企业的留存收益总额减少。 （ ）

9. 如果年初未分配利润为正数，当年计算法定盈余公积的基数不应包括年初未分配利润；如果年初未分配利润为负数，应先弥补以前年度亏损再提取法定盈余公积。 （ ）

10. 年度终了，“本年利润”科目需转入“利润分配——未分配利润”科目，同时，“利润分配”科目下除“未分配利润”明细科目以外所有的明细科目，都需转入“利润分配——未分配利润”科目。 （ ）

11. 优先股的特点是股东对公司资产、利润分配等享有优先权，但对公司的经营没有参与权，优先股股东不能退股，只能通过优先股的赎回条款被公司赎回。 （ ）

四、不定项选择题

（一）

2022年初甲股份有限公司（以下简称“甲公司”）资产负债表中所有者权益各项目余额为：股本1000万元，资本公积500万元（均为股本溢价），盈余公积500万元，未分配利润1000万元。2022年甲公司发生的有关所有者权益业务资料如下：

（1）委托证券公司发行了普通股500万股，每股面值1元，每股发行价格6元，按照发行价的3%向证券公司支付相关手续费。

（2）经股东大会批准将资本公积2000万元转增股本。

（3）本年实现净利润2000万元，分别按净利润的10%和5%提取法定盈余公积和任意盈余公积。

（4）年末经股东大会批准宣告发放现金股利1000万元。

要求：根据上述资料，不考虑其他因素，分析回答下列小题。（答案中的金额单位用万元表示）

1. 根据资料（1），甲公司增发股票计入资本公积的金额是（ ）万元。

A. 2500　　B. 3000

C. 2910　　D. 2410

2. 根据资料（2），甲公司资本公积转增股本的会计处理结果正确的是（ ）。

A. 所有者权益总额减少2000万元　　B. 留存收益减少2000万元

C. 所有者权益总额不变　　D. 股本增加2000万元

3. 根据期初资料和资料（3），甲公司盈余公积的会计处理结果正确的是（ ）。

A. 期末盈余公积余额为700万元　　B. 本年增加盈余公积300万元

C. 期末盈余公积余额为800万元　　D. 本年增加盈余公积200万元

4. 根据资料（4），甲公司宣告发放现金股利对资产负债表项目产生影响的表述正确的是（ ）。

A. 所有者权益减少1000万元　　B. 负债增加1000万元

C. 盈余公积减少1000万元　　D. 所有者权益总额不变

5. 根据上述资料，甲公司 2022 年年末宣告发放现金股利前可供投资者分配的利润为（　　）万元。

A. 3000　　B. 2700　　C. 1700　　D. 3500

（二）

甲有限责任公司（简称“甲公司”）由两位投资者各出资 750 万元设立。2022 年 1 月初甲公司资产负债表所有者权益项目金额如下：实收资本 1500 万元，资本公积 500 万元，盈余公积 300 万元，未分配利润 100 万元。2022 年甲公司发生如下经济业务：

（1）1 月 10 日，经股东会批准，按股东原出资比例将资本公积 300 万元转增资本。

（2）9 月 20 日，为扩大经营规模，经股东会批准，引入新投资人加入甲公司，并将甲公司注册资本增加至 2000 万元，按投资协议，新投资人出资 300 万元，占甲公司注册资本的比例为 10%。

（3）12 月 31 日，经计算，本年度实现净利润 400 万元，经股东会批准，按净利润的 10% 提取法定盈余公积；按净利润的 30% 以现金方式向投资者分配利润。

要求：根据上述资料，不考虑其他因素，分析回答下列小题。（答案中的金额单位用万元表示）

1. 根据资料（1），下列各项中，甲公司以资本公积转增资本的会计处理正确的是（　　）。

A. 借记“资本公积”科目 300 万元　　B. 贷记“盈余公积”科目 300 万元

C. 借记“实收资本”科目 300 万元　　D. 贷记“实收资本”科目 300 万元

2. 根据资料（2），下列各项中，甲公司吸收新投资人投资的会计处理正确的是（　　）。

A. 借：银行存款　　300
　　贷：实收资本　　200
　　　　资本公积　　100

B. 借：银行存款　　300
　　贷：实收资本　　200
　　　　盈余公积　　100

C. 借：银行存款　　300
　　贷：实收资本　　200
　　　　营业外收入　　100

D. 借：银行存款　　300
　　贷：实收资本　　300

3. 根据资料（3），下列各项中，甲公司年末结转净利润及利润分配的会计处理正确的是（　　）。

A. 年末结转净利润：
　借：利润分配——未分配利润　　400
　　贷：本年利润　　400

B. 年末结转净利润：
　借：本年利润　　400
　　贷：利润分配——未分配利润　　400

C. 提取法定盈余公积：

借：利润分配——提取法定盈余公积　　40

　贷：盈余公积　　40

D. 向投资者分配利润：

借：利润分配——应付现金股利或利润　　120

　贷：应付股利　　120

4. 根据期初资料、资料（1）至（3），下列各项中，12 月 31 日甲公司“利润分配——未分配利润”科目的期末余额是（　　）万元。

A. 240　　B. 460　　C. 500　　D. 340

5. 根据期初资料、资料（1）至（3），下列各项中，2022 年 12 月 31 日甲公司资产负债表中相关项目“期末余额”栏填列正确的是（　　）。

A.“盈余公积”项目 340 万元

B.“资本公积”项目 300 万元

C.“实收资本”项目 2000 万元

D.“所有者权益合计”项目 2980 万元

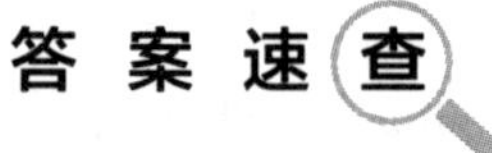

一、单项选择题

题号	答案	题号	答案	题号	答案	题号	答案	题号	答案	题号	答案
1	B	2	B	3	A	4	D	5	C	6	B
7	B	8	A	9	C	10	D	11	A	12	A
13	B	14	C	15	A	16	B	17	D	18	D

二、多项选择题

题号	答案	题号	答案	题号	答案	题号	答案	题号	答案	题号	答案
1	CD	2	ABC	3	ACD	4	ABCD	5	BCD	6	ABD
7	ABC	8	BCD	9	CD	10	ACD	11	BD	12	BCD
13	ABC										

三、判断题

题号	答案	题号	答案	题号	答案	题号	答案	题号	答案	题号	答案
1	×	2	√	3	√	4	×	5	√	6	×
7	×	8	√	9	√	10	√	11	√		

四、不定项选择题

(一) ▶	1 D	2 CD	3 BC	4 AB	5 B
(二) ▶	1 AD	2 A	3 BCD	4 D	5 ABCD

参考答案及解析

一、单项选择题

1.【答案】B

【解析】该公司发行股票应计入资本公积的金额=1000×10-1000×1-1000×10×2%=8800（万元）。

2.【答案】B

【解析】甲公司接受乙公司投资的账务处理为：

借：固定资产　2000

　　应交税费——应交增值税（进项税额）　260

　贷：实收资本　800

　　　资本公积——资本溢价　1460

3.【答案】A

【解析】企业回购股票支付的价款低于股票面值总额的，应按股票面值总额，借记“股本”科目，按所注销的库存股账面余额，贷记“库存股”科目，按其差额，贷记“资本公积——股本溢价”科目。

4.【答案】D

【解析】选项A，实现净利润转入“利润分配——未分配利润”科目，不影响资本公积；选项B，固定资产处置净收益计入资产处置损益或营业外收入，不影响资本公积；选项C，导致资本公积减少；选项D，导致资本公积增加。

5.【答案】C

【解析】选项A错误，选项C正确，发行股票相关的手续费、佣金等交易费用，如果是溢价发行股票的，应从溢价中抵扣，冲减资本公积——股本溢价，而不是计入当期损益；选项BD错误，无溢价发行股票或溢价金额不足以抵扣交易费用的，应将不足抵扣的部分依次冲减盈余公积和未分配利润。

6.【答案】B

【解析】留存收益包括盈余公积和未分配利润，提取盈余公积不影响留存收益总额，该公司年末留存收益=1000+500+5000-500=6000（万元）。

7.【答案】B

【解析】2022 年年末该企业盈余公积 =100+20−30−10=80（万元），选项 B 正确。

8.【答案】A

【解析】以资本公积转增资本、提取盈余公积属于所有者权益内部的增减变动，不影响所有者权益总额，所以该企业年末所有者权益总额 =500+300−70=730（万元）。

9.【答案】C

【解析】如果以前年度未分配利润有盈余（即年初未分配利润余额为正数），在计算提取法定盈余公积的基数时，不应包括企业年初未分配利润；如果以前年度有亏损（即年初未分配利润余额为负数），应先弥补以前年度亏损再提取盈余公积，选项 C 错误。

10.【答案】D

【解析】

选项 A	选项 B
借：应付股利 　贷：银行存款等	借：盈余公积 　贷：实收资本（或股本）
选项 C	**选项 D**
借：资本公积——股本溢价 　贷：银行存款	借：盈余公积 　贷：利润分配——盈余公积补亏

11.【答案】A

【解析】年终结转后，“利润分配——未分配利润”科目借方余额反映企业历年累积未弥补的亏损，选项 A 正确。

12.【答案】A

【解析】如果以前年度未分配利润有盈余（即年初未分配利润余额为正数），在计算提取法定盈余公积的基数时，不应包括年初未分配利润，所以 2022 年提取法定盈余公积的金额 =400×10%=40（万元）。企业按规定提取盈余公积时，应通过“利润分配”和“盈余公积”科目核算，选项 A 正确。

13.【答案】B

【解析】企业可供分配的利润 = 当年实现的净利润（或净亏损）+ 年初未分配利润（或 − 年初未弥补亏损）+ 其他转入（如盈余公积补亏），该企业 2022 年 12 月 31 日可供分配的利润 =200+600×（1−25%）=650（万元）。

14.【答案】C

【解析】甲上市公司 2022 年 12 月 31 日可供分配利润 =400（年初未分配利润）−200（本年发生的净亏损）+100（其他转入，盈余公积补亏）=300（万元），选项 C 正确。

【点题】盈余公积补亏的分录如下：

借：盈余公积　　100

　贷：利润分配——盈余公积补亏　　100

15.【答案】A

【解析】该企业年末“未分配利润”科目贷方余额 =100+（400–150）×（1–10%）–12.5–12.5=300（万元）。

16.【答案】B

【解析】发放股票股利时，借记“利润分配”科目，贷记“股本”科目，所有者权益总额没有发生变化，选项 A 错误；转销无法支付的应付账款，计入营业外收入，营业外收入最终会转入利润分配，导致所有者权益总额增加，选项 B 正确；以本年实现的利润弥补以前年度亏损，无须专门作账务处理，不会引起所有者权益总额发生变化，选项 C 错误；注销库存股属于所有者权益内部变动，不会引起所有者权益总额发生变化，选项 D 错误。

17.【答案】D

【解析】

选项 A	选项 B
借：盈余公积 　贷：应付股利 盈余公积是所有者权益类科目，借方表示减少，会导致所有者权益总额减少，选项 A 错误	借：盈余公积 　贷：利润分配——盈余公积补亏 属于所有者权益内部的一增一减，不影响所有者权益总额，选项 B 错误
选项 C	**选项 D**
借：资本公积 　贷：实收资本（或股本） 属于所有者权益内部的一增一减，不影响所有者权益总额，选项 C 错误	当年实现净利润，会导致所有者权益总额增加，选项 D 正确

18.【答案】D

【解析】企业用当年实现的利润弥补亏损，在会计上无须专门作账务处理。

二、多项选择题

1.【答案】CD

【解析】接受丙企业投资的相关账务处理如下：

借：银行存款　　100

　贷：实收资本　　［250×20%］50

　　　资本公积　　50

2.【答案】ABC

【解析】

选项 A	选项 B
借：资本公积 　贷：实收资本 实收资本增加	借：银行存款等 　贷：实收资本等 实收资本增加

选项 C	选项 D
借：盈余公积 　贷：实收资本 实收资本增加	借：固定资产等 　贷：营业外收入 不影响实收资本，选项 D 错误

3.【答案】ACD

【解析】库存股是所有者权益的备抵项，回购时库存股增加，所有者权益总额减少；注销库存股为所有者权益内部增减变动，不影响所有者权益总额。会计分录如下：

回购股票时：

借：库存股　[1500×4] 6000

　贷：银行存款　6000

注销股票时：

借：股本　1500

　　资本公积——股本溢价　4000

　　盈余公积　[6000-1500-4000] 500

　贷：库存股　6000

4.【答案】ABCD

5.【答案】BCD

【解析】资本公积是企业收到投资者出资额超出其在注册资本(或股本)中所占份额的部分，以及其他资本公积等。资本公积包括资本溢价（或股本溢价）(选项 BC 正确）和其他资本公积；以权益结算的股份支付换取职工或其他方提供服务的，应按照确定的金额，将当期取得的服务计入相关资产成本或当期费用，同时增加资本公积（其他资本公积）(选项 D 正确)。

6.【答案】ABD

【解析】选项 C 错误，资本公积不可以弥补企业的亏损。

7.【答案】ABC

【解析】从企业实现的净利润中提取的是盈余公积，不涉及资本公积，选项 D 错误。

8.【答案】BCD

【解析】企业提取的盈余公积可用于弥补亏损、转增资本、分配现金股利或利润等，不可用于转增资本公积。

9.【答案】CD

【解析】以盈余公积补亏是所有者权益内部的此增彼减，选项 A 错误；以现金回购本公司股票，所有者权益减少（库存股是所有者权益的备抵项），资产减少，选项 B 错误；宣告发放现金股利，所有者权益减少，负债增加，选项 C 正确；转销确实无法支付的应付账款，负债减少，所有者权益增加（营业外收入最终会影响所有者权益），选项 D 正确。

10.【答案】ACD

【解析】选项 A 不涉及留存收益；选项 B 导致盈余公积减少，实收资本（或股本）增加，留存收益减少；选项 C 是留存收益内部的增减变动，不影响留存收益总额；选项 D 不作专门的账务处理，不影响留存收益总额。

11.【答案】BD

【解析】选项 A，以盈余公积转增资本属于所有者权益内部的此增彼减，不影响所有者权益总额；选项 B，企业增发新股使所有者权益总额增加；选项 C，向股东支付已宣告分配的现金股利，借记“应付股利”科目，贷记“银行存款”等科目，不影响所有者权益总额；选项 D，回购股票使所有者权益总额减少。

12.【答案】BCD

【解析】选项 A 错误，企业发行金融工具时发生的手续费、佣金等交易费用，如分类为债务工具且以摊余成本计量的，应当计入所发行工具的初始计量金额。

13.【答案】ABC

【解析】自用房地产或存货转换为采用公允价值模式计量的投资性房地产，转换日的公允价值小于原账面价值的，其差额计入公允价值变动损益。

三、判断题

1.【答案】×

【解析】实收资本和资本公积通常都是所有者投入资本形成的，而留存收益是经营过程中形成的。

2.【答案】√

3.【答案】√

4.【答案】×

【解析】企业接受机器设备投资时，借记“固定资产”“应交税费——应交增值税（进项税额）”科目，贷记“实收资本”等科目。

5.【答案】√

6.【答案】×

【解析】盈余公积包括法定盈余公积和任意盈余公积，公司制企业的法定盈余公积累计额已达到注册资本的 50% 时可以不再提取；公司制企业的任意盈余公积可以根据股东会或股东大会的决议提取或者不提取。

7.【答案】×

【解析】未分配利润的余额除当年实现的净利润（或净亏损）加上年初未分配利润（或减年初未弥补亏损）减去已提取的盈余公积外，还应加上其他转入，减去本年已分配的现金股利或利润、实际发放的股票股利等。

8.【答案】√

【解析】留存收益包括盈余公积和未分配利润，盈余公积减少导致留存收益减少。

9.【答案】√

10.【答案】√

11.【答案】√

四、不定项选择题

（一）

1.【答案】D

【解析】甲公司增发股票计入资本公积的金额 =500×6×（1-3%）-500×1=2410（万元）。

2.【答案】CD

【解析】资本公积转增股本的会计分录为：

借：资本公积　　2000

　贷：股本　　2000

所有者权益总额不变。

3.【答案】BC

【解析】本年提取的盈余公积 =2000×（10%+5%）=300（万元），期末盈余公积余额 = 500+300=800（万元）。

4.【答案】AB

【解析】宣告发放现金股利的会计分录为：

借：利润分配——应付现金股利或利润　　1000

　贷：应付股利　　1000

所有者权益总额减少 1000 万元，应付股利增加，即负债增加 1000 万元。

5.【答案】B

【解析】可供投资者分配的利润 = 年初未分配利润（或 - 年初未弥补亏损）+ 当年实现的净利润（或 - 净亏损）+ 其他转入 - 提取的盈余公积 =1000+2000-300=2700（万元）。

（二）

1.【答案】AD

【解析】以资本公积转增资本，相关账务处理为：

借：资本公积　　300

　贷：实收资本　　300

2.【答案】A

【解析】吸收新投资人投资，相关账务处理为：

借：银行存款　　300
　贷：实收资本　　[2000×10%] 200
　　资本公积——资本溢价　　100

3.【答案】BCD

【解析】相关账务处理为：

(1) 年末结转净利润：

借：本年利润　　400
　贷：利润分配——未分配利润　　400

(2) 提取法定盈余公积：

借：利润分配——提取法定盈余公积　　[400×10%] 40
　贷：盈余公积——法定盈余公积　　40

期末：

借：利润分配——未分配利润　　40
　贷：利润分配——提取法定盈余公积　　40

(3) 向投资者分配利润：

借：利润分配——应付现金股利或利润　　[400×30%] 120
　贷：应付股利　　120

期末：

借：利润分配——未分配利润　　120
　贷：利润分配——应付现金股利或利润　　120

4.【答案】D

【解析】12 月 31 日甲公司“利润分配——未分配利润”科目的期末余额 =100（期初资料）+400（资料 3 结转净利润）-40（资料 3 提取法定盈余公积）-120（资料 3 向投资者分配利润）=340（万元）。

5.【答案】ABCD

【解析】计算过程如下：

(1)“盈余公积”项目 =300（期初资料）+40（资料 3 提取法定盈余公积）=340（万元）；

(2)“资本公积”项目 =500（期初资料）-300（资料 1 资本公积转增资本）+100（资料 2 吸收新投资人投资）=300（万元）；

(3)“实收资本”项目 =1500（期初资料）+300（资料 1 资本公积转增资本）+200（资料 2 吸收新投资人投资）=2000（万元）；

(4)“未分配利润”项目，即 12 月 31 日甲公司“利润分配——未分配利润”科目的期末余额 340 万元；

(5)“所有者权益合计”项目 =“盈余公积”项目 +“资本公积”项目 +“实收资本”项目 +“未分配利润”项目 =340+300+2000+340=2980（万元）。

第七章　收入、费用和利润

同步强化练习题

使用“会计云课堂”App 扫码做题、对答案、看解析、掌握解题思路，开启轻松过关之旅。

一、单项选择题

1. 下列关于收入确认与计量的步骤的表述中，正确的是（　　）。
   A. 企业应确定交易价格和合同履约成本，并将交易价格分摊至各单项履约义务
   B. 交易价格包括企业代第三方收取的款项以及企业预期将退还给客户的款项
   C. 合同条款所承诺的对价，可能是固定金额、可变金额或两者兼有
   D. 按照各单项履约义务成本的相对比例，将交易价格分摊至各单项履约义务

2. 企业与客户签订合同，向其销售 A、B、C 三件产品，不含增值税的合同总价款为 90 万元。A、B、C 产品的不含增值税单独售价分别为 30 万元、50 万元和 20 万元，合计 100 万元。B 产品应分摊的交易价格为（　　）万元。
   A. 27　　B. 50　　C. 45　　D. 18

3. 下列各项中，制造业企业应确认为其他业务收入的是（　　）。
   A. 现金股利收入　　B. 接受现金捐赠利得
   C. 转让商标使用权收入　　D. 银行存款利息收入

4. 下列各项中，属于企业“营业成本”核算内容的是（　　）。
   A. 委托方委托代销商品支付的手续费
   B. 非房地产开发经营企业转让固定资产交纳的土地增值税
   C. 出售无形资产的净损益
   D. 已售商品的成本

5. 下列各项中，关于收入确认表述错误的是（　　）。
   A. 已确认收入的商品发生销售退回，除属于资产负债表日后事项外，应在发生时冲减当期销售收入
   B. 采用支付手续费方式委托代销商品的，应在发出商品时确认收入
   C. 在某一时段内履行的履约义务，企业应当在该段时间内按照履约进度确认收入，履约进度不能合理确定的除外
   D. 对于在某一时点履行的履约义务，在客户取得相关商品控制权时确认收入

6. 下列关于收入确认和计量的表述中，正确的是（　　）。
   A. 对于在某一时段内履行的履约义务，企业应当在履约义务完成时确认收入
   B. 当履约进度能合理确定时，企业已经发生的成本预计能够得到补偿的，应当按照已经发生的成本金额确认收入
   C. 资产负债表日，企业按照合同的交易价格总额乘以履约进度确认当期收入
   D. 可以采用实际测量的完工进度、评估已实现的结果、时间进度、已完工或交付的产品等产出指标确定恰当的履约进度

7. 甲公司向乙公司销售商品一批，开具的增值税专用发票上注明售价为 400 万元，增值税税额为 52 万元；甲公司收到乙公司开出的不带息银行承兑汇票一张，票面金额为 452 万元，期限为 2 个月；甲公司以银行存款支付代垫运费，增值税专用发票上注明运输费 0.2 万元，增值税税额为 0.018 万元，所垫运费尚未收到；该批商品成本为 320 万元；乙公司收到商品并验收入库。甲公司销售商品时应确认的应收账款为（　　）万元。
   A. 452.2　　B. 452.218　　C. 0.218　　D. 0.2

8. 下列各项中，企业发出不满足收入确认条件的商品成本应借记的会计科目是（　　）。
   A. 主营业务成本　　B. 发出商品　　C. 其他业务成本　　D. 库存商品

9. 甲公司本年度委托乙商店代销零配件一批，对外销售总价款 100 万元。本年度收到乙商店交来的代销清单，代销清单列明已销售代销零配件的 60%，甲公司收到代销清单时向乙商店开具增值税专用发票。乙商店按代销价款的 5% 收取手续费。该批零配件的实际成本为 70 万元。则甲公司本年度应确认的销售收入为（　　）万元。
   A. 60　　B. 70　　C. 100　　D. 57

10. 甲、乙公司均为增值税一般纳税人，增值税税率为 13%，甲公司 2022 年 12 月 5 日向乙公司销售商品一批，价款为 100 万元，由于乙公司是成批购买，甲公司给予乙公司 5% 的商业折扣，并且规定了现金折扣的条件为 2/10，N/20（计算现金折扣时，不考虑增值税）。该批商品的成本为 80 万元，甲公司基于对乙公司的了解，预计乙公司 10 天内付款的概率为 90%，10 天后付款的概率为 10%。甲公司认为按照最可能发生金额能够更好地预测其有权获取的对价金额。乙公司于 12 月 13 日支付了上述款项，则甲公司下列处理中不正确的是（　　）。
    A. 确认主营业务收入为 100 万元　　B. 确认增值税销项税额为 12.35 万元
    C. 确认主营业务成本为 80 万元　　D. 甲公司实际收回价款为 105.45 万元

11. 下列各项中，属于在某一时点履行的履约义务的是（　　）。
    A. 客户在企业履约的同时即取得并消耗企业履约所带来的经济利益
    B. 客户能够控制企业履约过程中在建的商品
    C. 企业履约过程中所产出的商品具有不可替代用途，且该企业在整个合同期间内有权就累计至今已完成的履约部分收取款项
    D. 销售商品收到现金

12. 甲公司于 2022 年 10 月 5 日承接一项安装服务，合同期为 8 个月，合同总价款为 180 万元，已经预收 70 万元，余款在安装完成时收回。至 2022 年 12 月 31 日已发生的成本为 67.5

万元，预计完成服务还将发生成本 45 万元。甲公司按照实际发生的成本占估计总成本的比例确定履约进度，则甲公司 2022 年应确认的营业收入为（ ）万元。

A．108 B．180 C．70 D．72

13. 甲公司经营一家健身俱乐部。2022 年 12 月 1 日，某客户与甲公司签订合同，成为甲公司的会员，并向甲公司支付会员费 7632 元（含税价），可在未来的 12 个月内在该俱乐部健身，且没有次数的限制。该业务适用的增值税税率为 6%。甲公司 2022 年应确认的收入为（ ）元。

A．6000 B．7632 C．600 D．636

14. 甲公司为增值税一般纳税人，提供服务适用的增值税税率为 6%。2022 年 12 月 1 日，甲公司为乙公司开发产品提供技术援助服务，服务期限为 2 个月，约定服务费为 100 万元（不含税），在服务结束时乙公司一次性支付。根据历史数据表明，乙公司会按约定支付服务费。假定截至 12 月 31 日甲公司的履约进度为 50%，乙公司同时受益。不考虑其他因素，则甲公司在 2022 年 12 月 31 日应确认的收入为（ ）万元。

A．100 B．50 C．106 D．53

15. 下列各项中，应计入合同履约成本的是（ ）。

A．非正常消耗的直接材料

B．与企业已履行部分相关的材料费用

C．本期发生直接为客户提供所承诺服务的人员的工资

D．企业承担的管理费用

16. 甲公司为一家咨询服务提供商，中了一个向新客户提供咨询服务的标。甲公司为取得合同而发生的成本如下：（1）尽职调查的外部律师费 7 万元；（2）提交标书的差旅费 8 万元（客户不承担）；（3）销售人员佣金 4 万元。假定不考虑其他因素，甲公司应确认的与合同相关的资产为（ ）万元。

A．4 B．12 C．15 D．19

17. 下列各项中，不属于企业期间费用的是（ ）。

A．无形资产报废产生的净损失 B．支付的业务宣传费

C．发生的外币汇兑损失 D．销售商品应负担的运费

18. 下列人员工资薪金直接计入期间费用的是（ ）。

A．工程人员的工资 B．为履行合同而提供服务人员的工资

C．生产车间管理人员的工资 D．销售人员的工资

19. 企业发生的下列各项税费中，不应记入“税金及附加”科目的是（ ）。

A．自用房产交纳的房产税 B．企业应交纳的教育费附加

C．销售应税消费品交纳的消费税 D．处置固定资产交纳的增值税

20. 某工业企业当月实际交纳增值税 25 万元，消费税 30 万元，印花税 5 万元，房产税 20 万元。该企业适用的城市维护建设税税率为 7%，教育费附加征收率为 3%，则记入“税金及附加”科目的金额为（ ）万元。

A．40.5 B．55.5 C．60.5 D．35.5

21. 某企业为增值税一般纳税人，2022 年实际发生的税金情况如下：增值税 850 万元，销售应税消费品应交消费税 150 万元，城市维护建设税和教育费附加 100 万元，房产税 100 万元，车船税 0.5 万元，印花税 1.5 万元，进口环节交纳关税 2 万元。上述各项税金影响当期损益的金额为（　　）万元。

A. 354　　B. 352　　C. 350　　D. 1204

22. 下列各项中，应通过“管理费用”科目核算的是（　　）。

A. 计提的应收款项的坏账准备　　B. 出租厂房的折旧额
C. 计提的行政管理人员社会保险费　　D. 代垫的行政管理人员医药费

23. 下列各项中，不应计入企业财务费用的是（　　）。

A. 支付的银行承兑汇票手续费　　B. 存款利息收入
C. 发行股票支付的手续费　　D. 经营期间确认的短期借款利息费用

24. 2022 年 12 月 20 日，某企业销售商品开出的增值税专用发票上注明的价款为 100 万元，增值税税额为 13 万元，全部款项已存入银行。该商品的成本为 90 万元，并结转相应的存货跌价准备金额为 5 万元。不考虑其他因素，该业务使企业 2022 年 12 月营业利润增加（　　）万元。

A. 28　　B. 10　　C. 15　　D. 5

25. 下列各项中，影响企业当期营业利润的是（　　）。

A. 毁损报废房屋的净损失　　B. 台风导致原材料毁损的净损失
C. 向灾区捐赠商品的成本　　D. 对外出租设备的折旧额

26. 下列各项中，不会导致企业利润总额减少的是（　　）。

A. 销售商品过程中承担的保险费　　B. 确认的固定资产减值损失
C. 结转已提供服务的成本　　D. 确认的当期所得税费用

27. 企业发生的下列交易或事项中，不会影响当期利润总额的是（　　）。

A. 出售存货结转的成本　　B. 固定资产盘盈
C. 捐赠利得　　D. 计提无形资产减值准备

28. 下列各项中，应在“营业外收入”科目中核算的是（　　）。

A. 出租非专利技术使用权收入　　B. 无法查明原因的现金溢余
C. 固定资产盘盈　　D. 存货盘盈

29. 下列各项中，不应记入“营业外支出”科目的是（　　）。

A. 固定资产盘亏净损失　　B. 行政罚款损失
C. 无法查明原因的现金短缺　　D. 无形资产报废净损失

30. 下列各项中，企业应通过“营业外支出”科目核算的是（　　）。

A. 计提的预计产品质量保证损失　　B. 支付外聘法律顾问费
C. 结转销售材料的成本　　D. 支付的税收滞纳金

31. 甲公司 2022 年度营业收入 5020 万元，营业成本 3500 万元，税金及附加 120 万元，期间费用合计 320 万元，信用减值损失 10 万元，资产减值损失 40 万元，营业外收入 100 万元，营业外支出 10 万元（其中行政罚款 2 万元），适用的企业所得税税率为 25%，假定不考虑其他因素，则甲公司应当确认的所得税费用为（　　）万元。

A. 280.5　　B. 281　　C. 257.5　　D. 258

32. M 公司 2022 年度应纳税所得额为 2500 万元，递延所得税资产期初余额 50 万元，期末余额 20 万元，递延所得税负债期初余额 100 万元，期末余额 80 万元，M 公司适用的企业所得税税率为 25%，则 M 公司 2022 年度应确认的所得税费用为（　　）万元。

A. 625　　B. 635　　C. 655　　D. 645

33. 某企业 2022 年度税前会计利润为 2000 万元，其中本年国债利息收入 120 万元，税收滞纳金 20 万元，企业所得税税率为 25%，假定不考虑其他因素，该企业 2022 年度所得税费用为（　　）万元。

A. 465　　B. 470　　C. 475　　D. 500

34. 某工业企业适用的所得税税率为 25%。2022 年度主营业务收入为 10000 万元，主营业务成本为 6000 万元，其他业务收入为 80 万元，其他业务成本为 40 万元，管理费用为 100 万元（全部为职工薪酬，税法规定的计税工资为 80 万元），财务费用为 20 万元，营业外收入为 40 万元，营业外支出为 10 万元（其中 5 万元属于支付的税收滞纳金，税法规定，计算所得税时，税收滞纳金不允许扣除）。假定不考虑其他因素，该企业 2022 年度的净利润应为（　　）万元。

A. 993.75　　B. 2962.5　　C. 988.75　　D. 2956.25

35. 下列关于会计期末结转本年利润的表结法的表述中，正确的是（　　）。

A. 表结法下不需要设置“本年利润”科目

B. 年末不需要将各项损益类科目余额结转入“本年利润”科目

C. 每月月末需要将各项损益类科目发生额填入利润表来计算反映本期的利润（或亏损）

D. 每月月末需要编制转账凭证将当期各项损益类科目余额结转入“本年利润”科目

二、多项选择题

1. 2022 年 3 月 1 日，甲公司与客户签订合同，向其销售 A、B 两种商品，A 商品的单独售价为 15000 元，B 商品的单独售价为 25000 元，合同总价款为 35000 元。合同约定，A 商品于合同开始日交付，B 商品在一个月之后交付，只有当两种商品全部交付之后，甲公司才有权收取 35000 元的合同对价。假定 A 商品和 B 商品分别构成单项履约义务，其控制权在交付时转移给客户。不考虑相关税费影响，下列说法中正确的有（　　）。

A. 将 A 商品交付给客户时，由于仅承担信用风险，故应确认应收账款

B. 将 B 商品交付给客户时，由于仅承担信用风险，故应确认应收账款

C. 交付 A 商品时，确认合同资产 13125 元

D. 交付 B 商品时，确认应收账款 35000 元

2. 下列各项中，适用《企业会计准则第 14 号——收入》规定的有（　　）。

A. 出售原材料收取的价款　　B. 交易性金融资产的确认和计量

C. 销售商品收取的价款　　D. 提供安装服务收取的服务费

3. 企业发生的下列事项中，通过“主营业务成本”科目核算的有（　　）。

A. 工业企业销售产品结转的产品成本

B. 安装公司提供安装服务结转的成本

C. 工业企业出租固定资产计提的折旧

D. 工业企业结转的随同商品出售单独计价的包装物的成本

4. 下列各项中，制造业企业应计入其他业务成本的有（　　）。

A. 销售外购原材料结转的成本

B. 出租无形资产计提的摊销额

C. 结转随同商品出售不单独计价的包装物的实际成本

D. 对外进行公益性捐赠发生的支出

5. 甲公司 2022 年 7 月 1 日发给乙公司 500 件商品，增值税专用发票注明的价款为 10000 元，增值税税额为 1300 元，代垫运杂费为 800 元（不考虑增值税），该批商品的成本为 5000 元。甲公司发出货物后得知乙公司资金周转十分困难，预计暂时不能收回货款，但纳税义务已经发生。则甲公司下列相关会计处理中，正确的有（　　）。

A. 借：发出商品　　5000

　　贷：库存商品　　5000

B. 借：营业外支出　　5000

　　贷：主营业务成本　　5000

C. 借：应收账款　　800

　　贷：银行存款　　800

D. 借：应收账款　　1300

　　贷：应交税费——应交增值税（销项税额）　　1300

6. 甲公司是一家手机生产销售企业，销售手机适用的增值税税率为 13%。2022 年 1 月，甲公司向零售商乙公司销售 2000 台手机，每台价格为 2500 元（不含增值税），合同价款合计 500 万元。每台手机的成本为 1000 元。乙公司收到手机并验收入库。甲公司向乙公司提供了价格保护，同意在未来 3 个月内，如果同款手机价格下降，则按照合同价格与最低售价之间的差额向乙公司支付差价。甲公司根据以往执行类似合同的经验，预计各种结果发生的概率如下：

手机价格下降的概率估计

未来 3 个月内的降价金额（元 / 台）（不含增值税）	概率（%）
0	50
200	30
300	20

该项销售业务属于在某一时点履行的履约义务。甲公司认为期望值能够更好地预测其有权获取的对价金额。则关于甲公司的会计处理正确的有（　　）。

A. 甲公司确认主营业务收入 500 万元

B. 甲公司确认应交税费——应交增值税（销项税额）65 万元

C. 甲公司确认主营业务成本 500 万元

D. 甲公司确认应收账款 541 万元

7. 甲公司为一家培训公司，2022 年 12 月 1 日，甲公司与乙公司签订一项培训合同，期限为 3 个月，截至 12 月 31 日，已实际发生成本 30 万元，履约进度不能合理确定，已经发生的成本预计能够得到补偿，下列处理中正确的有（　　）。

A. 实际发生成本时，借记“银行存款”等科目 30 万元

B. 结转成本时，借记“主营业务成本”科目 30 万元

C. 确认收入时，贷记“主营业务收入”科目 30 万元

D. 结转成本时，借记“合同履约成本”科目 30 万元

8. 下列各项中，不应作为合同履约成本确认为资产的有（　　）。

A. 销售佣金

B. 投标费

C. 为履行合同耗用的原材料

D. 非正常消耗的直接材料、直接人工和制造费用

9. 下列为履行合同发生的各项支出，应计入当期损益的有（　　）。

A. 明确由客户承担的场地清理费

B. 增加企业未来用于履行履约义务资源的成本

C. 该支出与过去的履约活动相关

D. 应由企业负担的管理费用

10. 某公司经营一家健身俱乐部，适用的增值税税率为 6%。2022 年 1 月 1 日，与客户签订合同，并收取客户会员费 6000 元，增值税税额 360 元。客户可在未来 12 个月内享受健身服务，且没有次数限制。不考虑其他因素，下列各项中，该公司相关会计处理表述正确的有（　　）。

A. 1 月 1 日收到会员费确认合同负债 6000 元

B. 1 月 1 日收到会员费确认预计负债 6000 元

C. 1 月 31 日确认主营业务收入的金额为 530 元

D. 1 月 31 日确认主营业务收入的金额为 500 元

11. 下列各项关于合同履约成本的表述中，错误的有（　　）。

A. 非正常消耗的直接材料、直接人工和制造费用应计入合同履约成本

B. 行政管理部门的管理费用支出应计入合同履约成本

C. “合同履约成本”科目借方登记摊销的合同履约成本

D. “合同履约成本”科目期末借方余额，反映企业尚未结转的合同履约成本

12. 下列各项中，通过“税金及附加”科目核算的有（　　）。

A. 环境保护税　　B. 企业交纳的印花税

C. 销售应税矿产品应交的资源税　　D. 销售应税消费品交纳的消费税

13. 下列各项中，不通过“税金及附加”科目核算的有（　　）。

A. 委托加工物资受托方代收代缴的消费税

B. 厂部车辆应交车辆购置税

C. 企业交纳的环境保护税

D. 拥有并使用船舶的制造业企业应交纳的车船税

14. 下列各项中，制造业企业应计入销售费用的有（　　）。

A. 销售商品过程中承担的保险费　　B. 优化产品销售策略发生的咨询费

C. 出借包装物的摊销额　　D. 出租包装物的摊销额

15. 下列各项中，属于制造业企业销售费用核算内容的有（　　）。

A. 随同商品出售不单独计价的包装物成本

B. 随同商品出售单独计价的包装物成本

C. 业务招待费

D. 专设销售机构发生的业务费

16. 下列关于企业发生的各项支出的表述中，正确的有（　　）。

A. 支付的代销手续费计入销售费用

B. 企业行政管理部门固定资产日常维修费计入管理费用

C. 企业财务部门人员工资计入财务费用

D. 企业销售部门固定资产折旧费计入销售费用

17. 下列各项中，应通过“管理费用”科目核算的有（　　）。

A. 支付的财务咨询费　　B. 生产车间机器设备的折旧费

C. 董事会成员的公务差旅费　　D. 行政管理部门的办公费

18. 下列各项中，应计入企业管理费用的有（　　）。

A. 计提的生产工人养老保险费　　B. 转让非专利技术所有权的净损失

C. 应向董事会成员支付的津贴　　D. 发生的会计师事务所审计费

19. 下列各项中，应通过“管理费用”科目核算的有（　　）。

A. 筹建期间不符合资本化条件的借款利息

B. 企业筹建期间发生的开办费

C. 企业支付的印花税

D. 合同违约支付的诉讼费

20. 下列各项中，不属于企业“财务费用”科目核算内容的有（　　）。

A. 购买交易性金融资产发生的交易费用　B. 筹建期间符合资本化条件的利息支出

C. 商业汇票贴现发生的贴现息　　D. 外币汇兑损益

21. 下列各项中，不影响企业当期营业利润的有（　　）。
A. 无法查明原因的现金短缺
B. 捐赠支出
C. 固定资产因自然灾害发生的毁损净损失
D. 支付的合同违约金

22. 下列各项中，影响当期利润表中利润总额的有（　　）。
A. 固定资产盘盈　　B. 所得税费用
C. 对外捐赠固定资产　　D. 无形资产处置净损益

23. 下列各项中，制造业企业计入营业外支出的有（　　）。
A. 公益性捐赠支出
B. 采购原材料运输途中合理损耗
C. 管理不善导致的原材料盘亏净损失
D. 台风造成的原材料盘亏净损失

24. 下列各项中，应计入营业外收入的有（　　）。
A. 大型设备出售净收益　　B. 存货收发计量差错形成的盘盈
C. 接受捐赠利得　　D. 转销无法支付的应付账款

25. 下列各项中，企业应通过“营业外收入”科目核算的有（　　）。
A. 结转固定资产报废净收益　　B. 确认固定资产盘盈利得
C. 结转无法查明原因的现金溢余　　D. 出租固定资产的租金收入

26. 下列各项中，影响利润表“所得税费用”项目金额的有（　　）。
A. 当期应交所得税　　B. 递延所得税资产
C. 递延所得税负债　　D. 代扣代缴的个人所得税

27. 下列各项中，影响企业净利润的有（　　）。
A. 计提生产车间固定资产折旧
B. 交易性金融资产公允价值上升
C. 购买交易性金融资产时支付的相关交易费用
D. 所得税费用

28. 下列关于结转本年利润的说法中，正确的有（　　）。
A. 表结法下，年中损益类科目无须结转入“本年利润”科目，从而减少了转账环节和工作量，同时并不影响利润表的编制及有关损益指标的利用
B. 账结法下，各损益类科目每月月末只需结计出本月发生额和月末累计余额，不结转到“本年利润”科目，只有在年末时才将全年累计余额结转入“本年利润”科目
C. 表结法下，每月月末均需编制转账凭证，将在账上结计出的各损益类科目的余额结转入“本年利润”科目
D. 账结法下，在各月均可通过“本年利润”科目提供当月及本年累计的利润（或亏损）额，但增加了转账环节和工作量

三、判断题

1. 企业应将向客户转让一系列实质相同且转让模式相同的、可明确区分商品的承诺作为单项履约义务。（　）

2. 企业向客户转让商品的对价未达到“很可能收回”的条件。在发出商品时，企业不应确认收入，将发出商品的成本记入“合同资产”科目，借记“合同资产”科目，贷记“库存商品”科目。（　）

3. 若合同中存在可变对价，企业应当对计入交易价格的可变对价进行估计。企业应当按照期望值或最可能发生金额确定可变对价的最佳估计数。企业可以在两种方法之间随意进行选择。（　）

4. 采用支付手续费方式的委托代销，委托方支付给受托方的代销手续费应当在发生时冲减当期代销收入。（　）

5. 发出商品不符合收入确认条件时，如果销售该商品的纳税义务已经发生，只确认应交的增值税销项税额，不确认销售收入。（　）

6. 在某一时段内履行的履约义务，若能合理确定履约进度的，企业应于资产负债表日按照合同的交易价格总额乘以履约进度扣除以前会计期间累计已确认的收入后的金额，确认当期收入。（　）

7. 无法在未履行与已履行的履约义务之间区分的相关支出计入当期损益。（　）

8. 由企业承担的为取得合同发生的投标费，应确认为合同取得成本。（　）

9. 企业为取得合同发生的增量成本预期能够收回的，应作为合同取得成本确认为一项资产。（　）

10. 企业销售自产应税消费品交纳的消费税通过“税金及附加”科目核算。（　）

11. 企业筹建期间的开办费、销售商品发生的商业折扣以及支付银行承兑汇票的手续费均通过“财务费用”科目核算。（　）

12. 公益性捐赠支出、出租包装物的摊销额、行政性罚款支出都应记入“营业外支出”科目。（　）

13. 企业报废固定资产发生的净损失属于企业的费用。（　）

14. 企业接受非关联方固定资产捐赠产生的利得计入资本公积。（　）

15. 年末结转各损益类科目后，“本年利润”科目借方余额代表企业当年发生的净亏损，贷方余额代表企业当年实现的净利润。（　）

四、不定项选择题

（一）

甲公司为工业企业，系增值税一般纳税人，适用的增值税税率为13%。2022年12月发生如下经济业务：

（1）将外购的一批原材料对外销售，取得销售价款为35万元，增值税税额为4.55万元，该批原材料的成本为22万元。以上款项已存入银行。

（2）将一批自产产品用于建造某生产线工程，该批产品成本为160万元，市场售价为200万元。

（3）将闲置设备与乙公司签订2023年度短期租赁协议，根据协议规定年租金500万元（含税，税率为13%），当日已收取下年度租金。

（4）销售一批产品给丙公司，该批产品标价200万元，由于已经陈旧过时，甲公司给予丙公司30%的商业折扣。同时，在合同中约定现金折扣条件为2/10，N/20（计算现金折扣时不考虑增值税），甲公司基于对丙公司的了解，预计丙公司10天内付款的概率为90%，10天后付款的概率为10%，甲公司认为按照最可能发生金额能够更好地预测其有权获取的对价金额。

（5）将自行研发的一项专利权出租给丁公司使用，月租金为10万元（不含税，税率为6%），当日已收到本月租金。已知该专利权年摊销额为12万元。

要求：根据上述资料，不考虑其他因素，分析回答下列小题。（答案中的金额单位用万元表示）

1. 根据资料（1）至（3）和资料（5），下列说法中正确的是（　　）。

A. 销售原材料应通过"营业外收入"科目核算

B. 将自产产品用于工程建造应确认收入

C. 签订设备出租协议当年无须确认收入

D. 出租专利权应在当年确认收入

2. 根据资料（2），下列会计处理正确的是（　　）。

A. 借：在建工程　160
　　贷：库存商品　160

B. 借：在建工程　186
　　贷：库存商品　160
　　　　应交税费——应交增值税（销项税额）　26

C. 借：在建工程　226
　　贷：主营业务收入　200
　　　　应交税费——应交增值税（销项税额）　26

D. 借：主营业务成本　160
　　贷：库存商品　160

3. 根据资料（4），下列说法中正确的是（　　）。

A. 甲公司应按200万元确认收入，按60万元确认销售费用

B. 甲公司应按扣除商业折扣和现金折扣之后的金额确认收入

C. 甲公司应按2%的比例确认现金折扣

D. 甲公司应按扣除商业折扣后的金额确认销项税额

4. 根据资料（5），下列会计处理正确的是（　　）。

A. 借：银行存款　10.6
　　贷：主营业务收入　10.6

B. 借：银行存款　10.6
　　贷：主营业务收入　10
　　　　应交税费——应交增值税（销项税额）　0.6

C. 借：银行存款　10.6
　　贷：其他业务收入　10
　　　　应交税费——应交增值税（销项税额）　0.6

D. 借：其他业务成本　12
　　贷：累计摊销　12

5. 根据上述资料，甲公司 2022 年 12 月应确认的营业收入为（　　）万元。

A. 245　　B. 685　　C. 182.2　　D. 385

（二）

甲公司为增值税一般纳税人，适用的增值税税率为 13% 和 9%。销售商品和提供服务均属于主营业务，商品销售价格不含增值税，在确认销售收入时结转销售成本，2022 年甲公司发生如下交易或事项：

（1）4 月 21 日，向乙公司销售一批 E 产品，开出增值税专用发票上注明的销售价格为 600 万元，增值税税额为 78 万元，款项尚未收到；该批产品成本为 350 万元，甲公司已将产品发出，纳税义务已经发生，但该笔销售不符合收入确认条件。

（2）7 月 6 日，甲公司承接一项安装服务，安装期 9 个月，安装服务符合在某一时段内履行履约义务确认收入的条件，履约进度按已发生成本占预计总成本的比例确定，合同总价款为 40 万元，当年实际发生成本 12 万元，预计还将发生成本 18 万元。

（3）9 月 1 日，甲公司将本公司生产的部分 F 产品作为福利发给本公司职工，其中生产工人 400 件、车间管理人员 100 件、专设销售机构人员 50 件，该产品每件销售价格为 0.6 万元，实际成本为 0.4 万元。

（4）12 月 4 日，甲公司向丙公司销售 G 产品，销售价格总额为 100 万元，产品的实际成本总额为 65 万元，因成批销售，甲公司给予丙公司 10% 的商业折扣，丙公司 12 月 15 日付款，该笔销售符合收入确认条件。

要求：根据上述资料，假定不考虑其他因素，分析回答下列小题。（答案中的金额单位用万元表示）

1. 根据资料（1），下列各项中，甲公司向乙公司销售产品的会计处理结果正确的是（　　）。

A. 应收账款增加 678 万元　　B. 库存商品减少 350 万元
C. 应收账款增加 78 万元　　D. 应交税费增加 78 万元

2. 根据资料（2），2022 年度甲公司应确认的营业收入是（　　）万元。

A. 12　　B. 30　　C. 40　　D. 16

3. 根据资料（3），下列各项中，甲公司向职工发放福利的会计处理正确的是（　　）。

A. 借：主营业务成本　220
　　贷：库存商品　220

B. 借：生产成本　271.2
　　　制造费用　67.8
　　　销售费用　33.9
　　贷：应付职工薪酬　372.9

C. 借：应付职工薪酬　372.9
　　贷：主营业务收入　330
　　　　应交税费——应交增值税（销项税额）　42.9

D. 借：发出商品　220
　　贷：库存商品　220

4. 根据资料（4），下列各项中，甲公司向丙公司销售 G 产品的会计处理结果正确的是（　　）。

A. 主营业务收入增加 90 万元　　B. 主营业务成本增加 65 万元

C. 应交税费增加 11.7 万元　　D. 销售费用增加 10 万元

5. 根据资料（1）至（4），上述业务对甲公司 2022 年营业利润的影响金额是（　　）万元。

A. 369　　B. 355.1　　C. 105.1　　D. 139

（三）

甲公司为增值税一般纳税人，销售商品适用的增值税税率为 13%，装修服务适用的增值税税率为 9%，酒店服务适用的增值税税率为 6%。以上业务均为甲公司主营业务。2022 年 12 月，甲公司发生如下经济业务：

（1）12 月 5 日，甲公司与乙公司签订委托代销合同，甲公司委托乙公司销售 W 商品 100 件，W 商品已经发出，每件商品成本为 60 元。合同约定乙公司应按每件 100 元对外销售，甲公司按不含增值税的销售价格的 10% 向乙公司支付手续费，乙公司提供代销服务适用的增值税税率为 6%。乙公司没有售出的 W 商品须退回给甲公司。至 12 月 31 日，乙公司已将上述商品全部出售，甲公司收到乙公司开具的代销清单和手续费增值税专用发票。甲公司开出的增值税专用发票上注明的销售价款为 10000 元，增值税税额为 1300 元。

（2）12 月 6 日，甲公司收到客户丙公司退回的全部商品，甲公司于退货当日支付了退货款，并按规定向丙公司开具了增值税专用发票（红字）。该批商品系甲公司 2022 年 9 月 20 日销售的商品，增值税专用发票上注明售价为 20000 元，增值税税额为 2600 元，该批商品成本为 15000 元。

（3）12 月 10 日，甲公司与丁公司签订一项为期 3 个月的装修合同，合同约定装修价款为 100000 元，增值税税额为 9000 元，装修费用每月末按完工进度支付。2022 年 12 月 31 日，经专业测量师测量后，确定该项服务的履约进度为 25%；丁公司按履约进度支付价款及相应的增值税，截至 2022 年 12 月 31 日，甲公司为完成合同累计发生服务成本 20000 元（假定均为装修人员薪酬），估计还将发生服务成本 60000 元。

（4）甲公司经营一家酒店，该酒店是甲公司的自有资产。12 月甲公司计提与酒店经营直接相关的酒店、客房以及客房内的设备家具等折旧费用50000元、酒店土地使用权摊销费用200000元。经计算，当月确认房费、餐饮等服务含税收入848000元，全部款项存入银行。

要求：根据上述资料，不考虑其他因素，分析回答下列小题。

1. 根据资料（1），甲公司会计处理结果正确的是（　　）。

A. 12月5日发出商品时：

借：发出商品	6000	
贷：库存商品		6000

B. 12月5日发出商品时：

借：应收账款	11300	
贷：主营业务收入		10000
应交税费——应交增值税（销项税额）		1300
借：主营业务成本	6000	
贷：库存商品		6000

C. 12月31日甲公司收到乙公司开具的代销清单时：

借：应收账款	11300	
贷：主营业务收入		10000
应交税费——应交增值税（销项税额）		1300
借：主营业务成本	6000	
贷：发出商品		6000

D. 12月31日确认代销手续费时：

借：销售费用	1000	
应交税费——应交增值税（进项税额）	60	
贷：应收账款		1060

2. 根据资料（2），甲公司会计处理结果正确的是（　　）。

A. 应冲减主营业务收入20000元　　B. 应冲减应交税费2600元

C. 应增加库存商品15000元　　D. 应冲减主营业务成本15000元

3. 根据资料（3），甲公司会计处理结果正确的是（　　）。

A. 实际发生服务成本：

借：合同履约成本	20000	
贷：应付职工薪酬		20000

B. 12月10日确认服务收入：

借：应收账款	109000	
贷：主营业务收入		100000
应交税费——应交增值税（销项税额）		9000

C. 12月31日确认服务收入：

借：银行存款	27250	
贷：主营业务收入		25000
应交税费——应交增值税（销项税额）		2250

D. 12月31日结转服务成本：

借：主营业务成本　20000

贷：合同履约成本　20000

4. 根据资料（4），甲公司会计处理结果正确的是（　　）。

A. 固定资产折旧计入合同履约成本

B. 无形资产摊销计入合同履约成本

C. 应确认营业收入800000元

D. 应确认营业成本250000元

5. 根据上述资料，甲公司2022年12月应确认的营业收入为（　　）元。

A. 815000　B. 835000　C. 15000　D. -10000

答案速查

一、单项选择题

1	C	2	C	3	C	4	D	5	B	6	D
7	C	8	B	9	A	10	A	11	D	12	A
13	C	14	B	15	C	16	A	17	A	18	D
19	D	20	C	21	B	22	C	23	C	24	C
25	D	26	D	27	B	28	B	29	C	30	D
31	A	32	B	33	C	34	D	35	C		

二、多项选择题

1	BCD	2	ACD	3	AB	4	AB	5	ACD	6	BD
7	BC	8	ABD	9	CD	10	AD	11	ABC	12	ABCD
13	AB	14	AC	15	AD	16	ABD	17	ACD	18	CD
19	ABD	20	AB	21	BCD	22	CD	23	AD	24	CD
25	AC	26	ABC	27	BCD	28	AD				

三、判断题

1	√	2	×	3	×	4	×	5	√	6	√
7	√	8	×	9	√	10	√	11	×	12	×
13	×	14	×	15	√						

四、不定项选择题

	1		2		3		4		5	
(一) ▶	1	CD	2	A	3	BCD	4	C	5	C
(二) ▶	1	BCD	2	D	3	ABC	4	ABC	5	C
(三) ▶	1	ACD	2	ABCD	3	ACD	4	ABCD	5	A

参考答案及解析

一、单项选择题

1.【答案】C

【解析】选项 A 错误，企业应确定交易价格，确定合同履约成本不属于收入确认与计量的步骤；选项 B 错误，交易价格不包括企业代第三方收取的款项以及企业预期将退还给客户的款项；选项 D 错误，应按照各单项履约义务所承诺商品的单独售价的相对比例，将交易价格分摊至各单项履约义务。

2.【答案】C

【解析】B 产品应分摊的交易价格 =50 ÷ 100 × 90=45（万元）。

3.【答案】C

【解析】选项 A 一般计入投资收益；选项 B 计入营业外收入；选项 D 冲减财务费用。

【点题】选项 C 注意是“使用权”，而不是所有权，转让所有权为出售，计入资产处置损益。

4.【答案】D

【解析】选项 A 记入“销售费用”科目；选项 B 记入“固定资产清理”科目，最终影响“资产处置损益”科目；选项 C 记入“资产处置损益”科目。

5.【答案】B

【解析】采用支付手续费方式委托代销商品的，应在收到受托方开具的代销清单时确认收入，选项 B 错误。

6.【答案】D

【解析】选项 A 错误，对于在某一时段内履行的履约义务，企业应当在该段时间内按照履约进度确认收入，履约进度不能合理确定的除外；选项 B 错误，当履约进度不能合理确定时，企业已经发生的成本预计能够得到补偿的，应当按照已经发生的成本金额确认收入，直到履约进度能够合理确定为止；选项 C 错误，资产负债表日，企业按照合同的交易价格总额乘以履约进度扣除以前会计期间累计已确认的收入后的金额，确认当期收入。

7.【答案】C

【解析】甲公司应编制如下会计分录：

（1）确认收入时：

分录	借方	贷方
借：应收票据	452	
贷：主营业务收入		400
应交税费——应交增值税（销项税额）		52

结转成本时：

分录	借方	贷方
借：主营业务成本	320	
贷：库存商品		320

（2）代垫运费时：

分录	借方	贷方
借：应收账款	[0.2+0.018] 0.218	
贷：银行存款		0.218

8.【答案】B

【解析】选项 B 正确，对于不满足收入确认条件的商品，在发出商品时，借记“发出商品”科目，贷记“库存商品”科目。

9.【答案】A

【解析】甲公司本年度应当按乙商店交来的代销清单中已销售的数量确认收入，未销售部分不满足销售商品收入的确认条件，所以甲公司应确认的销售收入 =100×60%=60（万元）。

10.【答案】A

【解析】甲公司实现销售时应确认的收入 =100×（1-5%）×（1-2%）=93.1（万元），选项 A 错误；增值税的销项税额 =100×（1-5%）×13%=12.35（万元），选项 B 正确；该批商品成本为 80 万元，选项 C 正确；甲公司实际收回的价款 =93.1+12.35=105.45（万元），选项 D 正确。

【点题】（1）10 天内付款享受 2% 的现金折扣，超过 10 天付款不享受现金折扣。

（2）甲公司基于对乙公司的了解，预计乙公司 10 天内付款的概率为 90%，10 天后付款的概率为 10%，按照最可能发生的金额确认可变对价，90% 的概率大，是最可能发生的，所以应该用 10 天内付款对应的现金折扣条件计算可变对价。

11.【答案】D

【解析】选项 D，应在客户取得商品控制权时确认收入，选项 ABC 均属于在某一时段内履行的履约义务。

12.【答案】A

【解析】2022 年末的履约进度 =67.5 ÷（67.5+45）× 100%=60%，2022 年应确认的营业收入 =180 × 60%=108（万元）。

13.【答案】C

【解析】客户在会籍期间可随时来俱乐部健身，且没有次数限制，客户已健身的次数不会影响其未来继续健身的次数，甲公司在该合同下的履约义务是承诺随时准备在客户需要时为其提供健身服务，因此，该履约义务属于在某一时段内履行的履约义务，并且该履约义务在会员的会籍期间内随时间的流逝而被履行。因此，甲公司按照直线法确认收入，每月应当确认的收入 =7632 ÷（1+6%）÷ 12=600（元）。

14.【答案】B

【解析】合同中的交易价格为 100 万元，客户在企业履约的同时即取得并消耗企业履约所带来的经济利益，属于在某一时段内履行的履约义务，应按履约进度确认收入，所以在 2022 年 12 月 31 日应确认收入 =100 × 50%=50（万元）。

15.【答案】C

【解析】选项 ABD，计入当期损益，不计入合同履约成本。

16.【答案】A

【解析】尽职调查的外部律师费和提交标书的差旅费计入管理费用，确认为当期损益；销售人员佣金属于为取得合同发生的预期能够收回的增量成本，应作为合同取得成本确认为一项资产，所以应确认的与合同相关的资产为 4 万元。

17.【答案】A

【解析】无形资产报废产生的净损失应计入营业外支出，不属于期间费用。选项 BD 计入销售费用，选项 C 计入财务费用，均属于期间费用。

18.【答案】D

【解析】选项 A 记入“在建工程”科目；选项 B 记入“合同履约成本”科目；选项 C 记入“制造费用”科目；选项 D 记入“销售费用”科目，属于期间费用。

19.【答案】D

【解析】增值税不计入税金及附加。

20.【答案】C

【解析】记入“税金及附加”科目的税费包括消费税、城市维护建设税、教育费附加、资源税、土地增值税（房地产开发经营企业）、房产税、环境保护税、城镇土地使用税、车船税、印花税等。城市维护建设税及教育费附加的计税依据为纳税人当月实际交纳的增值税、消费税合计数。所以计入税金及附加的金额 =30+（25+30）×（7%+3%）+5+20=60.5（万元）。

21.【答案】B

【解析】进口环节交纳的关税计入相关资产成本中，增值税不影响损益，影响当期损益的金额 =150+100+100+0.5+1.5=352（万元）。

22.【答案】C

【解析】选项A，应记入“信用减值损失”科目；选项B，应记入“其他业务成本”科目；选项D，应记入“其他应收款”科目。

23.【答案】C

【解析】发行股票支付的手续费冲减资本公积等，不计入财务费用。

24.【答案】C

【解析】账务处理如下：

借：银行存款　113

　贷：主营业务收入　100

　　应交税费——应交增值税（销项税额）　13

借：主营业务成本　85

　存货跌价准备　5

　贷：库存商品　90

此时，营业利润 = 营业收入 - 营业成本 =100-85=15（万元）。

25.【答案】D

【解析】对外出租设备的折旧额记入“其他业务成本”科目，影响企业当期营业利润。选项ABC计入营业外支出，不影响营业利润。

26.【答案】D

【解析】选项A，计入销售费用，导致利润总额减少。选项B，计入资产减值损失，导致利润总额减少。选项C，计入主营业务成本或其他业务成本，导致利润总额减少。选项D，计入所得税费用，不影响利润总额。

27.【答案】B

【解析】固定资产盘盈属于前期会计差错，应计入以前年度损益调整，之后调整期初留存收益，所以不会影响企业当期的利润总额。

28.【答案】B

【解析】选项A计入其他业务收入；选项C属于前期会计差错，计入以前年度损益调整；选项D冲减管理费用。

29.【答案】C

【解析】无法查明原因的现金短缺记入“管理费用”科目。

30.【答案】D

【解析】选项A通过“销售费用”科目核算；选项B通过“管理费用”科目核算；选项C通过“其他业务成本”科目核算。

31.【答案】A

【解析】甲公司应当确认的所得税费用 =（5020-3500-120-320-10-40+100-10+2）× 25%=280.5（万元）。

32.【答案】B

【解析】所得税费用 = 当期所得税 + 递延所得税 =2500×25%+（80−100）−（20−50）=635（万元）。M 公司应当编制的会计分录为：

借：所得税费用　635
　　递延所得税负债　20
　贷：应交税费——应交所得税　625
　　　递延所得税资产　30

33.【答案】C

【解析】应纳税所得额 =2000−120（国债利息收入，会计上计入投资收益增加利润，但是税法上不需要交税，要减去）+20（税收滞纳金，会计上计入营业外支出减少利润，但是税法上需要交税，要加回来）=1900（万元），所得税费用 =1900×25%=475（万元）。

34.【答案】D

【解析】利润总额 =10000−6000+80−40−100−20+40−10=3950（万元）。因为税法规定的计税工资是 80 万元，企业已计入当期费用 100 万元，超过税法规定扣除标准（80 万元）的金额为 20（100−80）万元，在计算应纳税所得额时，要纳税调增；税法规定，税收滞纳金不允许扣除，在计算利润总额时，已经进行了扣除，所以计算应纳税所得额时，也要纳税调增。因此，应交所得税 =（3950+20+5）×25%=993.75（万元），净利润 =3950−993.75=2956.25（万元）。

35.【答案】C

【解析】表结法下，各损益类科目每月月末只需结计出本月发生额和月末累计余额，不结转到“本年利润”科目，只有在年末时才将全年累计余额结转入“本年利润”科目，选项 ABD 错误；每月月末要将损益类科目的本月发生额合计数填入利润表的本月数栏，同时将本月月末累计余额填入利润表的本年累计数栏，通过利润表计算反映各期的利润（或亏损），选项 C 正确。

二、多项选择题

1.【答案】BCD

【解析】

合同资产	应收账款
A 商品已交付，但 B 商品未交付	A 商品、B 商品全部交付

分摊至 A 商品的合同价款 =35000×［15000÷（15000+25000）］=13125（元）；
分摊至 B 商品的合同价款 =35000×［25000÷（15000+25000）］=21875（元）。
甲公司的账务处理如下：
交付 A 商品时：
借：合同资产　13125
　贷：主营业务收入　13125

交付B商品时：

借：应收账款 35000

　贷：合同资产 13125

　　主营业务收入 21875

2.【答案】ACD

【解析】选项B适用于金融工具的确认和计量相关的规定。

3.【答案】AB

【解析】选项CD，计入其他业务成本。

4.【答案】AB

【解析】随同商品出售不单独计价的包装物的实际成本计入销售费用，选项C错误；公益性捐赠支出计入营业外支出，选项D错误。

5.【答案】ACD

【解析】本题中商品已发出，要将库存商品转为发出商品，选项A正确；代垫运杂费应记入“应收账款”科目，选项C正确；乙公司资金周转十分困难，预计暂时不能收回货款，不满足“企业因向客户转让商品而有权取得的对价很可能收回”这一条件，所以不能确认收入，但纳税义务已经发生，应确认增值税销项税额，选项D正确。

6.【答案】BD

【解析】甲公司每台手机估计交易价格 =（2500-0）×50%+（2500-200）×30%+（2500-300）×20%=2380（元），甲公司应确认的主营业务收入 =2380×2000=4760000（元）=476（万元），应确认的销项税额 =2500×2000×13%=650000（元）=65（万元）。应确认的主营业务成本 =1000×2000=2000000（元）=200（万元）。

甲公司的账务处理为：

确认收入时：

借：应收账款 541

　贷：主营业务收入 476

　　应交税费——应交增值税（销项税额） 65

结转销售商品成本时：

借：主营业务成本 200

　贷：库存商品 200

7.【答案】BC

【解析】当履约进度不能合理确定时，企业已发生的成本预计能够得到补偿的，应当按照已经发生的成本金额确认收入，直到履约进度能够合理确定为止。

实际发生成本时：

借：合同履约成本 30

　贷：银行存款等 30

确认收入并结转成本：

借：应收账款等 30

　贷：主营业务收入 30

借：主营业务成本　　30
　贷：合同履约成本　　30

8.【答案】ABD

【解析】选项 A，应计入合同取得成本；选项 BD，应计入当期损益。

9.【答案】CD

【解析】选项 AB 应作为合同履约成本确认为一项资产。

10.【答案】AD

【解析】1 月 1 日，收到会员费时：

借：银行存款　　6360
　贷：合同负债　　6000
　　　应交税费——待转销项税额　　360

1 月 31 日，确认收入，同时将对应的待转销项税额确认为销项税额：

借：合同负债　　500
　　应交税费——待转销项税额　　[360 ÷ 12 × 1] 30
　贷：主营业务收入　　[6000 ÷ 12 × 1] 500
　　　应交税费——应交增值税（销项税额）　　30

11.【答案】ABC

【解析】选项 AB 错误，不属于履行合同的直接相关支出，所以不能计入合同履约成本；选项 C 错误，“合同履约成本”科目，借方登记发生的合同履约成本，贷方登记摊销的合同履约成本。

12.【答案】ABCD

【解析】税金及附加是指企业经营活动应负担的相关税费，包括消费税、城市维护建设税、教育费附加、资源税、土地增值税（房地产开发经营企业）、房产税、环境保护税、城镇土地使用税、车船税、印花税等。

13.【答案】AB

【解析】选项 A，企业委托加工物资由受托方代收代缴的消费税，如果收回后继续加工生产应税消费品，受托方代收代缴的消费税通过“应交税费——应交消费税”科目借方核算，如果收回后直接对外出售，则记入“委托加工物资”科目中；选项 B，厂部车辆应交车辆购置税计入固定资产成本。

14.【答案】AC

【解析】选项 B 计入管理费用；选项 D 计入其他业务成本。

【点题】（1）出借的包装物没有任何收入，无经济利益流入，是为了销售所发生的一项纯费用，所以摊销额计入销售费用；

（2）出租的包装物有租金收入，因此摊销额要计入对应的成本中，计入其他业务成本。

15.【答案】AD

【解析】选项 B 计入其他业务成本；选项 C 计入管理费用。

16.【答案】ABD

【解析】企业财务部门人员工资计入管理费用，选项 C 错误。

17.【答案】ACD

【解析】选项 B 计入制造费用。

18.【答案】CD

【解析】选项 A,计提的生产工人养老保险费属于生产工人的职工薪酬,应记入“生产成本”科目；选项 B 应记入“资产处置损益”科目。

19.【答案】ABD

【解析】选项 C 错误，印花税通过“税金及附加”科目进行核算。

【点题】筹建期间没有经营收入，不符合资本化条件的支出计入管理费用。

20.【答案】AB

【解析】选项 A 记入“投资收益”科目的借方；选项 B 应计入相关资产成本。

21.【答案】BCD

【解析】选项 A 计入管理费用,影响营业利润；选项 BCD 计入营业外支出,不影响营业利润。

22.【答案】CD

【解析】选项 A 错误，固定资产盘盈通过“以前年度损益调整”科目核算；选项 B 错误，所得税费用不影响利润总额和营业利润，影响净利润；选项 C 计入营业外支出，选项 D 计入资产处置损益或营业外支出，均影响利润总额。

23.【答案】AD

【解析】选项 B 计入原材料成本；选项 C 计入管理费用。

24.【答案】CD

【解析】选项 A 计入资产处置损益（贷方）；选项 B 计入管理费用（贷方）。

25.【答案】AC

【解析】选项 B 通过“以前年度损益调整”科目核算，批准后调整期初留存收益。选项 D 通过“其他业务收入”科目核算。

【点题】本题各选项分录如下：

选项 A	选项 B
借：固定资产清理 　贷：营业外收入	批准前： 借：固定资产 　贷：以前年度损益调整 借：以前年度损益调整 　贷：应交税费——应交所得税 批准后： 借：以前年度损益调整 　贷：盈余公积 　　　利润分配——未分配利润

选项 C	选项 D
借：待处理财产损溢 　贷：营业外收入	借：银行存款等 　贷：其他业务收入等

26.【答案】ABC

【解析】所得税费用 = 当期所得税 + 递延所得税，递延所得税分为递延所得税资产和递延所得税负债，所以选项 ABC 都会影响“所得税费用”项目的金额；选项 D 对所得税费用没有影响。

27.【答案】BCD

【解析】选项 A 错误，计提生产车间固定资产折旧计入制造费用，不影响净利润；选项 B 正确，交易性金融资产公允价值上升，计入公允价值变动损益，影响净利润；选项 C 正确，购买交易性金融资产时支付的相关交易费用计入投资收益，影响净利润；选项 D 正确，净利润 = 利润总额 − 所得税费用，所得税费用影响净利润。

28.【答案】AD

【解析】表结法下，各损益类科目每月月末只需结计出本月发生额和月末累计余额，不结转到“本年利润”科目，只有在年末时才将全年累计余额结转入“本年利润”科目，选项 B 错误；账结法下，每月月末均需编制转账凭证，将在账上结计出的各损益类科目的余额结转入“本年利润”科目，选项 C 错误。

三、判断题

1.【答案】√

2.【答案】×

【解析】企业向客户转让商品的对价未达到“很可能收回”的收入确认条件，在发出商品时不需要确认收入，但是需要将库存商品转出，计入发出商品，分录如下：

借：发出商品

　贷：库存商品

3.【答案】×

【解析】若合同中存在可变对价，企业应当对计入交易价格的可变对价进行估计。企业应当按照期望值或最可能发生金额确定可变对价的最佳估计数。但是，企业不能在两种方法之间随意进行选择。

4.【答案】×

【解析】采用支付手续费方式的委托代销，委托方支付给受托方的代销手续费应当在发生时记入“销售费用”科目。

5.【答案】√

6.【答案】√

7.【答案】√

8.【答案】×

【解析】企业为取得合同发生的、除预期能够收回的增量成本之外的其他支出，如无论是否取得合同均会发生的差旅费、投标费、为准备投标资料发生的相关费用等，应当在发生时计入当期损益，除非这些支出明确由客户承担。

9.【答案】√

10.【答案】√

11.【答案】×

【解析】企业筹建期间的开办费计入管理费用；销售商品发生的商业折扣从收入中扣除；支付的银行承兑汇票手续费计入财务费用。

12.【答案】×

【解析】出租包装物的摊销额应记入“其他业务成本”科目。

13.【答案】×

【解析】企业报废固定资产发生的净损失应记入“营业外支出”科目，不属于企业的费用。

【点题】“费用”与“损失”相对应，前者是在日常活动中形成的，而后者是在非日常活动中形成的，由于营业外支出属于非日常活动中形成的，因此属于损失，而不属于费用。

14.【答案】×

【解析】企业接受非关联方固定资产捐赠产生的利得计入营业外收入。

15.【答案】√

四、不定项选择题

（一）

1.【答案】CD

【解析】选项 A 错误，销售原材料的收入应通过“其他业务收入”科目核算。选项 B 错误，将自产产品用于工程建造无须确认收入。

【点题】将设备出租，虽然 2022 年收到下年度租金，但按照权责发生制的原则应该在下年度（2023 年）确认收入，因此当年无须确认收入。

2.【答案】A

【解析】选项 BCD 错误，根据规定，将自产产品用于在建工程无须视同销售。

3.【答案】BCD

【解析】甲公司应确认的收入 =200×（1−30%）×（1−2%）=137.2（万元），应确认的销项税额 =200×（1−30%）×13%=18.2（万元）。

甲公司应编制的会计分录为：

借：应收账款　　155.4

　贷：主营业务收入　　137.2

　　　应交税费——应交增值税（销项税额）　　18.2

4.【答案】C

【解析】选项 AB 错误，甲公司为工业企业，将专利权对外出租的租金应通过“其他业务收入”科目核算。选项 D 错误，专利权月摊销额 =12 ÷ 12=1（万元）。

5.【答案】C

【解析】甲公司 2022 年 12 月应确认的营业收入 =35（资料 1）+137.2（资料 4）+10（资料 5）=182.2（万元）。

（二）

1.【答案】BCD

【解析】甲公司应当编制的会计分录为：

借：发出商品　350
　贷：库存商品　350
借：应收账款　78
　贷：应交税费——应交增值税（销项税额）　78

2.【答案】D

【解析】2022 年末的履约进度 =12 ÷（12+18）× 100%=40%，2022 年度应确认的营业收入 =40 × 40%=16（万元）。

3.【答案】ABC

【解析】将自产产品作为福利发放给职工，视同销售处理。

4.【答案】ABC

【解析】甲公司应当编制的会计分录为：

12 月 4 日： 借：应收账款　101.7 　贷：主营业务收入　90 　　　应交税费——应交增值税（销项税额）　11.7 借：主营业务成本　65 　贷：库存商品　65	12 月 15 日： 借：银行存款　101.7 　贷：应收账款　101.7

5.【答案】C

【解析】营业收入 =16（资料 2）+330（资料 3）+90（资料 4）=436（万元），营业成本 =12（资料 2）+220（资料 3）+65（资料 4）=297（万元），销售费用 =50 × 0.6 ×（1+13%）（资料 3）=33.9（万元），营业利润 =436−297−33.9=105.1（万元）。

（三）

1.【答案】ACD

【解析】选项 B 错误，甲公司将 W 商品发送至乙公司后，这些商品对外销售是否获利以及获利多少等不由乙公司控制，乙公司没有取得这些商品的控制权。因此，甲公司将 W 商品发送至乙公司时，不应确认收入。

2.【答案】ABCD

【解析】12月6日销售退回时：

借：主营业务收入　20000
　　应交税费——应交增值税（销项税额）　2600
　贷：银行存款　22600

借：库存商品　15000
　贷：主营业务成本　15000

3.【答案】ACD

【解析】选项B错误，该装修服务构成单项履约义务，并属于在某一时段内履行的履约义务，应按履约进度确认收入。

4.【答案】ABCD

【解析】甲公司经营酒店主要是通过提供客房服务赚取收入，而客房服务的提供直接依赖于酒店土地使用权以及家具等相关资产，这些资产折旧和摊销属于甲公司为履行与客户的合同而发生的合同履约成本。已确认的合同履约成本在收入确认时予以摊销，计入主营业务成本。甲公司应编制如下会计分录：

确认资产的折旧费、摊销费： 借：合同履约成本　250000 　贷：累计折旧　50000 　　　累计摊销　200000	12月确认酒店服务收入并摊销合同履约成本： 借：银行存款　848000 　贷：主营业务收入　800000 　　　应交税费——应交增值税（销项税额）　48000 借：主营业务成本　250000 　贷：合同履约成本　250000

5.【答案】A

【解析】甲公司2022年12月应确认的营业收入=10000（资料1）−20000（资料2）+25000（资料3）+800000（资料4）=815000（元）。

第八章　财务报告

同步强化练习题

使用“会计云课堂”App 扫码做题、对答案、看解析、掌握解题思路，
开启轻松过关之旅。

一、单项选择题

1. 下列关于财务报告的表述不正确的是（　　）。
   A. 财务报告是指企业对外提供的反映企业某一特定日期的财务状况和某一会计期间的经营成果、现金流量等会计信息的文件
   B. 财务报告包括财务报表和其他应当在财务报告中披露的相关信息和资料
   C. 财务报表可以不包括附注
   D. 财务报告按编报时间，分为年度财务报告和中期财务报告

2. 下列资产负债表项目中，应根据多个总账科目余额计算填列的是（　　）。
   A. 实收资本（或股本）　　B. 盈余公积
   C. 货币资金　　D. 交易性金融资产

3. 下列各项中，应根据总账科目和明细账科目余额分析计算填列的是（　　）。
   A. 固定资产　　B. 长期借款
   C. 应付账款　　D. 短期借款

4. 下列资产负债表项目中，应根据有关科目余额减去其备抵科目余额后的净额填列的是（　　）。
   A. 预收款项　　B. 其他应付款
   C. 资本公积　　D. 无形资产

5. 下列各项中，“预付账款”科目所属明细科目期末为贷方余额，应将其贷方余额列入的资产负债表项目是（　　）。
   A. 预收款项　　B. 预付款项
   C. 应收账款　　D. 应付账款

6. 2022 年 12 月 1 日，甲公司“银行存款”科目余额为 200 万元，“库存现金”科目余额为 1 万元，“其他货币资金”科目余额为 100 万元。12 日从银行提取现金 5 万元，赊销商品应收款 113 万元，收到银行承兑汇票 50 万元。则 2022 年 12 月 31 日甲公司资产负债表中“货

币资金”项目填列的金额为（　　）万元。

A. 351　　B. 301　　C. 346　　D. 464

7. 2022 年 12 月初，某企业“应收账款”明细科目借方余额为 300 万元，相应的“坏账准备”科目贷方余额为 20 万元，本月实际发生坏账损失 6 万元。2022 年 12 月 31 日经减值测试，该企业应补提坏账准备 11 万元。假定不考虑其他因素，2022 年 12 月 31 日该企业资产负债表“应收账款”项目的金额为（　　）万元。

A. 269　　B. 274　　C. 275　　D. 280

8. 2022 年 12 月 31 日，某企业“生产成本”科目借方余额 250 万元，“原材料”科目借方余额 150 万元，“发出商品”科目借方余额 50 万元，“材料成本差异”科目贷方余额 10 万元，“委托加工物资”科目借方余额 50 万元，“存货跌价准备”科目贷方余额 40 万元，“工程物资”科目借方余额 100 万元。则期末资产负债表“存货”项目的金额为（　　）万元。

A. 450　　B. 490　　C. 590　　D. 550

9. 2022 年 7 月 1 日，某企业开始研究开发一项非专利技术，当月共发生研发支出 800 万元，其中，费用化支出的金额为 650 万元，符合资本化条件的支出的金额为 150 万元。7 月末，研发活动尚未结束。2022 年 7 月 31 日，该企业应列入资产负债表“开发支出”项目的金额为（　　）万元。

A. 0　　B. 150　　C. 650　　D. 800

10. 甲公司 2022 年 12 月 31 日“固定资产”科目余额为 1000 万元，“累计折旧”科目余额为 400 万元，“固定资产减值准备”科目余额为 100 万元，“固定资产清理”科目借方余额为 150 万元，“在建工程”科目余额为 500 万元，“工程物资”科目余额为 70 万元，则甲公司 2022 年 12 月 31 日资产负债表中“固定资产”项目的金额为（　　）万元。

A. 350　　B. 650　　C. 780　　D. 850

11. 2022 年 12 月 31 日，某企业“其他应收款”科目借方余额为 1000 万元，“应收利息”科目借方余额为 200 万元，“应收股利”科目借方余额为 150 万元，“坏账准备”科目中有关其他应收款的坏账准备余额为 60 万元。不考虑其他因素，该企业 2022 年 12 月 31 日资产负债表中“其他应收款”项目的金额为（　　）万元。

A. 1350　　B. 1000　　C. 940　　D. 1290

12. 丁公司“应收账款”总账科目期末借方余额 400 万元，其中：“应收账款——甲公司”明细科目借方余额 350 万元，“应收账款——乙公司”明细科目借方余额 50 万元；“预收账款”总账科目期末贷方余额 300 万元，其中：“预收账款—— A 工厂”明细科目贷方余额 500 万元，“预收账款—— B 工厂”明细科目借方余额 200 万元。与应收账款有关的“坏账准备”明细科目贷方余额 10 万元，与其他应收款有关的“坏账准备”明细科目贷方余额 5 万元。则丁公司期末资产负债表中“应收账款”项目的金额为（　　）万元。

A. 400　　B. 600　　C. 590　　D. 585

13. 2022 年 12 月 31 日，甲公司“应付账款”总账科目贷方余额为 150 万元，其中明细科目借方余额 50 万元、贷方余额 200 万元，“坏账准备”科目中有关预付账款的坏账准备期末余额为 5 万元。假定不考虑其他因素，2022 年 12 月 31 日甲公司资产负债表中“预付款项”项目列示的金额为（　　）万元。

A. 50　　B. 45　　C. 145　　D. 195

14. 某企业 2020 年 4 月 1 日从银行借入期限为 3 年的长期借款 400 万元，编制 2022 年 12 月 31 日资产负债表时，不考虑其他因素，此项借款应列入的报表项目是（　　）。

A. 长期应收款　　B. 长期借款

C. 长期待摊费用　　D. 一年内到期的非流动负债

15. 甲公司 2022 年年末有关明细科目余额如下：“应收账款—— A 公司”科目借方余额 80 万元，“应收账款—— B 公司”科目贷方余额 50 万元；“预收账款—— C 公司”科目借方余额 20 万元，“预收账款—— D 公司”科目贷方余额 35 万元。假定不考虑其他因素，甲公司 2022 年 12 月 31 日资产负债表中“预收款项”项目的期末余额为（　　）万元。

A. 55　　B. 85　　C. 100　　D. 130

16. 下列各项中，应列入利润表“营业收入”项目的是（　　）。

A. 销售材料取得的收入　　B. 接受非关联方捐赠收到的现金

C. 出售专利权取得的净收益　　D. 出售自用房产取得的净收益

17. 某企业 2022 年发生的营业收入为 1000 万元，营业成本为 500 万元，销售费用为 50 万元，管理费用为 100 万元，财务费用为 25 万元，投资收益为 100 万元，资产减值损失为 50 万元，公允价值变动收益为 150 万元，营业外收入为 40 万元，营业外支出为 35 万元。该企业 2022 年的营业利润为（　　）万元。

A. 540　　B. 525　　C. 425　　D. 500

18. 下列各项中，影响企业利润表“利润总额”项目的是（　　）。

A. 向投资者宣告分配现金股利

B. 向灾区捐款发生的支出

C. 收到投资者超过注册资本份额的出资

D. 确认的所得税费用

19. 下列关于现金流量表的两种编制方法的表述中，正确的是（　　）。

A. 直接法是以利润表中的营业收入为起算点，调整计算与非经营活动有关项目的增减变化，然后计算出经营活动产生的现金流量净额

B. 直接法编制的现金流量表便于将净利润与经营活动产生的现金流量净额进行比较

C. 间接法是以净利润为起算点，调整不涉及现金的收入、费用、营业外支出等项目，剔除投资活动、筹资活动对现金流量的影响，然后计算出经营活动产生的现金流量净额

D. 间接法编制的现金流量表便于分析经营活动产生的现金流量的来源和用途

20. 下列业务发生后将引起现金及现金等价物总额发生变动的是（　　）。

A. 用银行存款清偿债务　　B. 用银行存款购买 1 个月到期的债券

C. 赊购固定资产　　D. 用库存商品抵偿债务

21. 甲公司2022年发生的交易现金流量如下：支付银行借款利息10万元；购买设备50万元；支付以前年度货款500万元，现金流量表中经营活动现金流出量为（ ）万元。

A. 50 B. 60 C. 500 D. 560

22. 下列属于投资活动产生的现金流量的是（ ）。

A. 从银行借入款项收到现金 B. 吸收投资收到现金

C. 购买股票支付现金 D. 发行股票收到现金

23. 企业在编制现金流量表补充资料时，下列各项中通常作为净利润调减项目的是（ ）。

A. 无形资产摊销

B. 固定资产折旧、油气资产折耗、生产性生物资产折旧

C. 信用损失准备

D. 经营性应付项目的减少

24. 下列各项中，不属于所有者权益变动表项目的是（ ）。

A. 提取盈余公积 B. 应付债券

C. 综合收益总额 D. 所有者投入和减少资本

25. 下列各项中，关于财务报表附注的表述不正确的是（ ）。

A. 附注中包括对财务报表重要项目的说明

B. 附注包含未在资产负债表、利润表、现金流量表和所有者权益变动表中列示的项目的说明

C. 如果没有需要披露的重大事项，企业不必编制附注

D. 附注中包括对会计政策和会计估计变更以及差错更正的说明

二、多项选择题

1. 下列属于中期财务报表的有（ ）。

A. 年度财务报表 B. 半年度财务报表

C. 季度财务报表 D. 月度财务报表

2. 下列资产负债表项目中，需要根据明细账科目的期末余额计算填列的有（ ）。

A. 应付账款 B. 开发支出

C. 应付职工薪酬 D. 在建工程

3. 下列资产负债表项目中,应根据有关科目余额减去其备抵科目余额后的净额填列的有( )。

A. 一年内到期的非流动资产 B. 无形资产

C. 短期借款 D. 长期股权投资

4. 下列各项中，应根据总账科目和明细账科目余额分析计算填列的有（ ）。

A. 长期借款 B. 其他非流动负债

C. 预收款项 D. 其他非流动资产

5. 下列各项中，应列入资产负债表“应收账款”项目的有（ ）。

A. 预付职工差旅费 B. 代购货单位垫付的运杂费

C. 销售产品应收取的款项 D. 对外提供服务应收取的款项

6. 资产负债表中“存货”项目的填列内容包括（ ）。
A. 生产成本 B. 存货跌价准备
C. 发出商品 D. 材料成本差异

7. 下列各项中，应列入资产负债表“其他应付款”项目的有（ ）。
A. 计提的短期借款利息
B. 计提的一次还本付息的债券利息
C. 计提的分期付息到期还本的债券利息
D. 计提的分期付息到期还本的长期借款利息

8. 下列各项中，属于企业利润表中列报的项目的有（ ）。
A. 每股收益 B. 综合收益总额
C. 其他收益 D. 信用减值损失

9. 下列各项中，应列入利润表“资产处置收益”项目的有（ ）。
A. 出售原材料取得的收入 B. 出售专利权取得的净收益
C. 出售包装物取得的收入 D. 出售生产设备取得的净收益

10. 下列各项中，应列入利润表“营业成本”项目的有（ ）。
A. 销售材料结转的成本 B. 无形资产出售净损失
C. 固定资产盘亏净损失 D. 经营出租固定资产折旧费

11. 下列各项中，应列入利润表“资产减值损失”项目的有（ ）。
A. 原材料盘亏净损失 B. 固定资产减值损失
C. 长期股权投资减值损失 D. 无形资产转让净损失

12. 下列交易或事项会影响企业综合收益总额的有（ ）。
A. 购买材料支付现金 B. 处置固定资产净收益
C. 交易性金融资产期末公允价值上升 D. 支付广告费

13. 下列属于投资活动产生的现金流量的有（ ）。
A. 处置无形资产收到的现金 B. 用于支付税金的现金
C. 购买固定资产支付的现金 D. 归还银行借款支付的现金

14. 下列属于经营活动产生的现金流量的有（ ）。
A. 缴纳税款 B. 经营性租赁支付的现金
C. 购买商品支付现金 D. 购买股票或债券支付现金

15. 下列各项中，属于筹资活动产生的现金流量的有（ ）。
A. 从银行借入款项收到现金 B. 购买股票或债券支付现金
C. 发行股票收到的现金 D. 购买商品支付现金

16. 企业在编制现金流量表补充资料时，下列各项中通常作为净利润调增项目的有（ ）。
A. 公允价值变动损失 B. 递延所得税资产减少
C. 固定资产报废损失 D. 资产减值准备

17. 下列各项中，属于在所有者权益变动表中单独列示的项目有（ ）。

A. 会计估计变更 B. 差错更正的累积影响金额

C. 综合收益总额 D. 向所有者分配利润

18. 下列各项中，属于所有者权益变动表“本年增减变动金额”项目的有（ ）。

A. 盈余公积转增资本（或股本） B. 提取盈余公积

C. 盈余公积弥补亏损 D. 资本公积转增资本（或股本）

19. 下列属于企业财务报表附注中应披露的内容有（ ）。

A. 企业简介和主要财务指标

B. 财务报表的编制基础

C. 重要会计政策和会计估计

D. 会计政策和会计估计变更以及差错更正的说明

三、判断题

1. 资产负债表是反映企业在某一会计期间财务状况的财务报表。（ ）

2. 企业日常核算中不设置“预付账款”账户，期末编制资产负债表时不需要填列“预付款项”项目。（ ）

3. 在资产负债表日起一年内到期且企业不能自主地将清偿义务展期的长期借款应列报在资产负债表中的“一年内到期的非流动负债”项目。（ ）

4. “应收账款”项目应根据“应收账款”和“预收账款”科目所属各明细科目的期末借方余额合计数，减去“坏账准备”科目中相关坏账准备期末余额后的金额填列。（ ）

5. “交易性金融资产”项目应根据“交易性金融资产”总账科目余额填列。（ ）

6. 资产负债表中“预付款项”项目应根据“应付账款”和“预付账款”科目所属各明细科目期末借方余额合计数，减去“坏账准备”科目中有关预付账款计提的坏账准备期末余额后的净额填列。（ ）

7. “应收票据”项目应根据“应收票据”科目的期末余额填列。（ ）

8. “无形资产”项目，应根据“无形资产”科目期末余额减去“累计摊销”科目期末余额后的净额填列。（ ）

9. “开发支出”项目应当根据“研发支出”科目中所属的“费用化支出”明细科目期末余额填列。（ ）

10. 资产负债表中的“其他应收款”项目，应直接根据“其他应收款”科目余额填列。（ ）

11. 资产负债表中“长期借款”项目直接根据“长期借款”总账科目余额填列。（ ）

12. “管理费用”项目应根据“管理费用”科目的本期发生额减去“管理费用”科目下的“研发费用”和自行研发无形资产的“无形资产摊销”明细科目本期发生额分析填列。（ ）

13. “其他综合收益的税后净额”项目，反映企业根据企业会计准则规定未在损益中确认的各项利得和损失扣除所得税影响后的净额。（　　）

14. 利润表各项目均需填列“本期金额”和“上期金额”两栏。其中“上期金额”栏内各项数字，应根据上年该期利润表的“本期金额”栏内所列数字填列。（　　）

15. 企业利润表中的“综合收益总额”项目应根据企业当年的“净利润”和“其他综合收益的税后净额”的合计数计算填列。（　　）

16. 现金流量表是以资产负债表和利润表等会计核算资料为依据，按照权责发生制要求对现金流量的结构性表述。（　　）

17. 我国企业会计准则规定企业应当采用直接法列示经营活动产生的现金流量，同时要求在附注中披露将净利润调整为经营活动现金流量的信息。（　　）

18. 企业购建固定资产支付的现金，应在现金流量表“经营活动产生的现金流量”项目填列。（　　）

19. 所有者权益变动表只是反映企业在一定期间未分配利润的增减变动情况的报表。（　　）

20. 所有者权益变动表“未分配利润”项目的本年年末余额应当与本年资产负债表“未分配利润”项目的期末余额相等。（　　）

21. 附注是对资产负债表、利润表、现金流量表和所有者权益变动表中列示项目含义的补充说明，以及对未能在这些报表中列示项目的详细或明细说明。（　　）

22. 现金流量表补充资料提供将净利润调节为经营活动现金流量、不涉及现金收支的重大投资和筹资活动以及现金及现金等价物净变动情况三方面的结构性信息。（　　）

四、不定项选择题

甲有限责任公司（以下简称“甲公司”）为增值税一般纳税人，从事机械制造，适用的增值税税率为13%，所得税税率为25%，按净利润的10%提取法定盈余公积。2022年1月1日所有者权益总额为5000万元，其中实收资本3000万元，资本公积1000万元，其他综合收益200万元，盈余公积200万元，未分配利润600万元。2022年度甲公司发生如下经济业务：

（1）经批准，甲公司接受乙公司投入不需要安装的生产用设备一台并交付使用，合同约定的价值为1000万元（与公允价值相符），增值税税额为130万元；同时甲公司增加实收资本800万元，相关手续已办妥。

（2）出售一项专利权，售价100万元，增值税税额为6万元，款项存入银行，不考虑其他相关税费。该项专利权实际成本80万元，累计摊销20万元，未计提减值准备。

（3）结转出售固定资产净收益60万元。

（4）接受非关联方捐赠现金100万元，已存入银行。

（5）除上述经济业务外，甲公司当年实现营业收入9000万元，发生营业成本5000万元、税金及附加500万元、销售费用100万元、管理费用200万元、财务费用80万元，增加营业外收入180万元。

要求：根据上述资料，假定甲公司无任何纳税调整事项，不考虑其他因素，分析回答下列小题。

1. 根据期初资料和资料（1），下列说法中正确的是（ ）。
   A. 甲公司固定资产增加 1130 万元
   B. 甲公司增加实收资本 800 万元
   C. 甲公司接受投资后的所有者权益总额为 6130 万元
   D. 甲公司减少应交税费 130 万元

2. 根据资料（2），下列会计处理正确的是（ ）。
   A. 确认资产处置损益 40 万元
   B. 确认其他业务收入 100 万元
   C. 确认营业外收入 40 万元
   D. 增加应交税费 6 万元

3. 根据资料（3）和（4），下列说法中正确的是（ ）。
   A. 结转出售固定资产净收益影响营业利润
   B. 接受非关联方现金捐赠影响营业利润
   C. 结转出售固定资产净收益影响营业外收入
   D. 接受非关联方现金捐赠计入资本公积

4. 根据资料（1）至（5），甲公司 2022 年度利润表“营业利润”项目的本期金额是（ ）万元。
   A. 3120 B. 3220 C. 3250 D. 3150

5. 根据期初资料、资料（1）至（5），甲公司 2022 年年末资产负债表“未分配利润”项目的金额为（ ）万元。
   A. 600 B. 3225 C. 2962.5 D. 2625

答案速查

一、单项选择题

题号	答案	题号	答案	题号	答案	题号	答案	题号	答案	题号	答案
1	C	2	C	3	B	4	D	5	D	6	B
7	A	8	A	9	B	10	B	11	D	12	C
13	B	14	D	15	B	16	A	17	B	18	B
19	C	20	A	21	C	22	C	23	D	24	B
25	C										

二、多项选择题

1	BCD	2	ABC	3	BD	4	ABD	5	BCD	6	ABCD
7	ACD	8	ABCD	9	BD	10	AD	11	BC	12	BCD
13	AC	14	ABC	15	AC	16	ABCD	17	BCD	18	ABCD
19	ABCD										

三、判断题

1	×	2	×	3	√	4	√	5	×	6	√
7	×	8	×	9	×	10	×	11	×	12	√
13	√	14	√	15	√	16	×	17	√	18	×
19	×	20	√	21	√	22	√				

四、不定项选择题

1	BCD	2	AD	3	A	4	B	5	C

参考答案及解析

一、单项选择题

1.【答案】C

【解析】选项 C 错误，一套完整的财务报表至少应当包括资产负债表、利润表、现金流量表、所有者权益变动表和附注。

2.【答案】C

【解析】选项 AB 错误，根据总账科目余额直接填列；选项 C 正确，根据“库存现金”“银行存款”“其他货币资金”三个总账科目的余额计算填列；选项 D 错误，根据明细账科目余额计算填列。

3.【答案】B

【解析】选项 A，根据有关科目余额减去其备抵科目余额后的净额填列；选项 C，根据明细账科目余额计算填列；选项 D，根据相应总账科目的余额直接在资产负债表中填列。

4.【答案】D

【解析】“无形资产”项目应根据“无形资产”科目的期末余额，减去“累计摊销”和“无形资产减值准备”科目期末余额后的净额填列。选项 ABC，无备抵科目。

5.【答案】D

【解析】“应付账款”项目，应根据“应付账款”和“预付账款”科目所属的相关明细科目的期末贷方余额合计数填列。

6.【答案】B

【解析】2022 年 12 月 31 日甲公司资产负债表中“货币资金”项目填列的金额 =200+1+100=301（万元）。提取现金，属于“货币资金”项目内部一增一减，不影响货币资金总额；赊销商品和收到银行承兑汇票不涉及“货币资金”项目。

7.【答案】A

【解析】资产负债表“应收账款”项目的金额 =“应收账款”明细科目借方余额 +“预收账款”明细科目借方余额 – 相关的“坏账准备”科目余额 =（300–6）–（20–6+11）= 269（万元）。

【点题】本月实际发生坏账损失 6 万元的会计分录为：

借：坏账准备　　6

　贷：应收账款　　6

（300–6）中“300”是应收账款期初的借方余额，“–6”是上述分录中的贷记“应收账款”科目 6 万元。（20–6+11）中的“20”是坏账准备期初的贷方余额，“–6”是上述分录中的借记“坏账准备”科目 6 万元，“+11”是补提坏账准备 11 万元。

8.【答案】A

【解析】期末资产负债表“存货”项目的金额 =250+150+50–10+50–40=450（万元）；工程物资反映在“在建工程”项目中，不属于“存货”项目。

9.【答案】B

【解析】“开发支出”项目应根据“研发支出——资本化支出”明细科目期末余额填列，即 150 万元。

10.【答案】B

【解析】甲公司 2022 年 12 月 31 日资产负债表中“固定资产”项目的金额 =1000–400–100+150=650（万元），选项 B 正确。

11.【答案】D

【解析】“其他应收款”项目应根据“应收利息”“应收股利”“其他应收款”科目的期末余额合计数，减去“坏账准备”科目中相关坏账准备期末余额后的金额填列。资产负债表中“其他应收款”项目的金额 =1000+200+150–60=1290（万元）。

12.【答案】C

【解析】“应收账款”项目应根据“应收账款”和“预收账款”科目所属各明细科目的期

末借方余额合计数，减去相关坏账准备期末余额后的净额填列。丁公司期末资产负债表中“应收账款”项目的金额 =350+50+200-10=590（万元）。

13.【答案】B

【解析】2022 年 12 月 31 日甲公司资产负债表中“预付款项”项目列示的金额 =“预付账款”明细科目期末借方余额 +“应付账款”明细科目期末借方余额 -“坏账准备”科目中相关坏账准备期末余额 =50-5=45（万元），选项 B 正确。

14.【答案】D

【解析】截至 2022 年 12 月 31 日，该长期借款还有 3 个月到期，所以应列入“一年内到期的非流动负债”项目中。

15.【答案】B

【解析】“预收款项”项目应根据“预收账款”和“应收账款”科目所属各明细科目的期末贷方余额合计数填列。所以甲公司 2022 年 12 月 31 日资产负债表中“预收款项”项目的期末余额 =50+35=85（万元），选项 B 正确。

16.【答案】A

【解析】选项 A，通过“其他业务收入”科目核算，列入“营业收入”项目；选项 B，列入“营业外收入”项目；选项 CD 均列入“资产处置收益”项目。

17.【答案】B

【解析】营业外收入、营业外支出不影响营业利润，营业利润 =1000-500-50-100-25+100-50+150=525（万元）。

18.【答案】B

【解析】选项 A，导致所有者权益总额减少，不影响利润总额；选项 B，计入营业外支出，影响利润总额；选项 C，计入资本公积，不影响利润总额；选项 D，计入所得税费用，不影响利润总额，影响净利润。

19.【答案】C

【解析】选项 A 错误：直接法是以利润表中的营业收入为起算点，调整计算与经营活动有关项目的增减变动，然后计算出经营活动产生的现金流量净额。选项 B 错误：间接法编制的现金流量表便于将净利润与经营活动产生的现金流量净额比较。选项 D 错误：直接法编制的现金流量表，便于分析经营活动产生的现金流量的来源和用途。

20.【答案】A

【解析】选项 A：用银行存款清偿债务，导致银行存款减少，从而引起现金及现金等价物总额减少；选项 B：用银行存款购买 1 个月到期的债券，属于现金及现金等价物的一增一减，并没有引起现金及现金等价物总额变动；选项 C：赊购固定资产，不影响现金及现金等价物；选项 D：用库存商品抵偿债务，不影响现金及现金等价物。

21.【答案】C

【解析】支付银行借款利息属于筹资活动的现金流出量，购买设备属于投资活动的现金流出量。

22.【答案】C

【解析】选项 ABD 属于筹资活动产生的现金流入量；选项 C 属于投资活动产生的现金流出量。

23.【答案】D

【解析】选项 ABC 属于在净利润的基础上调增的项目。

24.【答案】B

【解析】选项 B 属于资产负债表项目。

25.【答案】C

【解析】选项 C：一套完整的财务报表至少应当包括资产负债表、利润表、现金流量表、所有者权益（或股东权益）变动表以及附注，所以附注是不可或缺的。

二、多项选择题

1.【答案】BCD

【解析】财务报表按编报时间分为年度财务会计报表和中期财务会计报表。中期财务报表分为月度、季度和半年度财务会计报表，选项 BCD 正确。

2.【答案】ABC

【解析】选项 D 应根据有关科目余额减去其备抵科目余额后的净额填列。

3.【答案】BD

【解析】选项 A，根据明细账科目余额计算填列；选项 C，根据总账科目余额填列。

4.【答案】ABD

【解析】选项 C，“预收款项”项目根据明细账科目余额计算填列。

5.【答案】BCD

【解析】预付职工差旅费计入其他应收款，选项 A 错误。

6.【答案】ABCD

7.【答案】ACD

【解析】选项 B 错误，计提的一次还本付息的债券利息，记入“应付债券——应计利息”科目，不记入“应付利息”科目，不在“其他应付款”项目列示。“其他应付款”项目应根据“应付利息”“应付股利”“其他应付款”科目的期末余额合计数填列。

8.【答案】ABCD

9.【答案】BD

【解析】选项 AC 列入“营业收入”项目。

10.【答案】AD

【解析】选项 AD 记入“其他业务成本”科目,填列在“营业成本”项目；选项 B 记入“资产处置损益”科目，填列在“资产处置收益”项目；选项 C 记入“营业外支出”科目，填列在“营业外支出”项目。

11.【答案】BC

【解析】选项 A，原材料盘亏净损失属于一般经营损失的，应记入“管理费用”科目，属于非常损失的，应记入“营业外支出”科目；选项 D，无形资产转让净损失应记入“资产处置损益”科目。

12.【答案】BCD

【解析】“综合收益总额”项目，反映企业净利润与其他综合收益的税后净额的合计金额。选项 A，不影响净利润和其他综合收益的税后净额。

13.【答案】AC

【解析】选项 B 属于经营活动产生的现金流出量；选项 D 属于筹资活动产生的现金流出量。

14.【答案】ABC

【解析】选项 D 属于投资活动产生的现金流出量。

15.【答案】AC

【解析】选项 B 属于投资活动产生的现金流出量；选项 D 属于经营活动产生的现金流出量。

16.【答案】ABCD

17.【答案】BCD

【解析】在所有者权益变动表上，企业至少应当单独列示反映下列信息的项目:(1）综合收益总额（选项 C);(2）会计政策变更和差错更正的累积影响金额（选项 B);(3）所有者投入资本和向所有者分配利润等（选项 D);(4）提取的盈余公积;(5）实收资本、其他权益工具、资本公积、其他综合收益、专项储备、盈余公积、未分配利润的期初和期末余额及其调节情况。

18.【答案】ABCD

【解析】“本年增减变动金额”项目是所有者权益变动表中的一个大项目，其下涉及诸多子项目。选项 ACD 在“所有者权益内部结转”子项目中。选项 B 在“利润分配”子项目中。

19.【答案】ABCD

三、判断题

1.【答案】×

【解析】资产负债表是反映企业在某一特定日期的财务状况的报表。

2.【答案】×

【解析】预付账款情况不多的企业,可以不设置“预付账款”科目,而将预付的款项通过“应付账款”科目借方核算，期末“应付账款”明细科目借方余额需要填列在资产负债表“预付款项”项目中。

3.【答案】√

4.【答案】√

5.【答案】×

【解析】“交易性金融资产”项目应根据“交易性金融资产”科目的相关明细科目期末余额分析填列。

6.【答案】√

7.【答案】×

【解析】“应收票据”项目应根据“应收票据”科目的期末余额，减去“坏账准备”科目中有关应收票据计提的坏账准备期末余额后的金额分析填列。

8.【答案】×

【解析】“无形资产”项目，应根据“无形资产”科目期末余额减去“累计摊销”“无形资产减值准备”科目期末余额后的净额填列。

9.【答案】×

【解析】“开发支出”项目应当根据“研发支出”科目中所属的“资本化支出”明细科目期末余额填列。

10.【答案】×

【解析】“其他应收款”项目应根据“应收利息”“应收股利”“其他应收款”科目的期末余额合计数，减去相关“坏账准备”期末余额后的金额填列。

11.【答案】×

【解析】“长期借款”项目应根据“长期借款”科目的期末余额，扣除“长期借款”科目所属的明细科目中将在资产负债表日起一年内到期且企业不能自主地将清偿义务展期的长期借款后的金额计算填列。

12.【答案】√

13.【答案】√

14.【答案】√

15.【答案】√

16.【答案】×

【解析】现金流量表是以资产负债表和利润表等会计核算资料为依据，按照收付实现制要求对现金流量的结构性表述。

17.【答案】√

18.【答案】×

【解析】购建固定资产支付的现金应在现金流量表“投资活动产生的现金流量”项目填列。

19.【答案】×

【解析】所有者权益变动表是反映构成所有者权益各组成部分当期增减变动情况的报表。

20.【答案】√

21.【答案】√

22.【答案】√

四、不定项选择题

1.【答案】BCD

【解析】甲公司接受投资应编制的会计分录为：

借：固定资产　　1000

　　应交税费——应交增值税（进项税额）　　130

　贷：实收资本　　800

　　　资本公积——资本溢价　　330

接受投资后的所有者权益总额 =5000+800+330=6130（万元）；应交税费登记在借方，减少130 万元。

【点题】甲公司取得增值税专用发票后可以将税额作为进项税额去抵扣销项税额，这相当于甲公司获得了好处（即可以让自己少交增值税），但是好处不是白得的，需要增加实收资本及资本公积金额。

2.【答案】AD

【解析】相关会计处理为：

借：银行存款　　106

　　累计摊销　　20

　贷：无形资产　　80

　　　应交税费——应交增值税（销项税额）　　6

　　　资产处置损益　　40

3.【答案】A

【解析】选项 A 正确，选项 C 错误：结转出售固定资产净收益，计入资产处置损益，影响营业利润。选项 BD 错误：接受非关联方现金捐赠计入营业外收入，不影响营业利润与资本公积。

4.【答案】B

【解析】甲公司2022年度利润表“营业利润”项目的本期金额=40（资料2）+60（资料3）+（9000−5000−500−100−200−80）（资料5）=3220（万元）。

5.【答案】C

【解析】甲公司2022年利润总额=3220+100（资料4）+180（资料5）=3500（万元），所得税费用=3500×25%=875（万元），净利润=3500−875=2625（万元），提取法定盈余公积=2625×10%=262.5（万元），年末未分配利润=600+2625−262.5=2962.5（万元）。

第四部分

经典大题

为帮助您更好的利用本书、系统做题，使用“会计云课堂”App 扫描右侧二维码，带您回顾上册“经典例题”，巩固考点、查缺补漏。

历年经典大题回顾

专题一　流动资产

使用“会计云课堂”App 扫码做题、对答案、看解析、掌握解题思路，开启轻松过关之旅。

肖老师带您读题

（一）

甲公司为增值税一般纳税人，2021 年[1]发生交易性金融资产业务如下：

（1）1 月 5 日，从二级市场购入乙上市公司股票 200 万股，支付价款 210 万元（其中包含已宣告但尚未发放的现金股利 10 万元），另支付相关交易费用 0.5 万元，取得增值税专用发票上注明的增值税税额为 0.03 万元。甲公司将其划分为交易性金融资产进行管理和核算。[2]

（2）3 月 31 日，持有的乙上市公司股票的公允价值为 180 万元。[3]

（3）6 月 30 日，出售持有的全部乙上市公司股票，取得价款 263 万元。转让该金融商品应交的增值税为 3 万元。[4]

要求：根据上述资料，不考虑其他因素，分析回答下列小题。（2022 年）

1. 根据资料（1），下列各项中，甲公司购买股票的相关会计科目处理正确的是（　　）。

A. 借记“应收股利”科目 10 万元

B. 借记“投资收益”科目 0.5 万元

C. 贷记“银行存款”科目 210.53 万元

D. 贷记“其他货币资金”科目 210.53 万元

2. 根据资料（1），甲公司购买股票应记入“交易性金融资产——成本”科目的金额是（　　）万元。

A. 210.53　　　　B. 200

C. 210　　　　D. 200.5

1 一看期初，无余额。
二看本期，2021 年共发生三件事，分别在 1 月 5 日，3 月 31 日，6 月 30 日。

2 资料（1）考核取得交易性金融资产的入账价值。注意取得时的几个要点：
①已宣告但尚未发放的现金股利计入应收股利借方。
②交易费用计入投资收益借方，增值税计入应交税费——应交增值税（进项税额）。

3 资料（2）考核资产负债表日，交易性金融资产的公允价值变动，差额计入公允价值变动损益。

4 资料（3）考核出售交易性金融资产，差额计入投资收益；转让金融商品应交增值税，计入投资收益。

3. 根据资料（1）和（2），下列各项中，关于甲公司3月31日会计处理表述正确的是（　　）。

A. 确认投资收益20万元

B. 确认交易性金融资产（公允价值变动）减少20万元

C. 确认公允价值变动损失20.5万元

D. 确认交易性金融资产（公允价值变动）减少20.5万元

4. 根据资料（1）至（3），下列各项中，关于甲公司6月30日出售乙上市公司股票的会计处理正确的是（　　）。

A. 借：应交税费——转让金融商品应交增值税　30000
　　贷：投资收益　30000

B. 借：其他货币资金　2630000
　　　交易性金融资产——公允价值变动　200000
　　贷：交易性金融资产——成本　2000000
　　　　投资收益　830000

C. 借：投资收益　30000
　　贷：应交税费——转让金融商品应交增值税　30000

D. 借：其他货币资金　2630000
　　贷：交易性金融资产——成本　2005000
　　　　投资收益　625000

肖老师带您读题

»

5 三看期末。落脚点在“以上资料对报表项目的影响”，即对利润表中的营业利润的影响金额。

5. 根据资料（1）至（3），该股票投资对甲公司2021年度营业利润[5]的影响金额是（　　）万元。

A. 59.5　　B. 30.5　　C. 65.5　　D. 66

肖老师带您读题

»

1 资料（1）考核存货成本的确认。注意，供货方代垫运费计入存货成本。

2 资料（2）考核销售材料，确认其他业务收入，同时结转其他业务成本。

3 资料（3）考核发出材料，本着“谁受益谁负担”的原则进行确认。

4 资料（4）考核存货减值。减值的金额计入存货跌价准备贷方。

（二）

甲企业“原材料”科目余额为500万元，与原材料有关的“存货跌价准备”科目无余额，2020年12月该企业发生如下经济业务：

（1）2日，购入一批原材料，价款为400万元，增值税税额为52万元，材料已验收入库。供货方代垫运费8万元，增值税税额为0.72万元。该业务已取得全部增值税专用发票，全部款项尚未支付。[1]

（2）25日，销售一批原材料，开具的增值税专用发票注明价款为50万元，增值税税额为6.5万元，符合收入确认条件，全部款项尚未收到，所售原材料成本为30万元，确认收入的同时结转销售成本。[2]

（3）31日，根据“发料凭证汇总表”的记录，除当月25日因销售发出的原材料成本外，当月还耗用原材料共计418万元，其中，生产车间生产产品400万元，车间管理部门10万元，专设销售机构6万元，行政管理部门2万元。[3]

（4）31日，该企业原材料及其生产的产品发生减值，原材料预计可变现净值为450万元。[4]

要求：根据上述资料，不考虑其他因素，分析回答下列小题。（答案中的金额单位用万元表示）（2021年）

1. 根据资料（1），下列各项中，甲企业购进原材料的入账成本是（　　）万元。

A. 452　　B. 408　　C. 400　　D. 408.72

2. 根据资料（2），下列各项中，甲企业销售原材料的会计处理正确的是（　　）。

A. 结转成本时：

借：主营业务成本　　30

　贷：原材料　　30

B. 确认收入时：

借：应收账款　　56.5

　贷：其他业务收入　　50

　　应交税费——应交增值税（销项税额）　　6.5

C. 结转成本时：

借：其他业务成本　　30

　贷：原材料　　30

D. 确认收入时：

借：应收账款　　56.5

　贷：主营业务收入　　50

　　应交税费——应交增值税（销项税额）　　6.5

3. 根据资料（3），下列各项中，甲企业发出原材料的会计科目处理正确的是（　　）。

A. 借记“销售费用”科目6万元　　B. 借记“管理费用”科目12万元

C. 借记“生产成本”科目400万元　　D. 贷记“原材料”科目418万元

4. 根据期初资料、资料（1）至（4），下列各项中，甲企业原材料减值的会计处理正确的是（　　）。

A. 借记“原材料”科目2万元

B. 借记“信用减值损失”科目2万元

C. 借记“资产减值损失”科目10万元

D. 贷记“存货跌价准备”科目10万元

5. 根据期初资料、资料（1）至（4），下列各项中，甲企业原材料相关业务对2020年12月营业利润的影响金额是（　　）万元。

A. 2　　B. 10　　C. 8　　D. 12

（三）

甲公司为增值税一般纳税人，存货按实际成本进行日常核算，2019年12月初“应收账款”科目借方余额800000元（各明细科目无贷方余额），“应收票据”科目借方余额300000元，“坏账准备——应收账款”科目贷方余额80000元。2019年12月甲公司发生如下经济业务：

（1）10日，采用委托收款方式向乙公司销售一批商品，发出的商品满足收入确认条件，开具的增值税专用发票上注明价款500000元，增值税税额为65000元；用银行存款为乙公司垫付

肖老师带您读题

1 资料（1）考核销售商品，确认主营业务收入，另代垫的运费及增值税计入应收账款。

2 资料（2）考核采购原材料。背书转让银行承兑汇票计入应收票据贷方。

3 资料（3）考核坏账核销。应收账款减少，坏账准备减少。

4 资料（4）考核坏账准备计提金额的计算。计提数=应保持数-已有数。

运费40000元，增值税税额为3600元，上述全部款项至月末尚未收到。[1]

（2）18日，购入一批原材料，取得并经税务机关认证的增值税专用发票上注明的价款为270000元，增值税税额为35100元，材料验收入库。甲公司背书转让面值300000元、不带息的银行承兑汇票结算购料款，不足部分以银行存款补付。[2]

（3）25日，因丙公司破产，应收丙公司账款40000元不能收回，经批准确认为坏账并予以核销。[3]

（4）31日，经评估计算，甲公司"坏账准备——应收账款"科目应保持的贷方余额为102400元。[4]

要求：根据上述资料，不考虑其他因素，分析回答下列小题。（2019年改编）

1. 根据资料（1），下列各项中，甲公司销售商品确认的应收账款的金额是（　　）元。

A. 608600　　B. 605000　　C. 540000　　D. 565000

2. 根据资料（2），下列各项中，甲公司采购材料相关会计科目处理正确的是（　　）。

A. 贷记"银行存款"科目5100元

B. 贷记"应收票据"科目300000元

C. 贷记"应收票据"科目305100元

D. 借记"原材料"科目270000元

3. 根据资料（3），下列各项中，甲公司核销坏账的会计处理正确的是（　　）。

A. 借：信用减值损失——计提的坏账准备　40000
　　贷：应收账款——丙公司　40000

B. 借：坏账准备——应收账款　40000
　　贷：信用减值损失——计提的坏账准备　40000

C. 借：信用减值损失——计提的坏账准备　40000
　　贷：坏账准备——应收账款　40000

D. 借：坏账准备——应收账款　40000
　　贷：应收账款——丙公司　40000

4. 根据期初资料、资料（1）至（4），下列各项中，关于甲公司12月末坏账准备会计处理表述正确的是（　　）。

A. 计提坏账准备前，"坏账准备——应收账款"科目为贷方余额80000元

B. 本年末应计提坏账准备的金额为62400元

C. 计提坏账准备前，"坏账准备——应收账款"科目为贷方余额40000元

D. 本年末应计提坏账准备的金额为102400元

5. 根据期初资料、资料（1）至（4），12月31日甲公司资产负债表"应收账款"项目期末余额应列示的金额是（　　）元。

A. 1408600　　B. 1306200　　C. 1266200　　D. 1328600

（四）

某企业为增值税一般纳税人，采用实际成本核算存货。2019 年 11 月 30 日资产负债表“存货”项目的“期末余额”栏为 200000 元。12 月发生存货相关业务如下：

（1）10 日，购入原材料 2000 千克，采购单价为 100 元，取得经税务机关认证的增值税专用发票注明的价款为 200000 元，增值税税额为 26000 元；由销售方代垫运费，取得经税务机关认证的增值税专用发票注明的运费为 2000 元，增值税税额为 180 元；全部款项以银行存款支付。12 日，原材料验收入库，发现短缺 10 千克，经查属于运输途中的合理损耗。[1]

（2）20 日，企业行政管理部门领用周转材料（低值易耗品）一批，实际成本为 9000 元，采用分次摊销法进行摊销。该批周转材料估计使用 3 次，此次为第 1 次摊销。[2]

（3）25 日，委托外单位加工一批应交消费税的材料，发出材料并支付加工费。发出材料的成本为 80000 元，取得经税务机关认证的增值税专用发票注明的加工费为 15000 元，增值税税额为 1950 元，由受托加工单位代收代缴消费税为 5000 元。全部款项以银行存款支付。月末材料加工完成后收回验收入库，将用于直接对外销售。[3]

要求：根据上述资料，不考虑其他因素，分析回答下列小题。（2019 年改编）

1. 根据资料（1），下列各项中，关于企业购入原材料的相关会计处理表述正确的是（　　）。
   A. 运输途中发生合理损耗不应调整原材料单位成本
   B. 价款已付尚未验收入库的原材料采购成本记入“在途物资”科目
   C. 销售方代垫运费 2000 元应计入原材料采购成本
   D. 销售方代垫运费的增值税税额作为可抵扣的进项税额入账

2. 根据资料（1），该批原材料的采购成本是（　　）元。
   A. 200000　　B. 201000　　C. 199000　　D. 202000

3. 根据资料（2），下列各项中，关于行政管理部门领用并摊销周转材料的会计处理正确的是（　　）。
   A. 借：周转材料——低值易耗品——在用　9000
   　　贷：周转材料——低值易耗品——在库　9000
   B. 借：管理费用　3000
   　　贷：周转材料——低值易耗品——摊销　3000
   C. 借：管理费用　9000
   　　贷：周转材料——低值易耗品——在库　9000
   D. 借：周转材料——低值易耗品——摊销　3000
   　　贷：周转材料——低值易耗品——在用　3000

肖老师带您读题

1 资料（1）考核购入原材料成本的确认。由销售方代垫的运费计入原材料成本；合理损耗计入原材料成本，不用扣除。

2 资料（2）考核周转材料领用与摊销。行政管理部门领用周转材料的摊销计入管理费用。

3 资料（3）考核委托加工物资成本的确认。发出的材料成本和加工费计入委托加工物资成本。受托加工单位代收代缴的消费税：
①收回后直接对外销售，计入委托加工物资成本。
②收回后继续加工，计入应交税费——应交消费税借方。

4. 根据资料（3），下列各项中，构成企业委托加工物资成本的是（　　）。

A. 材料成本 80000 元　　B. 增值税 1950 元

C. 加工费 15000 元　　D. 消费税 5000 元

5. 根据期初资料、资料（1）至（3），2019 年 12 月 31 日，该企业资产负债表“存货”项目“期末余额”栏的列报金额是（　　）元。

A. 410000　　B. 414000　　C. 499000　　D. 419000

参考答案及解析

（一）

1.【答案】ABD

【解析】相关账务处理为：

借：交易性金融资产——成本　2000000

　　应收股利　100000

　　投资收益　5000

　　应交税费——应交增值税（进项税额）　300

　贷：其他货币资金　2105300

2.【答案】B

【解析】甲公司购买股票应计入交易性金融资产——成本的金额 =210-10=200（万元）。

3.【答案】B

【解析】3 月 31 日的账务处理为：

借：公允价值变动损益　200000

　贷：交易性金融资产——公允价值变动　200000

4.【答案】BC

【解析】出售交易性金融资产的账务处理为：

借：其他货币资金　2630000

　　交易性金融资产——公允价值变动　200000

　贷：交易性金融资产——成本　2000000

　　　投资收益　830000

转让金融商品应交增值税：

借：投资收益　30000

　贷：应交税费——转让金融商品应交增值税　30000

5.【答案】A

【解析】该股票投资对甲公司 2021 年度营业利润的影响金额 =-0.5-20+83-3=59.5（万元）。

【点题】（1）转让金融商品应交增值税：

①转让金融商品应交增值税属于差额征税，与销项税额不同，不能用进项税额抵扣。

②转让金融商品应交增值税的对应科目是投资收益，因而影响损益。

（2）营业利润 = 营业收入 – 营业成本 – 税金及附加 – 销售费用 – 管理费用 – 研发费用 – 财务费用 – 信用减值损失 – 资产减值损失 + 公允价值变动收益（– 公允价值变动损失）+ 投资收益（– 投资损失）+ 其他收益 + 资产处置收益（– 资产处置损失）+ 净敞口套期收益（– 净敞口套期损失）。

（二）

1.【答案】B

【解析】甲企业购进原材料的入账成本 =400+8=408（万元）。

2.【答案】BC

【解析】会计处理如下：

确认收入时：

借：应收账款	56.5	
贷：其他业务收入		50
应交税费——应交增值税（销项税额）		6.5

结转成本时：

借：其他业务成本	30	
贷：原材料		30

3.【答案】ACD

【解析】根据资料（3），相关会计处理如下：

借：生产成本	400	
制造费用	10	
销售费用	6	
管理费用	2	
贷：原材料		418

4.【答案】CD

【解析】期末“原材料”的账面余额 =500+408–30–418=460（万元）。原材料预计可变现净值为 450 万元，发生减值，减值的金额 =460–450=10（万元），分录如下：

借：资产减值损失	10	
贷：存货跌价准备		10

5.【答案】A

【解析】甲企业原材料相关业务对 2020 年 12 月营业利润的影响金额 =50–30–6–2–10=2（万元）。

（三）

1.【答案】A

【解析】销售商品分录如下：

借：应收账款　608600

　贷：主营业务收入　500000

　　应交税费——应交增值税（销项税额）　65000

　　银行存款　43600

2.【答案】ABD

【解析】采购原材料分录如下：

借：原材料　270000

　应交税费——应交增值税（进项税额）　35100

　贷：应收票据　300000

　　银行存款　5100

3.【答案】D

【解析】核销坏账分录如下：

借：坏账准备——应收账款　40000

　贷：应收账款——丙公司　40000

4.【答案】BC

【解析】2019年12月初“坏账准备——应收账款”科目贷方余额为80000元，本期确认坏账损失40000元（资料3），因此，计提坏账准备前“坏账准备——应收账款”科目金额=80000-40000=40000（元），即为贷方余额40000元，选项A错误，选项C正确；本年末应计提的坏账准备的金额=102400-40000=62400（元），选项B正确，选项D错误。

5.【答案】C

【解析】资产负债表中，“应收账款”项目应根据“应收账款”科目的期末余额减去相应的坏账准备后的净额进行填列，如“预收账款”科目所属明细科目期末余额为借方余额，也在本项目填列。12月31日甲公司资产负债表“应收账款”项目期末余额应列示的金额=（800000+608600-40000）（“应收账款”科目余额）-102400（“坏账准备——应收账款”科目余额）=1266200（元）。

【点题】102400元是坏账准备的期末余额，期末余额=期初余额+本期增加额-本期减少额，已经是考虑期初余额之后的结果了，所以计算时不用考虑坏账准备期初余额80000元。

（四）

1.【答案】BCD

【解析】运输途中发生的合理损耗计算采购成本时不用扣除，但是计算单位成本时需要将合理损耗的数量扣除，按照实际入库的数量计算，选项A不正确。

12月10日购入时：

借：在途物资　202000

　应交税费——应交增值税（进项税额）　26180

　贷：银行存款　228180

12 月 12 日验收入库时：

借：原材料　202000

　贷：在途物资　202000

选项 BCD 正确。

2.【答案】D

【解析】该批原材料的采购成本 =200000+2000=202000（元），选项 D 正确。

3.【答案】AB

【解析】会计分录如下：

领用时：

借：周转材料——低值易耗品——在用　9000

　贷：周转材料——低值易耗品——在库　9000

第 1 次摊销时：

借：管理费用　3000

　贷：周转材料——低值易耗品——摊销　3000

选项 AB 正确，选项 CD 不正确。

4.【答案】ACD

【解析】会计分录如下：

发出材料：

借：委托加工物资　80000

　贷：原材料　80000

支付加工费：

借：委托加工物资　15000

　　应交税费——应交增值税（进项税额）　1950

　贷：银行存款　16950

受托单位代收代缴的消费税（收回后直接对外销售）：

借：委托加工物资　5000

　贷：银行存款　5000

5.【答案】D

【解析】2019 年 12 月 31 日，该企业资产负债表中“存货”项目“期末余额”栏的列报金额 =200000（期初资料）+202000（资料 1）−3000（资料 2）+（15000+5000）（资料 3）= 419000（元），选项 D 正确。

【点题】（1）需注意的是，资料（3）中发出材料：

借：委托加工物资　80000

　贷：原材料　80000

两者都列入“存货”项目，一增一减，不影响存货期末余额。

（2）“存货”项目应根据“材料采购”“原材料”“库存商品”“周转材料”“委托加工物资”“发出商品”“生产成本”“受托代销商品”等科目的期末余额合计数，减去“受托代销商品款”“存货跌价准备”科目期末余额后的净额填列。

专题二 非流动资产

使用“会计云课堂”App 扫码做题、对答案、看解析、掌握解题思路，开启轻松过关之旅。

肖老师带您读题

1 资料（1）考核：
①取得固定资产入账价值的确认（增值税可抵扣，不计入固定资产成本）。
②固定资产折旧的处理：当月增加，下月提折旧；年限平均法计算折旧额。

2 资料（2）考核固定资产的日常修理费：
①行政管理部门计入管理费用；销售部门计入销售费用。
②增值税可以抵扣。

3 资料（3）考核固定资产的报废，通过“固定资产清理”科目核算，好事在贷方，坏事在借方，最终清理净损益结转到营业外收入或营业外支出。

4 资料（4）考核计提固定资产减值准备：
①计提数即“缺口”，等于应有数 - 已有数。
②固定资产减值准备一经计提，不得转回。

（一）

甲公司为增值税一般纳税人，2021 年度该公司发生与固定资产相关业务如下：

（1）1 月 8 日，购入一台需要安装的 M 设备，取得的增值税专用发票上注明的价款为 500000 元，增值税税额为 65000 元，另支付安装费取得的增值税专用发票上注明的价款为 40000 元，增值税税额为 3600 元，全部款项以银行存款支付。该设备预计可使用 5 年，预计净残值为 30000 元，采用年限平均法计提折旧。1 月 10 日 M 设备达到预定可使用状态并交付生产车间使用。[1]

（2）6 月 30 日，委托外单位对本公司设备进行日常维护修理，其中行政管理部门设备的修理费为 30000 元，销售部门设备修理费为 10000 元，取得的增值税专用发票上注明的价款为 40000 元，增值税税额为 5200 元，全部款项以银行存款支付。[2]

（3）12 月 5 日，报废一台 N 设备，该设备原值为 800000 元，已计提折旧 760000 元，未发生资产减值损失。设备报废取得变价收入 20000 元，开具的增值税专用发票上注明的增值税税额为 2600 元，报废过程中发生清理费用 6000 元，全部款项均已通过银行办理结算。[3]

（4）12 月 31 日，对固定资产进行减值测试，发现 2021 年 1 月购入的 M 设备存在减值迹象，其可收回金额为 440000 元。[4]

要求：根据上述资料，不考虑其他因素，分析回答下列小题。（2022 年）

1. 根据资料（1），下列各项中，甲公司购入 M 设备的入账价值是（　　）元。

A. 540000　　B. 605000　　C. 565000　　D. 500000

2. 根据资料（1），下列各项中，甲公司购入 M 设备计提折旧的表述正确的是（　　）。

A. 自 2021 年 1 月开始计提折旧　　B. 2021 年计提折旧 93500 元
C. 自 2021 年 2 月开始计提折旧　　D. 每月折旧额为 8500 元

3. 根据资料（2），下列各项中，甲公司支付设备修理费的会计处理正确的是（　　）。

A. 确认管理费用 40000 元　　B. 确认制造费用 40000 元
C. 确认销售费用 10000 元　　D. 确认管理费用 30000 元

4. 根据资料（3），下列各项中，甲公司报废 N 设备会计处理正确的是（　　）。

A. 支付清理费用时：

借：固定资产清理　6000

　贷：银行存款　6000

B. 转入清理时：

借：固定资产清理　40000

　　累计折旧　760000

　贷：固定资产　800000

C. 取得变价收入时：

借：银行存款　22600

　贷：固定资产清理　20000

　　　应交税费——应交增值税（销项税额）　2600

D. 结转报废净损失时：

借：资产处置损益　26000

　贷：固定资产清理　26000

5. 根据资料（1）和（4），下列各项中，12 月 31 日关于 M 设备期末计量和报表填列正确的是（　　）。

A. M 设备应计提减值准备 6500 元

B. 期末 M 设备在资产负债表“固定资产”项目填列的金额为 446500 元

C. M 设备的减值损失在以后会计期间不得转回

D. 期末 M 设备在资产负债表“固定资产”项目填列的金额为 440000 元

（二）

某制造业企业为增值税一般纳税人，2021 年 11 月至 12 月发生有关固定资产的交易或事项如下：

（1）11 月 10 日，购入一台不需要安装的设备并交付销售部门使用，价款为 1000000 元，增值税税额为 130000 元，另支付包装费 10000 元，增值税税额为 600 元，支付的全部款项均取得增值税专用发票。该设备预计使用年限为 10 年，预计净残值率为 4%，采用年限平均法计提折旧。[1]

（2）11 月 20 日，企业行政部门办公设备进行日常维修，取得增值税专用发票上注明的维修费为 50000 元，增值税税额为 6500 元，全部款项以银行存款支付。[2]

（3）12 月 31 日，财产清查中发现短缺一台行政管理用笔记本电脑，原价为 10000 元，累计折旧为 4000 元（其中 2021 年全年计提折旧 2400 元）。经检查电脑短缺为保管不善所致，按管理权限报经批准，由相关责任人赔偿 3000 元。[3]

要求：根据上述资料，不考虑其他因素，分析回答下列小题。（2022 年）

肖老师带您读题

1 资料（1）考核取得固定资产入账价值的确认（包装费计入成本）及固定资产折旧的会计处理。

2 资料（2）考核固定资产的日常维修费的处理。

3 资料（3）考核固定资产的清查：
①盘亏固定资产通过“待处理财产损溢”科目核算。
②增值税进项税额是否转出：自然灾害——不需转出；管理不善——需要转出。
③批准后，盘亏固定资产的账务处理。

1. 根据资料（1），下列各项中，该企业购入设备的入账价值是（　　）元。

A. 1000000　　B. 1010000　　C. 1140600　　D. 1130000

2. 根据资料（1），下列各项中，关于该企业计提销售部门设备折旧的表述正确的是（　　）。

A. 2021 年度应计提的折旧额为 8080 元

B. 计提的折旧额应计入销售费用

C. 应自 2021 年 11 月开始计提折旧

D. 月折旧率为 0.83%

3. 根据资料（2），下列各项中，关于该企业维修行政部门办公设备相关会计处理正确的是（　　）。

A. 借记“管理费用”科目 50000 元

B. 贷记“银行存款”科目 56500 元

C. 借记“应交税费——应交增值税（进项税额）”科目 6500 元

D. 借记“管理费用”科目 56500 元

4. 根据资料（3），下列各项中，该企业盘亏固定资产的会计处理正确的是（　　）。

A. 转出不可抵扣的进项税额时：

借：待处理财产损溢　780

　贷：应交税费——应交增值税（进项税额转出）　780

B. 盘亏固定资产时：

借：待处理财产损溢　6000

　　累计折旧　4000

　贷：固定资产　10000

C. 报经批准处理时：

借：其他应收款　3000

　　营业外支出——盘亏损失　3780

　贷：待处理财产损溢　6780

D. 报经批准处理时：

借：其他应收款　3000

　　营业外支出——盘亏损失　3000

　贷：待处理财产损溢　6000

5. 根据资料（1）至（3），该企业上述与固定资产有关的业务导致其 2021 年营业利润减少的金额是（　　）元。

A. 68560　　B. 52400　　C. 64260　　D. 60480

（三）

某企业为增值税一般纳税人，对其拥有的无形资产采用年限平均法进行摊销，预计残值为零。2021 年有关资料如下：

（1）该企业拥有的M非专利技术，其原价为216万元，预计受益年限为10年，至2021年初已使用4年，专门用于产品的生产。[1]

（2）1月5日，企业开始自行研发一项行政管理用的N非专利技术。该技术研究阶段共发生支出60万元，其中：分配职工薪酬36万元，耗用原材料6万元，以银行存款支付其他费用18万元。[2]

（3）6月1日，N非专利技术研发进入开发阶段，11月5日开发阶段研发活动结束，达到预定用途形成无形资产，其预计受益年限为5年。该非专利技术发生开发支出共计204万元，其中符合资本化确认条件的支出为180万元。[3]

要求：根据上述资料，不考虑其他因素，分析回答下列小题。（2022年）

1. 根据期初资料和资料（1），下列各项中，关于M非专利技术会计处理的表述正确的是（　　）。

A. 2021年该项无形资产每月摊销金额应为3万元

B. 至2021年12月31日该项无形资产累计摊销108万元

C. 2021年12月31日该项无形资产的账面余额为216万元

D. 2021年12月31日该项无形资产的账面价值为216万元

2. 根据资料（1），下列各项中，摊销M非专利技术应记入的会计科目是（　　）。

A. 制造费用　　B. 其他业务成本

C. 主营业务成本　　D. 管理费用

3. 根据资料（2），下列各项中，有关N非专利技术的研发支出的会计处理正确的是（　　）。

A. 分配职工薪酬：

借：研发支出——费用化支出　360000

　贷：应付职工薪酬　360000

B. 以银行存款支付研究费用：

借：研发支出——费用化支出　180000

　贷：银行存款　180000

C. 领用材料：

借：研发支出——费用化支出　60000

　贷：原材料　60000

D. 期末结转费用化研发支出：

借：管理费用——研发费用　600000

　贷：研发支出——费用化支出　600000

4. 根据期初资料和资料（3），下列各项中，有关N非专利技术的会计处理结果表述正确的是（　　）。

A. 初始入账成本为180万元　　B. 初始入账成本为204万元

C. 每月摊销额为3.4万元　　D. 每月摊销额为3万元

肖老师带您读题

1 资料（1）考核无形资产每月摊销金额的计算及科目归属。

无形资产账面余额、账面净值和账面价值的辨析：

①账面余额＝账面原值＝入账价值。

②账面净值＝账面余额－累计摊销。

③账面价值＝账面余额－累计摊销－无形资产减值准备。

2 资料（2）考核自行研发无形资产，研究阶段支出均费用化，期末转入“管理费用”科目。

3 资料（3）考核无形资产的确认和摊销：

①入账价值确认：开发阶段，符合资本化条件的，计入无形资产成本，不符合资本化条件的，期末计入管理费用。

②摊销：当月增加的当月开始摊销。

③每月摊销额的计算及科目归属。

5. 根据资料（2）和（3），下列各项中，2021 年企业利润表“研发费用”的“本期金额”是（ ）万元。

A. 90　　B. 60　　C. 78　　D. 84

（四）

肖老师带您读题

1 资料（1）考核自行研发无形资产研究阶段的处理。

2 资料（2）考核自行研发无形资产开发阶段的处理（入账价值的确认）。

3 资料（3）考核无形资产的摊销：
①摊销起始时间：7 月份增加的，7 月份开始摊销。
②行政管理用非专利技术，每月摊销额计入管理费用。

4 资料（4）考核出租无形资产，收到的租金计入其他业务收入，摊销成本计入其他业务成本。

甲公司为制造业增值税一般纳税人，2020 年发生与无形资产相关的经济业务如下：

（1）1 月 10 日，开始研发一项行政管理用非专利技术。1 月份发生研发支出 50000 元，支付增值税税额 6500 元；2 月份发生研发支出 30000 元，支付增值税税额 3900 元，相关支出均不符合资本化条件，2 月末经测试该项研发活动完成了研究阶段。[1]

（2）3 月 1 日，研发活动进入开发阶段，陆续发生研发人员薪酬 600000 元，支付其他研发费用 300000 元，支付增值税税额 39000 元。相关支出已取得增值税专用发票，符合资本化条件。[2]

（3）7 月 1 日，研发活动结束，经测试该研究项目达到预定技术标准，形成一项非专利技术并投入使用。该项非专利技术预计使用年限为 5 年，预计残值为零，采用直线法摊销。[3]

（4）12 月 1 日，将上述非专利技术出租给乙公司，双方约定的租赁期限为一年。月末，甲公司收取当月租金 30000 元，增值税税额 1800 元，全部款项已存入银行。[4]

要求：根据上述资料，不考虑其他因素，分析回答下列小题。（2021 年）

1. 根据资料（1），下列各项中，关于甲公司研发支出会计科目处理正确的是（ ）。

A. 2 月发生研发支出时，借记“研发支出——资本化支出”科目 30000 元

B. 1 月发生研发支出时，借记“管理费用”科目 50000 元

C. 2 月末结转“研发支出——费用化支出”时，借记“管理费用”科目 30000 元

D. 1 月发生研发支出时，借记“研发支出——费用化支出”科目 50000 元

2. 根据资料（1）至（3），下列各项中，甲公司非专利技术的入账价值是（ ）元。

A. 900000　　B. 680000　　C. 980000　　D. 939000

3. 根据资料（1）至（3），下列各项中，关于甲公司非专利技术摊销的会计处理表述正确的是（ ）。

A. 每月摊销额计入管理费用　　B. 自 2020 年 7 月开始摊销

C. 自 2020 年 8 月开始摊销　　D. 每月摊销额为 15000 元

4. 根据资料(1)至(4),下列各项中,甲公司12月出租非专利技术的会计处理正确的是(　　)。

A. 摊销非专利技术成本时:

借:营业外支出　15000

　贷:累计摊销　15000

B. 收取租金时:

借:银行存款　31800

　贷:营业外收入　30000

　　应交税费——应交增值税(销项税额)　1800

C. 收取租金时:

借:银行存款　31800

　贷:其他业务收入　30000

　　应交税费——应交增值税(销项税额)　1800

D. 摊销非专利技术成本时:

借:其他业务成本　15000

　贷:累计摊销　15000

5. 根据资料(1)至(4),下列各项中,上述业务对甲公司2020年度营业利润的影响正确的是(　　)。

A. 减少60000元　B. 增加15000元

C. 减少170000元　D. 减少140000元

参考答案及解析

(一)

1.【答案】A

【解析】甲公司购入M设备的入账价值=500000+40000=540000(元)。

2.【答案】BCD

【解析】1月10日M设备达到预定可使用状态,固定资产于次月开始计提折旧,所以从2月开始计提折旧,选项A错误,选项C正确;采用年限平均法计提折旧,月折旧额=(540000−30000)÷5÷12=8500(元),选项D正确;2021年计提折旧额=8500×11=93500(元),选项B正确。

3.【答案】CD

【解析】本题会计分录如下:

借:管理费用　30000

　　销售费用　10000

　　应交税费——应交增值税(进项税额)　5200

　贷:银行存款　45200

4.【答案】ABC

【解析】结转报废净损失分录如下：

借：营业外支出 26000

贷：固定资产清理 26000

5.【答案】ACD

【解析】年末时，M 设备计提减值准备前的账面价值 =540000-93500=446500（元），大于可收回金额 440000 元，需计提减值准备的金额 =446500-440000=6500（元），选项 A 正确；固定资产减值准备一经计提，以后会计期间不得转回，选项 C 正确；固定资产期末按照计提减值准备后的金额填列"固定资产"项目，选项 B 错误，选项 D 正确。

（二）

1.【答案】B

【解析】该企业购入设备的入账价值 =1000000+10000=1010000（元）。

2.【答案】AB

【解析】选项 A 正确，2021 年度应计提的折旧额 =1010000×（1-4%）÷10÷12=8080（元）；选项 B 正确，该设备交付给销售部门使用，故计提的折旧额应计入销售费用；选项 C 错误，该设备应自 2021 年 12 月开始计提折旧；选项 D 错误，月折旧率 =（1-4%）÷10÷12=0.8%。

3.【答案】ABC

【解析】相关会计分录如下：

借：管理费用 50000

应交税费——应交增值税（进项税额） 6500

贷：银行存款 56500

4.【答案】ABC

【解析】会计处理如下：

盘亏固定资产时：

借：待处理财产损溢 6000

累计折旧 4000

贷：固定资产 10000

转出不可抵扣的进项税额时：

借：待处理财产损溢 ［6000×13%］780

贷：应交税费——应交增值税（进项税额转出） 780

报经批准处理时：

借：其他应收款 3000

营业外支出——盘亏损失 3780

贷：待处理财产损溢 6780

5.【答案】D

【解析】导致2021年营业利润减少的金额=8080（资料1）+50000（资料2）+2400（资料3）=60480（元）。

（三）

1.【答案】BC

【解析】选项A错误，2021年该项无形资产每月摊销金额=216÷10÷12=1.8（万元）；选项B正确，至2021年12月31日该项无形资产累计摊销=216÷10×5=108（万元）；选项C正确，2021年12月31日该项无形资产的账面余额=入账价值=216（万元）；选项D错误，2021年12月31日该项无形资产的账面价值=216-108=108（万元）。

2.【答案】A

【解析】M非专利技术专门用于产品的生产，摊销M非专利技术应记入“制造费用”科目。

3.【答案】ABCD

4.【答案】AD

【解析】N非专利技术初始入账成本为符合资本化确认条件的支出180万元，每月摊销额=180÷5÷12=3（万元）。

5.【答案】A

【解析】“研发费用”项目应根据“管理费用”科目下的“研发费用”明细科目的发生额以及“管理费用”科目下自行研发无形资产的“无形资产摊销”明细科目的发生额分析填列。2021年企业利润表“研发费用”的“本期金额”=60+（204-180）+3×2=90（万元）。

（四）

1.【答案】CD

【解析】研发非专利技术，相关账务处理为：

1月发生支出时：

借：研发支出——费用化支出　　50000

　　应交税费——应交增值税（进项税额）　　6500

　贷：银行存款等　　56500

1月末：

借：管理费用　　50000

　贷：研发支出——费用化支出　　50000

2月发生支出时：

借：研发支出——费用化支出　　30000

　　应交税费——应交增值税（进项税额）　　3900

　贷：银行存款等　　33900

2月末：

借：管理费用　　30000

　贷：研发支出——费用化支出　　30000

2.【答案】A

【解析】甲公司非专利技术的入账价值 =600000+300000=900000（元）。

3.【答案】ABD

【解析】选项 A 正确，行政管理用非专利技术，每月摊销额计入管理费用；选项 B 正确，选项 C 错误，7 月 1 日达到预定技术标准，从当月开始摊销，即从 2020 年 7 月开始摊销；选项 D 正确，每月摊销额 =900000 ÷ 5 ÷ 12=15000（元）。

4.【答案】CD

5.【答案】D

【解析】非专利技术 7 月至 11 月摊销额 = 月摊销额 ×5=15000×5=75000（元），应计入管理费用。对甲公司 2020 年度营业利润的影响 =-50000（资料 1）-30000（资料 1）-75000+30000（资料 4）-15000（资料 4）=-140000（元）。

专题三　负　债

肖老师带您读题

使用“会计云课堂”App 扫码做题、对答案、看解析、掌握解题思路，开启轻松过关之旅。

（一）

某企业为增值税一般纳税人，适用的增值税税率为 13%。2021 年 12 月 1 日，“应付职工薪酬”科目期初贷方余额为 80 万元。12 月份，该企业发生与职工薪酬相关的经济业务如下：

（1）3 日，结算上月应付职工工资 80 万元，其中：企业代垫职工房租 3 万元，代扣职工个人所得税 2 万元，以银行存款实际发放职工工资 75 万元。[1]

（2）20 日，以其生产的产品作为福利发放给专设销售机构人员，该批产品的生产成本为 3 万元、市场售价（不含增值税）为 5 万元。[2]

（3）31 日，当月“工资费用分配汇总表”中列示的产品生产人员工资 32 万元、车间管理人员工资 8 万元、行政管理人员工资 20 万元、销售人员工资 10 万元。根据有关规定，企业分别按照职工工资总额的 2% 和 8% 计提工会经费和职工教育经费。[3]

要求：根据上述资料，不考虑其他因素，分析回答下列小题。（2022 年）

1 资料（1）考核：
①实际支付薪酬，应付职工薪酬减少。
②收回代垫房租，其他应收款减少。
③代扣个人所得税，应交税费——应交个人所得税增加。

2 资料（2）考核：
①确认：价税合计（5 + 5×13%）计入销售费用。
②发放：视同销售，即确认收入，结转成本。

3 资料（3）考核货币性职工薪酬，确认相关费用或资产成本。

1. 根据期初资料和资料（1），下列各项中，该企业发放工资会计处理正确的是（　　）。

A. 以银行存款发放工资时：

借：应付职工薪酬——工资　　750000

　贷：银行存款　　750000

B. 扣回代垫款项时：

借：应付职工薪酬——工资　　30000

　贷：其他应付款　　30000

C. 代扣个人所得税时：

借：所得税费用　　20000

　贷：应交税费——应交个人所得税　　20000

D. 扣回代垫款项时：

借：应付职工薪酬——工资　　30000

　贷：其他应收款　　30000

2. 根据资料（2），下列各项中，该企业确认并发放非货币性福利相关的会计科目处理正确的是（　　）。

A. 确认非货币性福利时，贷记“应付职工薪酬——非货币性福利”科目 5.65 万元

B. 确认非货币性福利时，借记“销售费用”科目 5 万元

C. 实际发放非货币性福利时，确认主营业务收入 5 万元

D. 实际发放非货币性福利时，结转主营业务成本 3 万元

3. 根据资料（3），下列各项中，有关职工薪酬的表述正确的是（　　）。

A. 职工薪酬应根据职工提供服务的受益对象确认当期损益或成本

B. 工会经费和职工教育经费属于长期职工薪酬

C. 职工工资属于短期职工薪酬

D. 实际发生的短期职工薪酬在职工提供服务的会计期间确认为负债

4. 根据资料（3），下列各项中，该企业分配应付职工薪酬会计处理正确的是（　　）。

A. 车间管理人员薪酬 8.8 万元计入制造费用

B. 行政管理人员薪酬 22 万元计入管理费用

C. 销售人员薪酬 11 万元计入销售费用

D. 产品生产人员薪酬 35.2 万元计入生产成本

5. 根据期初资料、资料（1）至（3），下列各项中，该企业 2021 年 12 月 31 日资产负债表中“应付职工薪酬”项目“期末余额”栏应填列的金额是（　　）万元。

A. 82.65　　B. 75.65

C. 70　　D. 77

（二）

某企业为增值税一般纳税人，适用的增值税税率为 13%。2021 年发生有关经济业务如下：

（1）1 月 1 日，从银行借入资金 600 万元，用于自行建造专设销售机构的营业大厅。借款期限为 2 年，年利率为 4%，按月计息，到期一次还本付息，不计复利。借入的款项已存

肖老师带您读题

1 资料（1）考核：
①取得长期借款。
②计提长期借款利息时，归属科目为“在建工程”。

2 资料（2）考核：
①领用自产产品用于在建工程，按成本计价。
②固定资产初始入账价值的确认。

3 资料（3）考核固定资产折旧的计算及科目归属。

入银行。营业大厅达到预定可使用状态前发生的借款利息全部资本化。[1]

（2）1月1日，营业大厅工程开工，以借入的资金购入工程物资600万元，增值税专用发票上注明的增值税税额为78万元，当日全部用于工程建设。施工期间，领用企业自产的水泥一批，实际成本40万元，确认应付工程人员工资30万元，支付其他费用31万元。[2]

（3）11月30日，工程完工并达到预定可使用状态。该大厅预计使用年限为10年，预计净残值为3万元，采用年限平均法计提折旧。[3]

要求：根据上述资料，假定不考虑其他因素，分析回答下列小题。（2022年）

1. 根据资料（1），下列各项中，关于该企业长期借款的会计处理表述正确的是（ ）。

A. 1月31日计提的利息，应计入财务费用

B. 1月31日计提利息时，应确认长期借款（应计利息）增加2万元

C. 1月31日计提的利息，应计入在建工程

D. 1月1日取得借款时，应确认长期借款（本金）增加600万元

2. 根据资料（2），下列各项中，关于营业大厅工程业务的会计处理正确的是（ ）。

A. 购入工程物资时：

借：工程物资	6000000	
应交税费——应交增值税（进项税额）	780000	
贷：银行存款		6780000

B. 领用工程物资时：

借：在建工程	6780000	
贷：工程物资		6000000
应交税费——应交增值税（进项税额转出）		780000

C. 分配工程人员工资时：

借：在建工程	300000	
贷：应付职工薪酬		300000

D. 领用本企业生产的水泥时：

借：在建工程	452000	
贷：库存商品		400000
应交税费——应交增值税（销项税额）		52000

3. 根据资料（1）至（3），营业大厅的建造成本是（ ）万元。

A. 740　　B. 701　　C. 762　　D. 723

4. 根据资料（1）至（3），下列各项中，关于营业大厅折旧的表述正确的是（ ）。

A. 2021年12月确认的折旧额为6万元

B. 自2021年11月起开始计提折旧

C. 自 2021 年 12 月起开始计提折旧

D. 营业大厅计提的折旧额应计入销售费用

5. 根据资料（1）至（3），2021 年 12 月 31 日，该营业大厅在资产负债表中“固定资产”项目“期末余额”栏列报的金额是（　　）万元。

A. 726　　B. 711　　C. 755.675　　D. 717

（三）

肖老师带您读题

甲公司为增值税一般纳税人，采用实际成本进行材料日常核算，确认销售收入同时结转销售成本。2020 年 12 月该公司“应交税费”科目期初余额为零，当月发生有关经济业务如下：

（1）4 日，购入 M 材料 5000 千克，取得的增值税专用发票上注明的价款为 800000 元，增值税税额为 104000 元；发生运输费取得的增值税专用发票上注明的运输费为 11800 元，增值税税额为 1062 元；全部款项已通过银行存款支付。材料已验收入库，运输途中发生合理损耗 50 千克。[1]

（2）14 日，购入电暖器 400 台作为福利发放给直接从事生产的工人，取得的增值税专用发票上注明的价款为 160000 元，增值税税额为 20800 元，款项已通过银行存款支付。[2]

（3）18 日，销售 N 产品一批，开具的增值税专用发票上注明的价款为 3000000 元，增值税税额为 390000 元；甲公司以银行存款代垫运费，收到的增值税专用发票上注明的运费为 50000 元，增值税税额为 4500 元；收到购货方交来的不带息银行承兑汇票一张，票面金额为 3444500 元，期限为 2 个月。该批 N 产品的实际成本为 2500000 元。符合收入确认条件。[3]

1 资料（1）考核：购入材料入账价值的确定。运输费计入成本，合理损耗不扣除，计入总成本。

2 资料（2）考核：外购商品用于非货币性福利，进项税额不得抵扣。

3 资料（3）考核：
①销售商品，确认主营业务收入，结转主营业务成本。
②收到银行承兑汇票，应记入“应收票据”科目。

要求：根据上述资料，不考虑其他因素，分析回答下列小题。（2021 年）

1. 根据资料（1），下列各项中，甲公司购入 M 材料应借记的会计科目及其金额正确的是（　　）。

A.“应交税费——应交增值税（进项税额）”科目 105062 元

B.“应交税费——应交增值税（进项税额）”科目 104000 元

C.“原材料”科目 811800 元

D.“材料采购”科目 803800 元

2. 根据资料（2），下列各项中，甲公司购入用于发放非货币性福利的电暖器及其不可抵扣增值税进项税额[4]的会计处理正确的是（　　）。

4 强调了“进项税额不可抵扣”，进项税额最终的归属是计入库存商品的成本。

A. 购入商品时：

借：库存商品　　160000

　　应交税费——应交增值税（进项税额）　　20800

　贷：银行存款　　180800

B. 购进该批商品用于职工福利，经税务机关认证时：

借：应交税费——应交增值税（进项税额） 20800
　贷：应交税费——待认证进项税额 20800

C. 不可抵扣增值税进项税额转出时：

借：库存商品 20800
　贷：应交税费——应交增值税（进项税额转出） 20800

D. 购入商品时：

借：库存商品 160000
　　应交税费——待认证进项税额 20800
　贷：银行存款 180800

3. 根据资料（2），下列各项中，甲公司向生产工人发放电暖器的会计处理正确的是（ ）。

A. 借：应付职工薪酬——非货币性福利 160000
　贷：库存商品 160000

B. 借：应付职工薪酬——非货币性福利 180800
　贷：库存商品 180800

C. 借：主营业务成本 180800
　贷：库存商品 180800

D. 借：主营业务成本 160000
　贷：库存商品 160000

4. 根据资料（3），下列各项中，甲公司销售N产品相关会计处理正确的是（ ）。

A. 确认收入：

借：银行存款 3390000
　贷：主营业务收入 3000000
　　应交税费——应交增值税（销项税额） 390000

B. 确认收入：

借：应收票据 3444500
　贷：主营业务收入 3000000
　　应交税费——应交增值税（销项税额） 390000
　　银行存款 54500

C. 确认收入：

借：其他货币资金——银行汇票 3444500
　贷：主营业务收入 3000000
　　应交税费——应交增值税（销项税额） 390000
　　银行存款 54500

D. 结转成本：

借：主营业务成本 2500000
　贷：库存商品 2500000

5. 根据资料（1）至（3），甲公司2020年12月应交纳增值税的金额是（ ）元。

A. 259638　B. 280438　C. 264138　D. 284938

参考答案及解析

（一）

1.【答案】AD

【解析】相关账务处理为：

借：应付职工薪酬——工资　800000

　贷：其他应收款　30000

　　应交税费——应交个人所得税　20000

　　银行存款　750000

2.【答案】ACD

【解析】相关账务处理为：

确认非货币性福利时：

借：销售费用　[50000×（1+13%）] 56500

　贷：应付职工薪酬——非货币性福利　56500

实际发放时：

借：应付职工薪酬——非货币性福利　56500

　贷：主营业务收入　50000

　　应交税费——应交增值税（销项税额）　6500

同时，结转成本：

借：主营业务成本　30000

　贷：库存商品　30000

3.【答案】ACD

【解析】选项 B 错误，工会经费和职工教育经费属于短期职工薪酬。

4.【答案】ABCD

【解析】相关账务处理为：

借：生产成本　[320000×（1+2%+8%）] 352000

　　制造费用　[80000×（1+2%+8%）] 88000

　　管理费用　[200000×（1+2%+8%）] 220000

　　销售费用　[100000×（1+2%+8%）] 110000

　贷：应付职工薪酬　770000

5.【答案】D

【解析】该企业 2021 年 12 月 31 日资产负债表中“应付职工薪酬”项目“期末余额”栏应填列的金额 =80-80+5.65-5.65+77=77（万元）。

（二）

1.【答案】BCD

【解析】相关账务处理：

1 月 1 日，取得借款时：

借：银行存款　　6000000

　贷：长期借款——本金　　6000000

1 月 31 日，计提利息时：

借：在建工程　　20000

　贷：长期借款——应计利息　　20000

2.【答案】AC

【解析】相关账务处理：

购入工程物资时：

借：工程物资　　6000000

　　应交税费——应交增值税（进项税额）　　780000

　贷：银行存款　　6780000

领用工程物资时：

借：在建工程　　6000000

　贷：工程物资　　6000000

领用本企业生产的水泥时：

借：在建工程　　400000

　贷：库存商品　　400000

分配工程人员工资时：

借：在建工程　　300000

　贷：应付职工薪酬　　300000

支付其他费用时：

借：在建工程　　310000

　贷：银行存款　　310000

3.【答案】D

【解析】营业大厅的建造成本 =600+40+30+31+600×4%÷12×11=723（万元）。

4.【答案】ACD

【解析】选项 A 正确，2021 年 12 月确认的折旧额 =（723−3）÷10÷12=6（万元）；选项 B 错误，选项 C 正确，2021 年 11 月 30 日，工程完工并达到预定可使用状态，自 2021 年 12 月起开始计提折旧；选项 D 正确，因自行建造的是专设销售机构的营业大厅，所以其计提的折旧额应计入销售费用。

5.【答案】D

【解析】2021 年 12 月 31 日，该营业大厅在资产负债表中“固定资产”项目“期末余额”栏列报的金额 =723−6=717（万元）。

（三）

1.【答案】AC

【解析】采用实际成本核算，不通过“材料采购”科目核算，运输费计入原材料成本中，合理损耗不需要扣除，相关账务处理为：

借：原材料　811800

　　应交税费——应交增值税（进项税额）　105062

　贷：银行存款　916862

2.【答案】BCD

【解析】会计处理如下：

（1）购入商品时：

借：库存商品　160000

　　应交税费——待认证进项税额［表示需要认证的进项税额］　20800

　贷：银行存款　180800

（2）经税务机关认证不可抵扣时：

借：应交税费——应交增值税（进项税额）［认证时，将原确认的“待认证”转出］　20800

　贷：应交税费——待认证进项税额　20800

同时：

借：库存商品　20800

　贷：应交税费——应交增值税（进项税额转出）［认证不可抵扣时，将进项税额转出］　20800

3.【答案】B

【解析】外购商品用于职工福利，不视同销售，不需要确认收入、结转成本。

4.【答案】BD

【解析】销售商品收到的银行承兑汇票，通过“应收票据”科目核算，代垫的运费以及增值税贷记“银行存款”科目。

5.【答案】D

【解析】甲公司 2020 年 12 月应交纳增值税的金额 =390000（资料 3，销项税额）−105062（资料 1，进项税额）=284938（元）。

【点题】资料（2）虽然确认了进项税额，但是由于经税务机关认证不可抵扣，已将进项税额转出，一借一贷已经抵销，所以不考虑。

专题四 所有者权益

使用“会计云课堂”App扫码做题、对答案、看解析、掌握解题思路，开启轻松过关之旅。

肖老师带您读题

1 资料（1）涉及3个考点：①宣告发放现金股利。②盈余公积转增股本。③实际支付现金股利。

2 资料（2）考核回购并注销股票的账务处理。关注两个动作：①回购：库存股增加。②注销：回购价大于面值总额时，依次冲减资本公积、盈余公积、未分配利润。注意本题资本公积足够冲减。

3 资料（3）考核留存收益的账务处理。包括实现净利润、提取盈余公积和结转至未分配利润。

（一）

2021年1月1日，某股份有限公司所有者权益各项目金额分别为：股本10000万元（每股面值为1元），资本公积（股本溢价）50000万元，盈余公积3000万元，未分配利润1000万元（贷方余额）。2021年该公司发生的相关业务资料如下：

（1）4月25日，经股东大会批准，宣告分配现金股利200万元，用盈余公积向普通股股东转增股本400万元。5月24日，支付全部现金股利。[1]

（2）5月18日，经股东大会批准，以现金回购方式回购本公司股票1000万股并注销，每股回购价3元。[2]

（3）12月31日，全年实现净利润2000万元，按净利润的10%提取法定盈余公积，并结转至未分配利润。[3]

要求：根据上述资料，不考虑其他因素，分析回答下列小题。（答案中的金额单位用万元表示）（2022年）

1. 根据期初资料和资料（1），下列各项中，关于该公司转增资本、发放并支付现金股利的会计处理正确的是（　　）。

A. 支付现金股利时：

借：利润分配——未分配利润　200

　贷：银行存款　200

B. 支付现金股利时：

借：应付股利　200

　贷：银行存款　200

C. 用盈余公积转增股本时：

借：盈余公积　400

　贷：股本　400

D. 宣告分配现金股利时：

借：利润分配——应付现金股利或利润　200

　贷：应付股利　200

2. 根据期初资料和资料（2），下列各项中，关于该公司回购并注销本公司股票会计处理正确的是（　　）。

A. 借记“盈余公积”科目 2000 万元
B. 贷记“银行存款”科目 3000 万元
C. 借记“股本”科目 1000 万元
D. 借记“资本公积”科目 2000 万元

3. 根据资料（3），下列各项中，关于该公司结转净利润、提取法定盈余公积及结转未分配利润的会计处理正确的是（　　）。

A. 结转未分配利润时：
借：利润分配——提取法定盈余公积　　200
　贷：利润分配——未分配利润　　200

B. 结转净利润时：
借：本年利润　　2000
　贷：利润分配——未分配利润　　2000

C. 提取法定盈余公积时：
借：利润分配——提取法定盈余公积　　200
　贷：盈余公积　　200

D. 结转未分配利润时：
借：利润分配——未分配利润　　200
　贷：利润分配——提取法定盈余公积　　200

4. 根据期初资料、资料（1）至（3），2021 年年末该公司“利润分配——未分配利润”科目余额是（　　）万元。

A. 2800　　B. 3000　　C. 2600　　D. 2000

5. 根据期初资料、资料（1）至（3），2021 年年末该公司所有者权益总额是（　　）万元。

A. 63800　　B. 66000　　C. 62800　　D. 64000

肖老师带您读题

（二）

2019 年年初某股份有限公司股东权益共计 8600 万元，其中：股本 5000 万元，资本公积 1000 万元，盈余公积 2000 万元，未分配利润 600 万元。2019 年度该公司发生有关股东权益业务如下：

（1）2 月 1 日，经批准增发普通股股票 500 万股，每股面值 1 元，每股发行价格为 4 元，按照发行收入的 3% 支付手续费和佣金。股票已全部发行完毕，所收股款存入该公司开户银行。[1]

（2）10 月 8 日，经股东大会批准，该公司以每股 3 元价格回购本公司股票 600 万股（每股面值 1 元），并在规定时间内注销回购的股票。[2]

（3）2019 年度实现净利润 1000 万元。年末，按净利润的 10% 提取法定盈余公积；经股东大会批准，按净利润的 5% 提取任意盈余公积；并宣告发放现金股利 100 万元。[3]

1 资料（1）考核发行股票的账务处理。溢价发行股票，差额计入资本公积——股本溢价。

2 资料（2）考核回购并注销股票的账务处理。

3 资料（3）考核留存收益的账务处理，包括提取盈余公积和宣告发放现金股利。

要求：根据上述资料，不考虑其他因素，分析回答下列小题。（答案中的金额单位用万元表示）（2020年）

1. 根据资料（1），该公司发行股票记入“资本公积——股本溢价”科目的金额是（　　）万元。

A. 1500　　B. 2000　　C. 1940　　D. 1440

2. 根据期初资料、资料（1）和（2），下列各项中，该公司注销股票的会计处理结果正确的是（　　）。

A. 冲减资本公积 1800 万元　　B. 冲减股本 600 万元

C. 冲减盈余公积 1200 万元　　D. 冲减资本公积 1200 万元

3. 根据期初资料和资料（3），下列各项中，该公司利润分配业务会计处理结果正确的是（　　）。

A. “应付股利”科目贷方增加 100 万元

B. “资本公积”科目贷方增加 750 万元

C. “盈余公积”科目贷方增加 150 万元

D. “利润分配——未分配利润”科目贷方增加 750 万元

4. 根据期初资料、资料（1）至（3），下列各项中，不影响股东权益总额的业务是（　　）。

A. 注销回购的 600 万股股票

B. 按净利润的 5% 计提任意盈余公积

C. 向投资者宣告发放现金股利 100 万元

D. 按净利润的 10% 计提法定盈余公积

5. 根据期初资料、资料（1）至（3），2019 年 12 月 31 日该公司资产负债表中股东权益总额是（　　）万元。

A. 9640　　B. 9740　　C. 9700　　D. 11440

参考答案及解析

（一）

1.【答案】BCD

2.【答案】BCD

【解析】回购股票时：

借：库存股　　3000

　贷：银行存款　　3000

注销股票时：

借：股本　　1000

　　资本公积——股本溢价　　2000

　贷：库存股　　3000

3.【答案】BCD

4.【答案】C

【解析】2021 年年末该公司“利润分配——未分配利润”科目的余额 =1000(期初资料)-200（资料 1）+2000（资料 3）-200（资料 3）=2600（万元）。

5.【答案】C

【解析】2021 年年末所有者权益总额 =（10000+50000+3000+1000）(期初资料）-200（资料 1）-3000（资料 2）+2000（资料 3）=62800（万元）。

（二）

1.【答案】D

【解析】该公司发行股票记入“资本公积——股本溢价”科目的金额 =500×（4-1）-500×4×3%=1440（万元）。发行股票的会计分录为：

借：银行存款　　1940

　贷：股本　　500

　　　资本公积——股本溢价　　1440

2.【答案】BD

【解析】会计分录为：

回购股票时：

借：库存股　　1800

　贷：银行存款　　1800

注销股票时：

借：股本　　600

　　资本公积——股本溢价　　1200

　贷：库存股　　1800

3.【答案】ACD

【解析】

（1）结转实现净利润	借：本年利润　　1000 　贷：利润分配——未分配利润　　1000
（2）提取盈余公积	借：利润分配——提取法定盈余公积　　100 　　　　　　——提取任意盈余公积　　50 　贷：盈余公积——法定盈余公积　　100 　　　　　　——任意盈余公积　　50 期末： 借：利润分配——未分配利润　　150 　贷：利润分配——提取法定盈余公积　　100 　　　　　　——提取任意盈余公积　　50

(3)宣告发放现金股利	借：利润分配——应付现金股利或利润 100 贷：应付股利 100 期末： 借：利润分配——未分配利润 100 贷：利润分配——应付现金股利或利润 100

4.【答案】ABD

【解析】选项C导致股东权益总额减少。

5.【答案】A

【解析】2019年12月31日该公司资产负债表中股东权益总额=8600(期初资料)+500(资料1)+1440(资料1)−1800(资料2)+1000(资料3)−100(资料3)=9640(万元)，选项A正确。

【点题】其中“−1800(资料2)”是因为回购股票这一步骤引起股东权益总额减少，注销股票本身是不影响股东权益总额的。

专题五 收入、费用和利润

使用“会计云课堂”App扫码做题、对答案、看解析、掌握解题思路，开启轻松过关之旅。

肖老师带您读题

1 看期初。期初M商品实际单位成本800元，后续计算结转商品成本时会用到。

2 资料(1)考核在某一时点完成的商品销售收入的账务处理：

①确认主营业务收入，同时结转主营业务成本。

②另外，代垫运费和增值税计入应收账款。

(一)

甲公司为增值税一般纳税人，适用的增值税税率为13%，销售商品业务均属于某一时点履行的履约义务，确认收入的同时结转成本，M商品的实际成本为每件800元。[1]

2021年4月份甲公司发生有关经济业务如下：

(1)4月1日，向乙公司销售M商品200件，每件商品的价格为1000元，开具的增值税专用发票注明的售价为200000元，增值税税额为26000元，甲公司代垫运费2000元，取得增值税专用发票上注明增值税税额为180元。全部款项于4月5日已通过银行转账结算。[2]

(2)4月6日，委托丙公司销售M商品500件，并于当日发出。按照双方协议约定，丙公司应按照每件1000元对外销售商品，并按照售价(不含税)的10%收取手续费，该批商品的实际成本为400000元。丙公司不承担包销责任，没有售出的商品须退回给甲公司。4月25日，甲公司收到丙公司开出的代销清单，实际销售M商品250件(符合收入确认条件)，同时收到丙公司收取手续费的增值税专用发票，其中代销手续费25000

元，增值税税额1500元。[3]

（3）4月30日，因商品质量出现问题，收到乙公司退回4月1日购买的M商品30件，甲公司同意退货并于当日支付了退货款，向乙公司开具的增值税专用发票（红字）注明的价款为30000元，增值税税额3900元。[4]

肖老师带您读题

3 资料（2）考核委托代销业务的账务处理，涉及3个考点：

①发出商品时，借记“发出商品”。

②收到代销清单时，确认主营业务收入，同时结转主营业务成本。

③代销手续费归属科目为“销售费用”。

4 资料（3）考核销售退回：冲减主营业务收入，同时冲减主营业务成本。

要求：根据上述资料，不考虑其他因素，分析回答下列小题。（2022年）

1. 根据期初资料和资料（1），下列各项中，关于甲公司销售M商品相关会计科目处理的表述正确的是（　　）。

   A. 4月1日，应贷记“主营业务收入”科目200000元

   B. 4月5日，应借记“银行存款”科目228180元

   C. 4月1日，应借记“销售费用”科目2000元

   D. 4月1日，应借记“主营业务成本”科目160000元

2. 根据资料（2），下列各项中，关于甲公司4月6日发出M商品的相关会计科目处理正确的是（　　）。

   A. 借记“发出商品”科目400000元

   B. 贷记“库存商品”科目400000元

   C. 贷记“主营业务收入”科目500000元

   D. 借记“主营业务成本”科目400000元

3. 根据资料（2），下列各项中，关于甲公司4月25日收到代销清单时会计科目处理的表述正确的是（　　）。

   A. 确认代销手续费时，借记“管理费用”科目25000元

   B. 确认收入时，贷记“主营业务收入”科目250000元

   C. 结转成本时，借记“主营业务成本”科目200000元

   D. 确认代销手续费时，借记“应交税费——应交增值税（进项税额）”科目1500元

4. 根据期初资料、资料（1）和资料（3），关于甲公司同意退货的会计处理结果表述正确的是（　　）。

   A. 主营业务成本减少24000元　　B. 主营业务收入减少30000元

   C. 银行存款减少30000元　　D. 发出商品增加24000元

5. 根据期初资料、资料（1）至（3），下列各项中，上述业务对甲公司2021年4月份利润表影响金额表述正确的是（　　）。

   A. 利润总额增加59000元　　B. 营业收入增加420000元

   C. 营业成本增加336000元　　D. 营业利润增加84000元

（二）

某企业的主营业务为提供装修服务，2020年1月至2021年6月发生经济业务如下：

肖老师带您读题

1 资料（1）考核在某一时段内履行的履约义务的账务处理：预收的合同款计入合同负债。

2 资料（2）考核合同取得成本的内容：为取得合同发生的投标费、差旅费计入当期损益，销售佣金计入合同取得成本。

3 资料（3）考核在某一时段内履行的履约义务的账务处理：年末计算履约进度，确认主营业务收入，同时结转合同履约成本到主营业务成本。

（1）2020年1月1日，通过竞标获得一项为期18个月的装修合同，合同约定装修价款为120万元，装修费用于合同签订日及装修工程验收合格日各支付50%，工程验收合格时，企业取得无条件收款权。同日，收到客户支付的合同价款60万元并存入银行。企业装修服务构成单项履约义务，属于在某一时段内履行的履约义务，按照实际发生成本占预计总成本的比例确定履约进度。[1]

（2）企业为取得与该客户的装修合同，发生投标费1万元、差旅费2万元，支付销售人员佣金6万元。该企业对已确认为资产的合同取得成本采用与确认装修服务收入相同的基础进行摊销。[2]

（3）2020年12月31日，为完成该装修合同累计发生劳务成本36万元，估计还将发生劳务成本24万元。[3]

（4）2021年6月30日，装修完工并验收合格，企业累计发生劳务成本60万元（假定均为装修人员薪酬），客户按合同约定支付剩余价款60万元，款项已存入银行。

要求：根据上述资料，不考虑税费等其他因素，分析回答下列小题。（2022年）

1. 根据资料（1），下列各项中，2020年1月1日，该企业收到合同价款应记入的会计科目是（　　）。

A. 预收账款　　B. 合同资产

C. 合同取得成本　　D. 合同负债

2. 根据资料（2），该企业支付与取得合同相关的费用应记入“合同取得成本”科目的金额是（　　）万元。

A. 8　　B. 9　　C. 3　　D. 6

3. 根据资料（1）至（3），该企业2020年12月31日应确认的履约进度是（　　）。

A. 60%　　B. 67%　　C. 30%　　D. 40%

4. 根据资料（1）至（4），下列各项中，该企业2021年6月30日确认劳务收入并结转劳务成本的会计处理正确的是（　　）。

A. 结转劳务成本时：

借：主营业务成本　　240000

　贷：合同履约成本　　240000

B. 确认劳务收入时：

借：银行存款　　600000

　贷：主营业务收入　　600000

C. 确认劳务收入时：

借：银行存款　　600000

　贷：主营业务收入　　480000

　　　合同资产　　120000

D. 结转劳务成本时：

借：主营业务成本　240000

　贷：应付职工薪酬　240000

5. 根据资料（1）至（4），上述业务对该企业 2021 年度利润表中相关项目影响的表述正确的是（　　）。

A.“营业成本”项目增加 24 万元

B.“销售费用”项目增加 2 万元

C.“营业收入”项目增加 48 万元

D.“营业利润”项目增加 21.6 万元

（三）

肖老师带您读题

甲公司为生产和销售高档化妆品的增值税一般纳税人，销售商品适用的增值税税率为 13%、消费税税率为 15%。该公司 2021 年 1 月 1 日“应交税费——应交增值税”科目无余额，1 月末未结转“应交税费——未交增值税”科目。2021 年 1 月发生下列经济业务：

（1）5 日，销售一批化妆品，开具的增值税专用发票上注明价款为 100000 元，增值税税额为 13000 元，款项已收到并存入银行。[1]

（2）12 日，将其生产的一批化妆品作为非货币性福利发放给直接从事生产活动的职工，该批化妆品市场售价总额为 70000 元（不含增值税），实际成本总额为 30000 元。[2]

（3）18 日，库存材料因管理不善发生火灾，材料全部毁损，其实际成本为 10000 元（此前未确认存货跌价损失），相关增值税专用发票上注明的增值税税额为 1300 元（已抵扣）。[3]

1 资料（1）考核销售应税消费品：消费税的科目归属为“税金及附加”，同时确认主营业务收入。

2 资料（2）考核自产产品作为福利的处理：首先，按照受益原则确认相关成本费用；其次，发放时视同销售，确认主营业务收入，同时结转主营业务成本。

3 资料（3）考核存货盘亏（毁损）的两个步骤：
①批准前：由于管理不善，进项税额需要转出。
②批准后：盘亏损失计入管理费用。

要求：根据上述资料，不考虑其他因素，分析回答下列小题。（2022 年）

1. 根据资料（1），下列各项中，甲公司销售化妆品会计处理正确的是（　　）。

A. 借：税金及附加　15000

　　贷：应交税费——应交消费税　15000

B. 借：主营业务成本　15000

　　贷：应交税费——应交消费税　15000

C. 借：银行存款　113000

　　贷：主营业务收入　100000

　　　　应交税费——应交增值税（销项税额）　13000

D. 借：银行存款　128000

　　贷：主营业务收入　100000

　　　　应交税费——应交增值税（销项税额）　13000

　　　　　　　　——应交消费税　15000

2. 根据资料（2），下列各项中，甲公司应借记“应付职工薪酬”科目的金额是（ ）元。

A. 70000　　B. 89600　　C. 30000　　D. 79100

3. 根据资料（3），下列各项中，甲公司材料毁损的会计处理正确的是（ ）。

A. 借：待处理财产损溢　10000
　　贷：原材料　10000

B. 借：营业外支出　11300
　　贷：原材料　10000
　　　　应交税费——应交增值税（销项税额）　1300

C. 借：待处理财产损溢　11300
　　贷：原材料　10000
　　　　应交税费——应交增值税（销项税额抵减）　1300

D. 借：待处理财产损溢　11300
　　贷：原材料　10000
　　　　应交税费——应交增值税（进项税额转出）　1300

4. 根据期初资料、资料（1）至（3），2021 年 1 月末甲公司“应交税费——应交增值税”科目贷方余额是（ ）元。

A. 20800　　B. 5200　　C. 23400　　D. 22100

5. 根据资料（1）至（3），不考虑其他税费，甲公司 1 月份利润表中“税金及附加”项目“本期金额”是（ ）元。

A. 15000　　B. 4500　　C. 25500　　D. 10500

（四）

甲公司为增值税一般纳税人，适用的增值税税率为 13%。2021 年 7 月甲公司发生如下经济业务：

（1）1 日，向乙公司销售 M 商品，开具增值税专用发票上注明的价款为 50 万元，增值税税额为 6.5 万元。收到乙公司开出的不带息银行承兑汇票一张，面值为 56.5 万元，期限为 3 个月；该批商品的成本为 39 万元。[1]

（2）10 日，向丙公司销售 N 商品 5000 件，每件 N 商品的标价为 400 元（不含增值税），每件 N 商品的成本为 300 元；由于是成批销售，甲公司给予丙公司 10% 的商业折扣，当日发出 N 商品，丙公司收到商品并验收入库。甲公司开具增值税专用发票上注明的价款为 180 万元，增值税税额为 23.4 万元，当日收到丙公司支付的货款。[2]

（3）15 日，收到丁公司支付的当月租用本公司非专利技术使用权的使用费并存入银行，开具的增值税专用发票上注明的价款为 30 万元，增值税税额为 1.8 万元。该非专利技术的每月摊销额为 15 万元。[3]

（4）25 日，乙公司退回本月 1 日购入的 M 商品的 10%。甲公司同意退货并收回商品验收入库，向乙公司开具了增值税专用发票（红字）。[4]

肖老师带您读题

1 资料（1）考核在某一时点完成的商品销售收入的账务处理：确认主营业务收入，同时结转主营业务成本。收到的不带息银行承兑汇票记入“应收票据”科目。

2 资料（2）涉及可变对价的处理：10% 的商业折扣在确认收入时应扣除。

3 资料（3）考核出租无形资产：收到的租金计入其他业务收入，摊销成本计入其他业务成本。

4 资料（4）考核销售退回：冲减主营业务收入，同时冲减主营业务成本。

要求：根据上述资料，不考虑其他因素，分析回答下列小题。（2022 年）

1. 根据资料（1），下列各项中，关于甲公司销售 M 商品相关会计处理表述正确的是（　　）。

A. 确认收入时：

借：银行存款　565000

　贷：主营业务收入　500000

　　应交税费——应交增值税（销项税额）　65000

B. 确认收入时：

借：应收账款　565000

　贷：主营业务收入　500000

　　应交税费——应交增值税（销项税额）　65000

C. 结转成本时：

借：主营业务成本　390000

　贷：库存商品　390000

D. 确认收入时：

借：应收票据　565000

　贷：主营业务收入　500000

　　应交税费——应交增值税（销项税额）　65000

2. 根据资料（2），下列各项中，关于甲公司销售 N 商品相关会计处理表述正确的是（　　）。

A. 确认主营业务收入 180 万元

B. 结转主营业务成本 150 万元

C. 确认财务费用 20 万元

D. 确认主营业务收入 200 万元

3. 根据资料（3），下列各项中，关于甲公司出租非专利技术使用权的会计处理表述正确的是（　　）。

A. 确认其他业务收入 30 万元　　B. 确认资产处置损益 30 万元

C. 结转其他业务成本 15 万元　　D. 确认主营业务收入 30 万元

4. 根据资料（1）和（4），下列各项中，发生销售退回时，甲公司相关会计处理正确的是（　　）。

A. 冲减应交增值税销项税额 0.65 万元　　B. 冲减主营业务成本 3.9 万元

C. 冲减主营业务收入 5 万元　　D. 增加应交增值税进项税额 0.65 万元

5. 根据资料（1）至（4），下列各项中，甲公司 2021 年 7 月利润表中“营业收入”项目“本期金额”栏填列的金额是（　　）万元。

A. 280　　B. 255　　C. 260　　D. 275

（五）

甲公司为增值税一般纳税人，适用的增值税税率为 13%，所得税税率为 25%。2021 年初所有者权益总额为 31000 万元，其中：股本 20000 万元（每股面值 1 元），资本公积（股本溢价）8000 万元，盈余公积 2000 万元，未分配利润 1000 万元。2021 年甲公司发生相关经济业务如下：

肖老师带您读题

1 资料（1）考核回购并注销股票的账务处理，关注两个动作：
①回购：库存股增加。
②注销：依次冲减资本公积、盈余公积、未分配利润。注意本题资本公积足够冲减。

2 资料（2）考核所得税费用的计算。

3 资料（3）考核留存收益的账务处理。包括：提取盈余公积和宣告发放现金股利。

（1）经股东大会批准，甲公司以现金回购方式按每股 2 元回购并注销本公司股票 1000 万股。[1]

（2）2021 年，甲公司实现营业利润 3657 万元。此外，公司当年接受现金捐赠实现利得 5.6 万元，自然灾害导致材料毁损净损失 22.6 万元。无其他纳税调整事项。[2]

（3）2021 年，甲公司按净利润的 10% 提取法定盈余公积，经股东大会批准按 10 股 1 元发放现金股利 1900 万元。[3]

要求：根据上述资料，假定不考虑其他因素，分析回答下列小题。（2022 年）

1. 根据期初资料，下列各项中，甲公司 2021 年初留存收益的金额是（　　）万元。

A. 2000　　B. 3000

C. 11000　　D. 1000

2. 根据期初资料和资料（1），下列各项中，关于甲公司回购并注销股票的会计处理正确的是（　　）。

A. 回购本公司股票时：

借：股本　　20000000
　贷：银行存款　　20000000

B. 注销本公司股票时：

借：股本　　20000000
　贷：库存股　　20000000

C. 回购本公司股票时：

借：库存股　　20000000
　贷：银行存款　　20000000

D. 注销本公司股票时：

借：股本　　10000000
　　资本公积　　10000000
　贷：库存股　　20000000

3. 根据资料（2），下列各项中，甲公司 2021 年所得税费用的金额是（　　）万元。

A. 910　　B. 914.25

C. 908.6　　D. 915.65

4. 根据资料（3），下列各项中，关于甲公司 2021 年度利润结转和分配的相关会计处理表述正确的是（　　）。

A. 宣告发放现金股利时，确认银行存款减少 1900 万元

B. 结转本年利润，记入“利润分配”科目

C. 提取的法定盈余公积，记入“本年利润”科目

D. 宣告发放现金股利时，确认应付股利增加 1900 万元

5. 根据期初资料、资料（1）至（3），下列各项中，甲公司 2021 年末资产负债表中所有者权益相关项目的期末余额正确的是（　　）。

A. 资本公积 7000 万元　　B. 未分配利润 1557 万元

C. 盈余公积 2364 万元　　D. 股本 19000 万元

参考答案及解析

（一）

1.【答案】ABD

【解析】相关账务处理为：

4 月 1 日，确认收入：

借：应收账款　226000

　贷：主营业务收入　200000

　　　应交税费——应交增值税（销项税额）　26000

借：主营业务成本　［200 × 800］160000

　贷：库存商品　160000

代垫运费：

借：应收账款　2180

　贷：银行存款　2180

4 月 5 日，收到款项：

借：银行存款　228180

　贷：应收账款　228180

2.【答案】AB

【解析】相关账务处理为：

4 月 6 日，发出商品时：

借：发出商品　400000

　贷：库存商品　400000

3.【答案】BCD

【解析】相关账务处理为：

4 月 25 日，收到代销清单、代销手续费发票时：

借：应收账款　282500

　贷：主营业务收入　250000

　　　应交税费——应交增值税（销项税额）　32500

借：主营业务成本　200000

　贷：发出商品　200000

借：销售费用——代销手续费　25000
　　应交税费——应交增值税（进项税额）　1500
　贷：应收账款　26500

4.【答案】AB

【解析】相关账务处理为：

4 月 30 日，同意退货时：

借：主营业务收入　30000
　　应交税费——应交增值税（销项税额）　3900
　贷：银行存款　33900

借：库存商品　［30 × 800］24000
　贷：主营业务成本　24000

5.【答案】ABC

【解析】营业收入 =200000+250000−30000=420000（元），营业成本 =160000+200000−24000=336000（元），因不涉及营业外收支，故利润总额 = 营业利润 =420000−336000−25000［销售费用］=59000（元）。

（二）

1.【答案】D

【解析】预收的合同价款计入合同负债。

2.【答案】D

【解析】合同取得成本是指为了取得合同发生的增量成本，本题中销售人员佣金计入合同取得成本，金额为 6 万元。

3.【答案】A

【解析】2020 年 12 月 31 日应确认的履约进度 =36 ÷（36+24）× 100%=60%。

4.【答案】AC

【解析】2020 年 1 月 1 日，预收合同款时：

借：银行存款　600000
　贷：合同负债　600000

2020 年 12 月 31 日，确认收入时：

借：合同负债　600000
　　合同资产　120000
　贷：主营业务收入　［1200000 × 60%］720000

结转劳务成本时：

借：主营业务成本　360000
　贷：合同履约成本　360000

2021 年 6 月 30 日，确认收入时：

借：银行存款　　600000
　贷：主营业务收入　　480000
　　　合同资产　　120000

结转劳务成本时：

借：主营业务成本　　240000
　贷：合同履约成本　　240000

5.【答案】ACD

【解析】“销售费用”项目增加额 =6×40%=2.4（万元）；“营业收入”项目增加额 =120×40%=48（万元）；“营业成本”项目增加额 =60×40%=24（万元）；“营业利润”项目增加额 =48–24–2.4=21.6（万元）。

（三）

1.【答案】AC

【解析】企业销售应税消费品应交的消费税，应借记“税金及附加”科目，贷记“应交税费——应交消费税”科目。

2.【答案】D

【解析】甲公司应借记“应付职工薪酬”科目的金额 =70000×（1+13%）=79100（元）。

3.【答案】D

【解析】批准处理前：

借：待处理财产损溢　　11300
　贷：原材料　　10000
　　　应交税费——应交增值税（进项税额转出）　　1300

批准处理后：

借：管理费用　　11300
　贷：待处理财产损溢　　11300

4.【答案】C

【解析】2021 年甲公司“应交税费——应交增值税”科目贷方余额 =13000（资料 1）+70000×13%（资料 2）+1300（资料 3）=23400（元）。

5.【答案】C

【解析】甲公司 1 月份利润表中“税金及附加”项目“本期金额”=15000+70000×15%=25500（元）。

（四）

1.【答案】CD

【解析】收到的银行承兑汇票计入应收票据。

2.【答案】AB

【解析】确认收入时：

借：银行存款　2034000

　贷：主营业务收入　［5000×400×（1-10%）］1800000

　　应交税费——应交增值税（销项税额）　234000

结转成本时：

借：主营业务成本　1500000

　贷：库存商品　1500000

3.【答案】AC

【解析】相关账务处理为：

确认收入时：

借：银行存款　318000

　贷：其他业务收入　300000

　　应交税费——应交增值税（销项税额）　18000

结转成本时：

借：其他业务成本　150000

　贷：累计摊销　150000

4.【答案】ABC

【解析】发生销售退回时，冲减当期主营业务收入和主营业务成本，以及增值税销项税额。

5.【答案】B

【解析】“营业收入”项目本期金额=50（资料1）+180（资料2）+30（资料3）-5（资料4）=255（万元）。

（五）

1.【答案】B

【解析】留存收益包括盈余公积和未分配利润，甲公司2021年初留存收益的金额=2000+1000=3000（万元）。

2.【答案】CD

【解析】本题回购价高于股票面值，且资本公积足够冲减，按回购价款和股票面值的差额计入资本公积。

3.【答案】A

【解析】甲公司2021年度应纳税所得额=利润总额=营业利润+营业外收入-营业外支出=3657+5.6-22.6=3640（万元），所得税费用=3640×25%=910（万元）。

4.【答案】BD

【解析】选项A错误，选项D正确，宣告发放现金股利，借记“利润分配——应付现金股利或利润”科目，贷记“应付股利”科目；选项B正确，结转本年利润时，借记“本年利润”科目，贷记“利润分配——未分配利润”科目；选项C错误，提取法定盈余公积时，借记“利润分配——提取法定盈余公积”科目，贷记“盈余公积——法定盈余公积”科目。

5.【答案】ABD

【解析】2021年末“资本公积”项目金额=8000−1000=7000（万元）；2021年末“未分配利润”项目金额=1000+（3640−910）−（3640−910）×10%−1900=1557（万元）；2021年末“盈余公积”项目金额=2000+（3640−910）×10%=2273（万元）；2021年末“股本”项目金额=20000−1000=19000（万元）。

专题六　财务报告

使用“会计云课堂”App扫码做题、对答案、看解析、掌握解题思路，开启轻松过关之旅。

肖老师带您读题

（一）

甲公司2021年有关经济业务如下：[1]

（1）当年实现现金销售收入3000万元，收到上年的赊销款50万元，支付销售退款20万元。[2]

（2）预付1050万元，其中工程物资300万元，原材料750万元。另支付工程款450万元，采购原材料支付2100万元，支付上年的原材料款2400万元，以上均用银行存款支付。[3]

（3）发放工资和奖金800万元，其中发放给生产工人的工资和奖金为600万元，发放给在建工程人员的工资和奖金为200万元。[4]

要求：根据上述资料，不考虑其他条件，分析回答下列小题。（2022年）

1. 以下属于现金流量表中“现金及现金等价物”的是（　　）。

A. 库存现金　　B. 三个月内到期的债券投资

C. 银行存款　　D. 权益性投资

2. 根据资料（1），“销售商品、提供劳务收到的现金”项目本期金额是（　　）万元。

A. 3050　　B. 3030　　C. 2970　　D. 3000

3. 根据资料（2），“购买商品、接受劳务支付的现金”项目本期金额是（　　）万元。

A. 3150　　B. 4500　　C. 5250　　D. 2850

4. 根据资料（2）和（3），“购建固定资产、无形资产和其他长期资产支付的现金”项目本期金额是（　　）万元。

A. 3350　　B. 1550　　C. 950　　D. 750

1 本题为“非传统”的不定项选择题，属于单选或多选的“硬拼盘”，其本质考核“如何区分经营活动、投资活动、筹资活动产生的现金流量”。

2 资料（1）考核经营活动产生的现金流量。

3 资料（2）涉及2个考点：
①预付原材料款、采购原材料款、支付上年原材料款为经营活动产生的现金流量。
②预付工程物资款、支付工程款为投资活动产生的现金流量。

4 资料（3）涉及2个考点：
①发放生产工人工资和奖金为经营活动产生的现金流量。
②发放在建工程人员工资和奖金为投资活动产生的现金流量。

5. 根据资料（1）至（3），经营活动产生的现金流量净额为（　　）。

A. 减少 3020 万元　　B. 减少 2820 万元

C. 增加 3030 万元　　D. 减少 5250 万元

（二）

肖老师带您读题

1 资料（1）涉及实际支付薪酬的相关处理：
①代扣的个人所得税记入“应交税费”科目。
②职工个人负担的社会保险费和住房公积金记入“其他应付款”科目。
③扣回为职工垫付的房租冲减“其他应收款”科目。

2 资料（2）涉及两个步骤：
①确认：价税合计（300×0.2+300×0.2×13%）计入应付职工薪酬。
②发放：视同销售——确认收入，结转成本。

3 资料（3）涉及货币性职工薪酬，确认相关费用或资产成本。

某企业为增值税一般纳税人，适用的增值税税率为13%。2021年12月，该企业发生与职工薪酬有关的经济业务如下：

（1）4日，发放上月职工工资350万元，其中代扣款项包括：职工个人所得税18万元，职工个人负担的社会保险费10万元、住房公积金19万元；扣回为职工垫付的房租2万元，实发工资301万元。[1]

（2）15日，将自制的300台空气净化器作为非货币性福利发放给生产车间工人，空气净化器的成本为每台0.12万元，市场不含税售价为每台0.2万元。[2]

（3）31日，分配本月应付职工工资总额360万元，其中：产品生产人员180万元，车间管理人员70万元，企业行政管理人员60万元，专设销售机构人员50万元。同时，分别按照工资总额的12%和11%计提应由企业承担的社会保险费和住房公积金。[3]

要求：根据上述资料，不考虑其他因素，分析回答下列小题。（2022年）

1. 根据资料（1），下列各项中，关于企业为职工支付款项的会计处理表述正确的是（　　）。

A. 代扣职工个人负担的住房公积金，确认其他应付款增加19万元

B. 代扣职工个人负担的社会保险费，确认其他应付款减少10万元

C. 代扣职工个人所得税，确认应交税费增加18万元

D. 扣回为职工代垫的房租，确认其他应收款减少2万元

2. 根据资料（2），下列各项中，该企业确认和发放非货币性福利的会计处理正确的是（　　）。

A. 发放非货币性福利：

	借	贷
借：应付职工薪酬	678000	
贷：主营业务收入		600000
应交税费——应交增值税（销项税额）		78000
借：主营业务成本	360000	
贷：库存商品		360000

B. 发放非货币性福利：

	借	贷
借：应付职工薪酬	360000	
贷：库存商品		360000

C. 确认非货币性福利：

	借	贷
借：生产成本	360000	
贷：应付职工薪酬		360000

D. 确认非货币性福利：

借：生产成本　678000

　贷：应付职工薪酬　678000

3. 根据资料（3），下列各项中，关于分配企业职工薪酬的会计处理表述正确的是（　　）。

A. 生产成本增加 221.4 万元

B. 销售费用增加 50 万元

C. 管理费用增加 130 万元

D. 制造费用增加 86.1 万元

4. 根据资料（3），该企业本月发生的期间费用金额是（　　）万元。

A. 159.9　　B. 221.4

C. 180　　D. 135.3

5. 根据资料（1）至（3），下列各项中，该企业本月现金及现金等价物的减少额是（　　）万元。

A. 350　　B. 303

C. 353　　D. 301

参考答案及解析

（一）

1.【答案】ABC

【解析】选项 D 错误，权益性投资变现的金额通常不确定，因而不属于现金及现金等价物。

2.【答案】B

【解析】“销售商品、提供劳务收到的现金”项目本期金额 =3000+50−20=3030（万元）。

3.【答案】C

【解析】“购买商品、接受劳务支付的现金”项目本期金额 =750+2100+2400=5250（万元）。

4.【答案】C

【解析】“购建固定资产、无形资产和其他长期资产支付的现金”项目本期金额 =300+450+200=950（万元）。

5.【答案】B

【解析】经营活动产生的现金流量净额 =3030（第 2 小题）−5250（第 3 小题）−600（资料 3）=−2820（万元）。

（二）

1.【答案】ACD

【解析】相关账务处理为：

借：应付职工薪酬——工资 3500000
　贷：其他应收款 20000
　　其他应付款——社会保险费 100000
　　　　——住房公积金 190000
　　应交税费——应交个人所得税 180000
　　银行存款 3010000

2.【答案】AD

【解析】企业以其自产产品作为非货币性福利发放给职工的，应当根据受益对象，按照该产品的含税公允价值计入相关资产成本或当期损益，由于本题是发放给生产车间工人，所以计入生产成本的金额 =300×0.2×（1+13%）=67.8（万元），选项 C 错误，选项 D 正确。实际发放时要确认收入并结转成本，选项 A 正确，选项 B 错误。

3.【答案】AD

【解析】相关账务处理为：

借：生产成本 2214000
　制造费用 861000
　管理费用 738000
　销售费用 615000
　贷：应付职工薪酬——工资 3600000
　　　　——社会保险费 432000
　　　　——住房公积金 396000

4.【答案】D

【解析】该企业本月发生的期间费用金额 =73.8（管理费用）+61.5（销售费用）=135.3（万元）。

5.【答案】D

【解析】该企业本月现金及现金等价物的减少额为实发工资 301 万元。

专题七　成本会计

使用“会计云课堂”App 扫码做题、对答案、看解析、掌握解题思路，开启轻松过关之旅。

某制造业企业只生产甲产品，制造费用单独核算，生产费用在完工产品与在产品之间分配采用在产品按定额成本计价法。2019 年 12 月初无在产品，12 月份该企业基本生产车间发生的

经济业务如下：[1]

（1）本月耗用材料305万元，其中甲产品耗用300万元，车间机物料消耗5万元。

（2）月末分配本月基本生产车间工资共计125万元，其中车间生产工人100万元、车间管理人员25万元。计提职工社会保险费20万元，其中车间生产工人16万元、车间管理人员4万元。[2]

（3）本月基本生产车间计提折旧费共计30万元，其中生产设备18万元，车间一般管理用设备12万元。[3]

（4）本月末完工甲产品100件，在产品50件；在产品直接材料定额成本为80万元、直接人工定额成本为20万元、定额制造费用为15万元。

要求：根据上述资料，不考虑其他因素，分析回答下列小题。（答案中的金额单位用万元表示）（2020年）

1. 根据资料（1），下列各项中，耗用材料相关会计处理表述正确的是（　　）。
   A.“生产成本”科目借方登记305万元
   B.“管理费用”科目借方登记5万元
   C.“生产成本”科目借方登记300万元
   D.“制造费用”科目借方登记5万元

2. 根据资料（2），下列各项中，本月应付职工薪酬业务会计处理表述正确的是（　　）。
   A. 计入生产成本的职工薪酬总额为116万元
   B. 计入应付职工薪酬总额为145万元
   C. 计入管理费用的职工薪酬总额为29万元
   D. 计入制造费用的职工薪酬总额为29万元

3. 根据资料（3），下列各项中，本月车间设备计提折旧会计处理正确的是（　　）。
   A. 生产设备计提折旧：
      借：生产成本　18
      　贷：累计折旧　18
   B. 管理用设备计提折旧：
      借：生产成本　12
      　贷：累计折旧　12
   C. 生产设备计提折旧：
      借：制造费用　18
      　贷：累计折旧　18
   D. 管理用设备计提折旧：
      借：制造费用　12
      　贷：累计折旧　12

肖老师带您读题

1 看期初，无余额。
采用在产品按定额成本计价法分配完工产品和在产品成本时，首先应计算出在产品成本，完工产品成本为总成本减去在产品成本，不能直接计算出完工产品成本。

2 车间管理人员工资及社会保险费计入制造费用。

3 车间一般管理用设备折旧费计入制造费用。

4. 根据资料（1）至（3），下列各项中，本月发生的制造费用总额是（　　）万元。
A. 64　　B. 490　　C. 56　　D. 434

5. 根据期初资料和资料（1）至（4），下列各项中，本月完工甲产品成本和月末在产品成本计算结果正确的是（　　）。
A. 月末在产品单位成本为 2.3 万元
B. 完工产品单位成本为 3.65 万元
C. 完工产品总成本为 365 万元
D. 月末在产品总成本为 115 万元

参考答案及解析

1.【答案】CD
【解析】甲产品耗用材料 300 万元计入生产成本，车间机物料消耗 5 万元计入制造费用，选项 AB 错误。

2.【答案】ABD
【解析】车间生产工人工资 100 万元以及社会保险费 16 万元计入生产成本，计入生产成本的合计金额为 116 万元，选项 A 正确；分配职工工资 125 万元以及计提职工社会保险费 20 万元计入应付职工薪酬，计入应付职工薪酬的合计金额为 145 万元，选项 B 正确；车间管理人员工资 25 万元以及社会保险费 4 万元计入制造费用，计入制造费用的合计金额为 29 万元，选项 D 正确。

3.【答案】CD
【解析】该企业制造费用单独核算，所以基本生产车间计提的折旧均计入制造费用，选项 CD 正确。

4.【答案】A
【解析】制造费用总额 =5（资料 1）+29（资料 2）+30（资料 3）=64（万元），选项 A 正确。

5.【答案】ABCD
【解析】月末在产品成本 =80+20+15=115（万元）；月末完工产品成本 =（300+5+125+20+30）−115=365（万元）；月末在产品单位成本 =115 ÷ 50=2.3（万元）；月末完工产品单位成本 =365 ÷ 100=3.65（万元）。

跨章节大题集训

跨章节不定项

使用“会计云课堂”App 扫码做题、对答案、看解析、掌握解题思路，
开启轻松过关之旅。

（一）

甲公司为增值税一般纳税人，2022 年发生的有关业务资料如下：

（1）1 月 5 日，甲公司以银行存款购买乙公司的股票 2000 万股准备长期持有，占乙公司股份的 25%，能够对乙公司施加重大影响。乙公司股票的每股买入价为 9.8 元，款项已支付。当日，乙公司可辨认净资产的公允价值为 80000 万元。2022 年乙公司实现净利润 4000 万元。

（2）4 月 15 日，从上海证券交易所购入丙公司股票 100 万股，支付价款 2500 万元，其中包含已宣告但尚未发放的现金股利 50 万元，另支付相关交易费用 0.5 万元，取得增值税专用发票上注明的增值税税额为 0.03 万元，甲公司将该股票投资确认为交易性金融资产，4 月 25 日，收到丙公司发放的现金股利并存入投资款专户。

（3）6 月 30 日，持有上述丙公司股票的公允价值为 2550 万元。

（4）7 月 31 日，将持有的丙公司股票全部转让，取得价款 2700 万元，存入投资款专户，确认转让金融商品应交增值税 11.32 万元。

要求：根据上述资料，不考虑其他因素，分析回答下列小题。（答案中的金额单位用万元表示）

1. 根据资料（1），下列各项中，关于甲公司会计处理结果正确的是（　　）。

A. 确认长期股权投资的初始投资成本为 19600 万元

B. 确认长期股权投资的初始投资成本为 20000 万元

C. 应确认营业外收入 400 万元

D. 乙公司实现净利润时，甲公司借记“长期股权投资——损益调整”1000 万元

2. 根据资料（2），下列各项中相关会计处理正确的是（　　）。

A. 取得交易性金融资产时，借记“交易性金融资产——成本”科目 2500 万元

B. 取得交易性金融资产时，借记“投资收益”科目 0.5 万元

C. 收到现金股利时，借记“其他货币资金——存出投资款”科目 50 万元

D. 收到现金股利时，贷记“应收股利”科目 50 万元

3. 根据资料（3），下列各项中，甲公司6月30日相关会计处理表述正确的是（　　）。

A. 贷记“投资收益”科目50万元

B. 借记“交易性金融资产——成本”科目50万元

C. 借记“交易性金融资产——公允价值变动”科目100万元

D. 贷记“公允价值变动损益”科目100万元

4. 根据资料（4），下列各项中，甲公司出售丙公司股票以及月末确认转让金融商品应交增值税的相关会计处理结果表述正确的是（　　）。

A. 其他货币资金增加2700万元

B. 投资收益增加250万元

C. 交易性金融资产——成本减少2500万元

D. 转让金融商品应交增值税税额增加11.32万元

5. 根据资料（1）至（4），甲公司2022年度利润表“利润总额”项目本期金额增加（　　）万元。

A. 1638.68　　B. 1550

C. 1638.18　　D. 1650

（二）

甲有限责任公司为生产多种产品的制造企业，是增值税一般纳税人，适用的增值税税率为13%，原材料采用实际成本核算，发出材料成本采用月末一次加权平均法核算，2022年7月1日，M材料库存数量为500千克，每千克实际成本为200元，该公司7月份发生有关存货业务如下：

（1）7月1日，甲公司向银行借入一笔生产经营用借款2000000元，期限为1年，年利率为6%，按月计提利息。根据与银行签署的借款协议，该项借款的本金到期后一次归还，利息按季支付（每季度末支付）。

（2）2日，以面值为250000元的银行汇票购买M材料800千克，每千克不含增值税的购买价格为250元，价款共计200000元，增值税专用发票上注明的增值税税额为26000元，并支付由销货方代垫运杂费3000元（不考虑增值税）。材料验收入库，银行汇票多余款项通过银行退回并已收妥。

（3）10日，收到乙公司作为资本投入的M材料3000千克，并验收入库，同时收到乙公司开具的增值税专用发票，投资合同约定该批材料不含增值税的价格为600000元（与公允价值相同），允许抵扣的增值税税额为78000元，乙公司在甲公司注册资本中享有的份额为580000元。

（4）31日，发料凭证汇总表中列明M材料的耗用情况如下：生产产品领用1600千克，车间管理部门领用300千克，行政管理部门领用200千克，销售部门领用100千克。

（5）31日，财产清查中盘亏M材料的成本为15000元，确认应转出增值税进项税额为1950元，经查属于材料保管人员过失造成的，按规定由其赔偿6000元，其他损失由公司承担，款项尚未收到。

要求：根据上述资料，不考虑其他因素，分析回答下列小题。

1. 根据资料（1），下列各项中，甲公司银行借款业务的会计处理正确的是（　　）。

A. 8 月 31 日计提利息时：

借：财务费用　　10000

　贷：短期借款　　10000

B. 7 月 31 日计提利息时：

借：财务费用　　10000

　贷：应付利息　　10000

C. 7 月 1 日取得借款时：

借：银行存款　　2000000

　贷：短期借款　　2000000

D. 9 月 30 日支付利息时：

借：财务费用　　10000

　　应付利息　　20000

　贷：银行存款　　30000

2. 根据资料（2），下列各项中，甲公司会计处理正确的是（　　）。

A. 退回银行汇票的多余款项时：

借：银行存款　　21000

　贷：其他货币资金　　21000

B. 用银行汇票购买材料时：

借：原材料　　203000

　　应交税费——应交增值税（进项税额）　　26000

　贷：应付票据　　229000

C. 申请签发银行汇票时：

借：其他货币资金　　250000

　贷：银行存款　　250000

D. 用银行汇票购买材料时：

借：原材料　　203000

　　应交税费——应交增值税（进项税额）　　26000

　贷：其他货币资金　　229000

3. 根据资料（3），下列各项中，甲公司会计处理结果正确的是（　　）。

A. “资本公积”科目贷方登记 98000 元　　B. “原材料”科目借方登记 600000 元

C. “应交税费”科目借方登记 78000 元　　D. “实收资本”科目贷方登记 678000 元

4. 根据期初资料、资料（2）至（4），下列各项中，甲公司会计处理表述正确的是（　　）。

A. 车间管理部门领用的材料计入制造费用 63000 元

B. 生产产品领用的材料计入生产成本 336000 元

C. 销售部门领用的材料计入销售费用 21000 元

D. 行政管理部门领用的材料计入管理费用 42000 元

5. 根据资料（5），下列各项中，甲公司会计处理正确的是（　　）。

A. 应收账款增加 6000 元　　B. 原材料减少 15000 元

C. 其他应收款增加 6000 元　　D. 管理费用增加 15000 元

（三）

甲公司为增值税一般纳税人。2022 年发生相关交易或事项如下：

（1）甲公司自行研究开发一项管理用 F 非专利技术已进入开发阶段，截至 2022 年初，“研发支出——资本化支出—— F 非专利技术项目”科目余额为 47 万元。2022 年 1 月至 6 月，每月发生专职研发人员薪酬 6 万元，共计 36 万元；每月应负担专用设备折旧费 0.24 万元，共计 1.44 万元；共耗用原材料 9.6 万元，以银行存款支付咨询费 1.96 万元，取得的增值税专用发票注明的增值税税额分别为 1.248 万元和 0.1176 万元。至 6 月 29 日研发活动结束，达到预定用途并交付行政管理部门使用，期间发生的开发支出全部符合资本化条件。

（2）6 月 30 日，甲公司预计 F 非专利技术摊销期为 8 年，残值为 0，采用年限平均法按月进行摊销。

（3）7 月 1 日，甲公司将持有的一幢办公楼对外出租，租期为 5 年，年租金为 20 万元。该办公楼于 2021 年 7 月 1 日购入，原值 1000 万元，预计净残值 50 万元，预计使用年限 10 年，采用直线法计提折旧，未计提减值准备。甲公司所在地房地产存在活跃市场，出租办公楼采用公允价值模式进行后续计量，出租当日该办公楼的公允价值为 800 万元。7 月 31 日，甲公司对外出租的办公楼的公允价值为 1000 万元。

（4）12 月，甲公司对租入的厂房（确认为使用权资产）进行装修，耗用原材料 2 万元，应付工程人员工资 5 万元，以银行存款支付其他支出 1 万元，12 月末该厂房装修完毕。

要求：根据上述资料，不考虑其他因素，分析回答下列小题。（答案中的金额单位用万元表示）

1. 根据资料（1），下列各项中，关于研发 F 非专利技术相关会计科目处理正确的是（　　）。

A. 每月计提专用设备折旧时，借记“研发支出——资本化支出”科目 0.24 万元

B. 确认耗用原材料时，贷记“原材料”科目 9.6 万元

C. 以银行存款支付咨询费时，借记“研发支出——资本化支出”科目 2.0776 万元

D. 每月分配专职研发人员薪酬时，借记“管理费用”科目 6 万元

2. 根据资料（1）和（2），下列各项中，会计处理正确的是（　　）。

A. F 非专利技术达到预定用途时，借记“无形资产”科目 96 万元

B. F 非专利技术达到预定用途时，贷记“研发支出——资本化支出”科目 96 万元

C. 6 月摊销 F 非专利技术，贷记“累计摊销”科目 1 万元

D. 6 月摊销 F 非专利技术，借记“管理费用”科目 1 万元

3. 根据资料（3），关于甲公司下列账务处理的表述中，正确的是（　　）。

A. 7 月 1 日，确认的投资性房地产的入账价值为 800 万元

B. 7 月 1 日，影响甲公司营业利润的金额为 105 万元

C. 7 月 31 日，贷记“公允价值变动损益”科目 200 万元

D. 7 月 31 日，贷记“其他综合收益”科目 200 万元

4. 根据资料（4），下列关于甲公司对租入的厂房进行装修的账务处理结果正确的是（　　）。

A. 增加应付职工薪酬 5 万元　　B. 增加固定资产 7 万元

C. 减少银行存款 3 万元　　D. 增加长期待摊费用 8 万元

5. 根据资料（1）至（4），2022 年利润表中“营业利润”项目本期金额增加（　　）万元。

A. 42.58　　B. 39.58

C. 33.58　　D. 80

（四）

某企业为增值税一般纳税人，适用的增值税税率为 13%，2022 年发生下列相关业务：

（1）该企业决定自建一幢行政办公楼，6 月 1 日，购入工程物资取得的增值税专用发票上注明的价款为 200 万元，增值税税额为 26 万元，款项以银行存款支付，该批物资于当日全部用于工程建设。领用本企业生产的钢材一批，市场售价为 60 万元，实际成本为 30 万元。本月确认的工程人员薪酬 40 万元。

（2）6 月 30 日，自建办公楼工程完工并达到预定可使用状态。预计该办公楼可以使用 50 年，预计净残值为零，采用年限平均法计提折旧。

（3）11 月 30 日，财产清查中发现短缺一台生产车间用笔记本电脑，原价为 1 万元，累计折旧为 0.4 万元。经查电脑短缺为保管不善所致，按管理权限报经批准，由相关责任人赔偿 0.3 万元。

（4）12 月 31 日，自建办公楼出现减值迹象。经测试，自建办公楼可收回金额为 250 万元。

要求：根据上述资料，不考虑其他因素，分析回答下列小题。（答案中的金额单位用万元表示）

1. 根据资料（1），下列各项中，关于该企业自行建造办公楼会计处理正确的是（　　）。

A. 购入工程物资并领用时：

借：工程物资　200

　　应交税费——应交增值税（进项税额）　26

　贷：银行存款　226

借：在建工程　200

　贷：工程物资　200

B. 领用本企业生产的钢材时：

借：在建工程　60

　贷：库存商品　60

C. 领用本企业生产的钢材时：

借：在建工程　30

　贷：库存商品　30

D. 确认工程人员薪酬时：

借：在建工程　40

　贷：应付职工薪酬　40

2. 根据资料（1）和（2），下列各项中，关于该企业自行建造办公楼计提折旧的会计处理表述正确的是（　　）。

A. 自建办公楼完工并转入固定资产的成本为 270 万元

B. 月折旧额为 0.45 万元

C. 折旧费计入管理费用

D. 自 2022 年 7 月开始计提折旧

3. 根据资料（3），下列各项中，该企业盘亏固定资产的会计处理正确的是（　　）。

A. 转出不可抵扣的进项税额时：

借：待处理财产损溢　0.078

　贷：应交税费——应交增值税（进项税额转出）　0.078

B. 盘亏固定资产时：

借：待处理财产损溢　0.6

　　累计折旧　0.4

　贷：固定资产　1

C. 报经批准处理时：

借：其他应收款　0.3

　　营业外支出——盘亏损失　0.378

　贷：待处理财产损溢　0.678

D. 报经批准处理时：

借：其他应收款　0.3

　　营业外支出——盘亏损失　0.3

　贷：待处理财产损溢　0.6

4. 根据资料（1）、（2）和（4），下列各项中，关于该企业自建办公楼期末计量和报表填列表述正确的是（　　）。

A. 办公楼应计提减值准备 17.3 万元

B. 办公楼期末计入资产负债表“固定资产”项目的金额为 250 万元

C. 办公楼期末计入资产负债表“固定资产”项目的金额为 252.7 万元

D. 计提的减值准备以后会计期间不得转回

5. 根据资料（1）至（4），影响该企业 2022 年度利润总额的金额是（　　）万元。

A. –20.378　　B. 20.378

C. 64.26　　D. –64.26

（五）

甲企业为增值税一般纳税人，适用的增值税税率为 13%，每月月初发放上月工资，2022 年 12 月 1 日，“应付职工薪酬”科目贷方余额为 33 万元。该企业 2022 年 12 月发生职工薪酬业务如下：

（1）5 日，结算上月车间生产人员、车间管理人员、企业行政管理人员以及专设销售机构人员应付职工薪酬 33 万元。其中代扣的职工个人所得税 1.5 万元，扣还为职工垫付的房租 0.5 万元，通过银行转账实际发放货币性职工薪酬 31 万元。

（2）25 日，企业以其生产的 M 产品作为非货币性福利发放给车间生产人员。该批产品不含税的市场售价为 50 万元，成本为 40 万元。

（3）31 日，计提专设销售机构主管人员免费使用汽车的折旧费 1 万元，计提车间管理人员免费使用汽车的折旧费 4 万元。

（4）31 日，对本月职工工资分配的结果如下：车间生产人员 14 万元，车间管理人员 5 万元，企业行政管理人员 2 万元，专设销售机构人员 9 万元。

（5）31 日，企业计提本月基本养老保险费、基本医疗保险费共计 17.7 万元，计提本月住房公积金 8.85 万元。

要求：根据上述资料，不考虑其他因素，分析回答下列小题。（答案中的金额单位用万元表示）

1. 根据期初资料和资料（1），下列各项中，企业结算职工薪酬的相关会计处理正确的是（　　）。

A. 代扣个人所得税时：

借：其他应付款　1.5

　贷：应交税费——应交个人所得税　1.5

B. 扣还为职工垫付的房租时：

借：应付职工薪酬　0.5

　贷：应收账款　0.5

C. 代扣个人所得税时：

借：应付职工薪酬　1.5

　贷：应交税费——应交个人所得税　1.5

D. 扣还为职工垫付的房租时：

借：应付职工薪酬　0.5

　贷：其他应收款　0.5

2. 根据资料（2），下列各项中，企业发放非货币性福利会计处理结果正确的是（　　）。

A. 发放非货币性福利时，借记“应付职工薪酬——非货币性福利”科目 50 万元

B. 发放非货币性福利时确认收入，贷记“主营业务收入”科目 50 万元

C. 确认非货币性福利时，借记“生产成本”科目 56.5 万元

D. 发放非货币性福利时结转成本，借记“主营业务成本”科目 56.5 万元

3. 根据资料（3），下列各项中，关于企业非货币性福利的会计处理正确的是（　　）。

A. 确认管理费用 5 万元

B. 确认销售费用 1 万元

C. 确认制造费用 4 万元

D. 确认管理费用 1 万元

4. 根据资料（4），下列各项中，企业分配工资的相关会计处理结果正确的是（　　）。

A. 专设销售机构人员工资，借记“销售费用”科目 9 万元

B. 车间生产人员工资，借记“生产成本”科目 14 万元

C. 车间管理人员和企业行政管理人员工资，借记“管理费用”科目 7 万元

D. 全部人员工资，贷记“应付职工薪酬”科目 30 万元

5. 根据期初资料、资料（1）至（5），下列各项表述中，正确的是（　　）。

A. 计提的基本养老保险费、基本医疗保险费和住房公积金属于短期薪酬

B. 2022 年 12 月 31 日资产负债表中“应付职工薪酬”项目的期末余额是 56.55 万元

C. 本月现金及现金等价物减少的金额为 31 万元

D. 本月投资活动产生的现金流出量为 31 万元

（六）

甲公司为增值税一般纳税人。2022 年 6 月发生的与销售商品相关的经济业务如下：

（1）5 日，向乙公司发出商品，开具的增值税专用发票上注明的价款为 1500 万元，增值税税额为 195 万元，符合收入确认条件。乙公司当日以银行存款结清全部货款，该批商品的实际成本为 1000 万元。

（2）9 日，与丙公司签订委托代销协议，委托丙公司代销商品一批，共计 150 件，合同约定丙公司应按每件 20 万元（不含增值税）对外销售，按售价的 10% 收取手续费，每件商品实际成本为 17 万元，当日发出商品。15 日，甲公司收到丙公司开具的 100 件已售商品的代销清单，据此向丙公司开具了增值税专用发票，注明的价款为 2000 万元，增值税税额为 260 万元；同时收到丙公司提供代销服务开具的增值税专用发票，注明的价款为 200 万元，增值税税额为 12 万元；委托代销款项尚未收到。

（3）21 日，与丁公司签订一份商品销售合同，为取得该合同甲公司聘请外部律师进行尽职调查支付相关费用 2 万元，支付为投标而发生的差旅费 1 万元，支付销售人员佣金 5 万元，上述款项均已通过银行存款支付，且不考虑增值税。

（4）25 日，按照与丁公司签订的合同发出商品，增值税专用发票中注明的价款为 1000 万元，增值税税额为 130 万元，为丁公司代垫运费 6 万元（不考虑增值税），符合收入确认条件。该批商品的实际成本为 800 万元，全部款项已办妥托收手续。

要求：根据上述资料，不考虑其他因素，分析回答下列小题。（答案中的金额单位用万元表示）

1. 根据资料（1），下列各项中，关于甲公司确认销售商品收入的相关科目会计处理结果表述正确的是（　　）。

A. 借记“银行存款”科目 1695 万元

B. 借记“主营业务成本”科目 1000 万元

C. 贷记“主营业务收入”科目 1500 万元

D. 贷记“应交税费——应交增值税（销项税额）”科目 195 万元

2. 根据资料（2），下列各项中，甲公司委托代销商品相关的会计处理正确的是（　　）。

A. 发出商品时：

借：发出商品	2550	
贷：库存商品		2550

B. 确认委托代销收入时：

借：应收账款	2260	
贷：主营业务收入		2000
应交税费——应交增值税（销项税额）		260

C. 结转销售成本时：

借：主营业务成本	1700	
贷：发出商品		1700

D. 确认代销手续费时：

借：销售费用　　200

　应交税费——应交增值税（进项税额）　　12

　贷：应收账款　　212

3. 根据资料（3），下列各项中，关于甲公司为取得该合同发生的相关支出会计处理结果正确的是（　　）。

A. 合同取得成本增加 5 万元　　B. 管理费用增加 3 万元

C. 销售费用增加 5 万元　　D. 银行存款减少 8 万元

4. 根据资料（3）和（4），下列各项中，关于甲公司销售商品的会计处理正确的是（　　）。

A. 确认收入时：

借：应收账款　　1136

　贷：主营业务收入　　1000

　　应交税费——应交增值税（销项税额）　　130

　　银行存款　　6

B. 结转成本时：

借：主营业务成本　　800

　贷：库存商品　　800

C. 摊销合同取得成本时：

借：销售费用　　5

　贷：合同取得成本　　5

D. 确认收入时：

借：应收账款　　1130

　销售费用　　6

　贷：主营业务收入　　1000

　　应交税费——应交增值税（销项税额）　　130

　　银行存款　　6

5. 根据资料（1）至（4），甲公司 2022 年 6 月利润表中“营业利润”项目本期金额是（　　）万元。

A. 992　　B. 800　　C. 797　　D. 792

（七）

甲公司为增值税一般纳税人，销售商品适用的增值税税率为 13%。2022 年甲公司发生如下交易或事项：

（1）3 月 2 日，向乙公司销售商品一批，按商品标价计算的金额为 200 万元。该批商品的实际成本为 150 万元。由于是成批销售，甲公司给予乙公司 10% 的商业折扣并开具了增值税专用发票，在销售合同中规定的现金折扣条件为 1/20、N/30，计算现金折扣时不考虑增值税。甲公司基于对乙公司的了解，预计乙公司 20 天内付款的概率为 90%，20 天后付款的概率为 10%。甲公司已于当日发出商品，乙公司于 3 月 15 日付款。该项销售业务属于在某一时点履行的履约义务。甲公司认为按照最可能发生金额能够更好地预测其有权获取的对价金额。

（2）5月1日，向丙公司销售一批商品，开具的增值税专用发票上注明的价款为50万元，增值税税额为6.5万元；甲公司收到丙公司开出的不带息银行承兑汇票一张，票面金额为56.5万元，期限为3个月；该批商品成本为30万元；丙公司收到商品并验收入库。

（3）9月20日，向丁公司销售一批材料，增值税专用发票上注明的售价为15万元，增值税税额为1.95万元，款项已由银行收妥。该批材料的实际成本为10万元。该项业务属于在某一时点履行的履约义务。

（4）12月1日，承接一项设备安装服务，合同期限为2个月，合同总价款为120万元，预收价款为80万元，余额在设备安装完成时收回。该业务属于在某一时段内履行的履约义务，甲公司履约进度按照已发生成本占估计总成本的比例确定，至2022年12月31日已发生的成本为50万元，预计完成该服务还将发生成本30万元。假定不考虑增值税。

要求：根据上述资料，不考虑其他因素，分析回答下列小题。（答案中的金额单位用万元表示）

1. 根据资料（1），甲公司销售商品业务的会计处理结果正确的是（　　）。

A. 3月2日，甲公司应确认销售商品收入180万元

B. 3月2日，甲公司应确认销售商品收入178.2万元

C. 3月15日，甲公司应确认银行存款203.4万元

D. 3月15日，甲公司应确认银行存款201.6万元

2. 根据资料（2），下列会计处理结果正确的是（　　）。

A. 应收账款增加56.5万元

B. 应交税费——应交增值税（销项税额）增加6.5万元

C. 应收票据增加56.5万元

D. 主营业务成本增加30万元

3. 根据资料（3），甲公司销售材料的会计处理结果正确的是（　　）。

A. “其他业务收入”科目贷方增加15万元

B. “主营业务成本”科目借方增加10万元

C. “应交税费——应交增值税（销项税额）”科目贷方增加1.95万元

D. “银行存款”科目借方增加16.95万元

4. 根据资料（4），甲公司该业务会计处理表述正确的是（　　）。

A. 2022年结转的服务成本为50万元

B. 2022年末履约进度为62.5%

C. 发生的与合同直接相关的服务成本通过“合同履约成本”科目核算

D. 2022年确认收入80万元

5. 根据资料（1）至（4），甲公司2022年度利润表中“营业收入”项目本期金额是（　　）万元。

A. 178.2　　B. 318.2　　C. 266.4　　D. 140

（八）

甲公司为增值税一般纳税人，适用的增值税税率为13%，确认收入的同时结转成本。2022年9月发生商品销售业务如下：

（1）5日，向乙公司销售一批商品，商品价目表上的标价总额为160万元（不含税），由于是成批销售，甲公司给予乙公司10%的商业折扣。商品已于当日发出，符合收入确认条件，款项已收到并存入银行。该批商品的成本为120万元。

（2）16日，由于5日销售给乙公司的商品发现质量问题，乙公司将该批商品的50%退回给甲公司，甲公司同意退货，并于当日支付了退货款，向乙公司开具增值税专用发票（红字）。

（3）25日，向丙公司销售一批商品，成本为250万元，开具的增值税专用发票上注明的价款为300万元，增值税税额为39万元。甲公司发出商品时知悉丙公司资金周转困难，能否按期收到货款存在较大不确定性，但为了维持长期客户关系，仍将商品发出并办妥托收手续。

要求：根据上述资料，不考虑其他因素，分析回答下列小题。（答案中的金额单位用万元表示）

1. 根据资料（1），下列各项中，关于9月5日甲公司销售商品会计处理表述正确的是（　　）。

A. 按商品价目表上的标价总额确认主营业务收入

B. 按扣除商业折扣后的金额确认主营业务收入

C. 将商业折扣计入财务费用

D. 将商业折扣计入销售费用

2. 根据资料（1）和（2），下列各项中，关于9月16日甲公司商品退回相关科目的会计处理结果正确的是（　　）。

A. 借记“主营业务收入”科目72万元

B. 贷记“主营业务成本”科目60万元

C. 借记“应交税费——应交增值税（销项税额）”科目18.72万元

D. 借记“库存商品”科目60万元

3. 根据资料（3），下列各项中，关于9月25日甲公司销售商品会计处理正确的是（　　）。

A. 借：发出商品　250
　　贷：库存商品　250

B. 借：主营业务成本　250
　　贷：库存商品　250

C. 借：发出商品　300
　　贷：库存商品　300

D. 借：应收账款　339
　　贷：主营业务收入　300
　　　　应交税费——应交增值税（销项税额）　39

4. 根据资料（1）至（3），下列各项中，关于甲公司增值税会计处理表述正确的是（　　）。

A. 9月30日结转当月未交增值税时，贷记“应交税费——未交增值税”科目57.72万元

B. 9月25日纳税义务发生时，贷记“应交税费——应交增值税（销项税额）”科目39万元

C. 9月25日纳税义务发生时，借记“应收账款”科目39万元

D. 9月30日结转当月未交增值税时，借记“应交税费——应交增值税（转出未交增值税）”科目48.36万元

5. 根据资料（1）至（3），甲公司2022年9月应列入利润表“营业利润”项目的本期金额是（　　）万元。

A. 12　　B. 24

C. 84　　D. 60

（九）

甲公司2022年有关经济业务如下：

（1）销售商品当年实现现金销售收入1000万元，收到上年的赊销款300万元，收到出售固定资产的现金净额200万元，取得借款收到10万元。

（2）接受劳务支付款项30万元，支付上年赊购材料款60万元，支付工程款450万元，支付借款利息2万元，均用银行存款支付。

（3）支付给生产工人工资和奖金200万元，因销售应税消费品支付消费税50万元，购买债券支付300万元，支付现金股利600万元。

要求：根据上述资料，不考虑其他条件，分析回答下列小题。

1. 下列各项中，属于现金流量表中“现金及现金等价物”的是（　　）。

A. 库存现金　　B. 三个月内到期的债券投资

C. 权益性投资　　D. 银行本票

2. 根据资料（1），“经营活动产生的现金流入量”金额是（　　）万元。

A. 1300　　B. 1510

C. 1200　　D. 1010

3. 根据资料（2），“投资活动产生的现金流出量”金额是（　　）万元。

A. 90　　B. 450

C. 32　　D. 60

4. 根据资料（3），“筹资活动产生的现金流出量”金额是（　　）万元。

A. 200　　B. 50

C. 300　　D. 600

5. 根据资料（1）至（3），下列表述正确的是（　　）。

A. 经营活动产生的现金流量净额为960万元

B. 投资活动产生的现金流量净额为550万元

C. 筹资活动产生的现金流量净额为592万元

D. 投资活动产生的现金流量净额为-550万元

参考答案及解析

（一）

1.【答案】ACD

【解析】甲公司购入乙公司股票的初始投资成本 =2000×9.8=19600（万元），购买当日应享有乙公司可辨认净资产公允价值的份额 =80000×25%=20000（万元），大于初始投资成本。甲公司购入长期股权投资时会计处理如下：

借：长期股权投资——投资成本　　19600

　贷：银行存款　　19600

借：长期股权投资——投资成本　　［20000-19600］400

　贷：营业外收入　　400

2022 年度乙公司实现净利润时，甲公司会计处理如下：

借：长期股权投资——损益调整　　1000

　贷：投资收益　　［4000×25%］1000

2.【答案】BCD

【解析】取得交易性金融资产时，相关会计处理为：

借：交易性金融资产——成本　　［2500-50］2450

　　应收股利　　50

　　投资收益　　0.5

　　应交税费——应交增值税（进项税额）　　0.03

　贷：其他货币资金——存出投资款　　2500.53

收到现金股利时，相关会计处理为：

借：其他货币资金——存出投资款　　50

　贷：应收股利　　50

3.【答案】CD

【解析】甲公司 6 月 30 日相关会计处理为：

借：交易性金融资产——公允价值变动　　100

　贷：公允价值变动损益　　［2550-2450］100

4.【答案】AD

【解析】甲公司出售丙公司股票相关会计处理为：

借：其他货币资金——存出投资款　　2700

　贷：交易性金融资产——成本　　2450

　　　　　　　　　　——公允价值变动　　100

　　　投资收益　　150

月末计算转让金融商品应交增值税：

借：投资收益　　11.32

　贷：应交税费——转让金融商品应交增值税　　11.32

投资收益增加额 =150–11.32=138.68（万元）。

5.【答案】C

【解析】甲公司 2022 年度利润表“利润总额”项目本期金额增加额 =400（资料 1）+1000（资料 1）–0.5（资料 2）+100（资料 3）+150（资料 4）–11.32（资料 4）=1638.18（万元），选项 C 正确。

（二）

1.【答案】BCD

【解析】计提的短期借款利息计入应付利息中，选项 A 错误。

2.【答案】ACD

【解析】银行汇票属于“其他货币资金”科目核算的内容，选项 B 错误。

3.【答案】ABC

【解析】10 日接受投入 M 材料时：

借：原材料　　600000

　　应交税费——应交增值税（进项税额）　　78000

　贷：实收资本　　580000

　　　资本公积——资本溢价　　98000

4.【答案】ABCD

【解析】甲公司采用月末一次加权平均法核算发出材料成本，本月 M 材料的单位成本 =（500 × 200+203000+600000）÷（500+800+3000）=210（元）；31 日，发出 M 材料时：

借：生产成本　　［1600 × 210］336000

　　制造费用　　［300 × 210］63000

　　管理费用　　［200 × 210］42000

　　销售费用　　［100 × 210］21000

　贷：原材料　　462000

5.【答案】BC

【解析】31 日，盘亏 M 材料时：

借：待处理财产损溢　　16950

　贷：原材料　　15000

　　　应交税费——应交增值税（进项税额转出）　　1950

报经批准处理后：

借：管理费用　　10950

　　其他应收款　　6000

　贷：待处理财产损溢　　16950

（三）

1.【答案】AB

【解析】支付咨询费时，进项税额可以抵扣，选项 C 错误。甲公司开发阶段发生的开发支出均符合资本化条件，相应金额均记入“研发支出——资本化支出”科目中，选项 D 错误。

每月发生专职研发人员薪酬时：

借：研发支出——资本化支出　6

　贷：应付职工薪酬　6

每月计提专用设备折旧时：

借：研发支出——资本化支出　0.24

　贷：累计折旧　0.24

购买原材料时：

借：原材料　9.6

　　应交税费——应交增值税（进项税额）　1.248

　贷：银行存款等　10.848

领用原材料时：

借：研发支出——资本化支出　9.6

　贷：原材料　9.6

支付咨询费时：

借：研发支出——资本化支出　1.96

　　应交税费——应交增值税（进项税额）　0.1176

　贷：银行存款　2.0776

2.【答案】ABCD

【解析】F 非专利技术达到预定用途时，将“研发支出——资本化支出”科目余额转入无形资产，结转的金额 =47+36+1.44+9.6+1.96=96（万元），选项 AB 正确。无形资产当月增加当月开始摊销，6 月摊销金额 =96 ÷ 8 ÷ 12=1（万元），选项 CD 正确。

3.【答案】ABC

【解析】7 月 1 日，甲公司的账务处理为：

借：投资性房地产——成本　800

　　累计折旧　［（1000−50）÷10］95

　　公允价值变动损益　105

　贷：固定资产　1000

公允价值变动损益影响甲公司的营业利润。

7 月 31 日，甲公司的账务处理为：

借：投资性房地产——公允价值变动　［1000−800］200

　贷：公允价值变动损益　200

4.【答案】AD

【解析】对租入的厂房进行装修的账务处理为：

借：长期待摊费用　8

　贷：原材料　2

　　应付职工薪酬　5

　　银行存款　1

5.【答案】A

【解析】"营业利润"项目本期增加额 =-（1×7）（资料 1、2，总计摊销 7 个月）-105（资料 3，转换日公允价值变动损益）+（20÷12×6）（资料 3，其他业务收入）+200（资料 3，期末公允价值变动损益）-[（1000-50）÷10÷12×7]（资料 3，办公楼 1-7 月折旧）= 42.58（万元）。

（四）

1.【答案】ACD

【解析】领用本企业生产的钢材用于建造固定资产，按成本领用即可，选项 B 错误。

2.【答案】ABCD

【解析】6 月 30 日自建的办公楼完工并达到预定可使用状态，转入固定资产的成本 =200+30+40=270（万元），选项 A 正确；办公楼月折旧额 =270÷50÷12=0.45（万元），选项 B 正确；行政办公楼的折旧费计入管理费用，选项 C 正确；6 月 30 日达到预定可使用状态，应从 2022 年 7 月开始计提折旧，选项 D 正确。

3.【答案】ABC

【解析】该电脑短缺是保管不善所致，应按其账面净值乘以适用的增值税税率计算不可抵扣的进项税额，即 =（1-0.4）×13%=0.078（万元），报经批准处理前待处理财产损溢的金额 = 0.078+0.6=0.678（万元），选项 D 错误。

4.【答案】ABD

【解析】12 月 31 日，办公楼的账面价值 =270-0.45×6=267.3（万元），可收回金额为 250 万元，低于固定资产的账面价值，固定资产发生减值，减值的金额 =267.3-250=17.3（万元），选项 A 正确，账务处理如下：

借：资产减值损失　17.3

　贷：固定资产减值准备　17.3

办公楼期末计入资产负债表"固定资产"项目的金额 =270-0.45×6-17.3=250（万元），选项 B 正确，选项 C 错误；固定资产的减值准备一经计提，以后会计期间不得转回，选项 D 正确。

5.【答案】A

【解析】影响该企业 2022 年度利润总额的金额 =-0.45×6（资料 1、2）-0.378（资料 3）-17.3（资料 4）=-20.378（万元）。

（五）

1.【答案】CD

【解析】根据期初资料和资料（1），相关账务处理如下：

企业代扣个人所得税时：

借：应付职工薪酬——工资　1.5

　贷：应交税费——应交个人所得税　1.5

扣还为职工垫付的房租时：

借：应付职工薪酬——工资　0.5

　贷：其他应收款　0.5

实际发放职工薪酬时：

借：应付职工薪酬——工资　31

　贷：银行存款　31

【点题】之前为职工垫付房租时：

借：其他应收款　0.5

　贷：银行存款等　0.5

2.【答案】BC

【解析】根据资料（2），相关账务处理如下：

确认时：

借：生产成本　[50×（1+13%）] 56.5

　贷：应付职工薪酬——非货币性福利　56.5

发放时：

借：应付职工薪酬——非货币性福利　56.5

　贷：主营业务收入　50

　　　应交税费——应交增值税（销项税额）　[50×13%] 6.5

同时，结转成本：

借：主营业务成本　40

　贷：库存商品　40

3.【答案】BC

【解析】根据资料（3），相关账务处理如下：

借：销售费用　1

　　制造费用　4

　贷：应付职工薪酬——非货币性福利　5

借：应付职工薪酬——非货币性福利　5

　贷：累计折旧　5

4.【答案】ABD

【解析】根据资料（4），相关账务处理如下：

借：生产成本　14

　　制造费用　5

　　管理费用　2

　　销售费用　9

　贷：应付职工薪酬——工资　30

5.【答案】BC

【解析】计提的基本医疗保险费和住房公积金属于短期薪酬，计提的基本养老保险费属于离职后福利（长期职工薪酬），选项 A 错误；"应付职工薪酬"项目的期末余额 =33（期初）-33（资料 1）+（56.5-56.5）（资料 2）+（5-5）（资料 3）+30（资料 4）+（17.7+8.85）（资料 5）=56.55（万元），选项 B 正确；本月现金及现金等价物减少的金额为实际发放工资 31 万元，选项 C 正确；通过银行转账发放职工薪酬属于经营活动产生的现金流出量，选项 D 错误。

（六）

1.【答案】ABCD

【解析】甲公司确认销售商品收入的会计分录：

借：银行存款　1695
　贷：主营业务收入　1500
　　　应交税费——应交增值税（销项税额）　195

结转销售成本的会计分录：

借：主营业务成本　1000
　贷：库存商品　1000

2.【答案】ABCD

【解析】甲公司委托代销商品业务的会计分录如下：

发出商品时：

借：发出商品　[150×17] 2550
　贷：库存商品　2550

确认委托代销收入时：

借：应收账款　2260
　贷：主营业务收入　2000
　　　应交税费——应交增值税（销项税额）　260

结转销售成本时：

借：主营业务成本　[100×17] 1700
　贷：发出商品　1700

确认代销手续费时：

借：销售费用　200
　　应交税费——应交增值税（进项税额）　12
　贷：应收账款　212

3.【答案】ABD

【解析】甲公司为取得该合同发生的相关支出的会计分录如下：

借：合同取得成本　5
　　管理费用　3
　贷：银行存款　8

4.【答案】ABC

【解析】甲公司销售商品的会计分录如下：

确认收入时：

借：应收账款　1136

　贷：主营业务收入　1000

　　　应交税费——应交增值税（销项税额）　130

　　　银行存款　6

结转成本时：

借：主营业务成本　800

　贷：库存商品　800

摊销合同取得成本时：

借：销售费用　5

　贷：合同取得成本　5

5.【答案】D

【解析】甲公司 2022 年 6 月利润表中“营业利润”项目本期金额 =（1500–1000）（资料 1）+（2000–1700–200）（资料 2）–3（资料 3）+（1000–800–5）（资料 3、4）=792（万元），选项 D 正确。

（七）

1.【答案】BD

【解析】甲公司应确认的销售商品收入的金额 =200 ×（1–10%）×（1–1%）=178.2（万元）。增值税销项税额 =200 ×（1–10%）× 13%=23.4（万元）。

3 月 2 日，销售商品时：

借：应收账款　201.6

　贷：主营业务收入　178.2

　　　应交税费——应交增值税（销项税额）　23.4

借：主营业务成本　150

　贷：库存商品　150

3 月 15 日，收取款项时：

借：银行存款　201.6

　贷：应收账款　201.6

2.【答案】BCD

【解析】5 月 1 日销售商品时：

借：应收票据　56.5

　贷：主营业务收入　50

　　　应交税费——应交增值税（销项税额）　6.5

借：主营业务成本　30

　贷：库存商品　30

3.【答案】ACD

【解析】9月20日，销售材料时：

借：银行存款 16.95

　贷：其他业务收入 15

　　　应交税费——应交增值税（销项税额） 1.95

借：其他业务成本 10

　贷：原材料 10

4.【答案】ABC

【解析】2022年末履约进度=50÷（50+30）×100%=62.5%，2022年确认收入的金额=120×62.5%=75（万元），选项D错误。

5.【答案】B

【解析】甲公司2022年度利润表中“营业收入”项目本期金额=178.2（资料1）+50（资料2）+15（资料3）+75（资料4）=318.2（万元）。

（八）

1.【答案】B

【解析】9月5日，甲公司销售商品会计分录为：

借：银行存款 162.72

　贷：主营业务收入 ［160×90%］144

　　　应交税费——应交增值税（销项税额） 18.72

借：主营业务成本 120

　贷：库存商品 120

2.【答案】ABD

【解析】甲公司商品销售退回的会计分录为：

借：主营业务收入 72

　　应交税费——应交增值税（销项税额） 9.36

　贷：银行存款 81.36

借：库存商品 60

　贷：主营业务成本 60

3.【答案】A

【解析】9月25日，甲公司发出商品会计分录为：

借：发出商品 250

　贷：库存商品 250

借：应收账款 39

　贷：应交税费——应交增值税（销项税额） 39

4.【答案】BCD

【解析】9月30日，应将当月应交未交的增值税从“应交增值税”明细科目转入“未交增值税”明细科目：

借：应交税费——应交增值税（转出未交增值税）　　[18.72−9.36+39] 48.36
　贷：应交税费——未交增值税　　48.36

5.【答案】A

【解析】主营业务收入 =144（资料 1）−72（资料 2）=72（万元），主营业务成本 =120（资料 1）−60（资料 2）=60（万元），综上，甲公司 2022 年 9 月应列入利润表“营业利润”项目的本期金额 =72−60=12（万元）。

（九）

1.【答案】ABD

【解析】选项 C 错误，权益性投资变现的金额通常不确定，因而不属于现金及现金等价物。

2.【答案】A

【解析】收到出售固定资产的现金净额 200 万元，属于投资活动产生的现金流入量；取得借款收到 10 万元，属于筹资活动产生的现金流入量；经营活动产生的现金流入量 = 1000+300=1300（万元），选项 A 正确。

3.【答案】B

【解析】接受劳务支付款项及支付上年赊购材料款均属于经营活动产生的现金流出量；支付借款利息属于筹资活动产生的现金流出量；支付工程款属于投资活动产生的现金流出量。

4.【答案】D

【解析】支付给生产工人工资和奖金 200 万元及因销售应税消费品支付消费税 50 万元，均属于经营活动产生的现金流出量；购买债券支付 300 万元属于投资活动产生的现金流出量；支付现金股利 600 万元属于筹资活动产生的现金流出量。

5.【答案】AD

【解析】经营活动产生的现金流量净额 =1000（资料 1）+300（资料 1）−30（资料 2）−60（资料 2）−200（资料 3）−50（资料 3）=960（万元）。
投资活动产生的现金流量净额 =200（资料 1）−450（资料 2）−300（资料 3）=−550（万元）。
筹资活动产生的现金流量净额 =10（资料 1）−2（资料 2）−600（资料 3）=−592（万元）。

附 录

「2 套」全真模拟测试题

● 轻一作者，依据最新变化，精编 2 套模拟题，助您全面检测，高效提分。

扫码做题

使用“会计云课堂”App，扫码即可做模拟题。

机考系统

2 套模拟题同步传至东奥仿真机考系统，带您提前熟悉考场环境。

● 「如何进入机考系统」

点击进入电脑端“东奥会计在线”学员中心，进入“我的题库—机考”即可查阅。

◇中教科（保定）印刷股份有限公司